EL NUEVO TESTAMENTO

Nueva Versión Internacional

EL NUEVO TESTAMENTO

Nueva Versión Internacional

SOCIEDAD BÍBLICA INTERNACIONAL
COLORADO SPRINGS, COLORADO

El Nuevo Testamento, Nueva Versión Internacional

ISBN-84-7228-450-6
Depósito Legal: B. 11.104-1979

INTERNATIONAL BIBLE SOCIETY
P.O. BOX 62970, COLORADO SPRINGS, CO 80962-2970

N.T. Español NIV260-11103
IBS88100000

CONTENIDO

Prefacio

Nos place presentar esta versión nueva del Nuevo Testamento a los lectores de Hispanoamérica.

La Sociedad Bíblica Internacional ha publicado este Nuevo Testamento, de comprensión más fácil para los lectores hispanoamericanos, pero con fidelidad al contenido esencial de los manuscritos originales.

Nuestra norma en esta Nueva Versión Internacional del Nuevo Testamento fue mantener la exactitud del significado, presentado en forma idiomática y bella, con claridad y sin descuidar la dignidad que merece la Palabra de Dios.

Si el lector quiere comunicarse con nosotros para presentar sus opiniones o sugerencias, puede escribirnos a:

International Bible Society
144 Tices Lane
East Brunswick, NJ 08816
EE.UU. (USA)

¡Qué la lectura eficaz de la Palabra de Dios haga que abunden las bendiciones del Señor para los lectores! *(Colosenses 3:16)*

Los Editores

MATEO

La genealogía de Jesús

1 Tabla genealógica de Jesucristo,
hijo de David, hijo de Abraham:
2 Abraham fue el padre de Isaac,
Isaac, el padre de Jacob;
Jacob, el padre de Judá y de
sus hermanos;
3 Judá, el padre de Fares y Zara,
cuya madre fue Tamar;
Fares, el padre de Esrom;
Esrom, el padre de Aram;
4 Aram, el padre de Aminadab;
Aminadab, el padre de Naasón;
Naasón, el padre de Salmón;
5 Salmón, el padre de Booz, cuya
madre fue Rahab;
Booz, el padre de Obed, cuya
madre fue Rut;
Obed, el padre de Isaí,[a]
6 e Isaí,[a] el padre del rey David.
David fue el padre de Salomón,
cuya madre había sido la esposa de Urías;
7 Salomón, el padre de Roboam;
Roboam, el padre de Abías;
Abías, el padre de Asa;[b]
8 Asa,[b] el padre de Josafat;
Josafat, el padre de Joram;
Joram, el padre de Uzías;
9 Uzías, el padre de Jotam;
Jotam, el padre de Acaz;
Acaz, el padre de Ezequías;
10 Ezequías, el padre de Manasés;
Manasés, el padre de Amón;
Amón, el padre de Josías;
11 y Josías, el padre de Jeconías y
de sus hermanos en tiempo de
la deportación a Babilonia.
12 Después de la deportación a Babilonia:
Jeconías fue el padre de Salatiel;
Salatiel, el padre de Zorobabel;
13 Zorobabel, el padre de Abiud;
Abiud, el padre de Eliaquim;
Eliaquim, el padre de Azor;
14 Azor, el padre de Sadoc;
Sadoc, el padre de Aquim;
Aquim, el padre de Eliud;
15 Eliud, el padre de Eleazar;
Eleazar, el padre de Matán;
Matán, el padre de Jacob;
16 y Jacob, el padre de José, esposo de María, de la cual
nació Jesús, llamado el Cristo.
17 Así que hubo catorce generaciones en total desde Abraham hasta
David; catorce, desde David hasta la
deportación a Babilonia; y catorce,
desde la deportación hasta Cristo.[c]

Nacimiento de Jesucristo

18 El nacimiento de Jesucristo fue
así: Su madre, María, estaba prometida en matrimonio a José, pero antes de que se unieran, se halló que
estaba encinta por obra del Espíritu
Santo. 19 Como José, su esposo, era
un hombre justo y no quería expo-
nerla a pública vergüenza, pensó en
divorciarse de ella en secreto.
20 Pero, después de haber considerado esto, se le apareció en sueños
un ángel del Señor y le dijo: José,
hijo de David, no temas recibir en
tu casa a María como esposa tuya,
porque lo engendrado en ella es obra
del Espíritu Santo. 21 Dará a luz un
hijo y has de ponerle por nombre
Jesús, porque El salvará a su pueblo
de sus pecados.
22 Todo esto sucedió para que se
cumpliera lo que el Señor había
dicho por medio del profeta: 23 "La
virgen concebirá y dará a luz un
hijo, y lo llamarán Emanuel",[d] que
significa "Dios con nosotros".

[a] *5, 6* Jesé. [b] *8* Asaf. [c] *17 Mesías.* Tanto el griego Cristo como el hebreo Mesías significan, el Ungido. [d] *23* Isaías 7:14.

24 Cuando José se despertó, hizo lo
que el ángel del Señor le había mandado y recibió en su casa a María
como esposa suya. 25 Pero no tuvo
trato marital con ella hasta que dio a
luz un hijo. Y le puso por nombre
Jesús.

La visita de los Magos

2 Cuando Jesús nació en Belén,
en Judea, en tiempos del rey
Herodes, vinieron a Jerusalén unos
magos[a] procedentes del Este 2 y preguntaron: ¿Dónde está el que ha
nacido rey de los judíos? Vimos su
estrella en el oriente[b] y hemos venido a adorarlo.
3 Cuando el rey Herodes oyó esto,
se alteró; y con él, toda Jerusalén.
4 Y habiendo convocado a todos los
principales sacerdotes y a los escribas, les preguntó sobre el lugar en
que había de nacer el Cristo[c]. 5 En
Belén, en Judea —le respondieron
ellos—, pues esto es lo que dejó
escrito el profeta:

6 Y tú, Belén, en la tierra de Judá,
de ningún modo eres la menor
entre los dominadores de Judá;
porque de ti saldrá un caudillo
que pastoreará a mi pueblo, a
Israel.[d]

7 Entonces Herodes llamó en
secreto a los magos y se informó de
ellos con precisión sobre el tiempo
exacto en que se había aparecido la
estrella, 8 y los envió a Belén diciéndoles: Vayan a informarse diligentemente acerca del niño y tan pronto
como lo encuentren, comuníquenme-
lo, para que yo también vaya a adorarlo.
9 Después de oír al rey, ellos se
marcharon, y la estrella que habían
visto en el oriente[b] iba delante de
ellos hasta que vino a pararse encima de donde estaba el niño. 10 Al
ver la estrella, se llenaron de gozo,
11 y al llegar a la casa, vieron al
niño junto a María, su madre; y
postrándose lo adoraron. Y abriendo
sus cofres, le ofrecieron regalos:
oro, incienso y mirra. 12 Y al ser avi-
sados en sueños que no regresaran a
Herodes, volvieron a su tierra por
otro camino.

La huida a Egipto

13 Cuando ellos se marcharon, un
ángel del Señor se apareció a José
en sueños y le dijo: Levántate, toma
al niño y a su madre, y huye a
Egipto; y permanece allí hasta que
yo te diga, porque Herodes va a
buscar al niño para matarlo.
14 Así, pues, él se levantó, tomó al
niño y a su madre por la noche y
partió para Egipto, 15 donde permaneció hasta la muerte de Herodes.
Así se cumplió lo que el Señor había
dicho por medio del profeta: "De
Egipto llamé a mi hijo".[e]
16 Herodes, al darse cuenta de que
los magos se habían burlado de él,
se puso muy furioso, y envió a que
mataran en Belén y en todos los
alrededores a todos los niños de dos
años para abajo, según el tiempo
preciso que había averiguado por los
magos. 17 Así se cumplió lo que se
había dicho por medio del profeta
Jeremías:

18 Se oyó una voz en Ramá,
gemidos y llanto grande,
Raquel que se lamenta por sus
hijos
y no admite ningún consuelo,
porque ya no están.[f]

El regreso a Nazaret

19 Muerto Herodes, un ángel del
Señor se apareció en sueños a José
en Egipto 20 y le dijo: Levántate,
toma al niño y a su madre y vete a
la tierra de Israel, porque ya están
muertos los que intentaban quitarle
la vida al niño.
21 Así, pues, él se levantó, tomó al
niño y a su madre, y se fue a la
tierra de Israel. 22 Pero al oír que
Arquelao reinaba en Judea en lugar
de su padre Herodes, tuvo miedo de

[a] *1* Tradicionalmente, sabios. [b] *2 su estrella cuando se levantaba.* [c] *4 Mesías.* [d] *6* Miqueas 5:2. [e] *15* Oseas 11:1. [f] *18* Jeremías 31:15.

ir allá; y habiendo sido avisado en
sueños, se retiró al distrito de Galilea, 23 y se fue a vivir a una ciudad
llamada Nazaret. Así se cumplió lo
dicho por los profetas: "Será llamado Nazareno".

Juan el Bautista prepara el camino

3 En aquellos días, se presentó
Juan el Bautista, predicando en
el desierto de Judea, 2 y diciendo:
Arrepiéntanse, porque el reino de los
cielos está muy cerca. 3 Este es el
anunciado por el profeta Isaías:

Voz de uno que clama en el
desierto:
Preparen el camino del Señor,
enderecen los senderos.[a]

4 La vestidura de Juan estaba
hecha de pelo de camello, y llevaba
un ceñidor de cuero en torno a su
cintura. Su alimento era langostas y
miel silvestre. 5 La gente salía hacia
él desde Jerusalén, desde toda la
Judea y desde toda la región del
Jordán, 6 y al confesar sus pecados,
eran bautizados por él en el río
Jordán.

7 Pero cuando vio a muchos de los
fariseos y saduceos venir a donde él
estaba bautizando, les dijo: ¡Raza de
víboras! ¿Quién les ha advertido que
huyan de la ira venidera? 8 Produzcan, pues, fruto propio de un arrepentimiento sincero. 9 Y no piensen
que basta con que digan en su interior: "¡Tenemos a Abraham por
padre!" Pues yo les digo que de
estas piedras Dios puede darle hijos
a Abraham. 10 El hacha está ya
puesta a la raíz de los árboles, y
todo árbol que no produzca buen
fruto, será cortado y arrojado al
fuego.

11 Yo bautizo con[b] agua para que
se arrepientan, pero detrás de mí
viene otro que es más poderoso que
yo, tanto que yo no soy digno ni de
llevarle las sandalias. El los bautizará con[b] el Espíritu Santo y con[b]
fuego. 12 Su aventador está en su
mano, y limpiará su era, recogiendo
el trigo en su granero y quemando la
paja con fuego que nunca se apaga.

Jesús es bautizado

13 Entonces Jesús llegó al Jordán
desde Galilea para que Juan lo bautizara. 14 Pero Juan trataba de disuadirlo, diciendo: Yo soy quien tengo
necesidad de ser bautizado por ti, ¿y
tú vienes a mí?

15 Jesús le contestó: Permítelo ahora; es conveniente que así lo hagamos, a fin de llevar a cabo toda
justicia. Entonces lo consintió.

16 Tan pronto como fue bautizado,
subió Jesús del agua. En este
momento se abrieron los cielos, y
vio al Espíritu de Dios descender
sobre él como una paloma. 17 Y una
voz desde los cielos dijo: Este es mi
Hijo, a quien amo; con él estoy muy
complacido.

La tentación de Jesús

4 Entonces Jesús fue llevado por
el Espíritu al desierto para ser
tentado por el diablo, 2 y después de
haber ayunado durante cuarenta días
y cuarenta noches, sintió hambre.
3 Y acercándosele el tentador, le
dijo: Si eres Hijo de Dios, di que
estas piedras se conviertan en pan.

4 Jesús le contestó: Escrito está:

El hombre no vive de pan únicamente,
sino de toda palabra que sale de
la boca de Dios.[c]

5 Entonces el diablo lo llevó consigo a la Ciudad Santa y lo puso de
pie sobre la parte más alta del templo; 6 y le dijo: Si eres el Hijo de
Dios, tírate abajo. Porque está escrito:

Dará órdenes a sus ángeles acerca
de ti,
y te tomarán en sus manos,
para que no tropiece tu pie contra
una piedra.[d]

[a] *3* Isaías 40:3. [b] *11* O bien, *en*. [c] *4* Deuteronomio 8:3. [d] *6* Salmo 91:11, 12.

7 Jesús le dijo: También está escrito: "No pongas a prueba al Señor tu
Dios".[a]
8 De nuevo lo llevó el diablo a una
montaña sumamente alta y le mostró
todos los reinos del mundo con su
magnificencia, 9 y le dijo: Todo esto
te daré, si te postras y me adoras.
10 Entonces le dijo Jesús: ¡Vete de
mí, Satanás! Porque está escrito:
"Adora al Señor tu Dios, y sólo a él
sírvele".[b]
11 Entonces lo dejó el diablo; y se
acercaron a él unos ángeles, y le
servían.

Jesús comienza su predicación

12 Al oír Jesús que Juan había sido
encarcelado, regresó a Galilea.
13 Dejando Nazaret, se fue a vivir en
Capernaum, junto al lago, en la
región de Zabulón y de Neftalí,
14 para cumplir lo predicho por el
profeta Isaías:

15 Tierra de Zabulón y tierra de
Neftalí,
ruta del mar, al otro lado del
Jordán,
Galilea de los gentiles;
16 el pueblo que vivía en tinieblas
ha visto una gran luz;
y a aquellos que vivían en región
de sombra de muerte,
les ha resplandecido una luz.[c]

17 Desde entonces Jesús comenzó a
predicar: Arrepiéntanse, porque el
reino de los cielos está cerca.

El llamamiento de los primeros discípulos

18 Mientras caminaba Jesús junto al
mar de Galilea, vio a dos hermanos,
Simón, llamado Pedro, y su hermano
Andrés. Estaban echando una red al
mar, pues eran pescadores. 19 Jesús
les dijo: Vengan y síganme; yo los
haré pescadores de hombres. 20 Y
ellos dejaron inmediatamente sus
redes y lo siguieron.
21 Siguiendo su camino, vio a otros
dos hermanos, Jacobo, hijo de Zebedeo, y a su hermano Juan, que estaban en la barca con Zebedeo, su
padre, preparando sus redes. Jesús
los llamó, 22 y ellos dejaron inmediatamente la barca y a su padre, y lo
siguieron.

Jesús sana a los enfermos

23 Jesús recorría toda la Galilea,
enseñando en sus sinagogas, predicando el evangelio del reino y
sanando todas las enfermedades y
todas las dolencias de la gente. 24 Su
fama se extendió por toda la Siria, y
la gente le trajo a todos los que se
encontraban mal por diversas enfermedades, y a los que sufrían padecimientos graves, a los poseídos del
demonio, a los epilépticos y a los
paralíticos, y él los sanó. 25 Lo
seguían grandes multitudes venidas
de Galilea, de la Decápolis,[d] de
Jerusalén, de Judea y de la región al
otro lado del Jordán.

Las bienaventuranzas

5 Cuando vio a la multitud, subió
a la ladera de una montaña y se
sentó. Sus discípulos se acercaron a
él, 2 y él comenzó a enseñarles,
diciendo:

3 Bienaventurados los pobres en espíritu,
porque de ellos es el reino de
los cielos.
4 Bienaventurados los afligidos,
porque ellos recibirán consuelo.
5 Bienaventurados los bondadosos,
porque ellos heredarán la tierra.
6 Bienaventurados los que tienen
hambre y sed de justicia,
porque ellos quedarán saciados.
7 Bienaventurados los misericordiosos,
porque ellos obtendrán misericordia.
8 Bienaventurados los de corazón
limpio,
porque ellos verán a Dios.

[a] *7* Deuteronomio 6:16. [b] *10* Deuteronomio 6:13. [c] *16* Isaías 9:1, 2. [d] *25* Esto es, *las Diez Ciudades*.

9 Bienaventurados los pacificadores,
porque ellos serán llamados
hijos de Dios.
10 Bienaventurados los perseguidos
por causa de la justicia,
porque de ellos es el reino de
los cielos.
11 Bienaventurados son cuando los
insulten, los persigan y digan falsamente toda clase de maldad contra
ustedes por mi causa. 12 Alégrense y
estén contentos, porque es grande su
recompensa en los cielos, pues del
mismo modo persiguieron a los profetas que los precedieron.

Sal y luz

13 Ustedes son la sal de la tierra.
Pero si la sal se vuelve insípida,
¿con qué se la volverá a salar? Ya
no sirve para nada, sino para ser
arrojada fuera y pisoteada por la
gente.
14 Ustedes son la luz del mundo.
No se puede esconder una ciudad
edificada en lo alto de un monte.
15 Ni encienden una lámpara para
colocarla debajo del almud, sino
sobre el candelero, y así alumbra a
todos los que están en la casa.
16 Que alumbre así su luz delante de
los hombres, de manera que puedan
ver sus buenas obras y dar gloria a
su Padre que está en los cielos.

El cumplimiento de la ley

17 No piensen que he venido a
abolir la ley o los profetas; no he
venido a abolirlos, sino a cumplirlos.
18 Porque les digo la verdad que,
hasta que desaparezcan los cielos y
la tierra, ni la más pequeña letra ni
el más insignificante signo de puntuación desaparecerán en modo alguno de la ley, hasta que todo se
cumpla. 19 Por lo tanto, cualquiera
que quebrante uno solo de los más
pequeños de estos mandamientos y
lo enseñe así a los hombres, será
considerado el más pequeño en el
reino de los cielos; pero cualquiera
que practique y enseñe estos mandatos, será tenido por grande en el
reino de los cielos. 20 Pues yo les
digo que, a menos que su justicia
supere a la de los fariseos y de los
escribas, de ninguna manera entrarán
en el reino de los cielos.

El homicidio

21 Oyeron que se dijo a la gente
hace mucho tiempo: "No matarás,[a]
y el que mate quedará sujeto a
juicio". 22 Pero yo les digo que todo
el que se enfada con su hermano,[b]
quedará sujeto a juicio. Y el que
diga a su hermano, Racá,[c] será responsable ante el Sanedrín; y el que
le diga "insensato",[d] será reo del
fuego del infierno.
23 Por lo tanto, si estás presentan-
do tu ofrenda en el altar, y te acuer-
das allí que tu hermano tiene algo
contra ti, 24 deja tu ofrenda allí frente al altar, y vé primero a reconci-
liarte con tu hermano, y entonces
vuelve para presentar tu ofrenda.
25 Arréglate de prisa con tu adversario que te quiere denunciar ante el
tribunal. Hazlo mientras estás aún
con él de camino; no sea que él te
entregue al juez, y el juez te entregue a la policía, y seas arrojado a la
prisión. 26 De veras te digo que no
habrá manera de que salgas de allí
hasta que hayas pagado el último
centavo.

El adulterio

27 Oyeron que se dijo: "No cometerás adulterio".[e] 28 Pero yo les digo
que todo aquel que mira a una
mujer con lujuria, ya ha cometido
adulterio con ella en su corazón.
29 Si tu ojo derecho te es ocasión de
pecado, arráncatelo y arrójalo lejos
de ti; porque más te conviene perder
uno solo de tus miembros, que todo
tu cuerpo sea arrojado al infierno.
30 Y si tu mano derecha te es

[a] *21* Exodo 20:13. [b] *22* Algunos Mss. añaden *sin causa*. [c] *22* Vocablo arameo equivalente a "imbécil" u otro término despectivo. [d] *22* El término griego connotaba para un hebreo la idea de "impío" o "renegado". [e] *27* Exodo 20:14.

ocasión de pecado, córtatela y arró-
jala lejos de ti; porque más te
conviene perder uno solo de tus
miembros que todo tu cuerpo se
vaya al infierno.
31 También se dijo: "Cualquiera
que se divorcie de su mujer, debe
de darle un certificado de divorcio".[a] 32 Pero yo les digo que
cualquiera que se divorcie de su
mujer, excepto por motivo de infidelidad conyugal, la induce a cometer
adulterio; y el que se casa con una
divorciada, comete adulterio.

Juramentos

33 Asimismo oyeron que se dijo a
la gente hace mucho tiempo: "No
jurarás en falso, y cumplirás al
Señor tus juramentos". 34 Pero yo
les digo: No juren de ningún modo;
ni por el cielo, porque es el trono
de Dios; 35 ni por la tierra, porque
es el estrado de sus pies; ni por
Jerusalén, porque es la ciudad del
gran Rey; 36 ni jures por tu cabeza,
porque tú no puedes hacer blanco o
negro ni un solo cabello. 37 Que su
"sí" sea simplemente "sí" y su
"no", "no"; lo que se añade de
más, proviene del maligno.

Ojo por ojo

38 Oyeron que se dijo: "Ojo por
ojo, y diente por diente".[b] 39 Pero yo
les digo: No opongan resistencia al
malvado. Antes bien, si alguien te
da una bofetada en la mejilla derecha, vuélvele también la otra. 40 Y si
alguien quiere armarte pleito y llevarse tu túnica, déjale que se lleve
también el manto. 41 Y si alguien te
fuerza a caminar un kilómetro,
acompáñalo dos. 42 Da a quien te
pide, y no desatiendas a quien
quiere que le prestes.

Amor a los enemigos

43 Oyeron que se dijo: "Amarás a
tu prójimo,[c] y odiarás a tu enemigo". 44 Pero yo les digo: Amen a sus
enemigos[d] y oren por los que los
persiguen; 45 de este modo se harán
hijos de su Padre que está en los
cielos, el cual hace salir su sol sobre
malos y buenos, y hace llover sobre
justos e injustos. 46 Porque si aman a
los que los aman, ¿qué recompensa
tendrán? ¿Acaso no hacen esto
mismo hasta los publicanos? 47 Y si
saludan únicamente a sus hermanos,
¿qué hacen de extraordinario? ¿No
lo hacen así también hasta los paganos? 48 Sean, pues, ustedes perfectos, así como su Padre celestial es
perfecto.

Dar a los necesitados

6 Cuídense de hacer sus "obras
de justicia" delante de los hombres, a fin de ser vistos por ellos;
de lo contrario, no tendrán recompensa de parte de su Padre que está
en los cielos.
2 Así que cuando des a los necesitados, no te anuncies a son de trompeta, como hacen los hipócritas en
las sinagogas y en las calles, para
ser alabados por los hombres. De
veras les digo que ya han recibido
toda su recompensa. 3 Pero, cuando
tú des a los necesitados, que no se
entere tu mano izquierda de lo que
está haciendo la derecha, 4 para que
así tu limosna se haga en secreto. Y
tu Padre, que ve lo que se hace en
secreto, te lo recompensará.

La oración

5 Y cuando oren, no sean como los
hipócritas, que les gusta orar de pie
en las sinagogas y en las esquinas
de las plazas, para ser vistos por los
hombres. De veras les digo que ya
han obtenido toda su recompensa.
6 Tú, en cambio, cuando ores, méte-
te en tu recámara y cierra la puerta
y ora a tu Padre, que está oculto. Y
tu Padre, que ve en lo oculto, te
recompensará. 7 Y cuando oren no

[a] *31* Deuteronomio 24:1. [b] *38* Exodo 21:24; Levítico 24:20; Deuteronomio 19:21. [c] *43* Levítico 19:18. [d] *44* Algunos Mss. posteriores añaden: *bendigan a los que los maldicen, hagan bien a los que los aborrecen.*

usen vanas repeticiones como los
paganos, que piensan que serán
escuchados por sus muchas palabras.
8 No se asemejen, pues, a ellos,
porque ya sabe su Padre lo que
necesitan antes de que se lo pidan.

9 Así es como ustedes deben orar:
Padre nuestro que estás en los
cielos,
santificado sea tu nombre,
10 venga tu reino,
hágase tu voluntad
en la tierra como en el cielo.
11 Danos hoy nuestro pan de cada
día.
12 Perdónanos nuestras deudas,
así como también nosotros
hemos perdonado a nuestros
deudores.
13 Y no nos metas en tentación,
sino líbranos del maligno.[a]

14 Porque si perdonan a los hombres sus ofensas, también los perdonará su Padre celestial. 15 Pero si no
perdonan a los hombres, tampoco su
Padre celestial les perdonará sus
pecados.

El ayuno

16 Cuando ayunen, no aparezcan
sombríos como hacen los hipócritas,
porque desfiguran sus rostros para
mostrar a los hombres que ayunan.
De veras les digo que ya han obtenido toda su recompensa. 17 Pero
cuando ayunes tú, pon aceite en tu
cabeza y lávate la cara, 18 para que
no noten los hombres que estás ayunando, sino sólo tu Padre, que está
oculto; y tu Padre, que ve lo que se
hace en secreto, te recompensará.

Tesoros en el cielo

19 No acumulen tesoros en la
tierra, donde la polilla y el orín
corroen, y donde los ladrones allanan y roban. 20 Acumulen, más bien,
tesoros en el cielo, donde ni la polilla ni el orín corroen, ni los ladrones
allanan ni roban. 21 Porque donde
está su tesoro, allí también estará su
corazón.

22 El ojo es la lámpara del cuerpo.
Si tus ojos están buenos, todo tu
cuerpo estará lleno de luz. 23 Pero si
tus ojos están malos, todo tu cuerpo
estará lleno de oscuridad. Si, pues,
la luz que hay en ti es tinieblas,
¡qué tan grandes serán esas tinieblas!

24 Nadie puede servir a dos señores; porque o aborrecerá al uno y
amará al otro, o bien se adherirá al
uno y despreciará al otro. No
pueden servir a la vez a Dios y al
dinero.

No se preocupen

25 Por eso les digo: no se preocupen acerca de su vida, sobre qué
comerán o beberán; o acerca de su
cuerpo, sobre cómo se vestirán. ¿No
es la vida más importante que la
comida, y el cuerpo más importante
que la ropa? 26 Fíjense en las aves
del cielo, que no siembran, ni cosechan, ni almacenan en graneros, y,
con todo, su Padre celestial las alimenta. ¿Acaso no valen ustedes
mucho más que ellas? 27 ¿Quién de
ustedes, a fuerza de preocuparse,
puede añadir a su vida una sola
hora?[b]

28 ¿Y por qué se preocupan del
vestido? Observen cómo crecen los
lirios del campo. No se afanan ni
hilan. 29 Con todo, yo les digo que
ni siquiera Salomón en medio de
todo su esplendor, se vestía como
uno solo de ellos. 30 Pues si así viste
Dios a la hierba del campo, que hoy
existe y mañana es arrojada al horno, ¿no los vestirá mucho más a
ustedes, hombres de poca fe? 31 Así
que no se preocupen, diciendo:
"¿Qué comeremos?" o "¿qué bebe-
remos?" o "¿con qué nos vestire-
mos?", 32 porque tras todas estas
cosas corren los paganos; pues ya
sabe su Padre celestial que tienen

[a] *13 del mal.* El sentido de toda la frase es: "*No nos abandones a la tentación que tuyo es el reino, el poder y la gloria por siempre. Amén*". [b] *27 a su altura un solo codo* (según algunos Mss. a su estatura un solo codo).

necesidad de todas esas cosas.
33 Busquen, pues, antes que ninguna
otra cosa, su reino y su justicia, y
todo eso se les dará por añadidura.
34 Por consiguiente, no se preocupen
del mañana, porque el día de mañana ya se preocupará de sí mismo.
Ya es suficiente con los problemas
que cada día trae consigo.

El juzgar a otros

7 No juzguen; de lo contrario,
también ustedes serán juzgados.
2 Porque del mismo modo que
juzguen a otros, serán ustedes juzgados, y con la misma medida que
usen, ustedes serán medidos.
3 ¿Por qué te fijas en la paja que
hay en el ojo de tu hermano, y no
echas de ver la viga que hay en el
tuyo? 4 O, ¿cómo vas a decirle a tu
hermano, "deja que te saque la paja
del ojo", cuando tienes una viga en
el tuyo? 5 Hipócrita, sácate primero
la viga de tu ojo, y entonces verás
claro para sacar la paja del ojo de tu
hermano.
6 No den a los perros las cosas
santas, ni arrojen sus perlas delante
de los cerdos, no sea que las piso-
teen con sus patas, y después se
vuelvan contra ustedes y los des-
pedacen.

Pidan, busquen, llamen

7 Pidan, y se les dará; busquen y
encontrarán; llamen, y se les abrirá
la puerta. 8 Pues todo el que pide,
recibe; y el que busca, encuentra; y
al que llama, se le abrirá la puerta.
9 ¿Quién de ustedes, si su hijo le
pide pan, le dará una piedra? 10 O si
le pide pescado, le dará una serpiente? 11 Pues si ustedes, aun siendo
malos, saben dar buenas cosas a sus
hijos, ¿cuánto más su Padre que está
en los cielos dará cosas buenas a los
que se las pidan? 12 En todo, pues,
hagan con los demás todo cuanto
quieran que ellos hagan con ustedes,
porque esto resume la ley y los profetas.

La puerta estrecha y la puerta ancha

13 Entren por la puerta estrecha.
Porque es ancha la puerta y espacio-
so el camino que conduce a la
destrucción, y son muchos los que
entran por él. 14 Y es estrecha la
puerta y angosto el camino que conduce a la vida, y son pocos los que
lo hallan.

El árbol y su fruto

15 Cuidado con los falsos profetas,
los cuales vienen a ustedes disfraza-
dos de ovejas, pero en su interior
son lobos feroces. 16 Por sus frutos
los reconocerán. ¿Acaso se cosechan
uvas de los espinos, o higos de los
cardos? 17 Así también, todo árbol
bueno produce buen fruto, y el árbol
malo da mal fruto. 18 Un árbol bueno
no puede dar malos frutos, y un
árbol malo no puede dar buenos frutos. 19 Todo árbol que no produce
buen fruto, es cortado y arrojado al
fuego. 20 Así, pues, por sus frutos
los reconocerán.
21 No todo el que me dice:
"¡Señor, Señor!", entrará en el
reino de los cielos, sino sólo el que
hace la voluntad de mi Padre que
está en los cielos. 22 Muchos me
dirán en aquel día, "¡Señor, Señor!
¿Acaso no profetizamos en tu nombre, y en tu nombre echamos demonios, y realizamos muchos milagros?" 23 Entonces yo les diré claramente: "Jamás los conocí. Apártense
de mí, los que hacen la maldad".

La casa sobre la roca y la casa sobre la arena

24 Así pues, todo aquel que oye
estas palabras mías y las pone por
obra, se parece a un varón prudente
que edificó su casa sobre la roca.
25 Cayó la lluvia, se desbordaron los
ríos, y soplaron los vientos y embistieron contra aquella casa; con
todo, no se derrumbó, porque estaba
cimentada sobre la roca. 26 En cambio, todo aquel que oye estas

palabras mías y no las pone por
obra, se parece a un varón insensato,
el cual edificó su casa sobre la arena.
27 Y cayó la lluvia, y se desbordaron
los ríos y soplaron los vientos y embistieron contra aquella casa, y se
derrumbó con gran estrépito.
28 Cuando Jesús terminó de decir
estas cosas, la multitud quedó maravillada de su enseñanza, 29 porque
les enseñaba como quien tiene autoridad, y no como los escribas.

Un leproso es sanado

8 Al bajar él de la montaña, lo
seguían grandes multitudes. 2 En
esto, se acercó a él un leproso[a] y se
postró ante él, diciendo: Señor, si
quieres, puedes limpiarme.
3 Jesús extendió su mano y lo
tocó, diciendo: Quiero. ¡Queda limpio! E inmediatamente quedó sanado[b] de su lepra. 4 Entonces le dijo
Jesús: Mira de no decírselo a nadie,
sino vé a mostrarte al sacerdote, y
presenta la ofrenda que mandó
Moisés, para que les sirva de testimonio.

La fe del centurión

5 Al entrar en Capernaum, se le
acercó un centurión que le suplicaba, diciendo: 6 Señor, mi sirviente
yace en casa paralítico y sufriendo
terriblemente.
7 Jesús le dijo: Yo iré a sanarlo.
8 Le respondió el centurión: Señor,
no merezco que entres bajo mi
techo, pero dilo sólo con tu palabra,
y quedará sanado mi sirviente.
9 Pues yo también soy un subalterno,
y tengo soldados a mis órdenes, y le
digo a uno: "¡Vé!" y va, y al otro,
"¡Ven!" y viene, y a mi esclavo,
"¡Haz esto!" y lo hace.
10 Al oír esto Jesús, quedó admirado y dijo a los que lo seguían: De
veras les digo que no he hallado a
ninguno en Israel con una fe tan
grande. 11 Les aseguro que vendrán
muchos desde el oriente y desde el
occidente y se recostarán a la mesa
con Abraham, Isaac y Jacob en el
reino de los cielos. 12 Mientras que
los súbditos del reino serán echados
fuera, a la oscuridad, donde habrá
llanto y rechinar de dientes.
13 Y le dijo Jesús al centurión:
¡Anda, y será hecho exactamente
según has creído! Y en aquella
misma hora sanó su sirviente.

Jesús sana a muchos

14 Cuando Jesús entró en casa de
Pedro, halló a la suegra de Pedro
tendida en cama con fiebre. 15 Le
tocó la mano y la dejó la fiebre; y
ella se levantó, y se puso a servirle.
16 Al atardecer, le fueron presentados muchos poseídos del demonio, y
él arrojó con su palabra a los espíritus y sanó a todos los que tenían
males, 17 y así se cumplió lo predicho mediante el profeta Isaías:

> Tomó él mismo nuestras debilida-
> des,
> y cargó sobre sí nuestras enfer-
> medades.[c]

El precio de seguir a Jesús

18 Cuando Jesús vio a la muchedumbre alrededor de él, ordenó partir para la orilla opuesta del lago.
19 Entonces se le acercó un escriba y
le dijo: Maestro, te seguiré adonde-
quiera que vayas.
20 Respondió Jesús: Los zorros
tienen madrigueras y las aves del
cielo tienen nidos, pero el Hijo del
Hombre no tiene dónde recostar la
cabeza.
21 Y otro, uno de sus discípulos, le
dijo: Señor, déjame primero ir a enterrar a mi padre.
22 Pero Jesús le dijo: Sígueme, y
deja que los muertos entierren a sus
muertos.

Jesús calma la tempestad

23 Luego subió a la barca y sus
discípulos lo siguieron. 24 Inesperada-
mente, se levantó en el lago una

[a] *2* El vocablo griego indica también otras dolencias afines. [b] *3* Literalmente: *fue limpiada su lepra.* [c] *17* Isaías 53:4.

furiosa tormenta, tanto que las olas
inundaban la barca; pero Jesús dor-
mía. 25 Los discípulos se acercaron a
él y lo despertaron, diciendo:
¡Señor, sálvanos, que nos vamos a
hundir!
26 El respondió: Hombres de poca
fe, ¿por qué tienen tanto miedo? Entonces se puso de pie e increpó a
los vientos y a las olas, y se produjo una calma absoluta.
27 Los hombres se quedaron atónitos y se preguntaban: ¿Qué clase de
hombre es éste? ¡Hasta los vientos y
las olas lo obedecen!

Dos endemoniados son sanados

28 Cuando llegó a la otra orilla, a
la región de los gadarenos,[a] le salieron al encuentro dos endemoniados
de entre unas tumbas. Eran tan feroces que nadie era capaz de pasar
por aquel camino. 29 ¿Qué tienes que
ver con nosotros, Hijo de Dios? —le
dijeron a gritos—. ¿Has venido acá
a torturarnos antes de la hora?
30 A cierta distancia de ellos, había
una piara de cerdos paciendo. 31 Y
los demonios le rogaban a Jesús: Si
nos expulsas, mándanos a la piara
de cerdos.
32 El les dijo: Vayan. Salieron,
pues, y se fueron a los cerdos, y
toda la piara corrió a precipitarse en
el mar desde el acantilado, y murieron en el agua. 33 Los porqueros
huyeron, y marcharon al pueblo a
informar de todo esto, incluyendo lo
que les había sucedido a los endemoniados. 34 Entonces el pueblo
entero salió al encuentro de Jesús y,
en cuanto lo vieron, le suplicaron
que abandonara su territorio.

Jesús sana a un paralítico

9 Subiendo a una barca, pasó
Jesús a la otra orilla y fue a su
pueblo mismo. 2 Unos hombres le
trajeron a un paralítico postrado en
su camilla. Viendo Jesús la fe que
tenían, le dijo al paralítico: ¡Ten
buen ánimo, hijo! Tus pecados
quedan perdonados.
3 Entonces, algunos de los escribas
se decían entre sí: Este individuo
está blasfemando.
4 Conociendo Jesús sus pensamientos, les dijo: ¿Por qué motivo están
cavilando maldades en su corazón?
5 ¿Qué es más fácil, decir: "Tus
pecados quedan perdonados", o
decir: "Levántate y camina"? 6 Pues
para que sepan que el Hijo del
Hombre tiene autoridad en la tierra
para perdonar pecados... dijo entonces al paralítico: Levántate, toma tu
camilla y vete a tu casa. 7 Y el hombre se levantó y se fue a su casa.
8 Cuando la multitud vio esto, se
llenó de asombro y glorificaba a
Dios por haber dado semejante
poder a los hombres.

El llamamiento de Mateo

9 Partiendo de allí vio Jesús a un
hombre sentado a la mesa de los impuestos, llamado Mateo, y le dijo:
Sígueme. Y Mateo se levantó y lo
siguió.
10 Y sucedió que, mientras Jesús
estaba comiendo en casa de Mateo,
vinieron muchos cobradores de impuestos y pecadores a sentarse a la
mesa con Jesús y sus discípulos.
11 Los fariseos, al ver esto, decían a
los discípulos de él: ¿Por qué come
su maestro con cobradores de impuestos y pecadores?
12 Lo oyó Jesús y dijo: No son los
sanos quienes necesitan médico, sino
los enfermos. 13 Vayan a aprender lo
que significa: "Misericordia quiero,
no sacrificio".[b] Pues no he venido a
llamar a justos, sino a pecadores.

Pregunta sobre el ayuno

14 Entonces se le acercaron los
discípulos de Juan y le preguntaron:
¿Cómo es que nosotros y los fariseos ayunamos, y tus discípulos no
ayunan?
15 Les respondió Jesús: ¿Acaso
pueden hacer duelo los invitados del

[a] *28* Algunos Mss. dicen *gergesenos.* [b] *13* Oseas 6:6.

novio mientras éste está con ellos?
Días vendrán en que les será arrebatado el novio, y entonces ayunarán.
16 Nadie remienda un vestido viejo
con un trozo de paño nuevo, porque
entonces el remiendo tira fuerte del
manto, y el desgarrón se hace
mayor. 17 Como tampoco se echa
vino nuevo en odres viejos; pues de
hacerlo así, revientan los odres y se
derrama el vino a la vez que los
odres se echan a perder. Lo que se
hace es echar vino nuevo en odres
nuevos, y así ambos se conservan
en buen estado.

La niña muerta y la mujer enferma

18 Mientras él decía estas cosas, se
le acercó un jefe de la sinagoga y
postrándose ante él, le dijo: Mi hija
acaba de morir,[a] pero ven a poner
tu mano sobre ella y vivirá. 19 Jesús
se levantó y fue con él, al igual que
sus discípulos.
20 En esto, cierta mujer, que
padecía de flujo de sangre desde
hacía doce años, se le acercó por
detrás y tocó el borde de su manto;
21 pues decía en su interior: Sólo con
que logre tocar su manto, quedaré
sana.
22 Jesús se dio la vuelta y, al
verla, le dijo: ¡Animo, hija! Tu fe te
ha sanado. Y la mujer quedó sana
desde aquel momento.
23 Cuando Jesús entró en la casa
del jefe de la sinagoga y vio a los
flautistas y a la gente armando
ruido, 24 dijo: Retírense, pues la niña
no está muerta, sino dormida. Y se
burlaban de él. 25 Una vez desalojada
la gente, entró y tomó de la mano a
la niña, y ella se levantó. 26 La noticia de esto se extendió por toda
aquella región.

Jesús sana a los ciegos y a los mudos

27 Al irse de allí, lo siguieron dos
ciegos diciéndole a gritos: ¡Ten
piedad de nosotros, Hijo de David!
28 Y cuando llegó a la casa, se le
acercaron los ciegos, y les dijo
Jesús: ¿Creen que puedo hacer esto?
Sí, Señor —respondieron ellos.
29 Entonces les tocó los ojos y
dijo: Conforme a su fe, que así les
suceda. 30 Y recobraron la vista.
Jesús les advirtió seriamente: Miren
que nadie lo sepa. 31 Pero ellos,
luego que salieron de allí, divulgaron
su fama por toda aquella región.
32 Y mientras ellos se marchaban,
le trajeron a un mudo que estaba
poseído del demonio. 33 Y tan pronto
como fue expulsado el demonio,
habló el mudo. La gente quedó
maravillada y decían: ¡Jamás se vio
en Israel cosa semejante!
34 Pero los fariseos decían: Es
mediante el poder del príncipe de los
demonios como éste echa a los
demonios.

Los obreros son pocos

35 Jesús recorría todas las ciudades
y pueblos, enseñando en sus sinagogas, predicando el evangelio del
reino y sanando toda clase de enfermedades y dolencias. 36 Al ver a las
multitudes, sentía compasión por
ellas, pues estaban extenuadas y
desvalidas, como ovejas sin pastor.
37 Entonces dijo a sus discípulos: La
mies es abundante, pero los obreros
son pocos. 38 Rueguen, pues, al
dueño de la mies que envíe obreros
a su mies.

Jesús envía a los doce

10 Llamó a sus doce discípulos,
les dio poder para arrojar espíritus malignos[b] y para sanar toda
clase de enfermedades y dolencias.
2 Estos son los nombres de los
doce apóstoles: primero, Simón (el
llamado Pedro) y Andrés su hermano; Jacobo, hijo de Zebedeo, y
Juan su hermano; 3 Felipe y Bartolomé; Tomás y Mateo, el cobrador
de impuestos; Jacobo, hijo de Alfeo,
y Tadeo; 4 Simón el Zelote y Judas

[a] *18* O *está muriendo.* [b] *1* El griego original dice *inmundos.*

el Iscariote, que fue el que lo traicionó.

5 A estos doce los envió Jesús con las siguientes instrucciones: No vayan hacia los gentiles, ni entren en ninguna ciudad de los samaritanos; 6 vayan más bien a las descarriadas ovejas de Israel. 7 Y según van de camino, prediquen este mensaje: "El reino de los cielos está muy cerca". 8 Sanen enfermos, resuciten muertos, limpien leprosos,[a] expulsen demonios. Gratis lo han recibido, denlo gratis. 9 No lleven oro, ni plata, ni cobre en sus cintos; 10 ni alforja para el viaje, ni túnica de repuesto, ni sandalias, ni bastón; porque el trabajador tiene merecido su mantenimiento.

11 En cualquier ciudad o pueblo que entren, averigüen quién es allí persona digna, y quédense en su casa hasta que se vayan. 12 Al entrar en la casa, den sus saludos. 13 Si la casa lo merece, que se quede su paz allí; y si no, que regrese a ustedes su paz. 14 Y donde no los reciban bien ni escuchen sus palabras, al salir de aquella casa o de aquella ciudad, sacúdanse el polvo de los pies. 15 De veras les digo que se procederá menos severamente con Sodoma y Gomorra el día del juicio que con aquella ciudad. 16 Los estoy enviando como ovejas en medio de lobos. Por tanto, sean tan sagaces como las serpientes, y tan sencillos como las palomas.

17 Pero tengan cuidado con los hombres, porque los entregarán a los concejos locales y los azotarán en sus sinagogas. 18 Por mi causa serán conducidos ante los gobernantes y los reyes, para dar testimonio a ellos y a los gentiles. 19 Pero cuando los arresten, no se preocupen de cómo o de qué van a hablar; pues ya se les comunicará en aquel momento lo que tienen que decir, 20 ya que no serán ustedes los que estén hablando, sino el Espíritu de su Padre el que estará hablando a través de ustedes.

21 El hermano entregará a su hermano a la muerte, y el padre a su hijo; y se rebelarán los hijos contra sus progenitores y les darán muerte. 22 Todos los hombres los odiarán por causa mía, pero el que se mantenga firme hasta el final, ése será salvo. 23 Cuando los persigan en un lugar, huyan a otro. Les aseguro que no habrán terminado de recorrer todas las ciudades de Israel antes que venga el Hijo del Hombre.

24 El discípulo no está por encima de su maestro, ni el siervo por encima de su amo. 25 Le basta al discípulo con llegar a ser como su maestro, y al siervo como su amo. Si al jefe de familia le han llamado Beelzebú,[b] ¡cuánto más a sus familiares!

26 Así que no les tengan miedo; porque no hay nada velado que no haya de ser revelado, ni nada escondido que no haya de ser conocido. 27 Lo que les digo en la oscuridad, díganlo a plena luz; y lo que se les susurra al oído, proclámenlo desde las azoteas. 28 No tengan miedo de los que matan el cuerpo, pero no pueden matar el alma. Teman más bien al que puede destruir cuerpo y alma en el infierno. 29 ¿No se venden dos gorriones por una moneda?[c] Con todo, ni uno de ellos caerá al suelo sin el permiso de su Padre. 30 Y hasta los cabellos de su cabeza están todos contados. 31 Así que no tengan miedo; ustedes valen más que muchos gorriones.

32 A todo el que me reconozca delante de los hombres, yo también lo reconoceré delante de mi Padre que está en los cielos. 33 Pero a todo el que reniegue de mí delante de los hombres, yo también renegaré de él delante de mi Padre que está en los cielos.

34 No se figuren que he venido a traer paz sobre la tierra; no he

[a] *8* El vocablo griego indica probablemente también otras enfermedades de la piel. [b] *25* Los Mss. griegos dicen *Beelzebul* o *Beezebul*. [c] *29* Lit. un as. moneda de cobre de 1 centavo.

venido a poner paz, sino espada.
35 Pues he venido a enfrentar
al hombre contra su padre,
a la hija contra su madre,
y a la nuera contra su suegra.
36 Y a que sean enemigos del
hombre sus propios familiares.[a]
37 El que ama a su padre o a su
madre más que a mí, no es digno de
mí; el que quiere a su hijo o a su
hija más que a mí, no es digno de
mí; 38 y el que no toma su cruz y
me sigue, no es digno de mí. 39 El
que encuentre su vida, la perderá, y
el que pierda su propia vida por mi
causa, la encontrará.
40 El que los recibe a ustedes, a
mí me recibe; y el que me recibe a
mí, recibe al que me ha enviado.
41 El que recibe a un profeta por tratarse de un profeta; recibirá recompensa de profeta, y el que recibe a
un justo por tratarse de un justo,
recibirá la recompensa del justo. 42 Y
el que dé un vaso de agua fresca a
uno de estos pequeños por tratarse
de un discípulo, de veras les digo
que de ninguna manera perderá su
recompensa.

Jesús y Juan el Bautista

11 Cuando Jesús terminó de in-
struir a sus doce discípulos,
se marchó de allí para enseñar y
predicar en las ciudades de Galilea.[b]
2 Al enterarse Juan en la prisión de
lo que Cristo estaba haciendo, le
mandó a decir por medio de sus
discípulos: 3 ¿Eres tú el que iba a
venir, o tendremos que esperar a
otro?
4 Respondió Jesús: Vayan a decirle
a Juan lo que están oyendo y viendo: 5 Los ciegos recobran la vista,
los cojos caminan, los leprosos
quedan limpios, los sordos oyen, los
muertos son resucitados, y a los
pobres se les predica el evangelio.
6 Y bienaventurado aquel que no
halla en mí motivo de escándalo.
7 En cuanto se marcharon los
discípulos de Juan, comenzó Jesús a
hablar de la gente acerca de Juan.
¿Qué salieron a ver al desierto?
¿Una caña sacudida por el viento?
8 Si no, ¿qué salieron a ver? ¿A un
hombre vestido de finas telas? ¡No!
Los que llevan finos ropajes están
en los palacios reales. 9 Pues, entonces, ¿qué es lo que salieron a ver?
¿A un profeta? ¡Sí, les digo, y más
que profeta! 10 Este es de quien está
escrito:
Enviaré a mi mensajero delante
de ti
y él preparará tu camino por
delante de ti.[c]
11 Les aseguro que, de entre los
nacidos de mujer, no ha surgido
ninguno mayor que Juan el Bautista;
con todo, el más pequeño en el
reino de los cielos es mayor que él.
12 Desde los días de Juan el Bautista
hasta ahora, el reino de los cielos se
abre paso por la fuerza, y los esfor-
zados echan mano de él. 13 Pues
todos los profetas y la ley han pro-
fetizado hasta Juan. 14 Y, si están
dispuestos a aceptarlo, él es el Elías
que había de venir. 15 El que tenga
oídos, que escuche.
16 ¿A qué compararé esta generación? Se parecen a los muchachos
que se sientan en las plazas y se gritan unos a otros:
17 Hemos tocado la flauta para ustedes
y no han bailado,
hemos entonado un canto fúnebre
y no se han lamentado.
18 Pues vino Juan que ni comía ni
bebía, y dicen: "Está endemoniado". 19 Vino el Hijo del Hombre que
come y bebe, y dicen: "Mira qué
glotón y qué borracho, amigo de
cobradores de impuestos y de pecadores". Pero la sabiduría se prueba
por sus obras.

Ayes sobre las ciudades que no se arrepienten

20 Entonces comenzó Jesús a
reprochar a las ciudades donde se

[a] *36* Miqueas 7:6. [b] *1* El original dice: *de ellos*. [c] *10* Malaquías 3:1.

había realizado el mayor número de
sus milagros, de que no se habían
arrepentido: 21 ¡Ay de ti, Corazín!
¡Ay de ti, Betsaida ! Si los milagros
que se han realizado en ustedes, se
hubieran realizado en Tiro y en
Sidón, ya hace tiempo que se
habrían arrepentido vestidos de saco
y cubiertos de ceniza. 22 Pero yo les
digo que Tiro y Sidón serán tratadas
el día del juicio con menos severidad
que ustedes. 23 Y tú, Capernaum,
¿acaso te elevarás hasta los cielos?
¡No! Hasta el abismo[a] descenderás.
Si los milagros que se hicieron en ti,
se hubieran hecho en Sodoma,
habría permanecido hasta hoy.
24 Pero yo te aseguro que Sodoma
será tratada el día del juicio con
menos rigor que tú.

Reposo para los fatigados

25 En aquella ocasión, Jesús se
puso a hablar y dijo: Te alabo,
Padre, Señor de cielos y tierra,
porque has ocultado estas cosas a
los sabios y a los instruidos, y las
has revelado a los pequeños. 26 Sí,
Padre, porque así te ha parecido
bien.

27 Todas las cosas me han sido en-
tregadas por mi Padre. Nadie conoce
al Hijo excepto el Padre, y nadie
conoce al Padre excepto el Hijo y
aquél a quien el Hijo tenga a bien
revelarlo.

28 Vengan a mí todos los que están
fatigados y sobrecargados, y yo les
daré reposo. 29 Carguen con mi yugo
y aprendan de mí, pues soy de
corazón manso y humilde, y encontrarán alivio para sus almas.
30 Porque mi yugo es suave y mi
carga es ligera.

Señor del sábado

12 En aquel tiempo, pasaba
Jesús en un día de sábado
por los sembrados. Sus discípulos
tenían hambre y comenzaron a
arrancar espigas y a comerlas. 2 Al
ver esto los fariseos, le dijeron:
¡Mira! Tus discípulos están haciendo
lo que no está permitido hacer en
sábado.

3 El les contestó: ¿No han leído lo
que hizo David cuando él y los que
estaban con él tuvieron hambre?
4 Entró en la casa de Dios, y él y
los que iban con él comieron los
panes de la ofrenda, lo cual no les
estaba permitido a ellos, sino sólo a
los sacerdotes. 5 ¿O no han leído en
la ley que en los sábados los sacerdotes violan el día y, con todo, no
son culpables? 6 Pues yo les digo que
aquí hay alguien mayor que el templo. 7 Si hubieran comprendido lo
que quieren decir estas palabras:
"Misericordia quiero, no sacrificio",[b]
no habrían condenado a los inocentes. 8 Porque el Hijo del Hombre es
Señor del sábado.

9 Y marchándose de aquel lugar, se
fue a la sinagoga de ellos, 10 y había
allí un hombre con una mano paralizada. Buscando un pretexto para
acusar a Jesús, le preguntaron: ¿Es
lícito sanar en sábado?

11 El les contestó: Si uno de ustedes tiene una oveja y se le cae a un
pozo en día de sábado, ¿no le echa
mano y la saca? 12 ¡Cuánto más
valioso es un hombre que una oveja!
Así que está permitido hacer el bien
en día sábado.

13 Entonces dijo al hombre: Estira
la mano. El estiró la mano y le
quedó completamente sana, tan sana
como la otra. 14 Pero los fariseos se
fueron a urdir un plan para ver la
forma de asesinar a Jesús.

El siervo escogido por Dios

15 Enterado de esto, Jesús se retiró
de aquel lugar. Muchos lo siguieron,
y él sanó a todos los enfermos,
16 advirtiéndoles que no dijeran quién
era él. 17 De modo que se cumpliera
lo predicho por medio del profeta
Isaías:

18 Aquí está mi siervo a quien he
escogido,

[a] *23* En griego *Hades*. [b] *7* Oseas 6:6.

al que amo y en quien me complazco;
pondré mi Espíritu sobre él,
y proclamará justicia a las
naciones.
19 No alterará, ni gritará,
ni le oirá nadie vociferar por las
calles.
20 No quebrará la caña cascada,
ni apagará la mecha humeante,
hasta que haga triunfar la justicia.
21 Y en su nombre pondrán las
naciones su esperanza."[a]

Jesús y Beelzebú

22 Entonces le presentaron un endemoniado que estaba ciego y mudo,
y Jesús lo sanó, de modo que el
mudo pudo hablar y ver. 23 Toda la
gente se quedó asombrada y decían:
¿Acaso no será éste el Hijo de
David?
24 Pero cuando los fariseos oyeron
esto, dijeron: Es sólo por medio de
Beelzebú,[b] el príncipe de los demonios, como éste arroja los demonios.
25 Jesús se dio cuenta de lo que
pensaban y les dijo: Todo reino dividido contra sí mismo, irá a la ruina,
y toda ciudad o familia dividida contra sí misma, no permanecerá en
pie. 26 Si es Satanás el que arroja a
Satanás, está dividido contra sí
mismo. ¿Cómo, pues, puede seguir
en pie su reino? 27 Y si yo arrojo los
demonios por medio de Beelzebú,[b]
¿en virtud de quién los arroja su
gente? Así pues, ellos serán sus
jueces. 28 Pero si yo arrojo los demonios en virtud del Espíritu de Dios,
entonces es que el reino de Dios ha
llegado hasta ustedes.
29 O también, ¿cómo puede uno
entrar en la casa del hombre fuerte
y arrebatarle sus bienes, si primero
no ata al hombre fuerte? Entonces
ya podrá desvalijar su casa.
30 El que no está conmigo, está
contra mí; y el que no recoge
conmigo, desparrama. 31 Por eso, les
digo que todo pecado y toda blasfemia se les perdonará a los hombres,
pero la blasfemia contra el Espíritu
no les será perdonada. 32 A cualquiera que profiera una palabra contra el
Hijo del Hombre, se le perdonará;
pero al que la profiera contra el Espíritu Santo, no se le perdonará ni
en esta época, ni en la venidera.
33 Hagan bueno un árbol y sus frutos serán buenos, o hagan malo un
árbol y sus frutos serán malos, porque
al árbol se le conoce por su fruto.
34 Raza de víboras, ¿cómo pueden
decir algo bueno, si son malos? Pues
de la abundancia del corazón habla la
boca. 35 El hombre bueno saca cosas
buenas del bien almacenado en su interior, y el hombre malo saca cosas
malas del mal almacenado en su interior. 36 Pero yo les digo que los
hombres habrán de dar cuenta en el
día del juicio de toda palabra inútil
que hayan dicho. 37 Pues por tus palabras serás justificado, y por tus palabras serás condenado.

La señal de Jonás

38 Entonces algunos de los fariseos
y de los escribas le dijeron:
Maestro, queremos verte hacer alguna señal milagrosa.
39 El respondió: ¡Una generación
perversa y adúltera pide una señal
milagrosa! Pero no se le dará ninguna
otra que la señal del profeta Jonás.
40 Porque como Jonás estuvo tres
días y tres noches en el vientre de un
gran pez, así también el Hijo del
Hombre estará tres días y tres
noches en el seno de la tierra. 41 Los
hombres de Nínive se levantarán en
el juicio con esta generación y la
condenarán; porque ellos se arrepintieron con la predicación de Jonás, y
ahora hay aquí uno mayor que Jonás.
42 La Reina del Sur se levantará en el
juicio con esta generación y la condenará; porque ella vino de los confines de la tierra para escuchar la sabiduría de Salomón, y ahora hay aquí
uno mayor que Salomón.
43 Cuando un espíritu maligno[a] sale
de un hombre, atraviesa por lugares

[a] *21* Isaías 42:1-4. [b] *24, 27* Los Mss. griegos dicen *Beelzebul* o *Beezebul*.

áridos en busca de reposo y no lo
encuentra. 44 Entonces dice:
"Volveré a la casa de donde salí".
Y cuando llega a ella, la encuentra
desocupada, barrida y puesta en
orden. 45 Entonces se va y toma
consigo otros siete espíritus más
perversos que él mismo, y entran y
viven allí. Y la última condición de
aquel hombre resulta peor que la
primera. Esto mismo es lo que le
pasará a esta generación perversa.

La madre y los hermanos de Jesús

46 Mientras Jesús estaba aún
hablando a la gente, su madre y sus
hermanos estaban afuera, esperando
para poder hablarle. 47 Alguien le
dijo: Tu madre y tus hermanos están
ahí fuera y desean hablarte.[b]

48 El respondió: ¿Quién es mi
madre, y quiénes son mis hermanos?
49 Y, señalando con la mano a sus
discípulos, dijo: Aquí están mi
madre y mis hermanos. 50 Pues todo
el que hace la voluntad de mi Padre
que está en los cielos, es mi hermano, mi hermana y mi madre.

La parábola del sembrador

13 Ese mismo día, salió Jesús
de la casa y fue a sentarse
junto al lago. 2 Y se congregó junto
a él tanta gente, que tuvo que subirse a una barca y sentarse en ella,
mientras toda la multitud se quedó
en pie a la orilla. 3 Entonces él les
habló muchas cosas en parábolas,
diciendo: Un labrador salió a sembrar su semilla. 4 Y mientras iba esparciendo la semilla, parte de ésta
cayó junto al camino, y vinieron las
aves y se la comieron. 5 Otra parte
cayó en sitio rocoso, donde no tenía
mucha tierra. Brotó rápidamente,
porque la tierra no tenía profundidad. 6 Pero cuando salió el sol, las
plantas se quemaron y se secaron
por falta de raíces. 7 Otra parte de la
semilla cayó entre cardos, y al crecer éstos, ahogaron las plantas.
8 Otra, por fin, cayó en tierra buena
donde produjo una cosecha cien,
sesenta, o treinta veces mayor que
lo que se había sembrado. 9 El que
tenga oídos, que preste atención.

10 Se acercaron a él los discípulos
y le preguntaron. ¿Por qué hablas a
la gente en parábolas?

11 El contestó: El conocimiento de
los misterios del reino de los cielos
les ha sido concedido a ustedes,
pero no a ellos. 12 Al que tiene, se le
dará más y tendrá en abundancia.
Pero al que no tiene, aun lo que
tiene le será quitado. 13 Por esto les
hablo en parábolas:

Aun viendo, no ven;
aun escuchando, no oyen ni entienden.

14 En ellos se cumple la profecía de
Isaías:

Estarán siempre oyendo sin entender jamás;
estarán siempre viendo sin
percibir jamás.
15 Porque el corazón de este pueblo
se ha encallecido;
se han vuelto duros de oído,
y han cerrado los ojos.
De otro modo, podrían ver con
los ojos,
oír con los oídos,
entender con el corazón
y convertirse, y yo los sanaría.[c]

16 Pero, dichosos los ojos de ustedes porque ven, y sus oídos porque
oyen. 17 Pues yo les aseguro que
muchos profetas y hombres justos
anhelaron ver lo que ustedes ven,
pero no lo vieron; y oír lo que ustedes oyen, pero no lo oyeron.

18 Presten, pues, atención al significado de la parábola del sembrador:
19 Cuando alguno oye el mensaje
sobre el reino y no lo entiende,
viene el maligno y arrebata lo sembrado en aquel corazón. Esta es la
semilla arrojada al lado del camino.
20 Lo que se sembró en sitio rocoso
es el que oye la palabra y la recibe

[a] *43* El original griego dice *inmundo*. [b] *47* Algunos Mss. omiten el versículo 47. [c] *15* Isaías 6:9, 10.

en seguida con gozo. 21 Pero como
no tiene raíz dentro de sí, dura poco
tiempo. En cuanto surgen problemas
o persecuciones a causa de la palabra, en seguida tropieza. 22 En cuanto a lo sembrado entre cardos, éste
es el que oye la palabra, pero las
preocupaciones de esta vida y el
engaño de las riquezas sofocan la
palabra, haciéndola estéril. 23 Pero lo
que se ha sembrado en tierra buena
es el hombre que oye la palabra y la
comprende. Este es el que produce
cosecha y da el ciento, el sesenta, o
el treinta por uno.

Párabola de la cizaña

24 Jesús les dijo otra parábola: El
reino de los cielos es como un hombre que sembró buena semilla en su
campo. 25 Pero, mientras todos dor-
mían, vino su enemigo y sembró
cizaña entre el trigo, y se marchó.
26 Cuando brotó la planta y produjo
espigas, apareció también la cizaña.
27 Los criados vinieron al dueño y
le dijeron: "Señor, ¿no sembraste
buena semilla en tu campo? ¿De
dónde, pues, ha salido la cizaña?"
28 "Esto lo ha hecho un enemigo"
—contestó él. Entonces le dijeron
los sirvientes: "¿Quieres que vayamos y que la arranquemos?"
29 "¡No! —respondió él—, no sea
que, al arrancar la cizaña, arranquen
también el trigo. 30 Dejen que los dos
crezcan juntos hasta la cosecha, y
cuando venga el tiempo de la cosecha, les diré a los segadores: 'Recojan
primero la cizaña y átenla en gavillas
para quemarla, y después recojan el
trigo y tráiganlo a mi granero' ".

Parábolas del grano de mostaza y de la levadura

31 Les presentó también otra parábola: El reino de los cielos es como
un grano de mostaza que un hombre
tomó para sembrarlo en su campo.
32 Aunque es la más pequeña de
todas las semillas, cuando crece es
el mayor de los arbustos y llega a
hacerse un árbol, tanto que las aves
del cielo vienen a anidar en sus
ramas.
33 Aún les presentó otra parábola
más: El reino de los cielos es como
la levadura que una mujer tomó y
metió en tres medidas de harina,[a]
hasta que fermentó la masa.
34 Jesús habló a la gente todas
estas cosas en parábolas, y no les
hablaba nada sin usar parábolas.
35 Así se cumplió lo predicho
mediante el profeta:

Abriré mi boca en parábolas;
expresaré cosas que han estado
ocultas desde la creación del
mundo.[b]

Explicación de la parábola de la cizaña

36 Después dejó marchar a la gente
y se fue a la casa. Se le acercaron
entonces sus discípulos y le dijeron:
Explícanos la parábola de la cizaña
en el campo.
37 El les respondió: El sembrador
de la buena semilla es el Hijo del
Hombre, 38 el campo es el mundo, y
la buena semilla representa a los
hijos del reino. La cizaña son los
hijos del maligno, 39 y el enemigo
que la siembra es el diablo. La cosecha es el final de los tiempos, y los
segadores son los ángeles.
40 Así como se recoge la cizaña
para quemarla en el fuego, así también será al fin de los tiempos.
41 Enviará el Hijo del Hombre a sus
ángeles y arrancarán de su reino
todo lo que es ocasión de tropiezo y
a los que obran la maldad; 42 y los
arrojarán al horno del fuego, donde
será el lamentarse y el rechinar de
dientes. 43 Entonces los hombres
justos resplandecerán como el sol en
el reino de su Padre. El que tenga
oídos, que preste atención.

Parábolas del tesoro escondido y de la perla

44 El reino de los cielos es como
un tesoro escondido en un campo.

[a] *33* El griego dice *tres satas*, probablemente 22 litros. [b] *35* Salmo 78:2.

Cuando un hombre lo descubre, lo
vuelve a esconder, y lleno de gozo
por el hallazgo va y vende todo lo
que tiene para comprar aquel campo.
45 También se parece el reino de
los cielos a un comerciante en busca
de perlas finas; 46 y que, al encontrar
una de gran valor, fue a vender todo
lo que tenía y la compró.

Parábola de la red de pescar

47 Y también se parece el reino de
los cielos a una red echada al mar,
y que recoge peces de todas clases;
48 y que, cuando está repleta de
peces, la sacan a la orilla. Entonces
se sientan y recogen los peces
buenos en canastas, y tiran los
malos. 49 Así sucederá al fin de los
tiempos. Vendrán los ángeles y sepa-
rarán a los malvados de los justos,
50 y los arrojarán al horno ardiente,
donde será el gemir y el rechinar de
dientes.
51 ¿Han entendido todas estas
cosas? —les preguntó Jesús.
Sí —respondieron ellos.
52 Y él les dijo: Por consiguiente,
todo escriba que ha sido instruido
acerca del reino de los cielos es
como un jefe de familia que, de sus
bien provistos almacenes, saca tesoros tanto nuevos como antiguos.

Un profeta sin honores

53 Cuando terminó Jesús de expo-
ner estas parábolas, se fue de allí.
54 Y llegando a su pueblo, les enseñaba en su sinagoga, y se quedaban asombrados. ¿De dónde ha sacado éste semejante sabiduría y poderes tan milagrosos? —se preguntaban—. 55 ¿No es el hijo del carpinte-
ro? ¿No se llama María su madre, y
no son sus hermanos Jacobo, José,
Simón y Judas? 56 ¿Y no viven todas
sus hermanas entre nosotros? ¿De
dónde, pues, le viene todo esto? 57 Y
encontraban en él motivo de escándalo.
Pero Jesús les dijo: Sólo en su
tierra natal y en su propia casa es
donde un profeta se encuentra sin
honores.
58 Y no realizó allí muchos milagros, a causa de la falta de fe de
ellos.

Decapitación de Juan el Bautista

14 Por aquel tiempo, Herodes el
tetrarca oyó lo que se con-
taba de Jesús, 2 y dijo a sus servidores: ¡Ese es Juan el Bautista; ha
resucitado de los muertos, y por eso
obran en él poderes milagrosos!
3 Pues Herodes había arrestado a
Juan, y lo había encadenado y metido en la cárcel a causa de Herodías,
mujer de su hermano Felipe,
4 porque Juan le había estado diciendo: No te es lícito tenerla. 5 Herodes
deseaba matar a Juan, pero temía al
pueblo, pues lo consideraban profeta.
6 En el cumpleaños de Herodes, la
hija de Herodías bailó a vista de
todos y agradó tanto a Herodes,
7 que él le prometió con juramento
darle cualquier cosa que le pidiera.
8 Instruida por su madre, dijo ella:
Dame aquí mismo, en una bandeja,
la cabeza de Juan el Bautista. 9 El
rey se entristeció mucho, pero en
atención al juramento y a los invitados, ordenó que se le concediera lo
que pedía, 10 e hizo decapitar a Juan
en la prisión. 11 Su cabeza fue traída
en una bandeja y entregada a la
joven, quien la llevó a su madre.
12 Los discípulos de Juan vinieron,
se llevaron el cadáver y le dieron
sepultura. Después fueron a comu-
nicárselo a Jesús.

Jesús alimenta a los cinco mil

13 Cuando Jesús oyó lo ocurrido,
se retiró de allí privada mente en
una barca, a un lugar solitario. En-
teradas de esto las multitudes, lo
siguieron a pie desde los pueblos.
14 Cuando desembarcó Jesús, y vio
una gran muchedumbre, tuvo compasión de ellos y sanó a los enfermos.

15 Al caer la tarde, se acercaron a él sus discípulos y le dijeron: Este es un lugar apartado, y ya se está haciendo tarde. Despide a la multitud para que vayan a los pueblos a comprarse algo de comer.

16 Jesús les respondió: No tienen necesidad de irse. Denles ustedes algo de comer.

17 Sólo tenemos aquí cinco panes y dos pescados —respondieron ellos.

18 Tráiganmelos acá —dijo él. 19 Y ordenó que la multitud se sentara en la hierba. Tomando los cinco panes y los dos pescados, y alzando los ojos al cielo, dio gracias y partió los panes. Luego los dio a los discípulos, y éstos los repartieron a la gente. 20 Todos comieron y quedaron satisfechos, y los discípulos recogieron los pedazos que habían sobrado, llenando con ellos doce canastos. 21 El número de los que comieron fue como de unos cinco mil, sin contar las mujeres ni los niños.

Jesús camina sobre las aguas

22 Inmediatamente Jesús hizo que los discípulos subieran a la barca, y se dirigieran delante de él a la otra orilla, mientras él despedía a la multitud. 23 Después de despedirla, se fue él solo a la montaña a orar. Al caer la noche, estaba allí él solo, 24 pero la barca estaba ya a considerable distancia[a] de la costa, agitada por las olas, porque el viento era contrario.

25 Durante la cuarta vigilia de la noche, Jesús se les acercó caminando sobre el agua. 26 Cuando los discípulos lo vieron andando sobre el agua, se asustaron y dijeron: ¡Es un fantasma! Y se pusieron a gritar de miedo.

27 Pero Jesús les habló en seguida y les dijo: ¡Animo! ¡Soy yo! ¡No teman!

28 Señor, si eres tú —respondió Pedro—, mándame que vaya hacia ti sobre el agua.

29 Ven —dijo él.

Entonces Pedro bajó de la barca y se puso a caminar hacia Jesús sobre el agua. 30 Pero, al percibir la fuerza del viento, le entró miedo y, comenzando a hundirse, gritó: ¡Señor, sálvame!

31 En seguida Jesús le tendió la mano y lo sujetó. Hombre de poca fe —le dijo—, ¿por qué dudaste?

32 Y en cuanto subieron a la barca, se calmó el viento. 33 Entonces los que estaban en la barca se postraron ante él diciendo: En verdad eres el Hijo de Dios.

34 Después de atravesar el lago, desembarcaron en Genesaret. 35 Y al reconocer a Jesús los hombres de aquel lugar, lo hicieron saber por todos los alrededores. La gente le trajo todos sus enfermos 36 y le suplicaban que permitiera a los enfermos tocar siquiera el borde de su manto; y cuantos lo tocaban, quedaban sanados.

Lo limpio y lo impuro

15 Entonces algunos fariseos y escribas vinieron a Jesús desde Jerusalén y le preguntaron: 2 ¿Por qué tus discípulos quebrantan la tradición de los mayores? Pues no se lavan las manos antes de comer.

3 Jesús les respondió ¿Y por qué quebrantan ustedes el mandamiento de Dios por atenerse a sus tradiciones? 4 Porque Dios dijo: "Honra a tu padre y a tu madre"[b] y "El que maldiga a su padre o a su madre, sea condenado a muerte".[c] 5 Pero ustedes dicen que si alguno dijera a su padre o a su madre: "Cualquier ayuda que podrían haber recibido de mí, es ofrenda a Dios", 6 no está obligado a "honrar a su padre"[d] con ello. Así anulan la palabra de Dios bajo pretexto de su tradición. 7 ¡Hipócritas! Tenía razón Isaías cuando profetizó de ustedes:

8 Este pueblo me honra con los
labios,

[a] *24* El griego dice, *muchos estadios.* [b] *4* Exodo 20:12; Deuteronomio 5:16. [c] *4* Exodo 21:17. [d] *6* Algunos Mss. añaden: *o a su madre.*

pero sus corazones están alejados de mí.
[9] En vano me tributan culto;
sus enseñanzas son meramente normas enseñadas por los hombres.[a]

[10] Jesús llamó a la gente y les dijo:
Oigan y entiendan. [11] Lo que entra
en la boca de un hombre, no lo hace "impuro", sino lo que sale de su boca, eso es lo que lo hace "impuro".

[12] Entonces se acercaron a él sus
discípulos y le dijeron: ¿Sabes que los fariseos se han ofendido al oír eso?

[13] El les respondió: Toda planta
que mi Padre celestial no haya plantado, será arrancada de raíz.
[14] Déjenlos; son guías ciegos.[b] Si un
ciego guía a otro ciego, ambos caerán a un hoyo.

[15] Le dijo Pedro: Explícanos la
parábola.

[16] ¿Tampoco ustedes han entendido
todavía? —preguntó Jesús—. [17] ¿No
ven que todo lo que entra en la boca, pasa al vientre y después es
arrojado fuera del cuerpo? [18] Pero lo
que sale de la boca, procede del corazón, y eso es lo que hace al
hombre "impuro". [19] Porque del
corazón salen malos pensamientos, homicidios, adulterios, inmoralidad sexual, robos, falsos testimonios,
calumnias. [20] Estas cosas son las que
hacen "impura" a la persona; pero el comer sin lavarse las manos no la hace "impura".

La fe de la cananea

[21] Saliendo de allí, se retiró Jesús
a la región de Tiro y Sidón. [22] Y una
mujer cananea que salió de aquellos contornos, vino a él diciendo a gritos: ¡Señor, Hijo de David, ten compasión de mí! Mi hija está sufriendo terriblemente, poseída por un demonio.

[23] Jesús no le respondió palabra.
Así que sus discípulos se acercaron a él y le rogaban diciendo: Despídela, porque sigue gritando detrás de nosotros.

[24] El respondió: No he sido envia-
do sino sólo para las ovejas perdidas de la casa de Israel.

[25] La mujer vino y se postró ante
él diciendo: ¡Señor, ayúdame!

[26] Respondió él: No está bien
tomar el pan de los hijos y echárselo a los perrillos.

[27] Pero ella respondió: Señor, sí;
pero también los perrillos se comen las migajas que caen de la mesa de sus amos.

[28] Entonces dijo Jesús: ¡Oh, mujer,
grande es tu fe! Concedido está lo que pides. Y quedó sana su hija desde aquel mismo momento.

Jesús alimenta a los cuatro mil

[29] Salió Jesús de allí y llegó junto
al mar de Galilea. Subió luego a la
montaña y se sentó. [30] Y se le acer-
caron grandes multitudes, trayendo consigo cojos, lisiados, ciegos, mudos y muchos otros, y los colocaron a sus pies; y él los sanó. [31] La
gente se quedaba asombrada al ver a los mudos hablar, a los lisiados recobrar la salud, a los cojos andar y a los ciegos ver. Y alababan al Dios de Israel.

[32] Jesús llamó a sus discípulos y
les dijo: Siento compasión por esta gente; porque ya llevan tres días siguiéndome y no tienen qué comer. No quiero despedirlos hambrientos, no sea que desfallezcan en el camino.

[33] Le dijeron sus discípulos: ¿De
dónde vamos a sacar en este despoblado pan suficiente para dar de comer a tanta gente?

[34] ¿Cuántos panes tienen? —preguntó Jesús.

Siete —le contestaron—; y unos pocos pescaditos.

[35] Entonces él mandó a la gente
que se sentara en el suelo. [36] Luego
tomó los siete panes y los pescados y, después de dar gracias, los partió

[a] *9* Isaías 29:13. [b] *14* Algunos Mss. añaden: *de los ciegos.*

y dio a los discípulos; y éstos, a su
vez, a la gente. 37 Todos comieron y
se saciaron. Y los discípulos recogieron de los pedazos que habían
sobrado siete canastos llenos. 38 El
número de los que comieron fue de
cuatro mil hombres, sin contar mujeres ni niños. 39 Después de despedir
a la muchedumbre, Jesús subió a la
barca, y se fue a la región de
Magdala.

La petición de una señal

16 Se acercaron a Jesús los fariseos y los saduceos y lo
pusieron a prueba pidiéndole que les
mostrara alguna señal del cielo.
2 El les dijo:[a] Cuando llega el atardecer, dicen ustedes: "Hará buen
tiempo, porque el cielo se pone
rojo", 3 y por la mañana: "Hoy
habrá tormenta, porque el cielo se
pone de un rojo sombrío". Saben interpretar la apariencia del cielo, pero
no pueden interpretar las señales de
los tiempos. 4 Una generación perversa y adúltera pide una señal milagrosa, pero no se le dará ninguna
excepto la señal de Jonás. Entonces
Jesús los dejó y se fue.

La levadura de los fariseos y saduceos

5 Cuando fueron al otro lado del
lago, los discípulos olvidaron llevar
pan. 6 Jesús les dijo: Cuídense de la
levadura de los fariseos y saduceos.
7 Ellos comentaban entre sí: Lo
dice porque no trajimos panes.
8 Dándose cuenta de la discusión,
dijo Jesús: Hombres de poca fe,
¿por qué están comentando entre
ustedes acerca de que no tienen
pan? 9 ¿No comprenden aún? ¿No
recuerdan los cinco panes para los
cinco mil, y cuántas canastas recogieron? 10 ¿O los siete panes para los
cuatro mil, y cuántas canastas recogieron? 11 ¿Cómo es que no entienden que no se lo decía por lo de los
panes? Cuídense, más bien, de la
levadura de los fariseos y saduceos.
12 Entonces comprendieron que no se
refería a que se cuidaran de la levadura que se usa para el pan, sino de
la enseñanza de los fariseos y saduceos.

La confesión de Pedro

13 Cuando llegó Jesús a la región
de Cesarea, la de Filipo, preguntaba
a sus discípulos: ¿Quién dice la gente que es el Hijo del Hombre?
14 Ellos respondieron: Unos dicen
que Juan el Bautista; otros dicen
que Elías; y otros dicen que
Jeremías o uno de los profetas.
15 ¿Y ustedes, qué? —preguntó
él—. ¿Quién dicen que soy yo?
16 Respondió Simón Pedro: Tú eres
el Cristo,[b] el Hijo del Dios viviente.
17 Respondió Jesús: Bienaventurado
eres, Simón, hijo de Jonás, porque
eso no te lo ha revelado ningún
hombre, sino mi Padre que está en
los cielos. 18 Y yo te digo que tú
eres Pedro,[c] y sobre esta piedra edi-
ficaré mi iglesia, y las puertas del
Hades no prevalecerán contra ella.[d]
19 Te daré las llaves del reino de los
cielos; todo lo que ates en la tierra
quedará atado en los cielos, y todo
lo que desates en la tierra quedará
desatado en los cielos. 20 Entonces
advirtió a sus discípulos que no dijeran a nadie que él era el Cristo.[e]

Jesús predice su muerte

21 Desde entonces comenzó Jesús a
explicar a sus discípulos que debía ir
a Jerusalén y padecer muchos sufrimientos a manos de los ancianos, de
los principales sacerdotes y de los
escribas, y que debía ser muerto y
ser resucitado al tercer día.
22 Pedro lo tomó aparte y comenzó
a reprenderlo, diciendo: ¡Ni pen-
sarlo, Señor! ¡De ninguna manera te
ha de pasar eso!
23 Jesús se volvió y dijo a Pedro:
¡Quítate de delante de mí, Satanás!
Me sirves de tropiezo, porque no

[a] 2 Algunos Mss. omiten el resto del versículo 2 y todo el versículo 3. [b] *16 Mesías.* [c] *18* Pedro significa *piedra* o *roca.* [d] *18 No se mostrarán más fuertes que ella.* [e] *20* O *Mesías.*

razonas según Dios, sino como los
hombres.
24 Entonces dijo Jesús a sus discípulos: Si alguno quiere venir detrás
de mí, ha de renunciar a su propio
yo, tomar su cruz y seguirme.
25 Pues todo el que desea conservar
su vida,[a] la perderá; pero todo el
que pierda su vida por mi causa, la
encontrará. 26 Porque, ¿qué provecho
sacará un hombre de ganar el mundo
entero, si pierde su alma?[a] ¿O qué
podrá el hombre dar a cambio de su
propia alma?[a] 27 Porque el Hijo del
Hombre ha de venir en la gloria de
su Padre con sus ángeles, y entonces retribuirá a cada persona de
acuerdo con lo que haya hecho.
28 Les aseguro que hay algunos de
los que están aquí que no sufrirán la
muerte antes de ver venir en su
reino al Hijo del Hombre.

La transfiguración

17 Transcurridos seis días, tomó
Jesús consigo a Pedro, a
Jacobo y a Juan, el hermano de
Jacobo y los hizo subir, a solas con
él, a una alta montaña. 2 Allí fue
transfigurado delante de ellos; su
rostro resplandeció como el sol, y
sus vestidos se volvieron blancos
como la luz. 3 En aquel mismo
momento aparecieron ante ellos
Moisés y Elías, conversando con
Jesús.
4 Pedro dijo a Jesús: Señor, ¡qué
bien que estemos aquí! Si quieres,
levantaré tres enramadas, una para
ti, otra para Moisés y otra para
Elías.
5 Mientras él estaba aún hablando,
los envolvió una luminosa nube, y
salió de la nube una voz que decía:
Este es mi Hijo, mi amado, en quien
estoy complacido; ¡escúchenlo!
6 Al oír esto, los discípulos cayeron sobre su rostro, aterrorizados.
7 Pero Jesús se acercó a ellos y los
tocó, diciendo: Levántense y no
tengan miedo. 8 Y cuando alzaron la
vista, no vieron a nadie, excepto a
Jesús.
9 Mientras bajaban de la montaña,
los instruyó Jesús diciendo : No le
digan a nadie lo que han visto, hasta
que el Hijo del Hombre haya sido
resucitado de entre los muertos.
10 Le preguntaron los discípulos:
¿Cómo es, pues, que los escribas
dicen que primero tiene que venir
Elías?
11 Jesús respondió: Es cierto que
Elías viene, y lo renovará todo.
12 Pero yo les digo que Elías ya
vino, y no lo reconocieron, sino que
hicieron contra él cuanto quisieron.
De la misma manera va a padecer el
Hijo del Hombre a manos de ellos.
13 Entonces comprendieron los discípulos que les estaba hablando de
Juan el Bautista.

Un niño epiléptico es sanado

14 Cuando llegaron a donde estaba
la gente, se acercó a Jesús un hombre, que se puso de rodillas ante él
15 y le dijo: Señor, ten compasión de
mi hijo; es epiléptico y sufre mucho,
pues se cae muchas veces, ya sea
en el fuego o en el agua. 16 Lo he
traído a tus discípulos, pero ellos no
han podido sanarlo.
17 Oh, generación incrédula y
perversa —dijo Jesús—, ¿hasta cuándo estaré con ustedes? ¿Hasta cuándo los habré de soportar? ¡Tráigan-
melo aquí! 18 Entonces reprendió
Jesús al demonio, hasta hacerlo salir
del muchacho, y quedó sano desde
aquel mismo momento.
19 Luego se acercaron los discípulos a Jesús en privado y le preguntaron: ¿Por qué no pudimos arrojarlo
nosotros?
20 El contestó: Porque tienen tan
poca fe. Les digo la verdad, si
tienen una fe tan pequeña como un
grano de mostaza, pueden decirle a
esta montaña: "¡Trasládate de aquí
allá!", y se trasladará. Nada habrá
imposible para ustedes.[b]

[a] *25, 26* El vocablo griego significa tanto *vida* como *alma*. [b] *20* Algunos Mss. añaden un versículo 21: *Pero este linaje* (de demonios) *no se marcha sino por la oración y el ayuno.*

22 Mientras estaban juntos en Galilea, les dijo Jesús: El Hijo del Hombre va a ser entregado en manos de
los hombres. 23 Lo matarán, y al
tercer día será resucitado. Y los
discípulos se llenaron de tristeza.

El impuesto del templo

24 Después que Jesús y sus discípulos llegaron a Capernaum, los
cobradores del impuesto de los dos
dracmas se acercaron a Pedro y le
dijeron: ¿No paga su maestro el impuesto del templo?[a]

25 Sí lo paga —respondió él.

Y al llegar Pedro a la casa, se
adelantó Jesús a decirle: ¿Qué te
parece, Simón? ¿De quiénes cobran
los reyes de la tierra tributos o impuestos, de sus propios hijos o de
los extraños?

26 De los extraños —respondió
Pedro.

Entonces los hijos están exentos
—le dijo Jesús—. 27 Pero, para no
ofenderlos, vete al lago y echa el
anzuelo. Saca el primer pez que pes-
ques; ábrele la boca y encontrarás
allí una moneda de cuatro dracmas.
Tómala y dásela a ellos por mi impuesto y por el tuyo.

El mayor en el reino de los cielos

18 En aquella ocasión, se acercaron a Jesús los discípulos
y le preguntaron: ¿Quién es el
mayor en el reino de los cielos?

2 El llamó hacia sí a un niño
pequeño y, poniéndolo en medio de
ellos, 3 dijo: De veras les digo que, a
menos que cambien y se hagan
como niños pequeños, no entrarán
jamás en el reino de los cielos. 4 Por
tanto, quien se humille como este
niño, será el mayor en el reino de
los cielos.

5 Y quien reciba en mi nombre a
uno de estos niños pequeños, me
recibe a mí. 6 Pero si alguno hace
pecar a uno de estos pequeños que
creen en mí, más le valdría que le
colgaran al cuello una piedra de
molino y lo hundieran en lo profundo del mar.

7 ¡Ay del mundo por las cosas que
incitan a la gente a pecar! Es inevitable que tales cosas sucedan, pero
¡ay de aquél por medio de quien
tales cosas suceden! 8 Si tu mano o
tu pie te es ocasión de pecado, córtatelo y arrójalo lejos de ti. Más te
vale entrar en la vida manco o cojo,
que tener dos manos o dos pies y
ser arrojado al fuego eterno. 9 Y si
tu ojo te es ocasión de pecado,
arráncatelo y arrójalo lejos de ti.
Más te vale entrar en la vida con un
solo ojo, que tener dos ojos y ser
arrojado al fuego del infierno.

Parábola de la oveja perdida

10 Miren que no menosprecien a
uno de estos pequeños. Porque yo
les aseguro que sus ángeles en los
cielos contemplan siempre la cara de
mi Padre celestial.[b]

12 ¿Qué les parece? Si un hombre
posee cien ovejas, y se extravía una
de ellas, ¿no dejará las noventa y
nueve en el monte e irá en busca de
la descarriada? 13 Y si llega a encon-
trarla, yo les aseguro que se sentirá
más feliz por ella que por las noventa y nueve que no se extraviaron.
14 Del mismo modo, su Padre celestial no quiere que se pierda ni uno
de estos pequeños.

El hermano que peca contra ti

15 Si tu hermano peca contra ti,[c]
vé y repréndelo, a solas. Si te hace
caso, habrás recobrado a tu hermano. 16 Pero si no te hace caso,
toma contigo a una o dos personas,
de modo que cualquier asunto quede
decidido bajo el testimonio de dos o
tres testigos.[d] 17 Si rehúsa hacerles
caso, dilo a la iglesia; y si no hiciera
caso ni siquiera a la iglesia, trátalo

[a] *24* En el original griego: *las dos dracmas.* [b] *10* Algunos Mss. añaden un versículo 11: *El Hijo del Hombre vino a salvar lo que estaba perdido.* [c] *15* Algunos Mss. no tienen *contra ti.* [d] *16* Deuteronomio 19:15.

como a un pagano o a un cobrador de impuestos.

18 Les digo de veras que todo lo que aten en la tierra, quedará atado en los cielos, y todo lo que desaten en la tierra, quedará desatado en los cielos.

19 Una vez más, les aseguro que si dos de ustedes en este mundo se ponen de acuerdo para pedir cualquier cosa que sea, les será otorgada por mi Padre que está en los cielos. 20 Porque dondequiera que hay dos o tres reunidos en mi nombre, allí estoy yo en medio de ellos.

Parábola del siervo malvado

21 Entonces Pedro se acercó a Jesús y le preguntó: Señor, ¿cuántas veces habré de perdonar al hermano que haya pecado contra mí? ¿Hasta siete veces?

22 Respondió Jesús: No te digo que hasta siete veces, sino hasta setenta y siete veces.[a]

23 Por eso, el reino de los cielos se parece a un rey que quiso hacer cuentas con sus siervos. 24 Al empezar a arreglarlas, le fue presentado uno que le debía diez mil talentos.[b] 25 Como él no tenía con qué pagar, mandó el señor que fuera vendido él, con su mujer, sus hijos y todo cuanto poseía, para cubrir así la deuda.

26 El siervo se postró ante él y le dijo: Ten paciencia conmigo, y te lo devolveré todo. 27 El amo se compadeció de aquel siervo, y lo dejó marchar, perdonándole la deuda.

28 Pero cuando salió aquel siervo, se encontró con uno de sus consiervos que le debía cien denarios[c] y, agarrándolo por el cuello, comenzó a ahogarlo, diciendo: Págame lo que me debes.

29 Su compañero se echó a sus pies y le suplicaba diciendo: Ten paciencia conmigo y te lo pagaré.

30 Pero él no quiso, sino que fue a meterlo en la cárcel hasta que pudiera pagar la deuda. 31 Cuando los otros siervos, compañeros suyos, vieron lo ocurrido, se entristecieron sobremanera, y se fueron a explicarle a su amo todo lo que había sucedido.

32 Entonces el amo hizo llamar al siervo y le dijo: ¡Siervo malvado! Yo te perdoné toda aquella deuda, puesto que me lo suplicaste. 33 ¿No debías tú también haberte compadecido de tu compañero, como yo me compadecí de ti? 34 Y lleno de ira su amo, lo entregó a los carceleros hasta que le devolviera todo lo que le debía.

35 Así es como tratará mi Padre celestial a cada uno de ustedes, a menos que perdonen de corazón a su hermano.

Sobre el divorcio

19 Cuando Jesús acabó de decir estas cosas, salió de Galilea y fue a la región de Judea, al otro lado del Jordán. 2 Lo seguía un gran gentío, y los sanó allí.

3 Algunos fariseos se le acercaron para ponerlo a prueba. Le preguntaron: ¿Está permitido a un hombre divorciarse de su mujer por cualquier motivo?

4 ¿No han leído —respondió él— que desde el principio el Creador los hizo varón y mujer?[d] 5 y dijo: "Por esta causa, dejará el hombre a su padre y a su madre y se unirá estrechamente a su mujer y llegarán a ser los dos una sola carne".[e] 6 De modo que ya no son dos, sino uno solo. Así que lo que Dios ha unido, no ha de separarlo el hombre.

7 ¿Por qué, pues —respondieron ellos—, dispuso Moisés que se pudiera dar certificado de divorcio a la mujer y despedirla?

8 Respondió Jesús: Moisés les permitió divorciarse de su mujer porque sus corazones estaban endurecidos; pero desde el principio no fue así. 9 Yo les digo que cualquiera que se

[a] 22 O *setenta veces siete.* [b] 24 Es decir, una suma fabulosa de muchos millones de pesos.
[c] 28 Unos pocos cientos de pesos. [d] 4 Génesis 1:27. [e] 5 Génesis 2:24.

divorcia de su mujer, excepto por
infidelidad conyugal, y se casa con
otra mujer, comete adulterio.
10 Le dijeron los discípulos: Si tal
es la situación entre marido y mujer,
es preferible no casarse.
11 Respondió Jesús: No todos
pueden comprender este asunto, sino
aquéllos a quienes les ha sido concedido. 12 Pues algunos son eunucos
porque nacieron así; otros, porque
los hombres los hicieron así; y otros
han renunciado a casarse[a] por causa
del reino de los cielos. Quien pueda
aceptar esto, que lo haga.

Los niños y Jesús

13 Entonces le fueron presentados a
Jesús unos niños pequeños para que
les impusiera las manos y orara por
ellos. Pero los discípulos reprendían
a los que los traían.
14 Jesús les dijo: Dejen que los
niños vengan hacia mí y no se lo
impidan, pues el reino de los cielos
pertenece a quienes son como ellos.
15 Y después de imponerles las
manos, se fue de allí.

El joven rico

16 Luego se le acercó a Jesús un
hombre y le preguntó: Maestro, ¿qué
haré de bueno para obtener vida
eterna?
17 ¿Por qué me preguntas sobre lo
que es bueno? —respondió Jesús—.
Solamente hay uno que es bueno. Si
quieres entrar en la vida, obedece
los mandamientos.
18 ¿Cuáles? —preguntó el hombre—.
Jesús respondió: No mates, no
cometas adulterio, no robes, no des
falso testimonio, 19 honra a tu padre
y a tu madre,[b] y ama a tu prójimo
como a ti mismo.[c]
20 Todos ésos los he guardado
—dijo el joven—. ¿Qué me falta
todavía?
21 Le respondió Jesús: Si deseas
ser perfecto, anda, vende tus posesiones y dalo a los pobres, y tendrás
un tesoro en los cielos. Después
ven, sígueme.
22 Cuando el joven oyó esto, se
marchó entristecido, porque poseía
muchas riquezas.
23 Entonces dijo Jesús a sus discípulos: De veras les digo que a duras
penas entrará un rico en el reino de
los cielos. 24 Aún les digo más: es
más fácil a un camello pasar por el
ojo de una aguja, que a un rico entrar en el reino de Dios.
25 Al oír esto los discípulos, quedaron llenos de asombro y decían: Entonces, ¿quién podrá salvarse?
26 Jesús se volvió hacia ellos y les
dijo: Por parte de los hombres, eso
es imposible; pero para Dios todas
las cosas son posibles.
27 Entonces le preguntó Pedro: Ya
ves que nosotros lo hemos dejado
todo por seguirte, ¿qué habrá, pues,
para nosotros?
28 Les dijo Jesús: Yo les aseguro
que, en la renovación de todas las
cosas, cuando el Hijo del Hombre se
siente en el trono de su gloria, ustedes, los que me han seguido, se sen-
tarán también en doce tronos,
juzgando a las doce tribus de Israel.
29 Y todo el que por mi causa haya
dejado casas o hermanos o hermanas
o padre o madre o hijos o campos,
recibirá cien veces más y heredará
la vida eterna. 30 Pero muchos de los
que son los primeros serán los últimos, y muchos que son los últimos
serán los primeros.

Parábola de los viñadores

20 El reino de los cielos es
semejante a un propietario
que salió de madrugada a contratar
jornaleros para su viña. 2 Acordó
pagarles un denario por día y los
envió a su viña.
3 Cerca de la hora tercera, salió
otra vez y vio a otros, de pie en la
plaza del mercado y sin hacer nada;
4 y les dijo: "Vayan también ustedes

[a] *12 Se hicieron a sí mismos eunucos.* [b] *19* Exodo 20:12-16; Deuteronomio 5:16-20. [c] *19* Levítico 19:18.

a trabajar en mi viña, y les pagaré
lo que sea justo". 5 Así que ellos
fueron.
Salió otra vez hacia la hora sexta,
y la hora novena, e hizo lo mismo.
6 Cerca de la hora undécima, salió y
encontró a otros vagando, y les preguntó: "¿Por qué están aquí durante
todo el día sin hacer nada?"
7 "Porque nadie nos ha contratado", respondieron ellos.
El les dijo: "Vayan también ustedes a trabajar en mi viña".
8 Cuando llegó la noche, le dijo el
amo de la viña a su capataz: "Llama a los jornaleros y págales el jornal, empezando por los últimos que
han sido contratados hasta llegar a
los primeros".
9 Los jornaleros que habían sido
contratados cerca de la hora undécima vinieron y recibieron cada uno
un denario. 10 Así que cuando llegaron los que habían sido contratados
primero, esperaban recibir más; pero
cada uno de ellos recibió también un
denario. 11 Al recibirlo, empezaron a
murmurar contra el propietario de la
viña, diciendo: 12 "Estos que fueron
contratados al final, han trabajado
sólo una hora y los has igualado con
nosotros que hemos cargado con el
peso del trabajo y con el calor del
día".
13 Pero él le respondió a uno de
ellos: "Amigo, yo no te hago ninguna injusticia; ¿no acordaste trabajar
por un denario? 14 Toma, pues, lo
tuyo y vete; porque quiero dar a
éste que fue contratado entre los últimos lo mismo que a ti. 15 ¿O es
que no tengo derecho a hacer con
mi dinero lo que me plazca? ¿O vas
a ser tú envidioso por ser yo generoso?"
16 Así, pues, los últimos serán los
primeros, y los primeros serán los
últimos.

Jesús predice de nuevo su muerte

17 Al ponerse en camino hacia
Jerusalén, tomó Jesús aparte a los
doce discípulos y les dijo: 18 Subimos
a Jerusalén, y el Hijo del Hombre
será entregado a los principales
sacerdotes y a los escribas. Ellos lo
condenarán a muerte, 19 y lo pondrán
en manos de los gentiles para burlarse de él, azotarlo y crucificarlo. Y al
tercer día será resucitado.

La petición de una madre

20 Entonces la madre de los hijos
de Zebedeo vino a Jesús con sus
hijos y, postrándose ante él, se puso
a pedirle un favor.
21 ¿Qué es lo que deseas? —preguntó él.
Ella respondió: Concede que uno
de estos dos hijos míos se siente a
tu derecha en tu reino, y el otro a
tu izquierda.
22 No saben lo que están pidiendo
—dijo Jesús volviéndose a ellos—.
¿Pueden beber del vaso que yo voy
a beber?
Podemos —respondieron ellos.
23 Jesús les dijo: De mi vaso sí
que beberán, pero el sentarse a mi
derecha o a mi izquierda, no me
corresponde a mí otorgarlo. Esos
lugares pertenecen a quienes han
sido preparados por mi Padre.
24 Cuando lo oyeron los otros diez,
se indignaron contra los dos hermanos. 25 Jesús los llamó a todos y
les dijo: Saben que los gobernantes
de los gentiles los dominan y sus altos oficiales ejercitan su autoridad
sobre ellos. 26 Pero eso no ha de
ocurrir entre ustedes, sino que el
que quiera hacerse grande entre
ustedes, ha de ser su servidor; 27 y
el que quiera ser primero, ha de ser
su esclavo ; 28 así como el Hijo del
Hombre no vino a ser servido, sino
a servir y a dar su vida en rescate
por muchos.

Dos ciegos recobran la vista

29 Cuando Jesús y sus discípulos
salían de Jericó, lo seguía una gran
multitud. 30 En esto, dos ciegos que
estaban sentados al lado del camino,
cuando oyeron que pasaba Jesús, se

pusieron a gritar: ¡Señor, Hijo de
David, apiádate de nosotros!
31 La multitud los reprendía y les
decía que se callaran, pero ellos gritaban más aún, diciendo: ¡Señor,
Hijo de David, apiádate de nosotros!
32 Jesús se detuvo y los llamó,
diciendo: ¿Qué quieren que haga por
ustedes?
33 Señor —respondieron ellos—,
queremos recibir la vista.
34 Compadecido Jesús, les tocó los
ojos, e inmediatamente recibieron la
vista y lo siguieron.

La entrada triunfal

21 Cuando se acercaban a Jerusalén y llegaron a Betfagé, al
Monte de los Olivos, Jesús envió a
dos discípulos, 2 diciéndoles: Vayan
al poblado que está enfrente de ustedes, y luego hallarán una burra atada, con su pollino al lado. Desáten-
los y tráiganmelos. 3 Si alguien les
dice algo, contéstenle que el Señor
los necesita, y luego los enviará.
4 Esto sucedió para que se cumpliera lo predicho por medio del profeta:

5 Digan a la hija de Sión:
Mira, tu rey viene hacia ti,
manso y montado en una burra;
sobre un pollino, hijo de una
bestia de carga.[a]

6 Los discípulos fueron e hicieron
conforme a las instrucciones que
Jesús les había dado. 7 Trajeron la
burra y el pollino, echaron sobre
ellos sus mantos, y Jesús montó encima. 8 La numerosa multitud
extendía sus mantos delante de ellos
en el camino, mientras otros cor-
taban ramas de los árboles y las
extendían por el camino. 9 Toda la
multitud, tanto los que iban delante
de él como los que lo seguían, gritaban diciendo:

¡Hosanna[b] al Hijo de David!
¡Bendito sea el que viene en
nombre del Señor![c]
¡Hosanna[b] en lo más alto!

10 Al entrar Jesús en Jerusalén, la
ciudad entera se agitó, y preguntaban: ¿Quién es éste?
11 Y la gente respondía: Este es
Jesús el profeta, el de Nazaret de
Galilea.

Jesús en el templo

12 Jesús entró en el área del templo y echó fuera a todos los que
estaban comprando y vendiendo allí.
Volcó las mesas de los que cam-
biaban dinero y los asientos de los
que vendían palomas. 13 Y les dijo:
Escrito está: "Mi casa será llamada
casa de oración",[d] pero ustedes la
están convirtiendo en cueva de
ladrones[e].
14 Ciegos y cojos se le acercaron
en el templo, y él los sanó. 15 Pero
cuando los principales sacerdotes y
los escribas vieron las maravillas que
hacía y a los niños que gritaban en
el área del templo: ¡Hosanna al Hijo
de David!, se enfurecieron,
16 y le decían: ¿Oyes lo que están
diciendo estos niños?
Sí —respondió Jesús—; ¿no han
leído nunca,

De labios de niños y de lactantes,
has hecho brotar perfecta alabanza?[f]

17 Y, dejándolos, salió de la ciudad
hacia Betania, donde pasó la noche.

La higuera seca

18 Al día siguiente, de madrugada,
cuando volvía a la ciudad, sintió
hambre. 19 Viendo una higuera junto
al camino, fue hacia ella, pero no
encontró en ella sino sólo hojas. Entonces le dijo: ¡Que nunca jamás
vuelva a brotar fruto de ti! E inmediatamente la higuera se secó.
20 Cuando los discípulos vieron
esto, se quedaron asombrados y
decían: ¿Cómo se ha secado la
higuera tan de prisa?

[a] *5* Zacarías 9:9. [b] *9* Expresión hebrea que significa *¡Salva!* y vino a ser exclamación de alabanza; también en el versículo 15. [c] *9* Salmo 118:26. [d] *13* Isaías 56:7. [e] *13* Jeremías 7:11. [f] *16* Salmo 8:2.

[21]Jesús respondió: Yo les aseguro
que si tienen fe y no dudan, no sólo
harán lo de la higuera, sino que
podrán decir a esa montaña: ¡Quítate
de ahí y arrójate al mar, y así se
hará. [22]Si tienen fe, obtendrán todo
cuanto pidan en oración.

La autoridad de Jesús puesta en tela de juicio

[23]Jesús entró en el pórtico del
templo y, mientras enseñaba, se le
acercaron los principales sacerdotes
y los ancianos del pueblo y le preguntaron: ¿Con qué autoridad haces
esto? ¿Y quién te ha dado tal autoridad?

[24]Jesús respondió: Yo también voy
a hacerles una pregunta. Si me res-
ponden a ella, les diré con qué autoridad estoy haciendo esto. [25]El
bautismo de Juan, ¿de dónde era?
¿Del cielo o de los hombres?

Ellos comenzaron a deliberar entre
sí y decían: Si respondemos que del
cielo, nos dirá: "¿por qué, pues, no
le creyeron?" [26]Y si decimos que de
los hombres, tememos al pueblo,
porque todos tienen a Juan por profeta.

[27]Así que respondieron a Jesús:
No lo sabemos.

Entonces les dijo Jesús: Tampoco yo les diré con qué autoridad estoy haciendo esto.

Parábola de los dos hijos

[28]¿Qué les parece? Había un hombre que tenía dos hijos. Se dirigió al
primero y le dijo: Hijo, vé a trabajar
hoy en la viña.

[29]No quiero —contestó—; pero
después cambió de opinión y fue.

[30]Luego el padre fue al otro hijo y
le dijo lo mismo. El le respondió:
Voy, señor; pero no fue.

[31]¿Cuál de los dos hizo lo que el
padre deseaba?

El primero —respondieron ellos.

Les dijo Jesús: Les aseguro que
los cobradores de impuestos y las
prostitutas están entrando en el reino
de Dios por delante de ustedes.
[32]Porque vino Juan a ustedes a
mostrarles el camino de la justicia y
no le creyeron, pero los cobradores
de impuestos y las prostitutas le creyeron. E incluso después de ver
esto, ustedes no se arrepintieron ni
le creyeron.

Parábola de los labradores malvados

[33]Escuchen otra parábola: Había
un propietario que plantó una viña.
La cercó, cavó en ella un lagar y
edificó una torre. Luego arrendó la
viña a unos labradores y se fue de
viaje. [34]Cuando se acercó el tiempo
de la cosecha, envió sus siervos a
los labradores a recoger los frutos
que le pertenecían.

[35]Los labradores echaron mano de
sus siervos; azotaron a uno, asesinaron a otro, y apedrearon a un tercero. [36]Después les envió a otros
sirvientes, en mayor número que antes, y los labradores los trataron de
la misma manera. [37]Por último, les
envió a su propio hijo, diciéndose:
"Respetarán a mi hijo".

[38]Pero cuando los labradores
vieron al hijo, se dijeron entre sí:
"Este es el heredero. Vengan, matémoslo y nos quedaremos con su
herencia". [39]Así que, le echaron
mano, lo arrojaron fuera de la viña
y lo mataron.

[40]Así pues, cuando venga el dueño
de la viña, ¿qué hará a los labradores aquellos?

[41]Ellos respondieron: A esos
perversos los destruirá de mala
manera, y arrendará su viña a otros
labradores que le den su parte al
tiempo de la cosecha.

[42]Les dijo Jesús: ¿No han leído
nunca en las Escrituras:

La piedra que desecharon los
constructores
ha sido hecha piedra angular;
el Señor es quien lo ha hecho,
y es maravilloso a nuestros
ojos?[a]

[a] *42* Salmo 118:22, 23.

43 Por tanto, yo les digo que el
reino de Dios se les quitará a ustedes y será entregado a un pueblo
que producirá su fruto. 44 El que
caiga sobre esta piedra, se hará
pedazos. Y aquél sobre quien ella
caiga, quedará pulverizado.[a]
45 Cuando los principales sacerdotes y los fariseos oyeron las parábolas de Jesús, se dieron cuenta de
que se refería a ellos. 46 Y buscaban
la manera de arrestarlo, pero temían
a la multitud, porque el pueblo lo
tenía por profeta.

Parábola del banquete de bodas

22 Jesús volvió a hablarles en
parábolas, diciendo: 2 El
reino de los cielos es como un rey
que preparó un banquete de bodas
para su hijo. 3 Envió a sus sirvientes
a los que habían sido invitados al
banquete a decirles que vinieran,
pero ellos se negaron a venir.
4 De nuevo envió a otros sirvientes
y les dijo: "Digan a los que han
sido invitados que ya he preparado
mi banquete; ya están muertos los
terneros y las reses cebadas, y todo
está listo. Vengan al banquete de
bodas."
5 Pero ellos no hicieron ningún
caso y se marcharon, uno a su finca, otro a su negocio. 6 Los restantes echaron mano de los sirvientes,
los maltrataron y les dieron muerte.
7 El rey se llenó de ira y envió sus
ejércitos a destruir a los asesinos
aquellos y a prender fuego a su
ciudad.
8 Luego dijo a sus sirvientes: "El
banquete de bodas está listo, pero
los invitados no eran dignos de él.
9 Salgan, pues, a las esquinas de las
calles e inviten al banquete a todos
cuantos encuentren". 10 Así pues, los
sirvientes salieron a las calles y
reunieron a cuantos hallaron, tanto
buenos como malos, y se llenó de
invitados la sala del banquete
nupcial.
11 Pero cuando entró el rey a ver a
los invitados, notó que uno de ellos
no llevaba puesto el traje de boda.
12 "Amigo", le dijo "¿cómo has entrado aquí sin el traje de boda?" El
otro enmudeció.
13 Entonces el rey dijo a los
sirvientes: "Atenlo de pies y manos,
y échenlo afuera, a la oscuridad,
donde será el llorar y el rechinar de
dientes".
14 Porque muchos son invitados,
pero pocos son escogidos.

El pago del tributo al César

15 Entonces los fariseos se fueron a
tramar cómo tenderle una trampa
con sus mismas palabras. 16 Le
enviaron a unos discípulos de ellos,
junto con los herodianos, que le
dijeran: Maestro, sabemos que eres
sincero y que enseñas el camino de
Dios de acuerdo con la verdad. Tú
no te dejas influir por nadie, porque
no te fijas en el aspecto exterior de
las personas. 17 Dinos, pues, tu opinión: ¿es lícito pagar los impuestos
al César o no?
18 Pero Jesús, conociendo sus
malas intenciones, les dijo: ¡Hipócritas! ¿Por qué intentan tenderme una
trampa? 19 Muéstrenme la moneda
que usan para pagar el impuesto.
Ellos le presentaron un denario, 20 y
él les preguntó: ¿De quién es esta
imagen y la inscripción?
21 Del César —le respondieron.
Entonces él les dijo: Den al César
lo que es del César, y a Dios lo que
es de Dios.
22 Al oír esto, se quedaron asombrados. Así que lo dejaron y se
marcharon.

El matrimonio en la resurrección

23 Aquel mismo día, los saduceos,
que dicen que no hay resurrección,
vinieron a él con una pregunta.
24 Maestro —le dijeron—, Moisés

[a] *44* Algunos Mss. omiten el versículo 44.

dijo que si muere un hombre sin
dejar hijos, tiene que casarse su hermano con la viuda y darle hijos a su
hermano. 25 Ahora bien, había entre
nosotros siete hermanos. Se casó el
primero y murió y, como no había
tenido hijos, dejó su mujer a su hermano. 26 Lo mismo le pasó al segundo y al tercero de los hermanos, y
así hasta llegar al séptimo. 27 Después de todos ellos, murió la mujer.
28 Así, pues, en la resurrección, ¿de
cuál de los siete será ella la esposa,
puesto que los siete se casaron con
ella?

29 Jesús respondió: Están equivocados, por no saber las Escrituras ni
el poder de Dios. 30 En la resurrección, ni ellos se casarán ni ellas
serán dadas en casamiento, sino que
serán como los ángeles en el cielo.
31 Y en cuanto a la resurrección de
los muertos, ¿no han leído lo que
Dios les dijo a ustedes: 32 "Yo soy
el Dios de Abraham, el Dios de
Isaac y el Dios de Jacob"?[a] El no
es el Dios de muertos, sino de
vivos.

33 Cuando la multitud oyó esto, se
asombró de su enseñanza.

El mayor de los mandamientos

34 Enterados los fariseos de que
Jesús había callado a los saduceos,
se reunieron. 35 Uno de ellos, experto en la ley, le preguntó para ponerlo a prueba: 36 Maestro, ¿cuál es el
mayor de los mandamientos en la
ley?

37 Jesús contestó: "Ama al Señor
tu Dios con todo tu corazón, con
toda tu alma y con toda tu inteligencia".[b] 38 Ese es el primero y el
mayor de los mandamientos. 39 Y el
segundo es semejante a él: "Ama a
tu prójimo como a ti mismo".[c]
40 Toda la ley y los profetas están
contenidos en estos dos mandamientos.

¿De quién es hijo el Cristo?

41 Estando reunidos los fariseos,
Jesús les preguntó: 42 ¿Qué piensan
acerca del Cristo?[d] ¿De quién es
hijo?

De David —le respondieron.

43 Entonces les preguntó él: ¿Pues
cómo es que David, inspirado por el
Espíritu, le llama "Señor"? Porque
dice:

44 Dijo el Señor a mi Señor:
Siéntate a mi diestra
hasta que yo ponga a tus enemigos
bajo tus pies.[e]

45 Si, pues, David lo llama "Señor",
¿cómo puede él ser su hijo? 46 Nadie
pudo responderle palabra, y desde
aquel día en adelante nadie se atrevió a hacerle más preguntas.

Siete ayes

23 Entonces dijo Jesús a la multitud y a sus discípulos: 2 Los
escribas y los fariseos se sientan en
la cátedra de Moisés. 3 Así que
deben obedecerles y hacer todo
cuanto les digan. Pero no hagan lo
que ellos hacen, pues no practican
lo que predican. 4 Atan cargas pesa-
das y las cargan sobre los hombros
de los demás, pero ellos mismos no
están dispuestos a levantar un solo
dedo para moverlas.

5 Todo cuanto hacen lo hacen para
exhibirse ante los hombres: Ensan-
chan sus filacterias[f] y alargan las
borlas de sus franjas de oración;
6 les gusta el lugar de honor en los
banquetes y los asientos más importantes en las sinagogas; 7 les agrada
ser saludados en las plazas y que los
hombres los llamen "Rabí".

8 Pero ustedes no se hagan llamar
"Rabí", porque ustedes tienen un
solo Maestro y todos ustedes son
hermanos. 9 Y no llamen a nadie en
la tierra "padre", porque ustedes
tienen un solo Padre, el que está en

[a] *32* Exodo 3:6. [b] *37* Deuteronomio 6:5. [c] *39* Levítico 19:18. [d] *42 Mesías.* [e] *44* Salmo 110:1. [f] *5* Esto es, bolsitas que se llevaban sobre la frente y en los brazos y contenían versículos de la Escritura.

los cielos. 10Ni se hagan llamar
"maestros", pues tienen un solo
Maestro, el Cristo.[a] 11El mayor entre ustedes deberá ser su servidor.
12Porque todo el que se ensalza a sí
mismo, será humillado; y el que se
humilla a sí mismo, será ensalzado.
13¡Ay de ustedes, escribas y fariseos, hipócritas! Que cierran el reino
de los cielos ante los hombres. Ni
entran ustedes, ni dejan entrar a los
que intentan hacerlo.[b]
15¡Ay de ustedes, escribas y fariseos, hipócritas! Que recorren el mar
y la tierra para hacer un solo
prosélito, y cuando ya lo es, lo
hacen hijo del infierno, el doble que
ustedes.
16¡Ay de ustedes, guías ciegos!
Que dicen: Si uno jura por el templo, no es nada; pero si jura por el
oro del templo, queda obligado por
su voto. 17¡Ciegos insensatos! ¿Qué
es más, el oro o el templo que santifica al oro? 18También dicen: Si
uno jura por el altar, no es nada;
pero si uno jura por la ofrenda que
está encima del altar, queda obligado. 19¡Ciegos! ¿Qué es más, la
ofrenda, o el altar que hace sagrada
a la ofrenda? 20Pues quien jura por
el altar, jura por el altar y por todo
lo que hay sobre él. 21Y el que jura
por el templo, jura por él y por el
que habita dentro de él. 22Y el que
jura por el cielo, jura por el trono
de Dios y por el que se sienta en él.
23¡Ay de ustedes, escribas y fariseos, hipócritas! Que pagan el
diezmo de la menta, del anís y del
comino, pero han descuidado lo más
importante de la ley: la justicia, la
misericordia y la fidelidad. Esto es
lo que hay que practicar, sin omitir
aquello. 24¡Guías ciegos! Filtran un
mosquito, y se tragan un camello.
25Ay de ustedes, escribas y fariseos, hipócritas! Que limpian por
fuera el vaso y el plato, pero por
dentro están llenos de robo y de
injusticia. 26¡Fariseo ciego! Limpia
primero el interior del vaso y del
plato, para que la parte de fuera
también pueda quedar limpia.
27¡Ay de ustedes, escribas y fariseos, hipócritas! Son semejantes a
tumbas bien blanqueadas, que por
fuera aparecen vistosas de verdad,
pero por dentro están llenas de
huesos de muertos y de toda inmun-
dicia. 28Así les pasa a ustedes; por
fuera, aparecen a los ojos de los
hombres como justos, pero por dentro están llenos de hipocresía y
perversidad.
29¡Ay de ustedes, escribas y fariseos, hipócritas! Que construyen
tumbas para los profetas y adornan
los monumentos de los justos. 30Y
dicen: "Si hubiéramos vivido en los
días de nuestros antepasados, no
habríamos tomado parte en el derramamiento de la sangre de los profetas". 31Así dan testimonio contra
ustedes mismos de que son los
descendientes de los que asesinaron
a los profetas. 32¡Colmen, pues,
también ustedes la medida del pecado de sus padres!
33¡Serpientes, raza de víboras!
¿Cómo van a escapar de ser condenados al infierno? 34Por consiguiente, miren que envío profetas,
sabios y maestros a ustedes. De
ellos, a unos matarán y crucificarán;
a otros, azotarán en sus sinagogas y
los perseguirán de ciudad en ciudad.
35Y así recaerá sobre ustedes la responsabilidad por toda la sangre inocente que ha sido derramada en la
tierra, desde la sangre del justo Abel
hasta la sangre de Zacarías, hijo de
Berequías, a quien mataron entre el
santuario y el altar. 36De veras les
digo que todo esto vendrá sobre esta
generación.
37¡Oh, Jerusalén, Jerusalén, que
matas a los profetas y apedreas a
los que te son enviados! ¡Cuántas
veces he anhelado reunir a tus hijos,

[a] *10 Mesías.* [b] *13* Algunos Mss. añaden un versículo 14: *"Ay de ustedes, escribas y fariseos, hipócritas!, que devoran las casas de las viudas, y hacen largas oraciones para exhibirse. Por tanto, serán castigados con mayor severidad.*

a la manera que una gallina reúne a
sus pollitos bajo sus alas, pero no
has querido! 38 Miren que su casa va
a quedar desolada. 39 Porque yo les
aseguro que ya no me verán más
hasta que digan: ¡Bendito el que
viene en nombre del Señor![a]

Señales del fin de los tiempos

24 Jesús salió del templo y,
mientras iba de camino, se le
acercaron sus discípulos y le hicieron fijarse en los edificios del templo. 2 El preguntó: ¿Ven todo esto?
Pues yo les aseguro que no quedará
aquí una sola piedra encima de otra;
todas serán demolidas.

3 Estando luego Jesús sentado en
el Monte de los Olivos, se le acercaron los discípulos a solas y le dijeron: Dinos, ¿cuándo sucederá esto,
y cuál será la señal de tu venida y
del final de los tiempos?

4 Jesús contestó: Vigilen para que
nadie los engañe. 5 Porque vendrán
muchos en mi nombre, clamando:
"Yo soy el Cristo",[b] y engañarán a
muchos. 6 Oirán de guerras y de
rumores de guerras; pero estén atentos y no se alarmen. Es necesario
que tales cosas sucedan, pero el
final está todavía por venir. 7 Se
levantará una nación contra otra, y
un reino contra otro. Habrá hambres
y terremotos en diversos lugares.
8 Todas estas cosas serán el comienzo de los dolores de parto.

9 Entonces los entregarán a los tormentos y les darán muerte, y serán
aborrecidos de todas las naciones
por mi causa. 10 En aquel tiempo,
muchos desfallecerán en la fe, y se
traicionarán unos a otros, y se aborrecerán mutuamente; 11 y surgirán
muchos falsos profetas y engañarán
a muchos. 12 Con el incremento de la
maldad, se enfriará el amor de la
mayoría, 13 pero el que se mantenga
firme hasta el final, será salvo. 14 Y
este evangelio del reino será predicado en el mundo entero para testimonio a todas las naciones, y entonces
vendrá el final.

15 Así, pues, cuando vean instalada
en el lugar santo "la abominación
que causa desolación", predicha por
medio del profeta Daniel,[c] que lo entienda el que lo lea, 16 entonces los
que vivan en Judea huyan a las
montañas. 17 El que esté en la azotea
no baje a llevarse nada de su casa.
18 Y el que está en el campo, no
vuelva atrás a tomar su capa.
19 ¡Qué terrible será en aquellos días
para las que estén encinta y amamantando! 20 Oren para que su huida
no sea en invierno, ni en día de
reposo. 21 Porque habrá entonces una
gran angustia, como no la hubo
jamás. 22 Y si no se fueran a acortar
aquellos días, no quedaría nadie
vivo; pero, en atención a los elegidos, serán acortados aquellos días.
23 En aquel tiempo, si alguien les
dice: "¡Mira, aquí está el Cristo!"[d]
o "¡Allí está!", no lo crean.
24 Porque surgirán falsos Cristos y
falsos profetas y harán grandes señales y prodigios, capaces de engañar
si ello fuera posible, hasta a los elegidos. 25 Miren que se lo advierto de
antemano.

26 Así que si les dicen: "¡Miren,
allí está, en el desierto!", no salgan;
o si dicen: "¡Aquí está, en los apo-
sentos!", no lo crean. 27 Porque, de
la manera que el relámpago fulgura
rápido a través del firmamento, así
será la venida del Hijo del Hombre.
28 Dondequiera que hay un cuerpo
muerto, allá se juntan los buitres.

29 Inmediatamente después de la
aflicción de aquellos días,

se oscurecerá el sol,
y la luna no dará ya más su
luz;
las estrellas caerán del firmamento,
y los cuerpos celestiales serán
sacudidos.[e]

30 En aquel tiempo, aparecerá en el
firmamento la señal del Hijo del

[a] *39* Salmo 118:26. [b] *5 Mesías.* [c] *15* Daniel 9:27; 11:31; 12:11. [d] *23 Mesías.* [e] *29* Isaías 13:10; 34:4.

Hombre, y todas las naciones de la
tierra se afligirán y verán al Hijo del
Hombre venir sobre las nubes del
cielo con poder y gloria grandes; 31 y
él enviará a sus ángeles que, al son
de potente trompeta, reunirán a sus
elegidos de los cuatro vientos, del
uno al otro extremo de los cielos.
32 Aprendan de la higuera esta
lección: Tan pronto como reverdecen
sus ramas y brotan sus hojas, saben
que el verano está cerca. 33 Así también, cuando ustedes vean todas
estas cosas, sepan que ya está
cerca, a las puertas. 34 Yo les aseguro que no pasará esta generación[a]
antes que ocurra todo esto. 35 El
cielo y la tierra pasarán, pero mis
palabras nunca pasarán.

El día y la hora desconocidos

36 Sobre ese día y esa hora, nadie
lo sabe, ni siquiera los ángeles en el
cielo, ni el Hijo,[b] sino sólo el Padre.
37 Como ocurrió en los días de Noé,
así sucederá en la venida del Hijo
del Hombre. 38 Porque en los días
que precedieron al diluvio, la gente
seguía comiendo y bebiendo, se
casaban y daban en matrimonio
hasta el mismo día en que Noé entró en el arca; 39 y no se percataron
de nada hasta que vino el diluvio y
se los llevó a todos. Así ocurrirá
también en la venida del Hijo del
Hombre. 40 Estarán entonces dos
hombres en el campo; uno será
tomado y el otro será dejado.
41 Estarán dos mujeres en el molino,
moliendo; una será tomada y la otra
será dejada.
42 Estén, pues, siempre en vela,
porque no saben qué día vendrá su
Señor. 43 Y entiendan esto: que, si el
dueño de la casa hubiera sabido a
qué hora iba a venir el ladrón, se
habría mantenido en vela y no
habría permitido que entraran en su
casa. 44 Así también ustedes deben
estar preparados, porque el Hijo del
Hombre vendrá a la hora que no lo
esperan.
45 ¿Quién es, pues, el siervo fiel y
sensato, a quien el señor ha puesto
a cargo de los de su casa para
darles a su tiempo el alimento?
46 Bien le irá al siervo cuyo señor lo
encuentre actuando así cuando él
regrese. 47 Yo les aseguro que lo
pondrá a cargo de todas sus posesiones. 48 Pero supongan que aquel
siervo es un malvado y dice para
sus adentros: "Mi señor se retrasa
en volver", 49 y entonces comienza a
golpear a sus compañeros y a comer
y a beber con los borrachos. 50 El
señor de ese siervo regresará el día
en que no lo espera y en la hora
que no sabe. 51 Lo hará pedazos y le
hará compartir el destino de los
hipócritas, allí donde será el llanto y
el rechinar de dientes.

Parábola de las diez vírgenes

25 En aquel tiempo, el reino de
los cielos se parecerá a diez
vírgenes que tomaron sus lámparas y
salieron al encuentro del esposo.
2 Cinco de ellas eran necias y cinco
eran sensatas. 3 Las necias tomaron
sus lámparas, pero no se proveyeron
de aceite. 4 Las sensatas, por su parte, tomaron sus aceiteras bien pro-
vistas de aceite, junto con sus lámparas. 5 Se retrasó el esposo, y todas
ellas se pusieron soñolientas y se
durmieron.
6 A medianoche sonó un grito:
"¡Ya llega el novio! ¡Salgan a recibirlo!"
7 Entonces todas las vírgenes se
despertaron y arreglaron sus lámparas. 8 Las necias dijeron a las sensatas: "Dennos algo de su aceite,
pues nuestras lámparas se apagan".
9 "No", —respondieron ellas, "no
vaya a ser que no haya suficiente ni
para nosotras ni para ustedes. Mejor
es que vayan a los que lo venden y
compren para ustedes".
10 Pero mientras ellas iban a comprar el aceite, llegó el esposo. Las
vírgenes que estaban preparadas

[a] *34 Raza.* [b] *36* Algunos Mss. omiten *ni el Hijo.*

entraron con él al banquete de
bodas. Y se cerró la puerta.
11 Después vinieron también las
otras, diciendo: "¡Señor, señor,
ábrenos la puerta!"
12 Pero él respondió: "Les digo de
veras que no las conozco".
13 Por tanto, manténganse vigilantes, porque no saben el día ni la
hora en que el Hijo del Hombre
vendrá.

Parábola de los talentos

14 Asimismo se parecerá a un hombre que, al irse de viaje, llamó a sus
siervos y les confió sus bienes. 15 A
uno le dio cinco talentos[a], a otro
dos talentos, y a otro un talento, a
cada cual según su capacidad, y se
marchó. 16 El que había recibido los
cinco talentos, fue en seguida a
negociar con ellos y ganó otros cinco. 17 De igual manera, el que había
recibido los dos talentos, ganó otros
dos. 18 Pero el que recibió uno, fue
y cavó un hoyo en el suelo y escondió el dinero de su señor.
19 Al cabo de mucho tiempo,
regresó el señor de aquellos siervos
e hizo cuentas con ellos. 20 El que
había recibido los cinco talentos, trajo otros cinco talentos más, diciendo:
do: "Señor, tú me confiaste cinco
talentos. Mira, he ganado otros cinco más".
21 Su señor respondió: "¡Excelente,
siervo bueno y fiel! Has sido fiel
con unas pocas cosas; yo te pondré
a cargo de muchas cosas. ¡Ven a
participar en la felicidad de tu
señor!"
22 Se presentó también el de los
dos talentos, diciendo: "Señor, tú
me confiaste dos talentos. Mira, he
ganado otros dos más".
23 Su señor respondió: "¡Bien
hecho, siervo bueno y fiel! Has sido
fiel con unas pocas cosas; yo te
pondré a cargo de muchas cosas.
¡Ven a participar en la felicidad de
tu señor!"
24 Después se presentó también el
que había recibido un solo talento y
dijo: "Señor, te conocía que eres
hombre duro, que cosechas donde
no has sembrado y que recoges donde no has esparcido semilla. 25 Así
que tuve miedo y fui a esconder tu
talento en el suelo. Mira, aquí tienes
lo tuyo".
26 Su señor respondió: "¡Siervo
malo y perezoso! ¿Así que sabías
que yo cosecho donde no he sembrado y recojo donde no he esparcido semilla? 27 Entonces, lo que
debías haber hecho es llevar mi
dinero a los banqueros, para que, al
regresar yo, lo recuperara con intereses.
28 Quítenle el talento y dénselo al
que tiene diez talentos. 29 Porque a
todo el que tiene, le será dado más
y tendrá en abundancia. Pero al que
no tiene, aun lo poco que tiene se le
quitará. 30 Y en cuanto a ese siervo
perezoso, arrójenlo afuera, a la oscuridad, donde será el llorar y el rechinar de dientes".

Las ovejas y los cabritos

31 Cuando el Hijo del Hombre
venga en su gloria, y todos los ángeles con él, se sentará en su trono en
la gloria celestial. 32 Todas las naciones se reunirán en su presencia, y él
separará a los unos de los otros, a
la manera que el pastor separa las
ovejas de los cabritos. 33 Pondrá las
ovejas a su derecha, y los cabritos a
su izquierda.
34 Entonces el rey dirá a los de su
derecha: "Vengan ustedes los ben-
ditos de mi Padre; tomen posesión
de su herencia, del reino preparado
para ustedes desde la creación del
mundo. 35 Porque estuve hambriento
y me dieron algo de comer; estuve
sediento y me dieron algo de beber;
era forastero y me invitaron; 36 estaba necesitado de ropa y me vistieron; estuve enfermo y me asistieron;
estuve en la cárcel y vinieron a visitarme".

[a] *15* El precio de un talento era de muchos miles de pesos.

37 Entonces le contestarán los
justos: "Señor, ¿cuándo te vimos
hambriento y te alimentamos, o
sediento y te dimos de beber?
38 ¿Cuándo te vimos forastero y te
invitamos, o necesitado de ropa y te
vestimos? 39 ¿Cuándo te vimos enfermo o en la cárcel y fuimos a visitar-
te?"
40 El Rey les responderá: "Les
digo la verdad que todo cuanto
hicieron por uno de los menores de
estos hermanos míos, por mí lo
hicieron".
41 Entonces dirá a los de su
izquierda: "Aléjense de mí, malditos,
al fuego eterno preparado para el
diablo y sus ángeles. 42 Porque estuve hambriento y no me dieron nada
de comer; estuve sediento y no me
dieron nada que beber; 43 era forastero y no me invitaron; necesitaba
ropa y no me vistieron; estuve
enfermo y en la cárcel y no me visi-
taron"
44 También ellos le preguntarán:
"Señor, ¿cuándo te vimos hambriento o sediento o forastero o necesitado de ropa o enfermo o en la cárcel,
y no te ayudamos?"
45 El responderá: "Les digo la
verdad que todo cuanto dejaron de
hacer por uno de los menores de
éstos, conmigo dejaron de hacerlo".
46 Entonces irán éstos al castigo
eterno, pero los justos a la vida
eterna.

El complot contra Jesús

26 Cuando Jesús acabó de decir
todas estas cosas, dijo a sus
discípulos: 2 Como saben, dentro de
dos días llega la Pascua, y el Hijo
del Hombre será entregado para ser
crucificado.
3 Entonces los principales sacerdotes y los ancianos del pueblo se
reunieron en el palacio del sumo
sacerdote, cuyo nombre era Caifás,
4 y se pusieron de acuerdo para
arrestar a Jesús con engaño y matarlo. 5 Pero no durante la fiesta,
—decían—, no sea que se forme
alboroto entre la gente.

Jesús, ungido en Betania

6 Mientras Jesús estaba en Betania
en la casa de un hombre conocido
como Simón el Leproso, 7 se le
acercó una mujer con un frasco de
alabastro que contenía un perfume
de muchísimo precio, y lo derramó
sobre su cabeza, estando él reclina-
do a la mesa.
8 Cuando los discípulos vieron
esto, se indignaron y decían: ¿Para
qué este derroche? 9 Podría haberse
vendido este perfume por un elevado
precio, y el dinero podría haberse
dado a los pobres.
10 Conociendo esto, les dijo Jesús:
¿Por qué están molestando a esta
mujer? Ella acaba de hacerme una
buena obra. 11 A los pobres siempre
los tendrán con ustedes, pero a mí
no siempre me tendrán. 12 Al derramar este perfume sobre mi cuerpo,
lo ha hecho para prepararme para el
entierro. 13 Les digo de veras que,
dondequiera que se predique este
evangelio por todo el mundo, también se hablará de lo que ella ha
hecho, en recuerdo suyo.

Judas se pone de acuerdo para entregar a Jesús

14 Entonces uno de los doce, el llamado Judas Iscariote, fue a los principales sacerdotes, 15 y les dijo:
¿Cuánto están dispuestos a darme, si
se lo entrego? Así que le fijaron el
precio en treinta monedas de plata.
16 Desde entonces, Judas buscaba
una oportunidad para entregarlo.

La Cena del Señor

17 El primer día de la fiesta del
pan sin levadura, se acercaron los
discípulos a Jesús y le preguntaron:
¿Dónde quieres que te preparemos la
cena de la Pascua?
18 El respondió: Vayan a la ciudad,
a casa de cierto hombre, y díganle:
"El Maestro dice: la hora fijada para
mí, se acerca. Voy a celebrar la

Pascua con mis discípulos en tu
casa". 19 Los discípulos lo hicieron
conforme a las instrucciones que
Jesús les había dado y prepararon la
Pascua.
20 Al anochecer, Jesús estaba recli-
nado a la mesa con sus discípulos.
21 Y mientras comían, les dijo: Les
digo la verdad; uno de ustedes me
va a entregar.
22 Ellos se entristecieron sobremanera y comenzaron a decirle uno por
uno: ¿Verdad que no soy yo, Señor?
23 Jesús respondió: Uno que ha
metido conmigo la mano en el plato
es quien me entregará. 24 El Hijo del
Hombre se marcha, conforme está
escrito de él, pero ¡ay de aquel
hombre que entrega al Hijo del
Hombre! Más le valiera no haber
nacido.
25 Entonces Judas, el que iba a entregarlo, le dijo: ¿Verdad que no soy
yo, Rabí?
Jesús respondió: Sí, tú eres.[a]
26 Mientras comían, Jesús tomó el
pan, dio gracias, lo partió y lo dio a
sus discípulos, diciendo: Tomen y
coman; esto es mi cuerpo.
27 Después tomó la copa, dio gracias y se la dio a ellos diciendo:
Beban de ella todos ustedes. 28 Esto
es mi sangre de la[b] alianza, la cual
es derramada por muchos para el
perdón de pecados. 29 Les aseguro
que no beberé de este fruto de la
vid desde ahora en adelante, hasta
aquel día en que lo beba nuevo con
ustedes en el reino de mi Padre.
30 Después de cantar un himno,
salieron hacia el Monte de los Olivos.

Jesús predice la negación de Pedro

31 Entonces les dijo Jesús: Esta
misma noche, todos ustedes se
escandalizarán de mí, pues está
escrito:

Heriré al pastor,
y se dispersarán las ovejas del
rebaño.[c]

32 Pero después de resucitar, iré
delante de ustedes a Galilea.
33 Pedro respondió: Aun cuando
todos lleguen a escandalizarse de ti,
yo jamás.
34 De veras te digo —le respondió
Jesús— que esta misma noche, antes
que el gallo cante, me negarás tres
veces.
35 Pero Pedro dijo: Aun cuando
tenga que morir contigo, yo no te
negaré a ti. Y todos los otros discípulos decían lo mismo.

Getsemaní

36 Entonces Jesús fue con sus
discípulos a un lugar llamado Getsemaní, y les dijo: Siéntense aquí,
mientras yo me retiro allá a orar.
37 Tomó consigo a Pedro y a los dos
hijos de Zebedeo, y comenzó a entristecerse y angustiarse. 38 Entonces
les dijo: Mi alma está profundamente
triste, hasta el borde de la muerte.
Quédense aquí y velen conmigo.
39 Adelantándose un poco, se
postró sobre su rostro y oró: Padre
mío, si es posible, sea alejada de mí
esta copa. Pero no se haga como yo
quiero, sino como quieres tú.
40 Luego volvió a donde estaban
los discípulos y los encontró durmiendo. Y le preguntó a Pedro: ¿De
modo que no han podido velar
conmigo durante una sola hora?
41 Velen y oren, para que no caigan
en tentación. Es cierto que el espíritu está dispuesto, pero el cuerpo es
débil.
42 Por segunda vez se retiró a orar,
diciendo: Padre mío, si no es posible
que sea alejada esta copa sin que yo
la beba, hágase tu voluntad.
43 Cuando volvió, los encontró otra
vez dormidos, porque sus ojos estaban cargados de sueño. 44 Así que
los dejó y se retiró una vez más a
orar por tercera vez, repitiendo la
misma plegaria.
45 Luego se fue hacia sus discípulos y les dijo: ¿Todavía duermen y

[a] *25 Tú mismo lo has dicho.* [b] *28* Algunos Mss. añaden *nueva.* [c] *31* Zacarías 13:7.

descansan? Miren que se acerca la
hora en que el Hijo del Hombre va
a ser entregado en manos de pecadores. 46 ¡Levántense y vámonos!
¡Aquí llega ya el que me va a entregar!

Arresto de Jesús

47 Mientras él estaba aún hablando,
llegó Judas, uno de los doce. Con él
iba mucha gente, armada de espadas
y bastones, de parte de los principales sacerdotes y de los ancianos del
pueblo. 48 El traidor les había dado
una contraseña, diciendo: Al que yo
bese, ése es; arréstenlo. 49 Y
acercándose en seguida a Jesús, le
dijo Judas: ¡Hola, Rabí!; y lo besó.
50 Jesús respondió: Amigo, cumple
con lo que te trae aquí. Entonces
los hombres aquellos se abalanzaron
y echaron mano de Jesús, apresán-
dolo. 51 En esto, uno de los que
acompañaban a Jesús, echó mano a
su espada, la desenvainó e hirió al
criado del sumo sacerdote, cortándole la oreja.
52 Jesús le dijo: Vuelve tu espada a
la vaina, porque todos los que em-
puñen espada, a espada morirán.
53 ¿O te parece que no puedo implo-
rar a mi Padre, y en seguida pondría
a mi disposición más de doce legio-
nes de ángeles? 54 Pero, ¿cómo tendrían entonces cumplimiento las
Escrituras que dicen que tiene que
suceder de esta manera?
55 Entonces, se volvió Jesús a la
turba y dijo: ¿Es que soy algún ban-
dolero para que hayan salido con espadas y palos a prenderme? Todos
los días estaba sentado en los atrios
del templo enseñando, y no me
prendieron. 56 Pero todo esto tiene
lugar para que puedan cumplirse los
escritos de los profetas. Entonces
todos los discípulos lo abandonaron
y huyeron.

Ante el Sanedrín

57 Los que habían arrestado a
Jesús, lo llevaron a Caifás, el sumo
sacerdote, donde se habían reunido
los escribas y los ancianos. 58 Pero
Pedro lo iba siguiendo a bastante
distancia hasta el patio del sumo
sacerdote. Entró allí y se sentó con
los guardias para ver en qué paraba
aquello.
59 Los principales sacerdotes y el
Sanedrín entero buscaban una falsa
evidencia contra Jesús para darle
muerte. 60 Pero no pudieron encontrar ninguna, a pesar de que se presentaron muchos falsos testigos.
Finalmente, se adelantaron dos,
61 y declararon: Este individuo dijo:
"Yo tengo poder para destruir el
templo de Dios y reedificarlo en tres
días".
62 Entonces el sumo sacerdote se
puso en pie y dijo a Jesús: ¿No vas
a responder? ¿Qué evidencia es ésta
que éstos presentan contra ti?
63 Pero Jesús permaneció callado.
El sumo sacerdote le dijo entonces: Te conjuro por el Dios viviente
a que nos digas si eres tú el Cristo,[a]
el Hijo de Dios.
64 Sí, así es como tú lo dices
—respondió Jesús—; pero yo les
digo a todos ustedes: En el futuro
verán al Hijo del Hombre sentado a
la diestra del Omnipotente y que
viene sobre las nubes del cielo.
65 Entonces el sumo sacerdote se
rasgó las vestiduras y dijo: ¡Ha blasfemado! ¿Para qué necesitamos más
testigos? Miren, ya han oído la blasfemia; 66 ¿qué les parece?
Es reo de muerte —contestaron
ellos.
67 Entonces lo escupieron en la
cara y le dieron de bofetadas; otros
lo golpeaban con sus varas, 68 diciEndo: Profetízanos, Cristo,[b] ¿quién es
el que te golpeó?

Pedro niega a Cristo

69 Pedro, por su parte, estaba sentado afuera, en el atrio, y se le
acercó una criada. Tú también estabas con Jesús de Galilea —le dijo.

[a] *63 Mesías.* [b] *68 Mesías.*

70 Pero él lo negó delante de todos
ellos. Dijo: No sé de qué estás
hablando.
71 Luego se fue hacia la puerta,
donde lo vio otra muchacha y dijo a
los que estaban allí: Este individuo
estaba con Jesús de Nazaret.
72 El lo negó de nuevo, con juramento: No conozco a ese hombre.
73 Al poco tiempo, se acercaron a
Pedro los que estaban allí y le dijeron: De seguro que tú eres uno de
ellos, porque tu acento te delata.
74 Entonces comenzó a echar
maldiciones y les aseguró con juramento: ¡No conozco a ese hombre!
Inmediatamente cantó un gallo.
75 Entonces se acordó Pedro de lo
que Jesús le había dicho: Antes de
que cante el gallo, renegarás de mí
tres veces. Y, saliendo afuera, lloró
amargamente.

Judas se ahorca

27 Por la mañana temprano,
todos los principales sacerdotes y los ancianos del pueblo tomaron el acuerdo de dar muerte a
Jesús. 2 Le ataron las manos, se lo
llevaron de allí y lo entregaron a
Pilato, el gobernador.
3 Cuando Judas, que lo había traicionado, se enteró de que Jesús
había sido sentenciado a muerte, sintió remordimiento, se fue a devolver
las treinta monedas de plata a los
principales sacerdotes y a los ancianos del pueblo,
4 y les dijo: He
pecado porque he entregado sangre
inocente.

Ellos respondieron: ¿A nosotros
qué nos importa? Allá tú.
5 Entonces Judas arrojó las monedas en el templo y se marchó de
allí. Luego fue y se ahorcó.
6 Los principales sacerdotes recogieron las monedas y dijeron : Es
ilegal meter esto en el tesoro del
templo, puesto que es precio de
sangre.
7 Así que decidieron usar el
dinero para comprar el campo del
alfarero, como lugar de sepultura
para forasteros.
8 Por esta razón ha
sido llamado el Campo de Sangre
hasta el día de hoy.
9 Entonces tuvo
su cumplimiento lo predicho por
medio del profeta Jeremías: "Tomaron las treinta monedas de plata, el
precio que le fue fijado por el
pueblo de Israel,
10 y las usaron para
comprar el campo del alfarero,
conforme me había ordenado el
Señor".[a]

Jesús ante Pilato

11 Entretanto Jesús compareció en
presencia del gobernador, y el gobernador le preguntó: ¿Eres tú el rey
de los judíos?

Así es, como tú lo dices —respondió Jesús.
12 Al ser acusado por los principales sacerdotes y por los ancianos,
Jesús no respondió palabra.
13 Entonces le preguntó Pilato: ¿No oyes de
cuántas cosas te están acusando?
14 Pero Jesús no respondió, ni a una
sola acusación; para gran asombro
del gobernador.
15 Cada año, durante la fiesta, solía
el gobernador dar libertad a un preso escogido por la gente.
16 Tenían
entonces un preso notable, llamado
Barrabás.
17 Así que cuando la multitud estuvo reunida, les preguntó
Pilato: ¿Cuál de los dos quieren que
les suelte: a Barrabás o a Jesús que
es llamado Cristo?
18 Porque sabía
que le habían entregado a Jesús por
envidia.
19 Mientras Pilato estaba sentado
en el tribunal, su esposa le envió el
siguiente recado: No te metas en
nada con ese hombre inocente,
porque he sufrido mucho hoy, en un
sueño, a causa de él.
20 Pero los principales sacerdotes y
los ancianos persuadieron a las
turbas a que pidieran la libertad de
Barrabás y que Jesús fuera ejecutado.
21 ¿A quién de los dos quieren que
les suelte? —insistió el gobernador.

A Barrabás —respondieron ellos.

[a] *10* Zacarías 11:12, 13; Jeremías 32:6-9.

22 ¿Qué haré, entonces, con Jesús,
el que es llamado Cristo? —preguntó
Pilato.
Todos ellos respondieron: ¡Crucifícalo!
23 ¿Por qué? ¿Qué crimen ha
cometido? —preguntó él.
Pero ellos gritaban aún más,
diciendo: ¡Crucifícalo!
24 Viendo, pues, Pilato que nada
conseguía y que, por el contrario, se
formaba un tumulto, tomó agua y se
lavó las manos enfrente de las
turbas, diciendo: Soy inocente de la
sangre de este hombre. ¡Allá ustedes!
25 Todo el pueblo respondió: ¡Caiga
su sangre sobre nosotros y sobre
nuestros hijos!
26 Entonces les soltó a Barrabás; y
después de azotar a Jesús, lo entregó
para que fuera crucificado.

Los soldados se burlan de Jesús

27 Entonces los soldados del gobernador
se llevaron a Jesús al pretorio
y reunieron alrededor suyo a toda la
compañía. 28 Le quitaron su ropa y
le pusieron encima un manto de
color escarlata; 29 trenzaron una
corona de espinas y se la colocaron
en la cabeza. Le pusieron una caña
en la mano derecha y doblando la
rodilla ante él, se burlaban de él
diciendo: ¡Viva el rey de los judíos!
30 Lo escupían y, quitándole la caña,
lo golpeaban con ella en la cabeza
una y otra vez. 31 Después de haberse
burlado de él, le quitaron el manto,
le pusieron su propia ropa y se
lo llevaron de allí para crucificarlo.

La crucifixión

32 Cuando salían, se encontraron a
un hombre de Cirene, llamado
Simón, y lo obligaron a que cargara
con la cruz. 33 Llegaron a un lugar
llamado Gólgota (que quiere decir *el
lugar de la calavera*). 34 Allí le
dieron a beber vino mezclado con
hiel; pero, después de probarlo,
rehusó beberlo. 35 Después de crucificarlo,
se repartieron su ropa echando
la suerte.[a] 36 Y sentándose, le
hacían guardia allí. 37 Y por encima
de su cabeza colocaron escrita la
causa de su condena: ESTE ES
JESUS, EL REY DE LOS JUDIOS.
38 Dos ladrones fueron crucificados
con él, uno a su derecha y otro a su
izquierda. 39 Los que pasaban junto a
aquel lugar proferían insultos contra
él meneando la cabeza 40 y diciendo:
Tú que ibas a destruir el templo y
reconstruirlo en tres días, ¡sálvate a
ti mismo! ¡Baja de la cruz, si eres
Hijo de Dios!
41 De manera semejante se mofaban
de él los principales sacerdotes,
los escribas y los ancianos. 42 Salvó
a otros —decían—, pero es incapaz
de salvarse a sí mismo. ¡Y es el rey
de Israel! Que baje ahora de la cruz
y creeremos en él. 43 Ha puesto en
Dios su confianza; que lo libre Dios,
pues, ahora, si se complace en él.
Porque dijo: Soy Hijo de Dios.
44 Del mismo modo proferían también
insultos contra él los ladrones que
estaban crucificados con él.

La muerte de Jesús

45 Desde el mediodía hasta la
media tarde, toda aquella región
quedó sumida en la oscuridad. 46 Y
hacia la media tarde, gritó Jesús con
voz potente: *Eloí, Eloí,*[b] *¿lamá
sabactani?*, que significa: Dios mío,
Dios mío, ¿por qué me has desamparado?[c]
47 Algunos de los que estaban allí
decían, al oír esto: Está llamando a
Elías.
48 Inmediatamente, uno de ellos
corrió en busca de una esponja, la
empapó en vinagre y, sujetándola
bien al extremo de una caña, le
ofrecía de beber. 49 Pero los demás

[a] 35 Algunos Mss. dicen: *para que se cumpliera lo predicho por el profeta: "se repartieron mis vestidos, y echaron suertes sobre mi ropa"* (Salmo 22:18). [b] 46 Algunos Mss. dicen, *Elí, Elí.* [c] 46 Salmo 22:1.

decían: ¡Déjalo solo! Vamos a ver si
viene Elías a salvarlo.
50 Y después de haber clamado
otra vez con voz potente, Jesús entregó su espíritu.
51 En este momento, el velo del
templo se rasgó en dos de arriba
abajo. La tierra fue sacudida y se
partieron las rocas. 52 Se abrieron las
tumbas y los cuerpos de muchos
santos difuntos fueron levantados.
53 Y saliendo de sus tumbas después
de la resurrección de Jesús, entraron
en la ciudad santa y se aparecieron
a muchos.
54 Cuando el centurión y los que
con él estaban montando guardia
cerca de Jesús vieron el terremoto y
todo lo que estaba sucediendo,
quedaron atemorizados sobremanera,
y decían: ¡De seguro que éste era el
Hijo de Dios![a]
55 Había allí muchas mujeres que
miraban desde lejos, las cuales
habían acompañado a Jesús desde
Galilea para prestarle sus servicios.
56 Entre ellas se hallaban María
Magdalena, María la madre de Jacobo y de José, y la madre de los
hijos de Zebedeo.

El sepelio de Jesús

57 Al anochecer, llegó cierto hombre rico, de Arimatea, llamado José,
quien se había hecho también discípulo de Jesús. 58 Este se presentó a
Pilato para solicitar que le concediera el cuerpo de Jesús. Entonces Pilato dio orden de que le fuera concedido. 59 José tomó el cuerpo, lo
envolvió en una sábana limpia 60 y lo
depositó en su propia tumba nueva
que había excavado en la roca. Y
haciendo rodar una piedra grande en
la entrada de la tumba, se marchó.
61 Y estaban allí María Magdalena y
la otra María, sentadas enfrente de
la tumba.

La guardia junto a la tumba

62 El siguiente día, el que sigue al
día de la Preparación, los principales
sacerdotes y los fariseos se presentaron a Pilato y le dijeron: 63 Señor,
recordamos que aquel impostor dijo
en vida: "Después de tres días,
resucitaré". 64 Da, pues, orden de
que aseguren la tumba hasta el
tercer día; no sea que vengan sus
discípulos y roben el cuerpo y le
digan a la gente que ha resucitado
de entre los muertos, y el último
engaño será peor que el primero.
65 Les contestó Pilato: Lleven una
guardia. Vayan y aseguren la tumba
como les parezca. 66 Así pues, ellos
fueron y aseguraron la tumba, sellan-
do la piedra y dejando montada la
guardia.

La resurrección

28 Después del sábado, en la
madrugada del primer día de
la semana, María Magdalena y la
otra María fueron a ver el sepulcro.
2 En esto, sobrevino un gran terremoto, pues un ángel del Señor bajó
del cielo y, acercándose a la tumba,
removió la piedra haciéndola rodar y
se sentó encima de ella. 3 Su aspecto
era como un relámpago, y sus vestiduras eran blancas como la nieve.
4 Los guardianes se atemorizaron al
verlo, hasta el punto de que echaron
a temblar y quedaron como muertos.
5 El ángel dijo a las mujeres: No
tengan miedo, porque yo sé que
buscan a Jesús el crucificado. 6 No
está aquí, porque ha resucitado
conforme había dicho; vengan y
vean el lugar donde yacía. 7 Ahora,
pues, vayan de prisa a decirles a sus
discípulos: "Ha resucitado de entre
los muertos y va delante de ustedes
a Galilea; allí lo verán". Ya se lo he
dicho.
8 Así que las mujeres se marcharon
de prisa de la tumba, con temor y a
la vez llenas de alegría, y corrieron
a anunciárselo a sus discípulos. 9 De
repente les salió al encuentro Jesús
y les dijo: ¡Saludos! Ellas se le acercaron, se asieron a sus pies y lo

[a] 54 *O un hijo de Dios.*

adoraron. 10 Entonces les dijo Jesús:
No teman. Vayan a anunciar a mis
hermanos que vayan a Galilea, y allí
me verán.

El informe de los guardias

11 Mientras las mujeres iban de
camino, algunos de los de la guardia
fueron a la ciudad e informaron a
los principales sacerdotes todo lo
sucedido. 12 Estos tuvieron una
reunión con los ancianos y se trazaron un plan. Dieron a los soldados
una fuerte suma de dinero, 13 y les
dijeron: Van a decir lo siguiente:
"Vinieron sus discípulos durante la
noche y se lo llevaron de allí mientras nosotros dormíamos". 14 Si llega
a enterarse de esto el gobernador,
ya le daremos las explicaciones pertinentes y los libraremos de todo
problema. 15 Así, pues, los soldados
tomaron el dinero e hicieron según
las instrucciones que habían recibido. Y se divulgó entre los judíos
esta versión hasta el día de hoy.

La gran comisión

16 Por su parte, los once discípulos
fueron a Galilea, al monte al que les
había ordenado Jesús que fueran.
17 Cuando lo vieron, lo adoraron;
pero algunos dudaron. 18 Entonces
Jesús se acercó a ellos y les dijo: Se
me ha dado toda autoridad en el
cielo y sobre la tierra. 19 Por tanto,
vayan y hagan discípulos de entre
todas las naciones, bautizándolos en[a]
el nombre del Padre y del Hijo y del
Espíritu Santo, 20 y enseñándoles a
obedecer todo lo que les he ordenado. Y tengan la seguridad de que yo
estaré con ustedes siempre, hasta el
mismo final de los tiempos.

MARCOS

Juan el Bautista prepara el camino

1 Principio del evangelio de Jesucristo, el Hijo de Dios.[b] 2 En
Isaías el profeta está escrito:

Yo enviaré a mi mensajero delante de ti,
el cual preparará tu camino.[c]
3 Voz de uno que clama en el desierto:
Preparen el camino para el Señor,
enderecen las sendas para él.[d]

4 Apareció Juan el Bautista en el
desierto, predicando un bautismo de
arrepentimiento para el perdón de
los pecados. 5 Toda la región de
Judea y toda la gente de Jerusalén
salían hacia él, confesaban sus
pecados y eran bautizados por él en
el río Jordán. 6 Juan vestía una piel
de camello, una correa de cuero en
su cintura, y comía langostas y miel
silvestre. 7 Su mensaje era éste: Después de mí viene uno más poderoso
que yo, y no soy digno de desatar la
correa de sus sandalias. 8 Yo los he
bautizado con agua, pero él los
bautizará con el Espíritu Santo.

Bautismo y tentación de Jesús

9 En esos días vino Jesús desde
Nazaret de Galilea y fue bautizado
por Juan en el Jordán. 10 Mientras
Jesús salía del agua, vio que los
cielos se abrían y que el Espíritu
descendía sobre él como una paloma. 11 Y se oyó una voz de los

[a] *19* Véanse Hechos 8:16; 19:5; Romanos 6:3; 1 Corintios 1:13; 10:2; Gálatas 3:27.
[b] *1* Algunos Mss. omiten *el Hijo de Dios.* [c] *2* Malaquías 3:1. [d] *3* Isaías 40:3.

cielos: Tú eres mi Hijo, mi amado;
en ti me complazco.
12 Inmediatamente, el Espíritu lo
impulsó al desierto, 13 donde estuvo
cuarenta días, siendo tentado por
Satanás. Vivía entre las fieras y los
ángeles le servían.

El llamamiento de los primeros discípulos

14 Después que Juan fue encarcelado, Jesús se fue a Galilea, predicando el evangelio de Dios, 15 y decía:
Ha llegado el tiempo. El reino de
Dios está cerca. ¡Arrepiéntanse y
crean en el evangelio!
16 Pasando junto al mar de Galilea,
Jesús vio a Simón y a su hermano
Andrés que estaban echando las
redes en el lago, pues eran pescadores. 17 Y les dijo Jesús: Vengan,
síganme, y yo los haré pescadores
de hombres. 18 Al instante dejaron
sus redes y lo siguieron.
19 Después de avanzar un poco
más, vio a Jacobo, hijo de Zebedeo,
y a su hermano Juan, ambos también en su barca, remendando sus
redes. 20 Al instante los llamó, y
ellos dejaron a su padre Zebedeo en
la barca con los jornaleros, y lo
siguieron.

Jesús arroja un espíritu malo

21 Entraron en Capernaum, y cuando llegó el sábado, Jesús fue a la
sinagoga y comenzó a enseñar. 22 La
gente se quedaba asombrada de su
enseñanza, porque les enseñaba
como quien tenía autoridad, y no
como los escribas. 23 De pronto, en
la sinagoga, un hombre que estaba
poseído por un espíritu malo[a] se
puso a gritar: 24 ¿Qué tienes que ver
con nosotros, Jesús nazareno? ¿Has
venido a destruirnos? Ya sé quién
eres: ¡el Santo de Dios!
25 ¡Cállate y sal de él! —le reprendió Jesús. 26 El espíritu malo[a] sacudió violentamente al hombre, y salió
de él dando un alarido.
27 Toda la gente se quedó tan
asombrada que discutían entre sí
diciendo: ¿Qué es esto? ¡Una enseñanza nueva y con qué poder! Da
órdenes incluso a los espíritus
malos,[a] y éstos le obedecen. 28 Y se
extendió rápidamente su fama por
toda la región alrededor de Galilea.

Jesús sana a muchos

29 Tan pronto como salieron de la
sinagoga, fueron con Jacobo y Juan
a la casa de Simón y Andrés. 30 La
suegra de Simón estaba en cama con
fiebre, y en seguida le hablaron a
Jesús de ella. 31 El se acercó, la
tomó de la mano y le ayudó a
levantarse. La fiebre la dejó y
comenzó a servirles.
32 Aquella noche, después de la
puesta del sol, le trajeron todos los
enfermos y endemoniados. 33 La
población entera se reunió junto a la
puerta, 34 y Jesús sanó a muchos que
padecían de diversas enfermedades.
También arrojó a muchos demonios,
pero no les permitía hablar, porque
sabían quién era él.

Jesús ora en un lugar solitario

35 Al día siguiente, muy de madrugada, cuando aún estaba oscuro,
Jesús se levantó, salió de la casa y
se fue a un lugar solitario, donde
estuvo orando. 36 Simón y sus compañeros salieron a buscarlo, y 37 al
encontrarlo le dijeron: Todos te
buscan.
38 Jesús respondió: Vamos a otros
lugares, a los pueblos cercanos, para
que yo pueda predicar también allí;
pues para esto he venido. 39 Salió,
pues, a recorrer toda la Galilea, predicando en las sinagogas y arrojando
demonios.

Un hombre con lepra

40 Vino hacia él un leproso[b] y de
rodillas le suplicó: Si quieres, puedes
limpiarme.

[a] *23* El griego dice *inmundo*; también en versículos 26 y 27. [b] *40* La palabra griega se usaba también para otras enfermedades de la piel.

41 Jesús sintió compasión y, exten-
diendo la mano, tocó al hombre y le
dijo: ¡Sí lo quiero! Queda limpio.
42 Inmediatamente lo dejó la lepra y
quedó sano.
43 En seguida, Jesús lo despidió
con una fuerte advertencia: 44 Mira,
no se lo digas a nadie, sino presén-
tate al sacerdote y ofrece por tu
purificación los sacrificios que
ordenó Moisés, en testimonio para
ellos. 45 Pero él salió y comenzó a
contarlo a todos, divulgando lo ocurrido. Como resultado de esto, Jesús
ya no pudo entrar en ningún poblado
abiertamente sino que se quedaba
fuera, en lugares solitarios. A pesar
de eso, la gente seguía viniendo a él
de todas partes.

Jesús sana a un paralítico

2 Unos días después, cuando
Jesús entró de nuevo en Capernaum, la gente supo que estaba en
una casa. 2 Y se aglomeró allí tanto
gentío, que ya no quedaba sitio ni
siquiera delante de la puerta, y él
les predicaba. 3 En esto, llegaron
unos hombres con un paralítico, llevado por cuatro de ellos. 4 Y como
no podían llegar con él hasta Jesús
por la multitud, abrieron el techo encima del lugar donde se hallaba
Jesús, y por la abertura descolgaron
la camilla en la que estaba tendido
el paralítico. 5 Al ver Jesús la fe de
ellos, le dijo al paralítico: Hijo, te
son perdonados tus pecados.
6 Pero estaban sentados allí algunos
de los escribas y pensaban en su interior: 7 ¿Por qué habla éste así?
¡Está blasfemando! ¿Quién puede
perdonar los pecados, sino sólo
Dios?
8 En ese mismo instante, Jesús se
dio cuenta en su espíritu de que eso
era lo que estaban pensando en sus
corazones, y les dijo: ¿Por qué están
pensando esas cosas en sus corazones? 9 ¿Qué es más fácil: decirle al
paralítico: "Te son perdonados tus
pecados", o decirle: "Levántate,
toma tu camilla y anda"? 10 Pues
para que sepan que el Hijo del
Hombre tiene autoridad en la tierra
para perdonar los pecados —le dijo
entonces al paralítico—: 11 A ti te
digo, levántate, toma tu camilla, y
vete a tu casa. 12 El se levantó,
cargó en seguida su camilla y salió
caminando a la vista de todos ellos,
con lo que todos quedaron asombrados y alabaron a Dios diciendo:
Jamás hemos visto cosa semejante.

El llamamiento de Mateo

13 De nuevo salió Jesús a la ribera
del lago. Se le acercó una gran multitud, y comenzó a enseñarles. 14 Al
pasar vio a Leví,[a] hijo de Alfeo,
sentado a la mesa de impuestos.
Jesús le dijo: Sígueme. Leví se
levantó y lo siguió.
15 Mientras Jesús estaba comiendo
en casa de Leví, muchos cobradores
de impuestos y "pecadores" estaban
comiendo con él y con sus discípulos, pues había muchos que lo
seguían. 16 Cuando los escribas y los
fariseos lo vieron comiendo con
pecadores y cobradores de impuestos, preguntaron a sus discípulos: ¿Por qué come con cobradores
de impuestos y pecadores?
17 Al oír esto, Jesús les dijo: No
son los sanos los que necesitan
médico, sino los enfermos. No he
venido a llamar a los justos, sino a
los pecadores.

Jesús es interrogado sobre el ayuno

18 Los discípulos de Juan y los
fariseos estaban ayunando, y algunas
personas fueron a decirle a Jesús:
¿Cómo es que los discípulos de Juan
y los discípulos de los fariseos ayunan, pero los tuyos no ayunan?
19 Jesús respondió: ¿Cómo pueden
ayunar los invitados del esposo,
mientras éste está con ellos? No
pueden hacerlo mientras lo tienen
entre ellos. 20 Pero días vendrán

[a] *14* También llamado *Mateo*.

cuando les será arrebatado el esposo, y entonces ayunarán en aquel
día.
21 Nadie pone un remiendo de
paño nuevo en un vestido viejo. De
lo contrario, el remiendo tira fuerte
del vestido, y la rotura se hace
mayor. 22 Y nadie echa vino nuevo
en odres viejos; de lo contrario, el
vino hará reventar los odres y se
echarán a perder tanto el vino como
los odres. El vino nuevo se pone en
odres nuevos.

Señor del sábado

23 Un sábado, estaba pasando
Jesús por un trigal, y sus discípulos
comenzaron a arrancar a su paso algunas espigas. 24 Y los fariseos le
dijeron: Mira, ¿por qué están haciendo en el día sábado lo que no está
permitido?
25 Respondió él: ¿Nunca han leído
lo que hizo David cuando él y sus
acompañantes tuvieron hambre y
pasaron necesidad; 26 cómo entró en
la casa de Dios, cuando el sumo
sacerdote era Abiatar, y comió los
panes de la ofrenda, que sólo a los
sacerdotes les estaba permitido
comer, y les dio también a los que
estaban con él?
27 Y les dijo: El sábado fue hecho
para el hombre, no el hombre para
el sábado. 28 Así que el hijo del
Hombre es Señor incluso del sábado.

3 En otra ocasión entró en la
sinagoga, y había allí un hombre que tenía la mano paralizada.
2 Algunos de ellos estaban buscando
un pretexto para acusar a Jesús, y
no le quitaban la vista para ver si lo
sanaba en día sábado. 3 Jesús le dijo
al hombre de la mano atrofiada:
Levántate y ponte enfrente de todos.
4 Entonces Jesús les preguntó:
¿Qué es lo que está permitido en día
sábado: hacer el bien o hacer el
mal, salvar una vida o matar? Pero
ellos permanecían callados.
5 Y él, pasando con enojo su mirada sobre ellos, profundamente apenado por la dureza de sus corazones,
le dijo al hombre: Estira la mano. El
la estiró, y la mano le quedó completamente restablecida. 6 Entonces
los fariseos salieron de allí y confa-
bularon inmediatamente con los
herodianos para encontrar el modo
de acabar con Jesús.

La multitud sigue a Jesús

7 Jesús se retiró con sus discípulos
al lago, y lo seguía una gran multitud desde Galilea. 8 Cuando se enteraron de todo lo que hacía, vino
hacia él mucha gente desde Judea,
Jerusalén, Idumea, del otro lado del
Jordán y de los pueblos vecinos a
Tiro y Sidón. 9 A causa de la aglo-
meración, les dijo a sus discípulos
que le tuvieran preparada una pequeña barca, para evitar que la gente lo
estrujara. 10 Porque había sanado a
muchos, hasta el punto de que todos
los que sufrían dolencias se empuja-
ban para tocarlo. 11 Y siempre que lo
veían los espíritus malos[a], se postra-
ban ante él y gritaban: Tú eres el
Hijo de Dios. 12 Pero él les ordenaba
seriamente que no dijeran quién era.

El nombramiento de los doce apóstoles

13 Subió Jesús al monte, llamó
hacia sí a los que él quiso, y fueron
hacia él. 14 Eligió a doce, nombrándolos apóstoles[b], para que estuvieran
con él, para enviarlos a predicar 15 y
para que tuvieran autoridad para
echar los demonios. 16 Y éstos son
los doce que él nombró: Simón (a
quien puso el nombre de Pedro);
17 Jacobo, hijo de Zebedeo, y su hermano Juan (a quienes puso el nombre de Boanerges, que significa hijos
del trueno); 18 Andrés, Felipe, Bartolomé, Mateo, Tomás, Jacobo, hijo
de Alfeo; Tadeo, Simón el Zelote,
19 y Judas Iscariote, quien lo traicionó.

[a] *11* El original dice *inmundos*. [b] *14* Algunos Mss. omiten: *nombrándolos apóstoles*.

Jesús y Beelzebú

20 Luego entró en una casa, y de
nuevo se congregó una multitud, de
tal manera que no les dejaban ni
comer. 21 Cuando se enteraron sus
familiares, salieron a apoderarse de
él, porque decían: Está loco.
22 Y los escribas que habían bajado
de Jerusalén decían: Está poseído
por Beelzebú.[a] Arroja los demonios
en nombre del príncipe de los demonios.
23 Entonces Jesús los llamó y les
dijo en parábolas: ¿Cómo puede
Satanás echar a Satanás? 24 Si un
reino está dividido contra sí mismo,
tal reino no puede seguir en pie.
25 Si una casa está dividida contra sí
misma, esa casa no puede seguir en
pie. 26 Y si Satanás se levanta contra
sí mismo y está dividido, no puede
sostenerse, sino que ha llegado su
fin. 27 De hecho, nadie puede entrar
en la casa de un hombre fuerte y
arrebatarle sus posesiones, a menos
que primero lo ate. Entonces ya
puede robar su casa. 28 Les digo de
veras que todos los pecados y blasfemias de los hombres les serán
perdonados. 29 Pero el que blasfeme
contra el Espíritu Santo, no tendrá
perdón jamás, sino que es culpable
de un pecado eterno.
30 Dijo esto porque estaban diciendo: Tiene un espíritu malo.[b]

La madre y los hermanos de Jesús

31 Llegaron entonces la madre y
los hermanos de Jesús. Se quedaron
fuera y enviaron a llamarlo. 32 Había
mucha gente sentada alrededor de él
y le dijeron: Tu madre y tus hermanos están fuera y te buscan.
33 ¿Quiénes son mi madre y mis
hermanos? —preguntó él.
34 Y mirando a los que estaban
sentados alrededor de él, añadió:
Aquí están mi madre y mis
hermanos. 35 Cualquiera que haga la
voluntad de Dios, es mi hermano,
mi hermana y mi madre.

Parábola del sembrador

4 En otra ocasión, Jesús comenzó
a enseñar junto al lago. El gentío que se reunió alrededor de él era
tan numeroso que tuvo que subirse a
una barca que estaba en el lago, y
se sentó, mientras toda la gente
estaba en la orilla, frente al lago.
2 El les enseñaba muchas cosas en
parábolas, y les decía en su enseñanza: 3 ¡Escuchen! Un sembrador
salió a sembrar su semilla. 4 Mientras
sembraba la semilla, parte de la
semilla cayó a un lado del camino, y
vinieron los pájaros y se la comieron. 5 Otra parte cayó en sitio rocoso, donde no tenía mucha tierra, y
brotó de prisa porque la tierra no
tenía profundidad; 6 pero cuando
salió el sol, las plantas se marchita-
ron y, por no tener raíz, se secaron.
7 Otra parte cayó entre espinas, las
que al crecer la ahogaron, de modo
que no llegó a echar espiga. 8 Por
fin, otra parte cayó en buen terreno.
Brotó, creció y echó espiga, multiplicándose treinta, sesenta y hasta
ciento por uno.
9 Luego dijo: El que tenga oídos
para oír, que oiga.
10 Cuando se quedó solo, los doce
y los más cercanos a él, le preguntaron sobre las parábolas. 11 El les
dijo: A ustedes se les ha concedido
conocer el misterio del reino de
Dios; pero a los de fuera, todo se
les presenta en parábolas, 12 de
manera que

> aunque vean, no perciban;
> y aunque oigan, no entiendan;
> de otra forma, podrían convertirse
> y quedar perdonados.[c]

13 Jesús les dijo: ¿No entienden
esta parábola? ¿Cómo podrán, entonces, entender las demás parábolas?
14 El sembrador siembra la palabra.

[a] *22* Los Mss. griegos dicen *Beelzebul* o *Beezebul*. [b] *30* El griego dice *inmundo*.
[c] *12* Isaías 6:9, 10.

15 Algunos son como lo sembrado
junto al camino, donde se siembra la
palabra y, tan pronto como la oyen,
viene Satanás y se lleva la palabra
que ha sido sembrada en ellos.
16 Otros son como lo sembrado en
sitio rocoso que, cuando oyen la
palabra, inmediatamente la reciben
con alegría; 17 pero como no tienen
raíz en su interior, en cuanto surge
un problema o una persecución por
causa de la palabra, en seguida se
apartan. 18 Y otros son como lo sembrado entre espinas, oyen la palabra
19 pero las preocupaciones de esta
vida, el engaño de las riquezas y las
codicias de las demás cosas entran
hasta ahogar la palabra, que se
vuelve infructuosa. 20 Otros son
como lo sembrado en buena tierra:
oyen la palabra, la aceptan y producen fruto, a treinta, a sesenta y
hasta ciento por uno.

La lámpara en alto

21 Les dijo también: ¿Acaso se trae
una lámpara para ponerla debajo de
una caja o debajo de la cama? Por
el contrario, ¿no es para ponerla en
el candelero? 22 Pues, todo lo que
está escondido, quedará algún día al
descubierto; y lo que se mantiene en
secreto, llegará a descubrirse. 23 El
que tenga oídos para oír, que oiga.

24 Presten mucha atención a lo que
oyen —continuó diciendo—. Con la
medida que usen, serán medidos
ustedes, y aun se les añadirá. 25 Al
que tenga, se le dará más; al que no
tenga, hasta lo que tenga le será
quitado.

Parábola de la semilla de mostaza

26 También dijo: A esto se parece
el reino de Dios: A un hombre que
esparce la semilla en la tierra. 27 De
noche y de día, lo mismo si él duer-
me que si está levantado, el grano
brota y crece, aunque el hombre no
sabe cómo. 28 Por sí sola la tierra da
fruto: primero el tallo, después la espiga, finalmente el grano lleno en la
espiga. 29 Tan pronto como el grano
está maduro, mete la hoz, pues ha
llegado el tiempo de la cosecha.

Parábola del grano de mostaza

30 También dijo: ¿A qué compararé
el reino de Dios, o qué parábola
usaré para describirlo? 31 Es como
un grano de mostaza, que es la más
pequeña de las semillas que se siembran en la tierra. 32 Pero una vez
sembrada, crece hasta convertirse en
la mayor de las hortalizas, con unas
ramas tan grandes que las aves del
cielo pueden cobijarse a su sombra.

33 Con muchas parábolas semejantes, les enseñaba Jesús la palabra,
en la medida en que eran capaces de
entenderla. 34 No les hablaba de
nada sin usar parábolas. Pero cuando estaba a solas con sus discípulos,
les explicaba todo.

Jesús calma la tempestad

35 Aquel mismo día, al anochecer,
dijo a sus discípulos: Vamos a cruzar a la otra orilla. 36 Y dejando
atrás a la muchedumbre, se lo llevaron consigo, tal como estaba, en la
barca. También le acompañaban
otras barcas. 37 De pronto, sobrevino
una furiosa tempestad y las olas
golpeaban la barca, hasta el punto
de que ésta comenzaba a inundarse.
38 Jesús estaba en la popa, durmiendo sobre el cabezal. Los discípulos
lo despertaron y le dijeron: Maestro,
¿no te importa que nos ahoguemos?

39 El se levantó, reprendió al viento y dijo al mar: ¡Calla! ¡Cálmate!
Entonces cesó el viento y se hizo
una calma completa.

40 Y les dijo a sus discípulos: ¿Por
qué son tan miedosos? ¿Todavía no
tienen fe?

41 Ellos estaban espantados, y se
decían unos a otros: ¿Quién es éste
que hasta el viento y el mar le obedecen?

Un hombre poseído por el demonio es sanado

5 Atravesaron el lago en dirección
a la región de los gadarenos;[a]
[2]y en cuanto desembarcó Jesús, le
salió al encuentro de entre los
sepulcros un hombre poseído de un
espíritu malo.[b] [3]Este hombre vivía
en los sepulcros, y nadie lo podía
atar, ni siquiera con una cadena.
[4]Porque lo habían atado muchas
veces con grilletes y cadenas, pero
él había roto las cadenas y destroza-
do los grilletes, y no había nadie lo
suficientemente fuerte para dominar-
lo. [5]Toda la noche y todo el día, en
las tumbas y por los montes, andaba
gritando e hiriéndose con piedras.

[6]Cuando vio a Jesús desde lejos,
vino corriendo y se postró ante él,
[7]gritando a gran voz: ¿Qué tienes
que ver conmigo, Jesús, Hijo del
Dios Altísimo? ¡Te ruego por Dios
que no me atormentes! [8]Porque
Jesús le decía: ¡Sal de este hombre,
espíritu malo![b]

[9]Entonces le preguntó Jesús:
¿Cuál es tu nombre?

Mi nombre es Legión —respondió
él—; porque somos muchos. [10]Y
suplicaba a Jesús una y otra vez que
no los echara fuera de aquella
región.

[11]Una numerosa piara de cerdos
estaba paciendo en la cercana ladera
del monte. [12]Los demonios suplicaban a Jesús: Envíanos a los cerdos,
para que entremos en ellos. [13]El les
dio permiso, y los espíritus malos[b]
salieron y fueron a meterse en los
cerdos. Unos dos mil cerdos se precipitaron al lago desde el acantilado
y perecieron ahogados.

[14]Los que cuidaban los cerdos
huyeron a dar aviso en el poblado y
por los campos, y la gente salió a
ver lo que había ocurrido. [15]Cuando
llegaron ante Jesús y contemplaron
sentado, vestido y en su sano juicio
al que había estado poseído por la
legión de demonios, les entró mucho
miedo. [16]Los que lo habían presenciado, contaron a la gente lo que le
había ocurrido al endemoniado y lo
de los cerdos. [17]Entonces la gente
comenzó a rogar a Jesús que se
fuera de su región.

[18]Al entrar Jesús en la barca, el
que había estado poseído por el
demonio le rogaba que le permitiera
acompañarlo. [19]Jesús no se lo permitió, sino que le dijo: Vete a tu
casa, a los de tu familia, y cuéntales
lo mucho que el Señor ha hecho por
ti y cómo ha tenido compasión de ti.
[20]Así que el hombre se marchó y
comenzó a contar en la Decápolis[c]
todo lo que había hecho Jesús por
él. Y toda la gente se maravillaba.

Una niña muerta y una mujer enferma

[21]Cuando Jesús había pasado de
nuevo en la barca hasta la otra orilla
del lago, se reunió a su alrededor
una gran multitud. Mientras se encontraba en la ribera del lago,
[22]llegó uno de los jefes de la sinagoga, llamado Jairo, y al ver a Jesús
cayó a sus pies, [23]y le suplicaba con
insistencia, diciendo: Mi hijita está a
punto de morir. Ven a imponerle las
manos para que se cure y viva.
[24]Así que Jesús se marchó con él.

Lo seguía mucho gentío que lo
apretujaba. [25]Y había también allí
una mujer que padecía de continuas
hemorragias desde hacía doce años,
[26]y había sufrido mucho a manos de
muchos médicos, además de haberse
gastado todo lo que tenía, sin que le
hubiera servido de nada, sino al contrario, iba de mal en peor. [27]Cuando
oyó hablar de Jesús, se metió entre
la gente y acercándose por detrás, le
tocó el manto, [28]pues se decía: Si
sólo toco su ropa, quedaré sanada.
[29]Inmediatamente cesó su hemorragia y sintió en su cuerpo que había
quedado libre de su dolencia.

[a] *1* Algunos Mss. leen *gadarenos;* otros, *gergesenos.* [b] *2, 8, 13* El griego dice *inmundo.*
[c] *20* Esto es, *las Diez Ciudades.*

30 Luego se dio cuenta Jesús en su
interior de que había salido de él un
poder y volviéndose hacia el gentío,
preguntó: ¿Quién me ha tocado la
ropa?
31 Le respondieron sus discípulos:
Estás viendo cómo te estruja la gente, y aún preguntas: "¿Quién me ha
tocado?"
32 Pero Jesús continuaba mirando a
su alrededor para ver a la que lo
había hecho. 33 Entonces la mujer,
sabiendo lo que le había ocurrido,
vino hacia él temblando de miedo, y
postrándose a sus pies, le dijo toda
la verdad. 34 Y él le dijo: Hija, tu fe
te ha sanado. Vete en paz y queda
sana de tu dolencia.
35 Mientras Jesús estaba todavía
hablando llegaron unos hombres de
la casa del jefe de la sinagoga y le
dijeron: Tu hija ha muerto, ¿por qué
sigues molestando al Maestro?
36 Pero Jesús, sin hacer caso de lo
que decían, dijo al jefe de la sinagoga: No temas; cree nada más.
37 No permitió que nadie lo acom-
pañara, excepto Pedro, Jacobo y
Juan, el hermano de Jacobo.
38 Cuando llegaron a la casa del jefe
de la sinagoga, vio Jesús el alboroto,
con la gente que lloraba y daba
grandes alaridos. 39 Entró y les dijo:
¿A qué viene este alboroto y estos
alaridos? La niña no está muerta,
sino dormida. 40 Pero ellos se burlaban de él.

Después que los sacó a todos,
tomó consigo al padre y a la madre
de la niña y a los discípulos que
estaban con él, y entró a donde
estaba la niña. 41 Y tomándola de la
mano, le dijo: *Talita cumi* (que traducido, significa: Muchacha, a ti te
digo, ¡levántate!). 42 Y en seguida se
puso en pie la muchacha y comenzó
a caminar (tenía doce años). Al instante, todos quedaron llenos de
gran asombro. 43 El dio órdenes
estrictas de que a nadie se le permitiera enterarse de esto, y les dijo
que le dieran algo de comer a la
niña.

Un profeta rechazado

6 Salió Jesús de allí y se en-
caminó a su ciudad, acompañado de sus discípulos. 2 Cuando llegó
el sábado, comenzó a enseñar en la
sinagoga, y muchos de los que le
oían se quedaban asombrados, y
decían:

¿De dónde ha sacado éste tales
cosas? ¿Y qué sabiduría es ésta que
se le ha dado? ¿Y estos milagros
que realiza? 3 ¿No es éste el carpin-
tero, el hijo de María y hermano de
Jacobo, de José, de Judas y de
Simón? ¿Y no se hallan sus hermanas aquí entre nosotros? Y encontraban en él motivo para escandalizarse.
4 Jesús les dijo: Sólo en su tierra,
entre sus familiares y en su propia
casa se rechaza a un profeta. 5 No
pudo hacer allí ningún milagro,
excepto sanar a unos pocos enfermos poniéndoles las manos encima.
6 Y estaba asombrado por la falta de
fe de ellos.

Jesús envía a los doce

Después Jesús recorrió los alrededores enseñando de pueblo en
pueblo. 7 Y llamando a los doce, los
envió de dos en dos y les dio autoridad sobre los espíritus malos.[a]
8 Estas eran sus instrucciones: No
tomen nada para el camino, sino
sólo un bastón; ni comida, ni alforja,
ni dinero en el cinto. 9 Lleven sandalias, pero no lleven dos túnicas.
10 Cuando entren en una casa,
quédense allí hasta que salgan de
aquel lugar. 11 Y si en algún lugar no
los reciben bien o no los escuchan,
sacudan el polvo de los pies cuando
salgan de allí, en testimonio contra
ellos.
12 Ellos salieron y predicaron para
que la gente se arrepintiera. 13 Arrojaban a muchos demonios y ungían

[a] 7 El griego dice *inmundos*.

con aceite a muchos enfermos y los
sanaban.

Decapitación de Juan el Bautista

14 El rey Herodes se enteró de
esto, pues el nombre de Jesús se
había hecho famoso. Algunos
decían:[a] Juan el Bautista ha resucitado de entre los muertos, y ésta es la
razón por la cual actúan en él estos
poderes prodigiosos.
15 Otros decían: Es Elías.
Y otros: Es un profeta, como uno
de los antiguos profetas.
16 Pero cuando lo oyó Herodes,
dijo: Juan, al que yo decapité, es el
que ha resucitado de entre los muertos.
17 Pues Herodes mismo había
hecho apresar a Juan y lo había
metido en la cárcel por instigación
de Herodías, la mujer de su hermano Felipe, a la que había tomado
por esposa. 18 Porque Juan le había
estado repitiendo a Herodes: No te
es lícito tener a la mujer de tu hermano. 19 Por eso Herodías guardaba
un profundo rencor contra Juan y
deseaba darle muerte. Pero no lo
conseguía, 20 porque Herodes respetaba a Juan y lo protegía, sabiendo que era un varón justo y santo.
Cuando Herodes escuchaba a Juan
se quedaba muy confuso; pero le oía
con gusto.
21 Por fin, llegó la ocasión propicia. En su cumpleaños, Herodes dio
un banquete a sus altos oficiales,
comandantes militares y a los líderes
de Galilea. 22 Cuando la hija de
Herodías entró y bailó, gustó mucho
a Herodes y a los invitados.
El rey le dijo a la muchacha:
Pídeme lo que quieras y te lo concederé. 23 Y se lo prometió bajo
juramento: Te daré cualquier cosa
que me pidas, aunque sea la mitad
de mi reino.
24 Ella salió a decirle a su madre:
¿Qué le pediré?
La cabeza de Juan el Bautista
—respondió ella.
25 Inmediatamente, entró ella a
toda prisa ante el rey con la petición: Quiero que me des ahora
mismo en una bandeja la cabeza de
Juan el Bautista.
26 El rey se entristeció grandemente, pero a causa de los juramentos y
en atención a los invitados, no quiso
negárselo. 27 Así que inmediatamente
envió a un verdugo con la orden de
traer la cabeza de Juan. El hombre
fue, decapitó a Juan en la cárcel 28 y
trajo su cabeza en una bandeja. Se
la dio a la muchacha, y ésta se la
dio a su madre. 29 Al enterarse de
esto los discípulos de Juan vinieron
a recoger su cadáver y lo pusieron
en una tumba.

Jesús alimenta a los cinco mil

30 Los apóstoles volvieron a reunirse con Jesús y le refirieron todo lo
que habían hecho y enseñado.
31 Después, como era tanta la gente
que iba y venía, sin darles tiempo ni
para probar bocado, les dijo: Vengan
conmigo a un lugar tranquilo y
descansen un poco.
32 Así pues, se fueron solos en una
barca a un lugar solitario. 33 Pero
muchos que los vieron salir lo reconocieron y, desde todos los poblados, echaron a correr hasta allí, y
llegaron antes que ellos. 34 Cuando
Jesús desembarcó y vio una gran
multitud, sintió gran compasión por
ellos, porque eran como ovejas sin
pastor, y comenzó a enseñarles
muchas cosas.
35 Para entonces ya era tarde; por
lo cual se le acercaron sus discípulos
y le dijeron: Este es un lugar apartado y se está haciendo muy tarde.
36 Manda a la gente, para que
puedan ir a los campos y pueblos
vecinos a comprarse algo que comer.
37 Pero él respondió: Denles ustedes mismos algo de comer.

[a] *14* Algunos Mss. antiguos dicen, *él estaba diciendo.*

Ellos respondieron: Eso costaría el
salario de ocho meses de un hombre.[a] ¿Iremos y compraremos tanto
pan para darles de comer?
38 ¿Cuántos panes tienen? —preguntó él—. Vayan y averígüenlo.
Una vez averiguado, le dijeron:
Cinco panes y dos pescados.
39 Entonces Jesús les dio instrucciones para que hicieran sentarse a
toda la gente por grupos sobre la
hierba verde. 40 Así que ellos se aco-
modaron en grupos de cien y de cincuenta. 41 Tomando los cinco panes
y los dos pescados y alzando los
ojos al cielo, dio gracias y partió los
panes. Luego los dio a sus discípulos para que los pusieran delante de
la gente. También repartió los dos
pescados entre todos ellos. 42 Todos
ellos comieron y quedaron satisfechos, 43 y los discípulos recogieron
doce canastas llenas de trozos de
pan y de pescado. 44 El número de
los varones que habían comido fue
de cinco mil.

Jesús camina sobre las aguas

45 Inmediatamente, hizo Jesús que
sus discípulos entraran en la barca y
fueran por delante a la otra orilla,
en dirección a Betsaida, mientras él
despedía a la multitud. 46 Y después
de despedirlos, se retiró al monte a
orar.
47 Al anochecer, la barca se hallaba en medio del lago, y él solo en
tierra. 48 Y, al ver a los discípulos
haciendo grandes esfuerzos para
remar, puesto que el viento les era
contrario, hacia la cuarta vigilia de
la noche se acercó a ellos caminando sobre el lago. Estaba a punto de
pasar junto a ellos, 49 pero cuando lo
vieron caminando sobre el lago, creyeron que era un fantasma, y gritaron, 50 pues todos lo vieron y estaban asustados.
Inmediatamente, él les habló y les
dijo: ¡Animo! Soy yo. No tengan
miedo. 51 Entonces subió a la barca
con ellos y se calmó el viento. Ellos
estaban totalmente asombrados,
52 pues no habían comprendido aún
lo de los panes, sino que tenían endurecido el corazón.
53 Después de atravesar el lago,
atracaron y desembarcaron en Genesaret. 54 Tan pronto como salieron de
la barca, la gente reconoció a Jesús.
55 Echaron a correr por toda aquella
región, y empezaron a traerle en
camillas a los que tenían enfermedades, dondequiera que oían que él se
encontraba. 56 Y a cualquier parte
que iba, en pueblos, ciudades o
caseríos, colocaban los enfermos en
las plazas, y le suplicaban que les
permitiera tocar siquiera el borde de
su manto, y cuantos lo tocaban
quedaban sanos.

Lo limpio y lo impuro

7 Los fariseos y algunos de los
escribas que habían venido de
Jerusalén, se reunieron junto a Jesús
2 y vieron a algunos de sus discípulos comiendo con manos "impuras",
es decir, sin el previo lavado ceremonial. 3 (Pues los fariseos y todos
los judíos no comen nada, a no ser
que se hayan lavado antes las manos
cuidadosamente, aferrados a la tradición de sus mayores. 4 Al regresar
del mercado, no comen nada sin
haberse lavado. Y observan muchas
tradiciones, tales como los lavatorios
de copas, jarras y vajilla de cobre.[b])
5 Así que los fariseos y los escribas preguntaron a Jesús: ¿Por qué
no observan tus discípulos las tradiciones de los mayores, en vez de
acercarse a comer con manos "impuras"?
6 El les contestó: Tenía razón
Isaías cuando profetizó acerca de
ustedes, hipócritas, según está escrito:

Esta gente me honra con sus
labios,
pero sus corazones están lejos
de mí.

[a] 37 El griego dice, *doscientos denarios.* [b] 4 Algunos Mss. antiguos añaden, *y divanes para comer.*

7 Es vano el culto que me tributan;
las doctrinas que enseñan son
reglas hechas por hombres.[a]
8 Ustedes han abandonado los mandamientos de Dios y se aferran a la
tradición de los hombres.
9 Y añadió: Astutamente dejan a
un lado los mandamientos de Dios
para guardar[b] su tradición. 10 Pues
Moisés dijo: "Honra a tu padre y a
tu madre"[c] y "Quien maldiga a su
padre o a su madre, debe morir".
11 Pero ustedes dicen que si alguien
dice a su padre o a su madre:
"Cualquier ayuda que podrían recibir
de mí es Corbán" (es decir, ofrenda
a Dios), 12 ya no le permiten hacer
nada en provecho de su padre o de
su madre. 13 Así anulan ustedes la
palabra de Dios por medio de su tradición que se van transmitiendo. Y
hacen muchas cosas semejantes a
ésta.
14 Y reuniendo de nuevo a la gente
alrededor de él, les dijo: Préstenme
atención todos, y entiendan esto:
15 Nada de lo que hay fuera del
hombre puede hacerlo "impuro" por
entrar en él. Más bien, lo que sale
del hombre es lo que lo hace "impuro".[d]
17 Después que dejó a la gente y
entró en casa, sus discípulos le preguntaron sobre esta parábola. 18 ¿Tan
torpes son ustedes también? —les
dijo—. ¿No se dan cuenta de que
nada de lo que entra en un hombre
desde fuera, puede hacerlo "impuro"? 19 Porque no entra en su
corazón, sino en su estómago, y
después va al exterior. (Al decir
esto, Jesús declaraba "puros" todos
los alimentos.)
20 Y añadió: Lo que sale de un
hombre es lo que lo hace "impuro".
21 Porque del interior, del corazón de
los hombres, salen los malos pensamientos, la inmoralidad sexual,
robos, homicidios, adulterios,
22 avaricia, maldad, engaño, lujuria,
envidia, calumnia, arrogancia y estu-
pidez. 23 Todos estos males salen del
interior y hacen al hombre impuro.

La fe de una mujer sirofenicia

24 Jesús se alejó de allí y fue a las
cercanías de Tiro.[e] Entró en una
casa y no quería que nadie lo supiera; pero no pudo pasar inadvertido.
25 De hecho, tan pronto como oyó
hablar de él, una mujer cuya hijita
estaba poseída de un espíritu malo,[f]
se presentó y se postró ante él.
26 La mujer era griega, sirofenicia de
nacimiento, y le rogó a Jesús que
arrojara de su hija al demonio.
27 Deja primero que se sacien los
hijos —le dijo él—, pues no está
bien tomar el pan de los hijos y
echárselo a los perrillos.
28 Sí, Señor —respondió ella—,
pero también los perrillos debajo de
la mesa comen las migajas de los
hijos.
29 Entonces le dijo él: Por haber
respondido así, puedes irte; el demonio ha dejado a tu hija.
30 Ella se fue a su casa y halló a
su niña acostada, y el demonio se
había ido.

Jesús sana a un sordomudo

31 De nuevo, saliendo de la región
de Tiro, se dirigió, por Sidón, al
mar de Galilea y a la región de la
Decápolis.[g] 32 Allí le trajeron un
hombre que era sordo y que a duras
penas podía hablar, y le suplicaban
que pusiera su mano sobre él.
33 Tomándolo Jesús aparte, lejos de
la multitud, introdujo sus dedos en
las orejas del sordo. Luego escupió
y le tocó la lengua. 34 Alzó los ojos
al cielo, y tras un hondo suspiro, le
dijo: *efata* (que significa "ábrete").
35 Con esto, se abrieron los oídos del

[a] *7* Isaías 29:13. [b] *9* Algunos Mss. dicen *establecer*. [c] *10* Exodo 20:12; Deut. 5:16.
[d] *15* Algunos Mss. antiguos añaden un versículo 16: "*Quien tenga oídos para oír, que oiga*".
[e] *24* Algunos Mss. antiguos añaden: *y de Sidón*. [f] *25* El griego dice *inmundo*. [g] *31* Esto es, *las Diez Ciudades*.

hombre, su lengua fue desatada y comenzó a hablar correctamente.

[36]Jesús les mandó que no lo dijeran a nadie: Pero cuanto más se lo encargaba, más lo seguían diciendo ellos. [37]La gente estaba llena de asombro, y decían: Todo lo ha hecho perfectamente. Hasta a los sordos los hace oír y a los mudos hablar.

Jesús alimenta a cuatro mil

8 Durante aquellos días, de nuevo se reunió una gran multitud. Como no tenían nada para comer, Jesús llamó a sus discípulos y les dijo: [2]Siento compasión por esta gente, pues hace ya tres días que permanecen conmigo y no tienen nada que comer. [3]Si los despido a casa sin comer, se desmayarán en el camino, porque algunos de ellos han venido de lejos.

[4]Sus discípulos le contestaron: ¿Pero dónde puede uno, en este despoblado, encontrar suficiente pan para darles de comer?

[5]¿Cuántos panes tienen? preguntó Jesús.

Siete respondieron ellos.

[6]Luego mandó que la gente se sentara en el suelo. Tomando los siete panes, dio gracias, los partió y los dio a sus discípulos para que los pusieran delante de la gente, y así lo hicieron. [7]Tenían también unos pocos pescaditos; dio también gracias por ellos y les dijo a los discípulos que los distribuyeran. [8]La gente comió y quedó satisfecha. Después los discípulos recogieron siete canastas llenas de trozos que habían sobrado. [9]Había allí unos cuatro mil. Después de despedirlos, [10]entró en la barca con sus discípulos y se fue a la región de Dalmanuta.

[11]Vinieron los fariseos y comenzaron a interrogar a Jesús. Para ponerlo a prueba, le pidieron una señal del cielo. [12]El lanzó un hondo suspiro y dijo: ¿Por qué pide esta generación una señal milagrosa? De veras les aseguro que no le será dada ninguna señal. [13]Entonces los dejó, volvió a la barca y se marchó a la otra orilla.

[14]Los discípulos se habían olvidado de llevar pan, excepto uno que tenían consigo en la barca. [15]Tengan cuidado —les advirtió Jesús—; cuídense de la levadura de los fariseos y de la de Herodes.

[16]Ellos discutían sobre esto entre sí, y decían: Lo dice porque no tenemos pan.

[17]Conociendo la discusión, les preguntó Jesús: ¿Por qué están hablando de que no tienen pan? ¿Todavía no ven ni comprenden? ¿Tienen endurecido el corazón? [18]¿Es que tienen ojos, pero no ven, y tienen oídos, pero no oyen? ¿Y no recuerdan? [19]Cuando yo partí los cinco panes para los cinco mil, ¿cuántas canastas llenas de sobrantes recogieron?

Doce —respondieron ellos.

[20]Y cuando partí los siete panes para los cuatro mil, ¿cuántas canastas llenas de sobrantes recogieron?

Ellos respondieron: Siete.

[21]Y él les dijo: ¿No entienden todavía?

Un ciego es sanado en Betsaida

[22]Llegaron a Betsaida, y trajeron a Jesús un ciego, rogándole que lo tocara. [23]El tomó de la mano al ciego y lo condujo fuera de la población. Después de haberle escupido en los ojos y de haber puesto las manos sobre él, le preguntó: ¿Ves algo?

[24]El alzó los ojos y dijo: Veo gente; parecen como árboles que caminan.

[25]Jesús le puso de nuevo las manos en los ojos. Entonces se le abrieron los ojos, recobró la vista, y comenzó a ver todo con claridad. [26]Jesús lo envió a su casa y le dijo: No entres en el pueblo.[a]

[a] 26 Algunos Mss. dicen: *No vayas a decirle a nadie en el pueblo.*

Pedro confiesa a Cristo

27 Jesús y sus discípulos salieron
hacia las poblaciones de Cesarea de
Filipo. Y durante el camino les preguntó: ¿Quién dice la gente que soy
yo?
28 Ellos respondieron: Unos dicen
que Juan el Bautista; otros dicen
que Elías; y otros, que uno de los
profetas.
29 ¿Y ustedes qué dicen? —preguntó él—. ¿Quién dicen que soy
yo?
Pedro respondió: Tú eres el Cristo.[a]
30 Jesús les ordenó que a nadie le
dijeran esto de él.

Jesús predice su muerte

31 Entonces él comenzó a enseñarles que el Hijo del Hombre debía
sufrir muchas cosas y ser rechazado
por los ancianos, por los jefes de los
sacerdotes y por los escribas, y que
debía ser entregado a la muerte y
resucitar después de tres días.
32 Habló de esto con toda claridad, y
Pedro lo tomó aparte y comenzó a
reprenderlo.
33 Pero cuando Jesús volvió y miró
a sus discípulos, reprendió a Pedro
diciéndole: ¡Vete de mi presencia,
Satanás! Tú no piensas en las cosas
de Dios, sino en las de los hombres.
34 Luego llamó a la multitud y a
sus discípulos, y les dijo: Si alguno
quiere venir en pos de mí, tiene que
negarse a sí mismo, tomar su cruz y
seguirme. 35 Porque todo el que
quiera salvar su vida,[b] la perderá;
pero todo el que pierda su vida por
mí y por el evangelio, la salvará.
36 ¿Qué provecho saca un hombre
con ganar el mundo entero, si pierde
su alma?[b] 37 ¿O qué podrá dar un
hombre a cambio de su alma?[b] 38 Así
que si alguno se avergüenza de mí y
de mis palabras, en medio de esta
generación adúltera y pecadora,
también el Hijo del Hombre se
avergonzará de él, cuando venga en
la gloria de su Padre con los santos
ángeles.
9 Y les dijo: Les digo la verdad:
algunos de los que están aquí
no morirán antes de que vean venir
el reino de Dios con poder.

La transfiguración

2 Seis días después, Jesús tomó
consigo a Pedro, a Jacobo y a Juan,
y los condujo a una montaña alta,
donde estaban sólo ellos. Allí se
transfiguró en presencia de ellos.
3 Sus ropas se volvieron resplande-
cientemente blancas, como nadie en
el mundo podría dejarlas. 4 Y aparecieron delante de ellos Elías y
Moisés, hablando con Jesús.
5 Pedro le dijo a Jesús: Maestro,
está bien que nos quedemos aquí.
Haremos tres enramadas: una para
ti, otra para Moisés y otra para
Elías. 6 (Pues no sabían qué decir, de
tan atemorizados que estaban.)
7 Luego apareció una nube y los
envolvió, y de la nube salió esta
voz: Este es mi Hijo amado. ¡Escúchenlo!
8 Súbitamente, cuando miraron a
su alrededor, ya no vieron a nadie
más con ellos, excepto a Jesús.
9 Mientras bajaban de la montaña,
Jesús les ordenó que no dijeran a
nadie lo que habían visto, hasta que
el Hijo del Hombre hubiera resucitado de entre los muertos. 10 Ellos
guardaron el secreto para sí, si bien
discutían entre ellos qué significaba
lo de resucitar de entre los muertos.
11 Y le preguntaron: ¿Por qué
dicen los escribas que Elías tiene
que venir primero?
12 Jesús respondió: A decir verdad,
Elías viene primero para restaurar
todas las cosas. ¿Cómo, pues, está
escrito que el Hijo del Hombre tiene
que sufrir mucho y ser rechazado?
13 Pero yo les digo que, en realidad,
Elías ya vino, y le han hecho cuanto

[a] *29* O *Mesías.* Tanto "el Cristo" (griego) como "el Mesías" (hebreo) significan *el Ungido.*
[b] *35, 36, 37* La palabra griega significa tanto *vida* como *alma.*

han querido, exactamente como está escrito de él.

Un niño que tenía un espíritu malo es sanado

14 Cuando llegaron a donde estaban los otros discípulos, vieron una gran multitud alrededor de ellos y a los escribas que discutían con ellos. 15 Tan pronto como toda la gente vio a Jesús, se llenaron de sorpresa y corrieron a saludarlo.

16 ¿De qué están discutiendo con ellos? —les preguntó.

17 Respondió un individuo de entre la multitud: Maestro, te he traído a mi hijo, que está poseído por un espíritu que le ha quitado el habla. 18 Dondequiera que se apodera de él, lo arroja al suelo. Le hace echar espumarajos por la boca, rechinar los dientes y quedarse rígido. He rogado a tus discípulos que arrojen al espíritu, pero no han podido.

19 ¡Oh, generación incrédula! —respondió Jesús—. ¿Por cuánto tiempo estaré aún con ustedes? ¿Hasta cuándo los aguantaré? Tráiganme al muchacho.

20 Así que le trajeron al niño. Cuando el espíritu vio a Jesús, sacudió violentamente al muchacho. Este cayó al suelo y comenzó a revolcarse echando espumarajos por la boca.

21 Jesús le preguntó al padre del niño: ¿Cuánto tiempo hace que está así?

Desde su infancia —respondió él—. 22 Y muchas veces lo ha echado al fuego o al agua para matarlo. Pero si puedes hacer algo, ten compasión de nosotros y ayúdanos.

23 ¿"Si puedes"? —respondió Jesús—. Todo es posible para el que cree.

24 Inmediatamente exclamó el padre del niño: Creo; ¡ayúdame a vencer mi falta de fe!

25 Cuando Jesús vio que la gente se agolpaba, reprendió al espíritu malo[a] diciéndole: Espíritu sordo y mudo, yo te mando que salgas de él y que no vuelvas a entrar en él jamás.

26 El espíritu dio un alarido y, después de sacudirlo violentamente muchas veces, salió de él. El niño quedó como muerto; tanto que muchos decían: está muerto. 27 Pero Jesús lo tomó de la mano y lo puso de pie, y él se mantuvo en pie.

28 Cuando Jesús entró en casa, sus discípulos le preguntaron en privado: ¿Por qué nosotros no pudimos arrojarlo?

29 El respondió: Esta especie sólo puede salir con oración.[b]

30 Dejaron aquel lugar y caminaron a través de Galilea. Jesús no quería que nadie se enterara del lugar donde estaban, 31 porque estaba enseñando a sus discípulos; y les decía: El Hijo del Hombre va a ser entregado en manos de los hombres; lo matarán, y después de tres días resucitará. 32 Pero ellos no entendían lo que quería decir, y les daba miedo preguntárselo.

¿Quién es el mayor?

33 Llegaron a Capernaum. Y, estando ya en la casa, él les preguntó: ¿De qué estaban discutiendo por el camino? 34 Pero ellos se callaron, porque por el camino habían estado discutiendo sobre quién era el mayor.

35 Después de sentarse, llamó Jesús a los doce y les dijo: Si alguno desea ser el primero, que se haga el último y el servidor de todos.

36 Entonces tomó a un niño pequeño y lo colocó en medio de ellos. Luego lo tomó en sus brazos y les dijo: 37 Cualquiera que recibe a uno de estos pequeñitos en mi nombre, me recibe a mí; y el que me recibe a mí, en realidad no me recibe a mí, sino a aquel que me envió.

El que no está contra nosotros, está con nosotros

38 Maestro —dijo Juan—, hemos visto a un hombre que arrojaba

[a] 25 El griego dice *inmundo*. [b] 29 Algunos Mss. añaden *y ayuno*.

demonios en tu nombre, y le hemos
prohibido que lo haga, porque no es
de nuestro grupo.
39 No se lo impidan —dijo Jesús—.
Nadie que haga un milagro en mi
nombre, va en seguida a decir algo
malo de mí, 40 pues todo el que no
está contra nosotros, está de nuestra
parte. 41 Les aseguro que todo el que
les dé un vaso de agua en mi nombre por el hecho de que son de
Cristo, de cierto que no perderá su
recompensa.

Ser ocasión de pecado

42 Y si alguno hace pecar a uno de
estos pequeños que creen en mí,
más le valdría que lo arrojaran al
mar, con una gran piedra de molino
atada al cuello. 43 Si tu mano te hace
pecar, córtatela. Más te vale entrar
en la vida manco, que ir con las dos
manos al infierno, donde el fuego
nunca se apaga.[a] 45 Y si tu pie te
hace pecar, córtatelo. Más te vale
entrar en la vida cojo, que tener dos
pies y ser arrojado al infierno.[b] 47 Y
si tu ojo te hace pecar, arráncatelo.
Más te vale entrar en el reino de
Dios con un solo ojo, que tener dos
ojos y ser arrojado al infierno,
48 donde

el gusano de ellos no muere,
y el fuego no se apaga.[c]

49 Pues todos serán salados con
fuego.
50 Buena es la sal, pero si se hace
insípida, ¿cómo se la puede volver a
salar? Tengan sal en ustedes
mismos, y manténganse en paz unos
con otros.

Sobre el divorcio

10 Entonces Jesús dejó aquel
lugar y se fue a la región de
Judea y al otro lado del Jordán.
Otra vez se le acercaron las multitudes y, como era su costumbre, les
enseñaba.
2 Algunos fariseos se acercaron a
él y, para ponerlo a prueba, le preguntaron: ¿Le está permitido a un
hombre divorciarse de su mujer?
3 ¿Qué les mandó Moisés? —respondió él.
4 Ellos dijeron: Moisés permitió
que un hombre escribiera un certificado de divorcio y la repudiara.
5 Fue porque los corazones de
ustedes eran duros, por lo que
Moisés escribió esta ley —respondió
Jesús—. 6 Pero al principio de la
creación, Dios los hizo varón y
mujer.[d] 7 Por esta razón, dejará el
hombre a su padre y a su madre, y
se unirá a su mujer,[e] 8 y los dos llegarán a ser una sola carne.[f] Así que
ya no son dos, sino uno solo. 9 Por
tanto, lo que Dios ha unido, que no
lo separe el hombre.
10 Cuando estuvieron de nuevo en
la casa, los discípulos le preguntaron
a Jesús sobre esto. 11 El respondió:
Si alguno se divorcia de su mujer y
se casa con otra, comete adulterio
contra ella. 12 Y si ella se divorcia
de su marido y se casa con otro,
comete adulterio.

Jesús y los niños

13 La gente le traía los niños
pequeños a Jesús para que los tocara, pero los discípulos los
reprendían. 14 Cuando Jesús se dio
cuenta de ello se irritó y les dijo:
Dejen que los niños vengan a mí, y
no se lo impidan porque el reino de
Dios pertenece a quienes son como
ellos. 15 Les aseguro que el que no
reciba el reino de Dios como un
niño pequeño, nunca entrará en él.
16 Y tomó a los niños en sus brazos,
puso las manos sobre ellos y los
bendijo.

El joven rico

17 Cuando salía Jesús para ponerse
en camino, vino un hombre corriendo hacia él y cayó de rodillas ante

[a] *43* Algunos Mss. añaden un versículo 44, que dice lo mismo que el 48. [b] *45* Algunos Mss. añaden un versículo 46, que dice lo mismo que el 48. [c] *48* Isaías 66:24. [d] *6* Gén. 1:27.
[e] *7* Algunos Mss. antiguos omiten *y se unirá su mujer.* [f] *8* Gén. 2:24.

él, diciendo: Buen Maestro, ¿qué
tengo que hacer para heredar la vida
eterna?
18 ¿Por qué me llamas bueno?
—respondió Jesús—. Nadie es bueno
sino sólo Dios. 19 Ya sabes los mandamientos: "No mates, no cometas
adulterio, no robes, no digas falsos
testimonios, no defraudes, honra a
tu padre y a tu madre."[a]
20 Maestro —declaró él—; todas
esas cosas las he observado desde
que era niño.
21 Jesús lo miró y sintió afecto por
él, y le dijo: Una sola cosa te falta.
Anda, vende todo lo que posees y
dáselo a los pobres, y tendrás un
tesoro en el cielo. Luego ven y
sígueme.
22 Al oír esto, se le ensombreció el
rostro al joven, y se marchó triste,
porque poseía una gran fortuna.
23 Jesús dirigió una mirada a su
alrededor y les dijo a sus discípulos:
¡Qué difícil es para los ricos entrar
en el reino de Dios!
24 Los discípulos quedaron llenos
de asombro ante sus palabras. Pero
Jesús repitió: Hijos, ¡qué difícil
resulta[b] entrar en el reino de Dios.
25 Le resulta más fácil a un camello
pasar por el ojo de una aguja, que a
un rico el entrar en el reino de
Dios!
26 El asombro de los discípulos iba
en aumento, y se decían unos a
otros: Pues entonces, ¿quién podrá
ser salvo?
27 Jesús los miró y les dijo: Para
los hombres, es imposible, pero no
para Dios; porque para Dios todas
las cosas son posibles.
28 Le dijo Pedro: Nosotros lo
hemos dejado todo por seguirte.
29 De veras les digo —respondió
Jesús—, ninguno que por amor de
mí y por la causa del evangelio haya
dejado casa o hermanos o hermanas
o hijos, o campos, 30 dejará de recibir cien veces más, ahora en este
tiempo (casas, hermanos, hermanas,
madres, hijos y campos, junto con
persecuciones) y, en el futuro, la
vida eterna. 31 Pero habrá muchos
que, siendo primeros, serán últimos;
y los últimos primeros.

Jesús predice de nuevo su muerte

32 Iban de camino, subiendo a
Jerusalén. Jesús iba adelante y los
discípulos estaban asombrados, mientras que los que los seguían iban
con temor. De nuevo tomó aparte a
los doce y se puso a decirles lo que
le iba a suceder. 33 Estamos subiendo a Jerusalén —les dijo— y el Hijo
del Hombre será entregado a los
jefes de los sacerdotes y a los escribas. Ellos lo condenarán a muerte y
lo entregarán a los paganos,
34 quienes se burlarán de él, lo escupirán, lo azotarán y lo matarán. Tres
días más tarde, resucitará.

La petición de Jacobo y Juan

35 Entonces se le acercaron Jacobo
y Juan, los hijos de Zebedeo, y dijeron: Maestro, queremos que nos
concedas lo que te vamos a pedir.
36 ¿Qué quieren que haga por ustedes? —contestó él.
37 Ellos dijeron: Concédenos que
uno de nosotros se siente a tu derecha y el otro a tu izquierda en tu
gloria.
38 No saben lo que están pidiendo
—les dijo Jesús—; ¿pueden beber la
copa que yo bebo o ser bautizados
con el bautismo con que yo soy
bautizado?
39 Podemos —contestaron ellos.
Jesús entonces les dijo: Beberán la
copa que yo bebo y serán bautizados con el bautismo con que yo soy
bautizado, 40 pero el sentarse a mi
derecha o a mi izquierda, no está en
mi mano el concederlo. Esos lugares
pertenecen a aquellos para quienes
han sido preparados.

[a] *19* Exodo 20:12-16; Deut. 5:16-20. [b] *24* Algunos Mss. añaden: *para los que confían en las riquezas.*

41 Cuando lo oyeron los otros diez,
comenzaron a enojarse contra Jacobo y Juan. 42 Jesús los reunió y les
dijo: Ya saben que los que se consideran jefes entre los paganos se
enseñorean de ellos, y los altos oficiales les imponen su autoridad.
43 Entre ustedes, no debe ser así. Al
contrario, quien desee hacerse grande entre ustedes, debe ser su servidor; 44 y quien desee ser el primero,
debe ser el esclavo de todos.
45 Porque incluso el Hijo del Hombre
no vino a ser servido, sino a servir
y a dar su vida en rescate por
muchos.

El ciego Bartimeo recobra la vista

46 Después vinieron a Jericó. Y
cuando salía Jesús de la ciudad,
acompañado de sus discípulos y de
la multitud, estaba sentado a la orilla
del camino Bartimeo, el hijo de
Timeo, un mendigo ciego. 47 Al oír
que era Jesús de Nazaret, se puso a
gritar: ¡Jesús, Hijo de David, ten
compasión de mí!

48 Muchos lo reprendían para que
se callara, pero él gritaba mucho
más: ¡Hijo de David, ten compasión
de mí!

49 Jesús se detuvo y dijo: Llámen-
lo.

Entonces llamaron al ciego y le
dijeron: ¡Animo! ¡Levántate! ¡Te llama! 50 El, arrojando el manto, dio un
salto y se acercó a Jesús.

51 ¿Qué quieres que te haga? —le
preguntó Jesús.

El ciego respondió: Raboni, quiero
recobrar la vista.

52 Anda —le dijo Jesús—; tu fe te
ha sanado. E inmediatamente recobró la vista y lo seguía por el camino.

La entrada triunfal

11 Cuando se aproximaban a
Jerusalén y llegaron a
Betfagé y a Betania, ante el Monte
de los Olivos, Jesús envió a dos de
sus discípulos, 2 y les dijo: Vayan al
pueblo que tienen enfrente. Tan
pronto como entren en él, hallarán
un pollino atado, en el que nadie ha
montado todavía. Desátenlo y tráiganlo acá. 3 Y si alguien les pregunta: "¿Por qué hacen esto?", díganle:
"El Señor lo necesita; lo devolverá
en seguida".

4 Fueron y hallaron un pollino atado a una puerta, en la calle. Cuando
estaban desatándolo, 5 algunos de los
que estaban allí les dijeron: ¿Por qué
desatan el pollino? 6 Ellos respondieron como Jesús les había dicho y
la gente los dejó ir. 7 Cuando le trajeron el pollino a Jesús y echaron
encima sus mantos, él se montó.
8 Muchos extendían sus mantos en el
camino mientras que otros esparcían
ramas que habían cortado en los
campos. 9 Tanto los que iban adelante como los que lo seguían, iban gritando:

¡Hosanna![a]
¡Bendito sea el que viene en el
nombre del Señor![b]
10 ¡Bendito el reino que viene, de
nuestro padre David!
¡Hosanna en lo más alto!

11 Jesús entró en Jerusalén y fue al
templo. Echó un vistazo a todo,
pero, como ya se hacía tarde, salió
para Betania con los doce.

Jesús purifica el templo

12 Al día siguiente, al salir de Betania, Jesús tuvo hambre. 13 Al ver a
lo lejos una higuera que tenía hojas,
se fue hacia ella para ver si tenía algún fruto, pero al llegar no encontró
nada sino sólo hojas, pues no era
tiempo de higos. 14 Entonces dijo a
la higuera: ¡Que nadie vuelva jamás
a comer fruto de ti! Y sus discípulos
le oyeron decir esto.

15 Al llegar a Jerusalén, Jesús entró
en los atrios del templo y comenzó
a expulsar a los que vendían y com-
praban allí. Volcó las mesas de los

[a] 9 Vocablo arameo que significa *¡Salva!* y vino a ser una exclamación de alabanza; también en el versiculo 10. [b] 9 Salmo 118:25, 26.

cambistas y derribó los asientos de
los vendedores de palomas, 16 y no
permitía que nadie llevara
mercancías por el templo. 17 Y les
enseñaba diciendo: ¿No está escrito:

Mi casa será llamada casa de oración
para todas las naciones?[a]

Pero ustedes la han convertido en
"cueva de ladrones".[b]

18 Los jefes de los sacerdotes y los
escribas lo oyeron, y buscaban la
manera de acabar con él, pues le
temían, porque toda la gente se
maravillaba de sus enseñanzas.

19 Cuando cayó la tarde, salieron[c]
de la ciudad.

La higuera seca

20 En la mañana, al pasar por el
camino, vieron que la higuera se
había secado desde las raíces. 21 Y
Pedro, acordándose, le dijo a Jesús:
¡Maestro, mira! La higuera que
maldijiste, se ha secado.

22 Tengan[d] fe en Dios —respondió
Jesús—. 23 De veras les digo que si
alguno dice a esta montaña: Quítate
de ahí y arrójate al mar y no duda
en su corazón, sino que cree que lo
que dice sucederá, le será hecho.
24 Por eso les digo, todo lo que
pidan en oración, crean que lo recibirán y será suyo. 25 Y cuando se
pongan de pie para orar, si tienen
algo contra alguien, perdónenlo, para
que también su Padre en los cielos
les perdone sus pecados.[e]

La autoridad de Jesús puesta en tela de juicio

27 Llegaron de nuevo a Jerusalén
y, mientras Jesús andaba por el atrio
del templo, se le acercaron los jefes
de los sacerdotes, los escribas y los
ancianos, y le preguntaron: 28 ¿Con
qué autoridad estás haciendo estas
cosas? ¿O quién te ha dado autoridad para hacer esto?

29 Jesús respondió: Yo les pregun-
taré una sola cosa. Respóndanmela y
les diré con qué autoridad hago esto:
30 El bautismo de Juan, ¿provenía
del cielo o de los hombres? Respón-
danme.

31 Ellos discutían entre sí diciendo:
Si decimos del cielo, nos preguntará:
"Entonces, ¿por qué no le creyeron?" 32 Y si decimos: "De los hombres..." (Temían al pueblo, porque
todos tenían a Juan por un profeta.)

33 Así que le respondieron a Jesús:
No lo sabemos.

Entonces les dijo Jesús: Tampoco
yo les diré con qué autoridad hago
esto.

Parábola de los labradores

12 Entonces comenzó a hablarles en parábolas:

Un hombre plantó una viña, la
cercó, cavó un lagar, construyó una
torre, arrendó la viña a unos agricultores y se fue de viaje. 2 Al tiempo
de la cosecha, envió un criado a los
agricultores para recibir de ellos su
parte del fruto de la viña. 3 Pero
ellos lo agarraron, lo golpearon y lo
despidieron con las manos vacías.
4 De nuevo les envió otro criado; a
éste lo golpearon en la cabeza y lo
humillaron. 5 Y envió a otro; a éste
lo mataron. Siguió enviando otros
muchos; a algunos de ellos los
golpearon, y a otros los mataron.

6 Le quedaba todavía uno: su hijo
amado. Lo envió después de todos,
diciéndose: "Respetarán a mi hijo".

7 Pero los agricultores se dijeron
unos a otros: "Este es el heredero.
Vengan y matémoslo, y la herencia
será nuestra". 8 Así que le echaron
mano y lo mataron, arrojándolo
fuera de la viña.

9 ¿Qué hará entonces el dueño de
la viña? Vendrá y acabará con éstos
y entregará la viña a otros. 10 ¿No
han leído esta Escritura?

[a] *17* O *por todos los pueblos* (Isaías 56:7). [b] *17* Jeremías 7:11. [c] *19* Algunos Mss. antiguos dicen *salió*. [d] *22* Algunos Mss. antiguos dicen *si tienen*. [e] *25* Algunos Mss. añaden un versículo 26: *Pero si no perdonan, tampoco su Padre, que está en los cielos, les perdonará sus pecados.*

La piedra que desecharon los
constructores
ha venido a ser la piedra angular;
11 el Señor ha hecho esto,
y es maravilloso a nuestros
ojos?[a]
12 Entonces buscaban el modo de
echarle mano, pues sabían que había
dicho esta parábola refiriéndose a
ellos. Pero temían a la gente; así
que lo dejaron y se fueron.

El pago de tributos al César

13 Más tarde, le enviaron algunos
de los fariseos y de los herodianos a
Jesús, para atraparlo en alguna palabra. 14 Vinieron y le dijeron:
Maestro, sabemos que eres un hombre recto. Tú no te dejas influir por
nadie, pues no te fijas en el aspecto
exterior de las personas, sino que
enseñas el camino de Dios de acuerdo con la verdad. ¿Está bien pagar
impuestos al César o no? 15 ¿Hemos
de pagar o no?
Pero Jesús, conociendo su hipocresía, les dijo: ¿Por qué tratan de
atraparme? Tráiganme un denario y
déjenme verlo. 16 Le trajeron la
moneda y él les preguntó: ¿De quién
es esta imagen y de quién es esta
inscripción?
Del César —respondieron.
17 Entonces Jesús les dijo: Denle al
César lo que es del César, y a Dios
lo que es de Dios.
Y quedaron admirados de él.

El matrimonio en la resurrección

18 Entonces los saduceos, que
dicen que no hay resurrección,
vinieron a él para preguntarle:
19 Maestro, Moisés nos dejó escrito
que si se muere el hermano de un
hombre y deja viuda, pero no deja
hijos, el hombre tiene que casarse
con la viuda y darle hijos a nombre
de su hermano. 20 Ahora bien, había
siete hermanos. El primero se casó
y murió sin dejar hijos. 21 El segundo se casó con la viuda, pero también murió sin dejar hijos. Lo mismo
le pasó al tercero. 22 En fin, ninguno
de los siete dejó hijos. Después de
todos, se murió también la mujer.
23 En la resurrección,[b] ¿de quién será
mujer, puesto que los siete estuvieron casados con ella?
24 Jesús contestó: ¿No están ustedes equivocados por no conocer las
Escrituras ni el poder de Dios?
25 Cuando los muertos resuciten, ni
ellos se casarán ni ellas serán dadas
en casamiento, sino que serán como
ángeles en los cielos. 26 Referente a
que los muertos resucitan, ¿no han
leído en el libro de Moisés, en el
pasaje sobre la zarza, cómo Dios le
dijo: "Yo soy el Dios de Abraham,
el Dios de Isaac y el Dios de
Jacob?"[c] 27 El no es un Dios de
muertos, sino de vivos. Están gravemente equivocados.

El mandamiento más grande

28 Uno de los escribas se acercó y
escuchó la discusión que tenían.
Viendo que Jesús les había dado una
buena respuesta, le preguntó: De
todos los mandamientos, ¿cuál es el
más importante?
29 El más importante —contestó
Jesús—, es éste: "Escucha, Israel.
El Señor nuestro Dios, el Señor es
uno";[d] 30 y "ama al Señor tu Dios
con todo tu corazón, con toda tu
alma, con toda tu mente y con toda
tu fuerza".[e] 31 El segundo es éste:
"Ama a tu prójimo como a ti
mismo".[f] No hay ningún mandamiento mayor que éstos.
32 Bien dicho, Maestro —respondió
él—. Tienes razón al decir que Dios
es uno y que no hay otro más que
él. 33 El amarlo con todo nuestro
corazón, con todo nuestro entendimiento y con toda nuestra fuerza,
y amar al prójimo como a uno

[a] *11* Salmo 118:22, 23. [b] *23* Algunos Mss. añaden: *cuando resuciten de entre los muertos.*
[c] *26* Exodo 3:6. [d] *29 El Señor nuestro Dios es el único Señor.* [e] *30* Deuteronomio 6:4, 5.
[f] *31* Levítico 19:18.

mismo, es más importante que todos
los holocaustos y sacrificios.
34 Viendo Jesús que había respondido sabiamente, le dijo: No estás
lejos del reino de Dios. Y desde entonces, nadie se atrevió a hacerle
más preguntas.

¿De quién es hijo el Cristo?

35 Mientras enseñaba Jesús en los
atrios del templo, preguntó: ¿Cómo
es que los escribas dicen que el
Cristo[a] es hijo de David? 36 David
mismo, inspirado por el Espíritu
Santo, dijo:

Dijo el Señor a mi Señor:
Siéntate a mi diestra,
hasta que ponga a tus enemigos
bajo tus pies.[b]

37 David mismo lo llama Señor,
¿cómo, pues, puede ser su hijo?
La gran multitud lo escuchaba con
gusto.
38 Y mientras enseñaba, decía
Jesús: Cuídense de los escribas. Les
gusta pasearse con ropas largas y
ser saludados en las plazas, 39 ocupar
los principales asientos en las sinagogas y los puestos de honor en los
banquetes. 40 Devoran las casas de
las viudas y recitan con ostentación
sus largas plegarias. Estos serán
castigados más severamente.

La ofrenda de la viuda

41 Jesús se sentó enfrente del lugar
donde se echaban las ofrendas, y
observaba cómo la gente echaba sus
monedas en el tesoro del templo;
mucha gente rica echaba grandes
cantidades. 42 Pero una pobre viuda
llegó y echó dos moneditas de
cobre, de muy poco valor.
43 Llamando a sus discípulos para
que se acercaran a él, les señaló:
Les digo de veras que esta pobre
viuda ha echado en el tesoro más
que todos los otros, 44 pues todos
ellos han dado de lo que les sobraba; pero ella, de su pobreza, echó
cuanto tenía, todo su sustento.

Señales del fin de los tiempos

13 Cuando salía del templo, le
dijo uno de sus discípulos:
¡Mira, Maestro! ¡Qué piedras tan
enormes! ¡Qué construcciones tan
magníficas!
2 ¿Ven estas construcciones tan
grandes? —respondió Jesús—. No
quedará piedra sobre piedra; todas
serán demolidas.
3 Y estando sentado Jesús en el
Monte de los Olivos, frente al templo, le preguntaron aparte Pedro,
Jacobo,[c] Juan y Andrés: 4 Dinos,
¿cuándo sucederá eso? ¿Y cuál será
la señal de que todo ello está a punto de cumplirse?
5 Jesús les dijo: Miren que nadie
los engañe. 6 Vendrán muchos en mi
nombre, diciendo: "Soy yo", y
engañarán a muchos. 7 Cuando oigan
de guerras y de rumores de guerras,
no se alarmen. Es necesario que eso
suceda, pero el fin está aún por llegar. 8 Se levantará una nación contra
otra, y un reino contra otro. Habrá
terremotos en diversos lugares, y
habrá hambre. Esto será el comienzo
de los dolores de parto.
9 Estén sobre aviso. Los entregarán a los tribunales y los azotarán
en las sinagogas. Por mi causa, tendrán que comparecer ante goberna-
dores y reyes, para dar testimonio
ante ellos. 10 Y el evangelio debe ser
predicado antes a toda las naciones.
11 Cuando los arresten para enjuiciar-
los no se preocupen en ese momento
por lo que van a decir, porque no
son ustedes los que hablan, sino el
Espíritu Santo.
12 Y un hermano entregará a la
muerte a su hermano, y un padre a
su hijo. Los hijos se rebelarán contra sus padres y les darán muerte.
13 Serán aborrecidos de todos por
causa de mi nombre, pero el que se
mantenga firme hasta el final, será
salvo.
14 Cuando vean "la abominación
que causa desolación"[d] instalada

[a] *35 Mesías.* [b] *36* Salmo 110:1. [c] *3* Mateo 24:1. [d] *14* Daniel 9:27; 11:31; 12:11.

donde no le pertenece —el que lee,
entienda—, entonces los que estén
en Judea huyan a las montañas. 15 El
que esté en la azotea no baje ni entre en casa para llevarse nada. 16 El
que esté en el campo no regrese
para buscar su manto. 17 ¡Qué terrible será en aquellos días para las
que estén encinta y amamantando!
18 Oren para que esto no tenga lugar
en invierno, 19 porque serán días de
tribulación, como no la hubo desde
el principio, cuando Dios creó el
mundo, hasta ahora; ni la habrá
jamás. 20 Si el Señor no hubiera
acortado esos días, nadie sobrevi-
viría. Pero en atención a los elegidos, que él ha escogido, los ha acortado. 21 En aquel tiempo, si alguien
les dice: ¡Miren, aquí está el Cristo![a]
o ¡Mira, allí está!, no lo crean.
22 Porque surgirán falsos Cristos y
falsos profetas, y realizarán señales
y milagros para seducir, si fuera
posible, a los elegidos. 23 Así que
tengan cuidado; les he dicho todo de
antemano.

24 Pero en aquellos días, después
de aquella tribulación,

el sol se oscurecerá,
y la luna no dará su luz;
25 las estrellas caerán del firmamento,
y los elementos celestes serán
sacudidos.[b]

26 En aquel tiempo, los hombres
verán al Hijo del Hombre viniendo
en las nubes con gran poder y gloria. 27 Y enviará a sus ángeles y
reunirá a sus elegidos desde los
cuatro vientos, desde los confines de
la tierra hasta los confines de los
cielos.

28 Ahora, aprendan de la higuera
esta lección: Tan pronto como sus
brotes se ponen tiernos y empiezan
a salir las hojas, ustedes saben que
está cerca el verano. 29 Así también,
cuando vean que ocurren estas
cosas, sepan que ello[c] está cerca, a
las puertas mismas. 30 Les digo de
veras que no pasará en modo alguno
esta generación[d] antes de que todas
estas cosas hayan sucedido. 31 El
cielo y la tierra pasarán, pero mis
palabras no pasarán.

Se desconocen el día y la hora

32 Nadie sabe acerca de aquel día
u hora, ni siquiera los ángeles en el
cielo, ni aun el Hijo, sino sólo el
Padre. 33 ¡Estén atentos! ¡Estén alerta![e] Pues no saben cuándo llegará el
momento. 34 Es como cuando un
hombre se marcha de viaje y deja su
casa al cuidado de sus criados, a
cada uno con una tarea, y le dice al
portero que se mantenga en vela.

35 Así también ustedes deben estar
en vela, porque no saben cuándo
volverá el dueño de la casa, si al
atardecer, o a medianoche, o al canto del gallo, o al amanecer. 36 Si
viene de repente, que no los encuentre dormidos. 37 Lo que les digo a
ustedes, se lo digo a todos: ¡Velen!

Jesús ungido en Betania

14 Faltaban sólo dos días para
la Pascua y para la fiesta de
los panes sin levadura, y los jefes de
los sacerdotes y los escribas estaban
buscando la manera de arrestar a
Jesús con engaño para darle muerte.
2 Pero no durante la fiesta
—decían—, no sea que el pueblo se
alborote.

3 Mientras estaba en Betania,
recostado a la mesa en la casa de
un hombre conocido como Simón el
Leproso, vino una mujer con un
frasco de alabastro de un perfume
muy caro, hecho de nardo puro.
Rompió el frasco y derramó el
perfume sobre la cabeza de Jesús.

4 Algunos de los allí presentes
comentaban entre sí indignados:
¿Para qué este derroche de perfume?
5 Podía haber sido vendido por más
del salario de un año[f] y haber dado

[a] *21* Mesías. [b] *25* Isaías 13:10; 34:4. [c] *29* O también él. El adverbio griego es tanto impersonal como personal. [d] *30 Raza.* El griego significa también raza. [e] *33* En algunos Mss. añaden *y oren.* [f] *5* El griego dice *trescientos denarios.*

el dinero a los pobres. Y refunfuña-
ban contra ella.
6 Déjenla en paz —dijo Jesús—;
¿por qué la están molestando? Ha
realizado en mí una hermosa obra.
7 A los pobres siempre los tendrán
con ustedes, y podrán socorrerlos
cuando quieran; pero a mí no siempre me tendrán. 8 Ella ha hecho lo
que estaba en su mano: se ha antici-
pado a ungir mi cuerpo como preparación para mi sepelio. 9 Les aseguro
que dondequiera que se predique el
evangelio por todo el mundo, será
también proclamado lo que ella ha
hecho, en recuerdo suyo.
10 Entonces Judas Iscariote, uno de
los doce, se fue a los jefes de los
sacerdotes para entregarles a Jesús.
11 Ellos se pusieron contentos al oír
esto y prometieron darle dinero. Y
él buscaba una oportunidad para entregarlo.

La Cena del Señor

12 El primer día de la fiesta de los
panes sin levadura, cuando se acostumbraba a sacrificar el cordero
pascual, los discípulos de Jesús le
preguntaron: ¿Dónde quieres que
vayamos a hacer los preparativos
para que comas la Pascua?
13 Entonces él envió a dos de sus
discípulos, diciéndoles: Vayan a la
ciudad y les saldrá al encuentro un
hombre que lleva un cántaro de
agua. Síganlo, 14 y digan al dueño de
la casa donde entre: "El Maestro
pregunta: ¿Dónde está el aposento,
en el que yo pueda comer la Pascua
con mis discípulos?" 15 El les
mostrará un amplio aposento en la
parte alta de la casa, provisto de
divanes y con todo listo. Hagan allí
los preparativos.
16 Salieron los discípulos, llegaron
a la ciudad y encontraron las cosas
conforme les había dicho Jesús. Así
que prepararon la Pascua.
17 Al anochecer, llegó Jesús con
los doce. 18 Mientras estaban
recostados a la mesa comiendo, dijo
él: Les digo la verdad: uno de ustedes me traicionará, uno que está
comiendo conmigo.
19 Ellos comenzaron a entristecerse
y a preguntarle uno por uno: ¿Acaso
yo?
20 Es uno de los doce —respondió
él—; uno que moja el pan en el
mismo plato que yo. 21 El Hijo del
Hombre se irá según está escrito de
él; pero ¡ay de aquel hombre que
traiciona al Hijo del Hombre! más le
valdría a ese hombre no haber nacido.
22 Mientras comían, Jesús tomó
pan, lo bendijo, lo partió y se lo dio
a sus discípulos, diciendo: Tomen;
esto es mi cuerpo.
23 Después tomó la copa, dio gracias y se la dio a ellos, y bebieron
todos de ella.
24 Esto es mi sangre del pacto,[a]
que es derramada por muchos —dijo—. 25 Les digo de veras que ya no
beberé más del fruto de la vid hasta
aquel día en que lo beba de nuevo
en el reino de Dios.
26 Después de cantar un himno,
salieron hacia el Monte de los Olivos.

Jesús predice la negación de Pedro

27 Todos ustedes se escandalizarán
—les dijo Jesús—, porque está escrito:

Heriré al pastor,
y se dispersarán las ovejas.[b]

28 Pero después que haya resucitado,
iré delante de ustedes a Galilea.
29 Pedro le declaró: Aunque todos
se escandalicen, yo no.
30 Te aseguro —respondió Jesús—
que hoy, sí, esta misma noche, antes
de que el gallo cante dos veces,[c] tú
me habrás negado tres veces.
31 Pero Pedro insistía con mayor
énfasis: Aun cuando tenga que morir
contigo, de ninguna manera te

[a] *24* Algunos Mss. añaden *nuevo*. [b] *27* Zacarías 13:7. [c] *30* Algunos Mss. antiguos omiten *dos veces*.

negaré. Y todos los demás decían lo mismo.

Getsemaní

32 Fueron a un lugar llamado Getsemaní, y Jesús les dijo a sus discípulos: Siéntense aquí, mientras yo voy a orar. 33 Tomó consigo a Pedro, a Jacobo[a] y a Juan, y comenzó a entristecerse profundamente y a angustiarse. 34 Mi alma está afligida de tristeza mortal —les dijo—. Quédense aquí y velen.

35 Yendo un poco más allá, cayó en tierra y oraba para que, si era posible, pasara de él aquella hora. 36 *Abba*,[b] Padre —decía—, todo es posible para ti. Aparta de mí esta copa. Pero no sea lo que yo quiero, sino lo que tú quieres.

37 Después volvió a sus discípulos y los encontró dormidos. Simón —le dijo a Pedro—, ¿estás dormido? ¿No has podido permanecer en vela durante una hora? 38 Velen y oren para que no caigan en tentación. El espíritu está dispuesto, pero la carne es débil.

39 Una vez más se retiró a orar, diciendo las mismas palabras. 40 Cuando volvió, los encontró dormidos otra vez, porque sus ojos estaban pesados. Y no sabían qué decirle.

41 Al volver por tercera vez, les dijo: ¿Todavía están durmiendo y descansando? ¡Ya es bastante! Ha llegado la hora. Miren, el Hijo del Hombre es entregado en manos de los pecadores. 42 Levántense. Vámonos. Ya viene el que me va a traicionar.

Arresto de Jesús

43 Aún estaba él hablando, cuando apareció Judas, uno de los doce, y con él una turba armada de machetes y palos, enviados por los jefes de los sacerdotes, los escribas y los ancianos.

44 El traidor les había dado una señal: Al que yo bese, ése es; arréstenlo y llévenlo con toda precaución. 45 Y acercándose en seguida a Jesús, le dijo Judas: ¡Rabí! y lo besó. 46 Los hombres echaron mano de Jesús y lo arrestaron. 47 Entonces uno de los que estaban cerca sacó la espada e hirió al criado del sumo sacerdote, cortándole la oreja.

48 ¿Estoy al frente de una rebelión —dijo Jesús— para que hayan salido con espadas y palos a detenerme? 49 Diariamente he estado con ustedes, enseñando en el atrio del templo, y no me arrestaron. Pero es preciso que se cumplan las Escrituras. 50 Entonces todos lo abandonaron y huyeron.

51 Cierto joven que sólo llevaba puesta una capa de lino, iba siguiendo a Jesús, y lo detuvieron; 52 pero él se escapó desnudo, dejando la capa.

Ante el Sanedrín

53 Condujeron a Jesús ante el sumo sacerdote, y se reunieron allí todos los jefes de los sacerdotes, los ancianos y los escribas. 54 Pedro lo seguía a cierta distancia, hasta dentro del patio del sumo sacerdote. Allí se sentó con los guardias, calentándose junto a la lumbre.

55 Los jefes de los sacerdotes y el Sanedrín entero buscaban alguna prueba contra Jesús para poder darle muerte, pero no la encontraban. 56 Eran muchos los que hacían declaraciones falsas contra él, pero sus declaraciones no concordaban.

57 Entonces se levantaron unos que declararon falsamente contra él, diciendo: 58 Nosotros le oímos decir: "Yo destruiré este templo hecho por mano de hombre y en tres días construiré otro, no hecho por mano de hombre". 59 Pero ni aun entonces concordaban sus declaraciones.

60 Entonces se puso de pie el sumo sacerdote y adelantándose al frente, preguntó a Jesús: ¿No vas a responder? ¿Qué es lo que están

[a] *33* Mateo 26:37. [b] *36* Que, en arameo, significa *Padre*.

declarando éstos contra ti? 61 Pero
Jesús permaneció callado y no respondió nada.
De nuevo le preguntó el sumo
sacerdote: ¿Eres tú el Cristo,[a] el
Hijo del Bendito?
62 Lo soy —respondió Jesús—. Y
verán al Hijo del Hombre sentado a
la diestra del Poderoso y viniendo
en las nubes del cielo.
63 El sumo sacerdote se rasgó las
vestiduras. ¿Qué necesidad tenemos
de más testigos? —preguntó—. 64 Ya
han oído la blasfemia, ¿qué les parece?
Todos ellos lo condenaron como
reo de muerte. 65 Entonces algunos
comenzaron a escupirlo; le vendaron
los ojos, le daban puñetazos y le
decían: ¡Profetiza! También los
guardias le daban bofetadas.

Pedro reniega de Jesús

66 Mientras Pedro estaba abajo en
el patio, pasó una de las criadas del
sumo sacerdote. 67 Cuando vio a
Pedro calentándose, fijó la mirada en
él y le dijo: Tú también estabas con
ese nazareno, con Jesús.
68 Pero él lo negó: No sé ni entien-
do de qué estás hablando—, dijo, y
salió afuera, al zaguán.[b]
69 Cuando la criada lo vio allí,
comenzó a decir de nuevo a los que
estaban alrededor: Este es uno de
ellos. 70 De nuevo lo negó él.
Al poco rato, los que estaban allí
le dijeron a Pedro: De seguro que tú
eres uno de ellos, porque eres galileo.
71 El comenzó a echarse maldiciones y a jurarles: No conozco a ese
hombre del que están hablando.
72 Inmediatamente cantó el gallo
por segunda vez. Entonces Pedro se
acordó de las palabras que le había
dicho Jesús: "Antes de que el gallo
cante dos veces, me habrás negado
tres veces." Y, al darse cuenta,
comenzó a llorar.

Jesús ante Pilato

15 En la mañana, muy temprano, los jefes de los sacerdotes, con los ancianos, los escribas y
el Sanedrín en pleno, tomaron una
decisión. Ataron a Jesús, se lo llevaron de allí y lo entregaron a Pilato.
2 ¿Eres tú el rey de los judíos?
—le preguntó Pilato.
Así es, como tú lo dices —respondió Jesús.
3 Los jefes de los sacerdotes lo
acusaban de muchas cosas. 4 Así que
Pilato le preguntó de nuevo: ¿No
vas a contestar? Mira de cuántas
cosas te están acusando.
5 Pero Jesús todavía no contestó
palabra, con gran asombro de Pilato.
6 Durante la fiesta, acostumbraba
soltarles un preso que la gente pidiera. 7 Un hombre llamado Barrabás
estaba encarcelado con los rebeldes
que habían cometido un homicidio
en una revuelta. 8 Subió la turba y
comenzó a pedir a Pilato que les
concediera lo que era la costumbre.
9 ¿Quieren que les suelte al rey de
los judíos? —preguntó Pilato,
10 sabiendo que era por envidia por
lo que los jefes de los sacerdotes le
habían entregado a Jesús. 11 Pero los
jefes de los sacerdotes incitaron a la
multitud para que les soltara en
cambio a Barrabás.
12 ¿Qué haré, pues, con el que
ustedes llaman el rey de los judíos?
—les preguntó Pilato.
13 ¡Crucifícalo! —gritaron ellos.
14 ¿Por qué? ¿Qué crimen ha
cometido? —preguntó Pilato.
Pero ellos gritaban más fuerte:
¡Crucifícalo!
15 Con el afán de complacer a la
turba, Pilato les soltó a Barrabás y
entregó a Jesús, después de mandar
azotarlo, para que fuera crucificado.

Los soldados se burlan de Jesús

16 Los soldados se llevaron a Jesús
adentro del palacio (es decir, al

[a] 61 O *Mesías.* [b] 68 Algunos Mss. antiguos añaden, *y cantó el gallo.*

pretorio) y llamaron a toda la compañía de soldados. 17 Le pusieron encima un manto de púrpura; luego tejieron una corona de espinas y se la colocaron, 18 Y comenzaron a hacerle el saludo, diciendo: ¡Salve, rey de los judíos! 19 Una y otra vez lo golpeaban en la cabeza con una caña y lo escupían; después, doblando la rodilla, le rendían homenaje. 20 Después de haberse burlado de él, le quitaron el manto de púrpura y le volvieron a poner su propia ropa. A continuación se lo llevaron para crucificarlo.

La crucifixión

21 Pasaba por allí de vuelta del campo, un tal Simón de Cirene, padre de Alejandro y de Rufo, y lo obligaron a cargar la cruz de Jesús. 22 Condujeron a Jesús al lugar llamado Gólgota (que significa el lugar de la calavera). 23 Entonces le dieron a beber vino mezclado con mirra, pero él no lo tomó. 24 Y lo crucificaron. Luego se repartieron su ropa, echando suertes para ver lo que le tocaba a cada uno.

25 Era la hora tercera cuando lo crucificaron. 26 El letrero que indicaba la causa de su condena, decía así: EL REY DE LOS JUDIOS. 27 Con él crucificaron a dos ladrones, uno a su derecha y otro a su izquierda.[a] 29 Los que pasaban por allí lanzaban insultos contra él, meneando la cabeza y diciendo: ¡Eh! Tú que ibas a destruir el templo y construirlo en tres días, 30 ¡baja de la cruz y sálvate a ti mismo!

31 De la misma manera, los jefes de los sacerdotes y los escribas se burlaban de él, diciendo entre ellos: Ha salvado a otros, pero no puede salvarse a sí mismo. 32 ¡Que baje ahora de la cruz este Cristo,[b] este rey de Israel, para que veamos y creamos! También los crucificados con él lo insultaban.

La muerte de Jesús

33 A la hora sexta cayó sobre toda la región una densa oscuridad hasta la hora novena. 34 Y a la hora novena, gritó Jesús con fuerte voz: *Eloi, Eloi, ¿lama sabactani?*,[c] que significa: Dios mío, Dios mío, ¿por qué me has desamparado?

35 Cuando algunos de los que estaban cerca oyeron esto, dijeron: Escuchen, está llamando a Elías.

36 Un hombre corrió a empapar una esponja en vinagre, la puso en una caña y se la ofreció a Jesús para que bebiera, diciendo: Déjenlo ahora. Veamos si viene Elías a descolgarlo.

37 Después de dar un gran grito, Jesús expiró.

38 Entonces el velo del templo se rasgó en dos, de arriba abajo. 39 Y cuando el centurión que estaba enfrente de Jesús, oyó este grito y[d] vio cómo había muerto, dijo: Ciertamente este hombre era el Hijo[e] de Dios.

40 Algunas mujeres estaban mirando a cierta distancia. Entre ellas estaba María Magdalena, María la madre Jacobo el Menor y de José, y Salomé. 41 En Galilea, estas mujeres lo habían seguido y lo habían atendido. Otras muchas mujeres que habían subido con él a Jerusalén, estaban también allí.

El sepelio de Jesús

42 Era el día de la preparación (esto es, la víspera del sábado). Así que, al caer la tarde, 43 José de Arimatea, miembro importante del Sanedrín, y también uno de los que esperaban el reino de Dios, se atrevió a presentarse ante Pilato para pedirle el cuerpo de Jesús. 44 Pilato quedó sorprendido al oír que había muerto ya. Haciendo llamar al

[a] *27* Algunos Mss. añaden un versículo 28: *y se cumplió la Escritura que dice: "Fue contado con los malhechores"* (Isaías 53:12). [b] *32* O *Mesías.* [c] *34* Véase la nota a Mateo 27:46.
[d] *39* Algunos Mss. omiten *oyó ese grito y.* [e] *39* O *un hijo.*

centurión, le preguntó si hacía
mucho que había muerto. 45Informa-
do por el centurión de que así era,
otorgó el cadáver a José. 46Así
pues, José compró un lienzo de lino,
descolgó el cadáver, lo envolvió en
el lienzo y lo colocó en una tumba
excavada en la roca. Luego hizo
rodar una gran piedra frente a la entrada de la tumba. 47María Magdalena y María la madre de José vieron
dónde había sido puesto.

La resurrección

16 Cuando pasó el sábado,
María Magdalena, María la
madre de Jacobo y Salomé compra-
ron especias aromáticas para ir a
embalsamar el cuerpo de Jesús.
2Muy de madrugada, el primer día
de la semana, al despuntar el sol,
estaban ya de camino hacia el
sepulcro 3y se preguntaban unas a
otras: ¿Quién nos quitará la piedra
de la entrada de la tumba?

4Pero cuando alzaron los ojos,
vieron que la piedra, que era enorme, había sido removida. 5Al entrar
a la tumba, vieron a un joven, vestido con un manto blanco, sentado a
la derecha, y se asustaron.

6No se asusten —les dijo él—.
Están buscando a Jesús el nazareno,
el que fue crucificado. ¡Ha resucitado! No está aquí. Vean el lugar donde lo pusieron. 7Pero vayan a decirles a sus discípulos y a Pedro: "El
va por delante de ustedes a Galilea.
Allí lo verán, conforme él les dijo".

8Temblando y llenas de espanto,
las mujeres salieron huyendo del
sepulcro. No dijeron nada a nadie,
porque tenían miedo.

Apariciones y ascensión de Jesús[a]

9Cuando Jesús resucitó en la
madrugada del primer día de la
semana, se apareció primero a María
Magdalena, de la que había arrojado
siete demonios. 10Ella fue a anunciarlo a los que habían estado con
él, y que se hallaban sumidos en
duelo y en llanto. 11Cuando oyeron
que Jesús estaba vivo y que ella lo
había visto, no lo creyeron.

12Después se apareció Jesús bajo
diferente forma a dos de ellos que
iban de camino hacia el campo.
13También éstos volvieron para
anunciarlo a los demás; pero tampoco a éstos les creyeron.

14Más tarde, se apareció Jesús a
los once cuando estaban comiendo;
y los reprendió por su falta de fe y
por su obstinación en no creer a los
que lo habían visto después de haber
resucitado.

15Y les dijo: Vayan por todo el
mundo a predicar el evangelio a toda
la creación. 16El que crea y sea
bautizado, será salvo; pero el que no
crea, será condenado. 17Y estas
señales acompañarán a los que
crean: En mi nombre arrojarán
demonios; hablarán en nuevas
lenguas; 18tomarán serpientes en sus
manos; y si beben un veneno mortal, no les hará daño; pondrán las
manos sobre enfermos y éstos reco-
brarán la salud.

19Después que el Señor Jesús les
habló, fue llevado al cielo y se sentó
a la diestra de Dios. 20Los discípulos entonces salieron a predicar por
todas partes, y el Señor actuaba con
ellos y confirmaba la palabra con las
señales que la acompañaban.

[a] Los dos manuscritos antiguos más confiables no tienen los versículos 9-20.

LUCAS

Introducción

1 Muchos han tomado a su cargo
el componer un relato de las
cosas que se han cumplido[a] entre
nosotros, 2 según nos fueron transmi-
tidas por quienes desde el principio
fueron testigos presenciales y siervos
de la Palabra. 3 Por tanto, ya que yo
mismo he investigado con esmero
todas las cosas desde el comienzo,
me ha parecido bien también a mí
escribirte un relato ordenado, excelentísimo Teófilo, 4 para que conoz-
cas la certeza de las cosas que se te
han enseñado.

Predicción del nacimiento de Juan el Bautista

5 En tiempos de Herodes, rey de
Judea, hubo un sacerdote llamado
Zacarías, que pertenecía al grupo
sacerdotal de Abías; su esposa Isabel era también descendiente de
Aarón. 6 Ambos eran rectos a los
ojos de Dios, observando irreprocha-
blemente todos los mandamientos y
ordenanzas del Señor. 7 Pero no
tenían hijos, porque Isabel era estéril, y ambos estaban bien entrados
en años.

8 Una vez, mientras estaba de turno el grupo sacerdotal de Zacarías,
y él mismo estaba oficiando como
sacerdote ante Dios, 9 le tocó en
suerte, según la costumbre del sacerdocio, entrar en el templo del Señor
a quemar incienso. 10 Y cuando llegó
la hora de ofrecer el incienso, toda
la multitud del pueblo estaba fuera
reunida orando.

11 Entonces se le apareció un ángel
del Señor, de pie al lado derecho del
altar del incienso. 12 Cuando lo vio
Zacarías, se turbó y quedó sobreco-
gido de temor. 13 Pero el ángel le
dijo: No temas, Zacarías; tu oración
ha sido escuchada. Tu esposa Isabel
te dará un hijo, y tú has de ponerle
por nombre Juan. 14 Te será motivo
de gozo y alegría, y muchos se regocijarán con su nacimiento, 15 pues
será grande a los ojos del Señor. No
deberá tomar jamás vino ni cualquier
otra bebida fermentada, y será lleno
del Espíritu Santo desde su nacimiento.[b] 16 A muchos del pueblo de
Israel les hará volverse al Señor su
Dios. 17 E irá delante del Señor, en
el espíritu y en el poder de Elías,
para hacer revivir los sentimientos
de los padres en los hijos y tornar a
los desobedientes a la cordura de los
justos, a preparar un pueblo bien
dispuesto para el Señor.

18 Zacarías preguntó al ángel:
¿Cómo puedo estar seguro de ello?
Yo ya soy viejo y mi mujer está
bien entrada en años.

19 Respondió el ángel: Yo soy
Gabriel, el asistente ante el trono de
Dios, y he sido enviado a hablar
contigo y anunciarte estas buenas
noticias. 20 Y ahora permanecerás en
silencio y serás incapaz de hablar
hasta el día en que esto suceda, por
cuanto no creíste mis palabras, las
cuales se cumplirán a su debido
tiempo.

21 Entretanto, el pueblo aguardaba
afuera a Zacarías, extrañado de su
demora en salir del templo. 22 Cuando por fin salió, no podía hablarles
y se dieron cuenta de que había
tenido una visión en el templo,
porque no cesaba de hacerles señas,
pero se quedó mudo.

23 Cuando se terminó el tiempo de
su ministerio, se volvió a casa.
24 Después de esto, su esposa Isabel
quedó encinta, y se mantuvo reclui-
da durante cinco meses. 25 Y decía:
Esto me ha hecho el Señor. En
estos días me ha mostrado su favor

[a] *1 O que han sido creídas con toda seguridad.* [b] *15 O desde el vientre de su madre.*

quitando mi vergüenza entre la gente.

Predicción del nacimiento de Jesús

26 A los seis meses, Dios envió al
ángel Gabriel a Nazaret, ciudad de
Galilea, 27 a una joven virgen prometida en matrimonio a un varón llamado José, descendiente de David, y
el nombre de la virgen era María.
28 El ángel entró a donde estaba ella
y le dijo: ¡Saludos, muy favorecida!
El Señor está contigo.
29 Al oír esto, María se turbó grandemente, preguntándose qué podía
significar semejante saludo. 30 Pero el
ángel le dijo: No temas, María; has
hallado gracia ante Dios. 31 Mira, vas
a concebir y a dar a luz un hijo, y
le has de poner por nombre Jesús.
32 Será grande y será llamado Hijo
del Altísimo. El Señor Dios le dará
el trono de su padre David, 33 y
reinará sobre la casa de Jacob por
siempre; su reino no se acabará
jamás.
34 ¿Cómo puede ser esto —preguntó María al ángel—, puesto que
yo soy virgen?
35 El ángel contestó: El Espíritu
Santo vendrá sobre ti, y el poder del
Altísimo te cubrirá con su sombra.
Precisamente por eso, lo que va a
nacer de ti será santo y se llamará[a]
Hijo de Dios. 36 Mira, también Isabel, tu parienta, ha concebido un
hijo en su vejez, y ya está de seis
meses la que llamaban estéril,
37 porque para Dios no hay nada imposible.
38 Soy la sierva del Señor —contestó María—. que se haga en mí
como has dicho. Entonces el ángel
se marchó de allí.

María visita a Isabel

39 Por aquellos mismos días, María
se preparó y se fue de prisa a una
ciudad de la región montañosa de
Judá, 40 donde entró en casa de
Zacarías y saludó a Isabel. 41 Cuando
oyó Isabel el saludo de María, dio
saltos el niño en su vientre, e Isabel, llena del Espíritu Santo,
42 exclamó en voz alta: ¡Bendita tú
entre las mujeres, y bendito el fruto
de tu vientre! 43 Pero, ¿por qué se
me concede a mí este favor tan
grande, que la madre de mi Señor se
digne visitarme? 44 Tan pronto como
el sonido de tu saludo llegó a mis
oídos, el bebé que llevo en mis entrañas saltó de gozo. 45 ¡Feliz la que
ha creído que se cumplirá lo que le
han dicho de parte del Señor!

Cántico de María

46 Dijo entonces María:
Mi alma alaba al Señor,
47 y mi espíritu se regocija en Dios
mi Salvador,
48 porque se ha fijado
en la condición humilde de su
esclava.
De aquí en adelante me llamarán
bendita todas las generaciones,
49 porque el Poderoso ha hecho
por mí grandes cosas;
santo es su nombre.
50 Su misericordia se extiende,
de generación en generación, a
cuantos le temen.
51 Ha realizado grandes proezas con
su brazo;
ha dispersado a los engreídos en
lo íntimo de sus pensamientos.
52 Ha derribado de sus tronos a los
gobernantes,
pero ha levantado a los insignificantes.
53 Ha saciado de bienes a los hambrientos,
pero ha despedido a los ricos
con las manos vacías.
54 Ha venido en ayuda de su siervo
Israel,
acordándose de su misericordia
55 para con Abraham y su descendencia por siempre,
conforme prometió a nuestros
padres.

[a] 35 O, *así que el niño que ha de nacer será llamado santo.*

56 María permaneció con Isabel
unos tres meses, y luego regresó a
su casa.

Nacimiento de Juan el Bautista

57 Cuando se le cumplió a Isabel el
tiempo del alumbramiento, dio a luz
un hijo. 58 Sus vecinos y parientes se
enteraron de que el Señor había
mostrado gran piedad con ella, y
participaron de su gozo.
59 Al octavo día, vinieron a circuncidar al niño, e iban a ponerle por
nombre Zacarías como su padre,
60 pero su madre dijo: ¡No! Tiene
que llamarse Juan.
61 Ellos le dijeron: No hay nadie
entre tus parientes que lleve ese
nombre.
62 Entonces le hicieron señas a su
padre, para ver cómo quería que se
llamara el niño. 63 El pidió una tabli-
lla de escribir y, para sorpresa de
todos, escribió: Su nombre es Juan.
64 Inmediatamente se abrió su boca y
se desató su lengua, y comenzó a
prorrumpir en alabanzas a Dios.
65 Los vecinos quedaron sobrecogidos de temor, y en toda la zona
montañosa de Judá la gente comen-
taba todas estas cosas. 66 Cuantos lo
oyeron, se preguntaban en su interior: ¿Qué va a ser entonces este
niño? Porque la mano del Señor
estaba con él.

Cántico de Zacarías

67 Su padre Zacarías quedó lleno
del Espíritu Santo y profetizó así:

68 Alabado sea el Señor, el Dios de
Israel,
porque ha venido a redimir a su
pueblo.
69 Ha levantado cuerno[a] de salvación en favor nuestro,
en la casa de su siervo David
70 (como había prometido por medio
de sus santos
profetas desde hace mucho),
71 para salvarnos de nuestros
enemigos
y de las manos de todos los que
nos odian;
72 para mostrar su misericordia con
nuestros padres
y acordarse de su santo Pacto,
73 de la promesa hecha bajo juramento a nuestro padre Abraham:
74 de liberarnos de la mano de
nuestros enemigos,
a fin de que podamos rendirle
culto en paz,
75 en santidad de vida y en justicia
ante sus ojos todos los días de
nuestra vida.
76 Y tú, hijo mío, serás llamado profeta del Altísimo;
pues irás por delante del Señor
a prepararle los caminos,
77 a dar a su pueblo conocimiento
de salvación
mediante el perdón de sus pecados,
78 por la gran misericordia de
nuestro Dios,
que nos enviará un amanecer
del sol desde el cielo,
79 para que brille su luz sobre los
que yacen en la
oscuridad y en la sombra de la
muerte,
para guiar nuestros pies hacia
sendas de paz.

80 Y el niño crecía y se hacía fuerte en espíritu; y vivía en el desierto
hasta el día de su aparición pública
ante Israel.

Nacimiento de Jesús

2 Por aquellos días, promulgó
César Augusto un edicto para
que se hiciera un censo de todo el
mundo romano (2 éste fue el primer
censo que se llevó a cabo siendo
gobernador de Siria Cirenio). 3 Y
cada uno se dirigió a la ciudad de
donde era oriundo para empadronarse.
4 Así pues, también José subió
desde Galilea, de la ciudad de Nazaret, hasta Judea, a Belén, la ciudad
de David, porque pertenecía a la

[a] *69* El *cuerno* aquí es símbolo de fuerza.

casa y al linaje de David. 5 Fue allá
a empadronarse con María, que estaba prometida para casarse con él y
estaba encinta. 6 Y ocurrió que,
mientras estaban allí, se le cumplió
el tiempo del alumbramiento, 7 y dio
a luz a su hijo, el primogénito. Lo
envolvió en pañales y lo recostó en
un pesebre, porque no había lugar
para ellos en la posada.

Los pastores y los ángeles

8 Y había unos pastores que vivían
en los campos de aquella misma
región y cuidaban sus rebaños
durante la noche. 9 Se les apareció
un ángel del Señor, y la gloria del
Señor los envolvió en su resplandor,
por lo que quedaron sobrecogidos de
terror. 10 Pero el ángel les dijo: No
teman. Les traigo buenas noticias de
gran gozo para todo el pueblo.
11 Hoy en la ciudad de David les ha
nacido un Salvador; es Cristo,[a] el
Señor. 12 Esto les servirá de señal:
hallarán un bebé envuelto en pañales
y recostado en un pesebre.

13 De repente, una gran compañía
de huestes celestiales apareció junto
al ángel, alabando a Dios y diciendo:

14 Gloria a Dios en los cielos,
y en la tierra paz entre los
hombres de su complacencia.

15 Cuando los ángeles se alejaron
de ellos para irse al cielo, los pastores se dijeron unos a otros: Vamos a
Belén y veamos lo que dicen que ha
sucedido, lo que el Señor nos ha
dado a conocer.

16 Así pues, fueron de prisa y encontraron a María, a José y al bebé
que estaba recostado en el pesebre.
17 Cuando lo vieron, esparcieron la
noticia acerca de lo que se les había
dicho de este niño, 18 y todos los
que la oyeron, quedaron maravillados de lo que los pastores les con-
taban. 19 María, por su parte, guardaba en su interior todas estas cosas,
meditándolas en su corazón. 20 Los
pastores se volvieron glorificando y
alabando a Dios por todo lo que
habían oído y visto, lo cual era
exactamente como se les había anunciado.

Presentación de Jesús en el templo

21 Al octavo día, cuando se cumplió el tiempo para circuncidarlo, se
le puso por nombre Jesús, el nombre
que le había puesto el ángel antes de
que fuera concebido.

22 Cuando se les cumplió el tiempo
de su purificación, conforme a la ley
de Moisés, José y María lo llevaron
a Jerusalén para presentarlo al Señor
23 (según está escrito en la ley del
Señor: "Todo primogénito varón ha
de ser consagrado al Señor"[b]), 24 y
para ofrecer un sacrificio, en observancia de lo que se dice en la ley
del Señor: un par de tórtolas o dos
palominos.[c]

25 Y había en Jerusalén un hombre
llamado Simeón, que era justo y
devoto, en espera de la consolación
de Israel, y el Espíritu Santo estaba
sobre él. 26 Le había sido revelado
por el Espíritu Santo que no moriría
sin haber visto antes al Cristo[d] del
Señor. 27 Impulsado por el Espíritu,
fue al atrio del templo, y cuando los
padres trajeron al niño Jesús para
hacer con él lo que la costumbre de
la ley requería, 28 Simeón lo tomó en
los brazos y alabó a Dios diciendo:

29 Soberano Señor, según prometis-
te,
ahora puedes dejar partir a tu
siervo en paz.
30 Porque mis ojos han visto tu
salvación,
31 que has preparado a la vista de
todos los pueblos,
32 luz para revelación a las naciones
gentiles
y para gloria de tu pueblo Israel.

33 El padre y la madre del niño se
maravillaban de las cosas que se
decían sobre él. 34 Entonces Simeón

[a] *11* O *Mesías.* Tanto el vocablo griego "Cristo", como el hebreo "Mesías", significan "Ungido". [b] *23* Exodo 13:2, 12, 15. [c] *24* Lev. 12:8. [d] *26* O *Mesías.*

los bendijo y dijo a María su madre:
Este niño está destinado a causar la
caída y el levantamiento de muchos
en Israel, y para ser una señal contra la que se hablará, 35de forma
que queden al descubierto los pensamientos de muchos corazones. Y
una espada también te atravesará el
alma a ti misma.
36Había también una profetisa,
Ana, hija de Fanuel, de la tribu de
Aser. Era muy anciana; había estado
casada durante siete años en prime-
ras nupcias; 37y entonces era viuda
hasta la edad de ochenta y cuatro.[a]
Nunca se apartaba del templo, sino
que daba culto noche y día, con
ayunos y oraciones. 38Acercándose a
ellos en ese mismo momento, glorificaba a Dios y hablaba de él a todos
los que aguardaban la redención de
Jerusalén.
39Después que José y María llevaron a cabo todo lo requerido por la
ley del Señor, se volvieron a Galilea, a su ciudad de Nazaret. 40Y el
niño crecía y se fortalecía; se iba
llenando de sabiduría, y la gracia de
Dios estaba sobre él.

El niño Jesús en el templo

41Cada año, iban sus padres a
Jerusalén para la fiesta de la Pascua.
42Cuando cumplió los doce años,
subieron a la fiesta, según costumbre. 43Terminada ya la fiesta, mientras sus padres se volvían a casa, el
niño Jesús se quedó atrás en Jerusalén, pero ellos no se dieron cuenta. 44Pensando que iba en la carava-
na, hicieron una jornada de camino;
después comenzaron a buscarlo entre
los parientes y conocidos. 45Al no
encontrarlo, volvieron a Jerusalén en
busca suya. 46Después de tres días
lo encontraron en los atrios del templo, sentado en medio de los
maestros, escuchándolos y hacién-
doles preguntas. 47Todos los que lo
oían se quedaban atónitos ante su
inteligencia y las respuestas que
daba. 48Cuando lo vieron sus
padres, se quedaron asombrados, y
su madre le dijo: Hijo, ¿por qué te
has portado así con nosotros? Mira
que tu padre y yo te andamos
buscando angustiados.
49¿Por qué me buscaban? —preguntó él—. ¿No sabían que yo tenía
que estar en la casa de mi Padre?
50Pero ellos no entendieron lo que
quería decir.
51Luego bajó a Nazaret con ellos
y les estaba sumiso; y su madre
guardaba con esmero todas estas
cosas en su corazón. 52Y Jesús
crecía en sabiduría y estatura, en
gracia ante Dios y los hombres.

Juan el Bautista prepara el camino

3 En el año quince del reinado de
Tiberio César, siendo Poncio
Pilato gobernador de Judea, Herodes
tetrarca de Galilea, su hermano Felipe tetrarca de Iturea y Traconite, y
Lisanias tetrarca de Abilinia, 2y bajo
el sumo sacerdocio de Anás y
Caifás, la palabra de Dios vino a
Juan el hijo de Zacarías, en el
desierto. 3Y recorrió toda la comar-
ca del Jordán predicando un bautismo de arrepentimiento para el
perdón de los pecados, 4como está
escrito en el libro de las palabras del
profeta Isaías:

Voz de uno que clama en el
desierto:
Preparen el camino para el Señor,
hagan derechas las sendas para
él.
5Todo valle será rellenado,
y toda montaña y colina será
allanada.
Lo tortuoso será enderezado,
y lo áspero se convertirá en
caminos suaves.
6Y toda la humanidad verá la
salvación de Dios.[b]

7Decía Juan a las multitudes que
salían para ser bautiza das por él:

[a] *37 O, viuda durante ochenta y cuatro años.*

[b] 6 Isaías 40:3-5.

¡Raza de víboras! ¿Quién les ha
advertido que huyan de la ira inmi-
nente? 8 Produzcan frutos que corres-
pondan a un sincero arrepentimiento
y no empiecen a decirse: "Tenemos
por padre a Abraham". Porque yo
les digo que de estas piedras puede
Dios darle hijos a Abraham. 9 El
hacha está ya puesta junto a la raíz
de los árboles, y todo árbol que no
produzca buen fruto, será cortado y
arrojado al fuego.

10 ¿Qué tenemos que hacer entonces? —preguntaba la gente.

11 Juan contestó: El que tenga dos
túnicas tiene que compartir con el
que no tenga ninguna, y el que tiene
de comer, debe hacer lo mismo.

12 También los cobradores de impuestos venían para ser bautizados,
y le decían: Maestro, ¿qué haremos?

13 No exijan nada más que lo que
se les ha asignado —respondió él.

14 Luego le preguntaron unos
soldados: Y nosotros, ¿qué tenemos
que hacer?

El respondió: No intimiden a
nadie, ni denuncien en falso, para
sacar dinero, sino conténtense con
su paga.

15 La gente aguardaba con expectación, y en su interior todos hacían
conjeturas sobre si Juan podría quizá
ser el Cristo.[a] 16 Juan les respondía a
todos: Yo los bautizo con[b] agua,
pero viene el que es más poderoso
que yo, al que no estoy capacitado
para desatarle las correas de las sandalias; él los bautizará con[b] Espíritu
Santo y fuego. 17 Ya tiene en su
mano el aventador para limpiar bien
su era y recoger el trigo en su granero, pero la paja la quemará con
fuego inextinguible. 18 Y con muchas
otras palabras, exhortaba Juan al
pueblo y les predicaba las buenas
noticias.

19 Pero cuando Juan reprendió a
Herodes el tetrarca a causa de
Herodías, la mujer de su hermano, y
por todas las otras maldades que
había hecho, 20 Herodes añadió otra
fechoría más a todas éstas, encerran-
do a Juan en la cárcel.

Bautismo y genealogía de Jesús

21 Cuando todo el pueblo estaba
siendo bautizado, también Jesús fue
bautizado. Y mientras oraba, se
abrió el cielo, 22 y el Espíritu Santo
descendió sobre él en forma corporal
como una paloma. Y vino una voz
del cielo, que decía: Tú eres mi Hijo
a quien amo; contigo estoy complacido.

23 Y Jesús mismo tenía unos treinta años cuando comenzó su ministerio. Era hijo, según se suponía, de
José,

el hijo de Elí, 24 el hijo de
Matat,
el hijo de Leví, el hijo de
Melqui,
el hijo de Jana, el hijo de José,
25 el hijo de Matatías, el hijo de
Amós,
el hijo de Nahum, el hijo de
Esli,
el hijo de Nagai, 26 el hijo de
Maat,
el hijo de Matatías, el hijo de
Semei,
el hijo de José, el hijo de Judá,
27 el hijo de Joana, el hijo de
Resa,
el hijo de Zorobabel, el hijo de
Salatiel,
el hijo de Neri, 28 el hijo de
Melqui,
el hijo de Adi, el hijo de
Cosam,
el hijo de Elmodam, el hijo de
Er,
29 el hijo de Josué, el hijo de
Eliezer,
el hijo de Jorim, el hijo de
Matat,
el hijo de Leví, 30 el hijo de
Simeón,
el hijo de Judá, el hijo de José,
el hijo de Jonán, el hijo de
Eliaquim,

[a] *15 O Mesías.* [b] *16 O en.*

31 el hijo de Melea, el hijo de
Mainán,
el hijo de Matata, el hijo de
Natán,
el hijo de David, 32 el hijo de
Isaí,
el hijo de Obed, el hijo de
Booz,
el hijo de Salmón[a] el hijo de
Naasón,
33 el hijo de Aminadab, el hijo de
Admín,
el hijo de Arní, el hijo de
Aram,[b]
el hijo de Esrom, el hijo de
Fares,
el hijo de Judá, 34 el hijo de
Jacob,
el hijo de Isaac, el hijo de
Abraham,
el hijo de Taré, el hijo de
Nacor,
35 el hijo de Serug, el hijo de
Ragau,
el hijo de Peleg, el hijo de
Heber,
el hijo de Sala, 36 el hijo de
Cainán,
el hijo de Arfaxad, el hijo de
Sem,
el hijo de Noé, el hijo de
Lamec,
37 el hijo de Matusalén, el hijo de
Enoc,
el hijo de Jared, el hijo de
Mahalaleel,
el hijo de Cainán, 38 el hijo de
Enós,
el hijo de Set, el hijo de Adán,
el hijo de Dios.

La tentación de Jesús

4 Jesús, lleno del Espíritu Santo,
volvió del Jordán y fue llevado
por el Espíritu al desierto, 2 donde
durante cuarenta días fue tentado
por el diablo. No comió nada durante esos días, y al final de ellos tuvo
hambre.

3 El diablo le dijo: Si eres Hijo de
Dios, di a esta piedra que se
convierta en pan.

4 Jesús respondió: Está escrito:
"No sólo de pan vivirá el hombre".[c]

5 El diablo lo condujo a un lugar
alto y le mostró en un instante todos
los reinos del mundo, 6 y le dijo: Te
daré todo el poderío y la gloria de
estos reinos, pues a mí me ha sido
entregado y lo doy a quien me place. 7 Por tanto, si me adoras, será
tuyo todo.

8 Jesús contestó: Está escrito:
"Adorarás al Señor tu Dios y a él
sólo le servirás".[d]

9 El diablo lo condujo a Jerusalén,
y lo puso de pie sobre la parte más
alta del templo, y le dijo: Si eres el
Hijo de Dios, tírate abajo desde
aquí. 10 Porque está escrito:

Dará órdenes a sus ángeles acerca
de ti
para que te guarden con todo
cuidado;
11 y ellos te tomarán en sus manos,
a fin de que no te hieras el pie
en ninguna piedra.[e]

12 Respondió Jesús: También dice:
"No tentarás al Señor tu Dios".[f]

13 Cuando el diablo dio por concluidas todas estas tentaciones, se
alejó de él hasta un momento oportuno.

Jesús rechazado en Nazaret

14 Jesús volvió a Galilea en el
poder del Espíritu, y se esparció su
fama por toda la región circunvecina. 15 Enseñaba en sus sinagogas, y
todos lo alababan.

16 Fue a Nazaret, donde se había
criado, y en día de sábado fue a la
sinagoga, como tenía por costumbre.
Y se levantó a leer. 17 Le pasaron el
libro del profeta Isaías y, desenrollándolo, encontró el lugar donde
está escrito:

[a] *32* Algunos Mss. antiguos dicen *Sala*. [b] *33* Algunos Mss. dicen *Aminadab, el hijo de Ram*, suprimiendo *el hijo de Admin, el hijo de Arní;* otros Mss. varían considerablemente en este versículo. [c] *4* Deut. 8:3. [d] *8* Deut. 6:13. [e] *11* Salmo 91:11, 12. [f] *12* Deut. 6:16.

18 El Espíritu del Señor está sobre
mí;
por lo cual me ha ungido para
predicar
la Buena Noticia a los pobres.
Me ha enviado a proclamar libertad para los presos
y recuperación de la vista para
los ciegos,
a soltar a los oprimidos,
19 y a proclamar el año de gracia
del Señor.[a]

20 Luego, enrollando el libro, lo
devolvió al asistente y se sentó. Los
ojos de todos los que se encontraban
en la sinagoga estaban fijos en él,
21 y él les dijo: Hoy se ha cumplido
esta Escritura que acaban de oír.

22 Todos hablaban bien de él y
quedaban asombrados de las her-
mosas palabras que salían de sus
labios, y preguntaban: ¿No es éste
el hijo de José?

23 Jesús les dijo: Seguramente me
citarán aquel proverbio que dice:
"¡Médico, cúrate a ti mismo! Haz
aquí en tu tierra lo que hemos oído
que hiciste en Capernaum".

24 Les digo de veras —continuó—
que ningún profeta es aceptado en
su propia tierra. 25 Les aseguro que
había muchas viudas en Israel en
tiempos de Elías, cuando el cielo se
cerró sin llover por tres años y
medio y hubo una gran hambre en
todo el país; 26 pero Elías no fue
enviado a ninguna de ellas, sino a
una viuda de Sarepta en la región de
Sidón. 27 Y había muchos con lepra[b]
en Israel en tiempos de Eliseo el
profeta, pero ninguno de ellos quedó
limpio, sino Naamán el sirio.

28 Todos los que estaban en la
sinagoga se pusieron furiosos al oír
esto. 29 Se levantaron de sus asientos, lo sacaron de la población, y lo
condujeron hasta un precipicio de la
colina sobre la que estaba construido
el pueblo, a fin de tirarlo desde allí.
30 Pero él atravesó por en medio de
la gente y se fue por su camino.

Jesús arroja un espíritu maligno

31 Entonces bajó a Capernaum,
ciudad de Galilea, y en el día sábado comenzó a enseñar al pueblo.
32 Estaban maravillados de sus enseñanzas, porque hablaba con autoridad.

33 Había en la sinagoga un hombre
poseído por un demonio, un espíritu
malo,[c] y gritó con toda su fuerza:
34 ¡Ah! ¿Qué tienes que ver con nosotros, Jesús de Nazaret? ¿Has venido a destruirnos? Ya sé quién eres:
¡El Santo de Dios!

35 Jesús lo reprendió diciendo:
Cállate y sal de él. Entonces el
demonio tiró al hombre por el suelo
delante de todos ellos, y salió de él
sin hacerle daño.

36 Toda la gente estaba asombrada
y se decían unos a otros: ¿Qué enseñanza es ésta, que ordena con
autoridad y poder a los espíritus
malos,[c] y salen? 37 Y la fama de su
nombre se extendía por todos los
lugares circunvecinos.

Jesús sana a muchos

38 Jesús se levantó y, marchándose
de la sinagoga, se fue a casa de
Simón. La suegra de Simón tenía
una fiebre muy alta, y rogaron a
Jesús que la ayudara. 39 El se inclinó
sobre ella y reprendió a la fiebre, y
ésta desapareció. Ella se levantó en
seguida y se puso a servirles.

40 Al ponerse el sol, la gente le
traía a Jesús todos cuantos padecían
de varias clases de enfermedades, y
él, poniendo las manos sobre cada
uno, los sanaba. 41 Más aún, de
muchos salían demonios que decían
a gritos: Tú eres el Hijo de Dios.
Pero él los reprendía y no les permitía hablar, porque sabían que él
era el Cristo.[d]

42 Al hacerse de día, Jesús salió y
se fue a un lugar solitario. La gente
lo andaba buscando y, cuando

[a] *19* Isaías 61:1, 2. [b] *27* La palabra griega se usaba para varias enfermedades de la piel, no necesariamente la lepra. [c] *33, 36* El griego dice *inmundo.* [d] *41* O *Mesías.*

llegaron a donde él estaba, trataban
de impedirle que se fuera de ellos.
43 Pero él les dijo: Es preciso que
vaya también a las demás ciudades a
predicar el evangelio del reino de
Dios, porque para eso he sido enviado. 44 Y continuó predicando en las
sinagogas de Judea.[a]

El llamamiento de los primeros discípulos

5 Un día en que Jesús estaba de
pie junto al lago de Genesaret,[b]
y la gente se agolpaba alrededor de
él para escuchar la palabra de Dios,
2 vio junto a la orilla dos barcas,
dejadas allí por los pescadores,
quienes se hallaban lavando las
redes. 3 Se subió a una de las
barcas, que era propiedad de Simón,
y pidió a éste que se apartara un
poco de la orilla. Luego se sentó y
enseñaba a la gente desde la barca.

4 Cuando terminó de hablar, dijo a
Simón: Llévanos mar adentro y suelta las redes para la pesca.

5 Contestó Simón: Maestro, después de trabajar duro durante toda
la noche, no hemos pescado nada;
pero, puesto que lo dices tú, echaré
las redes.

6 Al hacerlo así, pescaron tanta
cantidad de peces, que se les rom-
pían las redes. 7 Hicieron, pues,
señales a sus compañeros de la otra
barca para que vinieran a ayudarles,
y ellos vinieron y llenaron ambas
barcas, tanto que empezaban a hundirse.

8 Al ver esto Simón Pedro, se
arrojó de rodillas ante Jesús y dijo:
Retírate de mí, Señor, que soy un
hombre pecador. 9 Pues él y todos
sus compañeros estaban estupefactos
ante la captura de los peces que
habían hecho, 10 y lo mismo les
pasaba a Jacobo y Juan, hijos de
Zebedeo, compañeros de Simón.

Entonces dijo Jesús a Simón: No
tengas miedo; desde ahora, pescarás
hombres. 11 Así que condujeron las
barcas a tierra, lo dejaron todo y lo
siguieron.

El hombre leproso

12 Mientras Jesús estaba en una de
las poblaciones, vino un hombre
cubierto de lepra.[c] Cuando vio a
Jesús, cayó rostro en tierra y le
suplicó diciendo: Señor, si quieres,
puedes dejarme limpio.

13 Jesús extendió la mano y lo
tocó, diciendo: Quiero. ¡Queda limpio! Y al punto desapareció la lepra.

14 Entonces Jesús le encargó que
no se lo dijera a nadie, sino que
fuera a mostrarse al sacerdote, y
añadió: Haz la ofrenda por tu sani-
dad, conforme lo ordenó Moisés,
para que les sirva de testimonio.

15 Pero su nombre se extendía más
y más, y se reunía mucha gente a
oírlo y a que los sanara de sus
enfermedades. 16 Pero Jesús se retira-
ba con frecuencia a lugares desiertos
para orar.

Jesús sana a un paralítico

17 Un día, cuando estaba enseñando, estaban sentados allí unos fariseos y unos escribas que habían
venido de todos los lugares de Galilea, de Judea y de Jerusalén. Y el
poder del Señor estaba presente para
que sanara a los enfermos. 18 Vinieron unos hombres trayendo sobre
una camilla a un hombre que estaba
paralítico e intentaban meterlo en la
casa y colocarlo delante de Jesús.
19 Como no encontraron el modo de
hacerlo pasar a causa de la multitud,
subieron a la azotea y, a través del
techo, lo descolgaron con su camilla,
hasta ponerlo en medio, precisamente delante de Jesús.

20 Al ver la fe de ellos dijo Jesús:
Amigo, tus pecados quedan perdonados.

21 Los fariseos y los escribas
comenzaron a razonar y a decirse:
¿Quién es este individuo que profiere tales blasfemias? ¿Quién

[a] *44 O la tierra de los judíos.* Algunos Mss. dicen *Galilea.* [b] *1* Esto es, el mar de Galilea.
[c] *12* La voz griega designaba también, probablemente, otras enfermedades de la piel.

puede perdonar los pecados sino
sólo Dios?
22 Sabiendo Jesús lo que estaban
pensando, les dijo: ¿Por qué están
pensando esas cosas en su interior?
23 ¿Qué es más fácil: decir, "tus
pecados quedan perdonados", o
decir, "levántate y camina"? 24 Pues,
para que sepan que el Hijo del
Hombre tiene potestad en la tierra
para perdonar pecados. Dijo entonces al paralítico: A ti te digo, levántate, toma tu camilla y vete a tu
casa. 25 E inmediatamente, el hombre
se levantó a la vista de ellos, cargó
con la camilla en que había estado
tendido y se marchó a su casa alabando a Dios. 26 Todos quedaron
estupefactos y daban gloria a Dios;
y llenos de temor, decían: Hoy
hemos visto cosas extraordinarias.

El llamamiento de Leví

27 Después de esto, salió Jesús y
vio a un cobrador de impuestos, llamado Leví, sentado en la mesa de
los impuestos. Le dijo Jesús: Sígueme. 28 Y Leví se levantó, lo dejó
todo y lo siguió.
29 Luego Leví le dio un gran
banquete en su casa, y había un
gran número de recaudadores de impuestos y de otros que estaban
comiendo con ellos. 30 Pero los fariseos y los escribas que eran de su
partido, murmuraban ante los discípulos de Jesús diciendo: ¿Por qué
comen y beben con cobradores de
impuestos y con "pecadores"?
31 Jesús les contestó: No son los
sanos los que necesitan médico, sino
los enfermos. 32 Yo no he venido a
llamar al arrepentimiento a los
justos, sino a los pecadores.

Jesús es interrogado sobre el ayuno

33 Ellos le dijeron: Los discípulos
de Juan ayunan con frecuencia y
hacen sus oraciones, lo mismo que
los discípulos de los fariseos, pero
los tuyos comen y beben continuamente.
34 Respondió Jesús: ¿Acaso pueden
obligar a los invitados del novio a
que ayunen mientras está con ellos?
35 Días vendrán en que les será
quitado el novio, y entonces ayunarán en esos días.
36 Y les dijo la siguiente parábola:
Nadie arranca un retazo de un vestido nuevo para remendar un vestido
viejo; porque si lo hace así, además
de rasgar el vestido nuevo, el
remiendo de lo nuevo no hará juego
con el viejo. 37 Y nadie pone vino
nuevo en odres viejos; si así lo
hace, el vino nuevo reventará los
odres y, además de derramarse el
vino, se echarán a perder los odres.
38 No, el vino nuevo debe echarse en
odres nuevos. 39 Y nadie que haya
bebido el vino viejo, quiere el
nuevo, porque dice: El añejo es
mejor.

Señor del sábado

6 Un día sábado Jesús pasaba a
través de unos sembrados, y
sus discípulos comenzaron a arrancar
algunas espigas, a desgranarlas con
las manos y a comer los granos.
2 Algunos fariseos preguntaron: ¿Por
qué están haciendo lo que no está
permitido en día sábado?
3 Jesús les respondió: ¿No han
leído nunca lo que hizo David cuando él y sus compañeros tuvieron
hambre? 4 Entró en la casa de Dios,
y tomando los panes de la ofrenda,
comió lo que sólo a los sacerdotes
está permitido comer. Y también dio
a comer a sus compañeros. 5 Y añadió: El Hijo del Hombre es dueño
del día sábado.
6 En otro día sábado, entró en la
sinagoga y se puso a enseñar, y
había allí un hombre cuya mano
derecha se le había quedado paralizada. 7 Los fariseos y los escribas
buscaban un pretexto para acusar a
Jesús; así que lo observaban fijamente para ver si sanaba en día sábado.
8 Pero Jesús sabía lo que estaban
pensando y dijo al hombre de la
mano paralizada: Levántate y ponte

enfrente de todos. Así que él se
levantó y se quedó allí.
9 Entonces Jesús les dijo: Les voy
a hacer una pregunta: ¿qué es lo
que está permitido en día sábado,
hacer el bien o hacer el mal?
¿Salvar una vida o echarla a perder?
10 Paseó su mirada sobre todos
ellos, y luego dijo al hombre: Estira
la mano. Así lo hizo, y la mano le
quedó completamente restablecida.
11 Pero ellos se llenaron de furia y
comenzaron a discutir entre sí qué
podrían hacerle a Jesús.

Los doce apóstoles

12 Uno de aquellos días, salió Jesús
en dirección a la montaña, a orar, y
pasó la noche en oración a Dios.
13 Cuando se hizo de día, llamó a
sus discípulos y escogió de entre
ellos a doce, a los que designó con
el nombre de apóstoles: 14 Simón (a
quien también puso por nombre
Pedro), su hermano Andrés, Jacobo,
Juan, Felipe, Bartolomé, 15 Mateo,
Tomás, Jacobo el hijo de Alfeo,
Simón el llamado Zelote, 16 Judas el
hijo de Jacobo y Judas Iscariote,
que resultó un traidor.

Bendiciones y ayes

17 Bajó con ellos y se detuvo en
un lugar llano. Había allí un número
considerable de sus discípulos y una
gran multitud del pueblo, procedentes de toda la Judea, de Jerusalén y
de la región costera de Tiro y de
Sidón, 18 que habían venido a escucharlo y a ser sanados de sus enfermedades. Los atormentados por espíritus malos[a] eran sanados, 19 y toda
la gente trataba de tocarlo, porque
salía de él un poder y los sanaba a
todos.
20 Viendo a sus discípulos, dijo:

Bienaventurados ustedes, los que
son pobres,
porque de ustedes es el reino de
Dios.
21 Bienaventurados los que pasan
hambre ahora,
porque serán saciados.
Bienaventurados los que ahora
lloran,
porque reirán.
22 Bienaventurados son cuando los
odien los hombres,
cuando los marginen, los insulten
y rechacen su nombre como
cosa mala,
por causa del Hijo del Hombre.

23 Regocíjense en aquel día y sal-
ten de gozo, porque es grande su
recompensa en el cielo. Porque así
es como sus mayores trataban a los
profetas.

24 En cambio, ay de ustedes los
ricos,
porque ya han recibido el bienestar que anhelaban.
25 Ay de ustedes, los que están
saciados ahora,
porque han de pasar hambre.
Ay de los que ahora se ríen,
porque gemirán y se lamentarán.
26 Ay de ustedes, cuando todos los
hombres hablen bien de ustedes,
porque así es como sus mayores
trataban a los falsos profetas.

El amor a los enemigos

27 Pero yo les digo a los que me
escuchan: Amen a sus enemigos,
hagan el bien a los que los odian,
28 bendigan a los que los maldicen,
oren por los que los maltratan. 29 Si
alguien te golpea en una mejilla,
vuélvele también la otra. Si alguien
te quita el manto, no le impidas que
se lleve también la túnica. 30 A todo
el que te pida, dale; y si alguien se
lleva lo que es tuyo, no se lo recla-
mes. 31 Hagan con los demás lo que
desean que ellos hagan con ustedes.
32 Si quieren a los que los quieren,
¿qué mérito tienen? También los
"pecadores" aman a quienes los
aman. 33 Y si hacen el bien a los que
son buenos con ustedes, ¿qué mérito
tienen? También los "pecadores"

[a] 18 El griego dice, *impuros.*

hacen eso. 34 Y si prestan a aquellos
de quienes esperan que les paguen,
¿qué mérito tienen? También los
"pecadores" prestan a los "pecadores", esperando que les paguen lo
equivalente. 35 Ustedes, en cambio,
amen a sus enemigos, hagan el bien
y presten sin esperar nada a cambio.
Entonces será grande su galardón, y
serán hijos del Altísimo, porque él
es benévolo con los ingratos y
malvados. 36 Sean misericordiosos,
como su Padre es misericordioso.

El juzgar a otros

37 No juzguen y no serán juzgados.
No condenen y no serán condenados. Perdonen, y serán perdonados.
38 Den, y se les dará. Una medida
llena, apretada, remecida y desbor-
dante les pondrán en el regazo. Pues
con la medida que usen, se les
medirá a ustedes.

39 También les dijo esta parábola:
¿Acaso un ciego puede guiar a otro
ciego? ¿No es verdad que ambos se
caerán a un hoyo? 40 Un estudiante
no está por encima de su maestro,
pero todo el que haya completado su
formación, será como su maestro.

41 ¿Por qué te fijas en la paja que
tiene tu hermano en el ojo, y no
reparas en la viga que hay en tu
propio ojo? 42 ¿Cómo puedes decirle
a tu hermano, "Hermano, déjame
sacarte la paja que tienes en el ojo",
cuando tú mismo no aciertas a ver
la viga en tu propio ojo? Hipócrita,
sácate primero la viga del ojo, y entonces verás claro para sacar la paja
del ojo de tu hermano.

El árbol y su fruto

43 Ningún árbol bueno produce un
fruto malo, ni tampoco un árbol
malo puede dar un fruto bueno. 44 A
cada árbol se le reconoce por su
propio fruto. La gente no cosecha
higos de los espinos, ni vendimia
uvas de las zarzas. 45 El hombre
bueno saca lo bueno del bien almacenado en su corazón, y el malvado
saca lo malo del mal almacenado en
su corazón. Porque de la abundancia
del corazón, es de lo que habla su
boca.

El constructor sabio y el necio

46 ¿Por qué me llaman, "Señor,
Señor", y no hacen lo que digo?
47 Les voy a mostrar a quién se
parece el que viene a mí, oye mis
palabras y las pone por obra: 48 Se
parece a un hombre que, al construir
una casa, cavó bien hondo y puso
los cimientos sobre la roca. Y cuando sobrevino una inundación, el
torrente embistió contra aquella
casa, pero no pudo sacudirla, por lo
bien construida que estaba. 49 Pero el
que oye mis palabras, mas no las
pone por obra, se parece a un hombre que construyó una casa encima
de la tierra, sin cimientos. Tan pronto como el torrente embistió contra
ella, se derrumbó y se convirtió en
un montón de ruinas.

La fe del centurión

7 Después que Jesús acabó de
decir todo esto para que lo oye-
ra la gente, entró en Capernaum.
2 Allí estaba enfermo y a punto de
morir el siervo de un centurión, al
que su amo estimaba mucho. 3 El
centurión había oído hablar de Jesús
y le envió algunos ancianos de los
judíos, con el ruego de que fuera a
sanar a su siervo. 4 Cuando llegaron
ante Jesús, le suplicaban encarecidamente diciéndole: Este hombre merece que se lo concedas, 5 pues aprecia
nuestra nación y hasta nos ha construido la sinagoga. 6 Jesús, pues, fue
con ellos.

No estaba lejos de la casa, cuando
el centurión le envió unos amigos
con este recado: Señor, no te molestes, porque no merezco que entres
bajo mi techo. 7 Por eso tampoco me
he sentido digno de ir a ti. Pero con
una palabra que digas, quedará sano
mi siervo. 8 Porque también yo soy
un subalterno, con soldados a mis

órdenes, y le digo a uno "¡Vé!" y
va; y a otro "¡Ven!" y viene; y a
mi criado "¡Haz esto!" y lo hace.
9 Al oír esto, Jesús se quedó maravillado de él y, volviéndose a la
multitud que lo seguía, dijo: De
veras les digo que ni en Israel he
encontrado una fe tan grande como
ésta. 10 Entonces los enviados se
volvieron a la casa y encontraron
restablecido al siervo.

Jesús resucita al hijo de una viuda

11 Poco después, Jesús fue a una
población llamada Naín, e iban con
él sus discípulos y un gran gentío.
12 Ya estaba cerca de las puertas de
la población, cuando sacaban a enterrar a un muerto, el único hijo de
su madre, y ella era viuda. Y con
ella iba un considerable número de
personas del lugar. 13 Cuando el
Señor la vio, sintió compasión por
ella, y le dijo: No llores.
14 Y acercándose, tocó el féretro, y
los que lo llevaban se pararon. El
dijo: Joven, a ti te lo digo, ¡levántate! 15 El muerto se incorporó y
comenzó a hablar, y Jesús lo devolvió a su madre.
16 Todos quedaron sobrecogidos de
pavor, y prorrumpieron en alabanzas
a Dios, diciendo: Un gran profeta ha
surgido entre nosotros. Dios ha venido en ayuda de su pueblo. 17 El relato de este hecho de Jesús se divulgó
por toda la Judea[a] y por todos los
alrededores.

Jesús y Juan el Bautista

18 Los discípulos de Juan le informaron sobre todo esto. Llamando a
dos de ellos, 19 los envió al Señor a
preguntarle: ¿Eres tú el que iba a
venir o tenemos que esperar a que
venga algún otro?
20 Y ellos, presentándose ante
Jesús, le dijeron: Juan el Bautista
nos ha enviado a decirte, "¿Eres tú
el que iba a venir, o tenemos que
esperar a que venga algún otro?"
21 En ese preciso momento, sanó
Jesús a muchos de enfermedades,
llagas y malos espíritus; y a muchos
ciegos les dio la vista. 22 Entonces
dijo en respuesta a los enviados:
Vayan a informar a Juan de lo que
han visto y oído: Los ciegos recobran la vista, los cojos caminan, los
leprosos[b] quedan limpios, los sordos
oyen, los muertos son resucitados, y
el evangelio es predicado a los
pobres. 23 Y bienaventurado el que
no encuentre en mí pretexto para
escandalizarse.
24 Cuando los enviados de Juan se
habían ido, comenzó Jesús a hablar
a la multitud sobre Juan: ¿Qué salieron a ver en el desierto? ¿Una caña
sacudida por el viento? 25 Si no,
¿qué salieron a ver? ¿Un hombre
vestido con ropa fina? No, los que
se visten con ropa cara y se entre-
gan a una vida de lujo, están en los
palacios. 26 Pues, ¿qué salieron a
ver? ¿Un profeta? Sí, les digo, y
mayor que un profeta. 27 Pues de
éste es de quien está escrito:

> Mira que envío a mi mensajero
> ante ti,
> para que te prepare el camino
> por delante de ti.[c]

28 Yo les digo que entre los nacidos
de mujer, no hay ninguno más grande que Juan; con todo, el más
pequeño en el reino de Dios es más
grande que él.
29 (Toda la gente, incluso los
cobradores de impuestos, cuando
oyeron las palabras de Jesús, reconocieron que el camino de Dios era
justo, pues habían sido bautizados
por Juan. 30 Pero los fariseos y los
expertos en la ley rechazaron el
designio de Dios respecto a ellos,
porque ellos no habían sido bautizados por Juan.)
31 ¿A qué, pues, compararé a los
hombres de esta generación? ¿A qué
se parecen? 32 Se parecen a los niños

[a] *17 O la tierra de los judíos.* [b] *22* El término griego se usaba también para otras enfermedades de la piel. [c] *27* Mal. 3:1.

que se sientan en la plaza del
mercado y que se gritan unos a
otros aquello que dice:

Hemos tocado la flauta
y no han bailado;
hemos cantado una endecha,
y no han llorado.

33 Porque vino Juan el Bautista, que
no comía pan ni bebía vino, y dicen:
"Tiene un demonio". 34 Ha venido
el Hijo del Hombre que come y
bebe, y dicen: "Mira qué glotón y
bebedor, amigo de los cobradores de
impuestos y de los pecadores".
35 Pero la sabiduría ha quedado justi-
ficada por todos sus hijos.

Jesús ungido por una pecadora

36 Uno de los fariseos invitó a
Jesús a comer con él, y él entró en
casa del fariseo y se reclinó a la
mesa. 37 Cuando una mujer que
había llevado una vida pecadora en
aquella población, se enteró de que
Jesús estaba comiendo en casa del
fariseo, se presentó provista de un
frasco de alabastro lleno de perfume,
38 y colocándose detrás, junto a sus
pies, se echó a llorar y comenzó a
mojar los pies de Jesús con sus
lágrimas. Después los enjugó con sus
cabellos, los besó y derramó el
perfume sobre ellos.

39 Cuando vio esto el fariseo que
lo había invitado, se dijo para sí: Si
éste fuera profeta, conocería quién
es, y de qué clase, la mujer que lo
está tocando, porque es una pecadora.

40 Tomando la palabra Jesús, le
dijo: Simón, tengo algo que decirte.

Tú dirás, Maestro —dijo él.

41 Un acreedor tenía dos deudores.
Uno le debía quinientos denarios,[a] y
el otro, cincuenta. 42 Ninguno de los
dos tenía dinero con qué pagarle, así
que a los dos les perdonó la deuda;
ahora bien, ¿cuál de los dos lo
querrá más?

43 Simón respondió: Supongo que
aquél al que le perdonó una cantidad
mayor.

Has juzgado correctamente —dijo
Jesús.

44 Y volviéndose hacia la mujer,
dijo a Simón: ¿Ves a esta mujer?
Entré en tu casa y no me diste agua
para mis pies, pero ésta ha mojado
mis pies con sus lágrimas y los ha
secado con sus cabellos. 45 No me
besaste, pero ésta, desde que entró,
no ha cesado de besarme los pies.
46 No ungiste mi cabeza con aceite;
ella, en cambio, me ha ungido los
pies con perfume. 47 Por lo cual te
digo que le son perdonados sus
pecados, que son muchos, porque
tiene mucho amor. Pero al que poco
se le perdona, poco ama.

48 Entonces le dijo Jesús a ella:
Tus pecados están perdonados.

49 Los demás invitados comenzaron
a decir entre ellos: ¿Quién es éste,
que hasta perdona los pecados?

50 Y Jesús dijo a la mujer: Tu fe te
ha salvado; vete en paz.

Parábola del sembrador

8 Después de esto, Jesús iba
recorriendo las ciudades y
pueblos, proclamando el evangelio
del reino de Dios, y lo acompañaban
los doce, 2 y también algunas mujeres que habían sido sanadas de
malos espíritus y de enfermedades:
María la que llamaban Magdalena,
de la que habían salido siete demonios; 3 Juana la mujer de Chuza, in-
tendente de Herodes; Susana, y
otras muchas que los asistían con
sus propios bienes.

4 Al reunirse un gran gentío, y
venir hacia Jesús tantas personas
desde una población tras otra, les
dijo esta parábola: 5 Salió un sembrador a sembrar su semilla. Y, según
iba él esparciendo la semilla, parte
cayó junto al camino; fue pisoteada
y las aves del cielo se la comieron.
6 Parte cayó sobre roca, y cuando
brotó, las plantas se secaron por no
tener humedad. 7 Otra parte cayó en

[a] *41* El denario era una moneda de valor equivalente, más o menos, al salario de un día.

medio de los cardos espinosos y
éstos, al crecer, sofocaron las plantas. 8 Por fin, otra parte cayó en
tierra de la buena; brotó y produjo
fruto, cien veces más de lo que se
había sembrado.

Dicho esto, exclamó: El que tenga
oídos para oír, que oiga.

9 Sus discípulos le preguntaron cuál
era el significado de esta parábola.
10 El dijo: A ustedes les ha sido concedido el conocimiento de los secretos del reino de Dios, pero a los
demás les hablo en parábolas, de
forma que,

aun viendo, no perciban;
aun oyendo, no comprendan.[a]

11 El significado de la parábola es
el siguiente: La semilla es la palabra
de Dios. 12 Los de junto al camino
son los que oyen, y luego viene el
diablo y se lleva la palabra de sus
corazones, para que no crean y así
no se salven. 13 Los de sobre la roca
son los que reciben la palabra con
gozo cuando la oyen, pero no tienen
raíz. Estos creen por algún tiempo,
pero en tiempo de prueba se apartan. 14 La semilla que cayó entre
cardos espinosos, indica a los que
escuchan, pero según van caminando
por la vida, se ven ahogados por las
preocupaciones, riquezas y placeres
de este mundo, y no dan fruto
maduro. 15 Pero la semilla que cayó
en buena tierra significa los que
tienen un corazón noble y bueno,
que escuchan la palabra, la retienen
y producen fruto, gracias a su constancia.

La luz sobre el candelero

16 Nadie enciende una lámpara y la
esconde en una vasija o la pone
debajo de la cama, sino que la pone
sobre un candelero, para que los que
entren tengan luz. 17 Pues no hay
nada oculto que no haya de ser
conocido y sacado a plena luz.
18 Miren pues, cómo escuchan;
porque al que tiene, se le dará más;
pero al que no tenga, hasta lo que le
parece que tiene, le será quitado.

La madre y los hermanos de Jesús

19 Se presentaron entonces a verlo
su madre y sus hermanos, pero no
podían llegar hasta él a causa del
gentío. 20 Alguien le dijo: Tu madre
y tus hermanos están afuera y
quieren verte.

21 El respondió: Mi madre y mis
hermanos son los que escuchan la
palabra de Dios y la ponen por
obra.

Jesús calma la tempestad

22 Un día dijo Jesús a sus discípulos: Vamos a la otra orilla del lago.
Entraron, pues, en una barca y se
hicieron a la mar. 23 Mientras nave-
gaban, él se durmió. En esto, vino
sobre el lago una tempestad de viento, tanto que la barca comenzaba a
inundarse y se encontraban en gran
peligro.

24 Los discípulos se acercaron a él
y lo despertaron, diciendo: ¡Maestro,
Maestro, nos vamos a pique!

El entonces, despertando, se
levantó y reprendió al viento y a las
olas del mar; cesó la tormenta, y
todo quedó en calma. 25 ¿Dónde está
su fe? —preguntó a sus discípulos.

Con temor y asombro, se preguntaban ellos unos a otros: ¿Quién es
éste? Manda hasta a los vientos y al
agua, y lo obedecen.

Un poseído es sanado

26 Navegaron hacia la región de los
gadarenos,[b] que está a la otra orilla
del lago frente a Galilea. 27 En cuanto Jesús puso pie en tierra, le salió
al encuentro desde la población un
hombre poseído por el demonio.
Durante mucho tiempo, este hombre
no había llevado ropa alguna ni
había vivido en una casa, sino en
los sepulcros. 28 Cuando vio a Jesús,

[a] *10* Isaías 6:9. [b] *26, 37* Algunos Mss. dicen, *gergesenos*.

se precipitó a sus pies dando gritos,
y dijo a grandes voces: ¿Qué tienes
que ver conmigo, Jesús, Hijo del
Dios Altísimo? Te ruego que no me
atormentes. 29 Porque Jesús había
ordenado al espíritu malo[a] que salie-
ra del hombre; pues se había apode-
rado de él muchas veces, y aunque
estaba encadenado y puesto bajo
custodia, había roto las cadenas y
era impelido por el demonio hacia
parajes desiertos.

30 Jesús le preguntó: ¿Cómo te llamas?

Legión —respondió él, porque
habían entrado en él muchos demonios. 31 Y le suplicaban que no les
ordenara marcharse al abismo.

32 Estaba paciendo allí en la ladera
del monte una numerosa piara de
cerdos. Los demonios suplicaron a
Jesús que les permitiera entrar en
ellos, y él les dio permiso. 33 Salieron, pues, los demonios de aquel
hombre, y entraron en los cerdos; y
la piara se precipitó por el acantilado al lago, ahogándose.

34 Cuando los que cuidaban a los
puercos vieron lo sucedido, huyeron
a informar de ello a la población y a
los campos. 35 Salieron a ver lo ocurrido y, al llegar a Jesús, encontraron al hombre del que habían salido
los demonios, sentado a los pies de
Jesús, vestido y en su sano juicio; y
tuvieron miedo. 36 Los que lo habían
presenciado contaron a la gente
cómo había sido sanado el poseso.
37 Entonces, toda la gente de la
región de los gadarenos[b] rogaba a
Jesús que se alejara de ellos, porque
les había entrado mucho miedo. El,
pues, se metió en la barca y se fue.

38 El hombre del que habían salido
los demonios le suplicaba que le permitiera ir con él, pero Jesús lo despidió, diciendo: 39 Vuélvete a casa y
cuéntales lo mucho que Dios ha
hecho por ti. Y él se marchó y fue
proclamando por todo el poblado lo
mucho que Jesús había hecho por él.

Una mujer enferma y una jovencita muerta

40 Y cuando Jesús regresó, le dio
la bienvenida la multitud, pues todos
estaban esperándolo. 41 En esto vino
un hombre llamado Jairo, un jefe de
la sinagoga, y cayó a los pies de
Jesús, rogándole que fuera a su
casa, 42 porque su única hija, de
unos doce años, se le moría.

Conforme Jesús iba andando, la
multitud casi lo estrujaba. 43 Y había
allí una mujer que padecía de un flujo de sangre desde hacía doce años,[c]
pero nadie podía curarla. 44 Se
acercó por detrás y tocó el borde de
su manto, e inmediatamente se le
detuvo la hemorragia.

45 ¿Quién me ha tocado? —preguntó Jesús.

Como todos decían que no habían
sido ellos, le dijo Pedro: Maestro, la
gente se aprieta y te oprime.

46 Pero Jesús dijo: Alguien me ha
tocado, pues yo me he dado cuenta
de que salía de mí cierto poder.

47 Entonces la mujer, viendo que
no había pasado inadvertida, vino
temblando y cayó a sus pies, y en
presencia de toda la gente, contó
por qué lo había tocado y cómo
había sido sanada al instante. 48 Y él
le dijo: Hija tu fe te ha sanado.
Vete en paz.

49 Estaba aún hablando, cuando alguien vino de la casa de Jairo, el
jefe de la sinagoga y le dijo: Tu hija
ha muerto. No sigas molestando al
maestro.

50 Al oír esto, le dijo Jesús a Jairo:
No temas; sólo cree y ella será
sanada.

51 Cuando llegó a la casa de Jairo,
no permitió a nadie entrar con él,
excepto a Pedro, a Jacobo y a Juan,
y al padre y a la madre de la
muchacha. 52 Entretanto toda la gente estaba llorando y lamentándose
por ella. Y Jesús les dijo: No lloren
más; no está muerta, sino dormida.

[a] *29* El griego dice *inmundo.* [b] *26, 37* Algunos Mss. dicen, *gergesenos.* [c] *43* Algunos Mss. añaden *y había gastado en médicos cuanto tenía.*

53 Ellos se burlaban de él, sabiendo
que estaba muerta. 54 Pero él la
tomó de la mano y le dijo en voz alta: ¡Niña, levántate! 55 Y volvió su
espíritu y se levantó al instante. Entonces Jesús les ordenó que le
dieran de comer. 56 Sus padres estaban asombrados, pero él les encargó
que a nadie dijeran lo ocurrido.

Jesús envía a los doce

9 Después de haber reunido Jesús
a los doce, les dio poder y
autoridad para arrojar todos los
demonios y sanar enfermedades, 2 y
los envío a predicar el reino de Dios
y a sanar a los enfermos. 3 Y les
dijo: No tomen nada para el viaje,
ni bastón, ni alforja, ni alimento, ni
dinero, ni túnica de repuesto. 4 Y en
cualquier casa que entren, quédense
allí hasta que salgan de la población.
5 Si la gente no los recibe bien,
sacudan el polvo de sus pies cuando
salgan de aquella población, en testimonio contra ellos. 6 Salieron, pues,
y fueron de pueblo en pueblo, predicando el evangelio y sanando a la
gente en todas partes.

7 Por su parte, Herodes el tetrarca,
se enteró de todo lo que ocurría, y
estaba perplejo por lo que decían algunos, que Juan había resucitado de
entre los muertos; 8 otros, que se
había aparecido Elías; otros, en fin,
que uno de los antiguos profetas
había vuelto a la vida. 9 Pero Herodes decía: A Juan yo lo decapité;
¿quién es, pues, éste sobre el que
oigo tales cosas? Y trataba de verlo.

Jesús alimenta a los cinco mil

10 Cuando regresaron los apóstoles
contaron a Jesús cuanto habían
hecho. El entonces los tomó consigo
y se retiró con ellos solos a una
población llamada Betsaida, 11 pero
la gente se dio cuenta y lo siguió. El
los recibió bien y les hablaba del
reino de Dios, además de sanar a
los que tenían necesidad de ser
sanados.

12 En esto comenzaba a declinar el
día; y se le acercaron los doce para
decirle: Deja marchar a la gente para
que vayan a las poblaciones circunvecinas y a los campos donde
puedan encontrar alojamiento y
comida, porque aquí estamos en un
lugar apartado.

13 El respondió: Denles ustedes
mismos algo que comer.

Respondieron ellos: No tenemos
más que cinco panes y dos pescados: a no ser que vayamos nosotros
mismos a comprar comida para toda
esta gente. 14 (Y había allí como
unos cinco mil hombres.)

Pero él dijo a sus discípulos:
Hagan que se sienten en grupos de
alrededor de cincuenta cada uno.
15 Así lo hicieron los discípulos, y
todos se recostaron. 16 Tomando los
cinco panes y los dos pescados,
levantó los ojos al cielo y, tras dar
gracias, los partió y los dio a los
discípulos para que los ofrecieran a
la gente. 17 Todos comieron hasta
quedar satisfechos, y los discípulos
recogieron doce canastas llenas de
pedazos de lo que había sobrado.

Confesión de Pedro

18 Un día en que Jesús estaba
orando a solas, y sus discípulos
estaban con él, les preguntó: ¿Quién
dice la gente que soy yo?

19 Ellos contestaron: Algunos dicen
que Juan el Bautista; otros dicen
que Elías; y otros dicen que uno de
los antiguos profetas que ha vuelto a
la vida.

20 ¿Y ustedes qué? —preguntó
Jesús—. ¿Quién dicen que soy yo?

Respondió Pedro: El Cristo[a] de
Dios.

21 Jesús les advirtió seriamente, encargándoles que a nadie le dijeran
esto, 22 y añadió: Es necesario que el
Hijo del Hombre sufra mucho y que
sea rechazado por los ancianos, por
los principales sacerdotes y por los
escribas, y que sea muerto y que
resucite al tercer día.

[a] *20 O Mesías.*

23 Luego les dijo a todos: Si alguno quiere venir en pos de mí, que
niegue su propio "yo", tome su
cruz día tras día y me siga.
24 Porque quien desee salvar su propia vida, la perderá, y el que pierda
su propia vida por mi causa, ése la
salvará. 25 ¿Qué provecho saca un
hombre de ganar el mundo entero, si
sufre pérdida o daño en su propia
persona? 26 Si alguno se avergüenza
de mí y de mis palabras, también se
avergonzará de él el Hijo del Hombre, cuando venga en su gloria y en
la gloria del Padre y de los santos
ángeles. 27 Les digo de veras que algunos de los que están aquí no
gustarán la muerte antes que vean el
reino de Dios.

La transfiguración

28 Unos ocho días después de decir
esto, tomó consigo a Pedro, a Juan
y a Jacobo y subió al monte a orar.
29 Mientras oraba, su rostro cambió
de aspecto, y sus ropas se volvieron
de un blanco resplandeciente como
el brillar de un relámpago. 30 Se presentaron dos varones, Moisés y
Elías, que conversaban con él.
31 Aparecieron envueltos en un resplandor glorioso y hablaban de la
partida de Jesús, que iba a tener su
cumplimiento en Jerusalén. 32 Pedro
y sus compañeros estaban rendidos
de sueño, pero al despertar completamente vieron su gloria y a los dos
varones que estaban con él. 33 Y
cuando ya estaban los varones des-
pidiéndose de Jesús, le dijo Pedro:
Maestro, ¡qué bien estamos aquí!
Vamos a levantar tres enramadas,
una para ti, otra para Moisés y otra
para Elías. (No sabía lo que decía.)
34 Todavía estaba hablando cuando
apareció una nube que los envolvió,
y se llenaron de temor al entrar en
la nube. 35 Y salió de la nube una
voz que decía: Este es mi Hijo, al
que he elegido; escúchenlo. 36 Al
surgir la voz, se dieron cuenta de
que Jesús estaba solo. Ellos
guardaron secreto y a nadie dijeron
por aquel entonces nada de lo que
habían presenciado.

Un muchacho que tenía un mal espíritu es sanado

37 Al día siguiente, cuando bajaron
del monte, le salió al encuentro un
gran gentío. 38 En esto, un hombre
de entre el gentío le dijo a grandes
voces: Maestro, te ruego que te fijes
en mi hijo, pues es el único que
tengo. 39 Se apodera de él un espíritu
y de pronto se pone a gritar, lo
arroja al suelo entre convulsiones
echando espumarajos por la boca,
raras veces se va de él y lo está
destruyendo. 40 He rogado a tus
discípulos que lo expulsaran, pero
no han podido.
41 ¡Oh, generación sin fe y perversa! —respondió Jesús—; ¿hasta
cuándo estaré con ustedes y tendré
que aguantarlos? Tráeme acá a tu
hijo.
42 Incluso cuando el muchacho se
estaba acercando, el demonio lo
arrojó al suelo entre convulsiones.
Pero Jesús reprendió al espíritu
malo[a], sanó al muchacho y se lo
devolvió a su padre. 43 Y todos
quedaron asombrados ante la grandeza de Dios.
Mientras todos estaban maravillados de todas las cosas que Jesús
hacía, dijo él a sus discípulos:
44 Presten mucha atención a lo que
les voy a decir: El Hijo del Hombre
va a ser entregado en manos de los
hombres. 45 Pero ellos no entendieron lo que esto significaba; les
estaba velado de manera que no lo
percibieran, y les daba miedo preguntarle sobre ello.

¿Quién será el mayor?

46 Surgió una discusión entre los
discípulos sobre cuál de ellos sería
el mayor. 47 Conocedor de sus pensamientos, tomó Jesús a un niño
pequeño, lo colocó a su lado, 48 y
les dijo: Cualquiera que reciba a este

[a] *42* El griego dice *inmundo*.

niñito en mi nombre, a mí me recibe; y quien me recibe a mí, recibe a
quien me ha enviado; porque el que
resulte ser el más pequeño de todos
ustedes, ése es el grande.
49 Maestro —dijo Juan—; hemos
visto a un hombre que arrojaba
demonios en tu nombre y hemos tratado de impedírselo, porque no es
de nuestro grupo.
50 No se lo impidan —dijo Jesús—;
porque el que no está contra ustedes, está a su favor.

Oposición de los samaritanos

51 Conforme se le acercaba el tiempo de ser llevado al cielo, tomó
resueltamente la decisión de ponerse
en camino hacia Jerusalén, 52 y envió
mensajeros por delante. Estos entraron en un pueblo samaritano para
prepararle hospedaje, 53 pero la gente
no quiso recibirlo, porque iba de
camino hacia Jerusalén. 54 Cuando
vieron esto sus discípulos Jacobo y
Juan, le dijeron: Señor, ¿quieres que
digamos que baje fuego del cielo
para que acabe con ellos?[a] 55 Pero
Jesús se volvió y los reprendió,[b] 56 y
se fueron a otro pueblo.

El precio de seguir a Jesús

57 Mientras iban por el camino, le
dijo un hombre: Te seguiré a
cualquier parte que vayas.
58 Respondió Jesús: Los zorros
tienen sus guaridas y las aves del
cielo sus nidos, pero el Hijo del
Hombre no tiene dónde reclinar la
cabeza.
59 Dijo a otro hombre: Sígueme.
Pero el otro respondió: Señor, per-
míteme primero que vaya a enterrar
a mi padre.
60 Jesús le dijo: Deja que los muertos entierren a sus propios muertos,
y tú vete a proclamar el reino de
Dios.
61 Todavía otro más, le dijo: Yo te
seguiré, Señor; pero primero déjame
volver a despedirme de mi familia.
62 Jesús le respondió: Ninguno que
mire hacia atrás, después de echar
mano al arado, es idóneo para servir
en el reino de Dios.

Jesús envía a los setenta y dos

10 Después de esto, el Señor
designó a otros setenta y
dos[c] y los envió de dos en dos por
delante de él a toda población y
lugar adonde él mismo iba a ir. 2 Y
les dijo: La mies es abundante, pero
los trabajadores son escasos.
Rueguen, por tanto, al Señor de la
mies a fin de que envíe obreros a su
mies. 3 ¡Vayan! Miren que los envío
como corderos en medio de lobos.
4 No lleven bolsa, ni alforja ni calzado, y no se paren a saludar a nadie
por el camino.
5 Cuando entren en una casa, digan
primero: ¡Paz a esta casa! 6 Si hay
allí un hombre de paz, sobre él
reposará su paz; de lo contrario, la
paz se volverá a ustedes. 7 Quédense
en la misma casa, comiendo y
bebiendo lo que les ofrezcan, porque
el obrero se merece su paga. No
vayan vagando de casa en casa.
8 Cuando entren en una población
y sean bien recibidos, coman lo que
les pongan delante, 9 sanen a los
enfermos que haya allí, y díganles:
"El reino de Dios está cerca de
ustedes". 10 Pero cuando entren en
una población y no los reciban bien,
salgan por las calles y plazas diciendo: 11 "Hasta el polvo de su población que se ha adherido a nuestros
pies sacudimos contra ustedes. Con
todo, estén seguros de esto: el reino
de Dios está cerca". 12 Yo les aseguro que, en aquel día, Sodoma será
tratada con menos rigor que aquella
ciudad.
13 ¡Ay de ti, Corazín! ¡Ay de ti,
Betsaida! Porque si en Tiro y en

[a] *54* Algunos Mss. añaden: *como hizo Elías.* [b] *55* Algunos Mss. añaden: *diciendo: No saben de qué espíritu son, pues el Hijo del Hombre no ha venido a destruir las vidas de los hombres, sino a salvarlas.* [c] *1* Algunos Mss. dicen *setenta.*

Sidón se hubieran llevado a cabo los
milagros que se han realizado en
ustedes, ya hace tiempo que se
habrían arrepentido, vestidas de cili-
cio y sentadas en la ceniza. 14 Ciertamente, Tiro y Sidón serán tratadas
en el juicio con menos rigor que
ustedes. 15 Y tú, Capernaum, ¿acaso
te elevarás hasta el cielo? No, sino
que descenderás hasta lo profundo.[a]

16 El que los escucha a ustedes, a
mí me escucha; el que los rechaza a
ustedes, a mí me rechaza; y el que
me rechaza a mí, está rechazando al
que me envió.

17 Los setenta y dos[b] regresaron
gozosos y decían: Señor, hasta los
demonios se nos someten en tu
nombre.

18 El respondió: Yo veía a Satanás
que caía del cielo como un relámpago. 19 Les he dado autoridad para
caminar sobre serpientes y escorpiones, y para superar todos los poderes del enemigo; nada les podrá
hacer daño. 20 Con todo, no se regocijen de que los espíritus se les
sometan, sino regocíjense de que sus
nombres están escritos en el cielo.

21 En ese momento, lleno de alegría en virtud del Espíritu Santo,
dijo Jesús: Yo te alabo, Padre,
Señor del cielo y de la tierra,
porque has ocultado estas cosas a
los sabios y a los entendidos, y las
has revelado a los pequeñitos. Sí,
Padre, porque así lo tuviste a bien.

22 Todas las cosas las ha puesto mi
Padre en mis manos. Nadie conoce
quién es el Hijo, excepto el Padre, y
nadie conoce quién es el Padre,
excepto el Hijo y aquéllos a quienes
el Hijo tenga a bien revelárselo.

23 Luego se volvió hacia sus discípulos y les dijo aparte: ¡Bienaventurados los ojos que ven lo que ustedes ven! 24 Porque les aseguro que
muchos profetas y reyes desearon
ver lo que ustedes ven, pero no lo
vieron, y oír lo que ustedes oyen,
pero no lo oyeron.

Parábola del buen samaritano

25 En una ocasión, un experto en
la ley se levantó para poner a prueba a Jesús. Maestro —le dijo—,
¿qué tengo que hacer para heredar
la vida eterna?

26 ¿Qué está escrito en la ley?
—respondió él—. ¿Cómo lo lees?

27 El respondió: "Ama al Señor tu
Dios con todo tu corazón, con toda
tu alma, con toda tu fuerza y con
toda tu mente";[c] y "Ama al prójimo
como a ti mismo".[d]

28 Has respondido correctamente
—respondió Jesús—. Haz eso y
vivirás.

29 Pero él deseaba justificarse a sí
mismo; así que preguntó a Jesús: Y,
¿quién es mi prójimo?

30 En respuesta a esta pregunta,
dijo Jesús:

Bajaba un hombre de Jerusalén a
Jericó, cuando cayó en manos de
unos salteadores. Ellos, después de
despojarlo, lo golpearon y se fueron
dejándolo medio muerto. 31 Casualmente bajaba por el mismo camino
un sacerdote, y al verlo, fue al otro
lado del camino y pasó de largo.
32 De la misma manera, llegó también al lugar un levita y, al verlo, se
fue al otro lado y pasó de largo.
33 Pero un samaritano que iba de
viaje, llegó a donde estaba el hombre y, al verlo, se compadeció de él.
34 Se acercó a él y le vendó las heridas, tras derramar en ellas aceite y
vino. Luego lo montó en su propia
cabalgadura, lo llevó a una posada y
lo tomó a su cuidado. 35 Al día
siguiente, sacó dos monedas de plata,[e] se las dio al posadero y le dijo:
"Cuídalo bien, y lo que gastes de
más, yo te lo pagaré a mi regreso".

36 ¿Cuál de estos tres te parece a
ti que se comportó como prójimo del
que cayó en manos de los salteadores?

37 El experto en la ley respondió:
El que tuvo misericordia con él.

[a] *15* En el griego, *Hades*. [b] *17* Algunos Mss. dicen *setenta*. [c] *27* Deut. 6:5.
[d] *27* Lev. 19:18. [e] *35* En el griego *dos denarios*.

Entonces le dijo Jesús: Anda y
haz tú también lo mismo.

En casa de Marta y María

38 Mientras iba de camino con sus
discípulos, entró Jesús en una población, donde una mujer llamada Marta lo recibió en su casa. 39 Tenía ella
una hermana llamada María, la cual
se sentaba a los pies del Señor,
escuchando con atención lo que él
decía. 40 Pero Marta estaba muy ocupada con las muchas cosas que
había que preparar, hasta que se
paró frente a él y le dijo: Señor, ¿no
te importa que mi hermana me haya
dejado sola con todo el trabajo?
¡Dile, pues, que venga a prestarme
ayuda!

41 Marta, Marta —le contestó
Jesús—, andas preocupada e inquieta
por atender a muchas cosas, 42 pero
sólo hay necesidad de una cosa.[a]
María ha escogido lo mejor, y no le
será quitado.

Enseñanza de Jesús sobre la oración

11 Un día, estaba Jesús orando
en cierto lugar. Cuando
acabó, le dijo uno de sus discípulos:
Señor, enséñanos a orar, como también Juan enseñó a sus discípulos.

2 El les dijo: Cuando oren, digan:
Padre,[b]
santificado sea tu nombre,
venga tu reino,[c]
3 Danos cada día nuestro pan coti-
diano.
4 Perdónanos nuestros pecados,
pues también nosotros perdona-
mos a cuantos nos ofenden.[d]
Y no nos dejes caer en tentación.[e]

5 Luego les dijo: Supongan que
uno de ustedes tiene un amigo, y
acude a él a medianoche y le dice:
"Amigo, préstame tres panes,
6 puesto que se me ha presentado un
amigo mío que viene de viaje, y no
tengo nada que ofrecerle".
7 Y el otro, desde dentro, contesta:
"No me molestes. Ya está cerrada
la puerta, y mis hijos y yo estamos
en la cama. No puedo levantarme a
darte nada". 8 Yo les aseguro que,
aun cuando no se levante a dárselos
por ser amigo suyo, con todo, por
su insistencia se levantará y le dará
cuanto necesite.

9 Así también les digo yo: Pidan, y
se les dará; busquen, y encontrarán;
llamen y les abrirán la puerta.
10 Porque todo el que pide, recibe; el
que busca, encuentra; y al que llama, le abrirán la puerta.

11 ¿Qué padre, entre ustedes, si su
hijo le pide pescado,[f] le dará una
serpiente en lugar del pescado? 12 O
si le pide un huevo, ¿le dará un ala-
crán? 13 Pues si ustedes, aun siendo
malos, saben dar cosas buenas a sus
hijos, ¡cuánto más su Padre del cielo
dará el Espíritu Santo a los que se
lo pidan!

Jesús y Beelzebú

14 Estaba Jesús expulsando un
demonio que era mudo; y, después
que salió el demonio, habló el mudo,
y la multitud quedó asombrada.
15 Pero algunos de ellos dijeron: Por
obra de Beelzebú,[g] el jefe de los
demonios, es como expulsa éste los
demonios. 16 Otros, para probarlo, le
pedían un milagro del cielo.

17 Jesús conocía sus pensamientos
y les dijo: Todo reino dividido entre
sí queda devastado, y una casa dividida contra sí misma cae. 18 Si, pues,
también Satanás tiene su reino dividido contra sí mismo, ¿cómo se
mantendrá en pie tal reino? Digo
esto porque pretenden que yo

[a] *42* Algunos Mss. dicen *pero sólo hay necesidad de unas pocas cosas, o de una sola.* [b] *2* Algunos Mss. dicen *Padre nuestro que estás en los cielos.* [c] *2* Algunos Mss. añaden *Hágase tu voluntad en la tierra como en el cielo.* [d] *4* El griego dice, *a cuantos son nuestros deudores.* [e] *4* Algunos Mss. añaden *pero líbranos del mal.* [f] *11* Algunos Mss. dicen *pan, le dará una piedra.* [g] *15, 18, 19* Alguno Mss. dicen *Beelzebul*; otros, *Beezebul.*

expulso los demonios por obra de
Beelzebú.[a] 19 Ahora bien, si yo arrojo los demonios por obra de
Beelzebú,[a] ¿por obra de quién los
arrojan sus seguidores? Por tanto,
ellos mismos serán sus jueces.
20 Pero si yo expulso a los demonios
por obra del dedo de Dios, entonces
es que el reino de Dios ha llegado
hasta ustedes.
21 Cuando un hombre fuerte y bien
armado cuida su propia casa, sus
posesiones se hallan a salvo. 22 Pero
si lo ataca otro más fuerte que él y
lo domina, se lleva todas sus armas,
en las que confiaba, y reparte sus
despojos.
23 El que no está conmigo, está
contra mí; y el que no recoge
conmigo, dispersa.
24 Cuando un espíritu malo[b] sale de
un hombre, va por lugares áridos en
busca de reposo, y no lo encuentra.
Entonces dice: "Regresaré a mi casa
de la que salí". 25 Cuando llega allá,
encuentra la casa bien barrida y bien
amueblada. 26 Se va entonces y toma
consigo otros siete espíritus peores
que él, y entran a vivir allí. Con
esto, el estado último de este hombre viene a ser peor que el anterior.
27 Al estar diciendo estas cosas
Jesús, una mujer de entre la gente
levantó la voz y le dijo: Bienaventu-
rada la madre que te dio a luz y te
crió.
28 El respondió: Más bien, bienaventurados los que escuchan la palabra de Dios y la obedecen.

La señal de Jonás

29 Al reunirse más gente, comenzó
a decir: Esta generación es una
generación perversa; busca una señal
milagrosa, y no se le dará ninguna,
excepto la señal de Jonás. 30 Porque
así como Jonás fue una señal para
los ninivitas, así también lo será el
Hijo del Hombre para esta generación. 31 La reina del sur se levantará
en el juicio con los hombres de esta
generación y los condenará, pues
ella vino desde los confines de la
tierra a oír la sabiduría de Salomón,
y aquí tienen ahora a uno[c] más grande que Salomón. 32 Los hombres de
Nínive se levantarán en el juicio con
esta generación y la condenarán,
pues ellos se arrepintieron con la
predicación de Jonás, y aquí tienen
ahora a uno[c] más grande que Jonás.

La lámpara del cuerpo

33 Nadie enciende una lámpara y la
coloca en un lugar oculto o debajo
del almud, sino sobre el candelero,
para que los que entren vean la claridad. 34 Tu ojo es la lámpara de tu
cuerpo. Cuando tu ojo está sano,
todo tu cuerpo está también lleno de
luz. Pero cuando está malo, tu
cuerpo está también lleno de oscuridad. 35 Cuida, entonces, de que la
luz que hay dentro de ti no sea
oscuridad. 36 Por tanto, si todo tu
cuerpo está lleno de luz, no teniendo
parte alguna oscura, estará completamente iluminado, como cuando una
lámpara te ilumina con su resplandor.

Seis ayes

37 Cuando Jesús terminó de hablar,
lo invitó un fariseo a comer con él;
así, pues, entró en la casa y se
recostó a la mesa. 38 Pero el fariseo
se sorprendió al darse cuenta de que
Jesús no se había lavado primero antes de la comida.
39 Entonces el Señor le dijo: Ustedes los fariseos limpian por fuera la
copa y el plato, mientras que su interior está lleno de codicia y perversidad. 40 ¡Insensatos! El que hizo lo
de fuera, ¿no hizo también lo de
dentro? 41 Den más bien a los pobres
de lo de dentro,[d] y verán cómo se
les limpia todo.

[a] *15, 18, 19* Alguno Mss. dicen *Beelzebul*; otros, *Beezebul.* [b] *24* El griego dice, *impuro.*
[c] *31, 32* O *algo* [d] *41* O *lo que tienen.*

42 Ay de ustedes, los fariseos, que dan a Dios el diezmo de la menta, de la ruda y de todas las hortalizas, pero descuidan la justicia y el amor de Dios. Era preciso cumplir esto, sin omitir aquello.

43 Ay de ustedes, los fariseos, que ambicionan los asientos de preferencia en las sinagogas y los saludos en las plazas públicas.

44 Ay de ustedes, que son como los sepulcros sin señalar, sobre los que pasan los hombres sin darse cuenta.

45 Uno de los expertos en la ley le respondió: Maestro, con esas cosas que dices, nos insultas también a nosotros.

46 Respondió Jesús: Ay también de ustedes, los expertos en la ley, que abruman a los hombres con cargas insoportables, pero ustedes mismos no levantan un solo dedo para ayudarles.

47 Ay de ustedes, que construyen las tumbas de los profetas, cuando fueron sus mayores los que los mataron. 48 Así atestiguan que aprueban lo que hicieron sus padres, pues ellos mataron a los profetas, y ustedes les construyen las tumbas. 49 Por eso, dijo Dios en su sabiduría: "Yo les enviaré profetas y apóstoles, de los cuales ellos matarán a algunos y perseguirán a otros". 50 Por lo cual, esta generación será tenida por responsable de la sangre de todos los profetas que ha sido derramada desde la creación del mundo, 51 desde la sangre de Abel hasta la sangre de Zacarías, que fue asesinado entre el altar y el santuario. Sí, yo les aseguro que esta generación será tenida por responsable de ello.

52 Ay de ustedes, los expertos en la ley, que se han apropiado la llave del conocimiento. Ustedes mismos no han entrado, ni han dejado entrar a los que lo intentaban.

53 Cuando Jesús salió de allí, los fariseos y los escribas comenzaron a oponérsele con fiereza y a asediarlo con muchas preguntas, 54 buscando la oportunidad de hacerlo caer en algo que pudiera decir.

Advertencias y estímulos

12 Entretanto, habiéndose reunido allí muchos miles de personas, tanto que se pisaban unos a otros, comenzó Jesús a decir, en primer lugar a sus discípulos: Cuídense de la levadura de los fariseos, que es la hipocresía. 2 No hay nada tan encubierto que no se haya de descubrir, ni tan escondido que no se vaya a saber. 3 Por eso, lo que hayan dicho en la oscuridad, será oído a la luz del día, y lo que hayan murmurado al oído a puerta cerrada, será proclamado desde las azoteas.

4 Y a ustedes, mis amigos, les digo que no teman a los que matan el cuerpo y, después de eso, ya no les queda nada que hacer. 5 Yo les voy a mostrar a quién deben temer: Teman al que, después de matar el cuerpo, tiene poder para echarlos al infierno. Sí, yo se lo digo, témanle. 6 ¿No se venden cinco gorriones por dos monedas?[a] Con todo, ni uno de ellos pasa inadvertido a los ojos de Dios. 7 Más aún, hasta los cabellos de su cabeza están todos contados. No teman; ustedes valen más que muchos pajarillos.

8 Les aseguro que todo el que me reconoce ante los hombres, también el Hijo del Hombre le reconocerá ante los ángeles de Dios. 9 Pero todo el que reniegue de mí ante los hombres, será también repudiado ante los ángeles de Dios. 10 Y a todo el que diga una palabra contra el Hijo del Hombre, se le perdonará, pero al que hable mal contra el Espíritu Santo, no se le perdonará.

11 Cuando los conduzcan ante las sinagogas, ante los jefes y las autoridades, no se preocupen de cómo se han de defender o de lo que han de decir, 12 pues el Espíritu Santo les enseñará en aquel momento lo que conviene decir.

[a] 6 El griego dice, *dos asarias*.

Parábola del rico necio

13 Alguien de entre el gentío le
dijo: Maestro, dile a mi hermano
que reparta conmigo la herencia.
14 Respondió Jesús: Hombre,
¿quién me ha nombrado juez o
repartidor entre ustedes? 15 Luego
dijo a los presentes: Miren, cuídense
de toda codicia; la verdadera vida
del hombre no consiste en la abundancia de sus posesiones.
16 Y les expuso la siguiente parábola:
A un hombre muy rico le había
producido el campo una buena cosecha. 17 Y pensaba entre sí: "¿Qué
haré, pues no tengo espacio donde
almacenar mi cosecha?"
18 Hasta que se dijo: "Esto es lo
que voy a hacer: demoleré mis graneros y construiré otros mayores, y
almacenaré allí todo el trigo y mis
bienes; 19 y me diré a mí mismo:
'Tienes abundancia de cosas buenas
guardadas para muchos años. Lleva
una buena vida, come, bebe y
diviértete' ".
20 Pero Dios le dijo: "¡Insensato!
Esta misma noche se te va a recla-
mar la vida. ¿Quién disfrutará de
todo lo que has preparado para ti?"
21 Así le ocurrirá al que acumule
cosas para sí mismo y no busca la
riqueza que tiene valor ante Dios.

No se preocupen

22 Luego dijo Jesús a sus discípulos: Por eso, yo les digo que no se
preocupen por su vida, cómo la
sustentarán; o por su cuerpo, cómo
lo vestirán. 23 Pues la vida es más
importante que el alimento, y el
cuerpo es más importante que la
ropa. 24 Consideren cómo viven los
cuervos: no siembran ni siegan, no
tienen almacén ni granero; con todo,
Dios los alimenta ¡y cuánto más
valen ustedes que las aves! 25 ¿Quién
de ustedes, a fuerza de preocuparse,
puede añadir una sola hora a su
vida?[a] 26 Pues, si no tienen poder
para hacer algo tan pequeño, ¿por
qué están preocupados por las
demás cosas?
27 Consideren cómo crecen los
lirios: no hilan ni tejen; con todo, yo
les aseguro que ni Salomón en el
apogeo de su esplendor iba vestido
como uno solo de ellos. 28 Si así es
como Dios viste a la hierba del campo, que hoy está allí, y mañana es
echada al fuego, ¿cuánto más los
vestirá a ustedes, hombres de poca
fe? 29 Y no se preocupen en busca
de lo que han de comer o beber;
dejen esas inquietudes. 30 Porque
todas esas cosas son objeto de preocupación para el mundo pagano,
pero en cuanto a ustedes, su Padre
ya sabe que tienen necesidad de
ellas. 31 Busquen, más bien, su reino,
y estas cosas se les darán también.
32 Dejen sus temores, pequeño
rebaño porque su Padre ha tenido a
bien regalarles el reino. 33 Vendan
sus posesiones, y denlo a los
pobres. Procúrense bolsas que no se
desgasten con el tiempo, cofres ase-
gurados e inagotables en los cielos,
donde no hay ladrón que se acerque
ni polilla que eche a perder.
34 Porque donde está su tesoro, allí
estará también su corazón.

Vigilancia

35 Estén vestidos, listos para el
servicio y con las lámparas encen-
didas, 36 como quienes están aguardando a que vuelva su patrón del
banquete nupcial, a fin de poder
abrirle inmediatamente la puerta
cuando venga y llame. 37 Bienaventurados aquellos siervos a los que encuentre en vela el patrón, cuando
vuelva. Les digo de veras que se
ceñirá el delantal, les hará recostarse
a la mesa, y se pondrá a servirles.
38 Bienaventurados son ellos, si su
patrón los encuentra preparados, incluso si vuelve durante la segunda o
la tercera guardia de la noche.
39 Pero tengan en cuenta esto: Si el
dueño de la casa supiera de

[a] 25 O *un solo codo a su estatura.*

antemano a qué hora iba a venir el
ladrón, no permitiría que entrara en
su casa. 40 También ustedes deben
estar preparados, porque el Hijo del
Hombre puede venir cuando menos
lo piensen.

41 Le preguntó Pedro: Señor,
¿estás dirigiéndote a nosotros con
esta parábola, o a todos?

42 Contestó el Señor: ¿Quién es,
pues, el administrador fiel y sensato,
a quien el patrón pueda poner al
frente de toda la servidumbre, con
cargo de darles su ración de alimento a su debido tiempo? 43 Bienaventurado ese siervo, si el patrón, a su
regreso, lo encuentra comportándose
así. 44 Les digo de verdad que lo
pondrá a cargo de todas sus posesiones. 45 Pero supongan que el tal
siervo dice para sí: "Mi amo se está
retrasando en volver", y entonces
comienza a maltratar a los sirvientes
y a las sirvientas, y a comer y beber
hasta emborracharse. 46 Vendrá el
patrón de tal siervo el día en que no
lo espere y a la hora que no se
piense, y le impondrá un castigo
severísimo, dándole lo que merecen
los infieles.

47 El siervo que conoce el deseo
de su patrón y no está listo o no se
porta conforme al deseo de su amo,
recibirá muchos azotes; 48 pero el
que no lo conoce y hace cosas
merecedoras de castigo, recibirá
pocos azotes; porque a todo el que
se le ha concedido mucho, también
se le exigirá mucho; y al que se le
ha confiado en depósito una gran
cantidad, se le pedirá mucho más.

No paz, sino división

49 He venido a traer fuego a la
tierra, y ¿cómo quisiera que estuviera ya encendida? 50 Pero yo tengo
que pasar por un bautismo, y ¡cuán
angustiado estoy hasta que se lleve a
cabo! 51 ¿Piensan que vine para traer
paz a la tierra? ¡No, les digo, sino
más bien división! 52 Desde ahora en
adelante, habrá cinco personas en
una familia divididas entre sí; tres
contra dos, y dos contra tres. 53 Se
enfrentará un padre contra su hijo, y
un hijo contra su padre; una madre
contra su hija, y una hija contra su
madre; una suegra contra su nuera,
y una nuera contra su suegra.

Las señales de los tiempos

54 Y dijo a la multitud: Cuando
ven levantarse una nube por el
oeste, al instante dicen: "Va a llover", y así sucede; 55 y cuando
notan que sopla el viento del sur,
dicen: "Va a hacer calor", y así
ocurre. 56 ¡Hipócritas! Saben interpretar el aspecto de la tierra y del
firmamento, y ¿cómo es que no
saben interpretar el tiempo presente?

57 ¿Y por qué no juzgan por ustedes mismos lo que es justo? 58 Cuando vayas con tu adversario a presentarte al magistrado, en el camino haz
todo lo posible para quitártelo de encima; no sea que te fuerce a comparecer ante el juez, el juez te entregue al policía, y éste te eche en la
cárcel. 59 Te aseguro que de ninguna
manera saldrás de allí, hasta que no
hayas pagado el último centavo.

Arrepentirse o perecer

13 En aquella ocasión, estaban
presentes allí algunos que
venían a informarle de lo sucedido a
los galileos cuya sangre mezcló Pilato con la de sus sacrificios. 2 Jesús
respondió: ¿Piensan que esos galileos
eran peores pecadores que todos los
demás galileos, por haber padecido
así? 3 Les digo que no, sino que, a
menos que se arrepientan, todos
ustedes perecerán también. 4 O aquellos dieciocho sobre los que cayó la
torre de Siloam y los mató ¿piensan
que eran más culpables que todos
los demás habitantes de Jerusalén?
5 Les digo que no, sino que, a
menos que se arrepientan, todos
ustedes perecerán también.

6 Y les expuso esta parábola: Tenía
uno una higuera plantada en su viña,
y fue a buscar fruta en ella, pero no
encontró nada. 7 Así que dijo al

viñador: “Ya ves que hace tres años
que vengo a buscar fruta en esta
higuera y no he encontrado nada;
¡córtala! ¿Para qué ha de estar ocu-
pando la tierra?”
8 “Señor —respondió el otro—;
déjala todavía por un año más, y yo
la cavaré alrededor y le echaré abo-
no; 9 si da fruto el año próximo, está
bien; si no, entonces la cortas”.

Una mujer encorvada, sanada en sábado

10 Un sábado Jesús estaba enseñando en una de las sinagogas, 11 y
había allí una mujer que llevaba
dieciocho años enferma, por estar
poseída de un demonio, que la mantenía encorvada sin que pudiera
ponerse derecha en ninguna forma.
12 Al verla Jesús, la llamó para que
se acercara y le dijo: Mujer, quedas
libre de tu enfermedad. 13 Luego le
impuso las manos, e inmediatamente
ella se enderezó y andaba alabando
a Dios.
14 Indignado porque Jesús la había
sanado en día sábado, el jefe de la
sinagoga dijo a la gente: Hay seis
días para el trabajo. Por lo tanto,
vengan en esos días para ser sanados, y no en día sábado.
15 Le contestó el Señor: ¡Hipócritas! ¿No sueltan todos ustedes en
día sábado el buey o el asno, y los
sacan del establo para llevarlos a
abrevar? 16 Entonces, ¿por qué no
hay que desatar de su cadena en día
sábado a esta mujer, hija de Abraham, a la que Satanás ha tenido atada durante dieciocho largos años?
17 Al decir esto, todos sus adversarios quedaron humillados, pero toda
la gente se regocijaba con todas las
maravillas que él hacía.

Parábolas del grano de mostaza y de la levadura

18 Después dijo Jesús: ¿A qué se
parece el reino de Dios? ¿Con qué
lo compararé? 19 Se parece a un grano de mostaza, que lo tomó un
hombre y lo echó en su huerto; y
creció hasta convertirse en un árbol,
y las aves del cielo vinieron a anidar
en sus ramas.
20 Y volvió a decir: ¿Con qué compararé el reino de Dios? 21 Se parece
a una levadura, que la tomó una
mujer y la mezcló con gran cantidad[a] de harina, hasta que fermentó
toda la masa.

La puerta estrecha

22 Y recorría Jesús una por una las
ciudades y las poblaciones enseñando mientras iba de camino hacia
Jerusalén. 23 Alguien le preguntó:
Señor, ¿son pocos los que se van a
salvar?
El les dijo: 24 Hagan todos los
esfuerzos posibles por entrar por la
puerta estrecha, porque muchos, yo
se lo aseguro, intentarán entrar, pero
no tendrán fuerza suficiente para
ello. 25 Tan pronto como el amo de
la casa se levante a cerrar la puerta,
se quedarán fuera y comenzarán a
llamar y a suplicar: “Señor, ábrenos
la puerta”.
Pero él les contestará: “No los
conozco, ni sé de dónde vienen”.
26 Entonces ustedes dirán: “Hemos
comido y bebido contigo, y tú has
estado enseñando en nuestras calles
y plazas”.
27 Pero él les responderá: “No sé
de dónde son; ¡váyanse de mi presencia todos los malhechores!”
28 Allí habrá llanto y rechinar de
dientes, cuando vean a Abraham, a
Isaac, a Jacob y a todos los profetas
en el reino de Dios, mientras a ustedes los arrojan fuera. 29 Vendrá gente del este, del oeste, del norte y
del sur, y tomarán asiento en el
banquete del reino de Dios. 30 Y hay
algunos que son últimos que serán
primeros, y hay algunos que son primeros que serán últimos.

Tristeza de Jesús por Jerusalén

31 En aquel momento, se presentaron unos fariseos a decirle: Sal de

[a] *21* El griego dice *tres satos*, equivalentes a unos 22 litros.

aquí y vete a otra parte, que Herodes quiere matarte.
32 Respondió él: Vayan a decirle a
ese zorro: "Mira que voy a expulsar
demonios y a sanar hoy y mañana,
y al tercer día me llegará el final".
33 En todo caso, es preciso que siga
mi camino hoy, mañana y al día
siguiente, pues ciertamente ningún
profeta puede morir fuera de Jerusalén.
34 ¡Oh, Jerusalén, Jerusalén, que
matas a los profetas y apedreas a
quienes te son enviados! ¡Cuántas
veces he deseado reunir a tus hijos,
a la manera que una gallina reúne
sus polluelos bajo las alas, pero no
quisiste! 35 Miren que su casa les va
a quedar desolada. Yo les aseguro
que no me verán ya más, hasta que
llegue el día en que digan: "Bendito
el que viene en el nombre del
Señor".[a]

Jesús en casa de un fariseo

14 Un día sábado en que Jesús
fue a comer en casa de un
prominente fariseo, lo estaban es-
piando atentamente. 2 En esto, se
presentó delante de él un enfermo
de hidropesía. 3 Jesús preguntó a los
expertos en la ley y a los fariseos:
¿Está permitido sanar en día sábado,
o no? 4 Pero ellos permanecieron
callados. Así que él tomó al hombre
de la mano, lo sanó y lo despidió.
5 Luego les preguntó a ellos: Si
uno de ustedes tiene un hijo[b] o un
buey, y se le cae a un pozo en día
sábado, ¿no lo sacará inmediatamente de allí? 6 Y ellos no tuvieron nada
que decir.
7 Al darse cuenta de que los invitados elegían los lugares de preferencia, les dijo esta parábola: 8 Cuando
alguien te invite a una fiesta de
bodas, no te pongas en el sitio de
preferencia, no sea que haya algún
invitado más distinguido que tú, 9 y
venga el que los invitó a ti y a él y
te diga: "Cédele a él tu sitio"; y entonces, avergonzado, tengas que
ocupar el último lugar; 10 sino que,
cuando te inviten, vé a ponerte en el
último lugar, de manera que, cuando
venga el anfitrión, te diga: "Amigo,
sube a otro lugar mejor". Con eso,
quedarás honrado en presencia de
todos los demás invitados. 11 Porque
todo el que se ensalza a sí mismo,
será humillado; y el que se humilla a
sí mismo, será ensalzado.
12 Luego dijo Jesús al que lo había
invitado: Cuando des una comida o
una cena, no invites a tus amigos ni
a tus hermanos ni a tus parientes ni
a tus vecinos ricos; porque entonces,
puede ocurrir que ellos te inviten a
su vez, y así tengas en ello una
compensación; 13 sino que, cuando
des un banquete, invita a los pobres,
a los lisiados, a cojos y ciegos; 14 y
serás dichoso, pues aunque ellos no
te pueden corresponder, te será
recompensado en la resurrección de
los justos.

Parábola del gran banquete

15 Cuando oyó esto uno de los que
estaban a la mesa con él, le dijo:
¡Dichoso el que asista al banquete
del reino de Dios!
16 Respondió Jesús: Un hombre
estaba preparando un gran banquete
e invitó a muchos. 17 A la hora del
banquete, envió a su siervo a decir
a los invitados: "Vengan, porque
todo está ya listo".
18 Pero todos a una comenzaron a
excusarse. El primero le dijo: "Acabo de comprar un campo y tengo
que ir a verlo; te ruego que me
disculpes".
19 Otro dijo: "Acabo de comprar
cinco yuntas de bueyes y voy a pro-
barlas. Te ruego que me disculpes".
20 Y un tercero dijo: "Acabo de
casarme y por eso no puedo ir".
21 Volvió el siervo e informó al
patrón de todo esto. Entonces el
dueño de la casa se enojó y le dijo
al criado: "Sal de prisa a las calles
y avenidas de la población y trae

[a] *35* Salmo 118:26. [b] *5* Algunos Mss. dicen *asno*.

acá a los pobres e inválidos, a los
ciegos y cojos”.
22 “Señor —dijo el siervo—, ya
está hecho lo que has ordenado,
pero aún hay sitio”.
23 Entonces el dueño le dijo al
siervo: “Sal a los caminos y a las
veredas y fuérzalos a entrar acá,
para que se llene la casa. 24 Pues les
digo que ninguno de esos hombres
que estaban invitados probará mi
banquete”.

El precio del discipulado

25 Iban con Jesús grandes multitudes y, volviéndose a ellas les dijo:
26 Si alguno viene a mí y no aborrece a su padre, a su madre, a su
mujer y a sus hijos, a sus hermanos
y hermanas, sí, y hasta su propia
vida, no puede ser discípulo mío.
27 Y todo el que no carga con su
cruz y viene en pos de mí, no puede
ser discípulo mío.
28 Supongan que uno de ustedes
quiere construir una torre; ¿no se
sentará primero a calcular el costo,
para ver si tiene el dinero suficiente
para terminarla? 29 Porque si echa
los cimientos y después no es capaz
de terminarla, todos los que lo vean
comenzarán a burlarse de él,
30 diciendo: “Este hombre empezó a
edificar y no fue capaz de terminar”.
31 O supongan que un rey está a
punto de ir a la guerra contra otro
rey; ¿no se sentará primero a considerar si, con diez mil hombres,
puede enfrentarse con quien viene
contra él con veinte mil? 32 Si ve
que no puede, enviará una delegación para solicitar condiciones de
paz, mientras el otro está todavía
lejos. 33 Igualmente, pues, cualquiera
de ustedes que no renuncie a todas
sus posesiones, no puede ser discípulo mío.
34 Buena es la sal, pero si pierde
su salinidad, ¿con qué se la puede
volver a sazonar? 35 No sirve ni para
la tierra ni para el muladar; la echan
fuera.
Quien tenga oídos para oír, que
preste atención.

Parábola de la oveja perdida

15 Y se estaban reuniendo en
torno suyo todos los cobradores de impuestos y “pecadores”
para escucharlo. 2 Pero los fariseos y
los escribas murmuraban diciendo:
Este recibe bien a los pecadores y
come con ellos.
3 Entonces Jesús les dijo esta parábola: 4 Supongan que uno de ustedes
tiene cien ovejas y pierde una de
ellas; ¿no dejará en el campo las
noventa y nueve y marchará tras la
que se ha perdido, hasta que la encuentre? 5 Y cuando la encuentra, la
carga gozoso sobre sus hombros 6 y,
al llegar a casa, reúne a los amigos
y a los vecinos y les dice: “Alégrense conmigo, que he encontrado la
oveja que se me había perdido”.
7 Les digo que de la misma manera
habrá más alegría en el cielo por un
solo pecador que se arrepienta, que
por noventa y nueve justos que no
tengan necesidad de arrepentimiento.

Parábola de la moneda perdida

8 O supongan que una mujer tiene
diez monedas[a] de plata y pierde
una; ¿no encenderá una lámpara y
barrerá la casa y la buscará con
toda diligencia, hasta que la encuentre? 9 Y cuando la encuentra reúne a
las amigas y a las vecinas y les
dice: “Alégrense conmigo, que he
encontrado la moneda que había
perdido”. 10 De la misma manera, les
digo, se alegran los ángeles de Dios
por un solo pecador que se arrepiente.

Parábola del hijo pródigo

11 Continuó Jesús: Había un hombre que tenía dos hijos. 12 El más
joven de ellos dijo a su padre:
“Padre, dame la parte que me

[a] *8* El griego dice *dracmas*. La dracma tenía un valor ligeramente inferior al jornal diario de un jornalero.

corresponde de la herencia". Así que él les repartió sus bienes. [13]No mucho después, el hijo menor reunió todo lo que tenía, partió hacia un país lejano y allí malgastó su riqueza viviendo perdidamente. [14]Cuando ya se lo había gastado todo, sobrevino en todo aquel país una recia hambre, y también él comenzó a pasar necesidad. [15]Entonces fue y se contrató con un ciudadano de aquel país, quien lo envió al campo a que le cuidara los cerdos. [16]Y anhelaba llenar el estómago con las algarrobas que comían los cerdos, pero nadie le daba nada.

[17]Entrando en razón, dijo: "¡Cuántos jornaleros de mi padre tienen comida de sobra, y yo aquí me estoy muriendo de hambre! [18]Me levantaré y me iré a ver a mi padre y le diré: 'Padre, he pecado contra el cielo y contra ti. [19]Ya no merezco más llamarme hijo tuyo; trátame como a uno de tus jornaleros' ". [20]Y se levantó para ir hacia su padre.

Pero, cuando todavía estaba lejos, lo vio su padre y se compadeció de él. Corrió hacia él, se le echó al cuello y lo besó con cariño.

[21]El hijo le dijo: "Padre, he pecado contra el cielo y contra ti. Ya no merezco más llamarme hijo tuyo".[a]

[22]Pero el padre dijo a los sirvientes: "¡Pronto! Saquen el mejor vestido y pónganselo; pónganle un anillo en el dedo y sandalias en los pies. [23]Traigan el ternero, el que está bien cebado, y mátenlo. Vamos a celebrarlo con un banquete; [24]porque este hijo mío estaba muerto y ha vuelto a la vida; estaba perdido y ha sido encontrado". Así que comenzaron a celebrarlo.

[25]Entretanto, el hijo mayor estaba en el campo. Cuando, al volver, estuvo cerca de la casa, oyó la música y las danzas. [26]Entonces llamó a uno de los sirvientes y le preguntó qué era lo que pasaba. [27]"Tu hermano ha venido —respondió él—, y tu padre ha mandado matar el ternero bien cebado, por haberlo recobrado sano y salvo".

[28]El hermano mayor se enfureció y no quería entrar. Entonces su padre salió a rogarle, [29]pero él le respondió a su padre: "Ya ves cuántos años hace que estoy a tu servicio, sin desobedecer jamás tus órdenes, y nunca me has dado ni siquiera un cabrito para divertirme con mis amigos; [30]y ahora que viene ese hijo tuyo que ha consumido tu fortuna con prostitutas, haces matar para él el ternero mejor cebado".

[31]Su padre le respondió: "Hijo, tú siempre estás a mi lado, y todo lo que yo tengo, es también tuyo; [32]pero ahora teníamos que divertirnos y alegrarnos, porque éste tu hermano estaba muerto y ha revivido; estaba perdido y ha sido encontrado".

Parábola del administrador astuto

16 Decía Jesús a sus discípulos: Había un hombre muy rico, cuyo administrador fue acusado de derrocharle la hacienda. [2]Lo llamó pues, y le preguntó: "¿Qué es esto que me cuentan de ti? Dame las cuentas de tu administración, porque no puedes seguir siendo mi administrador".

[3]El administrador dijo para sus adentros: "¿Qué voy a hacer ahora, puesto que mi amo me quita la administración? Para cavar, no tengo fuerzas; mendigar, me da vergüenza; [4]pero ya sé lo que voy a hacer, a fin de que, cuando me despidan de administrador, haya quienes me reciban en sus casas".

[5]Así, pues, hizo venir uno por uno a los deudores de su patrón. Preguntó al primero: "¿Cuánto debes a mi patrón?"

[6]"Cien barriles[b] de aceite" —contestó él.

[a] *21* Algunos Mss. antiguos añaden: *Trátame como a uno de tus jornaleros.* [b] *6* Unos 3,700 litros.

El administrador le dijo: "Toma tus recibos, siéntate de prisa y escribe que son cincuenta".

7 Después preguntó al segundo: "Y tú, ¿cuánto debes?"

"Cien medidas[a] de trigo" —respondió él.

El le dijo: "Toma tus recibos y déjalo en ochenta".

8 El patrón elogió a este administrador deshonesto por la astucia con que había actuado. Porque la gente de este mundo es más astuta en el trato con los de su propia clase, que la gente que ha recibido la luz. 9 Y yo les digo, empleen la riqueza mundana para hacerse de amigos, para que, cuando ella les falte, haya quienes los reciban en las mansiones eternas.

10 El que es de fiar en lo poco, también es de fiar en lo mucho; y el que es deshonesto en lo poco, también lo será en lo mucho. 11 Por eso, si no han resultado de fiar en lo que respecta a la riqueza mundana, ¿quién les confiará la riqueza verdadera? 12 Y si en lo que les es ajeno, no resultan de fiar, ¿quién les dará lo que es genuinamente de ustedes?

13 Ningún siervo puede servir a dos amos. O bien aborrecerá a uno y querrá a otro, o se dedicará a servir al uno y se despreocupará del otro. No pueden servir a la vez a Dios y al dinero.

14 Oían todas estas cosas los fariseos, que eran aficionados al dinero, y se burlaban de Jesús. 15 Y él les dijo: ustedes son los que se presentan a ustedes mismos como justos delante de los hombres, pero Dios conoce el interior de sus corazones. Lo que los hombres tienen en tanta estima, es detestable a los ojos de Dios.

16 La ley y los profetas, se proclamaron hasta Juan. Desde entonces es predicado el reino de Dios y todos los que entran en él, lo hacen con violentos esfuerzos. 17 Es más fácil que desaparezcan el cielo y la tierra, que el que se desprenda de la ley el más pequeño de los signos de puntuación.

18 Todo el que se divorcia de su mujer para casarse con otra, comete adulterio, y el que recibe en matrimonio a la divorciada de otro hombre, también comete adulterio.

El rico y Lázaro

19 Había un rico que se vestía de púrpura y finas ropas y se divertía ostentosamente cada día. 20 A la puerta de su casa estaba echado un mendigo llamado Lázaro, cubierto de llagas 21 y deseoso de saciarse de lo que caía de la mesa del rico. Incluso los perros venían a lamerle las llagas.

22 Llegó el día en que se murió el mendigo y los ángeles se lo llevaron al lado de Abraham. También se murió el rico y lo enterraron. 23 Y en el lugar de los muertos,[b] donde estaba sumido en tormentos, levantó los ojos y vio a lo lejos a Abraham y a Lázaro junto a él. 24 Y alzó la voz para llamarlo: "Padre Abraham, ten compasión de mí y envía a Lázaro a que meta la punta del dedo en agua y venga a refrescarme la lengua, porque estoy sufriendo mucho en estas llamas".

25 Pero Abraham respondió: "Hijo, recuerda que ya recibiste en vida tus bienes, mientras que Lázaro, en cambio, tuvo sus pesares; pero ahora él es aquí consolado, y tú, en cambio, atormentado. 26 Y además de todo esto, entre nosotros y ustedes está puesta una gran sima, de modo que los que quieren pasar desde aquí hasta ustedes, no pueden hacerlo, y tampoco se puede atravesar desde ahí hasta nosotros".

27 El contestó: "Entonces te ruego, padre, que envíes a Lázaro a casa de mi padre, 28 porque tengo cinco hermanos. Que les advierta, para que no vengan también ellos a este lugar de tormento".

[a] *7* Unos 37,000 litros. [b] *23* El griego dice *Hades*.

29 Respondió Abraham: "Ya tienen
a Moisés y a los profetas; que los
escuchen a ellos".
30 "No, padre Abraham —dijo
él—; sino que si se les presenta uno
que viene de entre los muertos, se
convertirán".
31 Pero Abraham le respondió: "Si
no hacen caso de Moisés y de los
profetas, tampoco se convencerán
aunque alguien resucite de entre los
muertos".

El pecado, la fe y el deber

17 Dijo Jesús a sus discípulos:
Es inevitable que ocurran
cosas que son para la gente ocasión
de pecado, pero ay de aquella persona que hace que ocurran. 2 Más le
valdría que le colgaran al cuello una
piedra de molino y la echaran al
mar, antes que incitar al pecado a
uno solo de estos pequeños.
3 ¡Cuídense ustedes mismos!
Si tu hermano peca, repréndelo, y
si se arrepiente, perdónalo. 4 Y si te
ofende siete veces al día, y vuelve
otras siete veces a decirte: "Me
arrepiento", perdónalo.
5 Los apóstoles le dijeron al Señor:
¡Auméntanos la fe!
6 El respondió: Si tuvieran fe del
tamaño de un grano de mostaza,
podrían decirle a esta morera:
"Desarráigate y plántate en el mar",
y los obedecería.
7 Supongan que uno de ustedes
tiene un sirviente que está arando o
cuidando el ganado. Cuando éste
regrese del campo, ¿acaso le dirá al
sirviente: "Ven en seguida a recos-
tarte a la mesa"? 8 ¿No le dirá, más
bien: "Prepárame la cena, y ponte el
delantal para servirme mientras
como y bebo, y después podrás
comer y beber tú"? 9 ¿Acaso le dará
las gracias al sirviente por haber
hecho lo que se le ordenó hacer?
10 Así también ustedes, cuando hayan
hecho todo lo que se les haya
ordenado hacer, deben decir:
"Somos siervos inútiles, pues hemos
hecho lo que teníamos obligación de
hacer".

Diez leprosos son sanados

11 Mientras iba de camino hacia
Jerusalén, pasó Jesús por en medio
de Samaria y Galilea. 12 Al entrar en
una población, le salieron al encuentro diez hombres leprosos.[a] Se man-
tuvieron a cierta distancia, 13 y le
dijeron a voz en cuello: Jesús,
Maestro, apiádate de nosotros.
14 Cuando los vio, les dijo: Vayan
a mostrarse a los sacerdotes. Y
mientras iban de camino, quedaron
limpios.
15 Uno de ellos, cuando se vio
sano, regresó alabando a Dios a
grandes voces, 16 y se echó a los
pies de Jesús, dándole las gracias. Y
era samaritano.
17 Jesús preguntó: ¿No han quedado limpios los diez? Pues, ¿dónde
están los otros nueve? 18 ¿No se ha
encontrado ninguno que regresara a
dar gloria a Dios, excepto este
extranjero? 19 Luego le dijo a él:
Levántate y vete; tu fe te ha puesto
bien.

La venida del reino de Dios

20 Una vez, al preguntarle los fariseos cuándo iba a venir el reino de
Dios, respondió Jesús: El reino de
Dios no viene visiblemente, 21 ni
podrá decir la gente: "¡Mira, aquí
está!" o "¡Allí está!"; porque el
reino de Dios está ya en medio de[b]
ustedes.
22 Luego dijo a sus discípulos:
Vendrán días en que anhelarán ver
uno de los días del Hijo del Hombre, pero no lo verán. 23 Les dirán:
"¡Míralo allí!" o "¡Míralo aquí!" No
salgan a seguirlos. 24 Porque el Hijo
del Hombre, cuando venga su día,[c]
será como el relámpago que fulgura
resplandeciendo de un extremo al
otro del firmamento. 25 Pero primero

[a] *12* El término griego se usaba para varias enfermedades de la piel. [b] *21* O *dentro de*.
[c] *24* Algunos Mss. omiten *cuando venga su día*.

es necesario que sufra mucho y sea
desechado por esta generación.
26 Igual que ocurrió en tiempo de
Noé, así ocurrirá también en los días
del Hijo del Hombre. 27 La gente
comía y bebía, ellos se casaban y
ellas eran dadas en matrimonio hasta
el día en que Noé entró en el arca.
Entonces vino el diluvio y acabó
con todos ellos.
28 Lo mismo pasó en tiempo de
Lot. La gente comía y bebía, com-
praba y vendía, plantaba y edificaba;
29 pero el día en que Lot salió de
Sodoma, llovió del cielo fuego y
azufre y los destruyó a todos.
30 Enteramente igual ocurrirá el día
en que aparezca el Hijo del Hombre.
31 En aquel día, el que esté en la azotea y tenga sus cosas dentro de casa,
que no baje a llevárselas. De igual
modo, el que esté en el campo, que
no se vuelva a llevarse nada de lo que
dejó atrás. 32 ¡Acuérdense de la mujer
de Lot! 33 Todo el que trate de conservar la vida, la perderá; y el que
pierda la vida, la mantendrá realmente
viva. 34 Les aseguro que, en aquella
noche, de dos personas que estén en
una misma cama, una será tomada y
la otra será dejada; 35 y de dos mujeres que estén moliendo juntas, una
será tomada y la otra será dejada.[a]
37 ¿Dónde, Señor? —preguntaron
ellos.
El respondió: Donde hay un cadáver, allí se juntan los buitres.

Parábola de la viuda insistente

18 Luego Jesús les dijo a sus
discípulos una parábola para
mostrarles la necesidad que tenían
de orar siempre, sin desfallecer
jamás. 2 Les dijo: En cierta ciudad
había un juez que ni temía a Dios ni
se preocupaba por la gente; 3 y había
en aquella ciudad una viuda que
solía ir a verlo y rogarle: "Hazme
justicia contra mi adversario".
4 Durante algún tiempo, él se negó
a hacerlo; pero, después de algún
tiempo, se dijo para sus adentros:
"Aun cuando no temo a Dios ni me
importa la gente, 5 pero por la
molestia que me está causando esta
viuda, veré que se le haga justicia
para que no me abrume con su continuo venir".
6 Y continuó el Señor: Atiendan a
lo que dice este juez injusto. 7 ¿Y
acaso no hará justicia Dios en favor
de sus elegidos que claman a él día
y noche? ¿Continuará sin hacerles
caso? 8 Les aseguro que procurará
que se les haga justicia, y pronto.
Sin embargo, cuando el Hijo del
Hombre venga, ¿encontrará fe en la
tierra?

Parábola del fariseo y del cobrador de impuestos

9 A ciertos individuos que confia-
ban en su propia justicia y tenían en
nada a los demás, les dirigió la
siguiente parábola: 10 Dos hombres
subieron al templo a orar, uno fariseo, y el otro cobrador de impuestos. 11 El fariseo, en pie, oraba
acerca de sí mismo:[b] "¡Oh, Dios! Te
doy gracias porque no soy como los
demás hombres: rapaces, injustos,
adúlteros, ni tampoco como ese
cobrador de impuestos. 12 Ayuno dos
veces por semana y doy el diezmo
de todo lo que gano".
13 El cobrador de impuestos, en
cambio, se mantenía a distancia, sin
atreverse siquiera a levantar los ojos
al cielo, sino que se golpeaba el
pecho, diciendo: "¡Oh, Dios!
¡Muéstrate propicio conmigo que soy
pecador!"
14 Les aseguro que este último bajó
a su casa justificado ante Dios, más
bien que aquél. Porque todo el que
se ensalza será humillado, y el que
se humilla será ensalzado.

Los niñitos y Jesús

15 Le presentaban también a los
niños de pecho para que los tocara.
Al ver esto sus discípulos, los

[a] *35* Algunos Mss. añaden un vers. 36: *De dos hombres que estén en el campo, uno será tomado, y el otro será dejado.* [b] *11* O *acerca de sí mismo.*

regañaban. 16 Pero Jesús les hizo
venir, diciendo: Dejen que los
pequeñitos vengan a mí y no se lo
impidan, porque el reino de los
cielos es de los que son como ellos.
17 Les digo de veras que el que no
reciba el reino de Dios como un
niño pequeño, no entrará jamás en
él.

El jefe rico

18 Cierto jefe le preguntó: Maestro
bueno, ¿qué debo hacer para heredar
la vida eterna?
19 ¿Por qué me llamas bueno? —le
dijo Jesús— Nadie es bueno, excepto uno solo: Dios. 20 Ya sabes los
mandamientos: "No cometas adulterio, no mates, no robes, no digas
falso testimonio, honra a tu padre y
a tu madre".[a]
21 Todos ésos los he observado
desde que era niño — dijo él.
22 Al oír esto, le dijo Jesús:
Todavía te falta una cosa. Vende
todo lo que tienes y distribúyelo entre los pobres, y tendrás un tesoro
en los cielos. Y luego ven, sígueme.
23 Cuando él oyó esto, se puso
muy triste, porque era extremada-
mente rico. 24 Al verlo así, prosiguió
Jesús diciendo: ¡Qué difícil es que
los que tienen riquezas entren en el
reino de Dios! 25 En realidad, le es
más fácil a un camello entrar por el
ojo de una aguja, que a un rico entrar en el reino de Dios.
26 Dijeron entonces los que lo oían:
Pues, ¿quién podrá salvarse?
27 Respondió Jesús: Lo que es imposible por parte de los hombres, es
posible por parte de Dios.
28 Le dijo entonces Pedro: Mira
que nosotros hemos dejado lo que
teníamos para venir en pos de ti.
29 Les digo de veras —les dijo
Jesús— que nadie que haya dejado
casa o mujer o hermanos o padres o
hijos por causa del reino de Dios,
30 dejará de recibirlo multiplicado en
el tiempo presente y, en el futuro, la
vida eterna.

Jesús predice de nuevo su muerte

31 Tomando después aparte a los
doce, les dijo: Vamos a subir a Jerusalén, y se van a cumplir todas las
cosas que están escritas por los profetas acerca del Hijo del Hombre.
32 Pues será entregado en manos de
los gentiles, se burlarán de él, lo in-
sultarán, lo escupirán, lo azotarán y
lo matarán. 33 Al tercer día resucitará.
34 Los discípulos no entendieron
nada de esto; todo este discurso era
para ellos un enigma y no sabían a
qué se refería.

Un mendigo ciego recobra la vista

35 Al acercarse Jesús a Jericó,
había un ciego sentado junto al
camino, mendigando. 36 Al oír que
pasaba gente, preguntó qué era lo
que ocurría, 37 y le dijeron: Es que
pasa por aquí Jesús el de Nazaret.
38 Entonces él gritó: Jesús, Hijo de
David, apiádate de mí.
39 Los que iban adelante lo repren-
dieron y le dijeron que se callara,
pero él aún gritaba mucho más: Hijo
de David, apiádate de mí.
40 Jesús se detuvo y mandó que se
lo trajeran. Cuando él se acercó, le
preguntó Jesús: 41 ¿Qué quieres que
haga por ti?
Señor, que recobre la vista —respondió él.
42 Jesús le dijo: ¡Recobra la vista!
Tu fe te ha sanado. 43 Inmediatamente recobró la vista e iba en pos de
Jesús alabando a Dios. Cuando todo
el pueblo vio esto, también alabaron
a Dios.

Zaqueo, el cobrador de impuestos

19 Jesús entró en Jericó de
paso. 2 Un hombre conocido
por el nombre de Zaqueo, que era
jefe de cobradores de impuestos y

[a] *20* Exodo 20:12-16; Deut. 5:16-20.

persona de mucho dinero, 3 trataba
de ver quién era Jesús, pero no le
era posible hacerlo desde el lugar en
que se encontraba la gente, por ser
de baja estatura. 4 Así que echó a
correr para adelantarse y se subió a
un sicómoro para verlo, puesto que
Jesús iba a pasar por allí.

5 Cuando Jesús llegó al sitio, alzó
la vista hacia él y le dijo: Zaqueo,
baja inmediatamente, porque tengo
que quedarme hoy en tu casa. 6 Así
que él bajó a toda prisa y lo recibió
con alegría.

7 Al presenciar esto, todos comenzaron a murmurar, diciendo: Ha entrado a hospedarse en casa de un
pecador.

8 Pero Zaqueo, de pie ante el
Señor, le dijo: Mira, Señor. Aquí
mismo y en este momento, voy a
dar a los pobres la mitad de mi fortuna y, si en algo he defraudado a
alguien, le voy a pagar cuatro veces
más.

9 Entonces Jesús, dirigiéndose a él,
le dijo: Hoy ha llegado la salvación
a esta casa, porque también este
hombre es un hijo de Abraham.
10 Pues el Hijo del Hombre ha venido a buscar y a salvar lo que se
había perdido.

Parábola de las diez minas

11 Mientras la gente escuchaba
estas palabras, añadió él a su discurso una parábola, porque estaba cerca
de Jerusalén y la gente pensaba que
el reino de Dios iba a manifestarse
en seguida. 12 Dijo así: Un señor de
noble estirpe se fue a un país lejano
para ser investido como rey y regresar después. 13 Llamó entonces a
diez servidores suyos y les entregó
diez minas,[a] encargándoles: "Hágan-
las producir durante mi viaje".

14 Pero sus súbditos lo odiaban y
enviaron detrás de él una delegación
a decirle: "No queremos que ese
hombre sea nuestro rey".

15 A pesar de todo, fue investido
como rey y regresó. Mandó entonces
llamar a los servidores a quienes
había entregado el dinero, para saber
cuánto le había hecho producir cada
uno.

16 Se presentó el primero y dijo:
"Señor, tu mina ha producido otras
diez".

17 "¡Magnífico, mi buen servidor!
—contestó su señor—. Ya que te
has hecho de fiar en tan poca cosa,
toma el mando de diez ciudades".

18 Vino el segundo y dijo: "Señor,
tu mina ha producido otras cinco".

19 El amo respondió: "Tú también
ponte al frente de cinco ciudades".

20 Vino también un tercero y dijo:
"Señor, aquí tienes tu mina; la he
tenido bien guardada en un pañuelo,
21 pues tenía miedo de ti, porque
eres muy exigente, te llevas lo que
no pusiste y cosechas lo que no
sembraste".

22 El señor respondió: "Por tus
propias palabras te voy a juzgar, mal
servidor. ¿Sabías, según dices, que
soy muy exigente, pues me llevo lo
que no puse y cosecho lo que no
sembré? 23 Pues entonces ¿por qué
no pusiste mi dinero en depósito
para que, a mi regreso, lo hubiera
recobrado con los intereses?"

24 Luego dijo a los presentes:
"Quítenle la moneda y dénsela al
que tiene diez monedas".

25 "Señor —le dijeron—, ése ya
tiene diez".

26 El respondió: "Les aseguro que
a todo el que tenga, se le dará más,
pero en cuanto al que no tiene,
hasta lo que tiene le será quitado.
27 Respecto a esos enemigos míos,
los que no quisieron que reinara
sobre ellos, tráiganlos y mátenlos en
mi presencia".

La entrada triunfal

28 Dicho esto, siguió adelante,
subiendo a Jerusalén. 29 Cuando se
aproximó a Betfagé y a Betania, junto al monte que llaman de los Olivos, envió a dos de sus discípulos
con el siguiente encargo: 30 Vayan a

[a] *13* El valor de una mina equivalía al salario de tres meses de un jornalero.

la población que está enfrente de
ustedes, y, al entrar en ella, encontrarán atado un pollino sobre el que
nunca se ha montado nadie; desátenlo y tráiganlo acá. 31 Si alguien les
pregunta: "¿Por qué lo están desatando?", díganle: "El Señor lo necesita".

32 Los que habían sido enviados
fueron y lo encontraron tal como se
les había dicho. 33 Cuando estaban
desatando el pollino, sus dueños les
dijeron: ¿Por qué desatan el pollino?

34 Ellos contestaron: El Señor lo
necesita.

35 Lo llevaron, pues, a Jesús, echaron sus mantos encima del pollino y
montaron a Jesús en él. 36 Según iba
él avanzando, la gente extendía sus
mantos por el camino.

37 Cuando llegó al lugar en que el
camino inicia su descenso del Monte
de los Olivos, toda la multitud de
los discípulos comenzaron a alabar a
Dios con alegría, a grandes voces,
por todos los milagros que habían
visto, diciendo:

38 Bendito es el Rey, el que viene
en el nombre del Señor,[a]
¡Paz en el cielo y gloria en lo
más alto!

39 Algunos de los fariseos, de entre
la gente, dijeron a Jesús: Maestro,
¡reprende a tus discípulos!

40 Les aseguro que si ellos se
callan, gritarán las piedras —respondió él.

41 Al acercarse a Jerusalén y al ver
la ciudad, lloró por ella 42 y dijo: Si
tú también conocieras al menos en
este día lo que te podría traer la
paz..., pero ahora está oculto a tus
ojos. 43 Vendrán días sobre ti en que
tus enemigos construirán una cerca
alrededor de ti, te rodearán y te
acorralarán por todas partes; 44 te
echarán por tierra, a ti y a tus hijos
que se encuentren dentro de tus
muros; y no dejarán en ti piedra
sobre piedra, por no haber reconocido el tiempo de la venida de Dios
hacia ti.

Jesús en el templo

45 Luego entró en los atrios del
templo y comenzó a expulsar a los
que estaban vendiendo, 46 diciéndoles: Escrito está: "Mi casa será
una casa de oración"[b]; pero ustedes
han hecho de ella "una cueva de
ladrones".[c]

47 Todos los días estaba enseñando
en el templo. Pero los principales
sacerdotes, los escribas y los notables del pueblo trataban de matarlo;
48 sin embargo, no encontraban
manera de llevarlo a cabo, porque
todo el pueblo estaba pendiente de
sus palabras.

La autoridad de Jesús, puesta en tela de juicio

20 Un día, al estar enseñando al
pueblo en los atrios del templo anunciando el evangelio, los
principales sacerdotes, los escribas y
los ancianos se presentaron ante él y
le dijeron: 2 Dinos, ¿con qué autoridad haces estas cosas, o quién es el
que te da poderes para esto?

3 El respondió: Yo también les voy
a hacer una pregunta. Díganme, 4 el
bautismo de Juan, ¿era del cielo o
de los hombres?

5 Ellos razonaron entre sí de la
siguiente manera: Si decimos "del
cielo", nos preguntará: "¿Por qué
no le creyeron?" 6 Y si decimos "de
los hombres", el pueblo entero nos
apedreará, porque están convencidos
de que Juan era un profeta.

7 Así que respondieron: No sabemos de dónde era.

8 Entonces Jesús les dijo: Yo tampoco les digo con qué autoridad
hago esto.

Parábola de los viñadores

9 Luego le dijo al pueblo esta parábola: Un hombre plantó una viña, la
arrendó a unos agricultores y se
ausentó por un tiempo considerable.
10 Al tiempo de la recolección envió
a los viñadores a un siervo para que

[a] *38* Salmo 118:26. [b] *46* Isaías 56:7. [c] *46* Jer. 7:11.

le dieran del fruto de la viña la parte que le correspondía; pero los
viñadores lo golpearon y lo despidieron con las manos vacías. 11 Decidió
entonces enviar a otro siervo, pero
también a éste lo despidieron con las
manos vacías, tras golpearlo y ultra-
jarlo. 12 Todavía decidió enviar un
tercero, pero también a éste lo hirie-
ron gravemente y lo echaron fuera.

13 Entonces el dueño de la viña se
dijo: "¿Qué haré? Enviaré a mi hijo
muy amado; quizás a él le tendrán
respeto".

14 Pero cuando lo vieron los viñadores, discutieron entre ellos diciendo: "Este es el heredero. Matémoslo
y será nuestra la herencia". 15 Así
que lo arrojaron fuera de la viña y
lo mataron.

¿Qué les hará, pues, el dueño de
la viña? 16 Vendrá y matará a estos
agricultores, y arrendará la viña a
otros.

Al oírlo, dijeron los que lo escuchaban: ¡Que no ocurra tal cosa!

17 Jesús fijó en ellos la mirada y
les preguntó: ¿Qué significa, pues,
aquello que está escrito:

La piedra que los constructores
desecharon
ha venido a ser la piedra angular;[a]

18 Todo el que caiga sobre esa
piedra, se estrellará; y a quien le
caiga encima, lo desmenuzará.

19 Los escribas y los principales
sacerdotes trataron de echarle mano
en aquel mismo momento, pues se
dieron cuenta de que se refería a
ellos al decir esta parábola; pero no
lo hicieron, por temor al pueblo.

El pago del tributo al César

20 Vigilándolo de cerca, enviaron
espías que fingieran ser honestos con
la esperanza de atrapar a Jesús en
alguna palabra, para poder así entregarlo al poder y a la autoridad del
gobernador. 21 Le preguntaron, pues,
los espías: Maestro, sabemos que
hablas y enseñas el camino de Dios
de acuerdo con la verdad; dinos,
pues: 22 ¿nos está permitido pagar
impuestos al César o no?

23 El comprendió claramente su
falsedad y les dijo: 24 Muéstrenme un
denario. ¿De quién son esa figura y
esa inscripción acuñadas en ella?

Del César —respondieron ellos.

25 Entonces les dijo Jesús: Den,
pues, al César lo que es del César,
y a Dios lo que es de Dios.

26 Y no pudieron atraparlo en
ninguna palabra suya delante del
pueblo. Y admirados de su respuesta, se callaron.

Resurrección y matrimonio

27 Se le acercaron después algunos
de los saduceos, los cuales dicen
que no hay resurrección, para hacerle una pregunta. 28 Maestro, le dijeron, Moisés nos dejó escrito que, si
se muere el hermano de un hombre
y deja viuda, pero no descendencia,
el hombre debe casarse con la
viuda, para tener hijos a nombre de
su hermano. 29 Ahora bien, había
siete hermanos. Se casó el primero y
murió sin dejar hijos. 30 Se casó el
segundo con la viuda, 31 y después el
tercero, y lo mismo les pasó a todos
los siete, que murieron sin dejar
hijos. 32 Por último, se murió también la mujer. 33 Entonces, esa
mujer, en la resurrección, ¿de cuál
de ellos será esposa, puesto que los
siete se casaron con ella?

34 Jesús respondió: La gente de
este mundo se casa y es dada en
casamiento. 35 Pero los que sean
hallados dignos de alcanzar aquel
otro mundo y participar en la resurrección de entre los muertos, ni se
casarán ni serán dados en casamiento, 36 porque tampoco pueden ya
morir, pues son parecidos a los
ángeles. Son hijos de Dios, al ser
hijos de la resurrección. 37 Pero en el
relato de la zarza, incluso Moisés
mostró que los muertos resucitan, al
llamar al Señor "el Dios de Abraham, el Dios de Isaac y el Dios de

[a] *17 O clave de arco* (Salmo 118:22).

Jacob".[a] 38 El no es un Dios de
muertos, sino de vivos, pues para él
todos continúan viviendo.
39 Algunos de los escribas respondieron: ¡Bien dicho, Maestro! 40 Y ya
nadie se atrevió a hacerle más preguntas.

¿De quién es Hijo el Cristo?

41 Entonces Jesús, les dijo: ¿Cómo
es que dicen que el Cristo[b] es el
Hijo de David? 42 Pues David mismo
declara en el Libro de los Salmos:
Dijo el Señor a mi Señor:
Siéntate a mi diestra,
43 Hasta que yo coloque a tus enemigos
por estrado de tus pies.[c]
44 David lo llama "Señor". ¿Cómo,
pues, puede ser su hijo?
45 Mientras todo el pueblo lo estaba escuchando, Jesús dijo a sus
discípulos: 46 Tengan cuidado con los
escribas. Les gusta pasearse con
vestidos ostentosos, y buscan ser
saludados en las plazas y ocupar los
sitios de preferencia en las sinagogas
y la presidencia en los banquetes.
47 Devoran las haciendas de las
viudas y recitan por ostentación
largas oraciones. Estos hombres
serán castigados más severamente.

La ofrenda de la viuda

21 Al levantar la vista, vio
Jesús a unos ricos que echaban sus ofrendas en el tesoro del
templo. 2 También vio a una viuda
pobre que echaba dos moneditas de
cobre.[d] 3 Les digo de veras, dijo,
que esta viuda pobre ha echado más
que todos ellos; 4 porque todos esos
han puesto en el tesoro, de lo que
les sobraba; pero ella, de su misma
pobreza, ha puesto cuanto tenía para
su sustento.

Señales del fin de los tiempos

5 Algunos de sus discípulos,
hablando del templo, comentaban la
belleza de su construcción y la
magnificencia de las ofrendas, dedica-
das a Dios que lo adornaban. Pero
Jesús dijo: 6 De todo esto que ven,
vendrá el día en que no quedará una
piedra sobre otra; todas ellas serán
destruidas.
7 Maestro —le preguntaron ellos—,
¿cuándo sucederá eso? ¿Y cuál será
la señal de que está a punto de
suceder?
8 El respondió: Miren que no los
engañen; porque vendrán muchos en
mi nombre, alegando: "Soy yo" y
"Se acerca el fin". No les hagan
caso. 9 Y cuando oigan de guerras y
revoluciones, no se asusten. Eso
debe ocurrir primero, pero el fin no
vendrá inmediatamente después.
10 Y luego continuó: Se levantará
una nación contra otra, y un reino
contra otro. 11 Habrá grandes terremotos, así como también epidemias
y hambres en varios lugares, y fenó-
menos horribles, y sorprendentes
señales en el cielo.
12 Pero antes de todo esto, les
echarán mano y los perseguirán; los
entregarán a los tribunales y los en-
carcelarán; y los harán comparecer
ante reyes y gobernantes, y todo por
causa de mi nombre. 13 Esto les dará
la oportunidad de dar testimonio ante ellos. 14 Tomen, pues, la decisión
de no preocuparse de antemano por
lo que van a decir en su defensa;
15 porque yo les inspiraré palabras
sabias, a las que no serán capaces
de resistir ni contradecir todos sus
adversarios juntos. 16 Serán traiciona-
dos por sus padres, hermanos,
parientes y amigos, y darán muerte
a algunos de ustedes, 17 y serán aborrecidos por todos a causa de mi
nombre; 18 pero no perecerá ni un
solo cabello de su cabeza: 19 per-
maneciendo firmes, se salvarán.
20 Cuando vean a Jerusalén cercada
por ejércitos, sabrán que su desolación está próxima. 21 Entonces, los
que estén en Judea huyan a las
montañas; los que estén dentro de la
ciudad, aléjense; y los que estén en

[a] *37* Exodo 3:6. [b] *41* O *Mesías*. [c] *43* Salmo 110:1. [d] *2* El griego dice *leptá*.

las afueras, que no regresen a ella.
[22]Porque ése será el tiempo del
castigo, en cumplimiento de todo lo
que está escrito. [23]¡Qué terribles
serán aquellos días para las que
estén encinta y criando! Porque
habrá gran angustia en el país e indignación contra este pueblo.
[24]Caerán a filo de espada y serán
llevados prisioneros a todas las
naciones. Jerusalén será pisoteada
por los gentiles, hasta que se cumplan los tiempos de los gentiles.

[25]Habrá señales en el sol, en la
luna y en las estrellas. En la tierra,
las gentes estarán en angustia y
perplejidad por el ruido del mar y el
encrespamiento de las olas. [26]Desfa-
llecerán de terror los hombres,
desconcertados por lo que va a ocurrir al mundo, porque los astros del
firmamento se tambalearán. [27]Y entonces verán al Hijo del Hombre
que viene en una nube con poder y
gran gloria. [28]Cuando empiecen a
ocurrir estas cosas, yérganse y
levanten la cabeza, porque se acerca
su redención.

[29]Les dijo esta parábola: Fíjense
en la higuera y en todos los otros
árboles. [30]Cuando ya echan brotes,
pueden observarlo con sus propios
ojos y saber que el verano está
cerca. [31]Así también ustedes, cuando
vean que suceden estas cosas, sepan
que el reino de Dios está cerca.

[32]Les aseguro de veras que de
ninguna manera pasará esta generación,[a] hasta que todas estas cosas
hayan sucedido. [33]El cielo y la
tierra se acabarán, pero mis palabras
nunca dejarán de cumplirse.

[34]Miren, tengan cuidado, para que
no se carguen sus corazones con el
libertinaje, la embriaguez y las preocupaciones de esta vida, ni caiga de
improviso sobre ustedes aquel día
[35]como una trampa; pues vendrá
sobre todos los que habitan en toda
la faz de la tierra. [36]Estén, pues,
siempre en vela, y oren para que
puedan escapar de todo lo que va a
suceder, y presentarse ante el Hijo
del Hombre.

[37]Cada día Jesús estaba enseñando
en el templo, y todas las tardes salía
a pasar la noche al descubierto en la
colina llamada el Monte de los Olivos, [38]y toda la gente madrugaba
para ir al templo a escucharlo.

Judas hace arreglos para traicionar a Jesús

22 Se acercaba ya la fiesta de
los panes sin levadura, llamada la Pascua, [2]y los principales
sacerdotes y los escribas buscaban el
modo de acabar con Jesús, pues
temían al pueblo. [3]Entonces entró
Satanás en Judas, el llamado Iscariote, uno de los doce. [4]Y fue Judas a
entrevistarse con los principales
sacerdotes y con los jefes de la
guardia del templo y a discutir con
ellos el modo de entregarles a Jesús.
[5]Ellos se pusieron contentos y
quedaron con él en darle dinero. [6]El
aceptó, y buscaba una buena oportunidad de entregarles a Jesús cuando
no hubiera mucha gente presente.

La última cena

[7]Y llegó el día de los panes sin
levadura, en que tenía que ser sacrificado el cordero pascual. [8]Jesús
envió a Pedro y a Juan, encargándoles: Vayan a hacer los preparativos
para que comamos la Pascua.

[9]¿Dónde quieres que la preparemos? —preguntaron ellos.

[10]El contestó: Al entrar en la
ciudad, les saldrá al encuentro un
hombre llevando un cántaro de agua.
Síganlo hasta la casa donde entre
[11]y díganle al dueño de la casa: ‘‘El
Maestro pregunta: ‘¿Dónde está la
estancia donde pueda yo comer la
Pascua con mis discípulos?’ ’’ [12]Y él
les mostrará en el piso de arriba una
gran sala provista de divanes; preparen allí la cena.

[13]Ellos se fueron y encontraron
las cosas justamente como Jesús les
había dicho, y prepararon la Pascua.

[a] *32* O *raza.*

[14]Cuando llegó la hora, Jesús y
sus apóstoles se recostaron a la
mesa. [15]Y él les dijo: Con ardiente
anhelo he deseado comer esta
Pascua con ustedes antes de padecer; [16]porque les aseguro que no
volveré a comerla jamás, hasta que
tenga su pleno cumplimiento en el
reino de Dios.
[17]Tomó entonces la copa y, tras
dar gracias, dijo: Tomen esto y
repártanlo entre ustedes; [18]porque
les aseguro que desde ahora no
volveré jamás a beber del fruto de la
vid hasta que venga el reino de
Dios.
[19]Tomó luego pan, dio gracias, lo
partió y se lo dio, diciendo: Esto es
mi cuerpo, entregado por ustedes;
hagan esto en recuerdo de mí.
[20]De igual modo, tomó la copa
después de la cena, diciendo: Esta
copa es el Nuevo Pacto en mi
sangre, que es derramada por ustedes. [21]Sin embargo, miren: la mano
del que me va a traicionar está con
la mía en la mesa. [22]Es cierto que
el Hijo del Hombre sigue su camino
según está decretado; pero, ¡ay del
hombre por quien es entregado!
[23]Ellos entonces comenzaron a pre-
guntarse entre sí quién de ellos
podría ser el que iba a hacer esto.
[24]También surgió entre ellos una
discusión sobre quién de ellos
parecía ser el principal. [25]Jesús, por
su parte, les dijo: Los reyes de los
gentiles ejercen su dominio sobre
ellos; y los que les imponen su autoridad, se llaman a sí mismos bienhe-
chores. [26]Pero entre ustedes no ha
de ser así, sino que el mayor entre
ustedes hágase como el más joven; y
el que preside, como el sirviente.
[27]Porque, ¿quién es más, el que está
recostado a la mesa o el que está
sirviendo? ¿No lo es el que está a la
mesa? Sin embargo, yo estoy en
medio de ustedes como el que sirve.
[28]Ustedes son los que han permanecido a mi lado en mis pruebas; [29]y
yo les voy a asignar un reino, como
mi Padre me lo ha asignado a mí,
[30]para que coman y beban a la mesa
conmigo en mi reino, y se sienten
en tronos, juzgando a las doce tribus
de Israel.
[31]Simón, Simón, Satanás ha pedido zarandearte[a] como trigo. [32]Pero
yo he orado por ti, Simón, para que
tu fe no desfallezca. Y tú, cuando
hayas regresado a mí, fortalece a tus
hermanos.
[33]Pero él respondió: Señor, estoy
dispuesto a ir contigo, a la cárcel y
a la muerte.
[34]Jesús le respondió: Yo te aseguro, Pedro, que antes que el gallo
cante hoy, habrás negado tres veces
que me conoces.
[35]Luego les preguntó Jesús: Cuando los envié sin bolsa, ni alforja ni
calzado, ¿acaso les faltó algo?
Nada —respondieron ellos.
[36]Entonces les dijo: Pues ahora, si
tienen bolsa, tómenla e igualmente
alforja; y si no tienen espada, vendan el manto para comprarse una.
[37]Está escrito: "Y fue contado entre
los malhechores"[b]; y yo les aseguro
que esto debe cumplirse en mí. Sí,
lo que está escrito acerca de mí,
está llegando al final de su cumplimiento.
[38]Los discípulos dijeron: Mira,
Señor, aquí hay dos espadas.
¡Basta! —respondió él.

Jesús ora en el Monte de los Olivos

[39]Jesús salió, como de costumbre,
al Monte de los Olivos, y sus discípulos fueron tras él. [40]Al llegar al
lugar, les dijo: Oren que no caigan
en tentación. [41]Luego se retiró de
ellos a distancia como de un tiro de
piedra y, cayendo de rodillas, oró
diciendo: [42]Padre, si es tu voluntad,
aparta de mí esta copa; sin embargo,
que no se haga mi voluntad, sino la
tuya. [43]Se le apareció entonces un
ángel del cielo para confortarlo.

[a] *31* El griego es plural. [b] *37* Isaías 53:12.

44 Y, lleno de angustiosa lucha interior,[a] oraba más apremiantemente,
y su sudor llegó a hacerse como
gotas de sangre que caían al suelo.
45 Cuando se levantó de orar y
volvió a donde estaban los discípulos, los halló dormidos, agotados por
la pena. 46 ¿Por qué se han dormido?
—les preguntó—. Levántense y oren,
para que no caigan en tentación.

Arresto de Jesús

47 Todavía estaba hablando, cuando
se presentó una turba, y al frente de
ellos iba el llamado Judas, uno de
los doce, el cual se acercó a Jesús y
lo besó; 48 pero Jesús le preguntó:
Judas, ¿con un beso traicionas al
Hijo del Hombre?
49 Cuando los seguidores de Jesús
vieron lo que iba a suceder, dijeron:
Señor, ¿atacamos con la espada?
50 Y uno de ellos hirió al siervo del
sumo sacerdote, y le cortó la oreja
derecha.
51 Pero Jesús dijo: ¡Basta! Y,
tocándole la oreja, lo sanó.
52 Luego dijo Jesús a los principales sacerdotes, a los jefes de los
guardias del templo y a los ancianos,
que habían venido contra él: ¿Acaso
estoy al frente de una rebelión, para
que hayan salido con espadas y
palos? 53 Cada día estaba con ustedes en los atrios del templo, y no
me pusieron las manos encima. Pero
ésta es su hora, cuando reinan las
tinieblas.

Pedro niega a Jesús

54 Entonces lo arrestaron y lo condujeron al palacio del sumo sacerdote. Pedro lo seguía a cierta distancia.
55 Pero cuando ellos encendieron una
fogata en medio del patio y se sentaron alrededor, Pedro se sentó entre
ellos. 56 Lo vio una sirivienta sentado
junto a la lumbre y, al fijarse en él,
dijo: Este hombre estaba con él.
57 Pero él lo negó, diciendo: Mujer,
yo no lo conozco.
58 Un poco después, lo vio otro y
dijo: Tú también eres uno de ellos.
No lo soy, hombre —respondió
Pedro.
59 Pasada como una hora, un tercero afirmó: De seguro que este individuo estaba con él, porque también
es galileo.
60 Pedro respondió: Hombre, no sé
de qué estás hablando. E inmediatamente, cuando aún estaba hablando,
cantó el gallo. 61 Volviéndose entonces el Señor, dirigió una mirada a
Pedro. Recordó al momento Pedro
las palabras que le había dicho el
Señor: Antes que el gallo cante hoy,
me habrás negado tres veces; 62 y
saliendo al exterior, rompió a llorar
amargamente.

Los soldados se burlan de Jesús

63 Los guardias que lo custodiaban
comenzaron a burlarse de él y lo
golpeaban. 64 Le vendaban los ojos y
le preguntaban: ¡Profetiza! ¿quién te
ha pegado? 65 Y proferían muchos
otros insultos contra él.

Jesús ante Pilato y Herodes

66 Al despuntar el día, el consejo
de los ancianos del pueblo celebró
una reunión con los sumos sacerdotes y los escribas, y llevaron a Jesús
ante su tribunal para interrogarlo:
67 Si eres tú el Cristo,[b] dínoslo.
Jesús contestó: Aunque se lo diga,
de ningún modo lo creerán, 68 y si
les pregunto yo, no me darán respuesta alguna. 69 Pero de ahora en
adelante, el Hijo del Hombre estará
sentado a la diestra del Dios Poderoso.
70 Todos ellos le preguntaron entonces: ¿Eres tú, pues, el Hijo de
Dios?
El respondió: Así es, como acaban
de decirlo.
71 ¿Qué necesidad tenemos ya de
más testimonio? —dijeron entonces
ellos—. Lo acabamos de oír de sus
propios labios.

[a] *44* Algunos Mss. antiguos no tienen los versículos 43 y 44. [b] *67* O *Mesías*.

23 Toda la asamblea se levantó
y lo condujeron ante Pilato.
2 Y comenzaron a acusarlo diciendo:
Hemos hallado a este hombre suble-
vando a nuestra nación, prohibiendo
pagar tributo al César y pretendien-
do que él es el Cristo,[a] el rey.
3 Preguntó, pues, Pilato a Jesús:
¿Tú eres el rey de los judíos?
Así es, como tú lo dices —respondió Jesús.
4 Pilato, por su parte, dijo a los
principales sacerdotes y a la gente:
No encuentro base para culpar a
este hombre.
5 Pero ellos insistían: Subleva al
pueblo por toda la Judea[b] con sus
enseñanzas. Comenzó en Galilea y
ha llegado hasta aquí.
6 Al oír esto, preguntó Pilato si el
hombre era galileo. 7 Cuando supo
que pertenecía a la jurisdicción de
Herodes, lo envió a Herodes, que
también estaba en Jerusalén por
aquellos días.
8 Al ver Herodes a Jesús, se alegró
muchísimo, porque hacía mucho
tiempo que deseaba verlo por lo que
oía de él, y tenía esperanzas de que
haría en su presencia algún milagro.
9 Le hizo muchas preguntas, pero
Jesús no le respondió palabra. 10 Los
principales sacerdotes y los escribas
estaban allí acusándolo con vehe-
mencia. 11 Herodes, entonces, y sus
soldados lo trataron con desprecio y
se burlaron de él, y vistiéndolo con
un manto elegante, lo remitieron a
Pilato. 12 En ese día se hicieron amigos Herodes y Pilato, pues antes
eran enemigos entre sí.
13 Pilato convocó a los principales
sacerdotes, a los jefes y al pueblo,
14 y les dijo: Me han traído a este
hombre como alguien que estaba incitando al pueblo a la rebelión. Lo
he examinado en presencia de ustedes y no he encontrado nada, entre
todos los delitos de que lo acusan,
que me sirva de base para procesar-
lo. 15 Pero tampoco Herodes, porque
nos lo ha vuelto a enviar; como
pueden ver, no ha hecho nada que
merezca pena de muerte. 16 Por lo
tanto, yo lo castigaré, y después lo
soltaré.[c]
18 Todos gritaron, a una voz:
¡Fuera con éste! ¡Suéltanos a
Barrabás! 19 (Barrabás había sido encarcelado a consecuencia de un
motín ocurrido en la ciudad, y por
homicidio.)
20 Deseando soltar a Jesús, les dirigió la palabra Pilato otra vez. 21 Pero
ellos continuaban gritando: ¡Crucifícalo, crucifícalo!
22 Por tercera vez les habló, diciendo: ¿Por qué? ¿Qué crimen ha
cometido este hombre? Yo no he encontrado en él nada que lo haga reo
de muerte. Por lo tanto, lo castigaré
y lo soltaré.
23 Pero ellos insistían a grandes
voces, pidiendo que fuera crucificado, y sus gritos continuaban. 24 Así
que Pilato decidió concederles lo que
pedían. 25 Soltó al hombre que había
sido encarcelado por insurrección y
homicidio, el que le pedían, y entregó a Jesús a merced de ellos.

La crucifixión

26 Cuando se lo llevaban fuera,
echaron mano de un tal Simón, de
Cirene, que volvía del campo, y lo
cargaron con la cruz para que la llevara detrás de Jesús. 27 Lo seguía
una gran multitud del pueblo, entre
la que se hallaban algunas mujeres
que hacían duelo y lamentación por
él. 28 Jesús se volvió hacia ellas y
les dijo: Hijas de Jerusalén, no lloren por mí; lloren por ustedes y por
sus hijos; 29 porque vendrá el tiempo
en que dirán: "Bienaventuradas las
estériles, y los vientres que no han
engendrado y los pechos que no han
amamantado". 30 Entonces,

[a] *2* O *Mesías.* [b] *5* O *el país de los judíos.* [c] *16* Algunos Mss. añaden un vers. 17: *Y tenía obligación de soltarles uno en la fiesta.*

dirán a las montañas: Caigan
sobre nosotros;
y a las colinas: Cúbrannos.[a]
31 Porque si en el árbol verde hacen
esto, ¿qué ocurrirá con el seco?
32 Otros dos hombres, ambos criminales, eran también conducidos
con él, para ser ejecutados. 33 Cuando llegaron al lugar llamado la Calavera, lo crucificaron allí, así como a
los dos criminales, uno a su derecha
y otro a su izquierda. 34 Y dijo
Jesús: Padre, perdónalos; porque no
saben lo que hacen.[b] Y se repartieron sus ropas, echándolas a suertes.
35 La gente, de pie, lo observaba;
e incluso los jefes se burlaban de él,
diciendo: A otros ha salvado; que se
salve a sí mismo, si es él el Cristo[c]
de Dios, el Elegido.
36 También los soldados se acercaron a burlarse de él. Le ofrecieron
vinagre 37 y le dijeron: Si eres tú el
rey de los judíos, sálvate a ti
mismo.
38 Había encima de él un letrero
con la siguiente inscripción: ESTE
ES EL REY DE LOS JUDIOS.
39 Uno de los criminales colgados
allí profería insultos contra él,
diciendo: ¿No eres tú el Cristo?[d]
Sálvate a ti y a nosotros.
40 Pero el otro criminal lo reprendió, diciéndole: ¿Ni siquiera temes a
Dios, estando tú condenado al
mismo suplicio? 41 Y eso que a nosotros se nos castiga con justicia,
pues recibimos lo merecido por
nuestros hechos; pero éste no ha
hecho nada malo.
42 Luego dijo: Jesús, acuérdate de
mí cuando llegues a tu reino.
43 Jesús le respondió: En verdad te
digo que hoy estarás conmigo en el
paraíso.

Muerte de Jesús

44 Era aproximadamente la hora
sexta, y se produjo una oscuridad
sobre toda la tierra hasta la hora
novena, 45 pues el sol dejó de brillar.
El velo del templo se rasgó en dos
partes. 46 Jesús clamó con una gran
voz: Padre, en tus manos encomiendo mi espíritu. Dicho esto, expiró.
47 El centurión, viendo lo sucedido,
daba alabanzas a Dios, diciendo: De
seguro que éste era un hombre
justo. 48 Cuando todo el gentío que
se había reunido para presenciar
aquel espectáculo contempló lo ocurrido, se retiró golpeándose el
pecho. 49 Pero todos sus conocidos,
incluyendo las mujeres que lo habían
seguido desde Galilea, permanecían a
distancia, observando estas cosas.

Sepelio de Jesús

50 Ahora bien, había un hombre
llamado José, miembro del Consejo,
hombre bueno y justo, 51 que no
había dado su voto ni a lo acordado
ni a lo ejecutado por ellos. Llegó del
pueblo judío de Arimatea y mantenía
su esperanza en el reino de Dios.
52 El se presentó a Pilato, para pedirle el cuerpo de Jesús. 53 Luego lo
bajó de la cruz, lo envolvió en un
lienzo y lo depositó en una tumba
excavada en la roca, donde todavía
no se había puesto a nadie. 54 Era el
día de la preparación, y el sábado
estaba a punto de comenzar.
55 Las mujeres que habían venido
con Jesús desde Galilea, siguieron a
José y vieron la tumba y cómo era
colocado allí su cuerpo. 56 Luego se
volvieron a casa a preparar perfumes
y ungüentos. Pero guardaron reposo
durante el sábado, conforme al mandamiento de la ley.

La Resurrección

24 El primer día de la semana,
muy de madrugada, las mujeres tomaron consigo los perfumes
que habían preparado y fueron a la
tumba. 2 Encontraron removida la
piedra de la tumba, 3 pero cuando
entraron, no hallaron el cuerpo del
Señor Jesús. 4 Mientras estaban
perplejas por esto, de pronto

[a] *30* Oseas 10:8. [b] *34* Algunos Mss. antiguos no tienen esta oración. [c] *35* O *Mesías*.
[d] *39* O *Mesías*.

aparecieron al lado de ellas dos
varones con ropas que resplandecían
como el relámpago. 5 Aterrori zadas,
inclinaron la cara hacia el suelo,
pero los hombres les dijeron: ¿Por
qué buscan entre los muertos al que
vive? 6 No está aquí, ¡ha resucitado!
Recuerden lo que les dijo, estando
aún en Galilea: 7 "El Hijo del Hombre tiene que ser entregado en
manos de hombres pecadores, ser
crucificado, y resucitar al tercer
día". 8 Entonces ellas se acordaron
de sus palabras.

9 Cuando regresaron de la tumba,
les dijeron todas estas cosas a los
once y a todos los demás. 10 Eran
María Magdalena, Juana, María la
madre de Jacobo y los demás que
estaban con ellas, las que relataron
esto a los apóstoles. 11 Pero ellos no
creyeron a las mujeres, porque sus
palabras les parecieron una locura.
12 Pedro, sin embargo, se levantó y
echó a correr hacia la tumba. Al
asomarse, vio las vendas solas, y se
alejó, pregúntandose qué había pasado.

De camino hacia Emaús

13 Aquel mismo día, dos de ellos
iban de camino a un pueblo llamado
Emaús, que dista de Jerusalén unos
once kilómetros.[a] 14 Iban hablando
entre ellos sobre todas las cosas que
habían sucedido. 15 Mientras conversaban y discutían estas cosas entre
sí, Jesús mismo se acercó a caminar
con ellos: 16 pero ellos fueron incapaces de reconocerlo.

17 El les preguntó: ¿Qué vienen
discutiendo por el camino?

Ellos se detuvieron con el rostro
ensombrecido de tristeza. 18 Uno de
ellos, llamado Cleofas, le preguntó:
¿Eres tú el único forastero en Jerusalén, para no saber lo que ha pasado allí estos días?

19 ¿Qué ha pasado? —preguntó él.

Lo de Jesús de Nazaret —respondieron ellos—. Era un profeta poderoso en obra y palabra ante Dios y
ante todo el pueblo. 20 Los principales sacerdotes y nuestros jefes lo entregaron para ser sentenciado a
muerte, y lo crucificaron. 21 Nosotros
abrigábamos la esperanza de que él
era el que iba a rescatar a Israel;
pero, lo que es más, ya es el tercer
día desde que sucedieron estas
cosas. 22 Además, algunas de
nuestras mujeres nos han dejado
asombrados. Fueron a la tumba esta
madrugada, 23 pero no encontraron
su cuerpo, y vinieron a decirnos que
habían visto una aparición de ángeles que les dijeron que él está vivo.
24 Entonces, algunos de nuestros
compañeros fueron a la tumba y lo
hallaron tal y como lo dijeron las
mujeres, pero a él no lo han visto.

25 El les dijo: ¡Qué necios y qué
lentos de corazón son para creer en
todas las cosas que anunciaron los
profetas! 26 ¿No era necesario que el
Cristo[b] padeciera eso para entrar en
su gloria? 27 Y, comenzando por
Moisés y por todos los profetas, les
explicó lo que decían todas las
Escrituras acerca de él.

28 Al acercarse ellos al pueblo al
que se dirigían, Jesús hizo como que
iba más lejos. 29 Pero ellos lo apre-
miaron, diciendo: Quédate con nosotros, porque se hace tarde y ha
declinado el día. Entró, pues, a
quedarse con ellos.

30 Estando sentado a la mesa con
ellos, tomó el pan, dio gracias, lo
partió y comenzó a dárselo. 31 Entonces se les abrieron los ojos, y lo
reconocieron, y él desapareció de su
vista. 32 Entonces se dijeron el uno
al otro: ¿No estaba ardiendo nuestro
corazón dentro de nosotros, mientras
nos hablaba por el camino, explicán-
donos las Escrituras?

33 Se levantaron y regresaron inmediatamente a Jerusalén. Allí encontraron a los once y a los que estaban con ellos, reunidos 34 y diciendo:
¡Es cierto! Ha resucitado el Señor y
se ha aparecido a Simón. 35 Entonces
los dos contaron lo que les había

[a] *13* El griego dice, *sesenta estadios.* [b] *26* O *Mesías.*

ocurrido en el camino y cómo habían reconocido a Jesús al partir del pan.

Jesús se aparece a los discípulos

36 Aún estaban ellos hablando de esto, cuando Jesús mismo se presentó en medio de ellos y les dijo: La paz sea con ustedes.

37 Asustados, y atemorizados, ellos creían ver un espíritu. 38 Y él les dijo: ¿Por qué están sobresaltados y por qué surgen dudas en sus mentes? 39 Miren mis manos y mis pies. ¡Soy yo mismo! Tóquenme y dense cuenta de que un espíritu no tiene carne y huesos, como ven que los tengo yo.

40 Dicho esto, les mostró las manos y los pies. 41 Pero, como ellos se resistían todavía a creerlo, a causa del gozo y del asombro, les dijo: ¿Tienen aquí algo de comer? 42 Ellos le dieron un trozo de pescado asado, 43 y él lo tomó y se lo comió en presencia de ellos.

44 Luego les dijo: Esto es lo que yo les dije cuando todavía estaba con ustedes: Es necesario que tenga su cumplimiento todo lo que está escrito acerca de mí en la ley de Moisés, en los profetas y en los salmos.

45 Entonces les abrió el entendimiento para que pudieran entender las Escrituras, 46 y les dijo: Esto es lo que está escrito: El Cristo[a] ha de padecer y resucitar de entre los muertos al tercer día, 47 y en su nombre se ha de predicar arrepentimiento, para perdón de los pecados, a todos los pueblos, comenzando por Jerusalén. 48 Ustedes son testigos de estas cosas. 49 Yo voy a enviarles lo que el Padre ha prometido; pero ustedes quédense en la ciudad hasta que hayan sido revestidos del poder que procede de lo alto.

La Ascensión

50 Los condujo después fuera hasta las cercanías de Betania. Levantó sus manos para bendecirlos. 51 Y, mientras los bendecía, se alejó de ellos y fue llevado al cielo. 52 Entonces ellos lo adoraron y regresaron a Jerusalén con gran gozo. 53 Y estaban continuamente en el templo, alabando y bendiciendo a Dios.

JUAN

La Palabra se hizo carne

1 En el principio existía la Palabra, y la Palabra estaba con Dios, y la Palabra era Dios. 2 Estaba desde el principio con Dios.

3 Todas las cosas fueron hechas mediante él, y sin él no se hizo nada de lo que se ha hecho. 4 En él estaba la vida, y esta vida era la luz de los hombres. 5 La luz brilla en la oscuridad, pero la oscuridad no la ha comprendido.[b]

6 Vino un hombre enviado por Dios; su nombre era Juan. 7 Vino como testigo a dar testimonio respecto a esa luz, a fin de que por él todos los hombres pudieran creer. 8 No era él mismo la luz, sino que vino solamente como testigo de la

[a] 46 O *Mesías*. [b] 5 O *no se apoderó de ella*.

luz. 9La verdadera luz que ilumina a
todo hombre, estaba viniendo al
mundo.[a]
10El estaba en el mundo, y a
pesar de que el mundo fue hecho
por él, el mundo no lo reconoció.
11Vino a lo que era suyo, pero los
suyos no lo recibieron. 12Sin embargo, a todos los que lo recibieron,
a los que creyeron en su nombre,
les dio el derecho de llegar a ser
hijos de Dios, 13los cuales no son
nacidos de descendencia[b] natural, ni
por decisión humana, ni por voluntad de un marido, sino que son nacidos de Dios.
14Y la Palabra se hizo carne y
vivió por algún tiempo entre nosotros, y hemos visto su gloria, la
gloria propia del único Hijo[c] que
vino del Padre, lleno de gracia y de
verdad.
15Juan da testimonio acerca de él
y clama diciendo: Este es aquél de
quien yo decía: "El que viene después de mí me ha adelantado,
porque existía antes que yo". 16De
la plenitud de su gracia todos hemos
recibido una bendición tras otra.
17Porque la ley fue dada por medio
de Moisés, pero la gracia y la
verdad vinieron por medio de Jesucristo. 18Nadie ha visto jamás a
Dios, pero el único Hijo,[d] que está
al lado del Padre, lo ha dado a
conocer.

Juan el Bautista niega ser el Cristo

19Y éste es el testimonio de Juan
cuando los judíos de Jerusalén enviaron sacerdotes y levitas a preguntarle quién era. 20El no dejó de confesar, sino que declaró francamente:
Yo no soy el Cristo.[e]
21Ellos preguntaron: Entonces,
¿quién eres tú? ¿Eres Elías?
El dijo: No lo soy.
¿Eres tú el profeta?
Y respondió: ¡No!
22Finalmente le dijeron: Pues,
¿quién eres? Dínoslo, para poder dar
una respuesta a los que nos enviaron. ¿Qué dices de ti mismo? 23Juan
respondió con las palabras del profeta Isaías: Yo soy la voz de uno que
clama en el desierto: "Enderecen el
camino para el Señor".[f]
24Y algunos fariseos que estaban
entre los enviados 25le preguntaron:
¿Por qué, pues, bautizas, si no eres
el Cristo,[g] ni Elías, ni el profeta?
26Yo bautizo con[h] agua —respondió Juan—, pero entre ustedes está
uno a quien no conocen. 27El es el
que viene detrás de mí, a quien yo
no soy digno de desatarle las correas
de sus sandalias.
28Todo esto ocurrió en Betania, al
otro lado del Jordán, donde Juan
estaba bautizando.

Jesús, el Cordero de Dios

29Al día siguiente, vio Juan a
Jesús que venía hacia él, y dijo:
¡Miren al Cordero de Dios, que
quita el pecado del mundo! 30Este
es al que yo me refería cuando dije:
"Uno que viene detrás de mí se me
adelanta, porque existía antes que
yo". 31Yo mismo no le conocía,
pero el motivo por el cual vine a
bautizar con[i] agua era para que él
fuera revelado a Israel.
32Entonces dio Juan este testimonio: Yo vi al Espíritu que bajaba del
cielo como una paloma, y se quedaba sobre él. 33Yo no lo habría conocido si no fuera porque el que me
envió a bautizar con[h] agua, me dijo:
"Aquél sobre quien veas al Espíritu
bajar y quedarse encima de él, ése
es el que bautizará con el Espíritu
Santo". 34Yo lo he visto, y testifico
que él es el Hijo de Dios.

[a] *9 O ésta era la verdadera luz que ilumina a todo hombre que viene a este mundo.* [b] *13* El griego dice *de sangres.* [c] *14* O *del unigénito.* [d] *18* O el *unigénito Dios.* Algunos Mss. dicen *al unigénito Hijo.* [e] *20* O *el Mesías.* Tanto *el Cristo* (griego) como *el Mesías* (hebreo) significan *el Ungido.* [f] *23* Isaías 40:3. [g] *25* O *el Mesías.* [h] *26, 31, 33* O *en.*

Los primeros discípulos de Jesús

35 Al día siguiente, Juan estaba
otra vez allí con dos de sus discípulos. 36 Al ver a Jesús que pasaba,
dijo: ¡Miren, el Cordero de Dios!
37 Al oírlo los dos discípulos decir
esto, siguieron a Jesús. 38 Volviéndose Jesús, vio que lo venían
siguiendo y les preguntó: ¿Qué
quieren?
Ellos dijeron: Rabí (que significa
Maestro), ¿dónde vives?
39 Vengan —les respondió—, y lo
verán.
Así pues, fueron y vieron donde
se hospedaba, y pasaron aquel día
con él. Era aproximadamente la hora
décima.
40 Andrés, hermano de Simón
Pedro, era uno de los dos que oyeron lo que Juan había dicho y
habían seguido a Jesús. 41 Lo primero que hizo Andrés fue ir al encuentro de su hermano Simón y decirle:
Hemos encontrado al Mesías (esto
es, al Cristo). 42 Entonces condujo a
Simón hasta Jesús, quien, mirándolo
fijamente, le dijo: Tú eres Simón, el
hijo de Juan. Tú te llamarás Cefas
(que, traducido, es Pedro[a]).

Jesús llama a Felipe y a Natanael

43 Al día siguiente, Jesús decidió
salir hacia Galilea, y hallando a Felipe, le dijo: Sígueme.
44 Felipe, como Andrés y Pedro,
era del pueblo de Betsaida. 45 Felipe
encontró a Natanael y le dijo:
Hemos hallado a aquél de quien
escribió Moisés en la ley, y de quien
escribieron también los profetas:
Jesús de Nazaret, el hijo de José.
46 ¡Nazaret! ¿Es que puede salir algo bueno de allí? —preguntó Natanael.
¡Ven y lo verás! —dijo Felipe.
47 Cuando Jesús vio acercarse a
Natanael, dijo de él: Aquí viene un
israelita de verdad, en quien no hay
nada falso.
48 ¿Cómo me conoces? —preguntó
Natanael.
Jesús contestó: Te vi cuando estabas aún bajo la higuera, antes de
que Felipe te llamara.
49 Entonces exclamó Natanael:
Rabí, tú eres el Hijo de Dios; tú
eres el rey de Israel.
50 Contestó Jesús: Crees[b] porque te
he dicho que te vi bajo la higuera.
Cosas mayores que éstas verás. 51 Y
añadió: Les digo en verdad que
todos ustedes verán el cielo abierto,
y a los ángeles de Dios subiendo y
bajando sobre el Hijo del Hombre.

Jesús cambia el agua en vino

2 Al tercer día se celebró una
boda en Caná de Galilea. La
madre de Jesús estaba allí, 2 y Jesús
y sus discípulos habían sido también
invitados a la boda. 3 Cuando el vino
se acabó, la madre de Jesús le dijo:
Ya no tienen vino.
4 ¿Por qué me comprometes?[c]
—respondió Jesús—. Todavía no ha
llegado mi tiempo.
5 Su madre dijo a los servidores:
Hagan cuanto él les diga.
6 Había puestas cerca de allí seis
tinajas de piedra, de las que usan
los judíos para sus lavados ceremoniales, en cada una de las cuales
cabían de ochenta a cien litros.[d]
7 Jesús les dijo a los sirvientes:
Llenen las tinajas de agua. Así que
ellos las llenaron hasta el borde.
8 Entonces les dijo: Ahora saquen
un poco y llévenselo al maestro de
ceremonias.
Así lo hicieron, 9 y el maestro de
ceremonias probó el agua que había
sido convertida en vino. El no sabía
de dónde había venido, aunque lo
sabían los sirvientes que habían aca-
rreado el agua. Entonces él llamó

[a] *42 Cefas* significa *roca* en arameo. *Pedro* quiere decir lo mismo en griego. [b] *50* O *¿Crees...?* [c] *4* El original dice literalmente: *¿Qué a mí y a tí, mujer?* El término "mujer" equivale a "señora", (forma de cortesía). [d] *6* El griego dice: *dos o tres metretas*.

aparte al novio, 10y le dijo: Todos
ponen primero el vino más selecto,
y después que los invitados han
bebido demasiado, el de calidad inferior, pero tú has guardado hasta
ahora el mejor vino.
11Esta, que fue la primera de sus
señales milagrosas, la llevó a cabo
Jesús en Caná de Galilea. Así manifestó su gloria, y sus discípulos creyeron en él.

Jesús limpia el templo

12Después de esto, descendieron a
Capernaum él, su madre, sus hermanos y sus discípulos, y permanecieron allí unos pocos días.
13Estando ya próxima la Pascua
de los judíos, Jesús subió a Jerusalén, 14y encontró en el atrio del
templo a los que vendían bueyes,
ovejas y palomas, y a otros sentados
a las mesas cambiando dinero. 15En-
tonces se hizo un látigo de cuerdas
y los echó a todos del lugar del templo, así como a las ovejas y bueyes;
esparció las monedas de los cambistas y les volcó las mesas. 16Y les
dijo a los que vendían palomas:
¡Saquen esto de aquí! ¿Cómo se
atreven a convertir la casa de mi
Padre en un mercado?
17Sus discípulos se acordaron de
que está escrito: "El celo de tu casa
me consumirá".[a]
18Entonces los judíos le exigieron:
¿Qué señal milagrosa nos puedes
mostrar para probar tu autoridad
para hacer todo esto?
19Jesús les respondió: Destruyan
este templo, y lo levantaré de nuevo
en tres días.
20Le respondieron los judíos:
Tardaron cuarenta y seis años en
construir este templo, ¿y lo vas a
levantar tú en tres días? 21Pero el
templo al que él se refería era su
cuerpo. 22Después, cuando resucitó
de entre los muertos, recordaron sus
discípulos lo que había dicho; y
creyeron las Escrituras y las palabras que Jesús había dicho.
23Y mientras estaba en Jerusalén
en la fiesta de la Pascua, muchos
vieron las señales milagrosas que
hacía y creyeron en su nombre.[b]
24Pero Jesús no se fiaba de ellos,
porque conocía a todos los hombres,
25y no tenía necesidad de que nadie
le dijera nada sobre la gente, pues él
conocía lo que había dentro del
hombre.

Jesús enseña a Nicodemo

3 Había entre los fariseos un
hombre que se llamaba Nicodemo, un magistrado de los judíos.
2Este vino a Jesús de noche y le
dijo: Rabí, sabemos que eres un
maestro venido de Dios; pues nadie
podría realizar las señales milagrosas
que tú haces, si Dios no estuviera
con él.
3Jesús le respondió: Te digo la
verdad, a menos que un hombre
nazca de nuevo,[c] no puede ver el
reino de Dios.
4Pero, ¿cómo puede nacer una
persona, siendo vieja? — le dijo
Nicodemo—. ¡De seguro que no
puede entrar por segunda vez en el
vientre de su madre para nacer!
5Contestó Jesús: Te aseguro que,
a menos que uno nazca de agua y
del Espíritu, no puede entrar en el
reino de Dios. 6Lo que nace de la
carne es carne, y lo que nace del
Espíritu[d] es espíritu. 7No deberías
asombrarte de que te diga: Debes
nacer de nuevo.[e] 8El viento sopla
donde quiere; quizás oyes su sonido,
pero no puedes decir de dónde viene
ni a dónde va. Lo mismo pasa con
todo aquel que es nacido del Espíritu.
9¿Cómo puede ser esto? —preguntó Nicodemo.
10Tú eres un maestro de Israel
—dijo Jesús—, ¿y no entiendes estas
cosas? 11Te digo la verdad, hablamos de lo que sabemos, y

[a] *17* Salmo 69:9. [b] *23* O *pusieron su confianza en él.* [c] *3* O *nacido de arriba*; también en el versículo 7. [d] *6* O *espíritu.* [e] *7* El griego es plural.

atestiguamos lo que hemos visto, pero ustedes todavía no aceptan nuestro testimonio. 12 Si les he hablado de cosas de la tierra, y no creen, ¿cómo creerán si hablo de cosas celestiales? 13 Nadie ha ido jamás al cielo, excepto el que vino del cielo: el Hijo del Hombre.[a] 14 Y así como Moisés levantó la serpiente en el desierto, así tiene que ser levantado el Hijo del Hombre, 15 para que todo el que cree en él tenga vida eterna.[b]

16 Pues de tal manera amó Dios al mundo, que dio a su único Hijo,[c] para que todo aquel que crea en él, no perezca, sino que tenga vida eterna. 17 Pues Dios no envió a su Hijo al mundo para condenar al mundo, sino para salvar al mundo por medio de él. 18 Cualquiera que cree en él, no es condenado, pero todo aquel que no cree, queda ya condenado, por no haber creído en el nombre del único Hijo[c] de Dios. 19 Y éste es el veredicto: que la luz ha venido al mundo, pero los hombres prefirieron las tinieblas a la luz, porque sus obras eran perversas. 20 Todo el que hace el mal odia la luz, y no quiere venir a la luz por miedo de que sus obras queden al descubierto. 21 En cambio, todo el que vive de la verdad viene a la luz, de modo que pueda verse claramente que lo que ha hecho ha sido realizado por medio de Dios.[d]

Testimonio de Juan el Bautista acerca de Jesús

22 Pasado esto, Jesús y sus discípulos fueron a la región de Judea, donde él pasó algún tiempo con ellos, y bautizaba. 23 También Juan estaba bautizando en Enón, cerca de Salim, porque allí había agua en abundancia, y la gente acudía continuamente para ser bautizada. 24 (Esto era antes de que Juan fuera puesto en prisión.) 25 Surgió una discusión entre algunos discípulos de Juan y un judío sobre el asunto de los lavamientos ceremoniales. 26 Y fueron a Juan y le dijeron: Rabí, aquel hombre que estaba contigo al otro lado del Jordán, el mismo del que tú diste testimonio, está bautizando, y todos acuden a él.

27 A lo que Juan respondió: Un hombre sólo puede recibir lo que le es dado del cielo. 28 Ustedes mismos me son testigos de que dije: "Yo no soy el Cristo,[e] sino que soy enviado delante de él". 29 La novia le pertenece al novio, pero el amigo que asiste al novio lo espera y lo escucha y se llena de gozo cuando oye su voz. Ese es mi gozo, y es ahora cuando se ha cumplido. 30 Es necesario que él ahora sobresalga, y que yo pierda importancia.

31 El que viene de arriba está por encima de todos; el que es de la tierra pertenece a la tierra, y habla como los de la tierra. El que viene del cielo está por encima de todos. 32 El atestigua lo que ha visto y oído, pero nadie acepta su testimonio; 33 la persona que lo recibe, certifica que Dios es verdadero. 34 Pues aquél a quien Dios ha enviado habla las palabras de Dios, ya que a él le da Dios el Espíritu sin limitaciones. 35 El Padre ama al Hijo y ha puesto todas las cosas en sus manos. 36 Cualquiera que pone su fe en el Hijo tiene vida eterna, pero todo aquel que rechaza al Hijo no verá tal vida sino que la ira de Dios permanece sobre él.[f]

Jesús conversa con una samaritana

4 Los fariseos se enteraron de que Jesús estaba atrayendo y bautizando más discípulos que Juan, 2 aunque en realidad no era Jesús el que bautizaba, sino sus discípulos.

[a] *13* Algunos Mss. dicen: *Hombre que está en el cielo.* [b] *15* O *para que todo el que crea, pueda tener vida eterna en él.* [c] *16, 18* O *su Hijo Unigénito.* [d] *21* Algunos intérpretes opinan que la cita de las palabras de Jesús finaliza con el versículo 15. [e] *28* O *Mesías.* [f] *36* Algunos intérpretes terminan la cita después del versículo 30.

3 Cuando el Señor supo esto, salió
de Judea y regresó de nuevo a Galilea.
4 Y tuvo que pasar por Samaria.
5 Vino, pues, a un pueblo de Samaria llamado Sicar, cerca del campo
que Jacob había dado a su hijo José.
6 Allí estaba el pozo de Jacob, y
Jesús, cansado como estaba del
camino, se sentó al borde del pozo.
Era aproximadamente la hora sexta.
7 Vino una mujer de Samaria a
sacar agua, y Jesús le dijo: ¿Me das
de beber? 8 (Sus discípulos habían
ido al pueblo a comprar comida.)
9 La samaritana le dijo: Tú eres
judío y yo soy samaritana, ¿cómo
me pides de beber? (Pues los judíos
no se tratan con los samaritanos.[a])
10 Jesús le respondió: Si conocieras
el don de Dios y supieras quién es
el que te pide de beber, tú le
habrías pedido a él, y él te habría
dado agua viva.
11 Señor —le dijo la mujer—, no
llevas nada con que sacar agua, y el
pozo es hondo. ¿De dónde puedes
sacar, pues, esa agua viva? 12 ¿Acaso eres tú más que nuestro padre
Jacob, que nos dio el pozo y bebió
aquí él mismo, así como sus hijos y
sus rebaños y ganado?
13 Jesús respondió: Cualquiera que
beba de esta agua, tendrá sed otra
vez, 14 pero todo el que beba del
agua que yo le dé, jamás volverá a
tener sed. Más aún, el agua que yo
le daré se convertirá dentro de él en
un manantial que brota para vida
eterna.
15 La mujer le dijo: Señor, dame
de esa agua para no tener sed ni
tener que continuar viniendo aquí
para sacar agua.
16 Entonces él le dijo: Vé a llamar
a tu marido y vuelve acá.
17 No tengo marido —respondió
ella.
Jesús le dijo: Tienes razón al decir
que no tienes marido. 18 Lo cierto es
que has tenido cinco maridos, y el
hombre que tienes ahora no es tu
marido. Lo que acabas de decir es
totalmente cierto.
19 Señor —le dijo la mujer—, me
doy cuenta de que eres un profeta.
20 Nuestros padres adoraron en este
monte, pero ustedes los judíos dicen
que el lugar donde debemos adorar
está en Jerusalén.
21 Jesús le declaró: Créeme, mujer;
está llegando la hora en que ni en
este monte ni en Jerusalén adorarán
al Padre. 22 Ustedes los samaritanos
adoran lo que no conocen; nosotros
adoramos lo que conocemos, porque
la salvación viene de los judíos.
23 Con todo, se acerca la hora, y en
realidad ya ha llegado, en que los
verdaderos adoradores adorarán al
Padre en espíritu y en verdad, pues
ésta es la clase de adoradores que el
Padre busca. 24 Dios es espíritu, y
sus adoradores deben adorar en espíritu y en verdad.
25 Dijo la mujer: Ya sé que el
Mesías (el llamado Cristo) está a
punto de llegar. Cuando él venga, él
nos lo explicará todo.
26 Entonces Jesús le declaró: Ese
soy yo, el que te está hablando.

Los discípulos vuelven a reunirse con Jesús

27 En esto volvieron sus discípulos
y se quedaron sorprendidos de encontrarlo hablando con una mujer;
pero ninguno le dijo: ¿Qué le preguntas? o ¿Por qué estás hablando
con ella?
28 La mujer, entonces, dejando su
cántaro, se volvió al pueblo y le dijo
a la gente: 29 Vengan a ver a un
hombre que me ha dicho todo lo
que he hecho. ¿No podría ser éste
el Cristo?[b] 30 La gente salió del
pueblo y se vino hacia él.
31 Mientras tanto, sus discípulos le
insistían: Rabí, come algo.
32 Pero él les dijo: Yo tengo para
comer un alimento del que ustedes
no saben nada.

[a] 9 *O no comparten sus vasijas con los samaritanos.* [b] 29 *O el Mesías.*

33 Los discípulos se dijeron entonces entre sí: ¿Le habrá traído alguien de comer?

34 Mi alimento —dijo Jesús— es
hacer la voluntad del que me envió
y llevar a cabo su obra. 35 ¿No dicen
ustedes: "Faltan cuatro meses, y
luego la cosecha"? Pues yo les digo:
¡abran sus ojos, y miren los campos!
Ya están maduros para la cosecha.
36 Ya cobra el segador sus jornales;
ya recoge el fruto para vida eterna,
para que el sembrador y el segador
se regocijen juntamente. 37 Así se
cumple el dicho de que "uno siembra, y otro cosecha". 38 Yo los he
enviado a cosechar lo que no han
trabajado. Otros han realizado la
tarea más dura, y ustedes han cose-
chado los beneficios de su labor.

Muchos samaritanos creen

39 Muchos de los samaritanos de
aquella población creyeron en él por
el testimonio de la mujer, que declaraba: Me ha dicho todo lo que he
hecho. 40 Así pues, cuando los samaritanos vinieron a él, le rogaban que
se quedara con ellos. Y se quedó
allí dos días. 41 Y muchos más llegaron a creer por sus palabras.

42 Y le decían a la mujer: Ahora
ya no creemos sólo por lo que tú
dijiste; pues nosotros mismos lo
hemos oído, y sabemos que este
hombre es de verdad el Salvador del
mundo.

Jesús sana al hijo del oficial

43 Después de aquellos dos días,
salió para Galilea. 44 (Jesús mismo
había señalado que un profeta no es
estimado en su propia patria.) 45 Pero
cuando llegó a Galilea, los galileos le
dieron la bienvenida, tras ver todo
lo que había realizado en Jerusalén
en la fiesta de la Pascua, ya que
también ellos habían estado allí.

46 Vino, pues, otra vez a Caná de
Galilea, donde había convertido el
agua en vino. Y había allí un oficial
del rey, cuyo hijo yacía enfermo en
Capernaum. 47 Cuando este hombre
se enteró de que Jesús había llegado
a Galilea desde Judea, fue a él y le
rogó que fuera a sanar a su hijo,
que estaba a punto de morir.

48 Si no ven señales milagrosas y
prodigios —le dijo Jesús—, nunca
creerán.

49 El funcionario real le dijo:
Señor, baja antes de que se muera
mi hijo.

50 Jesús respondió: Puedes irte. Tu
hijo vivirá.

El hombre dio crédito a la palabra
de Jesús y se fue. 51 Mientras iba
todavía de camino, sus criados salieron a su encuentro con la noticia de
que su hijo estaba vivo. 52 Cuando
les preguntó a qué hora había
comenzado su hijo a ponerse mejor,
le dijeron: La fiebre se le fue ayer a
la hora séptima.

53 Entonces el padre se dio cuenta
de que ésa era la hora exacta en
que Jesús le había dicho: Tu hijo
vivirá. Y así él y toda su familia
creyeron.

54 Esta fue la segunda señal milagrosa que Jesús realizó en Galilea, a
su vuelta de Judea.

Jesús sana a un inválido

5 Algún tiempo después, subió
Jesús a Jerusalén para asistir a
una fiesta de los judíos. 2 Ahora
bien, hay en Jerusalén, cerca de la
Puerta de las Ovejas, un estanque,
que en arameo se llama Betesda,[a]
rodeado de cinco pórticos. 3 Aquí
acostumbraban a recostarse gran
número de inválidos: ciegos, cojos,
paralíticos.[b] 5 Un hombre que estaba
allí, llevaba ya treinta y ocho años
de inválido. 6 Cuando Jesús lo vio
tendido allí y se enteró de que se

[a] 2 Algunos Mss. antiguos dicen *Bethzatha;* otros, *Betsaida.* [b] 3 Algunos Mss. añaden: *y esperaban a que se moviera el agua.* Otros Mss. añaden también el versículo 4: *De tiempo en tiempo, un ángel del Señor bajaba y removía el agua. Y el primero que entraba en el estanque después de cada movimiento del agua, sanaba de cualquier enfermedad que padeciera.*

hallaba en este estado desde hacía
largo tiempo, le preguntó: ¿Quieres
sanar?
7 Señor —respondió el inválido—,
no tengo quien me ayude a meterme
en el estanque cuando se remueve el
agua. Y mientras yo trato de meterme, ya ha llegado algún otro antes
que yo.
8 Entonces Jesús le dijo: ¡Levántate! ¡Toma tu camilla y anda! 9 Y al
instante quedó sano el hombre; tomó
su camilla y anduvo.
El día en que esto ocurrió era un
día sábado; 10 así que los judíos le
dijeron al hombre que había sido
sanado: Hoy es diá sábado; la ley te
prohíbe llevar la camilla.
11 Pero él respondió: El hombre
que me sanó me dijo: Toma tu camilla y anda.
12 Y ellos le preguntaron: ¿Quién
es ese individuo que te dijo: "Tómala y anda?"
13 El que había sido sanado no
tenía ni idea de quién era, pues
Jesús había desaparecido entre el
gentío que había ahí.
14 Más tarde Jesús lo encontró en
el templo, y le dijo: Mira, ya estás
bien otra vez. Ahora no vuelvas a
pecar, no sea que te ocurra algo
peor. 15 El hombre se fue y les contó a los judíos que era Jesús el que
lo había sanado.

La vida mediante el Hijo

16 Así, por hacer Jesús estas cosas
en sábado, los judíos lo perseguían.
17 Jesús les dijo: Mi Padre siempre
está en actividad hasta este mismo
día, y yo también lo estoy. 18 Por
esta razón, los judíos trataban con
más ahínco de matarlo, porque no
sólo estaba quebrantando el día de
reposo, sino que se atrevía a llamar
a Dios su propio Padre, igualándose
a sí mismo con Dios.
19 Respondió entonces Jesús y les
dijo: De verdad les digo que el Hijo
no puede hacer nada por su propia
cuenta, sino sólo lo que ve a su
Padre hacer, porque todo lo que
hace el Padre, lo hace también el
Hijo. 20 Pues el Padre ama al Hijo y
le muestra todo lo que hace. Sí,
mayores cosas que éstas le mostrará,
de tal modo que se asombrarán.
21 Porque como el Padre resucita a
los muertos y les da vida, así también el Hijo da vida a quienes le
place dársela. 22 Además, el Padre
no juzga a nadie, sino que ha entregado al Hijo todo el poder de
juzgar, 23 para que todos honren al
Hijo así como honran al Padre. El
que no honra al Hijo, tampoco
honra al Padre que lo envió.
24 En verdad les digo que todo el
que escucha mi palabra y cree en el
que me ha enviado, tiene vida eterna
y no será condenado, pues ha pasado de muerte a vida. 25 Les digo la
verdad, que se acerca la hora, y ha
llegado ya, en que los muertos oirán
la voz del Hijo de Dios, y los que la
oigan vivirán. 26 Pues así como el
Padre tiene vida en sí mismo, también ha otorgado al Hijo el tener
vida en sí mismo. 27 Y le ha dado
autoridad para juzgar por ser el Hijo
del Hombre.
28 No se asombren de esto, porque
está llegando el tiempo en que los
que se hallan en los sepulcros oirán
su voz 29 y saldrán: los que han
hecho el bien, resucitarán para vivir;
y los que han hecho el mal, resucitarán para ser condenados. 30 Por mi
propia cuenta, yo no puedo hacer
nada; yo juzgo sólo según lo que
oigo, y mi juicio es justo, pues no
busco agradarme a mí mismo, sino
al que me ha enviado.

Testimonio acerca de Jesús

31 Si yo doy testimonio sobre mí
mismo, mi testimonio no es válido.
32 Hay otro que da testimonio en mi
favor, y yo sé que su testimonio
acerca de mí es válido.
33 Ustedes enviaron a preguntar a
Juan, y él ha dado testimonio en
favor de la verdad. 34 No es que yo
me apoye sobre el testimonio de un
hombre, pero lo menciono a fin de

que ustedes puedan ser salvos.
35 Juan era una lámpara que ardía y
brillaba, y a ustedes les gustó por
algún tiempo recrearse con su luz.
36 Yo tengo un testimonio de más
peso que el de Juan, pues las
mismas obras que el Padre me en-
comendó que llevara a cabo, que
son las que estoy haciendo, ellas
dan testimonio de que el Padre me
ha enviado. 37 Y el Padre mismo que
me envió, ha dado también testimonio acerca de mí. Nunca han oído
su voz, ni han visto su figura, 38 ni
habita su palabra en ustedes, porque
no creen en aquel que él ha enviado. 39 Ustedes estudian diligentemente[a] las Escrituras, porque piensan
que tienen en ellas la vida eterna.
Estas son las Escrituras que dan
testimonio de mí; 40 sin embargo,
rehúsan venir a mí para tener vida.
41 Yo no acepto alabanzas de parte
de los hombres, 42 pero los conozco
a ustedes y sé que no tienen el
amor de Dios en sus corazones.
43 He venido yo en nombre de mi
Padre, y no me aceptan; si algún
otro viene en su propio nombre, a
ése lo aceptarán. 44 ¿Cómo van a
poder creer, si sólo buscan alabanzas los unos de los otros, y no tratan de conseguir la alabanza que
procede del único Dios?[b]
45 Pero no piensen que voy a acu-
sarles delante del Padre. Su acusador es Moisés, en quien tienen
puestas sus esperanzas. 46 Si creyeran a Moisés, me creerían a mí,
porque él escribió sobre mí. 47 Pero
como no creen lo que él escribió,
¿cómo van a creer lo que yo digo?

Jesús alimenta a los cinco mil

6 Algún tiempo después de esto,
se fue Jesús a la orilla opuesta
del mar de Galilea (o sea, el mar de
Tiberias), 2 y le seguía una gran multitud, porque habían visto las señales
milagrosas que había hecho con los
enfermos. 3 Entonces Jesús subió a
la ladera del monte y se sentó con
sus discípulos. 4 La fiesta judía de la
Pascua estaba próxima.
5 Cuando Jesús alzó la vista y vio
una gran multitud que se le acercaba, dijo a Felipe: ¿Dónde compraremos pan para que coma esta gente?
6 Esto lo dijo sólo para probarlo,
pues él ya tenía pensado lo que iba
a hacer.
7 Felipe le respondió: Ocho meses
de salario[c] no bastarían para comprar suficiente pan para que cada
uno de ellos tomara un bocado.
8 Otro de sus discípulos, Andrés,
el hermano de Simón Pedro, fue a
decirle: 9 Aquí hay un muchacho que
lleva cinco panecillos de cebada y
dos pescados, pero ¿cuánto les va a
tocar con tanta gente?
10 Jesús dijo: Hagan sentar a la
gente.
Había abundante hierba en aquel
lugar, y se sentaron los hombres, en
número de unos cinco mil. 11 Entonces Jesús tomó los panes, dio gracias, y los hizo distribuir a los que
estaban sentados, tanto como quisieron. Lo mismo hizo con los pescados.
12 Cuando todos ellos habían
quedado satisfechos, dijo a sus discípulos: Recojan los pedazos que
hayan sobrado. Que no se desperdi-
cie nada. 13 Ellos, pues, los recogieron y llenaron doce canastas con los
trozos de los cinco panes de cebada,
que les habían sobrado a los que
habían comido.
14 Al ver la gente la señal milagrosa que Jesús había hecho, comenzaron a decir: De seguro que es éste
el profeta que está para venir al
mundo. 15 Jesús, sabiendo que iban a
venir a hacerlo rey por la fuerza, se
retiró otra vez solo a la montaña.

Jesús camina sobre las aguas

16 En cuanto se hizo de noche, sus
discípulos bajaron al lago, 17 donde

[a] *39* O *estudien diligentemente.* (imperativo)
[b] *44* Algunos Mss. antiguos dicen *el Unico.*
[c] *7* El griego dice *doscientos denarios.*

tomaron una barca y se dispusieron a cruzar el lago dirigiéndose a Capernaum. Por entonces ya estaba oscuro, y Jesús todavía no se les había unido. 18 Soplaba un fuerte viento y el mar se estaba encrespando. 19 Cuando habían navegado unos cinco o seis kilómetros,[a] vieron a Jesús aproximarse a la barca, andando sobre el agua; y se aterrorizaron. 20 Pero él les dijo: Soy yo; no tengan miedo. 21 Entonces ellos lo recibieron gustosos a bordo, e inmediatamente la barca alcanzó la orilla a la que se dirigían.

22 Al día siguiente, la multitud que se había quedado en la orilla opuesta del lago se percató de que sólo había habido allí una barca, y de que Jesús no había entrado en ella con sus discípulos, sino que ellos se habían ido solos. 23 Pero algunas barcas de Tiberias llegaron cerca del lugar donde la gente había comido el pan después que el Señor dio gracias. 24 Tan pronto como la multitud se dio cuenta de que ni Jesús ni sus discípulos estaban allí, entraron en las barcas y se fueron a Capernaum en busca de Jesús.

Jesús, el pan de vida

25 Cuando lo encontraron en la otra orilla del lago, le preguntaron: Rabí, ¿cuándo llegaste acá?

26 Jesús respondió: En verdad les digo que me buscan, no por haber visto señales milagrosas, sino porque comieron de los panes hasta hartarse. 27 No se afanen por la comida que se echa a perder, sino por la que dura hasta la vida eterna, la cual les dará el Hijo del Hombre, porque sobre él ha puesto Dios el Padre su sello de aprobación.

28 Entonces le preguntaron: ¿Qué tenemos que hacer para realizar la obra de Dios?

29 Respondió Jesús: La obra de Dios consiste en esto: en que crean en quien él ha enviado.

30 Le dijeron entonces: ¿Y qué señal milagrosa nos vas a dar, para que la veamos y creamos en ti? ¿Qué obras haces tú? 31 Nuestros antepasados comieron el maná en el desierto; como está escrito: "Les dio de comer pan venido del cielo".[b]

32 Jesús les dijo: Yo les aseguro que no fue Moisés el que les dio el pan del cielo, sino que es mi Padre el que les da el verdadero pan venido del cielo. 33 Porque el pan de Dios es el que baja del cielo y da vida al mundo.

34 Señor —le dijeron—, desde ahora en adelante, danos de ese pan.

35 Entonces Jesús les declaró: Yo soy el pan de vida. El que viene a mí, nunca pasará hambre; y el que cree en mí, no tendrá sed jamás. 36 Pero, como ya les he dicho, me han visto y todavía no creen. 37 Todo lo que el Padre me da vendrá a mí; y a todo el que venga a mí, de ninguna manera lo voy a echar fuera, 38 porque yo he bajado del cielo, no para hacer lo que a mí me plazca, sino para hacer la voluntad del que me ha enviado. 39 Y ésta es la voluntad del que me ha enviado, que no pierda ninguno de los que él me ha dado, sino que los resucite en el último día. 40 Porque la voluntad de mi Padre es que todo aquel que mira al Hijo y cree en él, tenga vida eterna, y yo lo resucitaré en el último día.

41 En esto comenzaron los judíos a murmurar contra él porque había dicho: Yo soy el pan que ha bajado del cielo. 42 Y decían: ¿No es éste Jesús, el hijo de José, cuyo padre y cuya madre conocemos nosotros? ¿Pues cómo dice ahora: "Yo he bajado del cielo"?

43 No sigan murmurando entre ustedes —les respondió Jesús—. 44 Nadie puede venir a mí si no lo atrae el Padre que me ha enviado, y yo lo resucitaré en el último día. 45 Está escrito en los profetas: "Todos recibirán enseñanza del

[a] *19* El griego dice *veinticinco o treinta estadios*. [b] *31* Exodo 16:4; Salmo 78:24.

mismo Dios".[a] Todo aquel que escucha al Padre y aprende de él, viene
a mí. 46 Nadie ha visto al Padre,
excepto aquel que viene de parte de
Dios; sólo él ha visto al Padre.
47 Les digo la verdad: el que cree,
tiene vida eterna. 48 Yo soy el pan
de la vida. 49 Sus antepasados comieron el maná en el desierto y, a
pesar de eso, murieron. 50 Pero aquí
está el pan que baja del cielo, para
que quien quiera, coma de él y no
muera. 51 Yo soy el pan vivo, que
ha bajado del cielo. El que coma de
este pan, vivirá siempre. Y este pan
es mi carne, la cual yo daré por la
vida del mundo.

52 Entonces los judíos comenzaron
a discutir acaloradamente entre sí,
diciendo: ¿Cómo puede éste darnos
a comer su carne?

53 Jesús les dijo: En verdad les
digo que si no comen la carne del
Hijo del Hombre y beben su sangre,
no tienen vida en ustedes mismos.
54 El que come mi carne y bebe mi
sangre, tiene vida eterna, y yo lo
resucitaré en el último día. 55 Pues
mi carne es alimento verdadero y mi
sangre es verdadera bebida. 56 El que
come mi carne y bebe mi sangre, se
queda en mí y yo en él. 57 Así como
a mí me envió el Padre viviente, y
yo vivo por el Padre, así también el
que se alimente de mí, vivirá por
mí. 58 Este es el pan que bajó del
cielo. Nuestros antepasados comieron [maná] y murieron; pero el que
se alimente de este pan, vivirá para
siempre. 59 Esto lo dijo mientras enseñaba en la sinagoga de Capernaum.

Muchos discípulos abandonan a Jesús

60 Al oír esto, muchos de sus discípulos dijeron: Dura es esta enseñanza; ¿quién puede aceptarla?

61 Dándose cuenta Jesús de que
sus discípulos estaban murmurando
sobre esto, les dijo: ¿Esto los
escandaliza? 62 ¿Qué será, pues, si
ven al Hijo del Hombre subir a donde estaba antes? 63 El espíritu[b] es lo
que da vida; la carne no sirve para
nada. Las palabras que yo les he
hablado son espíritu y son vida.
64 Pero hay algunos de ustedes que
no creen. Pues Jesús sabía desde el
principio quiénes de ellos no creían
y quién iba a traicionarlo. 65 Y continuó diciendo: Por eso les he dicho
que nadie puede venir a mí, si no
fuera capacitado por mi Padre.

66 Desde ese momento, muchos de
sus discípulos se volvieron atrás y
ya no lo seguían.

67 Entonces Jesús preguntó a los
doce: ¿Quieren irse ustedes también?

68 Simón Pedro le contestó: Señor,
¿a quién iremos? Tú tienes las palabras de vida eterna. 69 Nosotros
creemos y sabemos que tú eres el
Santo de Dios.

70 Entonces Jesús respondió: ¿No
los he escogido yo a ustedes, a los
doce? A pesar de ello, ¡uno de ustedes es un diablo! 71 (Se refería a
Judas, el hijo de Simón Iscariote,
pues éste, aunque era uno de los
doce, iba a traicionarlo más tarde.)

Jesús va a la fiesta de los Tabernáculos

7 Después de esto, Jesús fue alrededor de Galilea, con la intención de mantenerse lejos de Judea,
porque allí los judíos esperaban la
oportunidad para matarlo. 2 Pero al
acercarse la fiesta judía de los
Tabernáculos, 3 los hermanos de
Jesús le dijeron: Deberías salir de
aquí e ir a Judea, a fin de que tus
discípulos vean los milagros que
haces. 4 Ninguno que quiere hacerse
famoso actúa en secreto. Haciendo
las cosas que tú haces, muéstrate al
mundo. 5 Porque ni siquiera sus propios hermanos creían en él.

6 Les dijo, pues, Jesús: La hora
precisa para mí no ha llegado
todavía; para ustedes, cualquier
tiempo es bueno. 7 El mundo no los

[a] *45* Isaías 54:13. [b] *63* O *el Espíritu.*

puede odiar a ustedes, pero a mí me
odian porque yo testifico que lo que
hacen es malo. 8 Vayan ustedes a la
fiesta. Yo no subo todavía[a] a esta
fiesta, porque para mí no ha llegado
todavía el tiempo preciso. 9 Dicho
esto, se quedó en Galilea.

10 Sin embargo, después que sus
hermanos se habían ido a la fiesta,
también él fue, pero no públicamente, sino en secreto. 11 Así que los
judíos durante la fiesta estaban al
acecho por verlo y se preguntaban:
¿Dónde estará ése?

12 Había entre el gentío un mur-
mullo general sobre él. Algunos
decían: Es un buen hombre.

Otros respondían: No, sino que
engaña a la gente. 13 Pero nadie se
atrevía a decir nada en público sobre
él, por miedo a los judíos.

Jesús enseña durante la fiesta

14 Sólo cuando la fiesta estaba ya a
la mitad, subió Jesús al atrio del
templo y comenzó a enseñar. 15 Los
judíos se quedaban asombrados y
decían: ¿De dónde ha sacado éste
tantos conocimientos sin haber estu-
diado?

16 Jesús respondió: Mi enseñanza
no es de mí mismo, sino que procede del que me ha enviado. 17 Si alguno se decide a cumplir la voluntad
de Dios, ése descubrirá si mi enseñanza procede de Dios o si es que
hablo por mi propia cuenta. 18 El
que habla por su cuenta, lo hace así
para buscar su propia gloria, pero el
que busca la gloria del que lo ha
enviado, ése dice la verdad, y no
hay en él nada falso. 19 ¿No les ha
dado Moisés la ley? Y ninguno de
ustedes cumple la ley. ¿Por qué tratan de matarme?

20 Tú eres un poseído del demonio
—respondió la multitud—. ¿Quien
está tratando de matarte?

21 Jesús les dijo: Por un milagro
que hice, todos están asombrados.
22 Pero, porque Moisés les dio la
circuncisión (aunque en realidad no
viene de Moisés, sino de los patriarcas), circuncidan a un niño en el día
sábado. 23 Ahora bien, si un niño
puede ser circuncidado en el día
sábado, a fin de que la ley de
Moisés no sea quebrantada, ¿por
qué se enojan conmigo por haber
sanado a un hombre en el día sábado? 24 No continúen juzgando por
meras apariencias, sino juzguen de
un modo justo.

¿Es Jesús el Cristo?

25 En este momento, algunas gentes de Jerusalén comenzaron a preguntar: ¿No es éste el hombre a
quien tratan de matar? 26 Pues ahí
está, hablando en público, y no le
dicen palabra. ¿Habrán llegado quizá
las autoridades a la conclusión de
que éste es el Cristo?[b] 27 Pero nosotros sabemos de dónde ha salido
este hombre, mientras que, cuando
aparezca el Cristo,[b] nadie sabrá de
dónde ha salido.

28 Entonces, Jesús, que continuaba
enseñando en el atrio del templo,
levantó la voz y dijo: Sí, ustedes me
conocen, y también saben de dónde
soy. No estoy aquí por mí mismo,
sino que me ha enviado uno que es
verdadero. Ustedes no lo conocen,
29 pero yo lo conozco, porque de él
vengo y él me ha enviado.

30 En esto, trataron de aprehenderlo, pero nadie le puso las manos encima, porque aún no había llegado
su hora. 31 Con todo, muchos de entre el gentío creyeron en él, y
decían: Cuando venga el Cristo,[b]
¿acaso hará más señales milagrosas
que las que hace este hombre?

32 Los fariseos oyeron a la muchedumbre murmurando tales cosas
acerca de él. Entonces los jefes de
los sacerdotes y los fariseos enviaron al templo guardias para arrestarlo.

33 Dijo Jesús entonces: Voy a estar
con ustedes sólo por breve tiempo,

[a] *8* Algunos Mss. de los más antiguos omíten, *todavía.* [b] *26, 27, 31* O *el Mesías.*

y luego me iré al que me envió.
34 Me buscarán, pero no me hallarán,
pues a donde yo estoy, ustedes no
pueden venir.
35 Los judíos se decían entre sí:
¿A dónde se propone ir este hombre, que no podamos encontrarlo?
¿Se irá con los de nuestro pueblo
que viven dispersos entre los griegos, y enseñará a los griegos?
36 ¿Qué quiere decir eso que dijo:
"Me buscarán, pero no me
hallarán", y "a donde yo estoy,
ustedes no pueden venir"?
37 En el último día, el más grande
de la fiesta, Jesús se puso en pie y
dijo en voz alta: Si alguien tiene
sed, que venga a mí y beba. 38 El
que cree en mí,[a] como dice la Escritura, ríos de agua viva fluirán de su
interior. 39 Con esto se refería al Espíritu que recibirían más tarde los
que creyeran en él. Hasta entonces,
el Espíritu no había sido dado, ya
que Jesús no había sido aún glorificado.
40 Al oír estas palabras, algunos de
entre la gente decían: Ciertamente,
este hombre es el profeta.
41 Otros decían: Es el Cristo.[b]
Pero otros aún preguntaban:
¿Puede acaso el Cristo venir de
Galilea? 42 ¿No dice la Escritura que
el Cristo[b] vendrá de la descendencia[c]
de David y de Belén, el pueblo donde vivió David? 43 Así que el pueblo
estaba dividido a causa de él. 44 Algunos quisieron aprehenderlo, pero
nadie le puso las manos encima.

Incredulidad de los dirigentes judíos

45 Finalmente, los guardias del templo se volvieron a los jefes de los
sacerdotes y a los fariseos, y éstos
les dijeron: ¿Por qué no lo han
traído?
46 Jamás ha hablado nadie como
habla este hombre —declararon los
guardias.
47 ¿Quieren decir que también a
ustedes los ha engañado? —replica-
ron los fariseos—. 48 ¿Ha creído en
él alguno de los magistrados o de
los fariseos? 49 ¡No! Pero esa gente
que no sabe nada de la ley, son
unos malditos.
50 Nicodemo, el que había ido antes a Jesús, y que era uno de ellos,
preguntó: 51 ¿Condena nuestra ley a
alguien sin haberle antes oído para
descubrir qué es lo que hace?
52 Ellos le respondieron: ¿También
tú eres de Galilea? Investiga y verás
que de Galilea no sale ningún profeta.[d]
53 Entonces se marcharon todos,
cada uno a su casa. Capítulo 7

La mujer sorprendida en adulterio

8 Pero Jesús se fue al monte de
los Olivos. 2 Por la mañana temprano, se presentó otra vez en el
atrio del templo, donde toda la gente
se reunió alrededor de él, y él se
sentó para enseñarles. 3 Los escribas
y los fariseos trajeron una mujer
sorprendida en adulterio. La hicieron
estar de pie delante del grupo, 4 y le
dijeron a Jesús: Maestro, esta mujer
ha sido sorprendida en el acto
mismo cometiendo adulterio. 5 En la
ley, Moisés nos ordenó apedrear a
tales mujeres; tú, pues, ¿qué dices?
6 Estaban ellos usando esta pregunta
como una trampa, a fin de tener un
motivo para acusarlo.
Pero Jesús se inclinó y comenzó a
escribir en el suelo con el dedo.
7 Como ellos insistían en preguntarle,
se enderezó y les dijo: El que de
ustedes esté sin pecado, que sea el
que lance la primera piedra. 8 Se
agachó de nuevo y continuó escribiendo en la tierra.
9 Al oír esto, empezaron a desfilar
uno por uno, siendo los primeros en
marcharse los de más edad, hasta
que se quedó solo Jesús con la

[a] *38 O si alguien tiene sed, que venga a mí. Y que beba, el que cree en mí.* [b] *41, 42* O *el Mesías.* [c] *42* El griego dice: *simiente.* [d] *52* Dos manuscritos antiguos, *el Profeta.*

mujer, que aún estaba allí de pie.
10 Jesús se incorporó y le preguntó:
Mujer, ¿dónde están ellos? ¿Ninguno
te ha condenado?
11 Ninguno, Señor —dijo ella.
Pues, entonces, tampoco yo te
condeno —declaró Jesús—. Vete
ahora y deja tu vida de pecado.

La validez del testimonio de Jesús

12 Cuando Jesús se dirigió otra vez
a la gente, les dijo: Yo soy la luz
del mundo. Todo el que me siga,
nunca andará en tinieblas, sino que
tendrá la luz de la vida.
13 Los fariseos le arguyeron diciendo: Ahí estás tú, presentándote
como testigo en tu propia defensa;
así que tu testimonio no es válido.
14 Jesús respondió: Aun cuando yo
presente testimonio en mi propio
favor, mi testimonio tiene validez,
pues yo sé de dónde he venido y a
dónde voy. Pero ustedes no tienen
idea ni de dónde vengo ni a dónde
voy. 15 Ustedes juzgan desde el punto de vista meramente humano, pero
yo no juzgo a nadie. 16 Y si juzgo algo, mis decisiones son justas, porque
yo no estoy solo, sino que estoy con
el Padre que me envió, 17 y en la ley
de ustedes está escrito que el testimonio de dos personas es válido.
18 Yo doy testimonio sobre mí
mismo, y el otro testigo mío es
aquel que me envió, el Padre.
19 Entonces ellos le preguntaron:
¿Dónde está tu padre?
Ustedes no me conocen a mí ni a
mi Padre —respondió Jesús—. Si me
conocieran, conocerían también a mi
Padre. 20 Estas palabras las dijo
mientras enseñaba en el templo,
cerca del lugar donde se echaban las
ofrendas. Con todo, nadie lo arrestó,
porque su hora no había llegado
todavía.
21 Les volvió a decir Jesús entonces: Yo me voy, y me buscarán, y
morirán en su pecado. A donde yo
voy, no pueden venir ustedes.
22 Esto hizo a los judíos preguntar-
se: ¿Irá a suicidarse? ¿Es por eso
por lo que dice: "A donde yo voy,
no pueden venir ustedes"?
23 Pero él continuaba diciendo:
Ustedes son de abajo; yo soy de
arriba. Ustedes son de este mundo;
yo no soy de este mundo. 24 Ya les
he dicho que morirán en sus pecados; si no creen que yo soy (el que
proclamo que soy),[a] de seguro que
morirán en sus pecados.
25 ¿Quién eres tú, pues? —le preguntaron.
Quien les vengo declarando todo
el tiempo —respondió Jesús—.
26 Tengo mucho que decir para juicio
de ustedes. Pero el que me envió es
digno de crédito, y lo que él me ha
dicho, eso es lo que yo declaro al
mundo.
27 Ellos no entendieron que les
estaba hablando de su Padre. 28 Así
que Jesús les dijo: Cuando hayan
levantado al Hijo del Hombre, entonces conocerán quién soy yo[b] y
que no hago nada por mi propia
cuenta, sino que hablo exactamente
lo que el Padre me enseñó. 29 El que
me envió, está conmigo; no me ha
dejado solo, porque siempre hago lo
que le agrada. 30 Cuando estaba
diciendo estas cosas, muchos creyeron en él.

Los hijos de Abraham

31 A los judíos que le habían
creído, les dijo Jesús: Si obedecen
mis enseñanzas, son de veras mis
discípulos. 32 Entonces conocerán la
verdad, y la verdad los libertará.
33 Ellos le respondieron: Somos
descendientes[c] de Abraham y nunca
hemos sido esclavos de nadie,
¿cómo puedes decir que seremos
libres?
34 Jesús les respondió: Les aseguro
que todo el que practica el pecado,
es un esclavo del pecado. 35 Ahora

[a] *24* O *que yo soy él.* [b] *28* O *conocerán que yo soy él.* [c] *33, 37* El griego, *simiente.*

bien, un esclavo no ocupa un lugar
permanente en la familia; mientras
que el que es hijo, pertenece a ella
para siempre. 36 Así que si el Hijo
los pone en libertad, es entonces
cuando serán de veras libres. 37 Ya
sé que son descendientes[a] de Abraham, pero están dispuestos a matarme, porque mi palabra no tiene lugar
en ustedes. 38 Yo les estoy declarando lo que he visto en la presencia
de mi Padre, y ustedes hacen lo que
le han oído a su padre.[b]
39 Abraham es nuestro padre —le
respondieron.
Si fueran hijos de Abraham —dijo
Jesús—, se comportarían como
Abraham.[c] 40 Pero ahora están decididos a matarme, a mí que soy una
persona que les ha dicho la verdad
que he oído de Dios. Abraham no
hizo estas cosas. 41 Ustedes están
haciendo lo mismo que hace su propio padre.
Nosotros no somos hijos ilegítimos
—protestaron ellos—. El único Padre
que tenemos es Dios mismo.

Los hijos del diablo

42 Les dijo Jesús: Si Dios fuera su
Padre, me amarían; pues yo salí de
Dios y he venido de su parte; no he
venido por mi propia cuenta, sino
que fue él quien me envió. 43 ¿Por
qué no les resulta claro mi lenguaje?
Porque son incapaces de oír lo que
les digo. 44 Ustedes son de su padre
el diablo, y quieren llevar a cabo el
deseo de su padre. El fue un homi-
cida desde el principio, sin adherirse
a la verdad, porque no hay verdad
en él. Cuando miente, se expresa en
su propia lengua, porque es un mentiroso y el padre de la mentira. 45 ¡A
mí, en cambio, porque les digo la
verdad, no me creen! 46 ¿Puede alguien de ustedes probarme que soy
culpable de pecado? Si les estoy
diciendo la verdad, ¿por qué no me
creen? 47 El que es de Dios, escucha
lo que Dios dice. La razón por la
cual ustedes no me escuchan, es
porque no son de Dios.

La declaración de Jesús acerca de sí mismo

48 Le respondieron los judíos: ¿No
tenemos razón al decir que eres
samaritano y estás poseído del
demonio?
49 Yo no estoy poseído por ningún
demonio —dijo Jesús—, sino que
estoy honrando a mi Padre; ustedes,
en cambio, me insultan. 50 Yo no
busco mi propia gloria; pero hay uno
que la busca, y él es el juez. 51 Les
aseguro que si alguien guarda mis
palabras, nunca verá la muerte.
52 Al llegar a este punto, exclamaron los judíos: ¡Ahora sí que estamos ciertos de que estás poseído del
demonio! Abraham murió, lo mismo
que los profetas, y tú dices que si
alguien guarda tus palabras, nunca
experimentará la muerte. 53 ¿Acaso
eres tú más que nuestro padre Abraham? El se murió, así como también
los profetas. ¿Quién piensas que
eres?
54 Jesús respondió: Si yo me glori-
ficara a mí mismo, mi gloria no ten-
dría valor. Mi Padre, el que ustedes
pretenden que es su Dios, es el que
me glorifica. 55 Aun cuando ustedes
no lo conocen, yo sí lo conozco. Y
si dijera lo contrario, sería un mentiroso como ustedes; pero yo sí lo
conozco y guardo su palabra. 56 Su
padre Abraham se regocijó ante el
pensamiento de llegar a ver mi día;
lo vio y se alegró.
57 Aún no tienes cincuenta años
—le dijeron los judíos—, ¡y has
visto a Abraham!
—58 Les aseguro —respondió Jesús—
que yo existo desde antes que naciera Abraham. 59 Al oír esto, buscaron
piedras para apedrearlo, pero Jesús
se escondió de ellos, saliendo entre
ellos del lugar del templo.

[a] *33, 37* El griego, *simiente.* [b] *38* O *presencia. Por lo tanto, hagan lo que han oído del Padre.* [c] *39* O *si son hijos de Abraham, hagan las obras de Abraham.*

Jesús sana a un ciego de nacimiento

9 Conforme iba andando, vio a un
hombre ciego de nacimiento.
2 Sus discípulos le preguntaron: Rabí,
¿de quién es la culpa de que éste
naciera ciego, suya o de sus padres?
3 Ni él ni sus padres tienen la
culpa —dijo Jesús—, sino que esto
ocurrió a fin de que la obra de Dios
quedara manifiesta en su vida.
4 Mientras es de día, debemos hacer
la obra del que me ha enviado. Se
está acercando la noche, cuando
nadie puede trabajar. 5 Mientras
estoy en este mundo, soy la luz del
mundo.
6 Dicho esto, escupió en el suelo,
hizo un poco de lodo con la saliva,
se lo puso en los ojos al hombre, 7 y
le dijo: Vé y lávate en el estanque
de Siloé (esta palabra significa enviado). Así pues, el hombre fue y se
lavó, y volvió a casa con vista.
8 Sus vecinos y los que antes lo
habían visto mendigando, preguntaban: ¿No es éste el mismo que solía
sentarse a mendigar? 9 Algunos ase-
guraban que sí era él.
Otros decían: No, sino que es uno
que se le parece.
Pero él insistía: Soy yo mismo.
10 ¿Cómo, pues, se te han abierto
los ojos? —le preguntaban.
11 Respondió él: El hombre a quien
llaman Jesús, hizo un poco de lodo,
me lo puso en los ojos y me dijo
que fuera a Siloé a lavarme. Así que
fui y me lavé, y entonces recobré la
vista.
12 ¿Dónde está ese hombre? —le
preguntaron.
No lo sé —dijo él.

Los fariseos investigan el caso

13 Llevaron a la presencia de los
fariseos al hombre que había sido
ciego. 14 Ahora bien, el día en que
Jesús había hecho el lodo y había
abierto los ojos del ciego era un día
sábado. 15 Por eso le preguntaron
también los fariseos cómo había recibido la vista. El hombre respondió:
Me puso lodo en los ojos; yo fui y
me lavé, y ahora veo.
16 Algunos de los fariseos decían:
Ese hombre no es de Dios, pues no
guarda el día sábado.
Pero otros preguntaban: ¿Cómo
puede un pecador hacer tales milagros? Así que había división entre
ellos.
17 Finalmente, le preguntaron otra
vez al ciego: ¿Qué nos dices tú
mismo de ése que te abrió los ojos?
El hombre respondió: Que es un
profeta.
18 Los judíos no creían todavía que
el hombre había sido ciego y había
recobrado la vista, hasta que hicieron venir a sus padres, y les preguntaron: 19 ¿Es éste su hijo, el mismo
que dicen que nació ciego? ¿Cómo
es, pues, que ahora ve?
20 Respondieron los padres: Sabemos que éste es nuestro hijo, y que
nació ciego; 21 pero cómo es que
ahora ve, o quién le abrió los ojos,
no lo sabemos. Pregúntenle a él, que
ya tiene edad para responder por sí
mismo. 22 Esto lo dijeron sus padres
porque temían a los judíos, pues ya
éstos habían tomado el acuerdo de
que si alguno confesaba que Jesús
era el Cristo,[a] fuera expulsado de la
sinagoga. 23 Por eso es por lo que
sus padres dijeron: Ya tiene edad;
pregúntenle a él.
24 Por segunda vez, pues, hicieron
venir al que había sido ciego, y le
dijeron: Da gloria a Dios.[b] Nosotros
sabemos que ese hombre es un
pecador.
25 A esto respondió él: Si es o no
es pecador, eso no lo sé. Lo único
que sí sé es que yo era ciego y ahora veo.
26 Entonces le preguntaron: ¿Qué
es lo que te hizo? ¿Cómo te abrió
los ojos?
27 El respondió: Ya se lo he dicho
y no han escuchado. ¿Por qué

[a] *22* Esto es, *el Mesías.* [b] *24* Una solemne intimidación a decir la verdad. (Vea Josué 7:19).

quieren oírlo otra vez? ¿Es que también ustedes quieren hacerse discípulos suyos?
28 Entonces lo llenaron de insultos
y le dijeron: ¡Tú serás su discípulo!
¡Nosotros somos discípulos de
Moisés! 29 Nosotros sabemos que
Dios habló a Moisés, pero en cuanto
a ese individuo, ni siquiera sabemos
de dónde ha salido.
30 Respondió el hombre: ¡Esto sí
que es asombroso! Que ustedes no
sepan de dónde es, y sin embargo
me ha abierto los ojos. 31 Sabemos
que Dios no escucha a los pecadores, sino que si alguien es piadoso y
hace su voluntad, a ése es al que
escucha Dios. 32 Jamás se ha oído
que alguien le abriera los ojos a un
ciego de nacimiento. 33 Si este hombre no fuera de Dios, no habría
podido hacer nada.
34 A lo que ellos respondieron:
Naciste lleno de pecados, ¿y pretendes darnos lecciones a nosotros? Y
lo echaron fuera.

La ceguera espiritual

35 Se enteró Jesús de que lo habían
echado fuera y, encontrándoselo, le
dijo: ¿Crees tú en el Hijo del Hombre?
36 ¿Y quién es, Señor? —preguntó
él—. Dímelo, para que pueda creer
en él.
37 Le dijo Jesús: Lo has visto ya;
es el que está hablando contigo.
38 Entonces dijo el hombre: Creo,
Señor. Y lo adoró.
39 Y dijo Jesús: Para juicio he
venido yo a este mundo, para que
los ciegos vean, y los que ven se
vuelvan ciegos.
40 Algunos fariseos que estaban
con él le oyeron decir esto y preguntaron: ¿Qué? ¿Acaso también
nosotros somos ciegos?
41 Respondió Jesús: Si fueran
ciegos, no serían culpables de pecado; pero por tener la pretensión de
que ven, su culpa permanece.

El pastor y su rebaño

10 En verdad les digo que el
que no entra por la puerta
en el redil de las ovejas, sino que se
mete por cualquier otro sitio, es un
ladrón y un bandido; 2 pero el que
entra por la puerta, es el pastor de
las ovejas. 3 A éste le abre el
guardia, y las ovejas reconocen su
voz; y él va llamando a sus ovejas
por sus nombres y las saca fuera.
4 Cuando ha sacado fuera todas las
suyas, va delante de ellas, y sus
ovejas lo siguen porque reconocen
su voz. 5 Pero nunca seguirán a un
extraño; sino que huirán de él,
porque no reconocen la voz de un
extraño. 6 Jesús empleó esta alegoría,
pero ellos no entendieron lo que les
estaba diciendo.
7 Les dijo, pues, de nuevo Jesús:
En verdad les digo que yo soy la
puerta de las ovejas. 8 Todos los que
vinieron antes de mí eran ladrones y
bandidos, pero las ovejas no los
escucharon. 9 Yo soy la puerta; todo
el que entre por medio de mí, será
salvo;[a] entrará y saldrá, y hallará
pasto. 10 El ladrón sólo viene a
robar, y matar y destruir; yo he
venido para que tengan vida, y la
tengan en abundancia.
11 Yo soy el buen pastor. El buen
pastor da su vida por las ovejas.
12 El asalariado, que no es el pastor
a quien pertenecen las ovejas, cuando ve venir al lobo, abandona las
ovejas y echa a correr. Entonces el
lobo ataca al rebaño y lo dispersa.
13 El asalariado huye porque trabaja
sólo por el salario y lo tienen sin
cuidado las ovejas.
14 Yo soy el buen pastor, y conozco mis ovejas y mis ovejas me conocen a mí, 15 como el Padre me conoce a mí y yo conozco al Padre, y yo
doy mi vida por las ovejas. 16 Tengo
otras ovejas que no son de este
redil. También a éstas las tengo que
traer, así ellas escucharán también
mi voz, y habrá un solo rebaño y un

[a] 9 O *estará a salvo.*

solo pastor. 17 Esta es la razón por
la que el Padre me ama: que doy mi
vida, y la doy para recuperarla después. 18 Nadie me la quita por la
fuerza, sino que yo la entrego voluntariamente. Tengo autoridad para en-
tregarla y tengo autoridad para recuperarla. Este encargo recibí de mi
Padre.

19 Otra vez surgió división entre
los judíos al oír esas palabras.
20 Muchos decían: Está poseído del
demonio y está fuera de sí, ¿para
qué escucharlo?

21 Pero otros decían: Estas no son
palabras de un hombre poseído por
el demonio. ¿Acaso puede un demonio abrir los ojos de los ciegos?

La incredulidad de los judíos

22 Llegó entonces la fiesta de la
Dedicación[a] en Jerusalén. Era invierno, 23 y Jesús estaba en el lugar del
templo paseándose por el pórtico de
Salomón. 24 Los judíos se reunieron
alrededor de él, y le decían: ¿Hasta
cuándo nos vas a tener en suspenso?
Si eres tú el Cristo,[b] dínoslo francamente.

25 Respondió Jesús: Ya se lo he
dicho, pero no creen. Los milagros
que hago en nombre de mi Padre
hablan en mi favor, 26 pero ustedes
no creen porque no pertenecen a mi
rebaño. 27 Mis ovejas escuchan mi
voz; yo las conozco y ellas me
siguen. 28 Yo les doy vida eterna, y
nunca perecerán; y nadie puede arre-
batarlas de mi mano. 29 Mi Padre,
que me las ha dado, es mayor que
todos[c] y nadie puede arrebatar nada
de la mano de mi Padre. 30 Yo y el
Padre somos un solo ser.

31 De nuevo buscaron los judíos
piedras para apedrearlo, 32 pero Jesús
les dijo: Les he mostrado muchas
obras grandiosas de parte de mi
Padre, ¿por cuál de ellas me van a
apedrear?

33 No te vamos a apedrear por
ninguna de estas obras —respondieron los judíos—, sino por blasfemar,
porque tú, siendo meramente un
hombre, pretendes ser Dios.

34 Jesús les respondió ¿No está
escrito en su ley: "Yo dije: 'son
dioses' "?[d] 35 Si él llamó dioses a
aquéllos para quienes vino la palabra
—y la Escritura no puede ser anula-
da—, 36 ¿qué me dirán de aquél a
quien el Padre consagró como su especial Enviado y lo mandó a este
mundo? ¿Por qué, pues, me acusan
de blasfemia por haber dicho que
soy el Hijo de Dios? 37 Si no hago
obras propias de mi Padre, no me
crean. 38 Pero si las hago, aun cuando a mí no me crean, crean en los
milagros para que aprendan y entiendan que el Padre está en mí, y yo
estoy en el Padre. 39 De nuevo intentaron apoderarse de él, pero él
escapó de sus manos.

40 Y Jesús regresó al otro lado del
Jordán, al lugar donde Juan había
estado bautizando anteriormente. Se
quedó allí 41 y vino a él mucha gente. Y decían: Aunque Juan nunca
realizó ninguna señal milagrosa, todo
lo que Juan dijo acerca de este hombre era verdad. 42 Y en aquel lugar
muchos creyeron en Jesús.

La muerte de Lázaro

11 Estaba entonces enfermo un
hombre llamado Lázaro, el
cual era de Betania, el pueblo de
María y de su hermana Marta. 2 Esta
María, cuyo hermano Lázaro estaba
ahora enfermo, era la misma que
derramó el perfume sobre el Señor y
le secó los pies con sus propios
cabellos. 3 Así que las hermanas
enviaron a Jesús el siguiente recado:
Señor, aquél a quien amas está
enfermo.

4 Cuando Jesús oyó esto, dijo:
Esta enfermedad no es mortal, sino
que es para gloria de Dios, a fin de
que el Hijo de Dios sea glorificado
por medio de ella. 5 Jesús amaba a
Marta y a su hermana y a Lázaro;

[a] *22* Esto es, Hanukkah. [b] *24* O *Mesías*. [c] *29* Muchos Mss. antiguos dicen: *Lo que mi Padre me ha dado es mayor que todos*. [d] *34* Salmo 82:6.

6 sin embargo, cuando oyó que Lázaro estaba enfermo, se quedó dos
días más donde estaba.
7 Después dijo a sus discípulos:
Regresemos a Judea.
8 Pero, Rabí —le dijeron ellos—,
hace muy poco que los judíos intentaban apedrearte, ¿y aún así quieres
regresar allá?
9 Jesús respondió: ¿No son doce
las horas en que es de día? El que
anda de día no tropieza, porque ve
con la luz que ilumina este mundo.
10 Cuando anda de noche es cuando
tropieza, porque entonces no tiene
luz.
11 Después de decir esto, añadió:
Nuestro amigo Lázaro se ha dormido, pero yo voy allá a desper-
tarlo.
12 Sus discípulos respondieron:
Señor, si está durmiendo, se pondrá
mejor. 13 Jesús les estaba hablando
de su muerte, pero sus discípulos
pensaron que se refería al sueño
natural.
14 Entonces les dijo ya francamente: Lázaro está muerto, 15 y me alegro por ustedes de no haber estado
allí, para que así crean. Pero vayamos a él.
16 Entonces Tomás, el llamado
Dídimo, dijo a los demás discípulos:
Vamos también nosotros para morir
con él.

Jesús consuela a las hermanas de Lázaro

17 A su llegada, Jesús halló que
Lázaro llevaba ya cuatro días en la
tumba. 18 Betania estaba a unos tres
kilómetros[a] de Jerusalén, 19 y habían
venido muchos judíos a casa de
Marta y de María a consolarlas por
la pérdida de su hermano. 20 Cuando
se enteró Marta de que venía Jesús,
salió a su encuentro, pero María se
quedó en casa.
21 Señor —le dijo Marta a Jesús—,
si hubieras estado aquí, mi hermano
no se habría muerto; 22 pero ya sé
que aun ahora te concederá Dios
cualquier cosa que le pidas.
23 Jesús le dijo: Tu hermano resucitará.
24 Marta respondió: Ya sé que
resucitará en la resurrección del último día.
25 Le dijo Jesús: Yo soy la resurrección y la vida. El que cree en
mí, vivirá, aunque muera; 26 y todo
el que vive y cree en mí, no morirá
para siempre. ¿Crees esto?
27 Sí, Señor —le dijo ella—; creo
que tú eres el Cristo,[b] el Hijo de
Dios, el que tenía que venir al mundo.
28 Y después de decir esto, regresó
a su casa, llamó aparte a su hermana María y le dijo: El Maestro ha
llegado y pregunta por ti. 29 Cuando
María oyó esto, se levantó inmediatamente y se fue hacia él. 30 Pues no
había entrado aún Jesús en el
pueblo, sino que permanecía todavía
en el lugar donde Marta le había
salido al encuentro. 31 Cuando los
judíos que habían ido a casa de
María a darle el pésame se dieron
cuenta de su rapidez en levantarse y
salir, se fueron tras ella, suponiendo
que se iba a la tumba para llorar
allí.
32 Cuando María llegó al lugar donde estaba Jesús y lo vio, se echó a
sus pies y le dijo: Señor, si tú
hubieras estado aquí, mi hermano no
se habría muerto.
33 Al verla Jesús llorar, y a los
judíos que habían venido juntamente
con ella, también llorando, se
conmovió profundamente y se estre-
meció. 34 ¿Dónde lo han puesto?
—preguntó.
Señor, ven y lo verás —le respondieron.
35 Jesús lloró.
36 Decían, pues, los judíos: ¡Miren
cómo lo amaba!
37 Pero algunos de ellos decían: El
que le abrió los ojos al ciego, ¿no
podría también haber hecho que este
hombre no se muriera?

[a] *18* El griego dice *quince estadios*. [b] *27* O *el Mesías*.

Jesús resucita a Lázaro

38 Jesús, conmoviéndose otra vez,
llegó a la tumba. Era una cueva,
cubierta con una piedra grande.
39 Retiren la piedra —dijo Jesús.
Dícele Marta, la hermana del
difunto: Señor, ya hay mal olor,
pues lleva cuatro días muerto.
40 Entonces Jesús le dijo: ¿No te
dije ya que, si crees, verás la gloria
de Dios?
41 Así que retiraron la piedra.
Jesús alzó los ojos al cielo y dijo:
Padre, gracias te doy porque me has
escuchado. 42 Ya sabía que siempre
me escuchas, pero lo he dicho en
beneficio de la gente que está aquí
presente, a fin de que crean que me
has enviado tú.
43 Dicho esto, clamó en voz alta:
¡Lázaro, sal de ahí! 44 Salió el muerto, atado de pies y manos con vendas, y el rostro cubierto con un
sudario.
Jesús les dijo: Quítenle la mortaja
y dejen que se vaya.

El complot para matar a Jesús

45 Así que muchos de los judíos
que habían venido a visitar a María
y habían visto lo que Jesús acababa
de realizar creyeron en él. 46 Pero algunos de ellos se fueron a los fariseos y les contaron lo que Jesús
había hecho. 47 Entonces los jefes de
los sacerdotes y los fariseos convocaron una reunión del Sanedrín.
¿Qué hacemos? —se decían—;
porque este hombre está realizando
muchas señales milagrosas. 48 Si lo
dejamos continuar así, todos creerán
en él; y vendrán los romanos, y
destruirán nuestro lugar[a] y nuestra
nación.
49 Entonces uno de ellos, llamado
Caifás, que era sumo sacerdote
aquel año, les dijo: Ustedes no
saben nada en absoluto, 50 y no
tienen en cuenta que es preferible
que muera un solo hombre en bien
del pueblo, y no que perezca toda la
nación.
51 Esto no lo dijo él por su propia
iniciativa, sino que, como era sumo
sacerdote aquel año, profetizó que
Jesús había de morir por la nación
judía; 52 y no sólo por la nación sino
también por todos los hijos de Dios
que estaban dispersos, para juntarlos
y unirlos. 53 Así que desde aquel día
se pusieron de acuerdo para quitarle
la vida.
54 Por lo tanto, a partir de entonces Jesús ya no se presentaba en
público entre los judíos, sino que se
retiró a una región cerca del desierto, a un pueblo llamado Efraín, donde se quedó con sus discípulos.
55 Cuando ya se acercaba el tiempo
de la Pascua judía, subieron muchos
de aquella tierra a Jerusalén para
realizar sus ceremonias de purificación antes de la Pascua. 56 Andaban
buscando a Jesús, y mientras estaban por los lugares del templo, se
decían unos a otros: ¿Qué les parece? ¿Es que no va a asistir a la
fiesta? 57 Pero los jefes de los sacerdotes y los fariseos habían dado
orden de que si alguno se enteraba
dónde estaba Jesús lo denunciara a
fin de arrestarlo.

La unción de Jesús en Betania

12 Seis días antes de la Pascua
llegó Jesús a Betania, donde
vivía Lázaro, a quien Jesús había
resucitado de entre los muertos.
2 Allí se dio una cena en honor de
Jesús. Marta servía a la mesa, y
Lázaro era uno de los comensales
que lo acompañaban. 3 Entonces
María tomó medio litro[b] de perfume
de nardo auténtico, un perfume caro,
lo derramó sobre los pies de Jesús y
después los secó con su propio
cabello. Y la casa se llenó de la fragancia del perfume.
4 Pero uno de sus discípulos, Judas
Iscariote, quien más tarde lo iba a
traicionar, objetó: 5 ¿Por qué no se
vendió este perfume, equivalente al

[a] *48* O sea, *el templo.* [b] *3* El griego dice *una litra* (probablemente medio litro).

salario de un año,[a] para darlo a los
pobres? 6 Esto lo dijo, no porque se
interesara por los pobres, sino
porque era un ladrón; y como era el
que se encargaba del dinero, acostumbraba a sustraer para sí de lo
que le entregaban.

7 Déjala que lo haga —respondió
Jesús—; pues ha venido ahorrando
este perfume para el día de mi
sepultura. 8 Siempre tendrán a los
pobres entre ustedes, pero a mí no
siempre me tendrán.

9 Entretanto una gran multitud de
judíos se enteraron de que Jesús
estaba allí y acudieron, no por Jesús
solamente, sino también para ver a
Lázaro, a quien él había resucitado
de entre los muertos. 10 Así que los
jefes de los sacerdotes planearon
también matar a Lázaro, 11 porque
por causa de él muchos de los
judíos se estaban yendo a Jesús y
creían en él.

La entrada triunfal de Jesús en Jerusalén

12 Al día siguiente, la gran multitud
que había venido para la fiesta, al
enterarse de que Jesús se dirigía a
Jerusalén, 13 arrancaron ramas de las
palmeras y salieron a su encuentro
gritando:

¡Hosanna![b]
¡Bendito es el que viene en el
nombre del Señor![c]
¡Bendito es el Rey de Israel!

14 Jesús encontró un pollino y se
montó en él, como dice la Escritura:

15 No temas, oh hija de Sión;
mira que viene tu Rey,
montado en un pollino de
burra.[d]

16 Al principio, sus discípulos no
entendieron todo esto. Sólo después
que Jesús fue glorificado, se dieron
cuenta de que estas cosas se habían
escrito acerca de él y de que le
habían hecho estas cosas.

17 Y la multitud que estaba con él
había ido esparciendo la noticia de
que él había hecho salir a Lázaro de
la tumba, resucitándolo de entre los
muertos.[e] 18 Mucha gente, al enterarse de que había hecho esta señal
milagrosa, iba a su encuentro. 19 Y
los fariseos se decían entre sí: Ya
ven que no conseguimos nada.
¡Miren cómo todo el mundo se va
tras él!

Jesús predice su muerte

20 Había algunos griegos entre los
que subían a adorar en la fiesta.

21 Estos se acercaron a Felipe, que
era de Betsaida de Galilea, con el
siguiente ruego: Señor, queremos ver
a Jesús. 22 Felipe fue a decírselo a
Andrés, y Andrés y Felipe a su vez
se lo dijeron a Jesús.

23 Jesús contestó: Ha llegado la
hora en que el Hijo del Hombre va
a ser glorificado. 24 De veras les aseguro que si el grano de trigo no cae
en tierra y muere, se queda él solo;
pero si muere, produce muchos
otros granos. 25 El que ama su vida
la perderá; mientras que el que aborrece su vida en este mundo, la
guardará para vida eterna. 26 Todo el
que está a mi servicio, tiene que
seguirme; y donde yo estoy, allí
estará también mi servidor. Al que
me sirve, mi Padre lo honrará.

27 Ahora mi corazón está turbado,
¿y qué voy a decir? ¿"Padre sálvame de esta hora"? No, porque precisamente por esta razón he llegado
a esta hora. 28 ¡Padre, glorifica tu
nombre!

Entonces se oyó una voz del
cielo: Lo he glorificado ya y lo
volveré a glorificar. 29 La multitud
que estaba presente y lo oyó, decía
que había sido un trueno; otros
decían que le había hablado un
ángel.

[a] *5* El griego dice *trescientos denarios.* [b] *13* Significa en hebreo *sálvanos* y vino a ser una exclamación de alabanza. [c] *13* Salmo 118:25, 26. [d] *15* Zacarías 9:9. [e] *17* O *Y la multitud que estaba con él cuando hizo salir a Lázaro de la tumba y lo resucitó de entre los muertos, iban esparciendo la noticia.*

30 Dijo Jesús: Esta voz no ha venido por mí, sino para beneficio de
ustedes. 31 Ahora es el tiempo del
juicio de este mundo; ahora es cuando el príncipe de este mundo será
echado fuera. 32 Yo, por mi parte,
cuando sea levantado de la tierra, a
todos atraeré hacia mí. 33 Esto lo
dijo dando a entender la clase de
muerte que iba a sufrir.

34 Clamó la gente: Hemos oído en
la ley que el Cristo[a] permanecerá
para siempre; ¿cómo, pues, dices tú:
"el Hijo del Hombre tiene que ser
levantado"? ¿Quién es ese Hijo del
Hombre?

35 Entonces les dijo Jesús: Van a
tener la luz tan sólo por un poco
más de tiempo. Caminen mientras
tienen la luz, antes de que los
sorprendan las tinieblas. El que
camina en la oscuridad, no sabe a
dónde se dirige. 36 Crean en la luz
mientras disponen de ella, para que
lleguen a ser hijos de la luz. Cuando
terminó de decir esto, Jesús se fue y
se escondió de ellos.

Los judíos continúan en su incredulidad

37 Incluso después que Jesús había
realizado todas estas señales milagrosas en presencia de ellos, todavía no
creían en él, 38 con lo cual se cum-
plían las palabras del profeta Isaías:

Señor, ¿quién ha creído nuestro
anuncio,
y a quién ha sido revelado el
brazo del Señor?[b]

39 Por esta razón no podían creer;
pues, como dice Isaías en otro lugar:

40 Ha cegado sus ojos
y ha endurecido sus corazones,
de forma que no vean con sus
ojos,
ni comprendan con sus corazones,
ni se vuelvan a mí para que los
sane.[c]

41 Esto lo dijo Isaías porque vio la
gloria de Jesús, y se refirió a él.

42 Sin embargo, al mismo tiempo
creyeron muchos en él, incluso de
entre los jefes, pero no lo declara-
ban por temor a los fariseos, para
no ser echados de la sinagoga;
43 porque tenían en mayor estima la
alabanza de los hombres que la alabanza que viene de Dios.

44 Entonces Jesús levantó la voz y
dijo: El que cree en mí, no cree
sólo en mí, sino en el que me envió.
45 Y quien me ve a mí, ve al que me
envió. 46 Yo he venido como una luz
al mundo, para que todo el que cree
en mí, no se quede en la oscuridad.

47 Y en cuanto al que oye mis
palabras y no las guarda, yo no lo
juzgo. Porque yo no he venido a
juzgar al mundo, sino a salvarlo.
48 El que me rechaza y no acepta
mis palabras, ya tiene quien le
juzgue; las mismas palabras que yo
he hablado lo condenarán en el último día. 49 Pues yo no he hablado
por mi propia cuenta, sino que el
Padre que me envió es el que me
ordenó lo que tenía que decir y
cómo lo tenía que decir. 50 Yo sé
que su mandato conduce a la vida
eterna. Así que todo lo que digo es
exactamente lo que el Padre me ha
encargado que dijera.

Jesús lava los pies a sus discípulos

13 El día antes de la fiesta de
la Pascua, sabiendo Jesús
que le había llegado la hora de dejar
este mundo y partir hacia el Padre,
después de haber amado a los suyos
que estaban en el mundo, les mostró
ahora hasta qué extremo los amaba.[d]

2 Se estaba sirviendo la cena, y el
diablo había ya insinuado a Judas
Iscariote, hijo de Simón, que entre-
gara a Jesús. 3 Jesús, sabiendo que
el Padre había puesto todas las
cosas bajo su poder, y que había
venido de Dios y a Dios volvía, 4 se
levantó de la mesa, se quitó el manto y se ciñó una toalla. 5 Luego echó

[a] *34* O *Mesías.* [b] *38* Isaías 53:1. [c] *40* Isaías 6:10. [d] *1* O *los amó hasta el fin.*

agua en un lavamanos y comenzó a
lavarles los pies a sus discípulos,
secándolos con la toalla con que
estaba ceñido.
6 Llegó a Simón Pedro; y éste le
dijo: Señor, ¿tú me vas a lavar los
pies a mí?
7 Le respondió Jesús: Tú no entiendes ahora lo que estoy haciendo,
pero lo comprenderás después.
8 No —dijo Pedro—; tú no me
lavarás jamás los pies.
Respondió Jesús: Si no te lavo, no
tienes parte conmigo. 9 Entonces,
Señor —respondió Simón Pedro—,
no sólo los pies, sino las manos y la
cabeza también.
10 Respondió Jesús: Una persona
que se ha bañado sólo necesita
lavarse los pies; todo él está limpio.
Y ustedes están limpios, aunque no
todos. 11 Pues él sabía quién iba a
traicionarlo, y por eso dijo que no
todos estaban limpios.
12 Cuando terminó de lavarles los
pies, se puso de nuevo la ropa y
volvió a su lugar. ¿Entienden lo que
he hecho con ustedes? —les preguntó—; 13 ustedes me llaman
Maestro y Señor, y con razón, pues
lo soy. 14 Pues bien, si yo, que soy
su Señor y Maestro, les he lavado
los pies, también ustedes deben
lavarse los pies unos a otros. 15 Les
he dado ejemplo para que hagan lo
mismo que yo he hecho con ustedes.
16 En verdad les digo que ningún
siervo es más que su amo, y ningún
mensajero es más que el que lo ha
enviado. 17 Bienaventurados ustedes
si, sabiendo estas cosas, las cumplen.

Jesús predice la traición de Judas

18 No me estoy refiriendo a todos
ustedes; yo ya sé a quiénes he escogido. Pero esto es para que se cumplan las Escrituras: El que come de
mi pan, ha levantado su talón contra
mí.[a]
19 Se lo estoy diciendo ahora antes
de que suceda, para que cuando
suceda, crean que yo soy él. 20 En
verdad les digo que todo el que
acepta al que yo envío, me acepta a
mí; y el que me acepta a mí, acepta
al que me envió.
21 Después que dijo esto, Jesús se
conmovió profundamente y declaró:
Les digo la verdad: uno de ustedes
me va a traicionar.
22 Los discípulos se miraron unos a
otros, sin saber a quién de ellos se
refería. 23 Uno de ellos, el discípulo
a quien tanto amaba Jesús, estaba
recostado junto a él. 24 Simón Pedro
le hizo una seña a este discípulo y
le dijo: Pregúntale a quién se refiere.
25 Entonces, inclinándose sobre el
pecho de Jesús, le preguntó: Señor,
¿quién es?
26 Respondió Jesús: Es aquél a
quien yo le dé este trozo de pan que
voy a mojar en el plato. Entonces,
mojando el pan, se lo dio a Judas el
Iscariote, hijo de Simón. 27 Tan
pronto como Judas tomó el pan,
Satanás entró en él.
Lo que estás a punto de hacer,
hazlo pronto —le dijo Jesús. 28 Pero
ninguno de los que estaban a la
mesa entendió por qué le dijo Jesús
eso. 29 Como Judas era el encargado
del dinero, algunos pensaron que
Jesús le estaba diciendo que compra-
ra algo para la fiesta, o que diera algo a los pobres. 30 Tan pronto como
Judas tomó el pan, se marchó. Y
era de noche.

Jesús predice la negación de Pedro

31 Cuando había salido él, dijo
Jesús: Ahora es glorificado el Hijo
del Hombre, y Dios es glorificado en
él. 32 Si Dios es glorificado en él,[b]
también Dios glorificará al Hijo en él
mismo, y lo glorificará muy pronto.
33 Hijitos míos, voy a estar con
ustedes sólo por un poco más de
tiempo. Me buscarán, y como antes
dije a los judíos, igualmente les digo

[a] *18* Salmo 41:9. [b] *31* Algunos Mss. antiguos omiten: *Si Dios es glorificado en él.*

ahora a ustedes: A donde yo voy,
no pueden venir ustedes.
34 Un nuevo mandamiento les doy:
Amense los unos a los otros. Así
como yo los he amado, así tienen
que amarse los unos a los otros.
35 Todos conocerán que son mis
discípulos si se aman los unos a
otros.
36 Le preguntó Simón Pedro:
Señor, ¿a dónde te vas?
Jesús le respondió: A donde yo
me voy, tú no puedes seguirme ahora, pero me seguirás más tarde.
37 Insistió Pedro: Señor, ¿por qué
no puedo seguirte ahora? Estoy dispuesto a dar mi vida por ti.
38 Entonces respondió Jesús: ¿De
veras estás dispuesto a dar tu vida
por mí? Yo te aseguro que, antes de
que el gallo cante, me habrás negado
tres veces.

Jesús consuela a sus discípulos

14 No se turbe su corazón.
Crean en Dios;[a] crean también en mí. 2 Hay muchas moradas
en la casa de mi Padre; si no fuera
así, ya se lo habría dicho. Voy allá
a preparar lugar para ustedes. 3 Y si
me voy a prepararles lugar, volveré
otra vez y los llevaré conmigo, a fin
de que también ustedes estén donde
yo estoy. 4 Ya conocen el camino
hacia el lugar a donde voy.

Jesús, el camino hacia el Padre

5 Le dijo Tomás: Señor, aún no
sabemos a dónde te vas; así que
¿cómo podemos conocer el camino?
6 Respondió Jesús: Yo soy el camino, la verdad y la vida. Nadie viene
al Padre sino por medio de mí. 7 Si
me conocieran de veras a mí, conocerían también a mi Padre.[b] Desde
ahora lo conocen y lo han visto.
8 Dijo Felipe: Señor, muéstranos al
Padre y con eso nos basta.
9 Respondió Jesús: ¿No me conoces, Felipe, aun después de haber
estado entre ustedes durante tanto
tiempo? Todo el que me ha visto a
mí, ha visto al Padre. ¿Cómo puedes
tú decir: Muéstranos al Padre?
10 ¿No crees que yo estoy en el
Padre, y que el Padre está en mí?
Las palabras que yo les estoy
diciendo no las hablo por mi propia
cuenta, sino que es más bien el
Padre, que vive en mí, el que está
haciendo su propia obra. 11 Créanme
cuando les digo que yo estoy en el
Padre y que el Padre está en mí; o
al menos crean ante la evidencia de
los milagros mismos. 12 Les digo la
verdad que todo el que tiene fe en
mí, hará las obras que yo he estado
haciendo. Incluso hará cosas mayores que éstas, porque yo me voy a
ir al Padre. 13 Y haré cualquier cosa
que pidan en mi nombre, para que
el Hijo pueda dar gloria al Padre.
14 Pueden pedir cualquier cosa en mi
nombre, y yo la haré.

Jesús promete el Espíritu Santo

15 Si me aman, harán lo que les
mando. 16 Y yo rogaré al Padre, y
les dará otro Consolador, 17 el Espíritu de la verdad, para que esté
con ustedes para siempre. El mundo
no puede aceptarlo porque no lo ve
ni lo conoce. Pero ustedes lo conocen, porque él vive con ustedes y
estará[c] en ustedes. 18 No los dejaré
huérfanos; vendré a ustedes. 19 Dentro de poco, el mundo ya no me
verá, pero ustedes me verán. Porque
yo vivo, también ustedes vivirán.
20 En aquel día se darán cuenta de
que yo estoy en mi Padre, y ustedes
en mí, y yo en ustedes. 21 Todo el
que tiene mis mandatos y los obedece, ése es el que me ama. El que
me ama, será amado por mi Padre,
y yo también lo amaré y me
mostraré a él.
22 Entonces Judas (no el Iscariote)
dijo: Pero, Señor, ¿por qué quieres
manifestarte a nosotros y no al mundo?

[a] *1* O *Creen en Dios.* [b] *7* Algunos Mss. antiguos dicen: *Si me han conocido de veras, conocerán también a mi Padre.* [c] *17* Algunos Mss. antiguos dicen: *y es.*

23 Jesús respondió: Si alguno me ama, obedecerá mis enseñanzas. Mi Padre lo amará, y vendremos a él y haremos nuestra mansión en él. 24 El que no me ama, no obedecerá mis enseñanzas. Estas palabras que oyen no son mías propias, sino del Padre que me ha enviado.

25 Todo esto lo he hablado estando todavía con ustedes. 26 Pero el Consolador, el Espíritu Santo, a quien el Padre enviará en mi nombre, les enseñará todas las cosas y les recordará todo cuanto yo les he dicho. 27 La paz les dejo; mi paz les doy. No se la doy como la da el mundo. No se turbe su corazón ni tengan temor.

28 Me oyeron decir: "Me voy y volveré a ustedes". Si me amaran, se alegrarían de que me voy al Padre, porque el Padre es mayor que yo. 29 Se lo digo ahora antes de que suceda, para que cuando suceda, crean. 30 Ya no voy a hablar con ustedes por mucho más tiempo, porque el príncipe de este mundo está llegando. El no tiene ningún derecho sobre mí, 31 pero el mundo tiene que aprender que yo amo al Padre y que cumplo exactamente lo que el Padre me ha encargado. ¡Levántense y vámonos de aquí!

La vid y las ramas

15 Yo soy la verdadera vid y mi Padre es el viñador. 2 El corta toda rama que, estando en mi, no lleva fruto, mientras que toda rama que lleva fruto, la limpia podándola para que dé más fruto. 3 Ustedes ya están limpios por la palabra que les he hablado. 4 Permanezcan en mí, y yo permaneceré en ustedes. Ninguna rama puede dar fruto por sí misma, sino que tiene que permanecer en la vid. Tampoco ustedes pueden dar fruto a menos que permanezcan en mí.

5 Yo soy la vid, y ustedes son las ramas. Quien permanece en mí, y yo en él, éste lleva mucho fruto, porque separados de mí, nada pueden hacer. 6 El que no permanece en mí, es como una rama a la que se tira fuera, y se seca. A esta clase de ramas se las recoge y se las echa al fuego, donde arden. 7 Si permanecen en mí, y mis palabras permanecen en ustedes, pidan cuanto quieran, y les será concedido. 8 En esto es glorificado mi Padre, en que den mucho fruto, mostrando así que son mis discípulos.

9 Como el Padre me ha amado, así los he amado yo. Ahora permanezcan en mi amor. 10 Si obedecen mis mandatos, permanecerán en mi amor, del mismo modo que yo he obedecido los mandatos de mi Padre y permanezco en su amor. 11 Les he dicho estas cosas a fin de que mi gozo esté en ustedes y su gozo sea completo. 12 Mi mandato es éste: Amense los unos a los otros como yo los he amado. 13 Nadie tiene un amor tan grande como el que de la vida por sus amigos. 14 Ustedes son mis amigos, si hacen lo que les mando. 15 Ya no los llamo siervos, porque un siervo no conoce los asuntos de su amo, sino que los he llamado amigos, porque todo lo que he aprendido de mi Padre se lo he dado a conocer. 16 No me escogieron ustedes a mí, sino que yo los escogí y los he destinado a que vayan a dar fruto, un fruto que perdure. Entonces el Padre les concederá cuanto pidan en mi nombre. 17 Este es mi mandato: Amense los unos a los otros.

El mundo odia a los discípulos de Cristo

18 Si el mundo los odia, tengan en cuenta que a mí me odió primero. 19 Si pertencieran al mundo, el mundo los amaría como a cosa propia, pero como no pertenecen al mundo, sino que yo los he entresacado del mundo, por eso es por lo que el mundo los odia. 20 Recuerden lo que les he dicho antes: "Ningún siervo

es más que su amo".[a] Si a mí me persiguieron, también a ustedes los perseguirán; y si han obedecido mi enseñanza, también obedecerán la de ustedes. 21 Los tratarán de este modo por causa de mi nombre, porque no conocen al que me ha enviado. 22 Si yo no hubiera venido y les hubiera hablado, no serían culpables, pero ahora no tienen excusa por su pecado. 23 El que me odia a mí, odia también a mi Padre. 24 Si yo no hubiera realizado entre ellos las obras que ningún otro ha realizado, no serían culpables de pecado; pero ahora han visto esos milagros y, a pesar de ello, han odiado tanto a mí como a mi Padre. 25 Pero esto es para que se cumpla lo que está escrito en su ley: "Me odiaron sin motivo".[b]

26 Cuando venga el Consolador, que yo les enviaré desde el Padre, el Espíritu de la verdad, el cual procede del Padre, él dará testimonio acerca de mí; 27 y también ustedes tienen que dar testimonio, porque han estado conmigo desde el principio.

16 Todo esto se lo he dicho a fin de que no sufran ningún tropiezo. 2 Los expulsarán de la sinagoga; y se acerca el tiempo en que cualquiera que los mate, pensará que está ofreciendo un servicio a Dios. 3 Y harán tales cosas porque no han conocido al Padre ni a mí. 4 Les he dicho esto a fin de que, cuando llegue la hora, se acuerden de que se lo he advertido. No se lo dije al principio porque estaba con ustedes.

La obra del Espíritu Santo

5 Ahora me marcho al que me envió, y ninguno de ustedes me pregunta siquiera: "¿A dónde te vas?" 6 Porque les he dicho estas cosas están llenos de tristeza. 7 Pero les digo la verdad: es para su bien que me marcho; pues si no me voy, el Consolador no vendrá a ustedes; pero si me voy, se lo enviaré. 8 Cuando él venga, convencerá al mundo de culpa en cuanto a pecado, en cuanto a justicia y en cuanto a juicio; 9 en cuanto a pecado, porque la gente no cree en mí; 10 en cuanto a justicia, porque me voy al Padre, donde no me pueden seguir viendo; 11 y en cuanto a juicio, porque el príncipe de este mundo está ya condenado.

12 Tengo aún muchas cosas que decirles, más de las que ahora pueden entender. 13 Pero cuando venga él, el Espíritu de la verdad, los guiará hacia toda la verdad. No hablará por su propia cuenta, sino que hablará sólo lo que oiga, y les dirá lo que aún está por venir. 14 El me glorificará tomando de lo que es mío y haciéndoselo saber. 15 Todo lo que es del Padre, es también mío. Por eso les dije que el Espíritu tomará de lo que es mío y se lo hará saber.

16 Dentro de poco, ya no me verán; y luego, dentro de otro poco, me verán.

La tristeza de los discípulos se convertirá en gozo

17 Algunos de los discípulos se decían unos a otros: ¿Qué quiere decir con eso de que "dentro de poco ya no me verán", y luego, "dentro de otro poco, me verán", y "porque me voy al Padre"? 18 Y seguían preguntado: ¿Qué quiere decir con ese *poco*? No sabemos de qué está hablando.

19 Vio Jesús que querían preguntarle acerca de esto, y les dijo: ¿Están preguntándose unos a otros a qué me refería cuando dije: "Dentro de poco ya no me verán, y luego, dentro de otro poco, me verán"? 20 Les aseguro que llorarán y se lamentarán, mientras el mundo se regocija. Ustedes estarán afligidos, pero su tristeza se convertirá en gozo. 21 Cuando una mujer está de parto, tiene dolores, porque le ha llegado

[a] *20* Juan 13:16. [b] *25* Salmos 35:19; 69:4.

su tiempo; pero cuando ha nacido su
bebé, se olvida de su augustia por el
gozo de que ha venido un niño al
mundo. 22 Lo mismo les ocurre a
ustedes: Ahora es el tiempo de su
aflicción, pero los volveré a ver y se
regocijarán, y nadie podrá arrebatar-
les su alegría. 23 En aquel día ya no
me preguntarán nada. Yo les doy mi
palabra de que mi Padre les concederá cuanto pidan en mi nombre.
24 Hasta ahora, nada han pedido en
mi nombre. Pidan y recibirán; y su
gozo será completo.

25 Aunque les he estado hablando
por medio de comparaciones, está
llegando el tiempo en que ya no
usaré más de este modo de hablar,
sino que les hablaré con claridad
acerca de mi Padre. 26 En aquel día
pedirán en mi nombre. No estoy
diciendo que yo rogaré al Padre en
favor de ustedes. 27 No, el Padre
mismo los ama, porque ustedes me
han amado y han creído que yo vine
de parte de Dios. 28 Vine de Dios y
llegué a este mundo; ahora dejo el
mundo y me vuelvo al Padre.

29 Entonces dijeron sus discípulos:
Ahora estás hablando claramente y
sin usar comparaciones. 30 Ahora
podemos ver que lo sabes todo y
que ni siquiera necesitas que nadie
te pregunte. Esto es lo que nos hace
creer que has venido de parte de
Dios.

31 ¡Por fin creen![a] —contestó
Jesús—; 32 pero se acerca la hora, y
ya ha llegado, en que serán dispersados, cada uno a su propia casa.
Todos me dejarán solo; sin embargo,
no estoy solo, porque mi Padre está
conmigo. 33 Les he dicho estas cosas
para que tengan paz en mí. En este
mundo tendrán sufrimiento, pero
¡tengan ánimo! Yo he vencido al
mundo.

Jesús ora por sí mismo

17 Después que Jesús dijo esto,
levantó los ojos al cielo y
oró así:
Padre, ha llegado la hora. Glorifica
a tu Hijo, para que tu Hijo te glori-
fique a ti. 2 Pues tú le has concedido
autoridad sobre todos los hombres,
para que él dé vida eterna a todos
aquellos que tú le has dado. 3 Y la
vida eterna es ésta: que los hombres
te conozcan a ti, el único Dios
verdadero, y a Jesucristo, a quien tú
has enviado. 4 Yo te he dado gloria
en la tierra llevando a cabo la obra
que tú me encargaste que hiciera.
5 Y ahora, Padre, glorifícame en tu
presencia con la gloria que yo tuve
contigo antes de que existiera el
mundo.

Jesús ora por sus discípulos

6 Te he revelado[b] a los hombres
que me has dado de entre el mundo.
Tuyos eran; tú me los diste y ellos
han obedecido tu palabra. 7 Ahora
conocen que todo lo que me has
dado viene de ti. 8 Pues les comuni-
qué las palabras que tú me confiaste
y ellos las han aceptado. Han conocido con certeza que he venido de
tu lado y han creído que tú me
enviaste. 9 Por ellos ruego; no estoy
orando por el mundo, sino por aquellos que tú me diste, pues son tuyos.
10 Todo lo que yo tengo es tuyo, y
todo lo que tú tienes es mío. Y por
medio de ellos he alcanzado gloria.
11 Yo no voy a permanecer por más
tiempo en el mundo,. pero ellos están
todavía en el mundo, y yo voy a ti.
Padre Santo, protégelos con el poder
de tu nombre, el nombre que tú me
diste, para que sean uno como nosotros. 12 Mientras yo he estado con
ellos, los he protegido y los he preservado mediante el nombre que me
diste. Ninguno de ellos ha perecido
excepto el hijo del infierno, para que
se cumplieran las Escrituras.

13 Ahora voy a ti, pero digo
esto mientras todavía estoy en
el mundo, a fin de que ellos
tengan dentro de sí la medida
completa de mi gozo. 14 Yo les
he dado tu palabra y el mundo

[a] *31 O ¿Ahora creen?* [b] *6 O Les he dado a conocer tu nombre;* también en el versículo 26.

los ha odiado, porque ellos no
son del mundo, de la misma
manera que yo tampoco soy
del mundo. 15 No te pido que
los saques del mundo, sino que
los protejas del maligno.
16 Ellos no son del mundo,
como yo tampoco lo soy.
17 Santifícalos[a] con la verdad;
tu palabra es verdad. 18 Como
tú me enviaste al mundo, así
también yo los envío al mundo. 19 Por ellos me santifico[a] a
mí mismo, para que también
ellos sean de veras santificados.[a]

Jesús ora por todos los creyentes

20 Mi oración no es sólo por
ellos. También ruego por los
que creerán en mí por medio
del mensaje de ellos, 21 para
que todos ellos sean uno, oh
Padre, así como yo estoy en ti
y tú en mí. Que también ellos
estén en nosotros, a fin de que
el mundo crea que tú me has
enviado. 22 Yo les he dado la
gloria que tú me diste, para
que sean una sola cosa como
nosotros somos una unidad:
23 yo en ellos, y tú en mí. Que
ellos alcancen una completa
unidad, para que el mundo
pueda saber que tú me has
enviado y los has amado de la
misma manera que me has
amado a mí.

24 Padre, quiero que los que
me has dado estén conmigo
donde yo estoy, y que vean mi
gloria, la gloria que tú me
diste, porque me has amado
desde antes de la creación del
mundo.

25 Padre justo, aunque el
mundo no te conoce, yo sí te
conozco, y ellos saben que tú
me has enviado. 26 Yo les he
declarado quién eres, y continuaré haciendo que te conozcan, a fin de que el amor que
me tienes sea compartido con
ellos y que yo mismo esté en
ellos.

Arresto de Jesús

18 Cuando terminó su oración,
Jesús salió con sus discípulos
y cruzó el valle de Cedrón. Al otro
lado había un olivar, y en él entró
Jesús con sus discípulos.

2 Judas, el que lo iba a entregar,
conocía aquel lugar, porque Jesús se
había reunido allí muchas veces con
sus discípulos. 3 Así que Judas vino
al olivar, a la cabeza de un destacamento de soldados y algunos
guardias de parte de los jefes de los
sacerdotes y fariseos. Llevaban an-
torchas, linternas y armas.

4 Jesús, sabiendo todo lo que iba a
suceder, se adelantó y les dijo: ¿A
quién buscan?

5 A Jesús de Nazaret —le respondieron.

Yo soy —dijo Jesús. (Y Judas el
traidor estaba también con ellos.)
6 Al decir Jesús: Yo soy, retrocedie-
ron y cayeron en tierra.

7 De nuevo les preguntó: ¿A quién
buscan?

Y ellos dijeron: A Jesús de Nazaret.

8 Ya he dicho que soy yo —respondió Jesús—. Si me buscan a mí,
dejen ir a éstos. 9 Esto sucedió para
que se cumpliera lo que él había
dicho en otra ocasión: "No he
perdido a ninguno de los que me
diste".[b]

10 Entonces Simón Pedro, que llevaba una espada, la sacó e hirió al
criado del sumo sacerdote, cortándole la oreja derecha. (El criado se
llamaba Malco.)

11 Entonces Jesús le dijo a Pedro:
¡Envaina tu espada! ¿Acaso no voy
a beber la copa que el Padre me ha
dado?

[a] *17, 19* El original usa el verbo *hagiazo* (consagrar una cosa al servicio de Dios, o sea, separarla aparte para uso sagrado). [b] *9* Juan 6:39.

Jesús es conducido a Anás

12 Así pues, el destacamento de
soldados con su jefe y los guardias
judíos arrestaron a Jesús. Lo ataron
13 y lo llevaron primero a Anás, que
era el suegro de Caifás, quien era
sumo sacerdote aquel año. 14 Caifás
era el que había aconsejado a los
judíos que sería conveniente que
muriera un solo hombre en favor del
pueblo.

Primera negación de Pedro

15 Simón Pedro y otro discípulo
seguían a Jesús. Por ser este discípulo conocido del sumo sacerdote,
entró con Jesús en el atrio del sumo
sacerdote, 16 pero Pedro tuvo que esperar fuera junto a la puerta. El otro
discípulo, que era conocido del sumo
sacerdote, regresó, habló a la portera e hizo entrar a Pedro.
17 ¿No eres tú también de los
discípulos de ese hombre? —le dijo
la portera.
El respondió: No lo soy.
18 Hacía frío, y los criados y
guardias estaban alrededor de un
fuego que habían encendido para
calentarse. También Pedro estaba
con ellos de pie, calentándose.

El sumo sacerdote interroga a Jesús

19 Entretanto, el sumo sacerdote
preguntó a Jesús acerca de sus discípulos y de sus enseñanzas.
20 Yo he hablado abiertamente al
mundo —respondió Jesús—. Siempre
he enseñado en las sinagogas o en el
templo, donde todos los judíos se
reúnen. No he hablado nada a
escondidas. 21 ¿Por qué me preguntas
a mí? Pregúntales a los que me han
oído. Seguramente que ellos saben lo
que yo he dicho.
22 Cuando Jesús dijo esto, uno de
los guardias que estaban cerca le dio
una bofetada, diciendo: ¿Es ése el
modo de responder al sumo sacerdote?
23 Si he hablado mal —respondió
Jesús—, declara qué es lo que he
dicho mal. Y si he dicho la verdad,
¿por qué me hieres? 24 Entonces
Anás lo envió atado a Caifás, el
sumo sacerdote.[a]

Segunda y tercera negaciones de Pedro

25 Mientras Pedro estaba en pie
calentándose, le preguntaron: ¿No
serás tú de sus discípulos?
El lo negó, diciendo: No lo soy.
26 Uno de los criados del sumo
sacerdote, pariente del otro a quien
le había cortado Pedro la oreja, insistió: ¿Acaso no te vi con él en el
olivar? 27 De nuevo lo negó Pedro, y
en aquel instante cantó un gallo.

Jesús ante Pilato

28 Luego, los judíos condujeron a
Jesús de casa de Caifás al palacio
del gobernador romano. Por entonces ya era de madrugada, y para
evitar la contaminación ceremonial,
los judíos no entraron en el palacio,
pues querían estar en disposición de
comer la Pascua. 29 Así que Pilato
salió a su encuentro y les preguntó:
¿Qué acusación traen contra este
hombre?
30 Si no fuera un malhechor —respondieron ellos—, no te lo habríamos entregado.
31 Pilato les dijo: Tómenlo ustedes
y júzguenlo de acuerdo con su ley.
Pero nosotros no tenemos facultad
para ejecutar a nadie —objetaron los
judíos. 32 Esto lo dijeron para que se
cumplieran las palabras que Jesús
había dicho al indicar la clase de
muerte que iba a sufrir.
33 Entonces Pilato regresó al interior del palacio, hizo venir a Jesús
y le preguntó: ¿Eres tú el rey de los
judíos?
34 ¿Es ésa una opinión tuya —respondió Jesús— o te han hablado
otros acerca de mí?
35 ¿Acaso tú piensas que yo soy
judío? —respondió a su vez Pilato—.

[a] *24 O (Ahora bien, Anás lo había enviado... el sumo sacerdote.)*

Tu gente y sus principales sacerdotes son los que te han entregado a
mí. ¿Qué es lo que has hecho?
36 Le dijo Jesús: Mi reino no es de
este mundo. Si lo fuera, mis servidores pelearían para impedir que los
judíos me arrestaran. Pero mi reino
es de otro lugar.
37 ¡Tú eres rey, entonces! —dijo
Pilato.
Jesús respondió: Estás en lo cierto
al decir que soy rey. En realidad, el
motivo por el que he nacido y he
venido a este mundo, ha sido para
dar testimonio de la verdad. Todo el
que está de parte de la verdad,
escucha mis palabras.
38 ¿Qué es la verdad? —preguntó
Pilato. Y diciendo esto, se fue otra
vez a los judíos y les dijo: No encuentro base alguna para acusarlo.
39 Pero es costumbre de ustedes que
yo les suelte un preso durante la
Pascua. ¿Quieren que suelte al rey
de los judíos?
40 Pero ellos le contestaron otra
vez a gritos: ¡No, a ése no! ¡Danos
a Barrabás! Este Barrabás era un
bandido.

Jesús sentenciado a morir en la cruz

19 Entonces Pilato tomó a Jesús
y mandó azotarlo. 2 Los
soldados entretejieron una corona de
espinas y se la pusieron en la cabeza. Lo vistieron con un manto de
color púrpura 3 y le repetían una y
otra vez: ¡Salve, rey de los judíos!,
al tiempo que lo golpeaban en la
cara.
4 Una vez más salió Pilato y dijo a
los judíos: Se lo voy a traer para
que sepan que no encuentro ningún
motivo para acusarlo. 5 Cuando apareció Jesús llevando la corona de espinas y el manto de púrpura, les dijo
Pilato: ¡Aquí está el hombre!
6 Tan pronto como los jefes de los
sacerdotes y sus servidores lo
vieron, gritaron: ¡Crucifícalo, crucifícalo!
Pero Pilato les respondió: Tómenlo
ustedes y crucifíquenlo. En cuanto a
mí, no encuentro base alguna para
acusarlo.
7 Los judíos le respondieron: Tenemos una ley, y de acuerdo con esa
ley, debe morir, porque ha proclamado que es el Hijo de Dios.
8 Al oír esto, Pilato tuvo más
miedo todavía, 9 y entró otra vez en
el palacio. ¿De dónde vienes tú?
—preguntó a Jesús; pero Jesús no le
dio respuesta. 10 ¿Te niegas a respon-
derme? —le interpeló Pilato—, ¿no
te das cuenta de que tengo autoridad
lo mismo para ponerte en libertad
que para crucificarte?
11 Le respondió Jesús: No tendrías
sobre mí ninguna autoridad si no te
hubiera sido dada desde arriba. Por
eso, el que me ha entregado a ti, es
culpable de un pecado mayor.
12 Desde entonces, Pilato trataba
de poner en libertad a Jesús, pero
los judíos continuaban gritando: Si
dejas en libertad a ese hombre no
eres amigo del César, pues todo el
que pretende hacerse rey, se rebela
contra el César.
13 Al oír estas palabras, Pilato sacó
a Jesús y se sentó en el tribunal en
un lugar llamado *Enlosado*, que en
arameo es *Gabata*. 14 Era el día de
la preparación de la semana de la
Pascua, aproximadamente hacia la
hora sexta.[a]
Aquí está su rey —dijo Pilato a
los judíos.
15 Pero ellos gritaron: ¡Quítalo de
ahí, quítalo de ahí! ¡Crucifícalo!
¿A su rey he de crucificar? —preguntó Pilato.
No tenemos otro rey que el César
—contestaron los jefes de los sacerdotes.
16 Finalmente, Pilato se lo entregó
para ser crucificado.

La crucifixión

Se llevaron, pues, a Jesús.
17 Cargando con la cruz, salió hacia
el lugar de la Calavera (que en

[a] *14 O el mediodía.*

arameo se llama Gólgota). 18 Allí lo
crucificaron, y con él a otros dos,
uno a cada lado y Jesús en medio.
19 Pilato hizo escribir un letrero y
fijarlo encima de la cruz. Decía así:
JESUS EL NAZARENO, EL REY
DE LOS JUDIOS. 20 Muchos de los
judíos leyeron este rótulo, porque el
sitio donde Jesús fue crucificado
estaba cerca de la ciudad, y el rótulo estaba escrito en arameo, en latín
y en griego. 21 Los jefes de los
sacerdotes de los judíos protestaron
a Pilato, diciéndole: No escribas "El
Rey de los judíos, sino que él pre-
tendía ser rey de los judíos".
22 Pilato les contestó: Lo que he
escrito, escrito se queda.
23 Cuando los soldados crucificaron
a Jesús, tomaron sus vestiduras e
hicieron cuatro partes, una para cada
soldado, dejando aparte la túnica.
Esta túnica era sin costura, tejida de
una pieza de arriba abajo.
24 No la rompamos —dijeron el
uno al otro—; echemos a suertes a
ver quién se la lleva.
Esto sucedió para que se cumplieran las Escrituras que dicen:

Se repartieron entre ellos mis
ropas
y echaron a suerte mi túnica.[a]

Así que esto es lo que hicieron los
soldados.
25 Cerca de la cruz de Jesús estaba
de pie su madre, la hermana de su
madre, María la esposa de Cleofas,
y María Magdalena. 26 Cuando Jesús
vio allí a su madre, y al discípulo a
quien tanto amaba, de pie también
allí cerca, dijo a su madre: Ahí
tienes a tu hijo, 27 y al discípulo le
dijo: Ahí tienes a tu madre. Y desde
ese momento este discípulo la recibió en su casa.

La muerte de Jesús

28 Después, sabiendo Jesús que
todo estaba ya concluido, para que
se cumplieran las Escrituras, dijo:
Tengo sed. 29 Había allí una vasija
llena de vinagre; así que empaparon
una esponja en el vinagre, la ataron a
una caña de hisopo y se la aplicaron a
los labios. 30 Cuando Jesús tomó la
bebida, dijo: Todo está cumplido.
Tras esto, inclinó la cabeza y expiró.
31 Era el día de la preparación, y
el próximo día iba a ser un sábado
de especial importancia. Como los
judíos no querían que los cuerpos
permanecieran en la cruces durante
el día sábado, rogaron a Pilato que
les quebraran las piernas y retiraran
los cuerpos. 32 Así pues, vinieron los
soldados y le quebraron las piernas
al primer hombre que había sido
crucificado con Jesús, y luego las
del otro. 33 Pero cuando llegaron a
Jesús y vieron que ya estaba muerto, no le quebraron las piernas. 34 En
lugar de ello, uno de los soldados le
abrió el costado con una lanza, bro-
tando en seguida sangre y agua. 35 El
que lo vio, ha dado testimonio de
ello, y su testimonio es verídico. El
sabe que dice la verdad, y la atestigua a fin de que también ustedes
tengan fe. 36 Esto sucedió para que
se cumpliera la Escritura que dice:
"No se le quebrará ningún hueso"[b]
37 y, como dice otra Escritura:
"Mirarán al que traspasaron".[c]

El sepelio de Jesús

38 Más tarde, José de Arimatea
pidió a Pilato el cuerpo de Jesús.
Este José era discípulo de Jesús,
pero en secreto por temor a los
judíos. Con el permiso de Pilato,
vino y se llevó el cuerpo. 39 También
Nicodemo, el que anteriormente
había visitado a Jesús de noche,
vino y trajo consigo una mezcla de
mirra y áloe, como unos treinta y
tres kilos.[d] 40 Tomando, pues, el
cuerpo de Jesús, lo envolvieron en
vendas con los perfumes, de acuerdo
con la forma de enterrar que es
costumbre entre los judíos. 41 Junto
al lugar en que Jesús fue crucificado
había un huerto, y en el huerto una

[a] *24* Salmo 22:18. [b] *36* Exodo 12:46; Números 9:12; Salmo 34:20. [c] *37* Zacarías 12:10.
[d] *39* El griego dice *cien litrai.*

tumba nueva, en la que nadie había
sido enterrado todavía. 42Por ser el
día judío de la preparación, y como
la tumba estaba cerca, pusieron a
Jesús allí.

La tumba vacía

20 Al amanecer del primer día
de la semana, cuando aún
estaba oscuro, María Magdalena fue
a la tumba y vio que la piedra había
sido quitada de la entrada. 2Así que
se fue corriendo a Simón Pedro y al
otro discípulo al que tanto amaba
Jesús, y les dijo: Se han llevado de
la tumba al Señor y no sabemos
dónde lo han puesto.
3Así pues, Pedro y el otro discípulo salieron hacia la tumba. 4Ambos
corrían, pero el otro discípulo corrió
más a prisa que Pedro y llegó a la
tumba primero. 5Se asomó y vio las
vendas por el suelo, pero no entró.
6Después llegó Simón Pedro, que
venía detrás de él, y entró en el
sepulcro. Vio los lienzos en el suelo,
7así como el sudario que había estado sobre la cabeza de Jesús. El
sudario no estaba con los lienzos en
el suelo, sino doblado aparte. 8Final-
mente entró también el otro discípulo, que había llegado primero a la
tumba. Vio y creyó. 9(Todavía no
comprendían por la Escritura que
Jesús había de resucitar de entre los
muertos.)

Jesús se aparece a María Magdalena

10Entonces los discípulos se
volvieron a sus casas, 11pero María
se quedó de pie fuera de la tumba
llorando. Mientras lloraba, se asomó
para mirar al interior de la tumba
12y vio a dos ángeles vestidos de
blanco, sentados donde había estado
el cuerpo de Jesús, uno a la cabece-
ra y el otro a los pies.
13Ellos le preguntaron: Mujer,
¿por qué lloras?
Se han llevado a mi Señor —dijo
ella— y no sé dónde lo han puesto.
14Después de decir esto, se volvió y
vio a Jesús de pie allí, pero no se
dio cuenta de que era Jesús.
15Mujer —le dijo él—, ¿por qué
lloras? ¿A quién buscas?
Pensando que era el encargado del
huerto, dijo ella: Señor, si te lo has
llevado tú, dime dónde lo has puesto
y yo me lo llevaré.
16Jesús le dijo: ¡María!
Ella se volvió hacia él y exclamó
en arameo: Raboni (que significa
Maestro).
17Jesús le dijo: No me toques,
pues todavía no he regresado al
Padre, sino vete a mis hermanos y
diles: "Voy a subir a mi Padre que
es su Padre, y a mi Dios, que es su
Dios".
18María Magdalena fue a los discípulos con la noticia de que había
visto al Señor y que él le había
dicho esto.

Jesús se aparece a sus discípulos

19En la noche de aquel primer día
de la semana, cuando los discípulos
estaban reunidos, con las puertas
cerradas por temor a los judíos,
Jesús entró, se puso en medio de
ellos y les dijo: ¡La paz sea con
ustedes! 20Dicho esto, les mostró las
manos y el costado. Los discípulos
se llenaron de alegría al ver al
Señor.
21De nuevo les dijo Jesús: ¡La paz
sea con ustedes! Como el Padre me
envió a mí, así los envío yo a ustedes. 22Y, dicho esto, sopló y les
dijo: Reciban el Espíritu Santo. 23A
quienes les perdonen los pecados,
les quedan perdonados; a quienes no
se los perdonen, les quedan sin
perdonar.

Jesús se aparece a Tomás

24Ahora bien, Tomás (el llamado
Dídimo), que era uno de los doce,
no estaba con los discípulos cuando
vino Jesús. 25Cuando los otros discípulos le dijeron que habían visto al
Señor, él les dijo: A no ser que yo
vea las señales de los clavos en sus

manos, y ponga mi dedo donde estaban los clavos, y ponga mi mano en
su costado, no lo creeré.
26 Una semana más tarde los discípulos estaban de nuevo en la casa, y
Tomás estaba con ellos. Aunque las
puertas estaban cerradas, Jesús entró
y se puso en medio de ellos y les
dijo: ¡La paz sea con ustedes!
27 Luego dijo a Tomás: Trae tu dedo
acá; mira mis manos. Extiende tu
mano y métela en mi costado. ¡No
sigas dudando y cree!
28 Tomás respondió: ¡Mi Señor y
mi Dios!
29 Entonces le dijo Jesús: Porque
me has visto, has creído; bienaventurados son los que, sin haber visto,
creen.
30 Jesús hizo muchas otras señales
milagrosas en presencia de sus discípulos, las cuales no están registradas
en este libro. 31 Pero éstas quedan
escritas para que crean[a] que Jesús
es el Cristo, el Hijo de Dios, y para
que, mediante esta fe, tengan vida
en su nombre.

Jesús y la pesca milagrosa

21 Después Jesús se apareció de
nuevo a sus discípulos junto
al Mar de Tiberíades.[b] Sucedió de
esta manera: 2 Simón Pedro, Tomás
(el llamado Dídimo), Natanael, el de
Caná de Galilea, los hijos de Zebedeo y otros dos discípulos estaban
juntos. 3 Voy a salir a pescar —les
dijo Simón Pedro. Ellos le dijeron:
Iremos contigo. Así pues, salieron y
se metieron en la barca, pero aquella
noche no pescaron nada.
4 De madrugada se presentó Jesús
en la playa, pero los discípulos no
se dieron cuenta de que era Jesús.
5 El los llamó: Amigos, ¿no tienen
nada que comer?
No respondieron ellos.
6 El les dijo: Echen la red a la
derecha de la barca y encontrarán
algo. Cuando lo hicieron, no podían
sacar la red por el gran número de
peces.
7 Entonces el discípulo a quien tanto amaba Jesús, dijo a Pedro: ¡Es el
Señor! Tan pronto como Simón
Pedro le oyó decir: "Es el Señor",
se puso la ropa (pues se la había
quitado) y se arrojó al agua. 8 Los
otros discípulos lo siguieron en la
barca, arrastrando la red llena de
pescados, pues no se hallaban lejos
de la playa, sino a unos cien metros.
9 Al desembarcar, vieron unas brasas
con pescado encima, y pan.
10 Jesús les dijo: Traigan algo de lo
que han pescado ahora.
11 Simón Pedro saltó a bordo y
arrastró hasta la playa la red, llena
de pescados grandes, ciento cincuenta y tres, pero a pesar de ser tantos
no se rompió la red. 12 Jesús les
dijo: Vengan y desayunen. Ninguno
de los discípulos se atrevía a preguntarle: ¿Quién eres tú?, pues sabían
que era el Señor. 13 Entonces Jesús
vino, tomó el pan y se lo dio, y lo
mismo hizo con el pescado. 14 Y ésta
fue la tercera vez que Jesús se apareció a sus discípulos después de
resucitar de entre los muertos.

Jesús rehabilita a Pedro

15 Cuando terminaron de comer,
Jesús dijo a Simón Pedro: Simón,
hijo de Juan, ¿me amas de veras
más que éstos?
Sí, Señor —dijo él—; tú sabes que
te quiero.
Jesús le dijo: Apacienta mis corderos.
16 De nuevo le dijo Jesús: Simón,
hijo de Juan, ¿de veras me amas?
El respondió: Sí, Señor, tú sabes
que te quiero.
Jesús le dijo: Cuida mis ovejas.
17 Por tercera vez le dijo: Simón,
hijo de Juan, ¿me quieres?
Pedro se apenó al preguntarle
Jesús por tercera vez: "¿Me
quieres?", y le dijo: Señor, tú lo
sabes todo; tú sabes que te quiero
de veras.
Le dijo Jesús: Apacienta mis ovejas. 18 En verdad te digo, cuando

[a] *31 O para que continúen creyendo.* [b] *1* Es decir, Mar de Galilea.

eras más joven, te vestías tú mismo
y te ibas a donde querías; pero
cuando seas viejo, extenderás las
manos y otro te pondrá el cinturón
y te conducirá a donde no quieras
ir. 19 Esto lo dijo Jesús dando a entender la clase de muerte con que
Pedro había de dar gloria a Dios. Y
añadió: ¡Sígueme!
20 Pedro volvió la vista y se dio
cuenta de que los seguía el discípulo
al que tanto amaba Jesús. (Y que
era el mismo que en la cena se
había recostado en Jesús y le había
dicho: "Señor, ¿quién es el que te
va a entregar?".) 21 Al verlo, preguntó Pedro: Señor, ¿y éste, qué?
22 jesús respondió: Si yo quiero que
él se quede hasta que yo venga, ¿qué
te va a ti en ello? Tú sígueme. 23 A
causa de esto, se empezó a rumorear
entre los hermanos que este discípulo
no moriría. Pero Jesús no dijo que no
había de morir; solamente dijo: "Si
yo quiero que él se quede hasta que
yo vuelva, ¿a ti qué?"
24 Este es el discípulo que da fe de
estas cosas y que las puso por escrito. Sabemos que su testimonio es
verídico.
25 Jesús hizo también muchas otras
cosas. Si cada una de ellas hubiera
de quedar escrita, supongo que no
habría lugar en el mundo entero para
los libros que tendrían que escribir-
se.

HECHOS

Ascensión de Jesús a los cielos

1 Querido Teófilo: En mi primer
libro traté acerca de todo lo
que Jesús comenzó a hacer y a enseñar 2 hasta el día en que fue llevado al cielo, después de haber dado
instrucciones mediante el Espíritu
Santo a los apóstoles que había
escogido. 3 Después de su pasión, se
dejó ver muchas veces de ellos y les
dio muchas pruebas convincentes de
que estaba vivo. Se les apareció a lo
largo de cuarenta días y les habló
acerca del reino de Dios. 4 En cierta
ocasión, estando comiendo con ellos,
les dio este encargo: No se vayan
de Jerusalén, sino esperen el don
que mi Padre prometió y del que me
han oído hablar. 5 Porque Juan, es
cierto, bautizó con agua, pero dentro
de pocos días ustedes serán bautizados con[a] el Espíritu Santo.
6 Estando, pues, reunidos con él le
preguntaron: Señor, ¿vas a restaurar
ahora el reino de Israel?
7 El les dijo: No les toca a ustedes
conocer los tiempos o fechas que el
Padre ha fijado con su propia autoridad. 8 Pero sí recibirán poder cuando
el Espíritu Santo venga sobre ustedes, y serán testigos míos en Jerusalén, en toda Judea y Samaria y
hasta los confines de la tierra.
9 Dicho esto, fue arrebatado al
cielo en presencia de ellos, y una
nube lo ocultó a sus miradas.
10 Ellos continuaban con la mirada
fija en el cielo mientras él se iba,
cuando de improviso se les presentaron dos varones vestidos de blanco,
11 que les dijeron: ¡Eh, galileos!,
¿por qué se quedan aquí mirando al
cielo? Este mismo Jesús que les ha
sido arrebatado al cielo, volverá de
la misma manera que lo han visto
irse al cielo.

[a] *5 O en.*

Elección de Matías para reemplazar a Judas

12 Entonces regresaron a Jerusalén
desde la colina llamada el Monte de
los Olivos, que dista de la ciudad lo
que se camina en un sábado.[a] 13 Tan
pronto como llegaron, subieron a la
estancia superior donde se alojaban:
Pedro y Juan, Jacobo y Andrés,
Felipe y Tomás, Bartolomé y Mateo,
Jacobo el hijo de Alfeo y Simón el
Zelote, y Judas el hermano de Jacobo. 14 Todos éstos estaban, de
común acuerdo, entregados asiduamente a la oración, en compañía de
algunas mujeres y de María la madre
de Jesús, y con los hermanos de
éste.

15 En esos días se levantó Pedro
en medio de los creyentes[b] (las
personas allí reunidas sumaban alrededor de ciento veinte), 16 y dijo:
Hermanos, tenía que cumplirse lo
que en las Escrituras había predicho
el Espíritu Santo por boca de David
acerca de Judas, el que sirvió de
guía a los que prendieron a Jesús.
17 El era uno de nuestro grupo y
tomó parte en este ministerio
nuestro.

18 Con el dinero que obtuvo por su
perversa acción, Judas adquirió un
campo; allí cayó de bruces y, reven-
tando por la mitad, se esparcieron
todas sus entrañas. 19 Y el caso llegó
a ser tan conocido de todos los
habitantes de Jerusalén, que a aquel
campo lo llamaron en su propia
lengua "Acéldama", que significa
"campo de sangre".

20 Porque —continuó Pedro— está
escrito en el libro de los Salmos:

Que su morada quede desierta;
y no haya nadie que la habite,[c]

y;

Que tome otro su relevante
cargo.[d]

21 Por tanto, es preciso elegir a
uno de los varones que han estado
con nosotros todo el tiempo que el
Señor Jesús anduvo entre nosotros,
22 desde que fue bautizado por Juan
hasta el día en que nos fue quitado.
Porque uno de éstos debe ser constituido testigo, a una con nosotros, de
su resurrección.

23 Propusieron, pues, a dos: a
José, llamado Barsabás, por sobrenombre Justo, y a Matías. 24 Y oraron de esta manera: Señor, tú conoces el interior de cada uno. Muéstranos a cuál de éstos dos has escogido
25 para ocupar este ministerio
apostólico que Judas dejó para
marcharse al lugar que le corresponde. 26 Entonces echaron suertes, y le
tocó a Matías; por lo que fue agre-
gado a los once apóstoles.

El Espíritu Santo desciende en Pentecostés

2 Cuando llegó el día de Pentecostés, estaban todos juntos
en un mismo lugar. 2 De pronto,
sobrevino del cielo un estruendo,
como una ráfaga de violento ven-
daval, que invadió toda la casa donde estaban reunidos. 3 Y vieron unas
como lenguas de fuego que se distribuían posándose sobre cada uno de
ellos. 4 Todos ellos fueron llenos del
Espíritu Santo y comenzaron a
hablar en otras lenguas,[e] según les
concedía el Espíritu poder expresar-
se.

5 Residían a la sazón en Jerusalén
judíos, varones devotos, procedentes
de todas las naciones de este mundo. 6 Al producirse el referido
estruendo, se juntó allí la gente en
gran número y se quedaban atónitos
al oírles cada uno hablar en su propia lengua. 7 Fuera de sí y llenos de
asombro exclamaban: Pero, ¿no son
galileos todos éstos que están
hablando? 8 Pues, ¿cómo es que cada
uno de nosotros les estamos oyendo
hablar en nuestra propia lengua
materna? 9 Partos, medos, elamitas,
residentes de Mesopotamia, Judea y
Capadocia, del Ponto y del Asia,

[a] *12* Esto es, alrededor de 1,100 metros. [b] *15* *hermanos.* [c] *20* Salmo 69:25.
[d] *20* Salmo 109:8. [e] *4* O *idiomas;* también en el versículo 11.

10 de Frigia y de Panfilia, de Egipto
y de las tierras de Libia junto a
Cirene, forasteros romanos 11 (tanto
judíos como prosélitos), cretenses y
árabes; ¡les estamos oyendo declarar
en nuestras propias lenguas las
maravillas de Dios! 12 Atónitos y
perplejos, se decían unos a otros:
¿A qué viene esto?
13 Pero otros se mofaban, diciendo:
Están borrachos.

Pedro se dirige a la multitud

14 Entonces Pedro, puesto de pie
junto a los once, levantó la voz y se
expresó así, dirigiéndose a la muchedumbre: Compatriotas judíos y habitantes todos de Jerusalén: Permítanme explicarles esto y presten atención a mis palabras. 15 Estos hombres no están borrachos, como ustedes imaginan; ¡apenas son las nueve
de la mañana! 16 Sino que se trata de
lo predicho mediante el profeta Joel:

17 En los últimos días, dice Dios,
derramaré mi Espíritu sobre
todos los hombres.
Sus hijos y sus hijas profetizarán;
sus jóvenes verán visiones,
y sus ancianos tendrán revelaciones en sueños.
18 Y hasta sobre mis siervos y
siervas,
derramaré mi Espíritu en esos
días,
y profetizarán.
19 Y obraré portentos arriba en el
cielo
y señales prodigiosas abajo en
la tierra,
sangre y fuego y columnas de
humo.
20 El sol se convertirá en tinieblas,
y la luna se volverá como
sangre,
antes que venga el día grande y
glorioso del Señor.
21 Y todo aquel que invoque el
nombre del Señor,
será salvo.[a]

22 Varones israelitas: Presten atención a esto: Jesús de Nazaret fue un
hombre acreditado por Dios ante
ustedes con milagros, portentos y
señales, que Dios obró por medio de
él en presencia suya, como ustedes
mismos lo saben. 23 A este hombre,
entregado a ustedes para morir de
acuerdo con el plan establecido y
previsto por Dios, le han quitado la
vida, clavándolo en una cruz por
manos de paganos. 24 Pero Dios lo
ha levantado de entre los muertos,
librándolo de las dolorosas cadenas
de la muerte, por cuanto era imposible que quedara retenido por ella.
25 Pues David dice así de él:

Veía yo siempre al Señor delante
de mí.
Porque él está a mi derecha,
para que yo no zozobre.
26 Por eso está mi corazón alegre, y
salta de júbilo mi lengua;
y hasta mi cuerpo reposará en
la esperanza
27 de que no me dejarás abandonado
en el sepulcro,
ni permitirás que tu Santo expe-
rimente la corrupción.
28 Me has dado a conocer los caminos de vida;
me henchirás de gozo en tu presencia.[b]

29 Hermanos, les puedo decir con
franqueza que el patriarca David
murió y fue sepultado, y su sepulcro
se conserva todavía hoy entre nosotros. 30 Pero, siendo como era un
profeta y sabiendo que Dios le había
prometido con juramento que había
de sentar en su trono a uno de sus
descendientes, 31 previó y predijo la
resurrección del Cristo,[c] quien no
quedó abandonado en el sepulcro, ni
su cuerpo experimentó la corrupción.
32 Dios ha resucitado a este Jesús,
de lo cual todos nosotros somos
testigos. 33 Y exaltado como ha sido
a la diestra de Dios, ha recibido del
Padre el prometido Espíritu Santo y
ha derramado lo que ahora ven y

[a] *21* Joel 2:28-32. [b] *28* Salmo 16:8-11. [c] *31* O *Mesías*. *Cristo* (en griego) y *Mesías* (en hebreo) significan *Ungido;* también el versículo 36.

oyen. 34 Pues David no había subido
a los cielos y, sin embargo, él
mismo dice:

Dijo el Señor a mi Señor:
Siéntate a mi diestra,
35 hasta que ponga a tus enemigos
bajo tus pies.[a]

36 Por tanto, que todo el pueblo de
Israel lo sepa con absoluta seguridad: Dios ha constituido como Señor
y como Mesías a este mismo Jesús a
quien ustedes crucificaron.
37 Tras escuchar estas palabras, la
gente sintió vivo dolor en sus corazones y se dirigieron a Pedro y a los
demás apóstoles, diciendo: Hermanos, ¿qué es lo que tenemos que
hacer?
38 Pedro les respondió: Arrepiéntanse, y bautícese cada uno de ustedes en el nombre de Jesucristo, para
que les sean perdonados los pecados. Y recibirán el don del Espíritu
Santo. 39 Porque la promesa es para
ustedes y para sus hijos y para
todos los que están lejos, para cuantos haya de llamar hacia sí el Señor,
Dios nuestro.
40 Con otras muchas razones les
atestiguaba y exhortaba, diciendo:
Sean salvos de esta perversa generación. 41 Así, pues, los que recibieron
su mensaje se hicieron bautizar, y
fueron agregadas a la comunidad
aquel día unas tres mil personas.

El compañerismo de los primeros cristianos

42 Se dedicaban asiduamente a
escuchar la enseñanza de los apóstoles y a la comunión fraterna, al partimiento del pan y a la oración.
43 Un temor respetuoso se apoderó
de todos, pues los apóstoles hacían
muchos portentos y señales milagrosas. 44 Todos los creyentes vivían
unidos y poseían todos los bienes en
común; 45 vendían sus haciendas y
sus posesiones y distribuían entre
todos el producto de la venta, de
acuerdo con lo que cada uno necesitaba. 46 Cada día se reunían
asiduamente en los atrios del templo;
y, partiendo el pan en casa, participaban del alimento con alegría y
sencillez de corazón, 47 alabando a
Dios y gozando de la simpatía general por parte del pueblo. Día a día
incorporaba el Señor a la comunidad
a los que iban siendo salvos.

Pedro sana al mendigo cojo

3 Un día, subían Pedro y Juan al
templo a la hora de la oración,
a eso de las tres de la tarde. 2 Y
traían a un hombre tullido de nacimiento a la puerta del templo llamada Hermosa, donde lo colocaban
todos los días para que pidiera
limosna a los que entraban en los
atrios del templo. 3 Cuando este
hombre vio a Pedro y a Juan que
estaban a punto de entrar, les pidió
limosna. 4 Pedro lo miró fijamente, y
lo mismo hizo Juan. Y le dijo Pedro:
¡Míranos! 5 El los miraba con atención, esperando recibir de ellos alguna cosa.
6 Entonces Pedro le dijo: No tengo
oro ni plata; pero lo que tengo, te lo
doy. En el nombre de Jesucristo de
Nazaret, ¡ponte a caminar! 7 Y
tomándole por la mano derecha, le
ayudó a levantarse; y al instante se
le fortalecieron los pies y los tobillos
al hombre. 8 De un salto se puso en
pie y comenzó a caminar; y entró
con ellos en el atrio del templo,
caminando, saltando y alabando a
Dios. 9 Cuando toda la gente lo vio
caminar y alabar a Dios, 10 reconocieron que era el mismo que acostumbraba a pedir limosna sentado
junto a la puerta del templo llamada
Hermosa, y se llenaron de asombro
y estupor por lo que le había ocurrido.

Pedro se dirige a los curiosos

11 Mientras el mendigo seguía asido
a Pedro y a Juan, toda la gente, que
no salía de su asombro, vino
corriendo hacia ellos en el lugar

[a] *35* Salmo 110:1.

llamado Pórtico de Salomón. 12 Al
ver esto, tomó Pedro la palabra y
les dijo: Hombres de Israel, ¿por
qué les sorprende esto? ¿O por qué
se fijan en nosotros, como si
hubiéramos hecho caminar a éste
por nuestro propio poder o por ser
hombres piadosos? 13 El Dios de
Abraham, de Isaac y de Jacob, el
Dios de nuestros padres, ha glorificado a su siervo Jesús, al que ustedes entregaron a la muerte y del que
renegaron delante de Pilato, aunque
éste estaba decidido a soltarlo.
14 Ustedes renegaron del Santo y
Justo y pidieron que les soltaran a
un asesino; 15 dieron muerte al Autor
de la vida, pero Dios lo ha resucitado de entre los muertos, de lo cual
somos testigos nosotros. 16 Por la fe
en el nombre de Jesús, a este hombre, que ven y conocen, él le ha
dado vigor. Es la fe que a través de
Jesús viene, la que le ha dado entera salud, como todos pueden ver.

17 Ahora bien, hermanos, yo sé
que actuaron así por ignorancia, lo
mismo que sus jefes. 18 Pero así es
como Dios ha dado cumplimiento a
lo que antes había anunciado por
boca de todos los profetas, diciendo
que su Cristo[a] había de padecer.
19 Arrepiéntanse, pues, y vuélvanse a
Dios, para que sean borrados sus
pecados, 20 de modo que lleguen de
parte del Señor los tiempos de refrigerio y envíe al Cristo[a] que ha sido
destinado para ustedes, a Jesús; 21 el
cual debe quedar en el cielo hasta
los tiempos de la restauración de
todas las cosas, de la que Dios
habló hace tiempo por medio de sus
santos profetas. 22 Pues Moisés dijo:
"El Señor, su Dios, les hará surgir
de entre su pueblo un profeta como
yo; prestarán atención a todo cuanto
les diga. 23 Todo aquel que no lo
escuche, será exterminado de su
pueblo".[b]

24 En realidad, todos los profetas,
desde Samuel en adelante, cuantos
han hablado, anunciaron también
estos días. 25 Y ustedes son los herederos de los profetas y de la alianza
que concertó con sus padres, al
decir a Abraham: "En tu descendencia serán bendecidas todas las familias de la tierra".[c] 26 Cuando Dios
hizo surgir a su siervo, lo envió primeramente a ustedes para traerles
bendición, apartando a cada uno de
ustedes de sus perversos caminos.

Pedro y Juan ante el Sanedrín

4 Los sacerdotes, el capitán de la
guardia del templo y los saduceos se presentaron a Pedro y a
Juan mientras éstos hablaban a la
gente. 2 Estaban muy molestos de
que los apóstoles enseñaran a la
gente y anunciaran en Jesús la resurrección de entre los muertos. 3 Los
aprehendieron y, como ya anochecía,
los metieron en la cárcel hasta la
mañana siguiente. 4 Pero muchos de
los que habían escuchado el mensaje, abrazaron la fe, y el número de
los creyentes creció hasta unos cinco
mil.

5 Al día siguiente, los jefes del
pueblo, los ancianos y los escribas
se reunieron en Jerusalén. 6 Allí se
encontraba Anás, el sumo sacerdote,
así como Caifás, Juan, Alejandro y
cuantos eran de las familias de los
principales sacerdotes. 7 Hicieron
comparecer a Pedro y a Juan en su
presencia, y comenzaron a interro-
garles: ¿Con qué poder o en nombre
de quién hicieron esto?

8 Entonces Pedro, lleno del Espíritu Santo, les dijo: Jefes del pueblo y
ancianos: 9 Si se nos ha llamado hoy
para dar cuenta de un acto de bondad prestado a un tullido y se nos
pregunta cómo fue sanado, 10 tengan
por bien sabido, todos ustedes y
todo el pueblo de Israel, que es en
el nombre de Jesucristo el Nazareno,
a quien ustedes crucificaron y a
quien Dios resucitó de entre los
muertos, por el que éste se presenta

[a] *18* O *Mesías;* también el versículo 20. [b] *23* Deuteronomio 18:15, 18, 19.
[c] *25* Génesis 22:18; 26:4.

completamente sano ante ustedes.
11 El es
la piedra que fue desechada por
ustedes, los constructores,
y que ha venido a ser la piedra
angular.[a]
12 En ningún otro se encuentra la
salvación; pues no hay bajo el cielo
otro nombre dado a los hombres, en
el que hayamos de ser salvos.
13 Al ver el valor de Pedro y de
Juan, y al darse cuenta que eran
hombres iletrados y ordinarios,
quedaron admirados y reconocieron
que estos hombres habían estado
con Jesús. 14 Y como además veían
que estaba junto a ellos el hombre a
quien habían sanado, no tenían nada
que decir. 15 Les mandaron, pues,
que se retiraran del Sanedrín, y
discutían entre sí, diciendo: 16 ¿Qué
vamos a hacer con estos hombres?
Que por su medio se ha realizado un
milagro notorio, está a la vista de
todos los habitantes de Jerusalén y
no podemos negarlo; 17 pero, para
impedir que se divulgue más entre la
gente, debemos advertir severamente
a estos hombres que se abstengan en
adelante de hablar a nadie en este
nombre.
18 Entonces los volvieron a llamar
y les ordenaron que de ninguna
manera hablaran ni enseñaran en el
nombre de Jesús. 19 Pero Pedro y
Juan respondieron: Juzguen ustedes
mismos si es justo a los ojos de
Dios escucharlos a ustedes más bien
que a Dios; 20 pues nosotros no
podemos dejar de decir lo que
hemos visto y oído.
21 Tras nuevas amenazas, los dejaron partir, pues no hallaban la manera de poder castigarlos, ya que toda
la gente daba gloria a Dios por lo
sucedido, 22 puesto que el hombre
que había sido sanado milagrosamen-
te tenía más de cuarenta años.

La oración de los creyentes

23 Al quedar libres, Pedro y Juan
regresaron a los suyos y les refirieron cuanto les habían dicho los principales sacerdotes y los ancianos.
24 Ellos, al oírlo, levantaron unáni-
mes sus voces en oración a Dios,
diciendo: Soberano Señor, tú hiciste
el cielo y la tierra y el mar, y todo
lo que hay en ellos. 25 Tú dijiste,
mediante el Espíritu Santo, por boca
de tu siervo, nuestro padre David:
¿Por qué se enfurecen las naciones,
y los pueblos maquinan en
vano?
26 Los reyes de la tierra forman
conjura,
y los jefes se han coaligado
contra el Señor
y contra su Ungido.[bc]
27 Pues, en verdad, Herodes y Poncio Pilato se aliaron con los gentiles
y con el pueblo de Israel en esta
ciudad para conspirar contra tu santo siervo Jesús, a quien ungiste.
28 Con eso no hicieron sino poner
por obra cuanto tu poder y tu voluntad habían decidido de antemano que
sucediera. 29 Ahora, Señor, fíjate en
sus amenazas y concede a tus
siervos que puedan hablar de tu
palabra con gran entereza. 30 Extiende tu mano para sanar y realizar
señales milagrosas y portentos en
virtud del nombre de tu santo siervo
Jesús.
31 Cuando terminaron de orar, el
lugar donde se encontraban reunidos
tembló. Y todos fueron llenos del
Espíritu Santo y proclamaban la
palabra de Dios con valor.

Comunidad de bienes entre los creyentes

32 Todos los creyentes eran uno en
corazón y mente, y ni uno solo llamaba suya ninguna de las cosas que
poseía, sino que todo lo tenían en
común. 33 Los apóstoles continuaban
dando con gran poder testimonio de
la resurrección del Señor Jesús, y
había en todos ellos gracia abundante. 34 No había entre ellos indigentes,

[a] *11* Salmo 118:22. [b] *26* Es decir, *Cristo* o *Mesías*. [c] *26* Salmo 2:1, 2.

pues los que eran propietarios de haciendas o de casas, las iban vendiendo, y traían los productos de las ventas, 35 depositándolos a los pies de los apóstoles, y se distribuía a cada uno según tuviera necesidad.

36 Tal fue el caso de José, un levita procedente de Chipre, a quien los apóstoles llamaban Bernabé (que significa hijo de consolación), 37 el cual vendió un campo que poseía y trajo el dinero para ponerlo a los pies de los apóstoles.

Ananías y Safira

5 Pero otro hombre llamado Ananías, se puso de acuerdo con su mujer Safira, vendió una finca, 2 y se quedó con parte del precio, con pleno conocimiento de su mujer, trayendo el resto para ponerlo a los pies de los apóstoles.

3 Entonces le dijo Pedro: Ananías, ¿cómo es que Satanás se te ha metido tan de lleno en el corazón, hasta el punto de mentirle al Espíritu Santo, reservándote parte del dinero que has recibido por el campo? 4 ¿No era tuyo el campo antes de venderlo? Y después de haberlo vendido, ¿no estaba el dinero a tu disposición? ¿Cómo se te ha ocurrido hacer semejante cosa? No has mentido a hombres, sino a Dios.

5 Al oír estas palabras, Ananías cayó en tierra y expiró. Y un gran terror se apoderó de cuantos se enteraron de lo sucedido. 6 Entonces los más jóvenes, levantándose, se acercaron a él y, envolviéndolo en un lienzo, se lo llevaron a enterrar.

7 Unas tres horas más tarde entró su mujer, que no sabía lo que había ocurrido. 8 Pedro le preguntó: Dime, ¿es éste el dinero que tú y Ananías recibieron por la venta del campo?

Sí —dijo ella—, ése es el precio.

9 Y Pedro le dijo a ella: ¿Cómo es que se han atrevido a ponerse de acuerdo para poner a prueba al Espíritu del Señor? ¡Mira! Los pies de los que han enterrado a tu marido ya están a la puerta, y te van a llevar a ti también.

10 En el mismo instante, ella se desplomó a sus pies y expiró. Entonces entraron los jóvenes y, encontrándola ya muerta, la sacaron y se la llevaron a enterrar junto a su marido. 11 Con esto, se apoderó de toda la iglesia un gran temor, así como de todos los que se enteraron de estos hechos.

Los apóstoles sanan a muchos

12 Los apóstoles realizaban muchas señales milagrosas y muchos prodigios entre el pueblo. Y todos los creyentes acostumbraban a reunirse en el pórtico de Salomón. 13 De los demás, nadie se atrevía a unírseles, aun cuando el pueblo los tenía en gran estima. 14 A pesar de todo, cada vez era mayor el número de hombres y mujeres que creían en el Señor y eran agregados a ellos. 15 Como resultado, la gente sacaba a la calle a los enfermos, trayéndolos en catres y camillas, para que, al pasar Pedro por allí, al menos su sombra cayera sobre alguno de ellos. 16 También concurría mucha gente de las poblaciones vecinas a Jerusalén, trayendo a sus enfermos y a los atormentados por espíritus malignos,[a] y todos ellos recobraban la salud.

Persecución contra los apóstoles

17 Entonces el sumo sacerdote y todos sus asociados, que eran miembros del partido de los saduceos, se llenaron de envidia. 18 Echaron mano de los apóstoles y los metieron en la cárcel pública. 19 Pero, durante la noche, un ángel del Señor abrió las puertas de la prisión y los condujo al exterior, diciéndoles, 20 Vayan,

[a] *16* En griego *inmundos*.

presséntense en el atrio del templo y
anuncien allí al pueblo el mensaje
completo de esta nueva vida.
21 Obedeciendo a esta voz, ellos
entraron al amanecer en el atrio del
templo, y comenzaron a enseñar a la
gente.
Cuando llegó el sumo sacerdote
con su comitiva, convocaron el
Sanedrín o sea, la asamblea general
de los ancianos de Israel, y enviaron
a la prisión a traer a los apóstoles.
22 Pero, cuando los guardias llegaron
a la cárcel, no los hallaron allí. Así
que regresaron con el siguiente informe: 23 Hemos encontrado la cárcel
cerrada con plena seguridad y a los
centinelas montando guardia a las
puertas; pero cuando las hemos
abierto, no hemos encontrado a
nadie dentro. 24 Al oír este informe,
el capitán de la guardia del templo y
los principales sacerdotes quedaron
perplejos, sin atinar a comprender
cómo había sucedido aquello.
25 En esto, alguien llegó con la
siguiente noticia: ¡Miren! Los hombres que metieron en la cárcel, están
en el atrio del templo enseñando al
pueblo. 26 En seguida, fue por ellos
el capitán del templo con sus subal-
ternos y trajo a los apóstoles, pero
sin recurrir a la violencia, pues
temían que el pueblo los apedreara.
27 Después de traer a los apóstoles,
los hicieron comparecer ante el
Sanedrín para ser interrogados por el
sumo sacerdote, el cual les dijo:
28 Ya les dimos estrictas órdenes de
que no enseñaran en ese nombre.
Con todo, han llenado a Jerusalén
con su doctrina y están decididos a
hacernos culpables de la sangre de
ese hombre.
29 Pedro y los demás apóstoles respondieron: ¡Nos es preciso obedecer
a Dios antes que a los hombres!
30 El Dios de nuestros padres resucitó de entre los muertos a Jesús, a
quien ustedes mataron colgándolo de
un madero. 31 Dios lo ha exaltado a
su diestra como a Príncipe y
Salvador, para otorgar a Israel arrepentimiento y perdón de pecados.
32 Nosotros somos testigos de ello; y
también lo es el Espíritu Santo, que
Dios ha concedido a quienes le obedecen.
33 Ante esta respuesta, ellos se
enfurecieron y querían darles muerte. 34 Pero un fariseo llamado Gamaliel, doctor de la ley, que era respetado por todo el pueblo, se
levantó en medio de la asamblea y,
tras ordenar que hicieran salir por
unos momentos a los apóstoles,
35 les dirigió estas palabras: Varones
de Israel, miren bien lo que van a
hacer con estos hombres. 36 Hace algún tiempo se presentó Teudas, pre-
tendiendo que era un gran personaje,
y se le unieron como unos cuatrocientos hombres. Pero lo mataron, y
todos sus seguidores se dispersaron
y no quedó nada de todo ello.
37 Después de él apareció Judas el
Galileo en los tiempos del censo y
arrastró consigo mucha gente a rebe-
larse. También él pereció y se dispersaron todos sus seguidores. 38 Por
tanto, respecto del caso que nos
ocupa, yo les aconsejo lo siguiente:
No se metan con estos hombres y
déjenlos en paz. Porque si sus planes y sus actividades son de origen
humano, se disolverán por sí
mismos. 39 Pero si es cosa de Dios,
no podrán disolverlos, y ¡no vaya a
ser que se encuentren haciendo la
guerra a Dios mismo!
40 Se dejaron persuadir por sus
palabras; y, llamando a los apóstoles, los azotaron y les ordenaron que
no hablaran en el nombre de Jesús,
y los soltaron.
41 Los apóstoles se retiraron del
Sanedrín y se marcharon rebosantes
de gozo por haber sido tenidos por
dignos de sufrir afrentas por el
Nombre. 42 Día tras día, en los atrios
del templo y de casa en casa, no
dejaban de enseñar y proclamar la
buena noticia de que Jesús es el
Cristo.[a]

[a] *42 O Mesías.*

La elección de los siete

6 Por aquellos días al aumentar el
número de los discípulos,
surgieron quejas de parte de los
judíos de habla griega contra los de
habla aramea,[a] de que sus viudas
eran mal atendidas en el suministro
diario de alimentos. 2 Entonces los
doce convocaron a la comunidad de
los discípulos y les dijeron: No está
bien que nosotros descuidemos el
ministerio de la palabra de Dios por
atender al servicio de las mesas.
3 Hermanos, escojan de entre ustedes
a siete varones, reconocidos como
personas llenas del Espíritu y sabiduría, a quienes encomendemos esta
responsabilidad. 4 Nosotros, por
nuestra parte, nos dedicaremos de
lleno a la oración y al ministerio de
la palabra.
5 Esta proposición fue bien recibida
por todo el grupo; así que escogieron a Esteban, hombre lleno de fe y
del Espíritu Santo, a Felipe, a Pró-
coro, a Nicanor, a Timón, a Par-
menas y a Nicolás, un oriundo de
Antioquía convertido al judaísmo.
6 Los presentaron a los apóstoles y
éstos, después de orar, les impusieron las manos.
7 La palabra de Dios se difundía.
El número de los discípulos en Jerusalén crecía rápidamente, y hasta un
numeroso grupo de sacerdotes prestaron obediencia a la fe.

Arresto de Esteban

8 Esteban, por su parte, lleno de
gracia de Dios y de poder, obraba
prodigios y grandes señales milagrosas entre el pueblo. 9 Sin embargo,
surgió la oposición de parte de
miembros de la sinagoga de los
Libertos (según se les llamaba), y de
judíos de Cirene y de Alejandría, así
como de las provincias de Cilicia y
de Asia. Estos comenzaron a discutir con Esteban, 10 pero no podían
hacer frente a su sabiduría y al Espíritu con que hablaba.
11 Entonces sobornaron a unos
hombres para que dijeran: Nosotros
hemos oído a Esteban proferir palabras blasfemas contra Moisés y contra Dios.
12 Excitaron así los ánimos del
pueblo, de los ancianos y de los
escribas. Luego cayeron de improviso sobre Esteban, lo detuvieron y lo
condujeron ante el Sanedrín; 13 y
presentaron falsos testigos que declararon lo siguiente: Este individuo no
cesa de hablar contra el lugar santo
y contra la ley. 14 Porque le hemos
oído decir que ese Jesús el Nazareno destruirá este lugar, y cambiará
las costumbres que nos ha transmitido Moisés.
15 Todos los que estaban sentados
en el Sanedrín fijaron los ojos en
Esteban y vieron que su rostro
parecía como el rostro de un ángel.

Discurso de Esteban ante el Sanedrín

7 Entonces el sumo sacerdote le
preguntó: ¿Son verdaderas estas
acusaciones?
2 A esto respondió él: Hermanos y
padres, ¡escúchenme! El Dios de la
gloria se apareció a nuestro padre
Abraham, cuando estaba aún en
Mesopotamia, antes de establecerse
en Harán, 3 y le dijo: "Sal de tu
tierra y de tu parentela, y vete a la
tierra que yo te mostraré".[b]
4 Entonces salió de Caldea y se
estableció en Harán. Y de allí, después de la muerte de su padre, lo
envió Dios a esta tierra en que ustedes viven ahora, 5 pero no le dio en
ella ninguna heredad, ni siquiera un
palmo de tierra. Eso sí, le prometió
que él y sus descendientes poseerían
la tierra, aun cuando por entonces
Abraham no tenía hijos todavía.
6 Dios le habló de esta manera: "Tus
descendientes serán forasteros en un
país extranjero, y serán esclavizados
y maltratados por espacio de cuatrocientos años. 7 Pero yo castigaré a

[a] *1* Posiblemente *de habla hebrea.* [b] *3* Génesis 12:1.

la nación que los reduzca a servidumbre, dijo Dios, y después de esto saldrán de ese país y me rendirán culto en este lugar".[a] 8 Luego le dio a Abraham el pacto de la circuncisión. De esta manera, cuando Abraham llegó a ser padre de Isaac, lo circuncidó al octavo día. Después Isaac fue el padre de Jacob, y Jacob fue el padre de los doce patriarcas.

9 Como los patriarcas estaban celosos de José, lo vendieron como esclavo con destino a Egipto. Pero Dios estaba con él, 10 y lo sacó de todos sus apuros; le otorgó sabiduría y lo capacitó para ganarse el favor del Faraón, rey de Egipto, el cual lo constituyó gobernador de Egipto y superintendente de todo su palacio.

11 Pero sobrevino luego un hambre terrible en toda la tierra de Egipto y de Canaán y, por lo tanto, un aprieto tan grande, que nuestros padres no encontraban provisión alguna. 12 Al enterarse Jacob que había trigo en Egipto, envió allá a nuestros padres en un primer viaje. 13 En un segundo viaje, José se dio a conocer a sus hermanos, y el Faraón se enteró entonces de la familia de José. 14 Tras esto, José envió a que hicieran venir a su padre Jacob con toda su familia; setenta y cinco personas en total. 15 Entonces bajó Jacob a Egipto, donde murieron él y nuestros padres. 16 Sus restos mortales fueron trasladados a Siquem y puestos en el sepulcro que Abraham había comprado con monedas de plata a los hijos de Hamor en Siquem.

17 Conforme se acercaba el tiempo del cumplimiento de la promesa que Dios había hecho a Abraham, fue creciendo nuestro pueblo en Egipto y multiplicándose grandemente; 18 hasta que surgió en Egipto otro rey que no sabía nada acerca de José. 19 Este rey procedió con astuta malicia contra nuestra gente y oprimió a nuestros antepasados, obligándolos a dejar abandonados a sus hijos recién nacidos para que no sobrevivieran.

20 En estas circunstancias nació Moisés, y era un niño de belleza fuera de lo corriente.[b] Durante tres meses fue criado en su casa paterna. 21 Cuando tuvo que ser expuesto a la muerte, lo recogió la hija del Faraón y lo hizo criar como si fuera suyo. 22 Así Moisés fue educado en toda la sabiduría de los egipcios y era poderoso en palabras y obras.

23 Cuando Moisés había cumplido los cuarenta años, sintió deseos de visitar a sus compatriotas los israelitas. 24 Viendo a uno de ellos que era maltratado por un egipcio, acudió en su defensa y lo vengó matando al egipcio. 25 Suponía que sus compatriotas se darían cuenta que Dios lo estaba usando para rescatarlos de la esclavitud; pero no fue así, 26 pues al día siguiente vio a dos de ellos peleándose y trató de poner paz entre ellos, diciéndoles: "Pero, hombres, ¡si son hermanos! ¿Por qué tratan de hacerse daño el uno al otro?"

27 Pero el que estaba maltratando al otro, apartó a Moisés de un empujón y le dijo: "¿Quién te ha puesto por jefe y juez sobre nosotros? 28 ¿Quieres acaso matarme, como mataste ayer al egipcio?"[c] 29 Al oír estas palabras, Moisés huyó a Madián, donde se estableció como forastero y tuvo dos hijos.

30 Pasados cuarenta años, se le apareció a Moisés un ángel en medio de las llamas de una zarza que estaba ardiendo, en el desierto cercano al monte Sinaí. 31 Al ver esto, Moisés se quedó maravillado de la visión; y, al acercarse para observarla mejor, oyó la voz del Señor que le decía: 32 "Yo soy el Dios de tus padres, el Dios de Abraham, de Isaac y de Jacob".[d] Moisés se puso a temblar de espanto y no se atrevía a levantar la vista.

[a] *7* Génesis 15:13, 14. [b] *20* El griego dice *hermoso a los ojos de Dios.* [c] *28* Exodo 2:14.
[d] *32* Exodo 3:6.

33 Entonces le dijo el Señor:
"Quítate las sandalias, porque el
lugar en que estás es tierra santa.
34 Mis ojos han visto la opresión de
mi pueblo en Egipto; he oído sus
clamores y he bajado a libertarlos.
Ahora pues, ven, que te voy a
enviar a Egipto".[a]
35 Este es el mismo Moisés de
quien habían renegado diciendo:
"¿Quién te ha puesto por jefe y
juez?" A éste lo envió Dios mismo
como jefe y libertador, por medio
del ángel que se le apareció en la
zarza. 36 El los condujo fuera de
Egipto y realizó prodigios y señales
milagrosas en Egipto, en el Mar
Rojo[b] y por espacio de cuarenta
años en el desierto. 37 Este es aquel
Moisés que dijo a los israelitas:
"Dios hará surgir de entre su gente
a un profeta, como lo ha hecho
conmigo".[c] 38 El estuvo al frente de
la congregación que peregrinaba por
el desierto, con nuestros padres y
con el ángel que le habló en el monte Sinaí; el que recibió palabras
vivas para transmitírselas.
39 Pero nuestros padres no quisieron serle obedientes; antes bien, lo
rechazaron y en sus corazones se
volvieron a Egipto, 40 diciéndole a
Aarón: "Haznos dioses que guíen
nuestra marcha; porque a este
Moisés, que nos condujo fuera de la
tierra de Egipto, no sabemos lo que
le ha pasado".[d] 41 Entonces fue
cuando hicieron la imagen de un
becerro y ofrecieron sacrificio al ídolo, celebrando una fiesta en honor
de la hechura de sus manos. 42 Pero
Dios les volvió la espalda y les dejó
que se entregaran al culto de los
astros, de acuerdo con lo que está
escrito en el libro de los profetas:

¿Acaso me ofrecieron víctimas y
sacrificios
en los cuarenta años del desierto, pueblo de Israel?
43 No, sino que se llevaron también
el templete de Moloc
y la estrella de su dios Renfán,
las imágenes que se fabricaron
para darles culto.
Pues yo también los deportaré
más allá de Babilonia.[e]

44 Nuestros antepasados tenían
consigo en el desierto el tabernáculo
del testimonio, como lo había dispuesto el que mandó a Moisés a
fabricarlo según el modelo que había
visto. 45 Y, recibido en herencia por
nuestros padres, lo introdujeron consigo, bajo el mando de Josué, en la
tierra que ocupaban los paganos, a
quienes Dios arrojó de ella para
dársela a nuestros padres. Y allí permaneció hasta el tiempo de David,
46 que disfrutó del favor de Dios, a
quien pidió el privilegio de poder
construir una morada para el Dios
de Jacob.[f] 47 Pero fue Salomón quien
se la edificó.
48 Sin embargo, el Altísimo no
habita en casas hechas por hombres,
como dice el profeta:

49 El cielo es mi trono,
y la tierra es el escabel de mis
pies.
¿Qué clase de casa me van a
construir,
dice el Señor,
o dónde va a estar el lugar de
mi descanso?
50 ¿No es mi mano la que ha hecho
todas estas cosas?[g]

51 ¡Oh, gente testaruda, dura de
cerviz e incircuncisa de corazón y
oído! ¡Siempre se oponen al Espíritu
Santo! ¡Son igual que sus padres!
52 ¿Hubo jamás algún profeta a quien
sus padres no persiguieran? Incluso
quitaron la vida a los que predecían
la venida del Justo, al que ahora
ustedes han traicionado y asesinado;
53 ustedes, sí, que recibieron la ley
por ministerio de ángeles, pero no la
han observado.

[a] *34* Exodo 3:5, 7, 8, 10. [b] *36* Esto es, Mar de Cañas. [c] *37* Deuteronomio 18:15.
[d] *40* Exodo 32:1. [e] *43* Amós 5:25-27. [f] *46* Algunos Mss. antiguos dicen: *para la casa de Jacob.* [g] *50* Isaías 66:1, 2.

Lapidación de Esteban

54 Al oír esto, se enfurecieron de rabia en su interior y les rechinaban los dientes de furia contra él. 55 Pero Esteban, lleno del Espíritu Santo, alzó la vista al cielo y vio la gloria de Dios y a Jesús de pie a la diestra de Dios; 56 y dijo: Miren, veo los cielos abiertos y al Hijo del Hombre en pie a la diestra de Dios.

57 Ante estas palabras, se taparon los oídos y, gritando a todo pulmón, embistieron todos a una contra él; 58 y, sacándolo a empellones fuera de la ciudad, comenzaron a apedrearlo. Entretanto, los testigos dejaron sus mantos a los pies de un joven llamado Saulo.

59 Mientras lo apedreaban, Esteban oraba así: Señor Jesús, recibe mi espíritu. 60 Luego cayó de rodillas y dijo con gran voz: ¡Señor, no les tomes en cuenta este pecado! Dicho esto, durmió.

8 Y allí estaba Saulo, dando su aprobación al asesinato de Esteban.

Persecución y dispersión de la iglesia

Aquel mismo día se desencadenó una tremenda persecución contra la iglesia de Jerusalén; y todos los creyentes, a excepción de los apóstoles, se dispersaron por las tierras de Judea y Samaria. 2 Unos hombres piadosos sepultaron a Esteban e hicieron gran duelo por él. 3 Pero Saulo comenzó a devastar la iglesia, yendo de casa en casa para sacar a la fuerza a hombres y mujeres y meterlos en la cárcel.

Felipe en Samaria

4 Los que habían sido dispersados, iban predicando el evangelio por dondequiera que pasaban. 5 Felipe bajó a la ciudad de Samaria y les predicaba allí a Cristo.[a] 6 Cuando las multitudes escucharon a Felipe y vieron las señales milagrosas que hacía, todos ellos, como un solo hombre, prestaron mucha atención a sus palabras, 7 pues los espíritus malignos,[b] dando grandes alaridos, salían de muchas personas, y muchos paralíticos y tullidos quedaban sanados. 8 Con eso, reinaba gran júbilo en aquella ciudad.

Simón el Mago

9 Había estado en la ciudad por algún tiempo, practicando la magia y embaucando a la gente de Samaria, un hombre llamado Simón, con pretensiones de ser un gran personaje. 10 Y toda la gente, desde el más pequeño hasta el más grande, le prestaban atención y exclamaban: Este hombre es el poder de Dios, conocido con el nombre de Gran Poder. 11 Y se iban tras él, porque los tenía embaucados durante mucho tiempo con sus artes mágicas. 12 Pero cuando dieron crédito a las palabras de Felipe, que les predicaba el evangelio del reino de Dios y del nombre de Jesucristo, se hicieron bautizar hombres y mujeres. 13 Simón mismo creyó también y se hizo bautizar; y desde entonces no se apartaba un momento del lado de Felipe, sin salir de su asombro ante las señales milagrosas y los grandes portentos que veía.

14 Cuando los apóstoles residentes en Jerusalén se enteraron de que Samaria había recibido la palabra de Dios, comisionaron a Pedro y a Juan para que fueran allá. 15 Y éstos, en cuanto bajaron, oraron por los samaritanos para que recibieran el Espíritu Santo, 16 por cuanto el Espíritu Santo no había descendido todavía sobre ninguno de ellos, sino que simplemente habían sido bautizados en el nombre del Señor Jesús. 17 Entonces Pedro y Juan les impusieron las manos, y ellos recibieron el Espíritu Santo.

18 Al ver Simón que mediante la imposición de las manos de los apóstoles se comunicaba el Espíritu

[a] 5 O *Mesías.* [b] 7 El griego dice *inmundos.*

Santo, les ofreció dinero y les dijo:
19 Denme también a mí ese poder,
para que todo aquél a quien yo le
imponga las manos, reciba el Espíritu Santo.
20 Pedro le contestó: ¡Que tu dinero perezca contigo, porque has pensado en comprar con dinero el don
de Dios! 21 Tú no tienes arte ni parte
en este ministerio, porque tu
corazón no está en buen estado
delante de Dios; 22 así que arrepiéntete de esta maldad tuya y ruega al
Señor. Quizá te sea perdonado ese
mal pensamiento que se te ha ocurrido; 23 porque estoy viendo que te
encuentras lleno de amargura y
cautivo del pecado.
24 Entonces respondió Simón:
Rueguen ustedes al Señor por mí,
para que no me sobrevenga nada de
lo que acaban de decir.
25 Así pues, Pedro y Juan, después
de haber atestiguado solemnemente y
de haber proclamado la palabra del
Señor, regresaron a Jerusalén, evan-
gelizando de paso muchos pueblos
de los samaritanos.

Felipe y el etíope

26 En esto, un ángel del Señor le
habló así a Felipe: Vete hacia el sur
por el camino que baja de Jerusalén
a Gaza; es un camino solitario. 27 Se
puso, pues, en camino y se encontró
con un etíope, eunuco y alto dignatario de Candace, reina de Etiopía,[a]
el cual también era superintendente
del tesoro real. Había ido a Jerusalén a adorar a Dios 28 y, de regreso a su país, iba sentado en su
carruaje, leyendo el libro del profeta
Isaías. 29 Dijo el Espíritu a Felipe:
Adelántate y acércate a ese carruaje.
30 Entonces Felipe se fue hacia el
carruaje corriendo y, oyendo que
leía al profeta Isaías, le preguntó:
¿Entiendes lo que estás leyendo?
31 ¿Y cómo lo voy a poder entender —respondió él— a no ser que
alguien me dé la clave para interpre-
tarlo? E invitó a Felipe a que subiera al carruaje y se sentara a su lado.
32 Ahora bien, el pasaje de la
Escritura que iba leyendo, era éste:

Como una oveja fue conducido al
matadero;
como cordero que está sin balar
ante el que lo esquila,
así permaneció él sin abrir su
boca.
33 En su humillación, se le procesó
ilegalmente.
¿Quién podrá referir su descendencia?
Pues ha sido arrebatado del
mundo de los vivientes.[b]

34 Dijo entonces el dignatario a
Felipe: Haz el favor de decirme de
quién está hablando el profeta, ¿de
sí mismo, o de algún otro? 35 Entonces Felipe tomó la palabra y, a partir de este mismo pasaje de las
Escrituras, le dio el evangelio de
Jesús.
36 Conforme iban prosiguiendo su
camino, llegaron a cierto lugar donde
había agua; y dijo entonces el dignatario: Mira, aquí hay agua, ¿qué dificultad hay en que yo sea bautizado?[c] 38 Y mandó parar el carruaje.
Acto seguido, ambos bajaron al
agua, tanto Felipe como el dignatario, y Felipe lo bautizó. 39 En cuanto
salieron del agua, el Espíritu del
Señor se llevó de repente a Felipe,
y el dignatario ya no volvió a verlo,
pero continuó alegre su camino.
40 Felipe, por su parte, se presentó
en Azoto y, a su paso de una parte
a otra, iba anunciando el evangelio
por todas las ciudades hasta que
llegó a Cesarea.

Conversión de Saulo

9 Mientras tanto, Saulo no res-
piraba aún sino amenazas de
muerte contra los discípulos del
Señor. Se presentó al sumo sacerdote 2 y le pidió cartas de

[a] *27* Es decir, *de la región alta del Nilo.* [b] *33* Isaías 53:7, 8. [c] *36* Algunos Mss. añaden el versículo 37: *Respondió Felipe: Si crees de todo corazón, no hay inconveniente. El dignatario contestó: Creo que Jesucristo es el Hijo de Dios.*

recomendación para las sinagogas de
Damasco, a fin de que le autorizaran
a conducir esposados a Jerusalén a
cuantos discípulos encontrara que
pertenecieran al Camino, ya fueran
hombres o mujeres. 3 Ya estaba en
su viaje cerca de Damasco, cuando
de repente lo envolvió un resplandor
que procedía del cielo. 4 Cayó a
tierra y oyó una voz que le decía:
Saulo, Saulo, ¿por qué me persigues?
5 ¿Quién eres tú, Señor? —preguntó Saulo.
Soy Jesús, a quien tú andas persiguiendo —respondió él—. 6 Ahora,
levántate y entra en la ciudad. Allí
se te dirá lo que tienes que hacer.
7 Los hombres que iban de camino
con Saulo se quedaron parados,
mudos de espanto; oían, sí, la voz,
pero no veían a nadie. 8 Se levantó
Saulo del suelo, pero aunque tenía
los ojos abiertos, no veía nada. Así
que, llevándolo de la mano, lo condujeron a Damasco. 9 Estuvo ciego
durante tres días, y sin comer ni
beber nada.
10 Había en Damasco un discípulo
llamado Ananías. A éste le dijo el
Señor en una visión: ¡Ananías!
Aquí me tienes, Señor —contestó
él.
11 Y el Señor le dijo: Anda, vete a
la calle que llaman Recta y pregunta
en casa de Judas por uno de Tarso
que se llama Saulo. Pues, mira, está
orando. 12 Ha tenido una visión y ha
visto a un hombre llamado Ananías
que entraba y le imponía las manos
para devolverle la vista.
13 Señor —respondió Ananías—, he
oído a muchos hablar de este hombre y de todo el daño que ha causado a tus santos en Jerusalén. 14 Y
ahora ha llegado acá con plenos
poderes de parte de los principales
sacerdotes para prender a todos los
que invocan tu nombre.
15 Pero el Señor le respondió a
Ananías: ¡Anda! Porque ese hombre
es un instrumento escogido por mí
para que lleve mi nombre ante los
gentiles y sus reyes, y ante el
pueblo de Israel. 16 Yo mismo le
mostraré cuánto tendrá que padecer
por mi nombre.
17 Entonces Ananías se fue a la
casa y entró en ella. Impuso las
manos a Saulo y le dijo: Hermano
Saulo, el Señor Jesús, que se te apareció en el camino por donde venías,
me ha enviado para que recobres la
vista y quedes lleno del Espíritu
Santo. 18 Inmediatamente, se le cayeron de los ojos unas como escamas
y recobró la vista. Se levantó y se
hizo bautizar 19 y, tras haber tomado
alimento, recobró sus fuerzas.

Saulo en Damasco y en Jerusalén

Saulo pasó algunos días con los
discípulos en Damasco, 20 Y muy
pronto se puso a predicar en las
sinagogas que Jesús era el Hijo de
Dios. 21 Todos los que lo oían se
quedaban atónitos y preguntaban:
¿Pero no es éste el que trataba de
aniquilar en Jerusalén a cuantos
invocan este nombre? ¿Y no ha
venido acá para llevárselos presos y
presentarlos a los principales sacerdotes? 22 Pero Saulo cobraba más y
más fuerza y confundía a los judíos
que vivían en Damasco, demostran-
do que Jesús es el Cristo.[a]
23 Cuando transcurrieron muchos
días, se pusieron de acuerdo los
judíos para acabar con él, 24 pero
Saulo se enteró de sus planes. Y,
como día y noche vigilaban de cerca
las puertas de la ciudad con el fin
de darle muerte, 25 lo tomaron los
discípulos de noche y lo descolgaron
en un canasto por una abertura
hecha en la muralla.
26 Cuando llegó a Jerusalén, trató
de juntarse con los discípulos; pero
todos recelaban de él, pues no
creían que de veras fuera un discípulo. 27 Pero Bernabé lo acogió y lo
condujo ante la presencia de los
apóstoles, y les refirió que Saulo

[a] 22 O *Mesías.*

había visto en el camino al Señor;
que el Señor le había hablado, y que
en Damasco había predicado intrépidamente en el nombre del Señor;
28 así que Pablo se quedó con ellos y
andaba libremente de una parte a
otra en Jerusalén, hablando con
valor en el nombre del Señor.
29 Hablaba y discutía con los judíos
de lengua griega, pero éstos traían
entre manos el acabar con él.
30 Cuando los hermanos se enteraron
de ello, lo condujeron a Cesarea, y
de allí lo enviaron a Tarso.

31 La iglesia, entretanto, gozaba de
paz en toda Judea, Galilea y Samaria, creciendo y caminando en el
temor del Señor; y aumentaba en
número gracias a la ayuda del Espíritu Santo.

Eneas y Dorcas

32 En una de sus continuas giras
por todo el país, bajó Pedro a visitar
a los fieles que vivían en Lida.
33 Allí encontró a un hombre llamado
Eneas, que llevaba ocho años tendido en una cama, porque era
paralítico. 34 Le dijo Pedro: Eneas:
Jesucristo te devuelve la salud.
Levántate y arréglate tú mismo las
cosas. Y al instante se levantó
Eneas. 35 Todos los habitantes de
Lida y de Sarón lo vieron, y se
convirtieron al Señor.

36 Había en Jope una discípula llamada Tabita (que, traducido al griego, se dice Dorcas[a]), que se dedica-
ba enteramente a hacer buenas obras
y a socorrer a los pobres. 37 Se puso
enferma por entonces y murió. Después de lavar su cuerpo, lo colocaron en una habitación de la parte
superior de la casa. 38 Como Lida
está cerca de Jope, cuando los discípulos se enteraron de que Pedro se
encontraba en Lida, le enviaron dos
hombres a rogarle con urgencia: Ven
acá sin tardar.

39 Pedro se puso al instante en
camino con ellos y, en cuanto llegó,
lo llevaron a la habitación de arriba,
donde lo rodearon todas las viudas
llorando y mostrándole las túnicas y
mantos que les hacía Dorcas mientras estaba con ellas.

40 Pedro hizo salir a todos fuera de
la habitación, se puso de rodillas y
oró; luego, dirigiéndose al cadáver,
dijo: Tabita, levántate. Abrió ella los
ojos y, al ver a Pedro, se incorporó.
41 El la tomó de la mano y la ayudó
a ponerse de pie. Entonces hizo entrar a los fieles y a las viudas y la
presentó ante ellos viva. 42 Toda la
ciudad de Jope se enteró del hecho,
y creyeron muchos en el Señor,
43 Aún se quedó Pedro bastantes días
en Jope, en casa de un tal Simón,
curtidor.

Cornelio hace llamar a Pedro

10 Había en Cesarea un hombre
llamado Cornelio, centurión
del llamado Regimiento Italiano.
2 Tanto él, como toda su familia,
eran piadosos y temerosos de Dios.
Era muy generoso con los necesitados y oraba a Dios continuamente.
3 Cierto día, hacia las tres de la
tarde, tuvo una visión: vio claramente a un ángel de Dios que entraba a
donde él estaba y le decía: ¡Cornelio!

4 Cornelio se le quedó mirando
fijamente y, lleno de miedo, respondió: ¿Qué hay, Señor?

Contestó el ángel: Tus oraciones y
tus obras de caridad con los necesitados han subido como un recordatorio hasta la presencia de Dios.
5 Ahora, pues, envía un recado a
Jope y haz venir a un tal Simón,
que tiene por sobrenombre Pedro.
6 Este se halla alojado en casa de
otro Simón, curtidor, que tiene su
domicilio junto al mar.

7 En cuanto se marchó el ángel
que le había hablado, llamó Cornelio
a dos de sus criados y a un soldado
piadoso de entre sus ayudantes 8 y,
después de referirles en detalle lo
sucedido, los envió a Jope.

[a] *36* Tanto *Tabita* (arameo) como *Dorcas* (griego) significan *gacela*.

Visión de Pedro

9 Al día siguiente, hacia el
mediodía, mientras ellos iban de
camino y ya se acercaban a la
ciudad, Pedro se subió a la azotea a
orar. 10 Le entró hambre y quiso
tomar algo; y, mientras le prepara-
ban la comida, le sobrevino un éxtasis. 11 Vio los cielos abiertos y que
descendía a tierra un objeto, como
un enorme lienzo, sostenido por las
cuatro puntas, 12 y que contenía toda
clase de animales: cuadrúpedos,
reptiles y aves del aire. 13 En esto,
oyó una voz que le decía: Levántate, Pedro; mata y come.
14 De ninguna manera, Señor
—exclamó Pedro—. Jamás he comido nada de cuanto es profano e
inmundo.
15 Por segunda vez le dijo la voz:
Lo que Dios ha purifica do, no lo
llames tú inmundo.
16 Esto ocurrió hasta tres veces; y,
acto seguido, el lienzo fue recogido
hacia el cielo.
17 Mientras Pedro se preguntaba
perplejo cuál podría ser el significado de la visión que había tenido, se
presentaron a la puerta los hombres
enviados por Cornelio que venían
preguntando por la casa de Simón.
18 Llamaron y preguntaron si se hospedaba allí Simón, el que tenía por
sobrenombre Pedro.
19 Todavía estaba Pedro cavilando
sobre lo de la visión, cuando le dijo
el Espíritu: Simón, tres[a] hombres
preguntan por ti. 20 Anda, pues, baja
en seguida y vete con ellos sin
dudar, porque soy yo quien los ha
enviado.
21 Bajó Pedro y se dirigió a los
hombres con estas palabras: Yo soy
la persona a quien buscan; ¿qué los
trae acá?
22 Los hombres respondieron:
Venimos de parte de Cornelio el
centurión, un hombre muy recto y
temeroso de Dios, y además acreditado por el testimonio de todo el
pueblo judío, quien ha recibido de
un ángel santo la orden de hacerte
venir a su casa a fin de poder escuchar lo que tú tengas que decir.
23 Entonces Pedro los invitó a entrar
y les dio hospedaje.

Pedro en casa de Cornelio

Al día siguiente, Pedro se marchó
con ellos, y les acompañaron algunos de los hermanos de Jope. 24 Al
otro día llegó a Cesarea. Cornelio
los estaba esperando, y había convocado a sus parientes y amigos ín-
timos. 25 En el momento de entrar
Pedro en la casa, Cornelio le salió al
encuentro y se echó a sus pies en
señal de veneración. 26 Pero Pedro le
hizo levantarse, diciéndole: Levántate, que también yo soy solamente un
hombre.
27 Conversando con él, entró en la
casa, donde encontró mucha gente
reunida, 28 y les dijo: Ustedes saben
muy bien que los judíos tienen absolutamente prohibido juntarse con
personas de otra raza o entrar en
sus casas. Pero Dios me ha mostrado que no debo llamar profano o
inmundo a ningún hombre. 29 Por eso
he venido, sin poner ninguna obje-
ción, apenas me han llamado. Y
ahora les pregunto yo: ¿por qué me
hicieron venir?
30 Respondió Cornelio: Hace cuatro
días, estaba yo orando en mi casa a
esta misma hora, las tres de la
tarde, cuando de repente se presentó
ante mí un hombre con vestiduras
resplandecientes, 31 que me dijo:
"Cornelio, Dios ha escuchado tu
oración y ha tomado en cuenta tu
generosidad para con los necesitados. 32 Manda un recado a Jope y
haz venir a Simón, de sobrenombre
Pedro, el cual se hospeda en casa de
Simón, el curtidor, junto al mar".
33 Así que en seguida envié a llamar-
te, y tú has hecho bien en venir.
Ahora, pues, todos nosotros estamos
aquí reunidos, en la presencia de

[a] *19* Uno de los Mss. más antiguos dice *dos;* otros omiten simplemente el número.

Dios, dispuestos a escuchar todo lo
que el Señor te haya ordenado que
nos digas.
34 Entonces Pedro tomó la palabra,
diciendo: Ahora me doy perfecta
cuenta de qué tan cierto es que Dios
no tiene favoritismos, 35 sino que
acoge con agrado a todo el que le
teme reverentemente y practica el
bien, de cualquier raza que sea.
36 Este es el mensaje que Dios ha
enviado al pueblo de Israel, al anunciar el evangelio de la paz por
medio de Jesucristo, quien es Señor
de todos. 37 Ustedes están al tanto
de lo que se ha divulgado por toda
Judea, empezando desde Galilea después del bautismo que predicó Juan;
38 cómo ungió Dios a Jesús de Nazaret con el Espíritu Santo y con
poder; y cómo fue por todas partes
haciendo el bien y devolviendo la
salud a todos los que estaban tirani-
zados por el diablo, porque Dios
estaba con él.
39 Nosotros somos testigos de todo
cuanto llevó a cabo en la tierra de
los judíos y en Jerusalén. Le quitaron la vida colgándolo de un madero, 40 pero Dios lo resucitó de entre
los muertos al tercer día, y le concedió hacerse visible, 41 no a toda la
gente, sino a los testigos previamente elegidos por Dios; a nosotros, que
hemos comido y bebido con él después que resucitó de entre los muertos. 42 El nos comisionó para proclamar ante el pueblo y atestiguar
solemnemente que él es el que ha
sido constituido por Dios como Juez
de vivos y muertos. 43 De él dan
testimonio todos los profetas, que
todo el que cree en él, recibe el
perdón de sus pecados por medio de
su nombre.
44 Todavía estaba Pedro con la
palabra en la boca, cuando descendió el Espíritu Santo sobre todos los
que estaban escuchando el mensaje.
45 Los creyentes de la circuncisión
que habían venido con Pedro, no
salían de su asombro al ver que el
don del Espíritu Santo había sido
derramado también sobre los gentiles; 46 pues los oían hablar en
lenguas[a] y alabar a Dios.
Entonces dijo Pedro: 47 ¿Acaso
puede alguien impedir que reciban el
bautismo de agua éstos que han recibido el Espíritu Santo lo mismo que
nosotros? 48 Así que ordenó que se
les bautizara en el nombre de Jesucristo. Entonces ellos le rogaron a
Pedro que se quedara allí por algunos días.

Pedro explica su comportamiento

11 Los apóstoles y los hermanos de toda Judea se enteraron de que también los gentiles
habían recibido la palabra de Dios.
2 Así que, cuando Pedro subió a
Jerusalén, los creyentes de la circuncisión discutían con él, 3 echándole
en cara: Has entrado en casa de
hombres incircuncisos y has comido
con ellos.
4 Pedro comenzó a explicarles punto por punto todo lo sucedido:
5 Estaba yo —dijo— haciendo oración en la ciudad de Jope, y tuve
una visión en un éxtasis. Vi un objeto parecido a un enorme lienzo, que
bajaba del cielo suspendido por las
cuatro puntas y que se venía hacia
mí. 6 Con los ojos fijos en él, lo
estaba observando; y vi que contenía
cuadrúpedos de la tierra, fieras,
reptiles y aves del aire. 7 Luego oí
una voz que me decía: ‘‘Anda
Pedro, sacrifica y come’’.
8 Yo respondí: ‘‘De ninguna manera, Señor. Jamás ha entrado en mi
boca nada profano o inmundo’’.
9 Por segunda vez habló la voz
desde el cielo: ‘‘Lo que Dios ha
purificado, no lo llames tú impuro’’.
10 Esto sucedió por tres veces, y
luego todo fue recogido de nuevo al
cielo.
11 Y, de pronto, en aquel momento
se presentaron ante la puerta de la

[a] *46* U *otras lenguas.*

casa donde yo estaba, tres hombres
que habían sido enviados en mi
busca desde Cesarea. 12 Entonces el
Espíritu me mandó que los acompa-
ñara sin vacilar un momento. Vinieron también conmigo estos seis hermanos, y entramos en la casa de
aquel hombre. 13 El nos informó de
cómo había visto presentarse en su
casa a un ángel que venía a decirle:
"Envía un recado a Jope, y haz
venir a Simón, que tiene por sobrenombre Pedro. 14 El te traerá un
mensaje mediante el cual serán
salvos tú y toda tu familia".

15 Apenas había yo comenzado a
hablar, cuando descendió sobre ellos
el Espíritu Santo, igual que había
descendido sobre nosotros en un
principio. 16 Entonces yo me acordé
de las palabras del Señor, cuando
nos dijo: "Juan, es cierto, bautizó
con[a] agua; pero ustedes serán bautizados con el Espíritu Santo". 17 Así
que, si Dios les otorgó a ellos el
mismo don que nos había dado a
nosotros, tras haber creído en el
Señor Jesucristo, ¿quién era yo para
poder oponerme a Dios?

18 Ante estas palabras, no tuvieron
nada más que objetar y alabaron a
Dios, diciendo: Así que, también a
los gentiles ha otorgado Dios el arrepentimiento que conduce a la vida.

La Iglesia en Antioquía

19 Ahora bien, los fieles que se
habían dispersado con motivo de la
persecución suscitada en relación
con la muerte de Esteban, atravesaron hasta Fenicia, Chipre y Antioquía, anunciando el mensaje solamente a los judíos. 20 Pero había entre ellos algunos hombres, venidos
de Chipre y de Cirene, que llegaron
a Antioquía y comenzaron a hablarles también a los griegos, anuncián-
doles el evangelio acerca del Señor
Jesús. 21 El poder del Señor les
asistía, y un gran número de personas abrazaron la fe y se convirtieron
al Señor.

22 La noticia de estos sucesos llegó
a oídos de la iglesia de Jerusalén, y
enviaron a Bernabé a Antioquía.
23 Cuando éste llegó y tuvo evidencia
de la gracia de Dios, se llenó de
júbilo y exhortaba a todos a permanecer fieles al Señor con firmeza
de corazón; 24 pues era muy buena
persona y estaba lleno del Espíritu
Santo y de fe; y así se ganó para el
Señor una gran muchedumbre.

25 Después, partió Bernabé para
Tarso, con el fin de buscar a Saulo,
26 y, cuando lo encontró, lo condujo
a Antioquía. Así que, durante un
año entero, Bernabé y Saulo convi-
vieron con la iglesia, e instruyeron a
mucha gente. Fue en Antioquía donde se les dio por primera vez a los
discípulos el nombre de cristianos.

27 Por aquellos días, bajaron a Antioquía unos profetas procedentes de
Jerusalén. 28 Uno de ellos, llamado
Agabo, se puso en pie e, inspirado
por el Espíritu, predijo que iba a
sobrevenir una gran hambre en todo
el Imperio Romano (lo que sucedió
efectivamente durante el reinado de
Claudio). 29 Los discípulos decidieron
enviar socorro, cada uno según sus
posibilidades, a los hermanos que
vivían en Judea; 30 y así lo pusieron
por obra, enviándolo dirigido a los
ancianos por manos de Bernabé y
Saulo.

Pedro escapa milagrosamente de la cárcel

12 En aquel mismo tiempo el
rey Herodes arrestó a al-
gunos miembros de la iglesia, con el
fin de maltratarlos. 2 Mandó matar, a
filo de espada, a Jacobo, el hermano
de Juan; 3 y viendo que esto les
agradaba a los judíos, procedió a
aprehender también a Pedro. Esto
ocurrió durante la fiesta de los
Panes sin Levadura. 4 Tras echarle
mano, lo metió en la cárcel y lo
puso bajo vigilancia de cuatro grupos
de soldados, de a cuatro soldados
cada uno. Herodes tenía el propósito

[a] *16 O en.*

de hacerlo comparecer en juicio
público después de la Pascua.
5 Así que Pedro estaba detenido en
la cárcel, pero la iglesia oraba insistentemente a Dios por él.
6 La noche anterior al día en que
Herodes iba a hacerlo comparecer
en juicio, se hallaba Pedro durmiendo entre dos soldados, atado con
dos cadenas, mientras los centinelas
montaban guardia a las puertas de la
cárcel. 7 De repente apareció un
ángel del Señor, y una brillante luz
resplandeció en el calabozo. El ángel
le dio una palmada a Pedro en el
costado, y lo despertó diciendo:
¡Date prisa, levántate! Al momento
se le cayeron de las manos las cadenas.
8 Entonces le dijo el ángel: Vístete
y ponte las sandalias. Así lo hizo
Pedro. Y el ángel añadió: Envuélve-
te en tu manto y sígueme. 9 Salió
Pedro tras él, fuera de la cárcel;
pero no tenía ni idea de si era realidad lo que estaba sucediendo por
medio del ángel; más bien le parecía
que estaba viendo visiones. 10 Pasaron por entre la primera guardia,
pasaron también por entre la segunda, y llegaron a la puerta de hierro
que da a la ciudad, la cual se abrió
por sí sola, dejándoles el paso libre.
Salieron y recorrieron una calle, y
de repente desapareció el ángel.
11 Entonces Pedro, plenamente
consciente de la realidad, exclamó:
Ahora me doy perfecta cuenta de
que el Señor ha enviado a su ángel
para rescatarme de las garras de
Herodes y de todo lo que el pueblo
judío estaba esperando ver.
12 Después de reflexionar por un
momento sobre su situación, se dirigió a casa de María, la madre de
Juan, por sobrenombre Marcos, donde se habían reunido muchas personas a orar. 13 Cuando Pedro llamó a
la puerta del patio, salió a atenderle
una criada llamada Rode 14 y, al
reconocer la voz de Pedro, se puso
tan contenta que, en vez de abrir la
puerta, echó a correr hacia dentro a
anunciarles que Pedro estaba a la
puerta.
15 Tú estás delirando —le dijeron.
Pero, como ella insistía en que era
verdad, ellos decían: Debe de ser su
ángel.
16 Pedro, por su parte, seguía llamando. Cuando abrieron la puerta y
lo vieron, quedaron estupefactos.
17 El les hizo señas con la mano de
que callaran y les contó cómo el
Señor lo había sacado de la cárcel.
Luego añadió: Comuníquenselo a
Jacobo y a los demás hermanos. Y,
saliendo de allí, se marchó a otro
lugar.
18 Cuando se hizo de día, se produjo gran agitación entre los soldados, y se preguntaban: ¿Qué ha
podido ocurrirle a Pedro? 19 Herodes
mandó buscarlo con desvelo y, al no
encontrarlo, sometió a los guardias a
interrogatorios y los hizo ajusticiar.

Muerte de Herodes

Luego bajó Herodes de Judea a
Cesarea y se quedó allí. 20 Había
tenido un serio conflicto con la gente de Tiro y de Sidón; pero ahora se
presentaron ante él de común acuerdo y, habiéndose ganado a Blasto, el
camarero del rey, pidieron paz, pues
su país dependía de los productos
que le suministraba la corte del rey.
21 El día señalado para la audiencia, Herodes, vestido con sus ropas
regias y sentado en su trono, les
dirigió una arenga. 22 El pueblo allí
reunido prorrumpió en aclamaciones:
¡Es un dios el que está hablando, no
un hombre! 23 Al instante, un ángel
del Señor hirió a Herodes, por no
haber tributado la gloria a Dios, y
murió comido de gusanos.
24 Mientras tanto, la palabra de
Dios continuaba ganando adeptos y
extendiéndose.
25 Bernabé y Saulo, una vez cumplida su misión, regresaron de Jerusalén,[a] llevando consigo a Juan, por
sobrenombre Marcos.

[a] *25* Algunos Mss. dicen *a Jerusalén.*

Misión de Bernabé y Saulo

13 En la iglesia de Antioquía
había profetas y maestros:
Bernabé, Simeón el llamado Niger,
Lucio de Cirene, Manaén, que se
había criado con Herodes el tetrarca,
y Saulo. 2 Una vez que celebraban el
culto del Señor y guardaban ayuno,
dijo el Espíritu Santo: Pónganme
aparte a Bernabé y a Saulo para la
obra a la que los he llamado. 3 Así
pues, después de haber ayunado y
orado, les impusieron las manos y
les dieron la despedida.

En Chipre

4 Ellos dos, pues, enviados por el
Espíritu Santo, bajaron a Seleucia y
de allí navegaron a Chipre. 5 Llegados a Salamina, anunciaban la palabra de Dios en las sinagogas de los
judíos; tenían también a Juan como
ayudante.

6 Recorrieron toda la isla hasta
Pafos; allí se encontraron con un
mago judío, falso profeta, que se llamaba Barjesús; 7 y se hallaba en
compañía del procónsul Sergio
Paulo. El procónsul, hombre inteli-
gente, hizo llamar a Bernabé y a
Saulo, porque deseaba escuchar la
palabra de Dios. 8 Pero Elimas, o el
mago, que esto quiere decir su nombre, se les oponía y procuraba apar-
tar de la fe al procónsul. 9 Entonces
Saulo, llamado también Pablo, lleno
del Espíritu Santo, clavó los ojos en
Elimas 10 y le increpó así: Oye tú,
hijo del diablo y enemigo de todo lo
bueno, que eres totalmente un engañador, ¿cuándo vas a cesar de torcer
los caminos del Señor, que son derechos? 11 Pues ahora mismo te va a
herir la mano del Señor, y te vas a
quedar ciego; así que, por algún
tiempo, no podrás ver la luz del sol.

Inmediatamente le sobrevino una
completa oscuridad, y comenzó a
dar vueltas en busca de alguien que
lo condujera de la mano. 12 Cuando
el procónsul vio lo que acababa de
ocurrir, abrazó la fe, maravillado ante la doctrina del Señor.

En Antioquía de Pisidia

13 Desde Pafos, Pablo y sus compañeros zarparon en dirección a
Perge de Panfilia. Pero, en cuanto
llegaron allá, Juan se separó de ellos
y se volvió a Jerusalén. 14 Ellos, por
su parte, atravesando desde Perge,
llegaron a Antioquía de Pisidia, y el
sábado entraron en la sinagoga y
tomaron asiento. 15 Después de la
lectura de la ley y de los profetas,
los jefes de la sinagoga enviaron a
decirles: Hermanos, si tienen algún
mensaje de exhortación para el
pueblo, hablen.

16 Puesto en pie, Pablo hizo una
señal con la mano y dijo: Hombres
de Israel y cuantos rinden culto a
Dios, escuchen: 17 El Dios de este
pueblo de Israel escogió para sí a
nuestros antepasados e hizo prospe-
rar al pueblo durante su estancia en
Egipto. Con el poder de su brazo[a]
los sacó de allí, 18 y por espacio de
unos cuarenta años soportó su modo
de conducirse[a] en el desierto. 19 Tras
abatir siete naciones en la tierra de
Canaán, dio a su pueblo el territorio
por herencia. 20 Todo esto se llevó
unos cuatrocientos cincuenta años.

Después de esto, les dio jueces,
hasta Samuel el profeta. 21 Luego
pidieron un rey, y Dios les dio a
Saúl hijo de Cis, de la tribu de
Benjamín, que gobernó por cuarenta
años. 22 Tras destituir a éste, les
puso por rey a David, de quien dio
el siguiente testimonio: "He encontrado en David, el hijo de Jesé, un
hombre conforme a mi corazón; él
hará todo cuanto yo quiera que
haga". 23 De entre los descendientes
de este hombre, ha hecho surgir
Dios para Israel, según lo había prometido, un Salvador en la persona

[a] *18* Algunos Mss. dicen *tuvo cuidado de ellos.*

de Jesús. 24 Ya antes de presentarse
Jesús, Juan, como precursor suyo,
predicó el bautismo de arrepentimiento a todo el pueblo de Israel.
25 Y, cuando estaba a punto de terminar su misión, decía Juan:
"¿Quién suponen que soy yo? Yo
no soy el que ustedes imaginan,
pero sepan que viene detrás de mí,
y yo no soy digno de desatarle las
sandalias".
26 Hermanos, descendientes de
Abraham, y cuantos de entre ustedes
son temerosos de Dios, es a nosotros a quienes ha sido enviado este
mensaje de salvación. 27 Pues los
habitantes de Jerusalén y sus jefes
no reconocieron a Jesús. Sin embargo, al condenarlo a muerte,
dieron cumplimiento a las palabras
de los profetas que se leen cada
sábado. 28 Y, a pesar de que no encontraron causa alguna digna de
muerte, pidieron a Pilato que se le
diera muerte. 29 Después de llevar a
cabo todas las cosas que de él estaban escritas, lo bajaron del madero
y lo pusieron en un sepulcro. 30 Pero
Dios lo resucitó de entre los muertos, 31 y durante muchos días fue
visto por los que habían subido con
él desde Galilea a Jerusalén. Ellos
dan ahora testimonio de él ante
nuestro pueblo.
32 Nosotros les damos el evangelio:
Lo que Dios prometió a nuestros
mayores, 33 lo ha cumplido él ahora
en favor de nosotros, sus descendientes, al resucitar a Jesús de entre
los muertos. Como está escrito en el
Salmo segundo:

> Mi hijo eres tú;
> Yo te he engendrado hoy.[a]

34 El hecho de que Dios lo ha resucitado de entre los muertos, para nunca jamás ver corrupción, está declarado en las siguientes palabras:

> Yo les daré las bendiciones santas
> y seguras prometidas a David.[b]

35 Por lo cual afirma en otro lugar:

> No permitirás que tu Santo expe-
> rimente la corrupción.[c]

36 Ahora bien, David, ciertamente,
después de haber servido a los
designios de Dios en la época en
que le tocó vivir, murió, fue a
reunirse con sus mayores en el lugar
de los muertos, y su cuerpo experimentó la corrupción. 37 Pero aquél a
quien Dios resucitó de entre los
muertos, no experimentó la corrupción. 38 Por tanto, hermanos míos,
quiero hacerles saber que, por medio
de Jesús, se les anuncia el perdón
de los pecados. 39 Y por medio de
él, todo aquel que cree, alcanza la
justificación de todo cuanto ustedes
no pudieron ser justificados por la
ley de Moisés. 40 Miren, pues, que
no les sobrevenga lo que ha quedado
dicho en los profetas:

> 41 Miren ustedes, los desdeñosos,
> pásmense y desaparezcan;
> porque voy a realizar en sus días
> algo
> que de ninguna manera lo van a
> creer,
> incluso si alguien se lo refiriera.[d]

42 Cuando Pablo y Bernabé salían
de la sinagoga, les invitaron a que el
sábado siguiente les hablaran sobre
estas mismas cosas. 43 Cuando se
disolvió la reunión, muchos de entre
los judíos y de entre los devotos
convertidos al judaísmo siguieron a
Pablo y a Bernabé, y éstos conversaban con ellos urgiéndoles a continuar en la gracia de Dios.
44 Al sábado siguiente, casi toda la
ciudad se congregó para escuchar la
palabra de Dios. 45 Cuando los judíos
vieron tanta muchedumbre, se llenaron de celos y, profiriendo insultos,
trataban de impugnar lo que Pablo
iba diciendo.
46 Entonces Pablo y Bernabé les
respondieron intrépidamente: A ustedes antes que a nadie teníamos que
anunciar la palabra de Dios; pero,
como la rechazan y no se consideran
dignos de la vida eterna, por eso
nos volvemos ahora a los gentiles.
47 Porque esto es lo que el Señor
nos ha mandado:

[a] *33* Salmo 2:7. [b] *33* Isaías 55:3. [c] *34* Salmo 16:10. [d] *41* Habacuc 1:5.

Te he puesto para ser luz de los
gentiles,
para que seas vehículo de salvación hasta los confines de la
tierra.[a]

48 Los gentiles, al oír esto, se
regocijaban y daban gloria a la palabra del Señor; y abrazaron la fe
todos los que estaban destinados a
la vida eterna.
49 Así la palabra de Dios se
difundía por toda la región. 50 Pero
los judíos incitaron a las señoras
distinguidas asiduas al culto, y a los
principales de la ciudad. Provocaron
una persecución contra Pablo y Bernabé y los expulsaron de su territorio. 51 Así que ellos sacudieron el
polvo de sus pies en señal de protesta contra ellos, y se dirigieron a
Iconio, 52 mientras los discípulos
quedaban llenos de alegría y del Espíritu Santo.

En Iconio

14 En Iconio, Pablo y Bernabé
entraron, como de costumb-
re, en la sinagoga de los judíos. Allí
hablaron con tal eficacia, que un
gran número de judíos y de griegos
abrazaron la fe. 2 Pero los judíos que
se negaban a creer, incitaron a los
gentiles y envenenaron sus ánimos
en contra de los hermanos. 3 Pablo y
Bernabé prolongaron allí su estancia
durante bastante tiempo, predicando
con entereza, puesta su confianza en
el Señor, quien confirmaba el mensaje de su gracia otorgándoles el
poder de realizar señales milagrosas
y prodigios. 4 La gente de la ciudad
estaba dividida; unos se ponían de
parte de los judíos; otros, de parte
de los apóstoles. 5 Hasta que se produjo una conjura de los gentiles, así
como de los judíos, con sus jefes a
la cabeza, con el fin de maltratar y
apedrear a los apóstoles. 6 Pero
Pablo y Bernabé se enteraron de ello
y huyeron a refugiarse en Listra y
Derbe, ciudades de Licaonia, y en
sus contornos, 7 donde continuaron
predicando el evangelio.

En Listra y en Derbe

8 En Listra estaba sentado un hombre tullido de los pies, que era inválido de nacimiento y nunca había
podido caminar. 9 Escuchaba atentamente a Pablo, cuando éste se puso
a hablar. Pablo fijó en él la mirada
y, viendo que tenía fe como para ser
sanado, 10 le dijo en voz alta: Levántate y ponte derecho. El dio un salto
y echó a andar.
11 Cuando la gente vio lo que
Pablo había realizado, comenzó a
gritar en la lengua de Licaonia: ¡Los
dioses han descendido en forma
humana hasta nosotros! 12 Y a Bernabé lo llamaban Zeus, mientras que
a Pablo lo llamaban Hermes, porque
era el que tomaba la palabra. 13 Y el
sacerdote de Zeus, cuyo templo se
hallaba a las afueras de la ciudad,
llevó toros y guirnaldas a las puertas
de la población, porque, de acuerdo
con la multitud, quería ofrecerles un
sacrificio.
14 Pero cuando los apóstoles Bernabé y Pablo se enteraron de ello,
rasgaron sus vestiduras y se lanza-
ron entre la muchedumbre, gritando:
15 Hombres, ¿por qué hacen esto?
Nosotros somos también hombres,
igual que ustedes, y les estamos
anunciando el evangelio, exhortándolos a que dejen estas cosas sin
valor y se vuelvan hacia el Dios
viviente, que hizo el cielo, la tierra
y el mar y todo cuanto en ellos hay.
16 En las pasadas épocas, él consintió que todos los pueblos anduvieran
por sus propios caminos, 17 aun
cuando no dejó de dar testimonio de
sí mismo; pues ha mostrado su bondad enviándoles lluvia del cielo y
cosechas a su tiempo; proveyéndoles
de sustento y colmando de alegría
sus corazones. 18 Incluso después de
hablar así, a duras penas podían
contener a la multitud para que no
les ofrecieran sacrificios.

[a] *47* Isaías 49:6.

19 Se presentaron luego allí algunos
judíos de Antioquía e Iconio que
persuadieron al pueblo, a tal punto
que acabaron por apedrear a Pablo y
lo arrastraron fuera de la ciudad,
dándolo por muerto. 20 Pero cuando
se vio rodeado de los discípulos, se
levantó y entró en la ciudad. Y al
día siguiente, él y Bernabé partieron
para Derbe.

El regreso a Antioquía de Siria

21 Predicaron el mensaje del evangelio en aquella ciudad, donde hicieron bastantes discípulos, y regresaron a Antioquía, pasando por Listra
e Iconio. 22 Fortalecían los ánimos
de los discípulos, exhortándolos a
permanecer fieles y diciéndoles:
Tenemos que pasar por muchas dificultades para entrar en el reino de
Dios. 23 Pablo y Bernabé les designa-
ban ancianos[a] en cada iglesia y, tras
orar y practicar el ayuno, los en-
comendaban al Señor en quien
habían creído. 24 Marchando a través
de Pisidia, llegaron a Panfilia, 25 y
después de predicar la palabra en
Perge, bajaron a Atalia.

26 Desde Atalia regresaron por mar
a Antioquía, de donde habían salido,
encomendados a la gracia de Dios,
para la obra que acababan de cumplir. 27 En cuanto llegaron allá,
reunieron a la iglesia y les informaron todo lo que Dios había hecho
con ellos, y cómo había abierto para
los gentiles la puerta de la fe. 28 Y
pasaron allí bastante tiempo con los
discípulos.

La reunión de Jerusalén

15 Algunos que habían bajado
de Judea, enseñaban a los
hermanos de Antioquía lo siguiente:
A no ser que se hagan circuncidar
según la costumbre enseñada por
Moisés, no pueden ser salvos. 2 Esto
condujo a Pablo y a Bernabé a una
viva disputa y discusión con ellos.
Así que Pablo y Bernabé fueron
comisionados, junto con algunos
otros creyentes de la misma iglesia,
para subir a Jerusalén y tratar este
punto con los apóstoles y los ancianos. 3 La iglesia salió a despedirlos y atravesaron por Fenicia y
Samaria, narrando a su paso con
todo detalle, la conversión de los
gentiles, con lo cual causaron una
gran alegría a todos los hermanos.
4 Llegados a Jerusalén, fueron acogi-
dos por la iglesia, y por los apóstoles y los ancianos, a los que también
informaron de todas las cosas que
Dios había hecho con ellos.

5 Entonces se levantaron algunos
creyentes que habían pertenecido al
partido de los fariseos y dijeron: Es
preciso circuncidar a los gentiles y
exigirles que observen la ley de
Moisés.

6 Los apóstoles y los ancianos se
reunieron a considerar esta cuestión.
7 Después de una larga discusión, se
levantó Pedro y les habló así: Hermanos, ustedes mismos saben muy
bien que, hace algún tiempo, decidió
Dios entre ustedes que los gentiles
escucharan de mis labios el mensaje
del evangelio y llegaran a creer.
8 Dios, que conoce el interior de las
personas, mostró que le eran acep-
tos, otorgándoles el Espíritu Santo,
igual que hizo con nostros. 9 Y no
ha hecho diferencia alguna entre
nosotros y ellos, pues ha purificado
sus corazones con la fe. 10 Entonces,
¿por qué están poniendo a prueba a
Dios queriendo cargar sobre el
cuello de los discípulos un yugo que
ni nosotros ni nuestros mayores
hemos sido capaces de soportar?
11 ¡No! sino que creemos que es por
la gracia de nuestro Señor Jesús por
lo que somos salvos, de la misma
manera que ellos también.

12 Toda la asamblea guardó silencio, y se pusieron a escuchar a Bernabé y Pablo, quienes referían todas
las señales milagrosas y los portentos que, por medio de ellos, había
realizado Dios entre los gentiles.

[a] *23 Bernabé ordenaba ancianos;* o *Bernabé tenía ancianos designados.*

13 Cuando ellos terminaron de hablar,
tomó la palabra Jacobo; Hermanos
—dijo—, escúchenme, 14 Simón[a] nos
ha descrito cómo Dios, ya al principio, mostró su interés de tomar de
entre los gentiles un pueblo para sí.
15 Y con esto concuerdan las palabras de los profetas, conforme está
escrito:

16 Después de esto volveré
y reedificaré la derruida casa de
David,
Yo reedificaré sus ruinas
y la restauraré,
17 para que el resto de la humanidad
busque al Señor,
y todos los gentiles que llevan
mi nombre.
Así habla el Señor, que lleva a
cabo estas cosas,
18 que han sido conocidas desde
siempre.[b]

19 Por lo cual yo juzgo que no se
debe molestar a los gentiles que se
van convirtiendo a Dios, 20 sino sólo
enviarles una carta diciéndoles que
se abstengan de las viandas contami-
nadas por los ídolos, de la inmoralidad sexual, de comer carne de animales muertos por asfixia y de
comer sangre. 21 Porque la ley de
Moisés ya tiene, desde tiempos
remotos, en cada ciudad, quienes la
proclamen en las sinagogas, donde
se lee cada sábado.

Carta de la Asamblea a los creyentes gentiles

22 Entonces los apóstoles y los ancianos, con la iglesia entera, decidieron elegir a algunos de sus hombres
y enviarlos a Antioquía con Pablo y
Bernabé. Eligieron a Judas, llamado
Barsabás y a Silas, personas de
autoridad entre los hermanos. 23 Por
medio de ellos enviaron la siguiente
carta:

Los apóstoles y los an-
cianos, hermanos suyos,
A los creyentes de la gentili-
dad en Antioquía, Siria y Cilicia:

Saludos.

24 Nos hemos enterado de
que algunos de los nuestros
fueron a ustedes sin comisión
alguna de nuestra parte y los
han inquietado, perturbando
sus conciencias con lo que les
han dicho. 25 Así que hemos
decidido de común acuerdo
escoger algunos hombres y
enviarlos a ustedes con
nuestros queridos amigos
Pablo y Bernabé, 26 personas
que han arriesgado sus vidas
por el nombre de nuestro
Señor Jesucristo. 27 Por tanto,
les enviamos a Judas y a
Silas, quienes les transmitirán
de palabra el mismo mensaje
que les estamos escribiendo.
28 El Espíritu Santo y nosotros
hemos juzgado conveniente no
imponerles otra carga fuera de
los siguientes requisitos: 29 Que
se abstengan de las viandas
ofrecidas a los ídolos, de
comer sangre, de comer carne
de animales estrangulados y de
la inmoralidad sexual. Harán
bien en evitar estas cosas.
Adiós.

30 Así pues, tras recibir la despedida, los hombres bajaron a Antioquía,
donde reunieron a toda la iglesia y
les entregaron la carta. 31 A su lectura, se llenaron de gozo por el consolador mensaje que contenía.
32 Judas y Silas, que eran ellos
mismos profetas, dirigieron una larga
exhortación a los hermanos para
confirmarlos en la fe. 33 Después de
pasar algún tiempo allí, fueron des-
pedidos con saludos de paz por los
hermanos, para regresar a los que
los habían enviado.[c] 35 Pablo y Bernabé se quedaron en Antioquía, enseñando y anunciando allí, en

[a] *14* El griego dice *Simeón*, otra forma para *Simón*, es decir, *Pedro*. [b] *18 conocida del Señor es desde la eternidad su obra.* [c] *34* Algunos Mss. añaden un versículo 34: *pero Silas decidió quedarse allí.*

compañía de muchos otros, la palabra del Señor.

Desacuerdo entre Pablo y Bernabé

36 Algún tiempo después, Pablo le
dijo a Bernabé: Volvamos a recorrer, una por una, todas las ciudades
en las que hemos anunciado la palabra del Señor, para visitar a los hermanos y ver cómo se encuentran.
37 Bernabé quería llevar cnsigo también a Juan, el llamado Marcos,
38 pero Pablo pensó que no era prudente llevarlo, puesto que se había
separado de ellos desde Panfilia y no
había proseguido con ellos en la
obra de la evangelización. 39 Y se
produjo entre ellos tal desavenencia,
que se separaron el uno del otro.
Bernabé tomó consigo a Marcos y
se embarcó para Chipre, 40 mientras
que Pablo escogió por compañero a
Silas y partió, encomendado por los
hermanos a la gracia del Señor. 41 Y
recorrió Siria y Cilicia, fortaleciendo
a las iglesias en la fe.

Timoteo se une a Pablo y a Silas

16 Llegó a Derbe y después a
Listra, donde vivía un discípulo llamado Timoteo, cuya madre
era judía creyente, pero su padre era
griego. 2 Los hermanos de Listra y
de Iconio hablaban muy bien de él.
3 Pablo quiso llevárselo por compañero de viaje; así que lo hizo circuncidar a causa de los judíos que vivían
en aquella región, pues todos sabían
que su padre era griego. 4 Según iban
viajando de ciudad en ciudad, iban
comunicando las decisiones tomadas
por los apóstoles y ancianos en Jerusalén para que las obedecieran. 5 De
esta manera, las iglesias eran fortale-
cidas en la fe y crecían en número
cada día.

Pablo tiene una visión de un macedonio

6 Pablo y sus compañeros viajaron
a través de la región de Frigia y de
Galacia, habiéndoles impedido el Espíritu Santo que predicaran la palabra en la provincia de Asia. 7 Cuando llegaron a los confines de Misia,
intentaron pasar a Bitinia, pero el
Espíritu de Jesús no se lo permitió.
8 Así que, pasando junto a Misia,
bajaron a Troas. 9 Durante la noche,
Pablo tuvo una visión en la que se
le aparecía un macedonio, que se
presentaba ante él para rogarle: Pasa
a Macedonia a socorrernos. 10 Al
tener Pablo esta visión, en seguida
nos dispusimos a partir para Macedonia, teniendo por seguro que Dios
nos había invitado a predicar allí el
evangelio.

Conversión de Lidia en Filipos

11 Zarpando de Troas, navegamos
directamente hacia Samotracia, y al
día siguiente llegamos a Neápolis.
12 De allí fuimos a Filipos, colonia
romana, que es la ciudad más importante del distrito de Macedonia. Permanecimos en esta ciudad durante
varios días.

13 El sábado salimos fuera de la
ciudad hasta la orilla del río, donde
suponíamos que había un lugar para
orar. Nos sentamos y comenzamos a
hablarles a las mujeres que se
habían reunido allí. 14 Entre las que
escuchaban había una mujer llaman-
da Lidia, negociante en tejidos de
púrpura, de la ciudad de Tiatira, y
que adoraba a Dios. El Señor le
abrió el corazón para que respon-
diera favorablemente al mensaje de
Pablo. 15 Y, cuando se hizo bautizar
con toda su familia, nos hizo el
siguiente ruego: Si me consideran
creyente en el Señor, entren en mi
casa y alójense en ella. Y nos abligó
a quedarnos.

Pablo y Silas en prisión

16 Yendo una vez nosotros al lugar
de oración, nos salió al encuentro
una criada que tenía un espíritu

mediante el cual podía predecir el
futuro. Con sus predicciones, proporcionaba grandes ganancias a sus
amos. 17 Esta muchacha iba detrás
de Pablo y de nosotros diciendo a
gritos: Estos hombres son servidores
del Dios Altísimo, y les anuncian el
camino de la salvación. 18 Así continuó durante muchos días. Hasta
que, por fin, se molestó tanto Pablo,
que se volvió y le dijo al espíritu:
En el nombre de Jesucristo, te mando que salgas de ella. Y salió de ella
en aquel mismo momento.

19 Cuando los amos de la muchacha se percataron de que se les
habían esfumado las esperanzas de
obtener ganancias, prendieron a
Pablo y a Silas y los condujeron a la
fuerza hasta la plaza pública ante la
presencia de las autoridades. 20 Los
hicieron comparecer ante los magistrados, y dijeron: Estos hombres son
judíos y están alborotando nuestra
ciudad, 21 pues abogan por unas
costumbres que nosotros, siendo
romanos, no podemos aceptar ni
poner en práctica.

22 La multitud se amotinó contra
Pablo y Silas, y los magistrados
mandaron que les quitaran las vestiduras y los azotaran con varas.
23 Después de haberles propinado
numerosos azotes, los echaron en la
cárcel, encargando al carcelero que
los custodiara con seguridad. 24 Al
recibir tal encargo, el carcelero los
metió en la celda más recóndita de
la cárcel y les sujetó los pies al
cepo.

25 Hacia la medianoche, Pablo y
Silas oraban y cantaban himnos a
Dios, y los otros presos los escuchaban. 26 De pronto se produjo un
terremoto tan fuerte, que los cimientos de la cárcel fueron sacudidos. A
un mismo tiempo, se abrieron todas
las puertas, y a todos se les soltaron
las cadenas. 27 Despertóse en esto el
carcelero y, al ver abiertas las puertas de la cárcel, echó mano a la espada y ya estaba a punto de quitarse
la vida, suponiendo que se habían
fugado los presos, 28 cuando le gritó
Pablo, diciéndole a grandes voces:
¡No te hagas ningún daño; todos
estamos aquí!

29 El carcelero pidió una luz, entró
a toda prisa, y se arrojó temblando
a los pies de Pablo y Silas. 30 Luego
los condujo afuera y les dijo: Señores, ¿qué tengo que hacer para ser
salvo?

31 Ellos respondieron: Cree en el
Señor Jesús y serás salvo, tú y tu
familia. 32 Después le expusieron la
palabra de Dios a él y a todos los
demás de su casa. 33 En aquella
misma hora de la noche, el carcelero
los tomó consigo y les lavó las heridas, e inmediatamente se hizo bautizar él con todos los suyos. 34 Luego
los condujo a su casa y los sentó a
su mesa, lleno de júbilo, lo mismo
que toda su familia, por haber creído
en Dios.

35 Cuando se hizo de día, los
magistrados enviaron sus alguaciles
al carcelero con el siguiente recado:
Suelta a esos hombres. 36 Y él hizo
llegar a Pablo esta disposición: Los
magistrados me han enviado a decir
que se les ponga en libertad; así que
salgan y váyanse en paz.

37 Pero Pablo dijo a los alguaciles:
Después de habernos golpeando en
público y sin proceso alguno, siendo
nosotros ciudadanos romanos, y de
habernos arrojado a la cárcel,
¿quieren ahora echarnos a la calle
en secreto? ¡No, por cierto! que
vengan ellos mismos a escoltarnos
hasta el exterior.

38 Los alguaciles comunicaron esta
respuesta a los magistrados, y cuando éstos oyeron que Pablo y Silas
eran ciudadanos romanos, les entró
miedo, 39 y vinieron a pedirles discul-
pas; luego los escoltaron desde la
prisión y les rogaron que se marcha-
ran de la ciudad. 40 Pablo y Silas,
una vez salidos de la cárcel, entraron en casa de Lidia, donde encontraron a los hermanos y les dirigieron palabras de exhortación. Luego,
se marcharon.

En Tesalónica

17 Después de atravesar por
Anfípolis y Apolonia, llegaron a Tesalónica, donde había una
sinagoga judía. 2 Como era su
costumbre, Pablo entró en la sinagoga y a lo largo de tres sábados
discutió con ellos, a base de las
Escrituras, 3 explicándoles y probán-
doles que el Cristo[a] debía padecer y
resucitar de entre los muertos; y
añadía: Este Jesús, el mismo que yo
les anuncio es el Cristo.[a] 4 Algunos
de estos judíos quedaron convencidos y se unieron a Pablo y Silas; así
lo hicieron también un gran número
de griegos piadosos y no pocas de
las mujeres principales.

5 Pero los judíos, instigados por los
celos, reunieron algunos maleantes
sin moral y, armando un motín,
alborotaron la ciudad y asaltaron la
casa de Jasón en busca de Pablo y
Silas, con el propósito de llevarlos
ante el pueblo.[b] 6 Pero, al no encon-
trarlos, arrastraron a Jasón y a algunos hermanos ante los jefes de la
ciudad, gritando: Estos hombres, que
revolucionan el mundo entero, han
llegado también acá, 7 y Jasón los ha
recibido en su casa. Todos ellos
actúan en contra de los edictos del
César, diciendo que hay otro rey,
que se llama Jesús. 8 Al oír esto, la
muchedumbre y los jefes de la
ciudad se vieron envueltos en el
alboroto. 9 Pero los jefes de la
ciudad, tras recibir fianzas de Jasón
y de los demás, los dejaron en libertad.

En Berea

10 Tan pronto como se hizo de
noche, los hermanos hicieron partir
para Berea a Pablo y a Silas,
quienes, apenas llegaron allá, se dirigieron a la sinagoga judía. 11 Los de
Berea eran de carácter más noble
que los de Tesalónica, pues recibieron el mensaje con toda avidez y
examinaban día tras día las
Escrituras para ver si era verdad lo
que decía Pablo. 12 Muchos de los
judíos creyeron, así como cierto
número de mujeres griegas distinguidas y muchos hombres griegos.

13 Cuando los judíos de Tesalónica
se enteraron de que Pablo estaba
predicando la palabra de Dios en
Berea, fueron también allá para agi-
tar y alborotar a la gente. 14 Los
hermanos, entonces, hicieron salir
inmediatamente a Pablo camino del
mar, pero tanto Silas como Timoteo
se quedaron en Berea. 15 Los que
acompañaban a Pablo, lo condujeron
a Atenas y regresaron con el encargo de decirles a Silas y a Timoteo que se reunieran con él tan
pronto como les fuera posible.

En Atenas

16 Mientras Pablo los aguardaba en
Atenas, se consumía en su interior
al ver que la ciudad estaba llena de
ídolos. 17 Así que conversaba en la
sinagoga con los judíos y con los
griegos piadosos, así como en la plaza pública, día tras día, con los que
se encontraban por allí. 18 También
discutían con él un grupo de filósofos epicúreos y estoicos, pues algunos de ellos decían: ¿Qué trata de
decir este charlatán? Otros hacían
notar: Parece que es un propagandis-
ta de divinidades extranjeras. Decían
esto porque Pablo les predicaba de
Jesús y de la resurrección. 19 Entonces lo tomaron consigo y lo condujeron a una reunión del Areópago,
donde le preguntaron: ¿Podemos
saber qué nueva doctrina es ésta que
presentas? 20 Porque nos estás
metiendo en la cabeza ideas raras, y
queremos saber qué quieres decir
con eso. 21 (Todos los atenienses y
los forasteros que vivían allí se pasaban el tiempo sin hacer otra cosa
que decir y oír novedades.)

22 Entonces Pablo se puso de pie
en medio de la reunión del Areópago
y dijo: ¡Atenienses! Veo que son en
todo por demás religiosos; 23 porque

[a] *3 O Mesías.* [b] *5 O ante la asamblea del pueblo.*

al ir recorriendo y observando sus
lugares de culto, he hallado incluso
un altar con la siguiente inscripción:
AL DIOS DESCONOCIDO. Pues
bien, eso que veneran sin conocerlo,
es lo que yo les vengo a anunciar.
24 El Dios que hizo el mundo con
todo lo que hay en él, es el Señor
de cielos y tierra y no vive en templos hechos por manos humanas.
25 Ni tampoco se le presta servicio
por manos humanas, como si necesi-
tara de algo, puesto que es él quien
da a todos vida, respiración y todo
lo demás. 26 De un solo hombre,
hizo provenir todo el linaje humano
a fin de que poblara toda la faz de
la tierra. El fijó de antemano a cada
nación el orden de su historia y las
fronteras de su territorio. 27 Y todo
esto lo hizo Dios a fin de que los
hombres lo buscaran, por si acerta-
ban a encontrarlo yendo a tientas en
la oscuridad, aun cuando él no se
encuentra lejos de cada uno de nosotros; 28 porque en él vivimos, nos
movemos y existimos. Como lo han
dicho también algunos de sus propios poetas: Pues somos descendientes suyos.
29 Siendo, pues, como somos, de
su misma raza, no deberíamos figu-
rarnos que la divinidad es semejante
al oro o a la plata o a una piedra; a
una escultura que es obra del arte y
del ingenio del hombre. 30 En el
pasado, Dios no ha tenido en cuenta
esta ignorancia, pero ahora él advierte a los hombres que es necesario
que todos, y en todas partes, se
arrepientan; 31 porque ha fijado una
fecha en que va a juzgar al mundo
entero con toda justicia, por medio
de un hombre que ha destinado para
ello, ofreciendo a todos una garantía
de la fe al haberlo resucitado de entre los muertos.
32 Al oír lo de resucitar de entre
los muertos, unos se burlaban; pero
otros decían: Sobre esto, ya te escu-
charemos en otra ocasión. 33 Con
esto, Pablo se marchó de la reunión.
34 Pero algunos se unieron a él y
creyeron. Entre ellos se encontraba
Dionisio, miembro del Areópago, y
una mujer llamada Dámaris, con algunos otros más.

En Corinto

18 Después de esto, Pablo se
marchó de Atenas y se fue a
Corinto. 2 Allí se encontró con un
judío llamado Aquila, oriundo del
Ponto, que había llegado reciente-
mente de Italia con su mujer Priscila, porque Claudio había mandado
salir de Italia a todos los judíos.
Pablo fue a verlos 3 y, como eran
del mismo oficio, pues se dedicaban
a confeccionar tiendas de campaña,
se quedó con ellos para trabajar juntos. 4 Cada sábado, discutía en la
sinagoga, tratando de persuadir a
judíos y a griegos por igual.
5 Pero cuando Silas y Timoteo
bajaron de Macedonia, Pablo se
dedicó por entero a la predicación,
dando claro testimonio a los judíos
de que Jesús era el Cristo.[a] 6 Ante la
resistencia y las palabras injuriosas
de ellos, Pablo sacudió sus vestiduras en señal de protesta y les dijo:
¡Caiga la sangre de ustedes sobre
sus cabezas! Yo estoy libre de responsabilidad. Desde ahora me diri-
giré a los gentiles.
7 Entonces Pablo se marchó de la
sinagoga y se fue a vivir a casa de
un prosélito llamado Ticio Justo, que
vivía junto a la sinagoga. 8 Crispo, el
jefe de la sinagoga, creyó en el
Señor con toda su familia, y muchos
corintios, tras oír el mensaje, creyeron y se hicieron bautizar.
9 Una noche, le dijo el Señor a
Pablo en una visión: No tengas
miedo; sigue hablando y no te
calles. 10 Porque yo estoy a tu lado,
y nadie se atreverá a ponerte la
mano encima para hacerte daño,
porque tengo mucha gente en esta
ciudad. 11 Así que Pablo se detuvo
allí año y medio, enseñándoles la
palabra de Dios.

[a] 5 *O sea el Mesías.*

12 Mientras Galión era procónsul
de Acaya, se levantaron los judíos,
como un solo hombre, contra Pablo
y lo condujeron ante el tribunal, con
la siguiente acusación: 13 Este individuo está incitando a la gente a dar a
Dios un culto que no está de acuerdo con la ley.

14 Ya estaba Pablo a punto de responder, cuando Galión les dijo a los
judíos: Miren, judíos: si se tratara de
algún crimen o de una felonía, los
atendería con razón. 15 Pero como se
trata de cuestiones sobre palabras,
sobre nombres y sobre cosas de su
ley, allá arréglense ustedes. Yo no
quiero meterme de juez de tales
asuntos. 16 Y mandó echarlos del tribunal. 17 Entonces todos tomaron a
Sóstenes, el jefe de la sinagoga, y
comenzaron a golpearlo en frente del
tribunal; pero a Galión lo tenían sin
cuidado todas estas cosas.

Apolos

18 Pablo permaneció en Corinto por
bastante tiempo. Después se despidió
de los hermanos y se embarcó para
Siria acompañado de Priscila y Aquila. Antes de embarcarse, se hizo
rapar la cabeza en Cencrea, por un
voto que había hecho. 19 Llegaron a
Efeso, donde dejó a Priscila y a
Aquila, y él entró en la sinagoga
para conversar con los • judíos.
20 Estos le rogaron que se quedara
con ellos por más tiempo, pero no
accedió; 21 aunque, al despedirse, les
prometió: Volveré de nuevo a ustedes, si Dios quiere. Zarpó de Efeso,
22 y desembarcó en Cesarea, donde
subió a saludar a la iglesia y después bajó a Antioquía.

23 Después de pasar algún tiempo
en Antioquía, salió a recorrer sucesi-
vamente poblado tras poblado, toda
la región de Galacia y de Frigia, fortaleciendo en la fe a todos los discípulos.

24 Por entonces había llegado a
Efeso un judío llamado Apolos,
oriundo de Alejandría, hombre
elocuente y muy versado en las
Escrituras. 25 Había sido instruido en
el camino del Señor, y con fervor de
espíritu hablaba y enseñaba con
exactitud acerca de Jesús, aunque
conocía solamente el bautismo de
Juan. 26 Comenzó él a hablar con intrepidez en la sinagoga. Pero, al
oírlo Priscila y Aquila, lo tomaron
aparte y le expusieron con más
exactitud el camino de Dios.

27 Como él quería pasar a Acaya,
los hermanos lo animaron y escribieron a los discípulos para que le
dieran una buena acogida. Una vez
llegado allá, fue muy valiosa su contribución para ayudar a los que, por
la gracia de Dios, eran creyentes.
28 Porque refutaba con vigor a los
judíos en público debate, demostran-
do por las Escrituras que Jesús era
el Cristo.[a]

Pablo en Efeso

19 Mientras Apolo estaba en
Corinto, Pablo tomó el cami-
no del interior y llegó a Efeso. Allí
encontró a algunos discípulos, 2 y les
preguntó: ¿Recibieron el Espíritu
Santo cuando[b] abrazaron la fe?

Ellos respondieron: Pero ¡si ni
siquiera nos hemos enterado de que
hay Espíritu Santo!

3 Así que Pablo volvió a preguntar-
les: Pues, entonces, ¿qué bautismo
recibieron?

El bautismo de Juan —respondieron ellos.

4 Pablo les dijo: El bautismo de
Juan era un bautismo en señal de
arrepentimiento, pues él exhortaba al
pueblo a que creyeran en el que
venía detrás de él, es decir, en
Jesús. 5 Tras oír esto, ellos se hicieron bautizar en el nombre del Señor
Jesús. 6 En cuanto les impuso Pablo
las manos, vino el Espíritu Santo
sobre ellos, y comenzaron a hablar
en lenguas[c] y a profetizar. 7 Eran en
total unos doce hombres.

8 Entró después Pablo en la sinagoga y habló allí durante tres meses

[a] 28 O *Mesías.* [b] 2 O *después.* [c] 6 U *otros idiomas.*

con intrepidez, conversando con
razones persuasivas acerca del reino
de Dios. 9 Pero algunos de ellos se
obstinaban en su incredulidad y
hablaban injuriosamente del Camino
en plena asamblea; por lo cual, se
alejó de ellos Pablo y retiró consigo
a los discípulos, enseñando en adelante cada día en el aula escolar de
Tirano. 10 Así continuó por espacio
de dos años, de modo que todos los
habitantes del Asia proconsular, tanto judíos como griegos, tuvieron la
oportunidad de poder escuchar la
palabra del Señor.

11 Dios hacía milagros extraordina-
rios por medio de Pablo, 12 hasta tal
punto que, con sólo aplicar sobre los
enfermos pañuelos y delantales que
habían estado en contacto con la
piel de su cuerpo, desaparecían sus
enfermedades y quedaban libres de
los espíritus malignos.

13 Incluso unos judíos que mero-
deaban por los alrededores expulsando espíritus malignos, intentaron
expulsar los espíritus malignos invocando sobre los posesos el nombre
del Señor Jesús. Decían: Los conjuro por el nombre de Jesús, el que
Pablo predica, que salgan. 14 Hacían
esto siete hijos de un tal Esceva,
judío, uno de los principales sacerdotes. 15 El espíritu maligno les
replicó: Conozco a Jesús y sé quién
es Pablo, pero ustedes ¿quiénes son?
16 Y abalanzándose sobre ellos el
hombre que estaba poseído por el
espíritu maligno, los sometió a todos
y la emprendió contra ellos con tal
violencia, que tuvieron que escapar,
sin ropa y malheridos, de aquella
casa.

17 El hecho llegó a conocimiento
de todos los habitantes de Efeso,
tanto judíos como griegos, y se apoderó de todos ellos un gran temor; y
el nombre del Señor Jesús fue tenido
en gran honor. 18 Y aun muchos de
los creyentes venían a confesar
públicamente sus hechos. 19 Un
número considerable de los que
habían practicado la magia, traían
sus pergaminos y, haciendo una pila
con ellos, los quemaron a la vista de
todos. Cuando se calculó el precio
de los pergaminos quemados, resultó
una suma de cincuenta mil dracmas.[a]
20 De este modo, la palabra del
Señor se difundía con fuerza y
crecía en poder.

21 Después de todos estos sucesos,
Pablo se propuso marchar a Jerusalén, atravesando Macedonia y Acaya, y decía para sí: Después de
estar allí, es necesario que haga también una visita a Roma. 22 Luego
envió a Macedonia a dos de sus
auxiliares, Timoteo y Erasto, mientras él mismo prolongaba por algún
tiempo su estancia en Asia.

La revuelta en Efeso

23 Por aquellos días, se produjo un
gran tumulto a propósi to del Camino. 24 Un platero llamado Demetrio,
que fabricaba templetes de plata de
Artemisa, proporcionaba a los artífi-
ces un negocio con no pocas ganancias. 25 Los reunió juntamente con
los obreros del mismo ramo, y les
dijo: Compañeros, ya saben las grandes ganancias que obtenemos con
este oficio. 26 Y ahora están viendo
y oyendo cómo el tal Pablo ha
persuadido y seducido a mucha gente, no sólo en Efeso, sino en casi
toda el Asia, diciendo que no son
dioses los que se fabrican con las
manos. 27 Y con esto, no sólo existe
el peligro de que nuestro negocio se
desacredite, sino también de que el
templo de la gran diosa Artemisa
pierda todo su prestigio, y hasta de
que la diosa misma, a quien toda el
Asia y el orbe entero rinden culto,
esté a punto de ser desposeída de su
majestad.

28 Al oír esto, se llenaron de cólera
y comenzaron a gritar: ¡Grande es
Artemisa de los efesios! 29 Bien
pronto, toda la ciudad era un gran
alboroto. La gente se precipitó en el
teatro como un solo hombre,

[a] *19* El dracma era una moneda de plata y tenía el valor del salario de un día.

arrastrando consigo a viva fuerza a
Gayo y a Aristarco, de Macedonia,
compañeros de viaje de Pablo. 30 Intentaba Pablo entrar en el lugar de
la asamblea, pero los discípulos no
se lo permitieron. 31 Incluso algunos
altos funcionarios de la provincia,
amigos de Pablo, le enviaron un
recado, rogándole que no se aventu-
rara a entrar en el teatro.

32 La asamblea estaba en plena
confusión; unos gritaban una cosa, y
otros otra; y los más no sabían ni
con qué motivo se habían reunido
allí. 33 Los judíos obligaron a salir al
frente a Alejandro, y algunos de entre el público le daban instrucciones.
El agitó la mano para imponer silencio, queriendo defender su causa ante la asamblea; 34 pero, en cuanto
reconocieron que era judío, levantaron la voz todos a una, y estuvieron
gritando durante más de dos horas:
¡Grande es Artemisa de los efesios!

35 El escribano de la ciudad, tras
apaciguar a la muchedumbre, habló
así: ¡Ciudadanos de Efeso! ¿Quién
hay en el mundo entero que desco-
nozca que la ciudad de Efeso es la
guardiana del templo de la gran Artemisa y de su imagen bajada del
cielo? 36 Por lo tanto, siendo innega-
bles estos hechos, deberían mantenerse en calma y no hacer nada
precipitadamente. 37 Han traído acá
estos hombres, que ni han saqueado
los templos ni han proferido injurias
contra nuestra diosa. 38 De aquí que,
si Demetrio y sus compañeros de
oficio tienen alguna queja contra alguien, abiertos están al público los
tribunales y allí hay procónsules que
juzguen, ¡que presenten allí mutuamente sus demandas! 39 Si tienen alguna otra demanda, eso debe ser
resuelto en una asamblea legal.
40 Porque, con lo que está pasando
hoy, estamos expuestos a que se nos
acuse de sedición. En tal caso, no
podríamos dar ninguna razón de este
tumulto, puesto que no hay ningún
motivo para ello. 41 Dicho esto,
disolvió la reunión.

Viaje por Macedonia y Grecia

20 Despues que cesó el tumulto,
Pablo hizo llamar a los discípulos, les dirigió una exhortación y,
tras despedirse de ellos, partió para
Macedonia. 2 Recorrió toda el área
aquella, predicando muchos mensajes
de ánimo y exhortación, y finalmente llegó a Grecia, 3 donde pasó tres
meses. Como los judíos tramaron un
complot contra él, precisamente
cuando estaba a punto de embarcarse para Siria, tomó la determinación
de regresar por Macedonia. 4 Lo
acompañaban Sópater, hijo de Pirro,
de Berea; Aristarco y Segundo, de
Tesalónica; Gayo de Derbe y Timoteo; y además, Tíquico y Trófimo,
de la provincia de Asia. 5 Todos
éstos marcharon por delante y nos
esperaron en Troas. 6 Pero nosotros
zarpamos de Filipos después de la
fiesta de los Panes sin Levadura, y
al cabo de cinco días nos reunimos
con los otros en Troas, donde pasa-
mos siete días.

Pablo resucita a Eutico

7 El primer día de la seman nos
reunimos para el partimiento del
pan. Pablo predicó a la congregación
y, como iba a marcharse al día
siguiente, se alargó en su plática
hasta la medianoche. 8 Había muchas
lámparas en el aposento superior
donde estábamos reunidos. 9 Sentado
en una ventana estaba un joven llamado Eutico, el cual comenzó a dar
cabezadas mientras Pablo seguía
hablando y hablando, hasta que,
vencido por el sueño, se cayó a la
calle desde un tercer piso y lo recogieron muerto. 10 Pablo bajó, se echó
sobre el joven, lo rodeó con sus brazos, y dijo: ¡No se apuren! ¡Está
vivo! 11 Después subió otra vez y,
tras partir el pan y comerlo, siguió
hablando hasta el amanecer. Luego
se marchó. 12 En cuanto al joven, lo
condujeron vivo a su casa, con lo
que todos recibieron gran consuelo.

Pablo se despide de los ancianos de Efeso

13 Nosotros nos adelantamos hasta el barco y zarpamos para Asón, adonde nos dirigíamos con el fin de recoger a Pablo. Así lo había planeado él, pues se proponía hacer el viaje a pie. 14 Cuando nos salió al encuentro en Asón, lo tomamos a bordo y marchamos a Mitilene. 15 Desde aquí zarpamos al día siguiente hasta llegar frente a Quío, y al otro día costeamos hasta Samos, y un día después llegamos a Mileto. 16 Pablo había decidido pasar de largo ante Efeso, para evitar el verse obligado a pasar más tiempo en la provincia de Asia, pues tenía prisa por llegar a Jerusalén, si le era posible, el día de Pentecostés.

17 Desde Mileto, mandó Pablo llamar a los ancianos de la iglesia de Efeso. 18 Cuando se presentaron ante él, les dijo: Bien saben cómo me he comportado durante todo el tiempo que he pasado entre ustedes, desde el primer día en que puse los pies en Asia. 19 He servido al Señor con toda humildad, con lágrimas y en medio de pruebas que me han sobrevenido por las asechanzas de los judíos. 20 Ustedes saben que nunca he rehuido de predicarles cuanto les pueda servir de algún provecho y de enseñarles, tanto en público como casa por casa. 21 He declarado constante y solemnemente, lo mismo a judíos que a griegos, la necesidad de convertirse a Dios con arrepentimiento y de poner su fe en nuestro Señor Jesús.

22 Y ahora, compelido por el Espíritu, marcho a Jerusalén, sin saber lo que me espera allí. 23 Lo único que sé es que en todas las ciudades me advierte el Espíritu que me aguardan prisiones y tribulaciones. 24 Sin embargo, para mí no merece la pena el hacer mención alguna de mi vida, con tal que pueda terminar mi carrera y llevar a cabo la misión que recibí de parte del Señor Jesús: el ministerio de atestiguar el evangelio de la gracia de Dios.

25 Ahora sé que ninguno de ustedes, entre quienes he pasado proclamando el reino de Dios, volverá a verme. 26 Por lo cual, les aseguro en el día de hoy que estoy limpio de la sangre de todos; 27 pues nunca rehuí proclamarles todo el plan de salvación de Dios. 28 Cuídense ustedes mismos y todo el rebaño en el que el Espíritu Santo los ha puesto como supervisores,[a] para pastorear la iglesia de Dios,[b] que él adquirió para sí al precio de su propia sangre. 29 Me consta que, después de mi partida, se introducirán entre ustedes lobos feroces, que no perdonarán al rebaño. 30 Y aun de entre ustedes mismos se levantarán algunos que falsearán la verdad para arrastrar discípulos tras de sí. 31 Así que ¡estén alerta! Recuerden que, durante tres años, noche y día, no he cesado de amonestarlos, con lágrimas en los ojos, a cada uno de ustedes.

32 Ahora los encomiendo a Dios y al mensaje de su gracia, que puede edificarlos y darles parte en la herencia de todos los santificados. 33 No he codiciado de nadie plata, ni oro, ni vestiduras. 34 Ustedes mismos saben que estas manos mías han provisto lo necesario para mí y para los que se encontraban conmigo. 35 Con mi ejemplo les he mostrado siempre que, con esta clase de trabajo duro, es necesario socorrer a los necesitados, recordando las palabras del Señor Jesús: "Es más bienaventurado dar que recibir".

36 Dichas estas palabras, se puso de rodillas y oró con todos ellos. 37 Todos derramaron abundantes lágrimas, mientras lo abrazaban y lo besaban con afecto. 38 Lo que más les entristecía era su declaración de que no volverían a verlo jamás. Después salieron a acompañarlo hasta el barco.

[a] *28* Tradicionalmente, *obispos.* [b] *28* Muchos manuscritos dicen: *del Señor.*

Camino a Jerusalén

21 Cuando al fin pudimos des-
prendernos de ellos, nos hicimos a la mar y navegamos directamente hacia Cos; al día siguiente, a
Rodas; y de allí a Pátara. 2 Encontramos allí una nave que hacía la tra-
vesía a Fenicia; subimos a bordo y
zarpamos. 3 Tras avistar Chipre y
pasar al sur de ella, navegamos
hacia Siria, y llegamos a Tiro, donde
nuestro barco tenía que dejar la
carga. 4 Descubrimos dónde estaban
allí los discípulos y nos quedamos
con ellos siete días. Ellos, inspirados
por el Espíritu, le aconsejaban a
Pablo que no subiera a Jerusalén.
5 Pero, cuando llegó a su fin el tiempo de nuestra estancia allí, los dejamos para continuar nuestro viaje.
Todos los discípulos, con sus mujeres e hijos, nos acompañaron hasta
las afueras de la ciudad, y allí en la
misma playa nos pusimos de rodillas
para orar. 6 Después de despedirnos
unos de otros, subimos a bordo, y
ellos se volvieron a sus casas.

7 Continuamos nuestro viaje desde
Tiro y desembarcamos en Tolemai-
da, donde saludamos a los hermanos
y nos quedamos con ellos un día.
8 Partiendo de allí al día siguiente,
llegamos a Cesarea y entramos en
casa de Felipe, el evangelista, uno
de los siete, donde nos hospedamos.
9 Tenía él cuatro hijas solteras que
tenían el don de la profecía.

10 Llevábamos allí bastantes días,
cuando bajó de Judea un profeta llamado Agabo, 11 el cual vino a vernos
y, tomando el cinturón de Pablo, se
ató con él los pies y las manos y
dijo: Esto dice el Espíritu Santo:
"De esta manera atarán los judíos
de Jerusalén al dueño de este cinturón, y lo entregarán en manos de
los gentiles".

12 Al oír esto, instábamos a Pablo,
tanto nosotros como los que residían
allí, a que no subiera a Jerusalén.
13 Pero él respondió: ¿Qué ganan con
llorar y partirme el corazón? Pues
yo estoy dispuesto, no sólo a dejarme atar, sino también a dar la vida
en Jerusalén por el nombre del
Señor Jesús. 14 Como no pudimos
disuadirlo, optamos por ceder,
diciendo: ¡Hágase la voluntad del
Señor!

15 Después de esto, hicimos los
preparativos para el viaje y subimos
a Jerusalén. 16 Algunos de los discípulos de Cesarea nos acompañaron y
nos condujeron a hospedarnos en
casa de Mnasón, un chipriota, discípulo desde el principio.

Llegada de Pablo a Jerusalén

17 Cuando llegamos a Jerusalén, los
hermanos nos dieron una calurosa
bienvenida. 18 Al día siguiente, Pablo
fue con nosotros a ver a Jacobo, y
todos los ancianos estaban presentes.
19 Después de saludarlos, Pablo les
refirió en detalle todo lo que, por su
ministerio, había hecho Dios entre
los gentiles.

20 Ellos, al oírlo, alabaron a Dios.
Luego le dijeron a Pablo: Ya ves,
hermano, cuántos miles y miles de
judíos han creído, y todos ellos son
fieles observantes de la ley. 21 Se les
ha informado que tú enseñas a los
judíos que viven entre los gentiles a
desertar de la ley de Moisés, diciéndoles que no circunciden a sus hijos
ni vivan según nuestras tradiciones.
22 ¿Qué vamos a hacer ahora? De
seguro se enterarán de que has llegado. 23 Haz, pues, lo que te vamos a
decir. Hay aquí con nosotros cuatro
hombres que han hecho un voto.
24 Llévalos contigo, toma parte en
sus ritos de purificación y págales lo
que les cueste hacerse rasurar la
cabeza. Así se darán cuenta todos
de que no son ciertos los rumores
que corren acerca de ti, sino que tú
mismo sigues observando la ley.
25 En cuanto a los creyentes gentiles,
ya les hemos comunicado por escrito
nuestra decisión de que se abstengan
de viandas ofrecidas a los ídolos, de
comer sangre, de comer carne de

animales estrangulados, y de la inmoralidad sexual.

26 Al día siguiente, tomó consigo Pablo a los hombres y cumplió con ellos los ritos de la purificación. Después acudió al templo para anunciar la fecha en que se terminaban los días de la purificación y de la ofrenda que habría de hacerse por cada uno de ellos.

Arresto de Pablo

27 Cuando estaban a punto de cumplirse los siete días, algunos judíos venidos de la provincia de Asia vieron a Pablo en el templo y, después de alborotar a toda la gente, le echaron mano 28 mientras gritaban: ¡Israelitas! ¡Socorro! Este es el individuo que enseña a todos y en todas partes contra nuestro pueblo, contra nuestra ley y contra este lugar; y además, ha metido griegos en el templo, profanando así este santo lugar. 29 (Pues antes habían visto en la ciudad a Trófimo el efesio en compañía de Pablo, y deducían que Pablo lo había introducido en el área del templo.)

30 La ciudad entera se alborotó, y la gente vino corriendo de todas direcciones. Se precipitaron sobre Pablo, lo sacaron a rastras fuera del templo, y cerraron inmediatamente las puertas. 31 Ya estaban dispuestos a lincharlo, cuando le avisaron al jefe del batallón romano de que toda la ciudad de Jerusalén estaba amotinada. 32 El, inmediatamente, tomó consigo algunos oficiales y soldados y bajó corriendo hacia el lugar del tumulto. Al ver al jefe del batallón y a los soldados, los amotinados cesaron de golpear a Pablo.

33 Se acercó entonces el jefe y arrestó a Pablo, ordenando que lo ataran con dos cadenas. Luego preguntó quién era y qué había hecho. 34 De entre el gentío, unos gritaban una cosa, y otros otra; y, como el jefe no pudo sacar nada en claro a causa del tumulto, mandó que condujeran a Pablo a la fortaleza. 35 Al llegar Pablo a la escalinata, la furia del populacho llegó a tal extremo, que tuvo que ser llevado en peso por los soldados. 36 Y toda la multitud iba detrás, gritando: ¡Acaba con él!

Pablo se dirige a la multitud

37 Cuando los soldados estaban ya a punto de llevarse a Pablo al cuartel, dijo él al jefe del batallón: ¿Me permites decirte unas palabras?

¿Sabes griego? —respondió el otro—. 38 Pero ¿no eres tú el egipcio aquel que hace algún tiempo encabezó una rebelión y se llevó consigo al desierto a esos cuatro mil terroristas?

39 No —respondió Pablo—. Yo soy judío, nacido en Tarso de Cilicia, ciudadano de una ciudad bien conocida. Te ruego, pues, que me permitas dirigir la palabra al pueblo.

40 Obtenido el permiso del jefe, se puso en pie Pablo en lo alto de la escalinata e hizo con la mano ademán al pueblo de que iba a hablarles. Se hizo entonces un gran silencio, y él se puso a hablar en arameo[a] diciendo:

22 Hermanos y padres. Escuchen ahora mi defensa ante ustedes.

2 Cuando oyeron que les hablaba en arameo[b] guardaron mayor silencio.

Pablo continuó: 3 Yo soy judío, nacido en Tarso de Cilicia, pero educado en esta ciudad e instruido con todo esmero en la ley de nuestros padres bajo el cuidado de Gamaliel, y estaba tan lleno de celo por Dios, como todos ustedes lo están ahora. 4 Yo perseguí a muerte a los seguidores de este Camino, arrestando, tanto a hombres como a mujeres, y metiéndolos en la cárcel, 5 de lo cual me son testigos el sumo sacerdote y el consejo de ancianos en pleno. Incluso conseguí de ellos

[a] *40* O posiblemente *hebreo.* [b] *2* O posiblemente *en hebreo.*

cartas de recomendación para los
hermanos de Damasco, adonde me
dirigí con la intención de traer esposados a Jerusalén a cuantos allí
hubiera, a fin de que fueran castigados.
6 Hacia eso del mediodía, cuando
en mi viaje me acercaba a Damasco,
de pronto me envolvió un vivo resplandor del cielo. 7 Ca íal suelo y oí
una voz que me decía: "¡Saulo!
¡Saulo! ¿Por qué me persigues?"
8 "¿Quién eres, Señor?" —respondí.
"Yo soy Jesús de Nazaret, a
quien tú persigues" —replicó él.
9 Los que me acompañaban vieron,
sí, el resplandor, pero no entendieron la voz del que me hablaba.
10 "¿Qué tengo que hacer, Señor?"
—dije yo entonces.
"Levántate —dijo el Señor— y
entra en Damasco. Allí te dirán todo
cuanto ha determinado Dios que
hagas". 11 Como yo no podía ver,
cegado por el resplandor de aquella
luz, mis compañeros me tomaron de
la mano, y así llegué a Damasco.
12 Un tal Ananías, devoto obser-
vante de la ley y muy respetado por
todos los judíos residentes allí, vino
a verme. 13 Se puso delante de mí y
me dijo: "Saulo, hermano, recobra
la vista". Y en aquel mismo instante
pude verlo.
14 Entonces dijo él: "El Dios de
nuestros padres te ha elegido para
darte a conocer su voluntad, para
que vieras al Justo y oyeras sus
palabras. 15 Tú le serás testigo ante
todos los hombres de cuanto has
visto y oído. 16 Y ahora, ¿qué estás
esperando? Levántate para ser bautizado y ser purificado de tus pecados, invocando su nombre".
17 Me sucedió después, cuando
volví a Jerusalén y estaba orando en
el templo, que tuve un éxtasis 18 y vi
al Señor que me decía: "¡Date prisa!
Sal de Jerusalén inmediatamente,
porque no aceptarán tu testimonio
acerca de mí".
19 "Señor —contesté yo—, esos
hombres saben que yo iba de sinagoga en sinagoga encarcelando y azo-
tando a los que creían en ti. 20 Y
que, cuando se derramaba la sangre
de Esteban, tu mártir,[a] yo mismo
estaba allí presente, dando mi consentimiento y guardando las ropas de
los que lo mataban".
21 Entonces el Señor me dijo:
"Vete; yo te voy a mandar lejos, a
los gentiles".

Pablo el ciudadano romano

22 Hasta que dijo estas palabras, la
turba había prestado atención a
Pablo; pero, al llegar aquí, levantaron la voz y gritaron: ¡Acaba de una
vez con ese infame, porque no
merece vivir!
23 Como continuaban con sus gritos, tiraban sus ropas y arrojaban
polvo al aire, 24 el jefe del batallón
mandó que metieran a Pablo en el
cuartel y ordenó que lo azotaran a
fin de interrogarlo y averiguar la
causa de aquel griterío que habían
armado contra él. 25 Pero cuando lo
sujetaron con correas para azotarlo,
le dijo Pablo al oficial que estaba
presente: ¿Les es lícito azotar a un
ciudadano romano, que ni siquiera
ha sido procesado?
26 Al oír esto, el oficial fue a informar de ello al jefe y le dijo: ¿Qué
vas a hacer? Este hombre es un
romano.
27 Entonces el jefe se acercó a
Pablo y le dijo: Dime, ¿eres tú
ciudadano romano?
Sí, lo soy —contestó él.
28 Yo tuve que pagar una fuerte
suma para adquirir esa ciudadanía
—respondió el militar.
Pues yo la tengo de nacimiento
—le replicó Pablo.
29 Los que estaban a punto de apli-
carle los azotes para tomarle declaración, se retiraron más que de prisa. Y el comandante mismo se
alarmó, al percatarse de que había

[a] *20 O testigo.*

hecho encadenar a uno que era
ciudadano romano.
30 Al día siguiente, como el comandante quería saber con certeza de
qué acusaban a Pablo los judíos,
mandó soltarlo y ordenó que se
reunieran allí los principales sacerdotes y el Sanedrín en pleno. Luego
hizo bajar a Pablo para que com-
pareciera ante ellos.

Pablo ante el Sanedrín

23 Pablo, con la mirada fija en
el Sanedrín, dijo: Hermanos,
yo he cumplido mi deber para con
Dios con entera buena conciencia
hasta este día. 2 En esto, el sumo
sacerdote Ananías ordenó a los que
estaban junto a él que lo golpearan
en la boca. 3 Entonces le dijo Pablo:
¡A ti te va a golpear Dios, pared
blanqueada! ¡De modo que estás ahí
sentado para juzgarme de acuerdo
con la ley, y tú mismo estás violan-
do la ley al mandar que me golpeen!
4 Los que estaban junto a Pablo, le
dijeron: ¿Cómo te atreves a insultar
al sumo sacerdote de Dios?
5 Pablo respondió: Hermanos, no
me había dado cuenta de que era el
sumo sacerdote; porque está escrito:
"No hablarás mal del gobernante de
tu pueblo".[a]
6 Entonces Pablo, conociendo que
una parte de ellos eran saduceos, y
la otra fariseos, gritó en medio de la
asamblea: Hermanos, yo soy fariseo
e hijo de fariseos. Me encuentro
ahora procesado a causa de mi esperanza en la resurrección de los
muertos. 7 En cuanto él dijo esto,
surgió una disputa entre los fariseos
y los saduceos, y se dividió la
asamblea. 8 (Porque los saduceos
dicen que no hay resurrección, y
que no existen ángeles ni espíritus,
mientras que los fariseos reconocen
ambas cosas.)
9 Se produjo un gran alboroto, y
algunos de los escribas que eran
fariseos se pusieron en pie y se
mezclaron en la discusión, diciendo:
No encontramos en este hombre
culpa alguna. Y ¿quién sabe si le
habrá hablado algún espíritu o algún
ángel? 10 Como la discordia iba en
aumento, el comandante, temiendo
que entre todos ellos despedazaran a
Pablo, mandó que bajara la tropa a
sacarlo por la fuerza de en medio de
ellos y conducirlo a cuartel.
11 A la moche siguiente, se le apareció el Señor y le dijo: ¡Animo! De
la misma manera que has dado testimonio de mí en Jerusalén, así tienes
que darlo también en Roma.

El complot para matar a Pablo

12 A la mañana siguiente, los judíos
tramaron una conspiración y se jura-
mentaron con voto a no comer ni
beber hasta haber matado a Pablo.
13 Más de cuarenta hombres estaban
implicados en esta conjura. 14 Se presentaron a los principales sacerdotes
y a los ancianos y les dijeron: Nos
hemos juramentado a no probar
bocado hasta que matemos a Pablo.
15 Así que ahora ustedes indiquen al
jefe de la guarnición, por acuerdo
del Sanedrín, que lo haga comparecer ante ustedes, con el pretexto de
que desean investigar más a fondo
su caso. Ya nos encargaremos nosotros de darle muerte antes de que
llegue acá.
16 Pero el hijo de la hermana de
Pablo oyó hablar de este complot y
se presentó en el cuartel para comu-
nicárselo a Pablo.
17 Este llamó entonces a uno de
los oficiales y le dijo: Conduce a
este joven a presencia del comandante, pues tiene un recado que
comunicarle. 18 Así pues, el oficial lo
tomó consigo y lo condujo a la presencia del jefe, a quien dijo:
El preso Pablo me ha llamado
para rogarme que condujera ante tu
presencia a este joven, pues tiene algo que comunicarte.
19 El comandante tomó de la mano
al joven, lo llevó aparte y le

[a] *5* Exodo 22:28.

preguntó: ¿Qué es lo que tienes que
comunicarme?
20 El dijo: Que los judíos se han
puesto de acuerdo para rogarte que
hagas comparecer mañana a Pablo
ante el Sanedrín, con el pretexto de
que desean obtener una información
más exacta acerca de él. 21 Así pues,
no les des crédito, porque más de
cuarenta hombres de entre ellos le
preparan una emboscada, y se han
juramentado con voto de no comer
ni beber hasta que lo hayan matado.
Y ya están preparados, esperando de
tu parte una respuesta favorable.
22 El comandante despidió al joven
y le encargó: No le digas a nadie
que me has manifestado esto.

Traslado de Pablo a Cesarea

23 Después llamó a dos de sus oficiales y les ordenó: Tengan listo un
destacamento de doscientos soldados, con setenta de a caballo y
doscientos lanceros para ir a Cesarea
a las nueve esta noche. 24 Preparen
también cabalgadura para Pablo, a
fin de que vaya montado y lo
puedan presentar sano y salvo ante
el gobernador Félix.
25 Y escribió una carta en estos
términos:

> 26 Claudio Lisias,
> A su Excelencia, el goberna-
> dor Félix:
> Saludos.
> 27 Este hombre había sido
> prendido por los judíos y esta-
> ban a punto de darle muerte,
> cuando llegué yo con mis tro-
> pas y lo libré de sus manos,
> pues me he enterado de que es
> ciudadano romano. 28 Yo quería
> saber a ciencia cierta cuál era
> el delito que le imputaban, y
> por eso lo hice conducir ante
> el Concilio de ellos. 29 Me he
> encontrado con que lo acusa-
> ban sobre cuestiones de su ley,
> pero no había contra él cargo
> alguno que mereciera sentencia
> de muerte o de prisión. 30 Y
> cuando fui informado de que
> se tramaba un complot contra
> este hombre, al instante he
> decidido enviártelo. También
> he ordenado a sus acusadores
> a que expongan ante ti sus
> cargos contra él.

31 Así pues, los soldados, según se
les había ordenado, tomaron consigo
a Pablo durante la noche y lo condujeron hasta Antípatris. 32 Al día
siguiente, dejaron que los de a caballo escoltaran a Pablo, mientras ellos
se volvían al cuartel. 33 Cuando los
jinetes llegaron a Cesarea, entregaron la carta al gobernador y le presentaron también a Pablo. 34 El
gobernador leyó la carta y preguntó
de qué provincia era. Enterado de
que era de Cilicia, 35 le dijo: Te
tomaré declaración cuando se presenten también tus acusadores. Después ordenó que Pablo quedara bajo
custodia en el palacio de Herodes.

El proceso ante Félix

24 Cinco días después, bajó a
Cesarea el sumo sacerdote
Ananías con algunos de los ancianos
y un abogado llamado Tértulo, para
presentar ante el gobernador sus
cargos contra Pablo. 2 Cuando fue
citado Pablo, Tértulo, dirigiéndose al
gobernador, dio comienzo a su acusación en los siguientes términos:
Bajo tu mando, hemos disfrutado de
un largo período de paz y, gracias a
tus próvidos desvelos, se han realizado importantes mejoras en favor
de nuestra nación. 3 En todo y por
todo, excelentísimo Félix, reconocemos esto con profunda gratitud.
4 Pero, a fin de no molestarte por
más tiempo, te ruego que nos escuches brevemente con la gentileza
que te caracteriza.
5 Pues, bien, hemos hallado que
este hombre es una plaga, promotor
de sediciones entre todos los judíos
por todo el orbe y cabecilla de esa
secta de los nazarenos. 6 Incluso ha

intentado profanar el templo; por eso
lo hemos arrestado[a]. 8 Examinándolo
tú mismo, podrás cerciorarte por sus
propias declaraciones de la verdad
de todas las acusaciones que presentamos contra él.
9 Los judíos se adhirieron a esta
acusación, afirmando que tales
cargos eran ciertos.
10 Cuando el gobernador le hizo la
señal de hablar, replicó Pablo:
Sabiendo que desde hace muchos
años eres juez de esta nación, de
buen grado voy a hacer la defensa
de mi propia causa. 11 Tú mismo
puedes comprobar fácilmente que no
hace más de doce días que subí a
Jerusalén a adorar a Dios. 12 Mis
acusadores no me encontraron discutiendo con nadie en el templo, ni
amotinando a la gente en las sinagogas o en cualquier otra parte de la
ciudad. 13 Tampoco pueden demost-
rarte las cosas de que ahora me acusan. 14 Sin embargo, te confieso que
rindo culto al Dios de mis padres,
como seguidor del Camino que ellos
llaman secta. Sigo creyendo en todo
lo que está de acuerdo con la ley y
lo que está escrito en los profetas,
15 y tengo fundada en Dios la misma
esperanza que ellos tienen, de que
habrá resurrección, tanto de los
justos como de los malvados. 16 Por
eso, procuro siempre guardar mi
conciencia irreprensible ante Dios y
ante los hombres.
17 Tras una ausencia de varios
años, me presenté en Jerusalén para
traer a mi pueblo dádivas para los
pobres y ofrendas para los sacrificios. 18 Yo estaba ritualmente limpio
cuando me encontraron en los atrios
del templo haciendo esto. No me
acompañaba ninguna turba, ni estaba
yo provocando ningún tumulto.
19 Pero hay algunos judíos de la provincia de Asia, que deberían estar
aquí en tu presencia y proferir sus
acusaciones, si es que tienen algo
contra mí. 20 O, al menos, que estos
mismos que aquí se hallan, declaren
qué crimen encontraron en mí, cuando comparecí ante el Sanedrín, 21 a
no ser una sola frase que proferí en
voz alta en presencia de ellos, cuando dije: "Por la resurrección de los
muertos es por lo que se me forma
proceso delante de ustedes hoy".
22 Entonces Félix, que estaba bien
al tanto de cuanto se refería al
Camino, dio largas al proceso. Cuando venga el comandante Lisias —dijo—, decidiré su caso. 23 Y dio orden
al centurión de que guardara a Pablo
bajo custodia, pero que se le diera
cierta libertad y se le permitiera ser
atendido por sus amigos.
24 Algunos días después, llegó
Félix con su mujer, Drusila, que era
judía. Mandó llamar a Pablo y le
prestó atención mientras le oyó
hablar de la fe en Cristo Jesús.
25 Pero, cuando Pablo se puso a
hablar de la rectitud moral, del control de sí mismo y del juicio venidero, Félix se echó a temblar y le
dijo: ¡Basta por hoy! Puedes retirar-
te. 26 A la vez esperaba también que
Pablo le ofreciera algún dinero; por
lo cual, le hacía llamar frecuentemente para hablar con él.
27 Transcurridos dos años, Félix
tuvo como sucesor a Porcio Festo.
Deseando congraciarse con los
judíos, Félix dejó a Pablo en prisión.

El proceso ante Festo

25 Tres días después de llegar a
la provincia, subió Festo a
Jerusalén desde Cesarea, 2 donde se
le presentaron los principales sacerdotes y los notables de entre los
judíos para informarle sobre el caso
de Pablo y para rogarle, 3 pidiéndose-
lo como un favor, que hiciera trasla-
dar a Pablo a Jerusalén. Ellos, por
su parte, estaban preparando una
emboscada para darle muerte por el

[a] 6 Algunos Mss. añaden: *y queríamos juzgarlo de acuerdo con nuestra ley.* 7 *Pero el comandante Lisias llegó con mucha tropa y nos lo quitó de las manos;* 8 *y ordenó a los acusadores que se presentaran ante ti.*

camino. 4 Festo respondió: Pablo se
encuentra preso en Cesarea, y yo
mismo partiré para allá en breve.
5 Que bajen, pues, conmigo los que
entre ustedes tengan plenos poderes
y presenten allí sus cargos contra él,
si es que efectivamente ese hombre
ha cometido alguna insensatez.

6 Después de pasar entre ellos no
más de ocho o diez días, bajó a
Cesarea y al día siguiente, presidien-
do el tribunal, mandó comparecer a
Pablo. 7 Cuando éste se presentó, los
judíos que habían bajado de Jerusalén lo rodearon, alegando contra él
muchas y graves acusaciones, que
no podían probar.

8 Entonces Pablo hizo así su propia
defensa: No he cometido ninguna
falta contra la ley de los judíos, ni
contra el templo, ni contra el César.

9 Pero Festo, con el deseo de
congraciarse con los judíos, dijo a
Pablo: ¿Quieres subir a Jerusalén y
ser juzgado allí, ante mí, sobre estas
acusaciones?

10 Respondió Pablo: Me encuentro
ahora ante el tribunal del César, y
aquí es donde debe continuar mi
juicio. No he agraviado en nada a
los judíos, como tú sabes muy bien.
11 Pero, si a pesar de todo, soy
culpable de haber cometido algo
digno de muerte, no rehúso morir;
si, por el contrario, no son ciertas
las acusaciones que estos judíos presentan contra mí, nadie tiene derecho a ponerme en sus manos. ¡Apelo al César!

12 Tras deliberar con los de su
consejo, declaró Festo: Has apelado
al César. ¡Al César irás!

Festo consulta al rey Agripa

13 Unos días más tarde, el rey
Agripa y Berenice llegaron a Cesarea
para presentar sus respetos a Festo.
14 Como ellos estaban pasando allí
bastantes días, Festo discutió con el
rey el caso de Pablo. Hay aquí un
hombre —le dijo— que Félix dejó en
prisión. 15 Cuando subí a Jerusalén,
los principales sacerdotes y los
ancianos de los judíos presentaron
acusaciones contra él y pidieron su
condena.

16 Yo les respondí que no es
costumbre de los romanos entregar a
nadie antes que el acusado sea
confrontado con sus acusadores y se
le dé la oportunidad de defenderse
contra sus cargos. 17 Cuando vinieron
conmigo acá, yo no demoré el caso,
sino que cité a juicio para el día
siguiente y mandé a comparecer al
hombre. 18 Al levantarse a hablar sus
acusadores, no le inculparon de
ninguno de los delitos que yo había
sospechado, 19 sino que sólo tenían
contra él algunas cuestiones referen-
tes a su propia religión y acerca de
un tal Jesús, ya muerto, del que
Pablo asegura que está vivo. 20 Yo
no sabía qué hacer en la investigación de un caso como éste; así que
le pregunté si deseaba ir a Jerusalén
y ser juzgado allí sobre estas cosas.
21 Pero, al interponer Pablo apelación
para que su caso quedara reservado
a la decisión de Augusto, mandé que
fuera retenido bajo custodia hasta
que pueda remitírselo al César.

22 Entonces le dijo Agripa a Festo:
También a mí me gustaría oír a ese
hombre.

Pues mañana podrás oírlo —respondió Festo.

Pablo ante Agripa

23 Al día siguiente, se presentaron
Agripa y Berenice con gran pompa y
entraron en la sala de la audiencia
acompañados de los jefes de la guarnición y de los personajes más
distinguidos de la ciudad. A una
orden de Festo, fue traído Pablo:
24 Entonces Festo pronunció la
siguiente alocución: Rey Agripa y
todos los que están aquí presentes
con nosotros. ¡Ya ven a este hombre! La comunidad en pleno de los
judíos me ha presentado una petición
acerca de él, tanto en Jerusalén
como aquí en Cesarea, diciéndome a
gritos que no debe permanecer por
más tiempo con vida. 25 Yo, por mi

parte, he llegado a la conclusión de
que no ha cometido nada que lo
haga reo de muerte, pero, al haber
apelado él a Augusto, he decidido
enviarlo a Roma. 26 El caso es que
acerca de él no tengo nada en con-
creto que pueda comunicar por
escrito a Su Majestad. Por eso le he
hecho comparecer delante de todos
ustedes, y especialmente ante ti, rey
Agripa, para ver si, como resultado
de esta investigación judicial, tengo
yo algo que escribir. 27 Porque a mí
me parece que no es razonable
enviar un preso sin especificar las
acusaciones que pesan contra él.

26 Entonces Agripa dijo a
Pablo: Tienes permiso para
hablar en tu defensa.

Así que Pablo hizo un ademán con
la mano y comenzó así su defensa:
2 Rey Agripa, me considero afortuna-
do de estar hoy en tu presencia, al
defenderme de todas las acusaciones
que contra mí hacen los judíos:
3 sobre todo, por estar tú al tanto de
todas las costumbres y controversias
de los judíos. Por eso, te ruego que
me escuches con paciencia.

4 Todos los judíos saben mi manera de vivir desde que era un niño,
desde el comienzo de mi vida, tanto
en mi tierra natal como en Jerusalén. 5 Ellos me conocen desde hace
mucho tiempo y, pueden atestiguar,
si quieren, que he vivido de acuerdo
con las directrices del partido más
estricto de nuestra religión, que es el
de los fariseos. 6 Y si ahora me encuentro bajo proceso es por mi esperanza en la promesa hecha por
Dios a nuestros mayores. 7 Esta es
la promesa que nuestras doce tribus
esperan ver cumplida, mientras con
todo celo, noche y día, rinden culto
a Dios. Majestad, es a causa de esta
esperanza por lo que los judíos me
están acusando. 8 ¿Qué tiene de in-
creíble a su juicio el que Dios resucite a los muertos?

9 Es verdad que yo también estaba
convencido de que debía hacer todo
lo que me fuera posible en contra
del nombre de Jesús de Nazaret.
10 Y eso es precisamente lo que hice
en Jerusalén. Con poderes recibidos
de los principales sacerdotes, metí a
muchos de los santos en la cárcel, y
cuando les quitaban la vida, yo di
mi voto de aprobación. 11 Iba
muchas veces de sinagoga en sinagoga para castigarlos y trataba de
forzarlos a blasfemar. En mi obse-
sión contra ellos, salía a perseguirlos
incluso en las ciudades extranjeras.

12 En uno de esos viajes, marchaba
yo a Damasco con poderes y comisión de los principales sacerdotes,
13 cuando, hacia el mediodía, mientras iba yo de camino, vi, Majestad,
una luz procedente del cielo, más
brillante que el resplandor del sol,
que me envolvía a mí y a los que
venían conmigo. 14 Todos caímos a
tierra, y yo oí una voz que me decía
en arameo:[a] "Saulo, Saulo, ¿por qué
me persigues? Dura cosa es para ti
dar coces contra el aguijón".

15 Entonces yo pregunté: "¿Quién
eres, Señor?"

"Yo soy Jesús, a quien tú vas
persiguiendo" —replicó el Señor—.
16 "Ahora levántate y ponte en pie.
Me he aparecido a ti con el fin de
designarte ministro mío y testigo de
lo que de mí has visto y de lo que
de mí te mostraré aún. 17 Yo te
libraré de los peligros de tu pueblo y
de los de las naciones gentiles, a las
cuales te voy a enviar ahora, 18 para
que les abras los ojos y se conviertan de las tinieblas a la luz, y del
poderío de Satanás a Dios, a fin de
que reciban el perdón de los pecados y su parte en la herencia de los
santificados por la fe en mí".

19 Por lo cual, rey Agripa, no he
sido desobediente a la visión aquella
que tuve del cielo; 20 sino que, primero a los de Damasco, después a
los de Jerusalén y a los de toda
Judea, y también a los gentiles, les
he venido anunciando que se arrepientan y se conviertan a Dios, y

[a] *14* O *hebreo.*

que demuestren su arrepentimiento mediante la práctica de buenas obras. 21 Esta es la causa por la que me prendieron los judíos en el atrio del templo y trataron de quitarme la vida. 22 Pero, con la ayuda de Dios, que no me ha faltado hasta el día de hoy, me mantengo firme dando testimonio a chicos y grandes, y no enseño nada fuera de lo que los profetas y el mismo Moisés dijeron que habría de suceder: 23 que el Cristo[a] habría de padecer y que, siendo el primero en resucitar de entre los muertos, habría de proclamar luz, tanto para su pueblo como para los gentiles.

24 Al llegar a este punto de su defensa, Festo lo interrumpió, diciendo a grandes voces: ¡Estás loco, Pablo! Tu mucha erudición te ha sorbido el seso.

25 No, no estoy loco, excelentísimo Festo —replicó Pablo—. Lo que estoy diciendo es cierto y puesto en razón. 26 El rey está familiarizado con estos temas, y por eso hablo en su presencia con tanta libertad y confianza. Estoy convencido de que nada de esto se le oculta al rey, porque estas cosas no han ocurrido en un escondido rincón. 27 ¿Crees, rey Agripa, a los profetas? Yo sé que sí.

28 Entonces le dijo Agripa a Pablo: ¿Piensas que en tan poco tiempo puedes persuadirme a que me haga cristiano?

29 A lo que replicó Pablo: ¿En poco o en mucho tiempo, yo rogaría a Dios que no sólo tú, sino todos los que me están escuchando hoy, vinieran a ser de la misma condición que la mía, excepto en lo de llevar estas cadenas.

30 Se levantó entonces el rey, y lo mismo hicieron el gobernador, Berenice y cuantos estaban sentados con ellos. 31 Y, al retirarse, decían, mientras hablaban los unos con los otros: Este hombre no está haciendo nada que merezca la muerte o la cárcel.

32 Y Agripa dijo a Festo: A este hombre se le podía haber puesto en libertad, si no hubiera apelado al César.

Viaje de Pablo a Roma

27 Cuando se decidió que embarcáramos para Italia, Pablo y algunos otros presos fueron puestos a cargo de un centurión llamado Julio, perteneciente al batallón imperial. 2 Subimos a bordo de un barco de Adramitio que estaba a punto de zarpar hacia los puertos que se hallan a lo largo de las costas de la provincia de Asia, y nos hicimos a la mar. Iba con nosotros Aristarco, un macedonio de Tesalónica.

3 Al siguiente día, entramos en el puerto de Sidón; y Julio, en un gesto de humanidad hacia Pablo, le permitió ir a casa de sus amigos para que le prestaran sus cuidados. 4 Desde allí, levamos anclas otra vez y navegamos al abrigo de Chipre, porque los vientos nos eran contrarios. 5 Y, después de navegar a través del mar de Cilicia y Panfilia, arribamos al puerto de Mira en Licia. 6 Allí el centurión encontró una nave alejandrina que zarpaba para Italia y nos hizo subir a bordo de ella. 7 Navegamos lentamente durante bastantes días y tuvimos cierta dificultad en llegar frente a Gnido. Al no permitirnos el viento seguir nuestro curso normal, tuvimos que navegar al abrigo de Creta frente a Salmón. 8 Costeamos la isla con dificultad hasta llegar a un lugar llamado Buenos Puertos, cerca de la ciudad de Lasea.

9 Se había perdido demasiado tiempo y la navegación comenzaba a resultar peligrosa por haber pasado ya el Día del Ayuno[b]. Así que Pablo les advirtió: 10 Compañeros, veo claramente que nuestro viaje va a resultar desastroso, no sólo para el cargamento y para la nave, sino también para nuestras propias vidas.

[a] *23* O *Mesías.* [b] *9* Esto es, el Yom Kippur o Día de la Expiación.

11 Pero el centurión, en lugar de
hacer caso a las advertencias de
Pablo, se fio más del timonel y del
patrón del barco. 12 Comoquiera que
el puerto no era a propósito para
invernar allí, la mayoría tomó el
acuerdo de zarpar también de allí,
con la esperanza de llegar a tiempo
a Fenice, para pasar allí el invierno.
Fenice era un puerto de Creta que
da al sudoeste y al noroeste.

La tempestad

13 Cuando comenzó a soplar una
brisa del sur, pensaron que habían
conseguido lo que deseaban; así que
levaron anclas y se pusieron a
costear muy de cerca la isla de Creta. 14 Pero, no mucho después, se
desencadenó un viento huracanado,
llamado Nordeste, que se abatió
sobre la isla. 15 El barco quedó atra-
pado por la tormenta y no pudo
poner proa al viento, por lo que,
dándonos por vencidos, comenzamos
a marchar a la deriva. 16 Mientras
pasábamos al abrigo de una pequeña
isla llamada Clauda, a duras penas
conseguimos recoger el esquife.
17 Cuando, por fin, lo subieron a
bordo, hicieron uso de las medidas
de seguridad, encinchando con
cuerdas toda la nave; y, temiendo
que fuéramos a encallar en la Sirte,
dejaron suelta el ancla, yendo así a
la deriva. 18 Pero, como la tempestad
arreciaba furiosa contra nosotros, al
día siguiente comenzaron a arrojar
cargamento por la borda. 19 Al tercer
día, arrojaron al mar, con sus propias manos, los aparejos de la nave.
20 Como pasaban muchos días sin
ver ni el sol ni las estrellas, y la
tempestad seguía arreciando con
fuerza, íbamos perdiendo ya toda esperanza de salvación.

21 Cuando llevaban ya mucho tiempo sin comer, Pablo se puso en
medio de los hombres y les dijo:
Compañeros, les hubiera ido mejor
siguiendo mis consejos de no zarpar
de Creta, porque se habrían ahorra-
do tantos daños y perjuicios. 22 Pero
ahora los invito a cobrar ánimo,
porque ninguno de ustedes va a
perder la vida; sólo la nave se va a
perder; 23 porque anoche se me apareció un ángel del Dios a quien pertenezco y al que rindo culto, 24 y me
dijo: "No tengas miedo, Pablo, pues
tienes que comparecer ante el César,
y, mira, por consideración hacia ti,
Dios va a conservar también las
vidas de los que navegan contigo".
25 Así que ¡ánimo, amigos!, pues yo
me fío de Dios de que sucederá tal
y como se me ha dicho. 26 Con todo,
habremos de encallar en alguna isla.

El naufragio

27 En esto, era ya la decimocuarta
noche que pasábamos a la deriva en
el mar Adriático,[a] cuando, a eso de la
medianoche, los marineros presintie-
ron que se aproximaban a tierra firme. 28 Echaron la sonda, y comproba-
ron que había veinte brazas[b] de profundidad; avanzando un poco más,
volvieron a echar la sonda, y encontraron quince brazas[c]. 29 Temiendo
que fuéramos a estrellarnos contra las
rocas, arrojaron cuatro anclas a popa,
y esperaron con impaciencia a que se
hiciera de día. 30 En un intento de
escapar de la nave, los marineros
arriaron el bote de salvamento, con el
pretexto de que iban a tensar desde
proa los cables de las anclas. 31 Entonces les dijo Pablo al centurión y a
los soldados: Si no se quedan ellos en
el barco, no pueden salvarse ustedes.
32 En seguida, los soldados cortaron
las amarras del esquife y lo dejaron
caer.

33 Cuando estaba ya a punto de
hacerse de día, Pablo comenzó a
animar a todos a tomar alimento,
diciendo: Hoy hace catorce días que
están en vela, inapetentes y sin probar bocado. 34 Ahora les ruego que
tomen alimento, porque lo necesitan
para sobrevivir. Ninguno de ustedes

[a] *27* En tiempos antiguos el nombre se refería a un área que se extendía muy al sur de Italia.
[b] *28* Alrededor de 37 metros. [c] *28* Alrededor de 27 metros.

perderá ni un solo cabello de su cabeza.

35 Dicho esto, tomó un pan y, tras dar gracias a Dios en presencia de todos ellos, lo partió y comenzó a comer. 36 Con ello, todos se animaron y se pusieron a comer también. 37 En total, estábamos en el barco doscientas setenta y seis personas. 38 Una vez saciados, aligeraron la nave arrojando el trigo al mar.

39 Al hacerse de día, no reconocieron la tierra, pero divisaron una ensenada que tenía una playa, y en ella acordaron encallar la nave, si les era posible. 40 Soltaron las anclas y las echaron al mar; desataron al mismo tiempo las amarras de los timones, e izando al viento la vela de proa, fueron arrimando el barco a la playa. 41 Pero la nave vino a dar en un bajío de arena entre dos corrientes y allí encalló. La proa se encajó en el fondo y quedó inmóvil, mientras la popa se deshacía al embate del oleaje.

42 Los soldados planearon matar a los presos, no fuera que alguno de ellos se escapara a nado. 43 Pero el centurión quería salvar la vida de Pablo y les impidió llevar a cabo su propósito. Dio orden de que los que supieran nadar se lanzaran primero para ganar la playa; 44 y que los demás salieran; unos, sobre tablas, otros, sobre restos de la nave. De esta manera pudieron llegar todos sanos y salvos a tierra.

En Malta

28 Puestos ya a salvo, nos enteramos de que la isla se llamaba Malta. 2 Los nativos nos mostraron una amabilidad poco común. Encendieron una hoguera y nos acogieron benignamente a todos, pues estaba lloviendo y hacía frío. 3 Pablo recogió un haz de ramas secas y, al echarlas a la hoguera, salió una víbora huyendo del calor y se le prendió en la mano. 4 Al ver los nativos al reptil colgado de su mano, se dijeron unos a otros: De seguro que este hombre es un asesino; porque, aunque se ha salvado del mar, la justicia divina no consiente que sobreviva. 5 Pero Pablo se sacudió el animal sobre el fuego y no sufrió ningún daño. 6 Ellos esperaban que se hinchara o cayera muerto de repente, pero después de haber esperado un largo rato y ver que nada anormal le sucedía, cambiaron de parecer y decían que era un dios.

7 En los alrededores de aquel lugar había una finca perteneciente al jefe principal de la isla, llamado Publio. Este nos acogió en su casa y nos prestó durante tres días una amistosa hospitalidad. 8 Casualmente el padre de Publio yacía en cama enfermo de fiebres y disentería. Pablo entró a verlo y, después de hacer oración, le impuso las manos y lo sanó. 9 Ante este acontecimiento, también los demás de la isla que padecían enfermedades venían y recobraban la salud. 10 Nos agasajaron de muchas maneras y, cuando partimos de allí, nos proveyeron de todo lo necesario.

Llegada a Roma

11 Después de tres meses, nos embarcamos en una nave que había invernado en la isla. Era una nave alejandrina que llevaba por enseña los dioses gemelos Cástor y Pólux. 12 Hicimos escala en Siracusa, donde permanecimos tres días. 13 Desde allí, bordeando la costa, llegamos a Regio. Al día siguiente, comenzó a soplar viento sur y, un día después, llegamos a Puteoli. 14 Allí encontramos a unos hermanos que nos invitaron a pasar una semana con ellos. y así llegamos, por fin, a Roma. 15 Los hermanos de allí, enterados de nuestro viaje, salieron a nuestro encuentro hasta el Foro de Apio y las Tres Tabernas. Al verlos, Pablo dio gracias a Dios y cobró ánimos. 16 Cuando entramos en Roma, se le permitió a Pablo alojarse en privado con el soldado que lo custodiaba.

Pablo predica en Roma bajo custodia

17 Tres días más tarde, convocó
Pablo a los principales de los judíos;
y, cuando estuvieron reunidos, les
dirigió la siguiente alocución: Hermanos míos, aunque yo no he hecho
nada malo contra nuestro pueblo ni
contra las costumbres de nuestros
mayores, fui arrestado en Jerusalén
y entregado en manos de los romanos; 18 los cuales, tras haberme in-
terrogado en juicio, querían soltarme
por no ser yo culpable de ningún
delito que mereciera la muerte.
19 Pero como los judíos se oponían,
me vi forzado a apelar al César,
pero sin intención de presentar
ninguna acusación contra mi propia
nación. 20 Por este motivo los he llamado para verlos y hablar con ustedes; porque por defender la esperanza de Israel llevo esta cadena.

21 Ellos respondieron: Nosotros no
hemos recibido ninguna carta de
Judea referente a ti, ni se ha presentado aquí ningún hermano a comuni-
carnos o a hablar nada malo de tu
persona. 22 Pero tendremos sumo
gusto en escuchar de tus propios
labios cuál es tu opinión, pues por
lo que se refiere a este partido tuyo,
nos es bien sabido que en todas partes se le contradice.

23 Concertaron un día para reunirse
con Pablo, y vinieron a verlo, en
mayor número, en la casa donde se
alojaba. Desde la mañana temprano
hasta bien entrada la tarde, estuvo él
exponiéndoles el reino de Dios con
testimonios fehacientes y tratando de
convencerlos acerca de todo lo referente a Jesús, a base de la ley de
Moisés y de los profetas. 24 Algunos
se dejaron persuadir por lo que él
decía, pero otros se negaban a creer.
25 Y, al no ponerse de acuerdo entre
ellos, ya se retiraban cuando Pablo
les dijo estas solas palabras: Acerta-
damente habló el Espíritu Santo a
sus mayores, por medio del profeta
Isaías, cuando dijo:

26 Dirígete a ese pueblo y diles:
Siempre estarán oyendo, pero
nunca comprenderán;
siempre estarán mirando, pero
nunca verán.
27 Porque se ha encallecido el
corazón de este pueblo;
tienen taponados los oídos,
y han cerrado sus ojos,
para no ver con claridad,
ni oír distintamente,
ni entender como es debido
para convertirse y que yo los
sane.[a]

28 Por tanto, sepan bien que Dios
envía esta salvación suya a los gentiles; y no les quepa duda que ellos
la escucharán.[b]

30 Durante dos años enteros permaneció Pablo en la vivienda que
había alquilado y recibía a todos los
que lo venían a ver, 31 predicando el
reino de Dios, y enseñando con toda
franqueza y sin obstáculo alguno lo
referente al Señor Jesucristo.

[a] *27* Isaías 6:9, 10. [b] *28* Algunos Mss. añaden el versículo 29: *Después que él dijo esto, los judíos se marcharon, teniendo gran discusión entre ellos.*

ROMANOS

1 Pablo, siervo de Cristo Jesús,
llamado para ser apóstol y separado para anunciar el evangelio de
Dios, 2el evangelio que Dios ya
había prometido de antemano por
medio de sus profetas en las Santas
Escrituras 3acerca de su Hijo, el
cual, en cuanto a su naturaleza
humana, era descendiente de David,
4y mediante el Espíritu de santidad,[a]
fue declarado con poder como el
Hijo de Dios[b] por su resurrección de
entre los muertos: Jesucristo nuestro
Señor. 5Mediante él y por la gloria
de su nombre, hemos recibido la
gracia y el apostolado para llamar a
gentes de todas las naciones a la
obediencia que proviene de la fe. 6Y
también ustedes están entre los que
son llamados a pertenecer a Jesucristo.

7A todos los que en Roma son
amados de Dios y llamados a ser
santos:

Gracia y paz a ustedes de parte
de Dios nuestro Padre y de parte del
Señor Jesucristo.

Anhelo de Pablo por visitar Roma

8En primer lugar, doy gracias a mi
Dios por medio de Jesucristo por
todos ustedes, porque su fe es cele-
brada en todo el mundo. 9Dios, a
quien sirvo de todo corazón, predicando el evangelio de su Hijo, me
es testigo de cuán incesantemente
hago siempre mención de ustedes
10en mis oraciones, pidiendo a Dios
que, por fin, tenga a bien proporcio-
narme una buena ocasión para ir a
visitarlos.

11Pues la verdad es que tengo
muchos deseos de verlos, para
comunicarles algún don espiritual
que sirva para robustecer su fe; 12es
decir, para cobrar yo nuevos ánimos
en compañía de ustedes mediante el
influjo recíproco de nuestra común
fe, la suya y la mía. 13No quiero
que ignoren, hermanos, que me he
propuesto muchas veces ir a visitarlos (y hasta ahora me he visto impedido de hacerlo), a fin de cosechar
también entre ustedes algún fruto, lo
mismo que entre los demás gentiles.

14Estoy en deuda, tanto con los
griegos como con los no griegos,
tanto con los sabios como con los
ignorantes. 15Esta es la razón por la
que tengo tanto empeño en predicar
el evangelio también a ustedes, los
que están en Roma.

16No me avergüenza, no, el predicar el evangelio, porque este evangelio es el poder de Dios para salvar a
todo aquel que cree: primero al
judío, y después también al gentil.[c]
17Porque en el evangelio se nos
revela la justicia de Dios que es por
la fe desde el principio hasta el fin,[d]
pues así está escrito: "El justo
vivirá por la fe".[e]

La ira de Dios contra la humanidad pecadora

18La ira de Dios viene revelándose
desde el cielo contra toda clase de
impiedad y perversidad de los hombres, que con su maldad obstaculi-
zan la acción de la verdad, 19puesto
que lo que se puede conocer de
Dios está a la vista de todos ellos,
pues Dios se lo ha dado a conocer;
20porque desde la creación del mundo, las cualidades invisibles de Dios,
su eterno poder y su naturaleza divina, se han podido ver claramente,
haciéndose inteligibles a base de lo
que Dios ha creado, a fin de que los
hombres no tengan excusa.

[a] *4 O y que, en cuanto a su espíritu de santidad.* [b] *4 O fue designado que fuera el Hijo de Dios con poder.* [c] *16* El original dice *al griego.* [d] *17 O de fe en fe.* [e] *17* Hab. 2:4.

21 Porque, a pesar de tener algún
conocimiento de Dios, no le dieron
la gloria que le pertenece como Dios
ni le fueron agradecidos, sino que se
enredaron en necios y vanos razona-
mientos, y sus corazones, faltos de
discreción, quedaron sumidos en la
oscuridad. 22 Alardeando de ser
sabios, se entontecieron 23 y cambiaron la gloria del Dios inmortal
por imágenes hechas para represen-
tar hombres mortales, aves, cuadrúpedos y reptiles.
24 Por eso Dios los dejó a merced
de las pecaminosas pasiones de su
corazón, hasta llegar a una inmoralidad sexual tan degradante, que
deshonraron sus propios cuerpos
unos con otros. 25 Sustituyeron la
verdad de Dios por una mentira,
venerando y rindiendo culto a cosas
creadas en vez de al Creador, el
cual es por siempre bendito. Amén.
26 Por eso, Dios los dejó a merced
de pasiones deshonrosas. Incluso sus
mujeres cambiaron el uso natural del
sexo por el que es contra la naturaleza. 27 Igualmente, también los varones abandonaron la relación natural
con la mujer y se inflamaron de
deseo los unos hacia los otros.
Cometieron actos indecentes hombres con hombres, y recibieron en
sus propias personas la penosa
remuneración que correspondía a sus
extravíos.
28 Además, como pensaron que
carecía de todo valor el poseer el
conocimiento de Dios, a su vez Dios
los dejó a merced de una mentalidad
pervertida, que los llevó a cometer
cosas inconvenientes. 29 Así es que
quedaron sumidos en toda clase de
maldad, de perversidad, de avaricia,
de malicia; henchidos de envidias,
homicidios, contiendas, fraudes y
malicia. Son chismosos, 30 calumnia-
dores, aborrecedores de Dios, insolentes, arrogantes y fanfarrones;
ingeniosos para encontrar nuevas
maneras de hacer el mal, desobedientes a sus padres; 31 insensatos,
desleales, sin entrañas y despiada-
dos. 32 A pesar de que conocen el
justo decreto de Dios que declara
reos de muerte a los que practican
tales cosas, no sólo continúan
haciéndolas, sino que hasta aplauden
a los que siguen en tales prácticas.

El justo juicio de Dios

2 Tú, por tanto, no tienes excusa,
tú, hombre, quienquiera que
seas, que te eriges en juez de otros,
porque en cualquier punto en que
juzgas a otro, te condenas a ti
mismo, ya que tú mismo que te
pones a juzgar, practicas eso mismo
que condenas. 2 Ahora bien, sabemos
que el juicio de Dios contra los que
practican tales cosas está basado en
la verdad. 3 Así que, cuando tú, que
eres un simple hombre, te eriges en
juez de los que practican tales cosas
y tú mismo las haces, ¿piensas que
vas a escapar del juicio de Dios?
4 ¿O es que desprecias las riquezas
de su bondad, de su paciencia y de
su generosidad, sin percatarte de que
esta bondad de Dios quiere con-
ducirte al arrepentimiento?
5 Pero, a causa de tu obstinación y
de la impenitencia de tu corazón,
estás almacenando cólera divina para
el día de la ira, en que será revelado
el justo juicio de Dios. 6 Pues Dios
"retribuirá a cada persona de acuerdo con lo que haya hecho".[a] 7 A los
que por su constancia en la práctica
del bien, van en busca de la verdadera gloria, del honor y de la inmortalidad, él les dará vida eterna;
8 pero a los que por su obstinación
egoísta, no se sometan a la verdad,
sino a la maldad, lo que les espera
es cólera e indignación. 9 Tribulación
y angustia se ciernen sobre todo ser
humano que haga el mal: primero
sobre el judío, y después sobre el
gentil; 10 pero gloria, honor y paz
están reservadas para todo el que
realiza el bien: primero para el
judío, y después para el gentil;

[a] *6* Salmo 62:12; Prov. 24:12.

11 porque en Dios no se da el favoritismo.

12 Todos cuantos pecan fuera de la ley, perecerán fuera de la ley; y todos cuantos pecan bajo la ley, por la ley serán juzgados. 13 Porque no son los que escuchan la lectura de la ley los que son justos a los ojos de Dios, sino que son los observantes de la ley los que serán declarados justos. 14 (A decir verdad, cuando los gentiles, que no poseen la ley, hacen por naturaleza lo que la ley prescribe, ellos son ley para sí mismos, aun cuando no posean la ley, 15 puesto que demuestran que las demandas de la ley están escritas en sus corazones, dando también testimonio sus propias conciencias y las reflexiones que, en ese careo mutuo, unas veces los acusan, otras veces también los defienden.) 16 Esto se hará patente el día en que Dios juzgue las acciones ocultas de los hombres por medio de Jesucristo, conforme declara mi evangelio.

Los judíos y la ley

17 Y ahora tú, si llevas el nombre de judío, si te apoyas en la ley y te ufanas de tu peculiar relación con Dios; 18 si conoces su voluntad y sabes apreciar cosas superiores por haber sido instruido constantemente en la ley; 19 si estás convencido de ser guía de ciegos, y luz de los que viven en la oscuridad, 20 instructor de ignorantes y maestro de párvulos, porque tienes en la ley la encarnación misma de la ciencia y de la verdad; 21 tú, pues, que enseñas a otros, ¿cómo no te instruyes a ti mismo? ¿Tú que predicas contra el robo, robas? 22 ¿Tú, que dices que la gente no debe cometer adulterio, adulteras? ¿Tú que detestas los ídolos, robas en los templos? 23 ¿Tú, que te enorgulleces de la ley, deshonras a Dios con tus transgresiones de la ley? 24 Como está escrito: "El nombre de Dios es blasfemado entre los gentiles por causa de ustedes".[a]

25 Es cierto que la circuncisión te sirve si observas la ley; pero si quebrantas la ley, te has vuelto como si no estuvieras circuncidado. 26 Si los que están sin circuncidar, observan las prescripciones de la ley, ¿no serán considerados como si estuvieran circuncidados? 27 Uno que no esté corporalmente circuncidado, pero que cumpla la ley, te condenará a ti que, a pesar de tener un código escrito y estar circuncidado,[b] quebrantas la ley.

28 Un hombre no es judío por serlo sólo en su exterior, ni es circuncisión la que aparece fuera en su carne, 29 sino que es judío genuino por lo que es en su interior; y la verdadera circuncisión es la del corazón, según el espíritu, no según la letra de la ley. Este es el que recibe alabanza, no de los hombres, sino de Dios.

Fidelidad de Dios

3 ¿Qué ventaja tiene, pues, ser judío, o qué utilidad hay en la circuncisión? 2 Mucha, en todos los sentidos. Primero que nada, porque a ellos les fueron confiadas las palabras mismas de Dios.

3 Pues, ¿qué? Si algunos no han tenido fe, ¿acaso su incredulidad va a frustrar la fidelidad de Dios? 4 ¡De ningún modo! Quede bien claro que Dios es veraz y que, por el contrario, todo hombre es un embustero. Como está escrito:

De modo que seas proclamado
justo en tus palabras
y triunfes cuando se te juzgue.[c]

5 Pero si nuestra propia iniquidad hace resaltar más claramente la justicia de Dios, ¿qué diremos? ¿No será injusto Dios al descargar sobre nosotros su ira? (Arguyo como lo hacen los hombres.) 6 ¡No puede serlo! De otro modo, ¿cómo podría Dios ser juez del mundo? 7 Alguien podría argüir: Si mi falsedad hace resaltar

[a] *24* Isaías 52:5; Ez. 36:22. [b] *27* *O con tu ley escrita y tu circuncisión.* [c] *4* Salmo 51:4.

la veracidad de Dios y de este modo
incrementa su gloria, ¿por qué, encima, se me tiene aún por pecador?
8 ¿Por qué no decir, como algunos
calumniosamente nos achacan,
diciendo que enseñamos aquello de:
Hagamos el mal para que resulte el
bien? ¡Bien merecida tienen la condenación los que dicen esto!

No hay un solo justo

9 ¿Qué conclusión sacaremos,
pues? ¿Somos mejores nosotros,[a] los
judíos? ¡No, en absoluto! Pues ya
hemos lanzado antes la acusación de
que, tanto judíos como gentiles,
todos igualmente están bajo pecado.
10 Como está escrito:

No hay un solo justo, ni siquiera
uno;
11 no hay ni uno que entienda,
ninguno que se afane en
buscar a Dios.
12 Todos se han desviado
y todos a una se han hecho inútiles.
No hay ni uno que haga lo que
es conveniente,
ni siquiera uno.[b]
13 Sus gargantas son sepulcros abiertos;
sus lenguas maquinan falseda-
des.[c]
Veneno de víboras hay entre sus
labios.[d]
14 Sus bocas rebosan maldiciones
y amargura.[e]
15 Agiles son sus pies para verter
sangre;
16 ruina y miseria marcan las
huellas de sus pasos,
17 y no han acertado con la senda
de la paz.[f]
18 No hay temor de Dios ante sus
ojos.[g]

19 Ahora bien, sabemos que cuanto
dice la ley, lo dice para los que
están bajo la ley, a fin de que toda
boca tenga que callar, y todo el
mundo tenga que reconocerse reo
ante Dios. 20 Por lo cual, nadie será
declarado justo a los ojos de Dios
mediante la observancia de la ley;
sino que, más bien, mediante la ley
nos hacemos conscientes del pecado.

La justicia mediante la fe

21 Pero ahora se ha manifestado
una justicia de Dios, sin conexión
con la ley, conforme al testimonio
que de ella dan la ley y los profetas.
22 Esta justicia de Dios les llega, por
medio de la fe en Jesucristo, a todos
los que creen; pues no existen diferencias, 23 puesto que todos han
pecado y se hallan privados de la
gloria de Dios. 24 Son justificados
gratuitamente por pura gracia suya
mediante la redención que hay en
Cristo Jesús. 25 Dios ha puesto a
Cristo ante la vista de todos como
un sacrificio de expiación[h] mediante
la fe en su sangre, para demostrar
su justicia al haber dejado impunes,
con paciencia divina, los pecados
pasados; 26 es decir, lo hizo para
demostrar su justicia en el tiempo
presente, para ser justo él mismo, al
propio tiempo que justifica al que
cree en Jesús.

27 ¿Dónde está, pues, la razón para
jactarse? Está excluida. ¿En virtud
de qué norma? ¿De la observancia
de la ley? No, sino por la ley de la
fe, 28 puesto que sostenemos que el
hombre es justificado ante Dios por
fe, sin tener nada que ver con las
obras de la ley. 29 ¿O es que Dios es
sólo Dios de los judíos? ¿Acaso no
es él también el Dios de los gentiles? Sí, también de los gentiles,
30 ya que no hay más que un solo
Dios, que justificará a los circuncisos en virtud de la fe, y a los incircuncisos por medio de la misma
fe. 31 Entonces, ¿abolimos la ley
mediante esta fe? De ningún modo,
sino que, más bien, consolidamos la
ley.

[a] *9* O *peores.* [b] *12* Salmo 14:1-3; 53:1-3; Ecl. 7:20. [c] *13* Salmo 5:9. [d] *13* Salmo 140:3. [e] *14* Salmo 10:7. [f] *17* Isaías 59:7, 8. [g] *18* Salmo 36:1. [h] *25* O *el que pondría a un lado su ira, quitando el pecado.*

Abraham, justificado por la fe

4 A todo esto, ¿qué diremos acerca de la situación en que se
hallaba Abraham, nuestro antepasado
según la carne, respecto a este asunto? 2 Pues, si Abraham fue justificado en virtud de sus obras, tiene de
qué jactarse; pero no ante Dios.
3 Porque, ¿qué es lo que dice la
Escritura? "Creyó Abraham a Dios,
y ello le fue contado como justicia".[a]

4 Ahora bien, cuando un hombre
hace un trabajo, el salario que se le
paga no es clasificado como un
favor, sino como una obligación.
5 Sin embargo, al hombre que no
hace obra alguna, pero cree en Dios
que justifica al impío, su fe le es
contada como justicia. 6 David viene
a decir lo mismo cuando habla de
cuán bienaventurado es el hombre a
quien Dios incluye entre los justos,
haciendo caso omiso de sus obras:

7 ¡Cuán bienaventurados son aquellos cuyas ofensas
han sido perdonadas
y cuyos pecados han sido en-
cubiertos!
8 ¡Bienaventurado el hombre a
quien el Señor
no le tendrá en cuenta sus pecados![b]

9 ¿Está reservada sólo para los
circuncisos esta bienaventuranza
bendita, o es también para los incircuncisos? Ya hemos estado diciendo que la fe de Abraham le fue contada como justicia. 10 ¿En qué
circunstancias le fue contada? ¿Fue
después de ser circuncidado, o antes? ¡No fue después, sino antes!
11 Y luego recibió la circuncisión
como señal y sello de la justicia que
alcanzó por la fe cuando todavía no
estaba circuncidado. Así que, de
este modo, él viene a ser padre de
todos los creyentes no circuncidados, a fin de que también a éstos se
les acredite la justicia. 12 Y también
es padre de los circuncidados que no
se limitan a tener la circuncisión,
sino que siguen también las huellas
de la fe que tenía nuestro padre
Abraham antes de ser circuncidado.

13 No fue mediante la ley como
Abraham y su posteridad recibieron
la promesa de que él sería el heredero del mundo, sino mediante la justicia que se alcanza por la fe.
14 Porque, si son herederos los que
viven bajo la ley, entonces la fe ha
perdido su razón de ser y la promesa ha quedado sin efecto; 15 porque
la ley produce ira, mientras que,
donde no hay ley, tampoco hay
transgresión.

16 Por tanto, la promesa nos llega
por la fe, a fin de que sea del todo
gratis y quede garantizada para todos
los descendientes de Abraham, no
sólo para los sometidos a la ley,
sino también para los que tienen la
fe de Abraham, el cual es padre de
todos nosotros.[c] 17 Como está escrito: "Te he constituido padre de
muchas naciones". Es nuestro padre
a los ojos de Dios, en quien él
creyó: el Dios que da vida a los
muertos y que llama las cosas que
aún no existen como si ya existie-
ran.

18 Al margen de toda esperanza,
Abraham apoyó su fe en la esperanza y así vino a ser el padre de
muchas naciones, conforme a lo que
se le había dicho: "Así de numerosa
será tu posteridad".[d] 19 Sin desfallecer en su fe, se encaró con el hecho
de que su cuerpo no tenía más vita-
lidad que la de un muerto, porque
ya tenía unos cien años, y de que
también estaba muerta la capacidad
de concebir de Sara. 20 Con todo,
ante la promesa de Dios, no titubeó
con incredulidad, sino que, cobrando
nuevo vigor por su fe, dio gloria a
Dios, 21 estando plenamente persuadido de que lo que Dios había prometido, también tenía poder para llevarlo a cabo. 22 Por eso es por lo que
"le fue contado como justicia".[e]
23 Las palabras, "le fue contado" no

[a] *3* Gén. 15:6. [b] *8* Salmo 32:1, 2. [c] *16* Gén. 17:5. [d] *18* Gén. 15:5. [e] *22* Gén. 15:6.

fueron escritas sólo con referencia a
él, 24 sino también con respecto a
nosotros, a quienes Dios acreditará
justicia, a quienes creemos en el que
levantó de entre los muertos a Jesús
nuestro Señor, 25 el cual fue entregado a la muerte por nuestras transgresiones, y fue resucitado de entre los
muertos para que alcanzáramos una
correcta relación con Dios.

Paz y gozo

5 Así pues, puesto que hemos
sido justificados mediante la fe,
tenemos[a] paz con Dios por media-
ción de nuestro Señor Jesucristo,
2 por obra del cual, no sólo hemos
obtenido el acceso por fe a esta gracia en que nos mantenemos, sino
que hasta nos gloriamos en la esperanza de la plena manifestación de
la gloria de Dios. 3 Y no sólo eso,
sino que nos gloriamos también en
las tribulaciones, porque sabemos
que la tribulación produce paciencia;
4 la paciencia, carácter; y el carácter,
esperanza; 5 y la esperanza no
decepciona, porque Dios ha derramado su amor en nuestros corazones
por medio del Espíritu Santo que
nos ha dado.

6 Ya ven, precisamente cuando
estábamos sin fuerzas, a su debido
tiempo, Cristo murió por los impíos.
7 Es muy difícil encontrar a alguien
que esté dispuesto a morir por un
hombre justo, aunque por un hombre
de bien tal vez haya quien hasta se
anime a dar la vida; 8 pero Dios
muestra su amor hacia nosotros en
esto precisamente: en que, cuando
todavía éramos pecadores, Cristo dio
su vida por nosotros.

9 Así que, ¡con cuánta mayor
razón, ahora que hemos sido justificados en su sangre, estaremos a
salvo, por medio de él, de la ira
divina! 10 Porque, si cuando éramos
enemigos de Dios, fuimos reconciliados con él mediante la muerte de su
Hijo, ¡con cuánta más razón, una
vez reconciliados, encontraremos
salvación en su vida! 11 Y no es sólo
eso, sino que también nos gloriamos
en Dios mediante nuestro Señor
Jesucristo, por medio del cual hemos
recibido ahora la reconciliación.

De Adán, la muerte; de Cristo, la vida

12 Por tanto, así como el pecado
entró en el mundo por medio de un
solo hombre, y la muerte por medio
del pecado, y de esta forma alcanza
la muerte a todos los hombres, por
el hecho de que todos han pecado.
13 Porque, antes de que fuera dada la
ley, había pecado en el mundo, pero
el pecado no es tenido en cuenta
mientras no existe la ley. 14 Sin embargo, la muerte reinó desde el tiempo de Adán hasta el tiempo de
Moisés, incluso sobre los que no
habían pecado transgrediendo un
precepto, como lo hizo Adán, el
cual era como una imagen del que
había de venir.

15 Pero no hay punto de comparación entre la gracia y el delito.
Porque si por el delito de un solo
hombre murieron todos los demás,
¡cuánto más, en la gracia de otro
solo hombre, Jesucristo, se desbordó
sobre todos los demás el favor inme-
recido y la generosa dádiva de Dios!
16 Además, los beneficios de este
don no pueden compararse con los
daños causados por el pecado de
aquel solo hombre; porque el juicio
de Dios, partiendo de un solo pecado, sentenció condenación, pero el
don de la gracia, partiendo de
muchas transgresiones, trajo justificación. 17 Pues si, por la transgresión
de un solo hombre, reinó la muerte
por obra de ese hombre solo, con
mucha más razón reinarán en la
vida, por obra de otro hombre solo,
Jesucristo, los que reciben la abundante provisión divina de la gracia y
del don de la justificación.

18 Por consiguiente, así como la
transgresión de un solo hombre aca-
rreó condenación a todos los

[a] *1* O *tengamos.*

hombres, así también la actividad
justa de otro solo hombre procura a
todos los hombres una correcta relación con Dios que es para vida.
19 Porque así como por la desobediencia de un solo hombre, todos los
demás quedaron constituidos pecadores, así también por la obediencia de
otro solo hombre, todos los demás
quedarán constituidos justos.

20 La ley, al ser introducida, con-
tribuyó al aumento de las transgresiones. Pero, donde se aumentó el
pecado, se aumentó más aún la gracia por encima de él; 21 a fin de que,
así como reinó el pecado para muerte, así también reine la gracia,
mediante la justificación, para procurar vida eterna, por Jesucristo
nuestro Señor.

Muertos al pecado, Vivos en Cristo

6 ¿Qué diremos, pues? ¿Permane-
ceremos en el pecado para que
abunde la gracia? 2 ¡De ningún modo!
Si ya hemos muerto al pecado,
¿cómo podemos vivir en él por más
tiempo? 3 ¿O es que no saben que
todos los que hemos sido bautizados
en Cristo Jesús, hemos sido bautizados en su muerte? 4 Por tanto,
fuimos sepultados con él, mediante
el bautismo para morir con él, a fin
de que, así como Cristo fue resucitado de entre los muertos mediante el
glorioso poder del Padre, así también
nosotros vivamos una vida nueva.

5 Porque si estamos estrechamente
unidos con él en su muerte, también
lo estaremos, sin duda alguna, en su
resurrección. 6 Pues sabemos que
nuestro antiguo "yo" fue crucificado
con él, para que el cuerpo del pecado fuera destituido de su señorío, de
modo que no seamos por más tiempo esclavos del pecado; 7 porque
quien ha muerto, ha sido liberado
del pecado.

8 Ahora bien, si hemos muerto con
Cristo, tenemos fe en que también
viviremos con él, 9 pues sabemos que
Cristo, una vez resucitado de entre
los muertos, ya no puede volver a
morir; la muerte ha perdido su
señorío sobre él. 10 Porque su muerte
trajo el morir al pecado de una vez
por todas; pero su vida es un vivir
siempre para Dios.

11 De la misma manera, ustedes
también considérense como muertos
al pecado, pero vivos para Dios en
unión con Cristo Jesús. 12 Por consiguiente, no consientan que el pecado siga reinando en su cuerpo mortal hasta someterse a sus malos instintos, 13 ni sigan ofreciendo al
pecado sus miembros como instrumentos de iniquidad, sino más bien
conságrense totalmente a Dios, como
quienes han vuelto de la muerte a la
vida, y ofrézcanle los miembros de
su cuerpo como instrumentos de
justicia. 14 Pues el pecado ya no se
enseñoreará de ustedes, porque ya
no están bajo el régimen de la ley,
sino bajo el régimen de la gracia.

Siervos de la justicia

15 Entonces, ¿qué? ¿Ya podemos
pecar, porque no estamos bajo el régimen de la ley, sino bajo el régimen de
la gracia? ¡De ningún modo! 16 ¿No
saben que cuando se ofrecen a alguien
para obedecerle como esclavos, se
hacen esclavos de aquél a quien obedecen ya sea del pecado, que conduce
a la muerte, ya sea de la obediencia
que conduce a la correcta relación
con Dios? 17 Pero gracias a Dios que,
aunque antes eran esclavos del pecado, ahora se han sometido de todo
corazón a la forma de doctrina a la
cual han sido encomendados. 18 Han
sido liberados del pecado, y hechos
siervos de la justicia.

19 Estoy expresándome en términos
comunes en atención a la flaqueza
de su condición natural: Así como
antes ofrecieron sus miembros al
servicio de la impureza y de una
maldad siempre en aumento, así
también ahora ofrezcan sus miembros al servicio de la justicia para
santificación; 20 porque cuando
ustedes eran esclavos del pecado,

eran libres respecto a la justicia. 21 Y
¿qué fruto lograban entonces? Cosas
de las que ahora se avergüenzan;
porque su resultado final es la muerte. 22 Pero ahora que han sido liber-
tados del pecado y hechos siervos
de Dios, tienen por fruto la santificación, y el resultado definitivo es la
vida eterna. 23 Pues la paga del pecado es la muerte, mientras que la
dádiva de Dios es la vida eterna en[a]
Jesucristo nuestro Señor.

Semejanza tomada del matrimonio

7 ¿O es que no saben, hermanos,
pues estoy hablando a personas
que conocen la ley, que la ley obliga
al hombre sólo mientras está vivo?
2 Por ejemplo, la mujer casada está
ligada por la ley al marido mientras
éste vive; pero si se muere el marido, la ley del matrimonio queda sin
efecto para ella. 3 Por eso, si se une
a otro hombre mientras todavía vive
su marido, será tenida por adúltera;
pero si se muere su marido, queda
libre de la ley, y ya no será una
adúltera si se une con otro hombre.

4 Del mismo modo, hermanos
míos, también ustedes han muerto a
la ley mediante el cuerpo de Cristo,
para pertenecer a otro, al que fue
resucitado de entre los muertos, a
fin de que produzcamos fruto para
Dios. 5 Porque, cuando estábamos
dominados por nuestra naturaleza
pecadora[b], las pasiones pecaminosas,
instigadas por la ley, actuaban en
nuestros cuerpos, haciéndonos producir frutos de muerte; 6 pero ahora,
al morir a lo que nos tenía atados,
hemos quedado desligados de la ley,
de modo que sirvamos a Dios
siguiendo el nuevo rumbo del Espíritu, y no según el antiguo sistema de
la ley escrita.

En lucha con el pecado

7 ¿Qué diremos, pues? ¿Es pecado
la ley? ¡De ningún modo! Lo cierto
es que yo no habría conocido lo que
era pecado si no hubiera sido por la
ley. Por ejemplo, yo no habría conocido lo que era codicia, si la ley no
me hubiera dicho: "No codiciarás".[c]
8 Pero el pecado, valiéndose de este
mandamiento, provocó en mí toda
clase de malos deseos; pues, desco-
nectado de la ley, el pecado estaba
muerto. 9 Así, yo en otro tiempo
vivía al no estar sometido a la ley;
pero tan pronto como sobrevino el
mandamiento, cobró nueva vida el
pecado, 10 y yo morí. Así me encon-
tré con que el mandamiento mismo
que estaba destinado a conducirme a
la vida, me había llevado en realidad
a la muerte. 11 En efecto, el pecado,
valiéndose del mandamiento, me tendió un lazo fatal y me produjo la
muerte tomando como arma el
mismo mandamiento. 12 En resumen,
la ley es santa, y el mandamiento es
santo, justo y bueno.

13 ¿Voy, pues, a sacar la conclusión de que algo que es bueno vino
a convertirse para mí en instrumento
de muerte? ¡De ningún modo! Lo
que ocurre es que el pecado, para
mostrarse con toda su abominable
pecaminosidad, sirviéndose de algo
que en realidad era bueno, me produjo la muerte; y, de esta forma, el
pecado, al servirse del mandamiento
para el mal, resultó pecaminoso
sobre toda ponderación.

14 Pues ya sabemos que la ley es
espiritual; pero yo soy carnal, vendido al pecado como un esclavo.
15 Pues no me explico mi modo de
proceder; porque no pongo por obra
lo que querría hacer, sino que llevo
a cabo precisamente lo que aborrezco. 16 Ahora bien, si lo que yo no
querría hacer, eso es precisamente lo
que hago, estoy de acuerdo en que
la ley es buena; 17 pero, en tal caso,
ya no soy yo el que produzco eso,
sino el pecado que habita dentro de
mí. 18 Pues ya sé que ninguna cosa
buena anida en mi "yo", es decir,

[a] *23* O *a través de.* [b] *5* O *carne*; también en versículos 18 y 25. [c] *7* Exodo 20:17; Deut. 5:21.

en mi naturaleza[a] pecaminosa;
porque los buenos deseos están al
alcance de mi mano, pero el ponerlos por obra, no; 19 ya que lo que
llevo a cabo no es el bien que
quiero hacer, no; sino que, el mal
que no quiero hacer, eso es precisamente lo que sigo haciendo. 20 Ahora
bien, si continúo haciendo lo que no
quiero hacer, ya no es mi verdadero
yo el que lo produce, sino el pecado
que habita en mí.

21 Compruebo, pues, la dinámica
de esta ley: que precisamente cuando intento hacer algo excelente, allí
está a mi lado el mal; 22 porque en
lo íntimo de mi ser humano me
complazco en la ley de Dios, 23 pero
me percato de que hay otra ley que
se mantiene activa en los miembros
de mi cuerpo, haciendo la guerra
contra la ley de mi mente y lleván-
dome prisionero de la ley del pecado
que actúa dentro de mis miembros.
24 ¡Qué hombre tan miserable soy!
¿Quién me sacará de entre las garras
de este cuerpo sujeto a tal muerte?
25 ¡Gracias a Dios! ¡Por medio de
Jesucristo, nuestro Señor, me veré
libre!

Así pues, yo mismo, en cuanto a
mi mente soy siervo de la ley de
Dios, pero en cuanto a mi naturaleza[a] pecaminosa soy esclavo de la ley
del pecado.

Vida mediante el Espíritu

8 Por consiguiente, ninguna condenación pesa ahora sobre los
que están en Cristo Jesús,[b] 2 ya que,
por la unión con Cristo Jesús, la ley
del Espíritu de la vida me ha liberado de la ley del pecado y de la
muerte; 3 porque, lo que la ley era
incapaz de hacer, por restarle
fuerzas nuestra condición natural
pecadora,[c] lo ha hecho Dios al
enviar a su propio Hijo en condición
semejante a la de un hombre
pecador a ofrecerse en sacrificio por
el pecado.[d] Así condenó al pecado
dentro de nuestra propia condición
humana, 4 a fin de que las justas
demandas de la ley tuvieran su pleno cumplimiento en nosotros, los
que no vivimos según nuestra naturaleza pecadora,[c] sino según el Espíritu.

5 Los que viven conforme a su
naturaleza pecadora[c] tienen su mente
ocupada en las cosas que su naturaleza desea; mientras que los que
viven conforme al Espíritu, tienen su
mente ocupada en las cosas que
desea el Espíritu. 6 La mentalidad del
pecador actúa en el área de la muerte, mientras que la mentalidad
moldeada por el Espíritu se mueve
en el área de la vida y de la paz,
7 porque una mentalidad pecadora es
hostil a Dios; no se somete a Dios,
ni tampoco puede sometérsele. 8 Los
que se dejan llevar por su naturaleza
pecadora[c] no pueden agradar a Dios.

9 Ustedes, sin embargo, no se
dejan llevar por su naturaleza pecadora,[c] sino por el Espíritu, si es que
efectivamente el Espíritu de Dios
habita en ustedes. Y el que no tiene
el Espíritu de Cristo, ése no es del
Señor. 10 Pero si Cristo está en ustedes, su cuerpo, es cierto, está
todavía sujeto a la muerte a causa
del pecado, pero su espíritu, a pesar
de ello, ya vive a causa de la justificación. 11 Y si el Espíritu de Aquel
que resucitó a Jesús de entre los
muertos habita en ustedes, el mismo
que resucitó de entre los muertos a
Cristo dará vida también a sus
cuerpos mortales mediante su Espíritu, que habita en ustedes.

12 Por tanto, hermanos, estamos en
deuda, pero no con nuestra naturaleza pecadora[c] para vivir según sus
criterios; 13 porque si viven según los
criterios del pecado,[c] van a morir;
pero si, con el poder del Espíritu,

[a] *5* O *carne*; también en versículos 18 y 25. [b] *1* Mss. posteriores añaden: *los que no viven conforme a su naturaleza pecadora, sino conforme al Espíritu.* [c] *3* O *carne*; también en los versículos 4, 5, 8, 9, 12 y 13. [d] *3* O *hombre, por el pecado.*

van dando muerte a las fechorías del
cuerpo, vivirán.
14 Porque todos cuantos se dejan
conducir por el Espíritu de Dios,
son hijos de Dios. 15 Pues ustedes no
han recibido un espíritu que los haga
esclavos para recaer en el temor,
sino que han recibido un Espíritu
que los adopta como hijos.[a] El nos
hace exclamar: ¡Abba![b] ¡Padre! 16 El
Espíritu en persona da testimonio, a
una con nuestro propio espíritu, de
que somos hijos de Dios. 17 Ahora
bien, si somos hijos, entonces también somos herederos, herederos de
Dios y coherederos con Cristo; si es
que efectivamente padecemos con él
a fin de que seamos también glorifi-
cados juntamente con él.

La gloria futura

18 Considero, en efecto, que los
padecimientos de la vida presente no
son nada en comparación de la gloria que un día será visiblemente
manifestada respecto a nosotros.
19 La creación entera aguarda anhelante, en desvelada espera, la manifestación gloriosa de los hijos de
Dios; 20 pues la creación fue someti-
da a frustración, no por su propia
elección, sino por la voluntad de
Aquel que la sometió, con la esperanza 21 de que también ella misma
será liberada de la servidumbre de la
degeneración, e introducida en la
gloriosa libertad de los hijos de
Dios.
22 Sabemos que la creación entera
continúa suspirando y gimiendo
como con dolores de parto hasta el
tiempo presente. 23 Y no sólo eso,
sino que también nosotros mismos,
que tenemos las primicias del Espíritu, suspiramos en nuestro interior
esperando ansiosamente nuestra
adopción como hijos: la redención
de nuestros cuerpos. 24 Porque con
esta esperanza poseemos la salvación; pero la esperanza que ya tiene
a su alcance el objeto, ya no se la
puede llamar esperanza, porque
¿quién espera lo que ya posee?
25 Pero si estamos a la espera de lo
que aún no poseemos, lo aguardamos con anhelo mediante una constante paciencia.
26 Y, de un modo semejante, también el Espíritu toma a su cargo el
ayudarnos en nuestra fragilidad;
porque nosotros no sabemos qué[c] es
lo que habríamos de pedir en
nuestras oraciones conforme es preciso, pero el Espíritu mismo intercede por nosotros con gemidos que no
se pueden expresar con palabras.
27 Y Aquel que sondea nuestros
corazones sabe cuál es el sentir del
Espíritu, porque el Espíritu intercede
por los fieles de acuerdo con la
voluntad de Dios.

Más que vencedores

28 Y sabemos que en todas las
cosas, Dios está obrando para el
bien de los que lo aman,[d] de los que
son los llamados conforme al designio de Dios. 29 Pues a quienes de antemano conoció, a éstos también los
predestinó a ser una reproducción
del modelo de hombre que es su
Hijo, a fin de que él sea el primogénito entre muchos hermanos;
30 y a los que predestinó, a éstos
precisamente llamó; a los que llamó,
a éstos precisamente justificó; y a
los que justificó, a éstos precisamente glorificó.
31 ¿Qué diremos, pues, frente a
todo esto? Si Dios está de nuestra
parte, ¿quién puede hacernos la contra? 32 El, que no escatimó a su propio Hijo, sino que lo entregó por
todos nosotros, ¿cómo no nos otorgará también, tras un regalo semejante, todo lo demás? 33 ¿Quién se
atreverá a presentar acusación contra
los que Dios ha escogido? Siendo
Dios quien justifica, 34 ¿quién podrá
condenar? Cristo Jesús, el que
murió, o mejor dicho, el resucitado,
que está a la diestra de Dios, es

[a] *15 O adopción.* [b] *15* Es el término arameo que significa *padre.* [c] *26 O cómo.*
[d] *28 O sabemos que todo colabora para el bien de los que aman a Dios.*

también el que intercede a favor
nuestro. 35 ¿Quién nos separará del
amor que Cristo nos tiene? ¿Acaso
la tribulación, los apuros, la persecución, la escasez de alimento o de
vestido, el peligro o la espada?
36 Como está escrito:

Por tu causa estamos amenazados
de muerte todo el día;
se nos considera como ovejas
destinadas al matadero.[a]

37 ¡No! En medio de todas esas
cosas, somos más que vencedores
sobre todo ello por obra de aquel
que nos amó. 38 Porque estoy firmemente convencido de que ni la
muerte ni la vida, ni ángeles ni
demonios,[b] ni circunstancias presentes o futuras, ni fuerzas misteriosas
39 de las alturas o de las profundida-
des, ni, en fin, cosa alguna en todo
el universo creado podrá separarnos
del amor de Dios que es en Cristo
Jesús nuestro Señor.

La elección soberana de Dios

9 Digo la verdad en Cristo, no
estoy mintiendo; mi conciencia
también me lo asegura en el Espíritu
Santo: 2 Tengo en mi corazón una
pena muy grande y un continuo
suplicio. 3 Pues mi deseo sería ser yo
mismo maldito y arrancado de Cristo
en aras de mis hermanos, los de mi
propia raza, 4 el pueblo de Israel.
Patrimonio de ellos es la adopción
como hijos, así como la gloria divina, y la alianza, las leyes recibidas,
el culto del templo y las promesas
de Dios. 5 Sus antepasados son los
patriarcas, y desde ellos puede tra-
zarse la genealogía humana de Cristo, el cual está por encima de todas
las cosas, siendo Dios por siempre
bendito.[c] Amén.
6 Y no es que la Palabra de Dios
haya fracasado; lo que ocurre es que
no todos los descendientes de Israel
son verdaderos israelitas. 7 Ni por
ser descendientes de Abraham son
todos hijos de Abraham, sino que:
"A través de Isaac descenderá tu
linaje".[d] 8 En otras palabras, no son
los que descienden por generación
natural los que son hijos de Dios,
sino que son los hijos habidos en
virtud de la promesa divina los que
son contados como linaje de Abraham; 9 pues así es como fue estable-
cida la promesa: "En el tiempo prefijado, volveré y Sara tendrá un
hijo".[e]
10 Y no sólo eso, sino que también
los hijos de Rebeca tuvieron un
mismo padre, nuestro antepasado
Isaac. 11 Con todo, antes de que los
mellizos nacieran y hubieran podido
hacer bien o mal, a fin de que la
libre designación de Dios quedara a
salvo, 12 no por obras, sino por libre
elección del Dios que hace su llamado, le fue dicho a Rebeca: "El
mayor será siervo del menor",[f]
13 conforme está escrito: "Amé a
Jacob, pero odié a Esaú".[g]
14 ¿Qué diremos, pues? ¿Acaso es
Dios injusto? ¡No, por cierto! 15 Pues
dice él a Moisés:

Tendré misericordia con quien me
plazca;
y tendré compasión de quien yo
tenga a bien.[h]

16 Por consiguiente, no depende de la
voluntad o del esfuerzo de uno, sino
de la misericordia de Dios; 17 porque
en las Escrituras, dice Dios al
Faraón: "Te he encumbrado precisamente con este objetivo: para exhibir
en ti mi poder y para que mi nombre sea proclamado en toda la
tierra".[i] 18 De manera que Dios tiene
misericordia de quien quiere y deja
en su obstinación a quien bien le
parece.
19 Ya sé que me vas a decir: ¿Qué
tiene Dios que reprocharnos, entonces? Porque, ¿quién ha podido

[a] *36* Salmo 44:22. [b] *38* O *ni gobernantes celestiales.* [c] *5* Otros leen: *Cristo, que es sobre todo, ¡Dios sea por siempre bendito! Otros: Cristo, Dios que está sobre todo, sea por siempre bendito.* [d] *7* Gén. 21:12. [e] *9* Gén. 18:10, 14. [f] *12* Gén. 25:23. [g] *13* Mal. 1:2, 3. [h] *15* Exodo 33:19. [i] *17* Exodo 9:16.

oponerse a su voluntad. 20 Pero,
¿quién eres tú, pobre hombre, para
que te atrevas a pedir cuentas a
Dios? ¿Acaso se volverá un objeto
contra el fabricante para decirle:
¿por qué me has hecho así?[a] 21 ¿No
tiene derecho el alfarero para hacer
de una misma masa unas vasijas
para fines nobles, y otras para un
uso común?

22 ¿Y qué, si Dios, queriendo
mostrar su ira y dar a conocer su
poder, soportó con gran paciencia
los objetos de su ira, maduros para
la perdición? 23 ¿Y si lo hizo para
dar a conocer las riquezas de su gloria en favor de los que eran objeto
de su misericordia, y que él había
preparado de antemano para la gloria, 24 los cuales somos precisamente
nosotros, a quienes nos ha llamado
no sólo de entre los judíos, sino
también de entre los gentiles?
25 Como dice él en Oseas:

Llamaré "pueblo mío" a los que
no son mi pueblo;
y llamaré "amada mía" a la que
no es mi amada,[b]

26 y

Ocurrirá que en el lugar mismo
donde les fue dicho:
Ustedes no son pueblo mío,
serán allí llamados hijos del Dios
vivo.[c]

27 E Isaías clama en favor de Israel:

Aunque el número de los israelitas llegue a igualar al de las
arenas del mar,
sólo un residuo será salvo;
28 porque el Señor cumplirá
su sentencia sobre la tierra de
una manera rápida y definiti-
va.[d]

29 Es lo que Isaías había dicho previamente:

Si no fuera porque el Señor todopoderoso nos ha dejado
descendientes,[e]
habríamos corrido la misma suerte
que Sodoma,
y habríamos venido a ser como
Gomorra.

Incredulidad de Israel

30 ¿Qué diremos, pues? Que los
gentiles, que no iban en busca de la
justicia, alcanzaron justicia, pero la
justicia que es por la fe; 31 mientras
que los israelitas, que iban tras una
ley orientada hacia la justicia, no
alcanzaron a llegar. 32 ¿Y por qué
no? Porque no la buscaban por el
camino de la fe, sino por el camino
de las obras. Y así se estrellaron
contra la piedra de tropiezo. 33 Como
está escrito:

Mira, voy a poner en Sión una
piedra de tropiezo,
y una roca en la que tropezarán
los hombres y caerán;
pero quien ponga su fe en él,
nunca quedará defraudado.[f]

10 Hermanos, el gran deseo de
mi corazón y mi ferviente
oración a Dios por los israelitas es
que sean salvos. 2 Porque yo puedo
dar fe de ellos, de que tienen celo
por Dios, pero no según el verdadero conocimiento. 3 Como desconocen
la justicia que proviene de Dios, y
se empeñan en establecer la suya
propia, no se han sometido a la
justicia de Dios. 4 Porque Cristo es
el final de la ley, para que alcance
la correcta relación con Dios todo el
que tenga fe.

5 En efecto, Moisés describe de la
siguiente manera la justificación que
es por la ley: "Quien lleve a cabo
estas cosas, vivirá por ellas".[g]
6 Pero, en cuanto a la justificación
que es por la fe, dice lo que sigue:
"No digas en tu corazón: '¿Quién
subirá al cielo?'[h] (esto es, para
hacer bajar a Cristo), 7 o bien:
'¿Quién descenderá al abismo?'[i]
(esto es, para hacer subir a Cristo
de entre los muertos)". 8 Sino ¿qué
dice?

[a] *20* Is. 29:16; 45:9. [b] *25* Oseas 2:23. [c] *26* Oseas 1:10. [d] *28* Is. 10:22, 23. [e] *29* Is. 1:9. [f] *33* Is. 8:14; 28:16. [g] *5* Lev. 18:5. [h] *6* Deut. 30:12. [i] *7* Deut. 30:13.

Cerca de ti está la palabra;
está en tu boca y en tu
corazón;[a]
esto es, el mensaje de la fe que nosotros predicamos: 9 Que, si confiesas
con tu boca que Jesús es el Señor,
y crees en tu corazón que Dios lo
resucitó de entre los muertos, serás
salvo. 10 Porque es con el corazón
con lo que se cree para obtener la
correcta relación con Dios, y es con
la boca con lo que se hace profesión
de fe para alcanzar la salvación.
11 Como dice la Escritura: "Todo el
que pone su fe en él, no quedará
defraudado".[b] 12 Pues no hay diferencia entre el judío y el gentil[c], porque
el mismo Señor es el Señor de todos
y derrama con generosidad sus
riquezas sobre todos los que lo invocan, 13 porque "todo aquel que invoque el nombre del Señor, será
salvo".[d]
14 ¿Cómo, pues, invocarán a aquél
en quien no han creído? ¿Y cómo
creerán en aquél del que no han
oído hablar? ¿Y cómo pueden oír sin
alguien que les predique? 15 ¿Y cómo
habrá quienes prediquen si no son
enviados con tal misión? Como está
escrito: "¡Cuán hermosos son los
pies de los que traen buenas noticias!"[e]
16 Pero no todos los israelitas respondieron favorablemente a las
buenas noticias; porque Isaías dice:
"Señor, ¿quién ha dado crédito a
nuestro mensaje?"[f] 17 Por consiguiente, la fe nace de escuchar el mensaje, y el mensaje se escucha
mediante la palabra de Cristo.
18 Pero yo pregunto: ¿es que no lo
han oído? ¡Claro que lo han oído!

Su voz resonó por toda la tierra,
y sus palabras hasta los confines del mundo.[g]

19 Y vuelvo a preguntar: ¿es que los
israelitas no lo entendieron? Moisés
fue el primero en decir:

Yo los provocaré a celos por
medio de los que no forman
una nación;
Y los provocaré a cólera por
medio de un pueblo insensato.[h]

20 Luego, dice Isaías con toda
osadía:

Fui encontrado por los que no me
buscaban;
me dejé ver de quienes no preguntaban por mí.[i]

21 En cambio, respecto a Israel se
expresa así:

Durante todo el día he extendido
mis manos
hacia un pueblo desobediente y
obstinado.[j]

El remanente de Israel

11 Por lo tanto, pregunto yo:
¿Rechazó Dios a su pueblo?
¡De ningún modo! Pues también yo
soy israelita, de la descendencia de
Abraham y de la tribu de Benjamín.
2 Dios no rechazó a su pueblo, al
que de antemano conoció.[k] ¿O no
saben lo que dicen las Escrituras en
el pasaje sobre Elías, cómo invocó a
Dios contra Israel: 3 "Señor, han
dado muerte a tus profetas y han
demolido tus altares; yo soy el único
que ha quedado, y están tratando de
matarme"?[k] 4 ¿Y cuál fue la respuesta que le dio Dios? "Me he
reservado siete mil hombres, los
cuales no han doblado la rodilla ante
Baal".[l] 5 Así también, en los tiempos
actuales hay un remanente, escogido
por Dios por pura gracia. 6 Y, si lo
es por gracia, entonces ya no es por
obras; de otro modo, la gracia ya no
sería gracia.[m]
7 ¿Qué, pues? Que lo que Israel
iba buscando tan afanosamente, no
lo logró, pero los elegidos sí lo han
conseguido. Los demás se cerraron
en su obstinación, 8 como está escrito:

[a] *8* Deut. 30:14. [b] *11* Is. 28:16. [c] *12* El griego dice *griego*. [d] *13* Joel 2:32. [e] *15* Is. 52:7. [f] *16* Is. 53:1. [g] *18* Salmo 19:4. [h] *19* Deut. 32:21. [i] *20* Is. 65:1. [j] *21* Is. 65:2. [k] *3* 1 Rey. 19:10, 14. [l] *4* 1 Rey. 19:18. [m] *6* Algunos Mss. añaden: *pero si es por obras, entonces ya no es por gracia; de otro modo, la obra ya no sería obra.*

Dios les ha dado un espíritu in-
sensible,
ojos con los que no pueden ver
y oídos con los que no pueden
oír
hasta el día de hoy.[a]
9 Y David dice:
Que su mesa se les convierta en
lazo y en trampa
y en lugar de tropiezo, para que
reciban su merecido.
10 Que se oscurezcan sus ojos para
que no puedan ver más,
y sus espaldas se queden en-
corvadas para siempre.[b]

Ramas injertadas

11 De nuevo pregunto: ¿acaso tro-
pezaron hasta caer sin remedio? ¡De
ningún modo! Sino que, por el tras-
piés que ellos han dado, ha venido
la salvación a los gentiles, para provocar a celos a Israel. 12 Ahora bien,
si su transgresión ha significado
riquezas para el mundo, y su pérdida es tesoro para los gentiles ¡cuánto mayores serán las riquezas que su
plena restauración proporcionará!
13 Me dirijo ahora a ustedes, los
gentiles: Como apóstol que soy de
los gentiles, tengo en mucha estima
mi ministerio, 14 con la esperanza de
poder despertar la envidia en los de
mi propia sangre, y ver si se salvan
algunos de ellos. 15 Porque, si el
rechazo de ellos trae la reconciliación del mundo, ¿qué será su aceptación sino como un volver de la
muerte a la vida? 16 Si es santa la
masa que se ofrece como primicias
del fruto, también lo será todo el
resto de la masa; si la raíz es santa,
también lo son las ramas.
17 Y si algunas de las ramas han
sido desgajadas, mientras tú, siendo
de olivo silvestre, has sido injertado
entre las otras ramas, y has venido
a participar de la savia nutritiva que
procede de la raíz del olivo genuino,
18 no te vayas a jactar contra las
ramas. Si lo haces, ten en cuenta lo
siguiente: No eres tú el que sustenta
a la raíz, sino que es la raíz la que
te sustenta a ti. 19 Claro que podrás
decirme: Han sido desgajadas unas
ramas para que yo fuera injertado.
20 De acuerdo; pero ellas fueron
desgajadas a causa de su incredulidad, y tú te sostienes por la fe; así
que no seas arrogante sino temeroso;
21 pues si Dios no perdonó a las
ramas naturales, tampoco lo hará
contigo.
22 Por tanto, considera la benignidad y la severidad de Dios; severidad, para con los que han caído;
benignidad, para contigo, con tal que
te mantengas sumiso a su benignidad; de lo contrario, también tú
serás desgajado. 23 Y ellos a su vez,
si no persisten en su incredulidad,
serán reinjertados, porque Dios tiene
poder para injertarlos de nuevo.
24 Después de todo, si tú fuiste cortado de un olivo que era silvestre
por naturaleza, y fuiste injertado en
un olivo cultivado, contrario a tu
condición natural, ¿cuánto más fácilmente éstos, que son ramas naturales, volverán a ser injertados en su
propio olivo?

Todo Israel será salvo

25 Porque no quiero que desconozcan, hermanos, este misterio, para
que no se vuelvan presuntuosos:
Una parte de Israel ha caído en la
obstinación, hasta que ingrese el
conjunto de las naciones gentiles;
26 y así todo Israel será salvo,
conforme está escrito:
Vendrá de Sion el Libertador,
y alejará de Jacob la impiedad.
27 Y ésta es[c] mi alianza con ellos
cuando yo haya quitado sus
pecados.[d]
28 Por lo que se refiere al evangelio, es cierto, pues, que son enemigos en beneficio de ustedes; pero en
lo que se refiere a su elección, son
amados de Dios en atención a sus
antepasados, 29 porque los dones de
Dios y su llamamiento son irrevoca-
bles. 30 Pues, de la misma manera

[a] *8* Deut. 29:4; Is. 29:10. [b] *10* Salmo 69:22, 23. [c] *27* O *será*. [d] *27* Is. 27:9; 59:20, 21.

que ustedes, que en otro tiempo se
negaban a obedecer a Dios, han
alcanzado misericordia como resultado de la desobediencia de ellos,
31 así también ellos, como resultado
de la misericordia de Dios para con
ustedes, se han hecho desobedientes
ahora,[a] para que, al fin, también
ellos alcancen misericordia. 32 Porque
Dios ha incluido a todos en la desobediencia, para terminar teniendo
misericordia de todos.

Doxología

33 ¡Oh, qué abismo de riqueza, de
sabiduría y de[b] conocimiento
de Dios!
¡Cuán insondables son sus
juicios!
¡Y cuán inescrutables sus caminos!
34 ¿Quién ha conocido la mente del
Señor?
¿O quién ha llegado a ser su
consejero?[c]
35 ¿O quién le ha dado primero,
para luego exigir que Dios le
pague?[d]
36 Porque todas las cosas proceden
de él, nos vienen por su medio
y para su gloria.
¡para él sea por siempre la gloria! Amén.

Sacrificios vivos

12 Los exhorto, pues, hermanos
en vista de la misericordia de
Dios, a que ofrezcan sus cuerpos
como sacrificios vivos, santos, y
agradables a Dios; que es su culto
espiritual a Dios. 2 Y no se amolden
más a los modelos del mundo actual,
sino dejen que Dios los vaya transformando mediante la renovación de
su mentalidad, a fin de que en cada
circunstancia puedan descubrir la
agradable y perfecta buena, voluntad
de Dios para ustedes.
3 Pues, por la gracia que me ha
sido dada, les digo a todos y a cada
uno de ustedes: No tengan de
ustedes mismos un concepto más alto
del que se debe tener, sino más bien
tengan un concepto equilibrado, de
acuerdo con la medida de la fe que
Dios les haya concedido. 4 Porque de
la misma manera que cada uno de
nosotros tiene un solo cuerpo con
muchos miembros, y estos miembros
no desempeñan todos la misma función, 5 así también nosotros, a pesar
de formar un gran grupo, en Cristo
somos un solo cuerpo; y cada uno de
nosotros es miembro de todos los
demás. 6 Y, puesto que tenemos
dones diferentes, según la gracia que
Dios nos ha dado, quien tenga el don
de hablar por inspiración de Dios,
que lo use en proporción a su fe;
7 quien tenga el de prestar un servicio, que lo preste; quien tenga el de
enseñar, que enseñe; 8 quien tenga el
de exhortar, que exhorte; el que
tenga el de socorrer con sus bienes a
los necesitados, que lo haga con
pureza de intención; quien tenga
dotes de mando, que las use con diligente solicitud; quien tenga el de
ayudar a los que se hallan en apuros,
que lo haga con alegría.

El amor

9 El amor debe ser sincero. Detes-
ten el mal y adhiéranse al bien.
10 Amense unos a otros con afecto
fraternal. Hónrense mutuamente, por
encima de ustedes mismos. 11 Dili-
gentes sin desmayo, sirvan con
fervor de espíritu al Señor. 12 Manténganse gozosos en la esperanza;
pacientes en la tribulación; perseve-
rantes en la oración. 13 Compartan
sus bienes con los creyentes que se
hallen en necesidad. Practiquen la
hospitalidad.
14 Bendigan a los que los persiguen; bendigan y no maldigan.
15 Alégrense con los que están alegres y lloren con los que lloran.
16 Haya entre ustedes mutua armonía
de sentimientos. No sean altaneros,
sino llévense bien con las personas

[a] *31* Algunos Mss. no tienen *ahora.* [b] *33* O *riquezas y la sabiduría y la.* [c] *34* Is. 40:13; Jer. 23:18. [d] *35* Job 41:11.

de modesta posición.[a] No se tengan
por sabios ante sus propios ojos.
17 No devuelvan a nadie mal por
mal. Pongan cuidado en hacer lo que
está bien a la vista de todos. 18 De
ser posible, y en cuanto de ustedes
dependa, vivan en paz con todos.
19 No se hagan justicia por su mano,
queridos hermanos, sino déjenlo a la
ira de Dios, pues está escrito: "La
venganza es mía; yo daré el pago
merecido".[b] ¡Lo dice el Señor! 20 Por
el contrario: "Si tu enemigo tiene
hambre, dale de comer; si tiene sed,
dale de beber. Obrando así, amonto-
narás carbones encendidos sobre su
cabeza".[c] 21 No te dejes ganar por el
mal, sino triunfa sobre el mal
haciendo el bien.

Sumisión a las autoridades

13 Todos deben someterse a las
autoridades públicas, porque
no hay autoridad que no venga de
Dios, y las que existen están puestas
por Dios; 2 de modo que el que se
rebela contra la autoridad, se rebela
contra lo que Dios ha instituido; y
los que obran así, se buscan ellos
mismos la condena. 3 Pues los que
mandan no están para intimidar a los
que hacen el bien, sino a los que
hacen el mal. ¿Quieres librarte del
miedo a la autoridad? Pues haz el
bien, y merecerás elogios de su parte; 4 porque el gobernante es un
servidor de Dios para tu bien; pero,
si haces el mal, entonces teme,
porque no en vano lleva la espada.
Es ministro de Dios, agente de la
justicia para castigar al malhechor.
5 Por lo tanto, es necesario someterse a las autoridades, no sólo por
temor al castigo, sino también por
deber de conciencia.

6 Por eso también ustedes pagan
contribución, pues son funcionarios
de Dios, ocupados de lleno en el
desempeño de su función. 7 Paguen a
cada uno lo que le deban: si deben
impuesto, paguen impuestos; si
deben contribuciones, paguen contribuciones; si respeto, respeto; y si
honor, honor.

Amen, porque el día está cerca

8 Que no les quede ninguna deuda
por pagar, excepto la continua deuda
de amarse unos a otros; porque
quien ama a su prójimo, ya ha cumplido la ley. 9 En efecto, los mandamientos: "No cometerás adulterio", "no matarás", "no robarás",
"no codiciarás"[d] y cualquier otro
mandamiento, todos se resumen en
esta sola norma: "Amarás a tu prójimo como a ti mismo".[e] 10 El amor
no hace nada malo al prójimo. Así
que el amor es el cumplimiento de
la ley.

11 Y sobre todo, conociendo el
tiempo en que vivimos; que ya es
hora de que despierten de su sueño,
pues nuestra salvación está ahora
más cerca que cuando abrazamos la
fe. 12 La noche va ya muy avanzada;
está a punto de hacerse de día. Des-
pojémonos, pues, de las obras de la
oscuridad y vistámonos de las armas
de la luz. 13 Portémonos con decen-
cia, como quien anda en pleno día,
no en orgías y borracheras, no en
lujurias ni depravaciones, ni en riñas
ni en envidias, 14 sino, más bien,
revístanse del Señor Jesucristo, y no
anden premeditando planes para
satisfacer los malos deseos de su
naturaleza pecadora.[f]

Los débiles y los fuertes

14 Acojan a los débiles en la fe,
sin juzgar sobre opiniones.
2 A algunos la fe les permite comer
de todo; otros, de fe más débil, se
limitan a comer verduras. 3 El que
come de todo no debe mirar con
desprecio al que tiene escrúpulos; y
el que no se atreve a comer de todo
no se meta a criticar a aquél, pues
Dios lo ha aceptado. 4 ¿Quién eres
tú para criticar al siervo de otro?
Que se mantenga en pie o que caiga,

[a] *16 O traten de ocuparse en oficios humildes.* [b] *19* Deut. 32:35. [c] *20* Prov. 25:21, 22.
[d] *9* Exodo 20:13-15, 17; Deut. 5:17-19, 21. [e] *9* Lev. 19:18. [f] *14* O *la carne.*

eso es cosa de su propio amo. ¡Y se
mantendrá en pie, porque el Señor
tiene poder para sostenerlo!
5 Hay quienes piensan que unos
días son más sagrados que otros;
otros consideran que todos los días
son iguales. Cada uno debe formarse
conciencia segura dentro de su propia opinión. 6 El que piensa que un
día cualquiera tiene algo especial, lo
hace así en honor del Señor; el que
come de todo, para gloria de Dios
come, porque da gracias a Dios; y el
que se abstiene de comer algo, para
gloria del Señor se abstiene, y da
gracias a Dios; 7 pues ninguno de
nosotros vive sólo para sí mismo, y
ninguno de nosotros muere sólo para
sí mismo. 8 Si vivimos, vivimos para
el Señor; y si morimos, morimos
para el Señor. Así que, si vivimos o
morimos, pertenecemos al Señor.
9 Por esta misma razón, Cristo
murió y volvió a la vida, a fin de
ser Señor, tanto de los muertos
como de los que viven. 10 Así que
tú, ¿por qué criticas a tu hermano?
O tú también, ¿por qué tienes en
poco a tu hermano? Tengan en
cuenta que todos hemos de comparecer ante el tribunal de Dios. 11 Está
escrito:

Tan seguro como que estoy vivo,
dice el Señor,
toda rodilla se doblará ante mí
y toda lengua tendrá que confesar la gloria de Dios.[a]

12 Así que cada uno de nosotros dará
cuenta de sí mismo a Dios.
13 Por tanto, dejemos de juzgarnos
los unos a los otros; más bien, decí-
danse a no poner tropiezo ni causar
ofensa a su hermano. 14 Como quien
está unido a Jesús, el Señor, yo
estoy plenamente convencido de que
no hay ningún alimento que sea impuro por sí mismo. Pero si alguien
considera algo como impuro, entonces para él sí lo es. 15 Si tu hermano
se disgusta a causa de los alimentos
que tomas, ya no procedes con
amor. No destruyas con tus comidas
al hermano por quien Cristo dio su
vida. 16 No des, pues, lugar a que lo
que tú consideras bueno sea objeto
de maledicencia. 17 Porque el reino
de Dios no es cuestión de comidas o
bebidas, sino de justicia, paz y alegría en el Espíritu Santo; 18 porque
todo el que en estas cosas se comporta como siervo de Cristo, es grato a Dios y aprobado por los hombres.
19 Esforcémonos, pues, continuamente en promover cuanto conduce
a la paz y a la mutua edificación.
20 Por comida, no eches a perder la
obra de Dios. Todos los alimentos
son de suyo puros, pero un alimento
se vuelve perjudicial para el que lo
come siendo para otro ocasión de
tropiezo. 21 Es preferible no comer
carne, ni beber vino, ni hacer
cualquier otra cosa que pueda causar
tropiezo a tu hermano.
22 Así pues, lo que tú pienses respecto a estas cosas, guardátelo para
ti mismo en la presencia de Dios.
Bienaventurado aquél a quien la conciencia no le acusa en lo que tiene
por conveniente hacer. 23 Pero quien
come con dudas de si hace bien o
mal, ya es culpable ante Dios,
porque no procede con fe y todo lo
que no viene de la fe es pecado.

15 Los que somos fuertes debemos sobrellevar las flaquezas
de los débiles, y no buscar compla-
cernos a nosotros mismos. 2 Cada
uno de nosotros debe tratar de complacer a su prójimo para su bien,
con miras a edificarlo; 3 pues Cristo
mismo tampoco buscó el complacer-
se a sí mismo, sino que, como está
escrito: ''Los insultos de los que te
ultrajan a ti, han caído sobre mí''.[b]
4 Porque todo cuanto fue escrito en
el pasado, fue escrito para nuestra
instrucción, a fin de que, mediante
la paciencia y el ánimo que infunden
las Escrituras, podamos mantener
nuestra esperanza.
5 Y el Dios que da esa paciencia y
ese ánimo les dé un espíritu de

[a] *11* Is. 45:23; 49:18. [b] *3* Salmo 69:9.

unidad entre ustedes según Cristo
Jesús; 6de forma que, con un solo
corazón y una sola boca, glorifiquen
a Dios el Padre y a nuestro Señor
Jesucristo.
7Acéptense, pues, amistosamente
unos a otros, como Cristo los recibió, a fin de dar alabanza a Dios.
8Porque yo les aseguro que Cristo
se ha hecho siervo de los judíos,[a] en
aras de la verdad de Dios, a fin de
cumplir las promesas hechas a los
patriarcas, 9y para que los gentiles
glorifiquen a Dios por su misericordia, como está escrito:

> Por esta razón, te alabaré entre
> los gentiles;
> cantaré himnos en honor de tu
> nombre.[b]

10Y en otro lugar, dice:

> Alégrense, gentiles, en unión de
> su pueblo.[c]

11Y de nuevo:

> Alaben al Señor todos ustedes,
> los gentiles,
> y cántenle alabanzas todos uste-
> des, los pueblos.[d]

12Y otra vez, dice Isaías:

> Brotará el renuevo de Isaí,
> y se alzará el que ha de gober-
> nar a las naciones;
> en él pondrán su esperanza los
> gentiles.[e]

13Que el Dios de la esperanza los
colme de gran alegría y paz al
confiar en él para que sobreabunde
en ustedes la esperanza por el poder
del Espíritu Santo.

Pablo, apóstol de los gentiles

14Estoy personalmente convencido,
hermanos míos, de que ya están llenos de buenas disposiciones, plenamente instruidos y capacitados para
instruirse mutuamente. 15Pero les he
escrito, en algún punto, con bastante
atrevimiento, como para recordarles
una vez más, por la gracia que Dios
me ha concedido, 16de ser ministro
de Cristo Jesús con destino a los
gentiles, cumpliendo la función
sacerdotal de proclamar el evangelio
a fin de que los gentiles vengan a
ser una ofrenda aceptable a Dios,
santificada por el Espíritu Santo.
17Por tanto, me glorío en Cristo
Jesús en mi servicio a Dios. 18Pues
yo no me atrevería a hablar de
ninguna otra cosa, sino de lo que
Cristo ha llevado a cabo, valiéndose
de mí, en conducir a los gentiles a
la obediencia por medio de lo que
he dicho y hecho, 19con la eficacia
persuasiva de milagros y prodigios,
mediante el poder del Espíritu; de
forma que, desde Jerusalén y en
todas las direcciones hasta Ilírico, he
proclamado plenamente el evangelio
de Cristo. 20Eso sí, proponiéndome
predicar el evangelio donde el nombre de Cristo no fuera aún conocido,
para no edificar sobre cimientos
puestos por otro; 21sino, más bien,
como está escrito:

> Lo verán aquéllos a quienes no
> se había anunciado nada de él;
> y lo entenderán quienes no
> habían oído nada.[f]

Plan de Pablo de visitar Roma

22Por eso es por lo que tantas
veces me he visto impedido de llegar
hasta ustedes; 23pero ahora que ya
no hay para mí campo de acción en
dichas regiones, y puesto que hace
ya bastantes años que tengo deseos
de verlos, 24estoy planeando hacerlo
cuando vaya a España. Espero visitarlos cuando pase por allá y que
me presten su ayuda para el viaje,
después de haber disfrutado de su
compañía por un poco de tiempo.
25Pero ahora marcho a Jerusalén
para socorrer a los creyentes de allí,
26ya que los fieles de Macedonia y
de Acaya han tenido a bien organi-
zar una colecta a beneficio de los
pobres que hay entre los santos de
Jerusalén. 27Lo han hecho de muy
buena gana, y con razón, porque en
realidad están en deuda con ellos;
porque si los gentiles han llegado a

[a] *8* El griego dice *de la circuncisión*. [b] *9* Salmo 18:49; 2 Samuel 22:50. [c] *10* Deut. 32:43. [d] *11* Salmo 117:1. [e] *12* Is. 11:10. [f] *21* Is. 52:15.

compartir de los bienes espirituales
de los judíos, están en deuda con
los judíos para compartir con ellos
sus bienes materiales. 28 Así que, una
vez que haya cumplido este encargo
y me conste que ha llegado a sus
manos el fruto de la colecta, partiré
para España, pasando por ahí; 29 y
sé que, cuando vaya a ustedes, iré
con la plenitud de la bendición de
Cristo.

30 Les suplico, hermanos, por
nuestro Señor Jesucristo y por el
amor del Espíritu, que luchen a mi
lado en sus oraciones a Dios por mí;
31 para que me libre de caer en las
manos de los que se oponen a la fe
en Judea, y que el encargo que llevo
a Jerusalén, sea del agrado de los
fieles de aquella iglesia. 32 Y así, llegando a ustedes con alegría, si Dios
quiere, podré tomarme un tiempo de
descanso y refrigerio en su compañía. 33 El Dios de la paz sea con
todos ustedes. Amén.

Saludos personales

16 Les recomiendo a nuestra
hermana Febe, que está al
servicio[a] de la iglesia de Cencrea,
2 para que le den en el Señor un
recibimiento digno de los santos y le
presten ayuda en todo lo que necesite, porque ella ha prestado su pro-
tección a muchos, incluso a mí
mismo.

3 Saludos a Priscila[b] y a Aquila,
mis colaboradores en Cristo
Jesús, 4 quienes arriesgaron sus
vidas por mí. No sólo yo, sino
también todas las iglesias de
los gentiles, les estamos agradecidos.

5 Saluden también a la iglesia que
se reúne en su casa.

Mis saludos para mi querido amigo Epeneto, que fue el primer
convertido a Cristo en la provincia de Asia.

6 Saludos a María, que tanto trabajo se tomó por ustedes.

7 Saludos a Andrónico y a Junías,
mis parientes y compañeros
míos de prisión, insignes entre
los apóstoles y convertidos al
Señor antes que yo.

8 Saludos a Amplias, a quien apre-
cio mucho en el Señor.

9 Saludos a Urbano, nuestro colaborador en Cristo, y a mi
querido amigo Estaquis.

10 Saludos a Apeles, un creyente a
toda prueba.

Saludos para todos los que pertenecen a la casa de Aristóbu-
lo.

11 Saludos a Herodión, mi pariente.

Saluden a los creyentes de la
familia de Narciso, los cuales
están en el Señor.

12 Saluden a Trifena y a Trifosa, las
cuales trabajan con denuedo en
la obra del Señor.

Saluden a la querida hermana
Pérsida, que tanto ha trabajado
por el Señor.

13 Saludos a Rufo, escogido en el
Señor, y a su madre, que ha
sido también para mí como
una madre.

14 Saludos a Asíncrito, a Flegonte, a
Hermas, a Patrobas, a Hermes,
y a los hermanos que viven
con ellos.

15 Saludos a Filólogo y a Julia, a
Nereo y a su hermana, y a
Olimpas y a todos los creyen-
tes que viven con ellos.

16 Salúdense unos a otros con un
beso santo. Saludos de parte
de todas las iglesias de Cristo.

17 Los insto, hermanos, a que
estén alerta por los que provocan
divisiones y ponen obstáculos en su
camino, en contra de la enseñanza
que han recibido. Apártense de
ellos. 18 Porque tales individuos no
están al servicio de Cristo, nuestro
Señor, sino de su propio estómago,
y con sus palabras de seducción y
halago, engañan a los incautos. 19 La
sumisión al evangelio es bien conocida de todos; así que estoy lleno de

[a] *1* O *que es diaconisa.* [b] *3* El griego dice *Prisca*, otra forma para *Priscila*.

alegría por ustedes, pero deseo que
sean sabios para lo bueno, e inocentes para lo malo.
20 El Dios de la paz aplastará
pronto a Satanás bajo los pies de
ustedes.
La gracia de nuestro Señor Jesús
sea con ustedes.
21 Les envía sus saludos Timoteo,
mi colaborador, como también lo
hacen Lucio, Jasón y Sosípater, mis
parientes.
22 Los saludo en el Señor yo,
Tercio, que he escrito esta carta.
23 Les envía sus saludos Gayo, de
cuya hospitalidad disfrutamos yo y
toda la iglesia de este lugar.
También les envían sus saludos
Erasto, el administrador de la
ciudad, y nuestro hermano Cuarto.[a]
25 Y ahora, al que tiene poder para
consolidarlos en la fe conforme al
mensaje de salvación que yo predico
proclamando a Jesucristo, de acuerdo con la revelación del misterio
mantenido en secreto durante los
siglos pasados, 26 pero manifestado
ahora y dado a conocer mediante los
escritos proféticos, conforme al mandato del Dios eterno, para que todas
las naciones se sometan a Dios por
la fe, 27 a aquél, único sabio Dios,
sea, por medio de Jesucristo, la gloria por siempre. Amén.

I CORINTIOS

1 Pablo, llamado a ser apóstol de
Cristo Jesús por voluntad de
Dios, y nuestro hermano Sóstenes,
2 A la iglesia de Dios en Corinto, a
los santificados en Cristo Jesús y llamados a ser santos, junto con todos
los que en todo lugar invocan el
nombre de nuestro Señor Jesucristo,
Señor de ellos y nuestro:
3 Gracia y paz a ustedes de parte
de Dios nuestro Padre y del Señor
Jesucristo.

Acción de gracias

4 Siempre doy gracias a Dios por
ustedes en razón de su gracia que
les ha sido dada en Cristo Jesús;
5 ya que, por su unión con él, ustedes han sido colmados de toda clase
de riqueza, con todos los dones de
la palabra y del conocimiento; 6 pues
nuestro testimonio acerca de Cristo
quedó bien afianzado en ustedes;
7 de tal modo que no están faltos de
ningún don espiritual, mientras esperan con anhelo la manifestación de
nuestro Señor Jesucristo. 8 El los
mantendrá firmes hasta el fin, de
modo que se encuentren irreprochables en el día de nuestro Señor Jesucristo. 9 Fiel es Dios, quien los ha
llamado a tener comunión con su
Hijo Jesucristo, nuestro Señor.

Divisiones en la iglesia

10 Los insto, hermanos, en el nombre de nuestro Señor Jesucristo, a
que todos ustedes estén mutuamente
de acuerdo, de manera que no haya
divisiones entre ustedes, sino que
estén perfectamente unidos en su
manera de pensar y de sentir.
11 Hermanos míos, algunos de la
casa de Cloé me han informado, que
hay discordias entre ustedes. 12 Me
refiero a lo siguiente: Uno de ustedes dice: Yo sigo a Pablo; otro dice:
Yo sigo a Apolos; otro: Pues yo, a

[a] *23* Algunos Mss. añaden el vers. 24: *La gracia de nuestro Señor Jesucristo sea con todos ustedes. Amén.*

Cefas;[a] y hay otro que dice: Pues
yo, a Cristo.
13 ¿Está dividido Cristo? ¿Acaso
fue crucificado Pablo por ustedes, o
fueron bautizados en el nombre de
Pablo? 14 Doy gracias de que no he
bautizado a ninguno de ustedes,
excepto a Crispo y a Gayo; 15 de
modo que nadie puede decir que
fueron bautizados en mi nombre.
16 (Sí, también bauticé a la familia de
Estéfanas; fuera de ellos, no me
acuerdo de haber bautizado a algún
otro.) 17 Pues no me envió Cristo a
bautizar, sino a predicar el evangelio, no con palabras de sabiduría
humana, para que la cruz de Cristo
no quede vacía de poder.

Cristo, sabiduría y poder de Dios

18 Porque el mensaje de la cruz es
locura para los que están pereciendo, pero para nosotros que estamos
siendo salvados, es poder de Dios.
19 Porque está escrito:

Destruiré la sabiduría de los
sabios;
frustraré la inteligencia de los
inteligentes.[b]

20 ¿Dónde están los sabios? ¿Dónde están los eruditos? ¿Dónde están
los filósofos de este mundo? ¿No ha
hecho Dios enloquecer a la sabiduría
de este mundo? 21 Porque, desde el
momento en que, en la sabiduría de
Dios, el mundo no lo reconoció
mediante su propia sabiduría, le
agradó a Dios salvar mediante la
locura de lo que fue predicado, a los
que creen. 22 Los judíos piden señales milagrosas, y los griegos buscan
la sabiduría; 23 pero nosotros predicamos a Cristo crucificado: piedra de
tropiezo para los judíos, y locura
para los gentiles, 24 pero para
aquéllos a quienes Dios ha llamado,
tanto judíos como griegos, Cristo es
poder de Dios y sabiduría de Dios;
25 porque la locura de Dios es más
sabia que la sabiduría del hombre, y
la debilidad de Dios es más fuerte
que la fortaleza del hombre.
26 Hermanos, piensen en lo que
eran cuando fueron llamados. No
muchos de ustedes eran sabios en
las bases humanas; no había muchos
influyentes entre ustedes, como tampoco los había de la nobleza. 27 Pero
Dios escogió lo necio del mundo,
para avergonzar a los sabios; lo
débil del mundo, para avergonzar a
los poderosos; 28 y lo vil del mundo
y despreciable, lo que no es, para
nulificar lo que es, 29 de manera que
nadie pueda jactarse ante él. 30 Es
por él que ustedes están unidos a
Cristo Jesús, el cual de parte de
Dios ha llegado a ser para nosotros
sabiduría, y además, justificación,
santificación y redención. 31 De este
modo, conforme está escrito: "El
que quiera jactarse, que se jacte de
conocer al Señor".[c]

2 Cuando yo llegué a ustedes,
hermanos, no fui a anunciarles
el testimonio de Dios[d] con elocuen-
cia o sabiduría superior; 2 pues me
propuse no saber de cosa alguna
estando entre ustedes, excepto de
Jesucristo, y a este mismo, crucificado. 3 Y me presenté a ustedes débil,
miedoso y hasta temblando mucho.
4 Mi mensaje y mi predicación no
llevaban palabras sabias o persuasivas, sino fueron con demostración
del poder del Espíritu, 5 a fin de que
su fe no se basara en sabiduría
humana, sino en el poder de Dios.

Sabiduría procedente del Espíritu

6 Sin embargo, presentamos un
mensaje de sabiduría entre los ya
maduros en la fe, pero no se trata
de la sabiduría de este mundo ni de
los gobernantes de esta época, que
están pereciendo. 7 No, exponemos

[a] *12* Esto es, a Pedro. [b] *19* Is. 29:14. [c] *31* Jer. 9:24. [d] *1* Algunos Mss. dicen, *el misterio de Dios.*

la sabiduría secreta de Dios, una
sabiduría que ha estado oculta hasta
ahora y que Dios tenía destinada
para nuestra gloria desde antes de la
creación del mundo. 8 Ninguno de
los gobernantes de este mundo la
comprendió, porque de ser así, no
habrían crucificado al Señor de la
gloria. 9 Sin embargo, conforme está
escrito:

Ningún ojo ha visto,
ningún oído ha escuchado,
ninguna mente humana ha podido
concebir
lo que Dios tiene preparado
para los que lo aman;[a]

10 pero Dios nos lo ha revelado por
medio de su Espíritu.

El Espíritu escudriña todo, hasta
lo más íntimo de Dios. 11 Porque, entre los hombres, ¿quién conoce los
secretos pensamientos de un hombre, excepto el propio espíritu del
hombre que está dentro de él? De la
misma manera, nadie conoce los
pensamientos de Dios, excepto el
Espíritu de Dios. 12 Nosotros no
hemos recibido el espíritu del mundo, sino el Espíritu que procede de
Dios, para que podamos entender lo
que Dios nos ha dado gratuitamente.
13 Y esto es lo que hablamos, no con
palabras que hayamos aprendido de
la humana sabiduría, sino con las
que enseña el Espíritu, expresando
las verdades espirituales con palabras espirituales.[b] 14 La persona que
no tiene el Espíritu, no acepta las
cosas que proceden del Espíritu de
Dios, porque para él son locura, y
no puede entenderlas, porque sólo
pueden discernirse espiritualmente.
15 El hombre espiritual hace juicios
acerca de todo, pero él mismo no
puede quedar sujeto a ningún juicio
de hombre 16 porque

¿Quién ha conocido la mente del
Señor,
para que pueda instruirlo?[c]

Pero nosotros tenemos la mente de
Cristo.

Sobre las divisiones en la iglesia

3 Hermanos, no he podido hablarles como a personas espirituales, sino como a mundanas, como a
niños en la fe de Cristo. 2 Les di a
beber leche; no alimento sólido,
porque no estaban listos para él. Y
ni siquiera ahora están listos,
3 porque todavía actúan mundana-
mente. En efecto, mientras haya entre ustedes envidias y discordias,
¿no son mundanos y actúan como
meros hombres? 4 Porque, cuando
uno dice: Yo soy seguidor de Pablo,
y otro dice: Yo soy seguidor de
Apolos, ¿no actúan como meros
hombres?

5 ¿Qué es, después de todo, Apolos? ¿Y qué es Pablo? Solamente
servidores por medio de los cuales
ustedes han creído, según la tarea
que a cada uno le ha asignado el
Señor. 6 Yo planté la semilla; Apolos
la regó; pero fue Dios quien la hizo
crecer. 7 Así que ni el que planta ni
el que riega son nada, sino sólo
Dios que hace crecer las cosas. 8 El
que planta y el que riega tienen un
propósito y cada uno será premiado
según su propio trabajo, 9 pues
somos colaboradores de Dios; ustedes son el campo de Dios, edificio
de Dios.

10 En virtud de la gracia que Dios
me ha dado, yo eché los cimientos
como un experto constructor, y otro
está construyendo encima; pero cada
uno debe fijarse en la forma en que
construye; 11 porque, nadie puede
poner otro cimiento diferente del que
ya está puesto, que es Jesucristo.
12 Si alguien construye sobre este
cimiento usando oro, plata, piedras
de mucho valor, madera, heno o
paja, 13 su obra se pondrá de manifiesto tal cual es, porque el día la
sacará a plena luz. Será revelada
con fuego, y el fuego mismo pondrá
a prueba la calidad de la obra de

[a] *9* Is. 64:4. [b] *13* O *Espíritu interpretando verdades espirituales a hombres espirituales.*
[c] *16* Is. 40:13.

cada uno. 14 Si lo que ha edificado
sobrevive, recibirá recompensa;
15 pero si es consumido por el fuego,
sufrirá pérdida; con todo, él personalmente será salvo, pero sólo como
quien escapa por entre llamas.
16 ¿No saben que ustedes mismos
son templo de Dios y que el Espíritu
de Dios habita en ustedes? 17 Si alguno destruye el templo de Dios,
Dios lo destruirá; porque el templo
de Dios es sagrado, y ese templo
son ustedes.
18 No se engañen ustedes mismos.
Si alguno de ustedes se cree sabio
según el modelo de esta época, que
se haga el loco, para llegar a ser
sabio de veras. 19 Pues la sabiduría
de este mundo es necedad a los ojos
de Dios; conforme está escrito: "El
caza a los sabios en su astucia";[a]
20 y en otro lugar: "El Señor sabe
bien que los pensamientos de los
sabios son necios".[b] 21 Así pues, que
nadie ponga su gloria en los hombres; pues todo es de ustedes: 22 Ya
sea Pablo, ya sea Apolos o Cefas;[c]
ya sea el universo entero, la vida o
la muerte, lo presente o lo porvenir:
todo es de ustedes; 23 y ustedes son
de Cristo; y Cristo, de Dios.

Apóstoles de Cristo

4 Por tanto, que los demás vean
en nosotros servidores de Cristo
y administradores de los secretos de
Dios. 2 Ahora bien, lo que en último
término se exige a los que han recibido algo en administración, es fidelidad. 3 Por lo que a mí se refiere, lo
que menos me importa es el juicio
que ustedes hagan de mí o cualquier
tribunal humano; ni siquiera yo me
juzgo a mí mismo. 4 Pues no me
remuerde la conciencia, pero eso no
me declara inocente, porque mi juez
es el Señor. 5 De modo que no
juzguen nada antes de tiempo; esperen a que venga el Señor, el cual
sacará a plena luz lo que está oculto
en la oscuridad y descubrirá los
motivos de las intenciones del
hombre. Y entonces, cada uno recibirá de Dios su alabanza.
6 Ahora bien, hermanos, todo esto
lo he aplicado a mí y a Apolos, en
beneficio de ustedes, a fin de que
aprendan de nosotros el significado
de aquel dicho: "No vayan más allá
de lo que está escrito". Entonces ni
uno de ustedes se sentirá orgulloso
de un hombre en contra de otro.
7 Porque, ¿quién te hace diferente de
todos los demás? ¿Qué tienes que
no hayas recibido? Y si lo has recibido, ¿de qué te jactas, como si no
lo hubieras recibido?
8 ¡Ya tienen cuanto desean! ¡Ya se
han enriquecido! ¡Ya se han hecho
reyes, y eso, sin nosotros! ¡Y ojalá
fueran de verdad reyes, para que
pudiéramos ser reyes con ustedes!
9 Porque me da la impresión de que
a nosotros los apóstoles nos ha asignado Dios un lugar al final de la
procesión, como a hombres condenados a morir en la arena. Hemos
venido a ser un espectáculo para
todo el mundo, lo mismo para los
ángeles que para los hombres.
10 ¡Nosotros somos unos insensatos
por Cristo, pero ustedes son tan
sabios en Cristo! ¡Nosotros, somos
débiles, pero ustedes son fuertes!
¡Ustedes son honrados, y nosotros,
deshonrados! 11 Hasta el momento
presente estamos pasando hambre y
sed, vamos vestidos de andrajos,
somos tratados brutalmente, y andamos sin casa ni hogar. 12 Trabaja-
mos duro con nuestras propias
manos. Cuando nos maldicen, bendecimos; cuando nos persiguen, lo
aguantamos; 13 cuando nos injurian,
respondemos con amabilidad. Hasta
el presente, hemos venido a ser la
escoria de la tierra, el desecho del
mundo.
14 No les escribo esto para aver-
gonzarlos, sino para amonestarlos,
como a hijos míos queridos; 15 pues,
aunque tengan diez mil tutores en
Cristo, no tienen muchos padres,
porque yo me convertí en su padre,

[a] *19* Job 5:13. [b] *20* Salmo 94:11. [c] *22* O sea, *Pedro.*

en Cristo Jesús, mediante el evangelio. 16 Por tanto, los insto a que me
imiten. 17 Por esta misma razón les
envío a Timoteo, mi hijo a quien
amo y quien es fiel en el Señor. El
les hará recordar mi forma de vida
en Cristo Jesús, conforme la enseño
por doquier en todas las iglesias.
18 Algunos de ustedes se han vuelto arrogantes, como si yo no fuera a
ir a verlos. 19 Pero voy a ir a ustedes muy pronto, si Dios quiere, y
entonces ya veremos, no sólo cómo
hablan estos arrogantes, sino el
poder que tienen; 20 porque el reino
de Dios no es cuestión de palabras,
sino de poder. 21 ¿Qué prefieren?
¿Que me presente a ustedes vara en
mano, o con amor y espíritu benigno?

Expulsen al hermano inmoral

5 Se comenta por doquier que
hay inmoralidad sexual entre
ustedes, y del tipo que no se da ni
entre los paganos. Un hombre tiene
a la esposa de su padre. 2 ¡Y ustedes
están orgullosos! ¿No debían, más
bien, estar llenos de dolor y haber
hecho que desapareciera de entre
ustedes el autor de tal acción? 3 Aun
cuando no estoy físicamente presente
entre ustedes, sí lo estoy en espíritu,
y ya he dado mi fallo, como si estuviera presente, contra el que hizo
esto. 4 Cuando estén reunidos en el
nombre de nuestro Señor Jesús, y
yo esté con ustedes en espíritu, y el
poder de nuestro Señor Jesús esté
presente, 5 entreguen a este hombre
a Satanás, para que la naturaleza
pecadora[a] sea destruida, y su espíritu pueda ser salvo en el día del
Señor.
6 Su jactancia no es buena. ¿No se
dan cuenta de que un poco de levadura hace fermentar toda la masa?
7 Purifíquense de la vieja levadura,
para ser masa nueva sin levadura,
como en realidad son. Porque Cristo, nuestro Cordero Pascual, ha sido
ya sacrificado. 8 Por tanto, celebre-
mos nuestra fiesta no con la vieja
levadura, la levadura de la malicia y
de la perversidad, sino con pan sin
levadura, el pan de la sinceridad y
de la verdad.
9 Les he escrito en mi carta que
no tengan ningún trato con los inmorales sexuales; 10 no me refiero a la
gente de este mundo que es inmoral,
usurera, ladrona o idólatra, porque
entonces tendrían que salir de este
mundo. 11 Lo que les estoy escribiendo es que no deben tener trato alguno con el que, llevando el nombre
de hermano, es sexualmente inmoral,
o usurero, o idólatra, o maldiciente,
o borracho, o ladrón. Con semejante
persona, ni siquiera coman.
12 ¿Qué tengo yo que ver para
juzgar a los que están fuera de la
iglesia? ¿No es a los de dentro a los
que tienen que juzgar? 13 Dios
juzgará a los de fuera. Expulsen al
perverso de en medio de ustedes.[b]

Litigios entre creyentes

6 Si alguno de ustedes tiene un
pleito con otro hermano, ¿se
atreverá a presentar la demanda ante
un tribunal pagano, en vez de acudir
a los santos? 2 ¿O no saben que los
santos juzgarán al mundo? Y, si van
a juzgar al mundo, ¿no tienen competencia para juzgar casos triviales?
3 ¿No saben que juzgaremos a los
ángeles? ¡Cuánto más los asuntos de
esta vida! 4 Por tanto, si tienen pleitos sobre tales asuntos, ¡señalen
como jueces aun a los que no significan mucho en la iglesia![c] 5 Para
vergüenza de ustedes digo esto. ¿Es
posible que no haya entre ustedes
nadie lo suficientemente sabio como
para juzgar una discusión entre hermanos? 6 Pero en vez de esto, un
hermano demanda a otro ante los
tribunales, ¡y esto, ante no creyentes!
7 El hecho mismo de tener pleitos
entre ustedes, ya significa un

[a] *5* O *para que su cuerpo,* o *para que la carne.* [b] *13* Deut. 17:7; 19:19; 22:21, 24; 24:7.
[c] *4* O *¿ponen como jueces aunque sea a los más insignificantes de la iglesia?*

completo fracaso de ustedes. ¿Por
qué no prefieren sufrir una injusticia? ¿Por qué no soportan, más
bien, ser perjudicados? 8 Pero, al
contrario, son ustedes los que cometen injusticias y perjudican ¡y eso, a
hermanos!
9 ¿No saben que los malvados no
heredarán el reino de Dios? ¡No se
engañen! Ni los lujuriosos, ni los
idólatras, ni los adúlteros, ni los afe-
minados, ni los homosexuales, 10 ni
los ladrones, ni los usureros, ni los
borrachos, ni los agraviadores, ni los
maleantes heredarán el reino de
Dios. 11 Y todo esto es lo que algunos de ustedes eran. Pero han
sido lavados, han sido santificados,
han sido justificados en el nombre
del Señor Jesucristo y por el Espíritu de nuestro Dios.

Inmoralidad sexual

12 Todo me es lícito, pero no todo
es beneficioso. Todo me es lícito,
pero yo no me dejaré dominar por
nada. 13 El alimento es para el estómago, y el estómago, para el alimento; pero Dios los destruirá a ambos.
Nuestro cuerpo no está hecho para
la inmoralidad sexual, sino para el
Señor; y el Señor, para el cuerpo.
14 Con su poder, Dios resucitó de
entre los muertos al Señor, y nos
resucitará a nosotros también. 15 ¿No
saben que sus cuerpos son miembros
de Cristo mismo? ¿Tomaré yo, pues,
los miembros de Cristo para unirlos
con una prostituta? ¡Jamás! 16 ¿O no
saben que el que se une a una prostituta, se vuelve un solo cuerpo con
ella? Porque serán los dos, dice la
Escritura, una sola carne.[a] 17 Pero el
que se une a sí mismo con el Señor,
es uno con él en espíritu.
18 Huyan de la inmoralidad sexual.
Todo otro pecado que pueda cometer el hombre, queda fuera de su
cuerpo; pero el que peca sexualmente, peca contra su propio cuerpo.
19 ¿O no saben que su cuerpo es
templo del Espíritu Santo, que
habita en ustedes, a quien han recibido de parte de Dios? No se pertenecen a ustedes mismos; 20 han
sido comprados a precio. Por tanto,
honren a Dios con su cuerpo.

Sobre el matrimonio

7 Respondo ahora a las consultas
que me hicieron por escrito: Es
bueno que un hombre no se case.
2 Pero, habiendo tanta inmoralidad,
cada hombre debe tener su propia
esposa; y cada mujer, su propio esposo. 3 El marido debe cumplir su
deber conyugal con su mujer; e
igualmente la mujer, con su marido.
4 El cuerpo de la mujer no le pertenece a ella sola, sino también a su
marido. De la misma manera, el
cuerpo del marido no le pertenece a
él solo, sino también a su esposa.
5 No se nieguen el uno al otro a no
ser por mutuo consentimiento y sólo
por algún tiempo, para dedicarse a
la oración. Luego, únanse nuevamente a fin de que no los tiente
Satanás valiéndose de su dificultad
en mantener la continencia. 6 Esto lo
digo como un permiso, no como un
mandato, 7 pues yo desearía que
todos los hombres fueran como yo
mismo; pero cada uno tiene su propio don de parte de Dios; unos éste,
otros ése.
8 En cuanto a los no casados y a
las viudas, yo les digo: Les es
conveniente quedarse sin casar,
como lo estoy yo. 9 Pero si no
pueden guardar continencia, deben
casarse, porque es mejor casarse que
quemarse de pasión.
10 A los casados les doy la siguiente orden (no lo mando yo, sino el
Señor): Que la esposa no se separe
de su marido. 11 Pero, si llega a
separarse, que no se vuelva a casar
o, si no, que haga las paces con su
marido. Y el marido, no debe divorciarse de su mujer.
12 A los demás les digo yo (no el
Señor): Si algún hermano tiene una
esposa que no es creyente, y ella

[a] *16* Gén. 2:24.

consiente en vivir con él, no se
divorcie de ella. 13 Y si una mujer
tiene un marido que no es creyente,
y él consiente en vivir con ella, no
se divorcie de él. 14 Porque el marido no creyente ha sido santificado
mediante su esposa, y la mujer no
creyente ha sido santificada mediante
su marido creyente. De no ser así,
sus hijos serían impuros, pero de
esta manera son santos.

15 Pero si el cónyuge no creyente
se va, dejen que lo haga. Un creyente o una creyente no están sometidos a obligación en tales circunstancias, pues Dios nos ha llamado
para vivir en paz; 16 porque, ¿cómo
sabes tú, mujer, si salvarás a tu
marido? ¿O cómo sabes tú, marido,
si salvarás a tu mujer?

17 Sin embargo, cada uno retenga
en la vida el lugar que el Señor le
ha asignado y al que Dios lo ha llamado. Esta es la norma que yo doy
en todas las iglesias. 18 ¿Estaba
circuncidado uno cuando fue llamado? No se debe volver incircunciso.
¿No estaba circuncidado cuando fue
llamado? No se circuncide. 19 Ya no
tiene ningún sentido el estar o no
estar circuncidado; lo que importa es
el observar los mandamientos de
Dios. 20 Cada uno debe continuar en
la situación en que estaba cuando
Dios lo llamó. 21 ¿Eras esclavo cuando fuiste llamado? No te cause ello
preocupación, aunque, si puedes
alcanzar la libertad, hazlo. 22 Porque,
el que era esclavo cuando fue llamado por el Señor, es un liberto del
Señor; del mismo modo, el que era
libre cuando fue llamado, es un
esclavo de Cristo. 23 Fueron comprados a precio; no se hagan esclavos
de los hombres. 24 Hermanos, cada
uno, con su responsabilidad ante
Dios, continúe en la situación en
que Dios lo llamó.

25 Respecto a las vírgenes, no
tengo precepto del Señor, pero daré
mi opinión como quien por la misericordia del Señor es digno de
confianza. 26 Así pues, pienso que, a
causa de la crisis presente, es
conveniente que cada una se quede
como está. 27 ¿Estás casado? No
busques divorcio. ¿Estás sin casar?
No busques esposa. 28 Pero si te
casas, no pecas; y si una virgen se
casa, tampoco peca. Sin embargo,
los que se casen tendrán que afrontar muchos problemas en esta vida,
y yo quiero evitárselo.

29 Lo que quiero decir, hermanos,
es que el tiempo es corto. De aquí
en adelante, los que tienen esposa
deberían vivir como si no la tuvieran; 30 los que guardan luto, como si
no lo guardaran; los que se sienten
felices, como si no lo estuvieran; los
que compran algo, como si no
hubieran de continuar poseyéndolo;
31 y los que se sirven de las cosas
de este mundo, como quien no se
deja absorber por ellas. Porque este
mundo, en su forma actual, está
pasando.

32 Yo quisiera que estuvieran libres
de preocupaciones. El que no está
casado, se ocupa en las cosas del
Señor y cómo puede agradar al
Señor. 33 Pero el casado se preocupa
de las cosas de este mundo, y de
cómo agradar a su mujer; 34 y sus intereses están divididos. Una mujer
sin marido, como también la virgen,
se ocupa de los asuntos del Señor;
su afán es consagrarse al Señor en
cuerpo y alma. Pero una casada está
preocupada de las cosas de este
mundo, y de cómo agradar a su
marido. 35 Todo esto lo digo por su
propio bien, no para restringirlos,
sino para que puedan vivir en una
forma correcta, con una dedicación
al Señor no dividida.

36 Si alguno piensa que se está
portando indebidamente con la
virgen con quien está comprometido
y a ella se le va pasando la edad,
por la cual él se siente obligado a
decidirse por el matrimonio, debe
hacerlo como él quiera; no es ningún
pecado; así que, cásense. 37 Pero el
que se mantiene firme en su propósito, y no está dominado por sus

impulsos, sino que mantiene un
perfecto dominio sobre su propia
voluntad, y la decisión que ha tomado es no casarse con la virgen, éste
también actúa bien. 38 Así pues, el
que se casa con la virgen, hace
bien; pero el que no se casa, aún
hace mejor.[a]
39 Una mujer está ligada a su marido mientras él viva; pero si se le
muere el marido, queda libre para
casarse con quien desee, con tal que
él pertenezca al Señor. 40 En mi opinión, ella será más feliz si se queda
como está, y a mí me parece también que tengo el Espíritu de Dios.

La carne sacrificada a los ídolos

8 Por lo que respecta a la comida
sacrificada a los ídolos, ya
sabemos que todos poseemos conocimiento de tal asunto;[b] pero el conocimiento en sí envanece, mientras
que el amor edifica. 2 El que cree
que conoce algo, aún no lo conoce
como es necesario conocerlo. 3 Pero
el que ama a Dios, es conocido por
Dios.
4 Así pues, en cuanto a lo de
comer lo sacrificado a los ídolos, ya
sabemos que un ídolo no significa
absolutamente nada en este mundo,
y que no hay otro dios que el único
Dios; 5 pues, aun cuando hay los así
llamados dioses, ya sea en el cielo o
en la tierra (¡y por cierto que hay
muchos "dioses" y muchos "señores"!), 6 pero para nosotros no hay
más que un solo Dios, el Padre, de
quien todas las cosas proceden y
para el cual vivimos; y no hay más
que un solo Señor, Jesucristo,
mediante el cual todo existe y
mediante el cual vivimos nosotros
también.
7 Pero no todos saben esto. Algunos están todavía tan acostumbra-
dos a los ídolos, que cuando comen
esos alimentos, están pensando en
que han sido sacrificados a un ídolo,
y como su conciencia es débil,
queda contaminada. 8 Pero el alimento no nos acerca más a Dios; ni
somos peores por no comerlo; ni
mejores, por comerlo.
9 Sin embargo, tengan cuidado de
que el ejercicio de su libertad no se
convierta en una piedra de tropiezo
para los débiles. 10 Po rque si alguien
con una conciencia débil te ve a ti,
que tienes mayor conocimiento de
las cosas, comer en el templo de un
ídolo, ¿no se sentirá inducido a
comer lo que ha sido sacrificado a
los ídolos? 11 Y así este hermano
débil, por quien murió Cristo, es
destruido por tu conocimiento. 12 Al
pecar así contra sus hermanos,
hiriendo sus conciencias débiles,
pecan contra Cristo. 13 Por lo cual,
si lo que yo como incita a mi hermano a caer en pecado, no volveré
a probar la carne jamás, a fin de no
hacerlo caer.

Los derechos del apóstol

9 ¿No soy yo libre? ¿No soy un
apóstol? ¿No he visto a Jesús,
nuestro Señor? ¿No son ustedes el
resultado de mi trabajo en el Señor?
2 Aunque tal vez no sea yo un apóstol para otros, seguramente que para
ustedes lo soy; pues ustedes son el
sello de mi apostolado en el Señor.
3 Esta es mi defensa frente a los
que se ponen a pedirme cuentas.
4 ¿Acaso no tenemos derecho a
comer y beber? 5 ¿No tenemos derecho a llevar con nosotros una esposa

[a] *38* Otros traducen: 36 *Si alguno piensa que no está tratando a su hija debidamente, y ella va entrando en años, y por ello se siente obligado a casarla, debe hacerlo como quiere. No peca. Deben casarse.* 37 *Pero el hombre que ha decidido en su mente, que no está bajo apremio, sino que tiene control sobre su propio deseo, y ha decidido mantener soltera a la virgen, este hombre también actúa correctamente.* 38 *Así que el que da a la virgen en matrimonio actúa bien, pero el que no la da en matrimonio actúa mejor.* [b] *1* O *todos poseemos conocimiento, según dicen.*

creyente, como hacen los demás
apóstoles y los hermanos del Señor
y Cefas?[a] 6¿O es que sólo yo y Bernabé estamos obligados a ganarnos
la vida con nuestro trabajo?

7¿Quién sirve como soldado bajo
sus propias expensas? ¿Quién es el
que planta una viña y no se come
las uvas? ¿Quién es el que apacienta
un rebaño y no se alimenta de la
leche del rebaño? 8¿Digo esto desde
un punto de vista meramente humano? ¿No dice lo mismo también la
ley? 9Porque en la ley de Moisés
está escrito: "No le pongas bozal a
un buey cuando está trillando".[b]
¿Acaso tiene Dios su preocupación
puesta en los bueyes? 10Seguro que
lo dice por nosotros, ¿no es así?
¡Claro que se escribió por nosotros!
Porque cuando el labrador ara y el
segador trilla, deben hacerlo con la
esperanza de participar en la cosecha. 11Si nosotros hemos sembrado
en ustedes semilla espiritual, ¿será
mucho que recojamos de ustedes
cosecha material? 12Si otros tienen
derecho a ser mantenidos por ustedes, ¿cuánto más lo tendremos nosotros?

Pero nosotros no hemos hecho uso
de tal derecho. Por el contrario,
hemos soportado toda clase de pri-
vaciones antes que poner obstáculos
al evangelio de Cristo. 13¿No saben
que los que trabajan en el templo,
comen de las ofrendas del templo, y
los que prestan servicio en el altar,
participan de lo que es ofrecido en
el altar? 14De la misma manera, el
Señor ha dispuesto que los que predican el evangelio, reciban del evangelio lo necesario para vivir.

15Pero yo no he hecho uso de
ninguno de estos derechos; ni escribo esto con la esperanza de que
hagan por mí tales cosas. Prefiero
antes morir que ser despojado por
alguien de esta gloria. 16Con todo,
no tengo de qué jactarme cuando
predico el evangelio, pues soy impulsado a predicar. ¡Ay de mí, si no
predicara el evangelio! 17Si predico
voluntariamente tengo una recompensa; pero si no predico voluntariamente entonces me limito a desempeñar una función que se me ha encomendado. 18¿Cuál es, pues, mi
recompensa? Sencillamente, ésta:
Que, al predicar el evangelio, lo
ofrezco gratuitamente, sin hacer
valer mis derechos por predicarlo.

19Aunque soy libre y no pertenezco a ningún hombre, me he hecho
esclavo de todos, a fin de ganar al
mayor número posible. 20Con los
judíos me he hecho como judío, para
ganar a los judíos. Con los que
están sometidos a la ley, me he
hecho como quien está sometido a la
ley (aunque yo no estoy bajo la ley),
a fin de ganar a los que están sometidos a la ley. 21Con los que no
tienen la ley, me he hecho como
quien está sin ley (aunque no estoy
libre de la ley de Dios, sino bajo la
ley de Cristo), a fin de ganar a los
que no tienen la ley. 22Con los débiles, me he hecho débil, para ganar a
los débiles. Me he hecho de todo
con todos los hombres, para que
pueda salvar a algunos por todos los
medios posibles. 23Todo esto lo
hago por causa del evangelio, para
poder participar de sus bendiciones.

24¿No saben que en una carrera
olímpica, todos los atletas corren,
pero sólo uno se lleva el premio?
Corran de tal modo que consigan el
premio. 25Todo el que compite en
los juegos olímpicos se impone a sí
mismo un severo entrenamiento. Y
ellos lo hacen por conseguir una
corona que no dura; pero nosotros
lo hacemos para conseguir una corona que durará para siempre. 26Por
consiguiente, yo no corro como
quien va sin rumbo fijo; no lucho
como un hombre que golpea en el
vacío; 27sino que golpeo mi propio
cuerpo y lo hago mi esclavo para
que, después de haber predicado a
otros, yo mismo no quede descalifi-
cado para el premio.

[a] 5 es decir, *Pedro*. [b] 9 Deut. 25:4.

Advertencias sacadas de la historia de Israel

10 Pues no quiero, hermanos,
que desconozcan el hecho de
que nuestros antepasados estuvieron
todos bajo la nube y que todos ellos
cruzaron el mar. 2 Todos fueron
bautizados en Moisés en la nube y
en el mar. 3 Todos ellos comieron
del mismo alimento espiritual, 4 y
bebieron de la misma bebida espiritual; pues bebieron de la roca espiritual que los acompañaba; y esta
roca era Cristo. 5 Con todo, Dios no
se complació en la mayoría de ellos,
de forma que sus cuerpos quedaron
esparcidos por el desierto.
6 Ahora bien, estas cosas sucedieron como ejemplos,[a] a fin de que
nosotros no nos dejemos llevar de
las cosas malas, como ellos hicieron.
7 No sean idólatras, como algunos de
ellos, según está escrito: "Se sentó
el pueblo a comer y a beber, y se
levantaron a divertirse paganamen-
te".[b] 8 Tampoco debemos cometer
inmoralidad sexual, como hicieron
algunos de ellos, y murieron en un
solo día veintitrés mil. 9 Ni debemos
poner a prueba al Señor, como algunos de ellos hicieron, y perecieron
mordidos por las serpientes. 10 Y no
murmuren, como murmuraron algunos de ellos, y fueron muertos por
el ángel exterminador.
11 Estas cosas les sucedieron a
ellos como ejemplos y quedaron
escritas como advertencias para nosotros, en quienes ha llegado el cumplimiento de los tiempos. 12 Así que,
si piensan que ya están firmes sobre
sus pies, tengan cuidado de no caer.
13 No les ha sobrevenido ninguna
tentación que no fuera común a los
hombres; pues fiel es Dios, y él no
permitirá que sean tentados por encima de lo que puedan soportar.
Pero cuando sean tentados, él proveerá una salida, a fin de que
puedan mantenerse firmes bajo su
peso.

Las fiestas a los ídolos y la Cena del Señor

14 Por lo tanto, hermanos queridos,
huyan de la idolatría. 15 Me dirijo a
personas sensatas; juzguen por ustedes mismos lo que digo. 16 ¿No es la
copa de bendición, por la que damos
gracias, una participación en la
sangre de Cristo? ¿Y no es el pan
que partimos, una participación en el
cuerpo de Cristo? 17 Al haber un
solo pan, nosotros, aun siendo
muchos, somos un solo cuerpo,
porque todos participamos de aquel
mismo pan.
18 Consideren al pueblo de Israel:
¿No saben que los que comían los
sacrificios, participaban del altar?
19 ¿Quiero decir con esto que el
sacrificio ofrecido a un ídolo sea algo, o que el ídolo sea algo? 20 No,
sino que los sacrificios de los paganos son ofrecidos a los demonios,
no a Dios, y yo no quiero que ustedes participen con los demonios.
21 No pueden beber de la copa del
Señor y beber además la copa de los
demonios; no pueden tomar parte en
la mesa del Señor y, además, en la
mesa de los demonios. 22 ¿O es que
intentamos provocar a Dios a celos?
¿Somos, acaso, más fuertes que él?

La libertad del creyente

23 Todo es lícito, pero no todo es
de beneficio. Todo es lícito, pero no
todo es constructivo. 24 Nadie debe
buscar su propio bien, sino el de los
demás.
25 Coman de todo lo que se venda
en la carnicería, sin hacerse preguntas de conciencia, 26 porque "Del
Señor es la tierra, y todo cuanto hay
en ella".[c]
27 Si alguien de los no creyentes
los invita a comer y aceptan la invitación, coman de todo cuanto les
presenten, sin hacer preguntas de
conciencia; 28 pero, si alguien les
dice: "Esto ha sido ofrecido en
sacrificio", entonces no lo coman,

[a] *6* O *tipos;* también en el versículo 11. [b] *7* Exodo 32:6. [c] *26* Salmo 24:1.

tanto por causa del que les hizo la
advertencia, como por la conciencia;[a] 29 me refiero a la conciencia del
otro, no a la tuya; porque ¿qué
razón hay para que mi libertad sea
juzgada por la conciencia de otro
hombre? 30 Si yo tomo parte, con
acción de gracias, en un banquete,
¿por qué se va a hablar mal de mí
por aquello mismo de lo que doy
gracias a Dios?
31 Así que, ya sea que coman o
beban o hagan cualquier otra cosa,
háganlo todo para gloria de Dios.
32 No den ocasión de tropiezo a
nadie, ni a judíos, ni a griegos, ni a
la iglesia de Dios; 33 del mismo
modo que también yo trato de agradar a todos en todo. Pues yo no
busco mi propio bien, sino el bien
de muchos, para que sean salvos.

11 Sigan mi ejemplo, así como
yo sigo el ejemplo de Cristo.

Decoro en el culto

2 Los alabo porque se acuerdan de
mí en todo y porque conservan las
enseñanzas,[b] tal como se las he
transmitido.
3 Ahora quiero que se den cuenta
que la cabeza de todo hombre es
Cristo; que la cabeza de la mujer es
el hombre; y que la cabeza de Cristo es Dios. 4 Todo hombre[c] que ora
o profetiza con la cabeza cubierta,
deshonra su cabeza. 5 Y toda mujer
que ora o profetiza con la cabeza
descubierta, deshonra su cabeza,
pues es exactamente lo mismo que
si llevara la cabeza rapada. 6 Si una
mujer no se cubre la cabeza, que se
corte el pelo; y si es afrentoso para
una mujer el que le corten el pelo o
el que le afeiten la cabeza, que se
cubra. 7 El hombre[c] no debe cubrirse
la cabeza,[c] puesto que es imagen y
gloria de Dios;[c] pero la mujer es la
gloria del hombre;[c] 8 pues el hombre[c]
no procede de la mujer, sino la
mujer del hombre;[c] 9 ni fue creado el
hombre[c] para la mujer, sino la mujer
para el hombre.[c] 10 Por esta razón, y
a causa de los ángeles, la mujer
debe llevar sobre su cabeza una
señal de autoridad.
11 Sin embargo, en el Señor, ni la
mujer es independiente del hombre,[c]
ni el hombre[c] es independiente de la
mujer. 12 Porque, así como la mujer
procede del hombre,[c] así también el
hombre[c] nace de una mujer; pero
todo procede de Dios. 13 Juzguen por
ustedes mismos: ¿Es decoroso que
una mujer ore a Dios con la cabeza
descubierta? 14 ¿No les enseña la
misma naturaleza de las cosas que si
un hombre[c] se deja crecer el cabello,
es para él una deshonra, 15 mientras
que es una gloria para la mujer el
llevar el cabello largo? Porque se le
ha dado el cabello largo en lugar de
velo. 16 Con todo, si alguno se siente
con deseos de discutir sobre esto,
nosotros no practicamos otra
costumbre, ni tampoco las iglesias
de Dios.

La Cena del Señor

17 Y, siguiendo con mis indicacio-
nes, no tengo alabanza para ustedes,
pues en sus reuniones hacen más
daño que bien. 18 En primer lugar,
oigo decir que, cuando se reúnen
como iglesia, hay divisiones entre
ustedes, y hasta cierto punto lo
creo. 19 En efecto, es ineludible que
haya diferencias entre ustedes, para
que se manifieste quiénes de ustedes
tienen la aprobación de Dios.
20 Cuando se reúnen, no comen la
Cena del Señor, 21 porque, al comer,

[a] *28* Algunos Mss., *por causa de la conciencia, "porque la tierra es del Señor, y todo lo que hay en ella".* [b] *2* O tradiciones. [c] *4-7* O *4 todo hombre que ora o profetiza con cabello largo, deshonra su cabeza. 5 Y toda mujer que ora o profetiza sin cubrirse el cabello, deshonra su cabeza; es como las mujeres trasquiladas. 6 Si una mujer no tiene velo, que se quede por ahora con el cabello corto; pero como es una desgracia para la mujer tener el cabello trasquilado o rapado, debe dejarlo crecer nuevamente. 7 Los hombres no deben tener el cabello largo.*

cada uno se adelanta a tomar su
cena sin esperar a nadie más; y,
mientras unos pasan hambre, otros
se emborrachan. 22 ¿Es que acaso no
tienen casas para comer y beber
allí? ¿O desprecian la iglesia de Dios
y humillan a los que no tienen nada?
¿Qué puedo decirles? ¿Tendré que
alabarlos por esto? Ciertamente no.

23 Porque yo recibí del Señor lo
que también les pasé a ustedes: Que
el Señor Jesús, en la noche en que
fue entregado, tomó pan, 24 y, después de dar gracias, lo partió y dijo:
"Esto es mi cuerpo, que es para
ustedes; hagan esto en recuerdo
mío". 25 De la misma manera, después de haber cenado, tomó también
la copa, diciendo: "Esta copa es el
nuevo pacto en mi sangre; hagan
esto, cuantas veces la beban, en
recuerdo mío". 26 Porque cuantas
veces coman este pan y beban esta
copa, proclaman la muerte del
Señor, hasta que él venga.

27 Por lo tanto, el que coma el pan
o beba la copa del Señor de una
manera indigna, será culpable de
pecar contra el cuerpo y la sangre
del Señor. 28 Así que cada uno debe
examinarse a sí mismo antes de
comer el pan y beber la copa.
29 Porque el que come y bebe sin
reconocer el cuerpo del Señor, come
y bebe juicio para sí mismo. 30 Por
esto es por lo que hay entre ustedes
muchos débiles y enfermos y un
número considerable duermen.
31 Pues si nos juzgáramos a nosotros
mismos, no seríamos juzgados.
32 Cuando somos juzgados por el
Señor, él nos disciplina a fin de que
no seamos condenados con el mundo.

33 Así pues, hermanos míos, cuando se reúnan para comer, espérense
unos a otros. 34 Si alguno tiene hambre, que coma en su casa, para que
cuando se reúnan, no se dé ocasión
a juicio.

Cuando vaya les daré más instrucciones.

Los dones espirituales

12 En cuanto a los dones espirituales, hermanos, no quiero
que estén en la ignorancia. 2 Ya
saben que cuando eran paganos, de
una forma o de otra eran influencia-
dos y arrastrados a ídolos mudos.
3 Por eso les hago saber que nadie
que esté hablando bajo el impulso
del Espíritu de Dios, puede decir:
"Maldito sea Jesús"; como tampoco
puede decir nadie: "Jesús es el
Señor", a no ser bajo el impulso del
Espíritu Santo.

4 Hay diferentes clases de dones;
pero un mismo Espíritu. 5 Hay diferentes clases de servicios, pero un
mismo Señor. 6 Y hay también diferentes clases de actividades; pero el
mismo Dios las hace todas en todos
los hombres.

7 Ahora bien, a cada uno se le
otorga la manifestación del Espíritu
para el bien de la comunidad. 8 A
unos se les da mediante el Espíritu
el mensaje de sabiduría; a otros, el
mensaje de conocimiento por medio
del mismo Espíritu; 9 a otros, fe por
el mismo Espíritu; a otros, dones de
sanar por ese único Espíritu; 10 a
otros, poderes milagrosos; a otros, la
profecía; a otros, habilidad de distin-
guir entre los diversos espíritus; a
otros, la facultad de hablar en diferentes clases de lenguas;[a] y todavía
a otros, la facultad de interpretar las
lenguas.[b] 11 Todos estos son efecto
de un mismo y único Espíritu, quien
los da a cada uno, según su designio.

Un cuerpo, muchos miembros

12 El cuerpo forma una sola unidad, aunque esté formado de muchas
partes, y aunque todas las partes del
cuerpo son muchas, forman un solo
cuerpo. Lo mismo pasa con Cristo.
13 Porque todos nosotros fuimos
bautizados por[c] un mismo Espíritu
para formar un solo cuerpo, tanto
los judíos como los griegos; lo

[a] *10, 28, 30* O *idiomas.* [b] *13* O *en.* [c] *31* O *pero deseen vehementemente.*

mismo los esclavos o los libres, y a
todos se nos dio a beber de un
mismo Espíritu.
14 Ahora bien, el cuerpo no consta
de una sola parte, sino de muchas.
15 Si el pie dijera: "Como no soy
mano, no pertenezco al cuerpo, no
por eso dejaría de formar parte del
cuerpo. 16 Y si la oreja dijera:
"Como no soy ojo, no pertenezco al
cuerpo", no por eso dejaría de formar parte del cuerpo. 17 Si el cuerpo
entero fuera ojos, ¿dónde estaría el
sentido del oído? Y si todo el
cuerpo fuera oídos, ¿dónde estaría el
sentido del olfato? 18 Pero el hecho
es que Dios ha puesto cada una de
las partes en el lugar del cuerpo que
le ha parecido conveniente. 19 Si
todas ellas fueran una sola parte,
¿dónde estaría el cuerpo? 20 Según
está formado, hay muchas partes,
pero hay un solo cuerpo.
21 El ojo no le puede decir a la
mano: "No te necesito". Y la cabeza no le puede decir a los pies: "No
los necesito". 22 Por el contrario, las
partes del cuerpo que parecen más
débiles, son indispensables, 23 y a las
que nos parecen menos honrosas, las
tratamos con especial honra. Las
partes que no están presentables son
tratadas con especial recato, 24 mientras que las presentables no necesitan trato especial. De este modo
Dios ha combinado los miembros de
nuestros cuerpos, dando una mayor
honra a los miembros que carecían
de ella, 25 de forma que no hubiera
división en el cuerpo, sino que sus
partes se preocuparan mutuamente
en la misma medida las unas por las
otras. 26 Si una parte padece, todas
las demás partes comparten su sufrimiento; y si una parte es honrada,
todas las demás partes se alegran
con ella.
27 Pues bien: ustedes son el cuerpo
de Cristo, y cada uno de ustedes es
parte de él. 28 Y en la iglesia Dios
ha puesto: en primer lugar,
apóstoles; en segundo lugar, profetas; en tercero, maestros; después,
los que tienen el don de hacer milagros; también a los que tienen el
don de sanar, los que ayudan a
otros, los que tienen dones de administración y los que hablan diferentes clases de lenguas.[a] 29 ¿Son todos
apóstoles? ¿Son todos profetas?
¿Son todos maestros? ¿Todos hacen
milagros? 30 ¿Todos tienen el don de
sanar? ¿Todos hablan en lenguas[a]?
¿Todos interpretan? 31 Aspiren, más
bien, con todo anhelo[b] a los dones
de mayor importancia.

El amor

Y ahora les voy a mostrar el
camino más excelente.

13 Si hablo las lenguas[c] de los
hombres y de los ángeles
pero no tengo amor, soy solamente
un gong que resuena o como un
címbalo que retiñe. 2 Si tengo el don
de profecía y conozco a fondo todos
los misterios y todo el conocimiento,
y poseo una fe capaz de mover
montañas, pero no tengo amor, no
soy nada. 3 Si reparto entre los
pobres todo cuanto poseo, y si entrego mi cuerpo para ser consumido
por las llamas,[d] pero no tengo amor,
no soy nada.
4 El amor es paciente, el amor es
benigno. El amor no es envidioso;
no es jactancioso ni orgulloso; 5 no
se comporta groseramente, no busca
su propia utilidad, no se deja llevar
de la ira fácilmente, no guarda rencor. 6 El amor no se alegra de la
maldad, sino que se complace en la
verdad; 7 siempre protege, siempre
confía, siempre espera, siempre
persevera.
8 El amor nunca se acaba. Pero,
en cambio, donde hay profecías,
cesarán; donde hay lenguas, aca-
llarán; donde hay conocimiento,
desaparecerá. 9 Porque en parte
conocemos y en parte profetizamos;
10 pero, cuando llegue la perfección,

[a] *10, 28, 30* O *idiomas.* [b] *31* O *pero deseen vehementemente.* [c] *1* O *idiomas.* [d] *3* Algunos Mss. antiguos dicen, *mi cuerpo para jactarme.*

desaparecerá lo imperfecto. 11 Cuando yo era niño, hablaba como niño,
pensaba como niño y razonaba como
niño; cuando me hice hombre, dejé
a un lado las niñerías. 12 Ahora, sólo
vemos un pobre reflejo; entonces,
veremos cara a cara. Ahora, conozco en parte; entonces, conoceré tan
perfectamente como soy conocido.
13 Ahora permanecen estos tres: fe,
esperanza y amor. Pero el más excelente de ellos es el amor.

Los dones de profecía y de lenguas

14 Sigan por el camino del amor
y ansiosamente aspiren a los
dones espirituales, especialmente el
don de la profecía. 2 Porque el que
habla en lenguas, no habla a los
hombres, sino a Dios. A decir
verdad, nadie le entiende, mientras
él, en espíritu,[a] habla cosas misteriosas. 3 Pero el que profetiza, habla a
los hombres para fortalecerlos, ani-
marlos y consolarlos. 4 El que habla
en lenguas, se edifica a sí mismo;
pero el que profetiza, edifica a la
iglesia. 5 Yo querría que todos ustedes hablaran en lenguas, pero aún
preferiría que profetizaran. Pues el
que profetiza es superior al que
habla en lenguas, a no ser que también interprete, a fin de que la iglesia reciba edificación.
6 Ahora bien, hermanos, si me presento ante ustedes hablando en
lenguas, ¿de qué provecho les voy a
ser, a no ser que les ofrezca también alguna revelación, o algún
nuevo conocimiento, o alguna profecía o enseñanza? 7 Aun en el caso
de las cosas inanimadas que producen sonido, tales como la flauta o el
arpa, ¿cómo conocerá uno la
melodía que se toca, si no pueden
distinguirse las notas? 8 Y si la trompeta no da un toque definido, ¿quién
se alistará para la batalla? 9 Lo
mismo pasa con ustedes. A menos
que pronuncien con su lengua palabras inteligibles, ¿cómo conocerá
nadie lo que están diciendo? Será
como si hablaran al viento. 10 Sin
duda que hay toda clase de lenguas
en el mundo, pero no hay ninguna
sin sentido. 11 Por tanto, si yo no
capto el sentido de lo que alguien
está diciendo, seré un extranjero
para el que me habla, como también
él será un extranjero para mí. 12 Así
pasa con ustedes: Puesto que tanto
anhelan tener dones espirituales, traten de sobresalir en los dones que
sirven para edificación de la iglesia.
13 Por esta razón, quien hable en
lenguas, debe pedir a Dios que le dé
tambien el don de interpretar lo que
dice; 14 porque si yo hablo en
lenguas, mi espíritu está orando, pero
mi mente se queda sin sacar provecho. 15 Entonces, ¿qué debo hacer?
Orar con mi espíritu, pero orar también con mi mente; cantar con mi espíritu, pero cantar también con mi
mente. 16 Si estás alabando a Dios
con tu espíritu, ¿cómo podrá decir
"Amén" a tu acción de gracias uno
que se encuentre entre los que no entienden,[b] ya que no entiende lo que
estás diciendo? 17 Tú podrás hacer
muy bien tu acción de gracias, pero
el otro no saca ningún provecho.
18 Doy gracias a Dios de que hablo
en lenguas más que todos ustedes;
19 pero en la iglesia prefiero decir
cinco palabras inteligibles que sirvan
para instrucción de los demás, antes
que diez mil palabras con el don de
lenguas.
20 Hermanos, dejen ya de pensar
como niños. Sean niños sólo en
cuanto a la malicia, pero sean adul-
tos en cuanto a la mentalidad. 21 En
la ley está escrito:

Mediante hombres de lengua
extraña,
y por boca de extranjeros,
hablaré a este pueblo,
pero ni aun así me escucharán,[c]
dice el Señor.

22 De modo que el don de lenguas
es una señal no para los creyentes,
sino para los no creyentes; en

[a] *2 O, por el Espíritu.* [b] *16 O, entre los que preguntan.* [c] *21* Is. 28:11, 12; Deut. 28:49.

cambio, el don de profecía no lo es
para los que no son creyentes, sino
para los creyentes. 23 Si, pues, toda
la iglesia está reunida y todos se
ponen a hablar en lenguas, y entran
allí unos que no entienden[a] o no
creyentes, ¿no dirán que están
locos? 24 Pero si un no creyente o
uno que no entiende[b] entra cuando
todos están profetizando, se sentirá
convencido de que es pecador por lo
que oye de labios de todos, y sentirá que todos lo juzgan; 25 y los
secretos de su corazón quedarán al
descubierto; y, como consecuencia,
caerá de hinojos y adorará a Dios,
exclamando: ¡Dios está realmente
entre ustedes!

Adoren ordenadamente

26 Entonces, ¿qué decir, hermanos?
Cuando se reúnen, cada uno tiene
un himno, o unas palabras de instrucción, o una revelación o habla
en lenguas, o interpreta lo dicho en
lenguas. Todo esto debe hacerse
para fortalecimiento de la iglesia.
27 Si alguno habla en lenguas, que
hablen dos, o, a lo más, tres, y por
turno; y debe haber alguien que interprete lo dicho. 28 Si no hay nadie
que interprete, el que tenga el don
de lenguas debe callarse en la iglesia, y hablar en su interior consigo
mismo y con Dios.

29 Dos o tres profetas deben hablar
y los otros deben juzgar cuidadosamente lo que se haya dicho. 30 Y si
alguien que está sentado recibe una
revelación, entonces que se calle el
que estaba hablando; 31 porque todos
pueden profetizar por turno, a fin de
que todos reciban instrucción y ánimo. 32 Los espíritus de los profetas
están sometidos al control de los
profetas; 33 porque Dios no es un
Dios de desorden, sino de paz.

Como en todas las congregaciones
de los santos, 34 las mujeres deben
permanecer calladas en las iglesias.
No les está permitido hablar, sino
que deben mantenerse sumisas,
como dice la ley. 35 Si desean que
les aclaren algún punto, que se lo
pregunten en casa a sus maridos;
porque es indecoroso que una mujer
hable en la iglesia.

36 ¿O es que la palabra de Dios
tuvo su origen en ustedes, o ustedes
son los únicos que la han recibido?
37 Si alguno se cree profeta o dotado
de algún don espiritual, que tenga en
cuenta que lo que les estoy escribiendo es mandato del Señor. 38 Y si
ignora esto, también él será ignora-
do[c].

39 Así pues, hermanos míos, aspiren a tener el don de profecía, y
no prohíban hablar en lenguas.
40 Pero todo debe hacerse de una
manera correcta y ordenada.

La resurrección de Cristo

15 Y ahora, hermanos, quiero
recordarles el evangelio que
les prediqué, el cual recibieron y en
el cual se mantienen firmes. 2 Por
este evangelio son salvos si se aferran con firmeza a la palabra que les
prediqué. De no ser así, ustedes han
creído en vano.

3 Pues lo que yo mismo recibí es
lo que les transmití a ustedes como
de mayor importancia:[d] Que Cristo
murió por nuestros pecados de
acuerdo con las Escrituras; 4 que fue
sepultado; que fue resucitado al
tercer día, de acuerdo con las Escrituras; 5 y que se apareció a Pedro,[e]
y luego a los doce. 6 Después se
apareció a más de quinientos hermanos a la vez, la mayoría de los
cuales viven todavía, aunque algunos
ya duermen. 7 Luego se apareció a
Jacobo, más tarde a todos los apóstoles, 8 y al último de todos se me
apareció a mí también, como a un
abortivo.

9 Porque yo soy el más pequeño
de los apóstoles y ni siquiera merezco ser llamado apóstol, porque yo
perseguí a la iglesia de Dios. 10 Pero,

[a] *23 O, algunos que preguntan.* [b] *24 O, alguno que pregunta.* [c] *38* Algunos Mss., *déjenlo que ignore esto.* [d] *3 O les transmití a ustedes primeramente.* [e] *5* El griego dice, *Cefas.*

por la gracia de Dios soy lo que
soy; y la gracia que él me concedió
no ha quedado sin efecto, no, sino
que trabajé con más ardor que todos
ellos, a decir verdad, no yo, sino la
gracia de Dios que estaba conmigo.
11 En fin, ya sea que se trate de mí
o de ellos, esto es lo que predicamos, y esto lo que ustedes creyeron.

La resurrección de los muertos

12 Ahora bien, si se predica que
Cristo ha sido resucitado de entre
los muertos, ¿cómo es que hay algunos entre ustedes que dicen que
no hay resurrección de los muertos?
13 Si no existe la resurrección de los
muertos, entonces tampoco Cristo ha
resucitado. 14 Y si Cristo no ha resucitado, nuestra predicación es inútil
y lo mismo la fe de ustedes. 15 Más
aún, entonces resulta que somos
hallados como falsos testigos de
Dios, porque acerca de Dios testifi-
camos que resucitó a Cristo de los
muertos, a quien en realidad no
resucitó, si es cierto que los muertos
no resucitan; 16 pues si no resucitan
los muertos, entonces tampoco Cristo ha sido resucitado. 17 Y si Cristo
no ha sido resucitado, la fe de ustedes es vana; todavía están en sus
pecados. 18 Y entonces, también los
que han dormido en Cristo están
perdidos. 19 Si sólo para esta vida
hemos puesto nuestra esperanza en
Cristo, somos los más dignos de
lástima entre todos los hombres.

20 Pero lo cierto es que Cristo ha
sido resucitado de entre los muertos,
como primer fruto de los que durmieron. 21 Porque, así como por un
hombre vino la muerte, así también
la resurrección de los muertos viene
por un hombre; 22 pues, así como en
Adán todos mueren, así también en
Cristo todos encontrarán la vida.
23 Pero cada cual en el turno que le
corresponde: Cristo, como primer
fruto; después, cuando él venga, los
que le pertenecen; 24 y después
vendrá el final, cuando haga entrega
del reino a Dios, el Padre, tras
haber destruido todo dominio, autoridad y poder. 25 Pues él debe reinar
hasta que haya puesto a todos sus
enemigos bajo sus pies. 26 El último
enemigo en ser destruido será la
muerte, 27 porque él "ha puesto
todas las cosas bajo sus pies".[a]
Ahora bien, al decir que "todas las
cosas" le han sido sometidas, bien
claro está que en ellas no se incluye
a Dios mismo, que es quien las ha
puesto todas a los pies de Cristo.
28 Y cuando haya hecho esto, entonces también el Hijo mismo se some-
terá a él que puso a sus pies todas
las cosas, a fin de que Dios sea
todo en todos.

29 Y si no hay resurrección, ¿qué
harán los que se bautizan por los
muertos? Si los muertos no resucitan
en absoluto, ¿por qué se hacen
bautizar a favor de ellos? 30 Y por lo
que respecta a nosotros, ¿por qué
exponernos al peligro en cada
momento? 31 Cada día muero; se lo
aseguro, hermanos, tan seguro como
que ustedes son mi gloria en Cristo
Jesús nuestro Señor. 32 Y si mi lucha
en Efeso con aquellas bestias salva-
jes, fue por razones meramente
humanas, ¿qué he ganado con ello?
Si no resucitan los muertos,

Comamos y bebamos,
que mañana moriremos.[b]

33 No se dejen engañar: Las malas
compañías echan a perder las buenas
costumbres. 34 Regresen a su sano
juicio, como es su deber, y no sigan
pecando; pues hay algunos que son
ignorantes de Dios; para vergüenza
de ustedes lo digo.

El cuerpo de resurrección

35 Pero quizá pregunte alguno:
¿Cómo resucitan los muertos ? ¿Con
qué clase de cuerpo volverán a la
vida? 36 ¡Qué necios! Lo que siembras no vuelve a la vida si antes no
muere. 37 Y cuando siembras, no
plantas el cuerpo que luego ha de
surgir, sino una simple semilla,

[a] *27* Salmo 8:6. [b] *32* Is. 22:13.

tal vez de trigo o de algo más.
38 Pero luego Dios le da el cuerpo
que le tiene asignado, y a cada clase
de semilla le da su respectivo
cuerpo. 39 La carne no es toda de la
misma especie: Los hombres tienen
una clase de carne; los animales,
otra; las aves, otra; y otra los peces.
40 Hay también cuerpos celestiales y
hay cuerpos terrenales; pero el resplandor de los celestiales es diferente del de los terrenales. 41 El sol
tiene una clase de resplandor; la
luna tiene otra; y las estrellas, otra;
y una estrella se diferencia de otras
por su brillo.

42 Así ocurrirá también con la resurrección de los muertos. El cuerpo
que se entierra es perecedero, pero
resucitará imperecedero; 43 se entierra despreciable, resucitará glorioso; se entierra débil, resucitará poderoso; 44 se entierra un cuerpo natural, resucitará un cuerpo espiritual.

Si hay un cuerpo natural, también
hay un cuerpo espiritual. 45 Como
está escrito: "El primer hombre,
Adán, se hizo un ser viviente";[a] el
último Adán, espíritu vivificante.
46 Pero no vino primero lo espiritual,
sino lo natural, y después lo espiritual. 47 El primer hombre salió del
polvo de la tierra; el segundo hombre vino del cielo. 48 Así como fue el
hombre que salió de la tierra, así
son también los que son de la tierra;
y así como es el hombre que vino
del cielo, así son también los que
son del cielo. 49 Y de la misma
manera que ahora nos parecemos al
hombre que fue hecho de la tierra,
así también después nos parecere-
mos[b] al hombre que vino del cielo.

50 Les declaro, hermanos, que la
carne y la sangre no pueden heredar
el reino de Dios, ni lo perecedero
puede heredar lo imperecedero.
51 Escuchen, les digo un misterio:
No todos dormiremos, pero todos
seremos transformados; 52 en un instante, en un abrir y cerrar de ojos,
al toque de la trompeta final; pues,
cuando suene ésta, resucitarán in-
corruptibles los muertos, y nosotros
seremos transformados. 53 Porque lo
perecedero tiene que revestirse de lo
imperecedero; y lo mortal, de inmortalidad. 54 Y cuando lo perecedero se
haya revestido de lo imperecedero, y
lo mortal, de inmortalidad, entonces
tendrán su pleno cumplimiento las
palabras de lo que está escrito: "La
muerte ha sido sorbida victoriosa-
mente".[c]

55 ¿Dónde está, oh muerte, tu victoria?
¿Dónde está, oh muerte, tu
aguijón?[d]

56 El aguijón de la muerte es el pecado, y el poder del pecado es la ley.
57 Pero ¡gracias sean dadas a Dios!
El nos da la victoria por medio de
nuestro Señor Jesucristo.

58 Por consiguiente, queridos hermanos míos, manténganse firmes, in-
conmovibles. Siempre dense plenamente a la obra del Señor, sabedo-
res de que su trabajo por el Señor
no es en vano.

La colecta para el pueblo de Dios

16 Por lo que respecta a la
colecta para el pueblo de
Dios, hagan lo que les pedí que
hicieran las iglesias de Galacia. 2 El
primer día de cada semana, cada
uno de ustedes debe separar una
cierta cantidad de dinero de acuerdo
con sus ingresos, y ahorrarla, de forma que no haya que hacer colectas
cuando yo vaya. 3 Luego, cuando yo
llegue ahí, daré cartas de presentación a los hombres que consideren
idóneos y los enviaré con sus donativos a Jerusalén. 4 Y si es aconseja-
ble que vaya yo también, ellos me
acompañarán.

Encargos personales

5 Después de pasar por Macedonia,
iré a verlos, pues voy a pasar por

[a] *45* Gén. 2:7. [b] *49* Algunos Mss. antiguos, *así que parezcámonos.* [c] *54* Isaías 25:8.
[d] *55* Oseas 13:14.

Macedonia. [6]Quizás pase con ustedes algún tiempo, y hasta puede que
pase el invierno, a fin de que
puedan ayudarme en mi viaje adon-
dequiera que vaya. [7]No quiero
verlos ahora sólo de pasada, sino
que espero permanecer por algún
tiempo con ustedes, si el Señor lo
permite. [8]Pero me quedaré en Efeso
hasta Pentecostés, [9]porque se me ha
abierto una gran puerta para trabajo,
si bien son muchos los que se me
oponen.

[10]Si llega ahí Timoteo, procuren
que no tenga de qué temer mientras
está con ustedes, porque él trabaja
en la obra del Señor, lo mismo que
yo. [11]Así, pues, que nadie lo
menosprecie. Envíenlo de camino en
paz, a fin de que él pueda regresar a
mí. Lo estoy esperando junto con
los hermanos.

[12]En cuanto a nuestro hermano
Apolos, lo insté encarecidamente a
que les hiciera una visita en compañía de los hermanos. El no quería
de ninguna manera ir ahora, aunque
irá cuando tenga la oportunidad.

[13]Manténganse en vela; continúen
firmes en la fe; sean hombres de
valor; sean fuertes. [14]Hagan todo
con amor.

[15]Ya saben que la familia de Estéfanas fue la primera que se convirtió
en Acaya, y que se han puesto al
servicio de los santos. Los exhorto,
hermanos, [16]a que se sometan a
tales personas y a todo aquel que se
nos una en el trabajo y en el esfuerzo. [17]Me alegré de la llegada de
Estéfanas, de Fortunato y de Acai-
co, porque ellos han suplido lo que
les faltaba a ustedes, [18]ya que han
proporcionado refrigerio a mi espíritu
y también al de ustedes. Tales
personas merecen reconocimiento.

Saludos finales

[19]Las iglesias de la provincia de
Asia les envían saludos. Aquila y
Priscila[a] los saludan cordialmente en
el Señor, así como la iglesia que se
reúne en casa de ellos. [20]Todos los
hermanos de aquí les envían sus
saludos. Salúdense unos a otros con
beso santo.

[21]Yo, Pablo, escribo este saludo,
de mi puño y letra. [22]Si alguno no
ama al Señor, sea maldito. ¡Señor,
ven![b] [23]La gracia del Señor Jesús
sea con ustedes.

[24]Mi amor para todos ustedes en
Cristo Jesús. Amén.[c]

2 Corintios

1 Pablo, apóstol de Jesucristo por
voluntad de Dios, y Timoteo
nuestro hermano,

a la iglesia de Dios en Corinto, y
juntamente a todos los fieles que
residen a lo largo de toda la Acaya:

[2]Gracia y paz a ustedes de parte
de Dios nuestro Padre y del Señor
Jesucristo.

El Dios de todo consuelo

[3]Alabado sea el Dios y Padre de
nuestro Señor Jesucristo, el Padre
que es todo compasión y el Dios
que es todo consuelo, [4]quien nos
anima en todas nuestras tribulaciones, a fin de que nosotros podamos
animar también a los que se hallan

[a] *19* El griego dice *Prisca,* una variante de *Priscila.* [b] *22* El original emplea aquí la expresión aramea *maranatha* (¡Ven, oh Señor!). [c] *24* Algunos Mss. no tienen *Amén.*

en toda clase de tribulación, con el
consuelo que nosotros mismos
hemos recibido de Dios. 5 Pues así
como los padecimientos de Cristo
rebosan hasta extenderse a nuestras
vidas, así también, a través de Cristo, nuestro consuelo rebosa. 6 Si
tenemos tribulaciones, es para su
consuelo y salvación; y si nos sentimos animados, es para su consuelo, el cual produce en ustedes
una paciente constancia para soportar los mismos sufrimientos que también nosotros padecemos. 7 Y nuestra
esperanza por ustedes es firme, pues
sabemos que así como participan en
nuestros sufrimientos, así también
participan en nuestro consuelo.

8 No queremos que desconozcan,
hermanos, la aflicción que nos
sobrevino en la provincia de Asia.
Estuvimos bajo gran presión, muy
por encima de nuestra capacidad
para soportar, tanto que ya perdía-
mos las esperanzas hasta de escapar
con vida. 9 Lo cierto es que en
nuestro interior sentíamos la sentencia de muerte. Pero esto sucedió
para que no pusiéramos nuestra
confianza en nosotros mismos, sino
en Dios, quien resucita a los muertos. 10 El nos libró de tan tremendo
peligro de muerte y nos seguirá pro-
tegiendo, pues en él tenemos puesta
nuestra esperanza de que nos seguirá
librando, 11 contando también con la
ayuda de ustedes por medio de sus
oraciones; y así serán muchos los
que den gracias a Dios por causa
nuestra[a] por el beneficio otorgado a
nosotros en respuesta a las oraciones
de muchos.

Pablo cambia de planes

12 Y el motivo para gloriarnos es el
siguiente: Nuestra conciencia es
testigo de que nos hemos comportado en el mundo, y especialmente
en nuestra relación con ustedes, con
la santidad y sinceridad que
provienen de Dios; y no hemos
actuado así de acuerdo a la sabiduría
humana, sino de acuerdo a la gracia
de Dios. 13 Pues no les escribimos
ninguna cosa que no puedan leer o
entender; y espero que, 14 así como
ya nos han comprendido en parte,
también llegarán a comprender
perfectamente que pueden gloriarse
de nosotros, lo mismo que nosotros
nos gloriaremos de ustedes en el día
del Señor Jesús.

15 Con la seguridad de esta
confianza, tenía yo el proyecto de
visitarlos primero a ustedes para que
recibieran un doble beneficio. 16 Pla-
neaba visitarlos de paso para Macedonia, y volver de nuevo a ustedes
a mi regreso de Macedonia, y ser
encaminado por ustedes a Judea.
17 Al hacer estos planes, ¿acaso lo
hice a la ligera? ¿O es que yo hago
mis proyectos en una forma mundana, de manera que al mismo tiempo diga: sí, sí y no, no?

18 Pero tan cierto como que Dios
es fiel, el mensaje que les hemos
dirigido no es sí y no. 19 Porque el
Hijo de Dios, Jesucristo, que fue
predicado entre ustedes por mí, por
Silas[b] y por Timoteo, no fue sí y no,
sino que siempre ha sido sí. 20 Pues
todas las promesas que ha hecho
Dios, son sí en Cristo; por lo cual,
también por medio de Cristo respondemos amén a Dios, para darle gloria. 21 Y Dios es el que nos hace
permanecer firmes en Cristo, tanto a
nosotros, como a ustedes. Dios es
quien nos ha ungido, 22 y nos ha
marcado con el sello de su propiedad, depositando también en
nuestros corazones su Espíritu, en
garantía de lo que está por venir.

23 Llamo a Dios por mi testigo, de
que fue sólo por consideración a
ustedes por lo que yo no regresé a
Corinto. 24 No es que nos adueñe-
mos de su fe, sino sólo colaboramos
con ustedes para su gozo, pues es
por la fe por lo que se mantienen
firmes.

[a] *11* Muchos Mss. dicen *de ustedes.* [b] *19* El griego dice *Silvano,* una variante de *Silas.*

2 Así que yo he decidido no
volver a hacerles otra visita
penosa. [2]Porque si yo los aflijo,
¿quién me va a dar alegría a mí,
sino ustedes a quienes yo he afligido? [3]Les escribí como lo hice, a fin
de que, cuando yo llegara, no me
viera afligido precisamente por aquellos que deberían alegrarme. Yo
tenía confianza en todos ustedes de
que todos compartirían mi gozo.
[4]Porque les escribí con gran pesar y
angustia de corazón y con muchas
lágrimas, no para afligirlos, sino para
darles a conocer la profundidad del
amor que les tengo.

Perdón para el pecador

[5]Si alguno ha causado aflicción,
no me la ha causado a mí tanto
como a todos ustedes, hasta cierto
punto, para no decirlo en forma
demasiado severa. [6]Bástele a él el
castigo que le ha impuesto la
mayoría. [7]Ahora, por el contrario,
deben perdonarlo y darle ánimos, a
fin de que no se sienta abrumado
por el excesivo pesar. [8]Por tanto,
los exhorto a que reafirmen su amor
hacia él. [9]Pues el motivo por el que
les escribí fue comprobar si son obedientes en todo. [10]Si ustedes perdonan a alguien, yo también lo perdo-
no. Y lo que yo he perdonado, si
había algo que perdonar, lo he
perdonado en presencia de Cristo
por ustedes, [11]a fin de que Satanás
no nos tome ventaja; pues no ignoramos sus ardides.

Ministros del nuevo pacto

[12]Ahora bien, cuando llegué a
Troas para predicar el evangelio de
Cristo y hallé que el Señor había
abierto una puerta para mí, [13]no
tuve sosiego en mi interior, por no
encontrar allí a mi hermano Tito.
Así que me despedí de ellos y me
fui a Macedonia.

[14]Pero gracias sean dadas a Dios,
quien siempre nos conduce en
marcha triunfal en Cristo y por
medio de nosotros esparce por todas
partes la fragancia del conocimiento
de Cristo. [15]Pues nosotros somos
para Dios el aroma de Cristo entre
los que van por el camino de la
salvación y entre los que van por el
camino de la perdición. [16]Para éstos,
somos hedor de muerte; para
aquéllos, fragancia de vida. Y para
esta empresa, ¿quién es suficiente?
[17]A diferencia de tantos, nosotros
no traficamos con la palabra de
Dios, para provecho. Al contrario,
en Cristo nosotros hablamos ante
Dios con sinceridad, como hombres
enviados por Dios.

3 ¿Es que ya empezamos a recomendarnos a nosotros mismos
otra vez? ¿O es que necesitamos,
como algunos, cartas de recomendación para ustedes o de parte de
ustedes? [2]Ustedes mismos son
nuestra carta, escrita en nuestros
corazones, conocida y leída por
todos. [3]Ustedes muestran que son
una carta de Cristo, resultado de
nuestro ministerio, escrita no con
tinta, sino con el Espíritu del Dios
viviente; no en tablas de piedra, sino
en tablas de corazones humanos.

[4]Tal es la confianza que tenemos
por medio de Cristo delante de Dios.
[5]No es que tengamos competencia
para atribuirnos algo de lo que hacemos, sino que nuestra competencia
proviene de Dios; [6]pues él fue quien
nos capacitó para ser ministros de
un nuevo pacto, no de la letra, sino
del Espíritu; porque la letra mata,
pero el Espíritu da vida.

La gloria del nuevo pacto

[7]Y si el ministerio que causaba
muerte, el que estaba esculpido con
letras en piedra, vino rodeado de
gloria; tanto que los israelitas no
podían fijar su mirada en el rostro
de Moisés, a causa de la gloria que
en él se reflejaba, no obstante ser
tan efímera, [8]¿no será más glorioso
el ministerio del Espíritu? [9]Si el
ministerio que condena a los hombres es glorioso, ¡cuánto más

glorioso es el ministerio que trae
justificación! 10Porque lo que fue
glorioso, no tiene gloria ahora, en
comparación con esta gloria sobree-
minente. 11Y si lo que es tan efíme-
ro vino con gloria, ¡cuánto mayor
será la gloria de lo que está destinado a permanecer!

12Por consiguiente, puesto que
tenemos tal esperanza, procedemos
con toda franqueza. 13No hacemos
como Moisés, quien ponía un velo
sobre su rostro para evitar que los
israelitas lo contemplaran cuando su
fulgor iba desapareciendo. 14Pero
sus mentes estaban embotadas; pues
hasta el día presente continúa el
mismo velo cuando se lee el antiguo
pacto. Y no ha sido descorrido,
porque sólo en Cristo es quitado.
15Incluso hoy, cuando se lee a
Moisés, hay un velo que cubre sus
corazones. 16Pero siempre que alguien se convierte al Señor, queda
retirado el velo. 17Ahora bien, el
Señor es el Espíritu; y donde está el
Espíritu del Señor, hay libertad. 18Y
nosotros todos, que con el rostro
descubierto reflejamos[a] la gloria del
Señor, nos vamos transformando en
su imagen, cada vez con más gloria,
que viene del Señor, que es el Espíritu.

Tesoros en vasos de barro

4 Por tanto, ya que por la misericordia de Dios tenemos este
ministerio, no sentimos desfalleci-
miento. 2Más bien, hemos renunciado a toda actitud encubierta y
vergonzosa; no andamos con im-
posturas ni falseamos la palabra de
Dios. Por el contrario, dando a
conocer la verdad claramente, nos
recomendamos a nosotros mismos a
la conciencia de todo hombre en la
presencia de Dios. 3Y si se da el
caso de que nuestro evangelio queda
encubierto como con un velo, queda
velado para los que están pereciendo, 4pues el dios de este mundo ha
cegado las mentes de los incrédulos,
a fin de que no vean la luz del
evangelio de la gloria de Cristo, el
cual es imagen de Dios. 5Porque no
nos predicamos a nosotros mismos,
sino a Jesucristo como Señor; y nosotros nos proclamamos servidores de
ustedes por Jesús. 6Pues el mismo
Dios que dijo: "Brille la luz en las
tinieblas",[b] ha hecho brillar la luz en
nuestros corazones, para darnos la
luz del conocimiento de la gloria de
Dios, que resplandece en el rostro
de Cristo.

7Pero llevamos este tesoro en
vasijas de barro, para mostrar que
este sublime poder es de Dios y no
procede de nosotros. 8Somos oprimidos duramente por todas partes,
pero no somos aplastados; nos
vemos apurados, pero no desespera-
dos; 9perseguidos, pero no abandonados; derribados, pero no destruidos. 10Siempre llevamos de una parte a otra en nuestros cuerpos la
muerte de Jesús, a fin de que también la vida de Jesús se manifieste
en nuestro cuerpo; 11porque nosotros, los que estamos vivos, estamos continuamente siendo entregados a la muerte por causa de Jesús,
para que también la vida de Jesús se
manifieste en nuestro cuerpo mortal.
12Así pues, la muerte va trabajando
en nosotros; pero en ustedes va trabajando la vida.

13Está escrito: "Creí; por eso he
hablado".[c] Con ese mismo espíritu
de la fe, también nosotros creemos y
por eso hablamos, 14pues sabemos
que aquel que resucitó al Señor
Jesús de entre los muertos, nos
resucitará también a nosotros con
Jesús y nos presentará con ustedes
en su presencia. 15Todo esto es para
su beneficio, para que la gracia que
está alcanzando cada vez a más gente haga que se desborden las acciones de gracias para gloria de Dios.

16Por lo tanto no nos desanima-
mos, sino que, aun cuando exterior-
mente nos vamos desmoronando,

[a] *18* O *contemplamos.* [b] *6* Gén. 1:3. [c] *13* Salmo 116:10.

interiormente nos vamos rejuvene-
ciendo día tras día. 17 Porque estas
tribulaciones ligeras y momentáneas
que ahora padecemos nos están pro-
duciendo una gloria eterna que las
contrapesa a todas ellas. 18 Así que
tenemos fijos nuestros ojos, no en lo
que se ve, sino en lo que no se ve;
porque lo que se ve es temporal;
pero lo que no se ve es eterno.

Nuestra mansión celestial

5 Pues ya sabemos que si se
destruye esta tienda de campaña
terrenal en que vivimos, tenemos
una mansión de Dios, una morada
eterna en los cielos no levantada por
manos humanas. 2 Entretanto suspiramos, anhelando ser revestidos de
nuestra mansión celestial, 3 porque
cuando nos encontramos vestidos,
no seremos encontrados desnudos.
4 Pues mientras nos encontramos en
esta tienda de campaña, suspiramos
y nos sentimos agobiados, porque no
deseamos ser desvestidos, sino vestidos con nuestra mansión celestial,
para que lo que es mortal sea absor-
bido por la vida. 5 Y es el mismo
Dios quien nos ha hecho para este
fin y nos ha dado el Espíritu como
depósito, en garantía de lo que está
por venir.
6 Así que nos mantenemos siempre
confiados y sabemos que mientras
moramos en este cuerpo, estamos
lejos del Señor. 7 Vivimos por fe, no
por vista. 8 Pero nos mantenemos
confiados, repito, y preferiríamos
estar lejos de este cuerpo y estar en
casa con el Señor. 9 Así que ponemos todo nuestro empeño en agra-
darle, ya sea que moremos en
nuestro cuerpo o que estemos lejos
de él. 10 Porque todos debemos comparecer ante el tribunal de Cristo,
para que cada uno reciba su retribu-
ción conforme a lo que haya hecho
mientras estaba en el cuerpo, ya
hayan sido buenas o malas obras.

El ministerio de la reconciliación

11 Sabiendo, pues, lo que es temer
al Señor, tratamos de persuadir a los
hombres. Lo que somos está mani-
festo a Dios, y yo espero que esté
también manifiesto a la conciencia
de ustedes. 12 No estamos intentando
recomendarnos a nosotros mismos
otra vez a ustedes, sino que les
estamos dando una oportunidad de
gloriarse en nosotros, para que
puedan responder a los que se
glorían de las apariencias más bien
que de lo que hay en el corazón.
13 Si estamos faltos de juicio, lo
hacemos por Dios; y si estamos en
nuestro sano juicio, es por ustedes.
14 Porque el amor de Cristo nos
apremia, pues estamos convencidos
de que uno murió por todos, y por
tanto todos murieron. 15 Y por todos
murió él, para que los que viven, ya
no vivan para sí mismos, sino para
él que murió por ellos y fue resucitado de nuevo a la vida.
16 De suerte que desde ahora no
consideramos a nadie desde un punto de vista mundano. Y aunque en
otro tiempo consideramos a Cristo
de esta manera, ahora ya no lo
hacemos así. 17 De manera que si alguno está en Cristo, es una nueva
criatura. ¡Lo viejo pasó! ¡Ha venido
lo nuevo! 18 Todo esto se lo debemos a Dios, el cual nos reconcilió
consigo mismo por medio de Cristo
y nos ha confiado el ministerio de la
reconciliación: 19 que Dios estaba
reconciliando al mundo consigo en
Cristo, no tomándoles en cuenta a
los hombres sus pecados. Y él ha
puesto en nuestras manos el mensaje
de la reconciliación. 20 Por tanto,
somos embajadores de Cristo, como
si Dios estuviera haciendo su invitación por medio de nosotros. De parte de Cristo, les imploramos:
reconcíliense con Dios. 21 Al que no
tenía pecado, Dios lo hizo pecado[a]

[a] 21 *U ofrenda por el pecado.*

por nosotros, para que en él llegára-
mos a ser la justicia de Dios.

6 Como colaboradores de Dios,
los urgimos a que no reciban en
vano la gracia de Dios. 2 Porque
dice:

En el tiempo de mi favor te escuché,
y en el día de la salvación te
ayudé.[a]

Yo les aseguro que ahora es el tiempo del favor de Dios: ahora es el día
de la salvación.

Privaciones de Pablo

3 No ponemos piedra de tropiezo
en el camino de nadie, para que
nuestro ministerio no caiga en
descrédito; 4 sino que, más bien, en
todo nos mostramos como servidores
de Dios: con mucha paciencia; en
tribulaciones, dificultades y angustias; 5 en azotes, prisiones y tumul-
tos; en trabajos duros, noches en
vela y hambre; 6 con pureza, comprensión, paciencia y bondad; en el
Espíritu Santo y con amor sincero;
7 con palabras veraces y con el
poder de Dios; usando las armas de
la rectitud tanto en la mano derecha
como en la izquierda; 8 a través de
honores y deshonras, de calumnias y
de alabanzas; siendo genuinos,
somos considerados como impostores; 9 siendo conocidos, somos considerados como desconocidos; tenidos por muertos, con todo seguimos
con vida; castigados, no hemos llegado a sufrir la muerte; 10 aunque
afligidos, siempre estamos alegres;
siendo nosotros pobres, hacemos
ricos a muchos; no teniendo nada,
en realidad lo poseemos todo.

11 Les hemos hablado con toda sinceridad, corintios, y les hemos abierto nuestro corazón de par en par.
12 No les retiramos nuestro afecto,
sino que son ustedes quienes nos
retiran el suyo. 13 Para que haya
justa reciprocidad, les hablo como a
hijos míos, ábrannos también sus
corazones de par en par.

No se unan con los incrédulos

14 No se unan con los incrédulos.
Porque, ¿qué tienen en común la
rectitud y la maldad? ¿O qué comunión puede tener la luz con las tinieblas? 15 ¿Qué armonía puede haber
entre Cristo y Belial[b]? ¿Qué tiene en
común un creyente con un incrédulo? 16 ¿Qué acuerdo cabe entre el
templo de Dios y los ídolos? Porque
nosotros somos templo del Dios
viviente. Como Dios mismo ha
dicho:

Yo viviré con ellos y andaré entre ellos,
y seré su Dios, y ellos serán mi
pueblo.[c]
17 Por tanto, salgan de en medio de
ellos y vivan apartados, dice el
Señor.
No toquen cosa inmunda, y yo
los recibiré.[d]
18 Yo seré para ustedes un Padre,
y ustedes serán mis hijos y mis
hijas, dice el Señor Omnipotente.[e]

7 Puesto que tenemos estas promesas, queridos amigos, purifi-
quémonos de todo cuanto contamina
el cuerpo y el espíritu, perfeccionan-
do la santidad por respeto a Dios.

Gozo de Pablo

2 Hagan sitio para nosotros en sus
corazones. A nadie hemos agraviado,
a nadie hemos perjudicado, a nadie
hemos explotado. 3 No digo esto
para condenarlos; ya he dicho antes
que tienen un sitio tan grande en
nuestro corazón, que estamos dispuestos a vivir y a morir juntamente
con ustedes. 4 Tengo muchísima
confianza en ustedes; me enorgullez-
co mucho de ustedes. Estoy lleno de
ánimo; en todas mis aflicciones, mi
gozo no tiene límites.

5 Porque cuando llegué a Macedonia, este cuerpo nuestro no tuvo un

[a] *2* Is. 49:8. [b] *15* El griego dice, *Beliar*, una variante de Belial. [c] *16* Lev. 26:12; Jer. 32:38; Ez. 37:27. [d] *17* Is. 52:11; Ez. 20:34, 41. [e] *18* 2 Sam. 7:8, 14.

momento de reposo, pues éramos atribulados por todas partes; conflictos por fuera, temores por dentro. 6 Pero Dios que consuela a los abatidos, nos consoló con la llegada de Tito; 7 y no sólo con su llegada, sino también con el consuelo que recibió de ustedes. El nos habló de su afecto hacia mí, de su profunda pena y de su ardiente preocupación por mí, tanto que mi gozo fue más grande que nunca.

8 Y aun cuando les causé pena con mi carta, no me pesa de ello. Aunque me dio pesar, pues veo que mi carta los molestó, aunque sólo fue por breve tiempo, 9 ahora me siento feliz, no porque se apenaron, sino porque su pesar los condujo al arrepentimiento; pues se apesadumbraron conforme agrada a Dios, y así no recibieron ningún daño de nuestra parte. 10 El pesar que es según Dios produce un arrepentimiento que conduce a la salvación y no deja huellas de pesadumbre, pero el pesar mundano produce la muerte. 11 Vean, si no, lo que este santo pesar ha producido en ustedes: qué gran interés, qué afán por disculparse, qué indignación, qué alarma, qué afecto, qué preocupación, qué disposición para ver que se haga justicia. En todas formas han demostrado que eran inocentes en este asunto. 12 Así que, aun cuando les escribí, no fue con miras al que causó la ofensa o a la parte que resultó ofendida, sino más bien para que en la presencia de Dios pudieran ver por ustedes mismos el interés que tienen por nosotros. 13 Todo esto nos ha llenado de ánimo.

Y por añadidura a nuestro propio consuelo, recibimos una alegría especial al ver cuán feliz se sentía Tito, porque su espíritu ha sido reanimado por todos ustedes. 14 Yo me jacté de ustedes ante él, y no me han apenado, sino que, así como todo lo que les dijimos era verdad, así también nuestra jactancia ante Tito acerca de ustedes resultó también ser verdadera. 15 Y el afecto que les tiene es mucho mayor ahora, cuando se acuerda de que todos ustedes fueron obedientes, recibiéndolo con respeto y temblor. 16 Estoy contento de poder tener completa confianza en ustedes.

Exhortación a la generosidad

8 Y ahora, hermanos, quiero que sepan la gracia que Dios ha otorgado a las iglesias de Macedonia. 2 En medio de la más severa prueba, su gozo rebosante y su extrema pobreza se desbordaron en rica generosidad. 3 Pues yo doy fe de que dieron tanto como podían, y aun más de lo que podían. Con toda espontaneidad 4 nos rogaban insistentemente que les concediéramos el privilegio de tomar parte en este servicio en favor de los santos. 5 Y no lo hicieron conforme esperábamos, sino que se entregaron a sí mismos primeramente al Señor y después a nosotros, de acuerdo con la voluntad de Dios. 6 De tal modo que rogamos a Tito que, ya que él había comenzado antes esta labor, llevara también a feliz término entre ustedes esta obra de gracia. 7 Pero, así como ustedes sobresalen en todo: en fe, en palabras, en conocimiento, en perfecta solicitud y en su amor hacia nosotros,[a] procuren también sobresalir en esta gracia de dar.

8 No se lo estoy ordenando, pero quiero probar la sinceridad de su amor, comparándolo con la solicitud de otros. 9 Pues ya conocen la gracia de nuestro Señor Jesucristo, quien, aun siendo rico, con todo, se hizo pobre por ustedes, a fin de que ustedes llegaran a ser ricos mediante su pobreza.

10 Y aquí va mi consejo respecto a lo que es mejor para ustedes en este asunto: El año pasado, ustedes fueron los primeros, no sólo en dar, sino también en tener el deseo de hacerlo. 11 Lleven, pues, ahora a

[a] 7 Algunos Mss. dicen: *en nuestro amor hacia ustedes.*

feliz término la obra comenzada, de
modo que la prontitud de su disposición para dar corresponda con la
generosidad de llevar a cabo la
colecta de acuerdo con sus posibilidades. 12 Porque cuando hay voluntad de dar, la dádiva es bien recibida de acuerdo con lo que uno tiene,
no de acuerdo con lo que uno no
tiene.

13 No es nuestro deseo que otros
queden aliviados mientras ustedes
son oprimidos duramente, sino que
haya igualdad. 14 En las circunstancias presentes la abundancia de ustedes remediará la escasez de ellos, a
fin de que cuando ellos, a su vez,
abunden, puedan también remediar
la escasez de ustedes. Y así habrá
equidad, 15 como está escrito:

Quien recogió mucho, no tuvo en
demasía
y quien recogió poco no padeció
escasez.[a]

Tito es enviado a Corinto

16 Doy gracias a Dios, quien puso
en el corazón de Tito la misma
preocupación que tengo yo por ustedes. 17 Porque Tito no sólo acogió
bien nuestra invitación, sino que va
hacia ustedes con mucho entusiasmo
y de su propia iniciativa. 18 Y junto
con él les enviamos al hermano que
se ha ganado las alabanzas de todas
las iglesias por los servicios presta-
dos al evangelio. 19 Y lo que es más:
él ha sido escogido por las iglesias
para que nos acompañe cuando lle-
vemos la ofrenda, que nosotros
administramos para honra del mismo
Señor y prueba de nuestra solicitud
en ayudar. 20 Deseamos evitar
cualquier crítica sobre la forma en
que administramos este generoso
donativo; 21 porque nos esmeramos
en hacer lo que está bien, no sólo a
los ojos del Señor, sino también a
los ojos de los hombres.

22 También les enviamos con ellos
al otro hermano nuestro, que nos ha
demostrado en muchas ocasiones y
de muchas maneras que es celoso, y
ahora todavía más por la gran
confianza que tiene en ustedes. 23 En
cuanto a Tito, es mi compañero y
colaborador entre ustedes; y por lo
que se refiere a los otros hermanos
nuestros, son representantes de las
iglesias y una honra para Cristo.
24 Por tanto, muestren a estos hombres la prueba de su amor y la
razón de nuestra jactancia en ustedes, de manera que todas las iglesias
lo puedan ver.

9 No hace falta que les escriba
acerca de este servicio en ayuda de los santos; 2 porque ya conozco su interés en ayudar, y de ello
me he jactado ante los macedonios,
diciéndoles que desde el año pasado
ustedes los de Acaya estaban preparados para dar; y su entusiasmo ha
estimulado a la mayoría de ellos a
actuar. 3 Con todo, les envío a estos
hermanos a fin de que nuestra
jactancia acerca de ustedes en este
punto no quede vana, sino que estén
preparados, como ya he dicho que
estarían. 4 Porque si llegan a venir
conmigo algunos de Macedonia y los
encuentran desapercibidos, nosotros,
por no decir nada de ustedes, nos
veríamos avergonzados de haber
estado tan seguros. 5 Así que he
creído necesario instar a los hermanos a que se adelanten a visitarlos y completen los preparativos
para esa generosa colecta que ya
habían prometido. Entonces estará
preparada como donativo generoso,
y no como una tacañería dada de
mala gana.

Sembrando con generosidad

6 Recuerden esto: El que siembra
escasamente, escasamente cosechará
también, y el que siembra abundantemente, abundantemente cosechará
también. 7 Cada uno debe dar según
lo que ha determinado dar en su
corazón, no de mala gana o bajo
presión porque Dios ama al dador
alegre. 8 Y Dios es poderoso para

[a] *15* Exodo 16:18.

hacerlos abundar en todo género de
gracias, de forma que en todas las
cosas y en todo tiempo, teniendo
todo cuanto necesiten, abunden también en toda buena obra. 9 Como
está escrito:

Repartió con largueza sus dones
entre los pobres;
su justicia permanece para siempre.[a]

10 Y el que provee de semilla al que
siembra y de pan para su alimento,
proveerá también y aumentará sus
graneros y ensanchará la cosecha de
su justicia. 11 Serán enriquecidos en
todos los sentidos para que puedan
ser generosos en cualquier ocasión;
y, por medio de nosotros, esa su
generosidad producirá acciones de
gracias a Dios.

12 Este servicio que están realizando no sólo va remediando las necesidades del pueblo de Dios, sino que
rebosa de numerosas acciones de
gracias a Dios. 13 A causa del servicio por el cual se han probado a
ustedes mismos, los hombres ala-
barán a Dios por la obediencia que
acompaña a su confesión del evangelio de Cristo, y por su liberalidad en
compartir sus bienes con ellos y con
todos los demás. 14 Y en sus oraciones por ustedes, sus corazones
derramarán el afecto que les tienen,
a causa de esa extraordinaria gracia
que Dios les ha otorgado. 15 ¡Gracias
sean dadas a Dios por su don in-
descriptible!

Pablo defiende su ministerio

10 Por la mansedumbre y la
bondad de Cristo, apelo a
ustedes yo, Pablo, ¡que soy "tími-
do" cuando me encuentro cara a
cara con ustedes, pero soy tan
"atrevido" cuando estoy lejos! 2 Les
suplico que cuando vaya, tenga que
ser tan atrevido como lo espero ser
frente a algunos que se figuran que
vivimos bajo las normas de este
mundo. 3 Porque, aunque vivimos en
el mundo, no emprendemos guerras
como lo hace el mundo. 4 Las armas
con que combatimos no son las armas del mundo, sino que poseen el
divino poder de derribar fortalezas.
5 Desbaratamos argumentos y toda
pretensión arrogante que se levanta
contra el conocimiento de Dios y
hacemos prisionero a todo pensamiento para que obedezca a Cristo. 6 Y estaremos dispuestos a castigar cualquier acto de desobediencia,
tan pronto como su obediencia sea
completa.

7 Sólo se fijan en la superficie de
las cosas.[b] Si alguno está convencido
de que pertenece a Cristo, debería
considerar de nuevo en su interior
que nosotros pertenecemos también
a Cristo tanto como él. 8 Pues aun
cuando yo me haya excedido un
poco al jactarme de la autoridad que
el Señor nos otorgó para su edificación más bien que para su destrucción, no voy a avergonzarme de
ello. 9 No pretendo parecer como si
quisiera amedrentarlos con mis cartas. 10 Porque hay algunos que dicen:
"Sus cartas son duras y fuertes,
pero él en persona causa una pobre
impresión y como orador no vale la
pena". 11 Tales personas deberían
percatarse de que lo que somos en
nuestras cartas cuando estamos
ausentes, eso seremos en nuestras
acciones cuando estemos presentes.

12 Nosotros no nos atrevemos a
clasificarnos o a comparar nos con
algunos que se recomiendan a sí
mismos. Cuando se miden a sí
mismos con ellos mismos y cuando
se comparan a sí mismos con ellos
mismos, no tienen sentido común.
13 Nosotros, en cambio, no vamos a
gloriarnos desmedidamente, sino que
vamos a limitar nuestra jactancia al
campo que Dios nos ha asignado, un
campo que los alcanza incluso a
ustedes. 14 No vamos a extralimitar-
nos en nuestra jactancia, como sería
el caso si no hubiéramos llegado a
ustedes, pues en realidad llegamos

[a] *9* Salmo 112:9. [b] *7* O *fíjense en los hechos obvios.*

hasta ustedes con el evangelio de
Cristo. 15 No nos extralimitamos
jactándonos en el trabajo hecho por
otros,[c] sino que esperamos que, a
medida de que vaya progresando su
fe, el área de nuestra actividad entre
ustedes se ensanchará grandemente,
16 a fin de que podamos predicar el
evangelio en las regiones que se
extienden más allá de sus fronteras;
porque no queremos gloriarnos en el
trabajo ya hecho en el territorio de
otra persona. 17 El que se gloría, que
se gloríe en el Señor. 18 Porque no
es el hombre que se recomienda a sí
mismo el que es aprobado, sino
aquél a quien el Señor recomienda.

Pablo y los falsos apóstoles

11 Espero que me aguanten un
poco de necedad; aunque en
realidad ya lo están haciendo.
2 Estoy celoso de ustedes con celo
divino; porque los tengo prometidos
a un solo esposo, a Cristo, para
poder presentarlos a él como una
virgen pura. 3 Pero me temo que, así
como Eva fue seducida por la astucia de la serpiente, así también sus
pensamientos puedan de alguna
manera ser descarriados de su sincera y pura consagración a Cristo.
4 Porque si alguno llega a ustedes
predicando un Jesús diferente del
Jesús que les hemos predicado, o si
reciben un espíritu diferente del que
han recibido, o un evangelio diferente del que han aceptado, lo toleran
con demasiada facilidad. 5 Pero yo
no me considero como inferior en
nada a tales superapóstoles. 6 Quizás
no sea un orador preparado, pero
tengo el conocimiento. Esto ya lo he
dejado perfectamente claro ante ustedes en todas las maneras.

7 ¿O es que cometí un pecado al
rebajarme a mí mismo para que
quedaran en alto ustedes, predicán-
doles gratuitamente el evangelio de
Dios? 8 Despojé a otras iglesias, al
recibir de ellas ayuda para servirles
a ustedes. 9 Y cuando estuve entre
ustedes y necesité algo, no fui una
carga para nadie, porque los hermanos que vinieron de Macedonia
me proveyeron de lo que necesitaba.
Me he cuidado muy bien de ser una
carga para ustedes en ninguna cosa,
y continuaré haciéndolo así. 10 Tan
cierto como que la verdad de Cristo
mora en mí, nadie en las regiones de
Acaya podrá privarme de esta gloria.
11 ¿Por qué? ¿Porque no los amo?
¡Dios sabe que sí los amo! 12 Y continuaré haciendo lo que hago, a fin
de quitar todo pretexto a quienes
buscan la oportunidad de considerar-
se iguales a nosotros en las cosas de
que se jactan.

13 Porque tales individuos son
falsos apóstoles, obreros fraudulen-
tos, que se disfrazan de apóstoles de
Cristo. 14 Y no es extraño, porque el
mismo Satanás se disfraza de ángel
de luz. 15 No hay que sorprenderse,
pues, de que sus servidores se
disfracen de siervos de la justicia.
Pero su final corresponderá a lo que
sus acciones merecen.

Pablo se jacta de sus sufrimientos

16 Lo repito: Que nadie me tome
por loco. Pero si lo hacen, recíban-
me como a loco, a fin de que yo
también pueda jactarme un poco.
17 Al hacer ostentación de esta
jactancia, no estoy hablando como el
Señor querría, sino como un loco.[b]
18 Pues ya que muchos se jactan en
la forma en que lo hace el mundo,
yo también me jactaré; 19 porque de
buena gana aguantan a los locos,
siendo sensatos como son. 20 De
hecho, aguantan incluso a cualquiera
que los esclaviza, o los explota, o se
aprovecha de ustedes, o se comporta
con altanería, o les da una bofetada.

[a] *15* O: *13 Nosotros, en cambio, no vamos a gloriarnos en cosas que no se pueden medir, sino que nos gloriaremos según el tipo de medida que el Dios de medida nos ha asignado, una medida que se refiere incluso a ustedes. 14...15 Ni nos gloriamos en cosas que no se pueden medir con respecto al trabajo hecho por otros.* [b] *17* Jer 9:24.

21 Para vergüenza mía confieso que
nosotros hemos sido demasiado débiles como para hacer tales cosas.
De lo que cualquiera otro se atre-
va a jactarse, estoy hablando como
un insensato, también yo me atrevo
a jactarme. 22 ¿Que son hebreos?
También yo. ¿Que son israelitas? Yo
también. ¿Que son descendientes de
Abraham? Yo también. 23 ¿Que son
siervos de Cristo? (Estoy delirando
al hablar así.) Yo más: he trabajado
mucho más duramente, he sido encarcelado más veces, he recibido
muchos más azotes, he estado
expuesto a morir una y otra vez.
24 Cinco veces he recibido de los
judíos los cuarenta azotes menos
uno. 25 Tres veces fui golpeado con
varas, una vez fui apedreado, tres
veces padecí naufragio, pasé un día
y una noche en mar abierto; 26 mi
vida ha sido un continuo viajar de
una parte a otra, con peligros en los
ríos, con peligros de bandidos, con
peligros de parte de mis compatriotas, con peligros de parte de los
gentiles, con peligros en las ciudades, con peligros en el campo, con
peligros en el mar, y con peligros de
parte de falsos hermanos; 27 he pasado muchos trabajos y fatigas, y
muchas noches sin dormir; con hambre y con sed y frecuentemente sin
alimento, con frío y con falta de
ropa. 28 Y dejando aparte otras
cosas, lo que me abruma, lo que
tengo que afrontar cada día: la preocupación por todas las iglesias.
29 ¿Quién está débil, sin que yo me
sienta débil también? ¿Quién es in-
citado a pecar, sin que yo me
queme interiormente?
30 Si debo alardear, me jactaré de
las cosas que muestran mi debilidad.
31 El Dios y Padre del Señor Jesús,
que por siempre sea alabado, sabe
que no estoy mintiendo. 32 En
Damasco, el gobernador del rey Are-
tas había puesto estrecha vigilancia
en la ciudad a fin de arrestarme;
33 pero fui descolgado en una espuer-
ta a través de una ventana abierta
en el muro, escapando así de sus
manos.

Visión de Pablo y la espina en su carne

12 Debo seguir jactándome.
Aunque nada se gane con
ello, paso a referirme a las visiones
y revelaciones del Señor. 2 Sé de un
hombre que vive en Cristo, que hace
catorce años fue arrebatado al tercer
cielo. Si fue con el cuerpo o separado del cuerpo, no lo sé; Dios lo
sabe; 3 y sé que este hombre, si fue
con el cuerpo o separado del
cuerpo, no lo sé, pero lo sabe Dios,
4 fue arrebatado al paraíso, y allí oyó
cosas que no se pueden expresar,
cosas que no está permitido al hombre decir. 5 En un hombre como éste
sí que me jactaré, pero no me
jactaré de mí mismo, a no ser de
mis debilidades. 6 Pues, aun cuando
realmente pretendiera gloriarme, no
sería un loco, porque estaría diciendo la verdad. Pero me abstendré de
hacerlo, para que nadie se forme de
mí un concepto superior a lo que en
mí ve o me oye decir.
7 Para preservarme de volverme
orgulloso a causa de esas sublimes
revelaciones, me fue dada una es-
pina clavada en mi carne, un emisa-
rio de Satanás, para que me ator-
mente. 8 Por tres veces rogué al
Señor que la alejara de mí; 9 pero él
me dijo: ''Con mi gracia te basta,
pues mi poder se muestra perfecto
en la debilidad''. Así pues, muy a
gusto me gloriaré todavía en mis
debilidades, a fin de que resida en
mí el poder de Cristo. 10 Por lo cual
me complazco en las debilidades, en
los insultos, en las necesidades, en
las persecuciones y en las dificultades sufridas por causa de Cristo;
porque cuando soy débil, entonces
soy fuerte.

Preocupación de Pablo por los corintios

11 He hecho de mí un loco, pero
ustedes me han impulsado a ello.

Pues ustedes mismos son los que
debían haberme recomendado,
porque en nada soy yo inferior a los
superapóstoles, aun cuando no soy
nada. 12 Las cosas que caracterizan a
un apóstol, señales, prodigios y milagros, fueron hechas entre ustedes
con gran perseverancia. 13 ¿En qué
han sido inferiores a las demás iglesias, excepto en que yo mismo nunca les he sido una carga? ¡Perdónen-
me este error!

14 Ahora estoy dispuesto a visitarlos por tercera vez, y no seré una
carga para ustedes, porque no busco
sus bienes, sino a ustedes. Después
de todo, no son los hijos los que
deben atesorar para los padres, sino
los padres para los hijos. 15 Así que
yo muy a gusto gastaré por ustedes
cuanto tengo y me derrocharé a mí
mismo. Si los amo más, ¿me amarán
menos? 16 Pero, sea como sea, yo no
he sido una carga para ustedes. ¡Lo
que pasa es que, como soy tan astu-
to, los he cazado con engaño!
17 ¿Acaso los he explotado por
medio de alguno de los hombres que
les he enviado? 18 Insté a Tito a que
fuera a verlos y envié con él al otro
hermano. ¿Se aprovechó Tito de
ustedes? ¿No actuamos todos con el
mismo espíritu y seguimos los
mismos pasos?

19 ¿Han estado pensando durante
todo este tiempo que nos hemos
estado defendiendo a nosotros
mismos ante ustedes? No, sino que
hemos estado hablando en la presencia de Dios como los que están en
Cristo; y todo cuanto hacemos,
queridos amigos, es para fortalecerlos. 20 Porque me temo que cuando
yo llegue, no los voy a encontrar
como yo quiero que estén, y ustedes
no me van a encontrar como quieren
que yo esté. Temo que haya contiendas, envidias, arrebatos de ira,
rivalidades, calumnias, murmuracio-
nes, insolencias y desórdenes.
21 Temo que, al llegar yo de nuevo,
me humille mi Dios ante ustedes, y
que tenga que lamentarme por
muchos que han pecado anteriormente y no se han arrepentido de su impureza, de su inmoralidad sexual y
de la lascivia a que se habían entregado.

Advertencias finales

13 Esta será la tercera visita
que les hago. Todo asunto
debe ser decidido mediante el testimonio de dos o tres testigos.[a] 2 Ya
se lo advertí antes cuando estuve
con ustedes por segunda vez, y se
lo repito ahora que estoy ausente:
Cuando llegue en mi próxima visita,
no andaré con miramientos con los
que antes pecaron y con todos los
demás, 3 ya que están demandando
una prueba de que es Cristo el que
habla por medio de mí. El no es
débil en su modo de actuar entre
ustedes, sino que es poderoso.
4 Porque sí es cierto que fue crucificado en la debilidad; sin embargo
está vivo por el poder de Dios. De
manera semejante, somos débiles en
él, pero viviremos con él, mediante
el poder de Dios, para servirles a
ustedes.

5 Examínense a ustedes mismos
para ver si están en la fe; pruébense
a ustedes mismos. ¿No se dan cuenta de que Cristo Jesús está en ustedes? A no ser, por supuesto, que no
salgan aprobados del examen. 6 Y yo
confío en que ustedes descubrirán
que nosotros no hemos fallado en el
examen. 7 Ahora rogamos a Dios que
no hagan nada malo; no para que la
gente vea que hemos salido airosos
de la prueba, sino para que hagan lo
que está bien, aun cuando parezca
que nosotros hemos fallado. 8 Pues
nosotros no podemos hacer nada
contra la verdad, sino que estamos
al servicio de la verdad. 9 En realidad, nos alegramos cuando nos sentimos débiles, pero vemos que ustedes están fuertes; y oramos a Dios,
por su perfección. 10 Por esta razón
les escribo esto en mi ausencia, a

[a] *1* Deut. 19:15.

fin de que cuando llegue ahí, no
tenga que ser severo en el uso de
mi autoridad, la autoridad que el
Señor me otorgó para edificarlos, no
para destruirlos.

Saludos finales

11 Finalmente, hermanos, adiós.
Aspiren a la perfección; presten
oídos a mi exhortación; tengan un
mismo sentir y vivan en paz. Y el
Dios del amor y de la paz estará
con ustedes.
12 Salúdense unos a otros con un
beso santo. 13 Todos los santos les
envían sus saludos.
14 Que la gracia del Señor Jesucristo, el amor de Dios y la comunión
del Espíritu Santo sean con todos
ustedes.

GÁLATAS

1 Pablo, apóstol, enviado no de
parte de hombres ni por medio
de ningún hombre, sino por Jesucristo y por Dios Padre, que lo resucitó
de entre los muertos, 2 y todos los
hermanos que están conmigo,
a las iglesias de Galacia:
3 Gracia y paz a ustedes de parte
de Dios nuestro Padre y del Señor
Jesucristo, 4 quien se entregó a sí
mismo por nuestros pecados, para
rescatarnos del perverso mundo presente, de acuerdo con la voluntad de
nuestro Dios y Padre, 5 el cual sea
por siempre alabado. Amén.

No hay otro evangelio

6 Estoy sorprendido de que tan
rápidamente estén desertando del
que los llamó por la gracia de Cristo, para pasarse a un evangelio diferente, 7 el cual realmente no es evangelio en absoluto. Es evidente que
hay algunos que están sembrando la
confusión entre ustedes e intentando
pervertir el evangelio de Cristo.
8 Pues bien, aun cuando nosotros
mismos o un ángel bajado del cielo
llegara a predicarles un evangelio
diferente al que les hemos predicado, ¡que sea eternamente condenado!
9 Como ya he dicho antes, así lo
repito ahora: Si alguien les está predicando un evangelio diferente al
que han recibido, ¡que sea eternamente condenado!
10 ¿Intento ahora ganarme la aprobación de los hombres, o la de
Dios? ¿O es que estoy tratando de
agradar a los hombres? Si yo estuviera aún tratando de agradar a los
hombres, no sería un servidor de
Cristo.

Pablo, llamado por Dios

11 Quiero que sepan, hermanos,
que el evangelio que yo les prediqué
no es algo inventado por hombres.
12 Yo no lo recibí ni lo aprendí de
ningún hombre, sino que lo recibí
por revelación de Jesucristo.
13 Pues ya han oído hablar de mi
anterior conducta dentro del
judaísmo: con qué intensidad perseguía yo a la iglesia de Dios y trataba
de destruirla; 14 y cómo aventajaba
en el judaísmo a muchos judíos de
mi misma edad, poseído de un celo
sin igual por las tradiciones de mis
padres. 15 Pero, cuando Dios, que
me eligió desde mi nacimiento[a] y me
llamó por su gracia, tuvo a bien
16 revelarme a su Hijo para que yo
lo predicara entre los gentiles, no

[a] *15 O desde el vientre de mi madre.*

consulté a ningún hombre, 17 ni subí a Jerusalén a presentarme a los que eran apóstoles con anterioridad a mí, sino que fui inmediatamente a Arabia, y más tarde regresé a Damasco.

18 Después de tres años, subí a Jerusalén para conocer a Pedro[a] y estuve con él quince días. 19 No vi a ningún otro de los apóstoles, sino sólo a Jacobo, el hermano del Señor. 20 Les aseguro delante de Dios que lo que les estoy escribiendo no es mentira. 21 Más tarde fui a Siria y Cilicia. 22 Personalmente, yo era un desconocido para las iglesias de Judea que están en Cristo, 23 y sólo oían decir: "El hombre que antes nos perseguía, está ahora predicando la misma fe que antes intentaba destruir". 24 Y alababan a Dios por mí.

Pablo aceptado por los apóstoles

2 Catorce años más tarde, subí de nuevo a Jerusalén; esta vez, con Bernabé, llevando también conmigo a Tito. 2 Subí obedeciendo a una revelación y expuse delante de ellos el evangelio que predico entre los gentiles. Pero esto lo hice en privado con los que parecían ser líderes, no fuera a ser que de algún modo estuviera corriendo o hubiera corrido en vano. 3 Con todo, ni siquiera Tito, que estaba conmigo, fue obligado a circuncidarse, aun cuando era griego. 4 Este problema se suscitó a causa de algunos falsos hermanos que se habían infiltrado en nuestras filas para espiar la libertad que tenemos en Cristo Jesús y querían esclavizarnos de nuevo. 5 Nosotros no cedimos en ningún momento, a fin de que la verdad del evangelio pudiera continuar firme entre ustedes.

6 En cuanto a los que parecían personas importantes, lo que fueran no me interesa; Dios no juzga por las apariencias exteriores; ellos no añadieron nada a mi mensaje. 7 Por el contrario, vieron que a mí se me había encomendado la tarea de predicar el evangelio a los gentiles,[b] así como a Pedro se le había encomendado la tarea de predicar el evangelio a los judíos.[c] 8 Pues el mismo Dios que actuaba en el ministerio de Pedro como apóstol de los judíos[c] actuaba en mi ministerio como apóstol de los gentiles. 9 Jacobo, Pedro[c] y Juan, los considerados como columnas, nos dieron a mí y a Bernabé la mano derecha de compañerismo, al reconocer la gracia que me había sido otorgada, quedando conformes en que nosotros fuéramos a los gentiles, y ellos a los judíos.[d] 10 Todo lo que nos pidiero n es que continuáramos acordándonos de los pobres, que era precisamente lo que yo procuraba hacer con toda solicitud.

Pablo se opone a Pedro

11 Cuando Pedro[d] vino a Antioquía, yo me opuse a él cara a cara porque estaba equivocado. 12 Porque antes de que vinieran algunos de los de Jacobo, comía con los gentiles. Pero cuando llegaron ellos, comenzó a retraerse y a separarse de los gentiles, por temor a los que pertenecían al grupo de la circuncisión. 13 Los otros judíos se le unieron en su hipocresía, hasta el punto de que el mismo Bernabé se dejó arrastrar por la hipocresía de ellos.

14 Cuando vi que no se comportaban de acuerdo con la verdad del evangelio, le dije a Pedro[d] enfrente de todos ellos: Si tú, que eres judío, vives a la manera de los gentiles y no a la manera judía, ¿cómo es que quieres obligar a los gentiles a que sigan las costumbres judías?

15 Nosotros que somos judíos de nacimiento y no "gentiles pecadores" 16 sabemos que no se alcanza la justificación por la observancia de la ley, sino por la fe en Jesucristo. Así que también nosotros hemos puesto

[a] *18* En el original *Cefas*. [b] *7* El griego dice *incircuncisos*. [c] *7, 8, 9* El griego dice *circuncidados*. [d] *9* El original dice *Cefas;* también en los versículos 11 y 14.

nuestra fe en Cristo Jesús, para ser
justificados por la fe en Cristo y no
por la observancia de la ley, porque
por la observancia de la ley nadie
será justificado.
17 Si, mientras buscamos la justificación en Cristo, resulta evidente
que nosotros mismos somos pecadores, ¿quiere eso decir que Cristo
promueve el pecado? ¡De ninguna
manera! 18 Si yo vuelvo a edificar lo
que antes destruí, demuestro ser un
transgresor de la ley, 19 porque por
medio de la ley yo he muerto a la
ley, a fin de vivir para Dios. 20 He
sido crucificado con Cristo y ya no
vivo yo, sino que es Cristo el que
vive en mí. Y esta vida en el
cuerpo, que vivo, la vivo por la fe
en el Hijo de Dios, el cual me amó
y se entregó a sí mismo por mí.
21 Yo no hago a un lado la gracia de
Dios, porque si la justificación se
pudiera alcanzar mediante la ley, entonces eso significa que Cristo ha
muerto en vano.[a]

La fe o la observancia de la ley

3 ¡Oh insensatos gálatas! ¿Quién
los ha embrujado? Ante sus
propios ojos Cristo ha sido presentado gráficamente como crucificado.
2 Una sola cosa querría saber de
ustedes: ¿Recibieron el Espíritu por
observar la ley, o por creer lo que
oyeron? 3 ¿Tan necios son? Después
de comenzar con el Espíritu, ¿intentan ahora alcanzar la meta con el
esfuerzo humano? 4 ¿Han sufrido tanto para nada? 5 ¿Es que les da Dios
su Espíritu y hace milagros entre
ustedes porque observan la ley, o
por creer lo que oyeron?
6 Consideren a Abraham: Creyó a
Dios, y le fue tomado en cuenta
para justificación.[b] 7 Comprendan,
pues, que los que creen, son hijos
de Abraham. 8 La Escritura previó
que Dios había de justificar a los
gentiles en virtud de la fe, y dio de
antemano a Abraham el evangelio:
Todas las naciones serán bendecidas
en ti.[c] 9 De forma que los que tienen
fe son bendecidos juntamente con
Abraham, el hombre de fe.
10 Todos cuantos confían en la
observancia de la ley se hallan bajo
maldición, porque está escrito:
"Maldito todo aquel que no permanece fiel al cumplimiento de cuanto está escrito en el libro de la
ley".[d] 11 Es evidente que nadie se
justifica ante Dios por la ley,
porque: "El justo por la fe vivirá".[e]
12 La ley, en cambio, no está basada
en la fe; por el contrario, "El que
haga estas cosas, vivirá por ellas".[f]
13 Cristo nos redimió de la maldición
de la ley, haciéndose él mismo
maldición por nosotros, pues está
escrito: "Maldito todo el que es colgado de un madero".[g] 14 El nos redimió a fin de que la bendición dada a
Abraham alcance a los gentiles
mediante Cristo Jesús, de modo que
podamos recibir por fe la promesa
del Espíritu.

La ley y la promesa

15 Hermanos, permítanme darles un
ejemplo de la vida diaria. Del mismo
modo que nadie puede anular o añadir algo a un pacto humano que ha
sido debidamente establecido, así
pasa en este caso. 16 Las promesas
fueron hechas a Abraham y a su
descendencia. La Escritura no dice:
"y a los descendientes", como si se
tratara de muchas personas, sino "y
a tu descendencia",[h] dando a entender una sola persona, que es Cristo.
17 Lo que quiero decir es lo siguiente: La ley, que fue introducida 430
años más tarde, no anula el acto
previamente establecido por Dios,
pues eso deja sin efecto la promesa.
18 Porque si la herencia depende de
la ley, entonces ya no dependería de
la promesa; pero Dios la otorgó a

[a] *21* Algunos intérpretes terminan la cita de Pablo después del vers. 14. [b] *6* Gén. 15:6. [c] *8* Gén. 12:3; 18:18; 22:18. [d] *10* Deut. 27:26. [e] *11* Hab. 2:4. [f] *12* Lev. 18:5. [g] *13* Deut. 21:23. [h] *16* Gén. 12:7; 13:15; 24:7.

Abraham en su gracia mediante una
promesa.
19 ¿Cuál era, pues, el propósito de
la ley? Fue añadida por causa de las
transgresiones, hasta que viniera la
descendencia a la que la promesa se
refería. La ley fue puesta en práctica
por medio de ángeles y por mano de
un mediador. 20 Ahora bien, un
mediador no representa sólo a una
de las partes; pero Dios es uno solo.
21 ¿Está, pues, la ley en oposición
a las promesas de Dios? ¡De ninguna
manera! Porque si hubiera sido pro-
mulgada una ley capaz de dar vida,
entonces la justificación habría pro-
venido ciertamente de la ley. 22 Pero
la Escritura declara que el mundo
entero es esclavo del pecado, a fin
de que lo que fue prometido, siendo
otorgado mediante la fe en Jesucristo, pueda ser dado a los que creen.
23 Antes de venir esta fe, éramos
prisioneros de la ley, custodiados
hasta que la fe fuera revelada. 24 Así
que a la ley se le asignó el conducir-
nos hasta Cristo[a], a fin de que
fuéramos justificados por la fe.
25 Ahora que la fe ha llegado, ya no
estamos bajo la tutela de la ley.

Hijos de Dios

26 Todos ustedes son hijos de Dios
mediante la fe en Cristo Jesús,
27 porque todos cuantos fueron bautizados en Cristo han quedado revestidos de Cristo. 28 Ya no hay judíos ni
griegos, esclavos ni libres, hombres
ni mujeres, porque todos ustedes son
uno en Cristo Jesús. 29 Si pertenecen
a Cristo, entonces ya son descendencia de Abraham y herederos de
acuerdo con la promesa.

4 Lo que quiero decir es que
mientras el heredero es niño, no
se diferencia de un esclavo, a pesar
de ser dueño de toda la hacienda.
2 Está sujeto a tutores y administradores hasta el tiempo prefijado por
su padre. 3 Así también, cuando nosotros éramos niños, estábamos esclavizados por las normas básicas del
mundo. 4 Pero, cuando se cumplió
plenamente el tiempo, Dios envió a
su Hijo, nacido de una mujer, nacido bajo la ley, 5 a fin de redimir a
los que estaban bajo la ley, para que
pudiéramos recibir todos los derechos de hijos. 6 Y como ya son
hijos, Dios ha enviado al Espíritu de
su Hijo al interior de sus corazones,
el Espíritu que clama: Abba,[b] Padre.
7 Así que ya no eres esclavo, sino
hijo; y, puesto que eres hijo, Dios te
ha hecho también heredero.

Preocupación de Pablo por los gálatas

8 Anteriormente, cuando ustedes no
conocían a Dios, eran esclavos de
los que por naturaleza no son
dioses. 9 Pero ahora que conocen a
Dios, o, mejor dicho, son conocidos
por Dios, ¿cómo es que se vuelven
otra vez a esas débiles y míseras
normas? ¿Es que quieren volver otra
vez a ser sus esclavos? 10 ¡Continúan
observando días especiales, meses,
estaciones y años! 11 Temo por ustedes, por si habré estado fatigándome
en vano por ustedes.
12 Les suplico, hermanos, que se
hagan como yo, pues yo me he
hecho como ustedes. En nada me
han ofendido. 13 Como saben, fue
debido a una enfermedad el que les
prediqué por primera vez el evangelio. 14 Y aun cuando mi enfermedad
era un problema para ustedes, no
me trataron con desprecio o escar-
nio, sino que, por el contrario, me
recibieron como a un ángel de Dios,
como si fuera el mismo Cristo Jesús
en persona. 15 ¿Qué ha sido de todo
aquel júbilo suyo? Porque yo puedo
atestiguar que, si les hubiera sido
posible, se habrían arrancado sus
ojos para dármelos. 16 ¿Acaso me he
vuelto ahora su enemigo por decirles
la verdad?
17 Esa gente está celosa por ganarlos nuevamente, pero no por su
bien; lo que quieren es secuestrarlos
de nosotros, a fin de ganarlos para

[a] 16 O *hasta que Cristo vino.* [b] 6 Vocablo arameo que significa *Padre.*

su causa. 18 Es bueno ser celoso,
con tal que el fin sea bueno, y serlo
en todo tiempo, y no sólo cuando
estoy presente entre ustedes.
19 ¡Hijos míos queridos, por quienes
estoy de nuevo como con dolores de
parto hasta que Cristo sea formado
plenamente en ustedes! 20 ¡Cómo
desearía poder estar ahora con ustedes y hablarles con distinto tono,
porque estoy perplejo acerca de
ustedes!

Agar y Sara

21 Díganme ustedes, los que
quieren estar bajo la ley, ¿es que no
se percatan de lo que dice la ley?
22 Porque está escrito que Abraham
tuvo dos hijos, uno de la esclava y
otro de la libre. 23 El hijo que tuvo
de la esclava nació según la forma
común; pero el que tuvo de la libre,
nació como resultado de una promesa.

24 Estas cosas pueden tomarse
alegóricamente, porque las mujeres
representan dos pactos: Uno que
proviene del monte Sinaí y engendra
hijos destinados a ser esclavos; ésta
es Agar. 25 En efecto, Agar indica el
monte Sinaí que está en Arabia y
corresponde a la actual ciudad de
Jerusalén, la cual está en esclavitud
junto con sus hijos. 26 Pero la Jerusalén que está arriba es libre, y ésta
es nuestra madre; 27 porque está
escrito:

Alégrate, tú, estéril,
la que no das a luz hijos;
prorrumpe en gritos de júbilo,
tú que no conoces los dolores
de parto;
pues son más numerosos los hijos
de la abandonada,
que los de la que tiene marido.[a]

28 Y ustedes, hermanos, como
Isaac, son hijos de la promesa. 29 En
ese tiempo, el hijo nacido en forma
natural perseguía al hijo nacido por
el poder del Espíritu. Lo mismo
sucede ahora; 30 pero, ¿qué dice la
Escritura? "Echa de casa a la esclava y a su hijo, porque el hijo de la
esclava nunca compartirá la herencia
con el hijo de la libre".[b] 31 Por lo
cual, hermanos, nosotros no somos
hijos de la esclava, sino de la libre.

Libertad en Cristo

5 Es para ser libres para lo que
Cristo nos ha libertado. Manténganse pues, firmes y no consientan que les impongan de nuevo el
yugo de la esclavitud.

2 ¡Fíjense bien en mis palabras!
Yo, Pablo, les aseguro que si se
hacen circuncidar, Cristo no les va a
aprovechar de nada. 3 Y de nuevo
declaro a todo aquel que se haga
circuncidar, que queda obligado a
obedecer toda la ley. 4 Los que pretenden justificarse por la ley, se han
sustraído de Cristo; han caído de la
gracia. 5 Per o por fe aguardamos
con anhelo, mediante el Espíritu, la
justificación que esperamos. 6 Porque
en Cristo Jesús, ni la circuncisión ni
la incircuncisión tienen ningún valor.
Lo único que cuenta es la fe expresada por el amor.

7 Estaban corriendo una buena
carrera. ¿Quién les cortó el paso,
impidiéndoles obedecer a la verdad?
8 Esta clase de persuasión no proviene del que los llama.

9 "Un poco de levadura hace fermentar toda la masa". 10 Confío en
el Señor respecto de ustedes que no
pensarán de otra manera. El que
está introduciendo la confusión entre
ustedes, cargará con su condena,
quienquiera que sea. 11 Hermanos, si
yo continúo predicando la circuncisión todavía, ¿cómo es que se me
sigue persiguiendo? En ese caso, la
ofensa de la cruz ha sido abolida.
12 En cuanto a esos perturbadores,
¡ojalá acabaran por castrarse del
todo!

Vida mediante el Espíritu

13 Ustedes, mis hermanos, fueron
llamados a ser libres. Pero no usen

[a] *27* Is. 54:1. [b] *30* Gén. 21:10.

su libertad para el libertinaje,[a] sino,
más bien, sírvanse uno al otro en
amor. 14 Toda la ley se resume en
un solo mandamiento: "Amarás a tu
prójimo como a ti mismo".[b] 15 Pero
si continúan mordiéndose y devorán-
dose mutuamente, tengan cuidado,
no sea que acaben destruyéndose
unos a otros.

16 Así que les digo: Vivan del Espíritu, y no darán satisfacción a los
deseos de su naturaleza pecadora.
17 Porque la naturaleza pecadora
desea lo que es contrario al Espíritu,
y el Espíritu lo que es contrario a la
naturaleza pecadora; ambos se hacen
la guerra, para que ustedes no hagan
lo que quieren. 18 Pero si se dejan
guiar por el Espíritu, ya no están
bajo la ley.

19 Las obras de nuestra naturaleza
pecadora son notorias: inmoralidad
sexual, impureza y libertinaje; 20 idolatría y brujería; odio, discordia,
celos, arrebatos de ira, ambición
egoísta, disensiones, partidismos 21 y
envidia; borracheras, orgías, y otras
cosas semejantes. Los prevengo ahora, como ya lo hice antes, que los
que practican tales cosas no heredarán el reino de Dios.

22 En cambio, el fruto del Espíritu
es: amor, gozo, paz, paciencia, amabilidad, bondad, fidelidad, 23 mansedumbre y dominio de sí mismo.
Contra estas cosas no hay ley. 24 Y
los que pertenecen a Cristo Jesús
han crucificado su naturaleza pecadora con sus pasiones y tendencias.
25 Si vivimos por el Espíritu, com-
portémonos también de acuerdo con
el Espíritu. 26 No nos volvamos vani-
dosos, provocá ndonos y envidián-
donos mutuamente.

Haciendo bien a todos

6 Hermanos, si alguno es sorprendido en algún pecado, ustedes
que son espirituales, corríjanlo ama-
blemente. Pero vigílate a ti mismo,
no sea que también tú caigas en la
tentación. 2 Ayúdense mutuamente a
llevar sus cargas, y de esta manera
cumplirán la ley de Cristo. 3 Si alguien piensa que es algo, no siendo
nada, se engaña a sí mismo. 4 Cada
uno debe examinar su propia conducta; entonces tendrá motivo para
gloriarse en su interior, sin compararse con los demás, 5 porque cada
uno llevará su propia carga.

6 Todo el que recibe instrucción en
la palabra de Dios, debe compartir
todas sus cosas buenas con su instructor.

7 No se dejen engañar: de Dios
nadie se burla. El hombre cosecha
lo que siembra; 8 El que siembra
para agradar a su naturaleza pecadora[c], de esa misma naturaleza cosechará destrucción; y el que siembra
para agradar al Espíritu, del Espíritu
cosechará vida eterna. 9 No nos can-
semos de practicar el bien, porque a
su debido tiempo recogeremos una
magnífica cosecha si no desfallece-
mos. 10 Así pues, mientras tenemos
oportunidad, hagamos el bien a
todos, y de una manera especial a
los que pertenecen a la familia de
los creyentes.

No una circuncisión, sino una nueva creación

11 ¡Miren qué letras tan grandes
hago al escribirles de mi puño y
letra!

12 Los que quieren causar una
buena impresión con su apariencia
exterior, están tratando de forzarlos
a que se hagan circuncidar. El único
motivo por el que hacen esto, es el
evitar ser perseguidos por causa de
la cruz de Cristo. 13 Ni siquiera ellos
mismos que están circuncidados obedecen la ley; pero quieren que ustedes se hagan circuncidar para jactarse de su cuerpo. 14 En cuanto a mí,
que no se me ocurra jamás gloriarme

[a] *13* El original dice *para la carne;* también en los versículos 16, 17, 19 y 24.
[b] *14* Lev. 19:18. [c] *8* O *su carne, de la carne.*

en otra cosa sino en la cruz de
nuestro Señor Jesucristo, mediante el
cual el mundo ha quedado crucificado para mí, y yo para el mundo.
15 Ni la circuncisión ni la incircuncisión tienen ningún sentido; lo que
importa es una nueva creación.
16 Paz y misericordia sobre todos los
que sigan esta norma, y también
sobre el Israel de Dios.

17 Finalmente, que nadie me moles-
te, porque yo llevo en mi cuerpo las
marcas de Jesús.

18 La gracia de nuestro Señor Jesucristo sea con su espíritu, hermanos.
Amén.

EFESIOS

1 Pablo, apóstol de Jesucristo por
la voluntad de Dios,
a los santos[a] de Efeso,[b] los fieles en
Jesucristo:

2 Gracia y paz a ustedes de Dios
nuestro Padre y del Señor Jesucristo.

Bendiciones espirituales en Cristo

3 Alabado sea el Dios y Padre de
nuestro Señor Jesucristo, que nos ha
bendecido en los dominios celestiales
con toda bendición espiritual en
Cristo. 4 Porque nos escogió en él
antes de la creación del mundo, para
ser santos y sin mancha ante sus
ojos. En amor 5 nos predestinó para
ser adoptados como hijos por medio
de Jesucristo, de acuerdo con su
complacencia y voluntad, 6 para alabanza de su gloriosa gracia, que nos
dio gratuitamente en su amado. 7 En
él tenemos redención mediante su
sangre, el perdón de los pecados, de
acuerdo con las riquezas de la gracia
de Dios, 8 que prodigó sobre nosotros con toda sabiduría y entendimiento. 9 Y nos dio a conocer el
misterio de su voluntad conforme a
su complacencia, que propuso en
Cristo, 10 para ser llevada a cabo
cuando los tiempos hayan alcanzado
su cumplimiento, para unir todas las
cosas en el cielo y en la tierra bajo
una cabeza, Cristo.

11 En él fuimos también elegidos,[c]
habiendo sido predestinados de
acuerdo con el plan de aquel que
hace todas las cosas conforme al
propósito de su voluntad, 12 a fin de
que nosotros, que fuimos los primeros en esperar en Cristo, seamos
para alabanza de su gloria. 13 Y también ustedes fueron incluidos en
Cristo cuando oyeron la palabra de
verdad, el evangelio de su salvación.
Cuando creyeron, fueron marcados
en él con un sello, el Espíritu Santo
prometido, 14 que es el depósito que
garantiza nuestra herencia hasta la
redención de aquellos que son posesión de Dios, para alabanza de su
gloria.

Acción de gracias y oración

15 Por esta razón, desde que oí de
su fe en el Señor Jesús y de su
amor por todos los santos, 16 nunca
he cesado de dar gracias por ustedes, recordándolos en mis oraciones.
17 Sigo pidiendo que el Dios de
nuestro Señor Jesucristo, el Padre
glorioso, les dé el espíritu[d] de sabiduría y de revelación, para que

[a] *1 O creyentes que están en.* [b] *1* Algunos manuscritos antiguos omiten *de Efeso.*
[c] *11 O fuimos hechos herederos.* [d] *17 O un espíritu.*

puedan conocerlo mejor. 18También
oro, para que los ojos de su corazón
sean iluminados a fin de que conozcan la esperanza a que él los ha llamado, la riqueza de su gloriosa
herencia en los santos, 19y su poder
incomparablemen te grande para nosotros los que creemos. Ese poder es
como la obra de su fuerza poderosa,
20que ejerció en Cristo cuando lo
resucitó de los muertos y lo sentó a
su diestra en los dominios celestiales, 21muy por encima de todo
gobierno y autoridad, poder y dominio, y todo título que pueda ser
otorgado, no sólo en la edad presente, sino también en la por venir. 22Y
Dios colocó todas las cosas bajo sus
pies y lo señaló para ser cabeza de
todo en la iglesia, 23que es su
cuerpo, la plenitud de aquel que lo
llena todo en toda manera.

Vivificados en Cristo

2 En cuanto a ustedes, estaban
muertos en sus delitos y pecados, 2en los que acostumbraban
vivir, cuando seguían los caminos de
este mundo y del príncipe del reino
del aire, el espíritu que ahora actúa
en aquellos que son desobedientes.
3Todos nosotros vivimos también
entre ellos en otro tiempo, satisfa-
ciendo los deseos de nuestra naturaleza pecadora[a] y siguiendo sus
deseos y pensamientos. Como los
demás, éramos por naturaleza objetos de ira. 4Pero a causa de su gran
amor para nosotros, Dios, que es
rico en misericordia, 5nos dio vida
con Cristo, aunque estábamos muertos en pecados; es por gracia como
ustedes han sido salvados. 6Y Dios
nos resucitó con Cristo y nos sentó
con él en los dominios celestiales en
Cristo Jesús, 7para mostrar en las
edades venideras la incompara ble
riqueza de su gracia, expresada en
su bondad para nosotros en Cristo
Jesús. 8Pues por gracia han sido
salvados por medio de la fe, y esto
no de ustedes, es don de Dios; 9no
por obras, para que nadie pueda gloriarse. 10Porque somos hechura de
Dios, creados en Cristo Jesús para
hacer buenas obras, que Dios preparó de antemano para que nosotros
las hiciéramos.

Uno en Cristo

11Por lo tanto, recuerden que anteriormente ustedes, que son gentiles
de nacimiento y llamados "incircuncisos" por aquellos que se llaman a
sí mismos "la circuncisión" (la que
se hace en el cuerpo por manos de
hombres), 12recuerden que en aquel
tiempo estaban separados de Cristo,
excluidos de la ciudadanía de Israel
y ajenos a los pactos de la promesa,
sin esperanza y sin Dios en el mundo. 13Pero ahora en Cristo Jesús,
ustedes que en un tiempo estaban
lejos, han sido acercados por medio
de la sangre de Cristo.
14Porque él mismo es nuestra paz,
que ha hecho de los dos uno y ha
destruido la barrera, la pared de
hostilidad divisoria, 15aboliendo en
su carne la ley con sus mandamientos y decretos. Su propósito fue
crear en sí mismo de los dos un
nuevo hombre, haciendo así la paz,
16y en este cuerpo, reconciliar a ambos con Dios por medio de la cruz,
por la que dio muerte a la hostilidad. 17El vino y predicó paz a ustedes que estaban lejos y paz a aquellos que estaban cerca. 18Porque por
él, ambos tenemos acceso al Padre
en un mismo Espíritu.
19Por lo tanto, ya no son extranjeros ni forasteros, sino conciudadanos
del pueblo de Dios y miembros de la
familia de Dios, 20edificados sobre el
fundamento de los apóstoles y profetas, con Cristo Jesús mismo como
principal piedra angular. 21En él
todo el edificio es unido y se levanta
para convertirse en un templo santo
en el Señor. 22Y en él también ustedes son juntamente edificados para

[a]3 O *de nuestra carne.*

ser una morada en la que Dios vive por su Espíritu.

Pablo el predicador de los gentiles

3 Por esta razón yo, Pablo, el prisionero de Cristo Jesús por la causa de ustedes los gentiles; 2 seguramente han oído acerca de la administración de la gracia de Dios que me fue dada para ustedes, 3 esto es, el misterio que me ha sido dado a conocer por revelación, como ya brevemente les he escrito. 4 Así, al leer esto, podrán entender mi conocimiento profundo del misterio de Cristo, 5 el cual no se dio a conocer a los hombres de otras generaciones, como ha sido revelado ahora por el Espíritu a los santos apóstoles y profetas de Dios. 6 Este misterio es que, por el evangelio, los gentiles son herederos juntamente con Israel, miembros de un mismo cuerpo y copartícipes de la promesa en Cristo Jesús.

7 Yo fui hecho servidor de este evangelio por el don de la gracia de Dios, dado a mí por la obra de su poder. 8 Aunque yo soy menos que el menor de todos los hombres de Dios, me fue dada esta gracia de predicar a los gentiles las inescrutables riquezas de Cristo, 9 y hacer clara a todos mi administración de este misterio, que durante las edades pasadas se guardó oculto en Dios, quien creó todas las cosas. 10 Su propósito fue que ahora, por medio de la iglesia, la multiforme sabiduría de Dios sea dada a conocer a los gobernantes y autoridades en los dominios celestiales, 11 conforme a su eterno propósito que cumplió en Cristo Jesús nuestro Señor. 12 En él y por fe en él podemos acercarnos a Dios con libertad y confianza. 13 Les pido, por lo tanto, que no se desanimen a causa de mis sufrimientos por ustedes, que son su gloria.

Oración por los efesios

14 Por esta razón me arrodillo ante el Padre, 15 de quien toda la familia[a] de creyentes en el cielo y en la tierra toma su nombre. 16 Oro para que, de sus gloriosas riquezas, los fortalezca con poder en su hombre interior por su Espíritu, 17 a fin de que Cristo habite por fe en sus corazones. Y oro para que, estando arraigados y establecidos en amor, 18 sean capaces, juntamente con todos los santos, de comprender cuán ancho y largo, alto y profundo es el amor de Cristo, 19 y conozcan este amor que sobrepasa todo conocimiento; que sean llenos en la medida de toda la plenitud de Dios.

20 Ahora, a aquel que puede hacer inmensamente más que todo lo que pedimos o imaginamos, de acuerdo con su poder que actúa en nosotros, 21 a él sea la gloria en la iglesia y en Cristo Jesús por todas las generaciones, por siempre jamás. Amén.

Unidad en el cuerpo de Cristo

4 Así, pues, como preso por el Señor, los exhorto a que lleven una vida digna del llamamiento que han recibido. 2 Sean del todo humildes y mansos; sean pacientes, soportándose unos a otros en amor. 3 Esfuércense totalmente para mantener la unidad del Espíritu mediante el vínculo de la paz. 4 Hay un cuerpo y un Espíritu, así como fueron llamados a una esperanza cuando se los llamó; 5 un Señor, una fe, un bautismo; 6 un Dios y Padre de todos, que está sobre todos y por todos y en todos.

7 Pero a cada uno de nosotros nos ha sido dada gracia como Cristo la ha distribuido. 8 Por esto dice:[b]

Cuando ascendió a lo alto,
se llevó cautivos a los cautivos mismos
y dio dones a los hombres.[c]

9 (¿Qué significa lo de ascendió, sino que también descendió a las regiones

[a] *15* O *a quien toda paternidad.* [b] *8* o *Dios dice.* [c] *8* Salmo 68:18.

más bajas de la tierra? 10 El que
descendió es el mismo que ascendió
más alto que todos los cielos, para
llenar por completo el universo.)
11 El fue quien constituyó a algunos
apóstoles, algunos profetas, algunos
evangelistas, y algunos pastores y
maestros, 12 para preparar a los hombres de Dios para la obra de servicio, para que el cuerpo de Cristo
sea edificado, 13 hasta que todos
alcancemos la unidad en la fe y en
el conocimiento del Hijo de Dios y
lleguemos a la madurez, alcanzando
la medida plena de perfección que
encontramos en Cristo.

14 Entonces ya no seremos niños,
lanzados de un lado a otro por las
olas y arrastrados de aquí para allá
por todo viento de enseñanza y por
la astucia y maña de hombres con
propósitos engañosos, 15 sino que,
manifestando la verdad en amor,
crezcamos en todas las cosas en
aquel que es la cabeza, esto es,
Cristo, 16 por quien todo el cuerpo,
unido y mantenido junto por todos
los ligamentos de sujeción, crece y
se edifica a sí mismo en amor,
según la actividad de cada miembro.

Viviendo como hijos de luz

17 Así pues, esto les digo, e insisto
en ello en el Señor, que no vivan
más como los gentiles, en la vanidad
de sus pensamientos. 18 Su entendimiento está entenebrecido y están
apartados de la vida de Dios a causa
de su ignorancia, debida al endureci-
miento de sus corazones. 19 Habiendo perdido toda sensibilidad, se han
entregado a la sensualidad, ávidos de
toda clase de impureza, con una
lujuria en constante aumento.

20 Ustedes, sin embargo, no han
conocido a Cristo en esta forma.
21 Ciertamente, han oído de él y
fueron instruidos en él conforme a la
verdad que está en Jesús. 22 Se les
enseñó, respecto a su anterior manera de vivir, a desechar su antiguo
ser, que está corrompido por sus
deseos engañosos; 23 para ser hechos
nuevos en la actitud de sus mentes
24 y vestidos del hombre nuevo,
creado para ser semejan te a Dios
en verdadera justicia y santidad.

25 Por lo cual, todos ustedes deben
echar a un lado la falsedad y hablar
con verdad a su prójimo, porque
todos somos miembros de un
cuerpo. 26 En su enojo no pequen.
No dejen que el sol se ponga estando aún enojados,[a] 27 y no den lugar
al diablo. 28 El que robaba, no robe
más, antes trabaje, haciendo algo útil
con sus manos para tener algo que
compartir con los que están necesitados.

29 Ninguna conversación corrompida salga de su boca, sino lo que sea
de ayuda para edificar a otros
conforme a sus necesidades, para
beneficio de los que escuchan. 30 Y
no entristezcan al Santo Espíritu de
Dios, con el cual fueron sellados
para el día de la redención. 31 Des-
préndanse de toda amargura, ira y
enojo, gritería y difamación, juntamente con toda forma de malicia.
32 Sean bondadosos y compasivos
unos con otros, perdonándose unos
a otros como Dios los perdonó a
ustedes en Cristo.

5 Por lo tanto, sean imitadores de
Dios, como hijos muy amados
2 y vivan una vida de amor, así
como Cristo nos amó y se dio así
mismo por nosotros como ofrenda y
sacrificio fragante a Dios.

3 Pero entre ustedes no debe haber
ni asomo de inmoralidad sexual, ni
cualquier clase de impureza o avaricia, porque esto es impropio del
pueblo santo de Dios. 4 Ni debe
haber obscenidad, conversaciones
necias ni burlas groseras, que están
fuera de lugar, sino más bien acción
de gracias. 5 Porque de esto pueden
estar seguros: Ninguna persona
inmoral, impura o avara, tal persona
es idólatra, tiene herencia en el
reino de Cristo y de Dios. 6 No

[a] *26* Salmo 4:4.

dejen que nadie los engañe con palabras vacías, porque a causa de tales
cosas, la ira de Dios viene sobre
aquellos que son desobedientes. 7 Por
lo tanto, no tengan parte con ellos.
8 Porque ustedes una vez eran
tinieblas, pero ahora son luz en el
Señor. Vivan como hijos de luz
9 (porque el fruto de la luz consiste
en toda bondad, justicia y verdad)
10 y encuentren lo que agrada al
Señor. 11 No tengan nada que ver
con las obras infructuosas de las
tinieblas, antes bien denúncienlas.
12 Porque es vergonzoso hasta mencionar lo que los desobedientes
hacen en secreto. 13 Pero todo lo que
es expuesto a la luz se hace visible,
14 porque la luz es lo que hace visibles todas las cosas. Por esto se
dice:

Despierta, tú que duermes,
levántate de los muertos,
y Cristo brillará sobre ti.

15 Cuiden mucho, pues, cómo
viven, no como necios sino como
sabios, 16 aprovechando al máximo
cada oportunidad, porque los días
son malos. 17 Por tanto, no sean insensatos, sino entiendan cuál es la
voluntad del Señor. 18 No se embria-
guen de vino, que conduce a desenfreno; en lugar de ello, sean llenos
del Espíritu. 19 Hab len entre ustedes
con salmos, himnos y cánticos espirituales. Canten y entonen música
al Señor en sus corazones, 20 dando
siempre gracias a Dios el Padre por
todo, en el nombre de nuestro Señor
Jesucristo.

Deberes de los cónyuges

21 Sométanse unos a otros en reverencia a Cristo.
22 Esposas, sométanse a sus maridos como al Señor. 23 Porque el
marido es la cabeza de la mujer,
como Cristo es la cabeza de la iglesia, su cuerpo, de la que es Salvador. 24 Y como la iglesia se somete a
Cristo, así también las mujeres
deben someterse a sus maridos en
todo.
25 Maridos, amen a sus esposas,
como Cristo amó a su iglesia y se
entregó a sí mismo por ella 26 para
hacerla santa, limpiándola[a] por el
lavamiento del agua por la palabra,
27 y presentársela a sí mismo como
una iglesia radiante, sin mancha ni
arruga ni ninguna otra imperfección,
sino santa y sin tacha. 28 En la
misma forma, los maridos deben
amar a sus esposas como a sus propios cuerpos. El que ama a su esposa, a sí mismo se ama. 29 Después
de todo, nadie odió nunca a su propio cuerpo, sino que lo alimenta y lo
cuida, como Cristo hace con la iglesia, 30 porque somos miembros de su
cuerpo. 31 Por esta razón, el hombre
dejará a su padre y a su madre y se
unirá a su mujer, y los dos vendrán
a ser una sola carne.[b] 32 Est o es un
profundo misterio pero yo estoy
hablando de Cristo y de la iglesia.
33 Sin embargo, también cada uno de
ustedes debe amar a su esposa como
a sí mismo, y la mujer debe respetar
a su marido.

Hijos y padres

6 Hijos, obedezcan a sus padres
en el Señor, porque esto es
justo. 2 Honra a tu padre y a tu
madre, que es el primer mandamiento con promesa, 3 para que te vaya
bien y puedas gozar de larga vida en
la tierra.[c]
4 Padres, no exasperen a sus hijos;
sino críenlos en la disciplina e instrucción del Señor.

Siervos y amos

5 Siervos, obedezcan a sus amos
terrenales con respeto, temor y sinceridad de corazón, como obede-
cerían a Cristo. 6 Obedéz...
sólo para ganarse
los están miran...
de Cristo, h...
Dios de

[a] 26 *O habiéndola limpiado.* [b] 31 Gén. 2:24. [c] 3 ...

voluntad, como si estuvieran sirviendo al Señor y no a los hombres,
8 porque saben que el Señor retribuirá a cada uno por aquello que
hace, ya sea esclavo o libre.
9 Y ustedes, amos, traten a sus
siervos de igual manera. No los
amenacen, pues ya saben que quien
es amo de ellos y de ustedes está en
los cielos, y con él no hay favoritismos.

La armadura de Dios

10 Finalmente, fortalézcanse en el
Señor y en su gran poder. 11 Vístanse con la armadura completa de
Dios para que puedan enfrentarse a
los ardides del diablo. 12 Porque
nuestra lucha no es contra carne y
sangre, sino contra los gobernantes,
contra las autoridades, contra los
poderes de este mundo de tinieblas
y las fuerzas espirituales del mal en
las regiones celestes. 13 Por lo tanto,
vístanse con la armadura completa
de Dios, a fin de que cuando llegue
el día malo puedan resistir, y mantenerse firmes después de que lo
hayan hecho todo. 14 Permanezcan
firmes, pues, con el cinturón de la
verdad ceñido a su cintura, vestidos
con la coraza de justicia, 15 y calza-
dos con la presteza que viene con el
evangelio de la paz. 16 Además de
todo esto, tomen el escudo de la fe,
con el cual pueden extinguir todos
los dardos encendidos del maligno.
17 Tomen el yelmo de salvación y la
espada del Espíritu, que es la palabra de Dios. 18 Y oren en el Espíritu
en toda ocasión, con toda clase de
oraciones y peticiones. Pensando en
esto, estén alerta y perseveren en
oración por todos los santos.
19 Oren también por mí, para que
cuando abra mi boca, me sean dadas
palabras para dar a conocer sin
temor el misterio del evangelio,
20 por el cual soy embajador en
cadenas; que sin temor lo proclame
como es mi deber.

Saludos finales

21 Tíquico, el amado hermano en la
fe y fiel siervo en el Señor, les hará
saber todas las cosas, para que
puedan saber también cómo estoy y
lo que hago. 22 Lo envío a ustedes
para esto, para que sepan cómo
estamos y para que les dé ánimo.
23 Paz a los hermanos y amor con
fe de parte de Dios el Padre y del
Señor Jesucristo. 24 Gracia a todos
los que aman a nuestro Señor Jesucristo con amor inmutable.

FILIPENSES

1 Pablo y Timoteo, siervos de
Jesucristo,
a todos los santos en Cristo Jesús
que están en Filipos, juntamente con
los superintendentes[a] y diáconos:
2 Gracia y paz a ustedes de Dios
nuestro Padre y del Señor Jesucristo.

Acción de gracias y oración

3 Doy gracias a Dios cada vez que
me acuerdo de ustedes. 4 En todas
mis oraciones por ustedes, siempre
oro con gozo, 5 a causa de su compañerismo en el evangelio desde el
primer día hasta ahora, 6 estando

[a] Tradicionalmente, *obispos*.

confiado en esto, que quien empezó
una buena obra en ustedes la llevará
a su perfección hasta el día de Cristo Jesús.
7 Para mí es justo sentir así de
todos ustedes, ya que los llevo en
mi corazón; porque ya sea que esté
encadenado o defendiendo y confir-
mando el evangelio, todos ustedes
participan de la gracia de Dios
conmigo. 8 Dios es testigo de cómo
los amo a todos con el afecto de
Cristo Jesús.
9 Y éste es mi ruego: que su amor
abunde más y más en conocimiento
y profundidad de percepción, 10 para
que sean capaces de discernir lo que
es mejor y sean puros y sin mancha
hasta el día de Cristo, 11 llenos del
fruto de justicia que viene por Jesucristo, para gloria y alabanza de
Dios.

Las cadenas de Pablo hacen progresar el evangelio

12 Ahora quiero que sepan, hermanos, que lo que me ha pasado ha
servido para progreso del evangelio.
13 Como consecuencia, se ha hecho
evidente en todo el pretorio[a] y a
todos los demás, que estoy encadenado por Cristo. 14 A causa de mis
cadenas, la mayoría de los hermanos
en el Señor han sido alentados para
hablar la palabra de Dios sin temor.
15 Cierto que algunos predican a
Cristo por envidia y rivalidad, pero
otros de buena voluntad. 16 Estos últimos lo hacen en amor, sabiendo
que estoy puesto aquí para defensa
del evangelio. 17 Los primeros predican a Cristo por ambición egoísta,
no sinceramente, pensando que
aumentan mis dificultades mientras
estoy encadenado. 18 Pero, ¿qué importa? Lo importante es que en
cualquier caso, ya sea por motivos
falsos o verdaderos, Cristo es predicado, y yo me regocijo a causa de
esto.
Sí, seguiré regocijándome,
19 porque sé que por las oraciones de
ustedes y la ayuda del Espíritu de
Jesucristo, lo que me ha ocurrido se
convertirá en mi libertad.[b] 20 Ardien-
temente espero que en ninguna
manera seré avergonzado, sino que
tendré el valor suficiente para que,
ahora como siempre, Cristo sea exaltado en mi cuerpo, ya sea por vida
o por muerte. 21 Porque para mí,
vivir es Cristo y morir es ganancia.
22 Si he de seguir viviendo en el
cuerpo, esto significa para mí una
labor fructífera. Mas, ¿qué escogeré?
¡No lo sé! 23 Me siento presionado
por ambas partes: deseo partir y
estar con Cristo, que es mucho
mejor, 24 pero es más necesario para
ustedes que permanezca en el
cuerpo. 25 Estoy convencido de esto,
sé que permaneceré y continuaré
con ustedes para su progreso y gozo
en la fe, 26 a fin de que su gozo en
Cristo Jesús sobreabunde a causa de
mí, por mi estancia con ustedes.
27 Cualquier cosa que ocurra, con-
dúzcanse de manera digna del evangelio de Cristo, para que, ya sea que
vaya a verlos, o solamente oiga de
ustedes en mi ausencia, sepa que
están firmes en un mismo espíritu,
luchando como un solo hombre por
la fe del evangelio, 28 sin estar atemorizados en manera alguna por
aquellos que se les oponen. Esto es
un signo de destrucción para ellos,
pero para ustedes de salvación, y
esto de Dios. 29 Porque se les ha
concedido de parte de Cristo, no
sólo creer en él, sino también sufrir
por él, 30 ya que están sosteniendo la
misma lucha que vieron que yo tenía
y ahora oyen que sigo teniendo.

Imitando la humildad de Cristo

2 Si tienen algún estímulo por
estar unidos a Cristo, si algún
consuelo de su amor, si algún compañerismo con el Espíritu, si alguna
ternura y compasión, 2 entonces,
completen mi gozo siendo de un
mismo pensar, teniendo el mismo

[a] *13 O a todo el palacio.* [b] *19 O salvación.*

amor, siendo uno en espíritu y
propósito. 3 No hagan nada por ambición egoísta o vanagloria, sino en
humildad consideren a los demás
como superiores a ustedes mismos.
4 Cada uno de ustedes debe velar, no
sólo por sus propios intereses, sino
también por los intereses de los
demás.

5 Su actitud debe ser igual a la de
Cristo Jesús:

6 Quien siendo por naturaleza[a]
Dios,
no consideró la igualdad con
Dios como cosa a que aferrar-
se.
7 Sino que se anonadó a sí mismo,
tomando la misma naturaleza[b]
de un siervo,
siendo hecho a semejanza humana.
8 y hallado en apariencia de hombre,
se humilló a sí mismo y se hizo
obediente hasta la muerte,
¡Y muerte de cruz!
9 Por lo tanto, Dios lo exaltó hasta
el lugar más alto
y le dio el nombre que está
sobre todo nombre,
10 para que al nombre de Jesús se
doble toda rodilla,
en el cielo, en la tierra y debajo
de la tierra,
11 y toda lengua confiese que Jesucristo es Señor,
para gloria de Dios Padre.

Brillando como estrellas

12 Así pues, mis queridos amigos,
como han obedecido siempre, no
solamente en mi presencia, sino
mucho más ahora en mi ausencia,
continúen trabajando en su salvación
con temor y temblor, 13 porque es
Dios quien hace en ustedes el desear
y hacer lo que a él le place.

14 Háganlo todo sin quejas ni dis-
putas, 15 para que sean hechos irreprochables y puros, hijos de Dios
sin falta en una generación torcida y
depravada, en la que brillan como
estrellas en el universo, 16 mientras
ofrecen[c] la palabra de vida, para que
pueda gloriarme en el día de Cristo
de no haber corrido ni trabajado en
vano. 17 Pero aun si soy derramado
como libación sobre el sacrificio y
servicio de su fe, estoy alegre y me
regocijo con todos ustedes. 18 Así
también ustedes estén alegres y
regocíjense conmigo.

Timoteo y Epafrodito

19 Espero en el Señor Jesús enviarles pronto a Timoteo, para que también yo pueda cobrar ánimo cuando
reciba noticias de ustedes. 20 No
tengo a nadie como él, que se toma
un auténtico interés en su bienestar.
21 Porque cada uno se preocupa de
sus propios intereses y no de los de
Jesucristo. 22 Pero saben que Timoteo se ha probado a sí mismo,
porque como un hijo a su padre me
ha servido en la obra del evangelio.
23 Espero, por lo tanto, enviárselo
tan pronto como vea cómo me van
las cosas. 24 Y confío en el Señor
que yo mismo iré pronto.

25 Pero creo que es necesario
enviarles de vuelta a Epafrodito, mi
hermano, compañero de trabajo y
milicia, que es también su mensajero, a quien ustedes enviaron para
cuidar de mis necesidades. 26 Porque
está anhelante por todos ustedes, y
angustiado porque oyeron que estaba
enfermo. 27 Ciertamente estuvo enfermo a punto de morir; pero Dios
tuvo misericordia de él, y no sólo de
él, sino también de mí, para evitar-
me tristeza sobre tristeza. 28 Por lo
tanto, anhelo enviarlo, a fin de que,
cuando lo vean de nuevo, puedan
alegrarse, y yo esté con menos ansiedad. 29 Recíbanlo en el Señor con
gran gozo y honren a los hombres
que son como él, 30 porque estuvo a
punto de morir por la obra de Cristo, arriesgando su vida para

[a] 6 *O en la forma de.* [b] 7 *O la forma.* [c] 16 *O llevan en alto.*

completar la ayuda que ustedes no pudieron prestarme.

No confíen en la carne

3 Finalmente, hermanos míos, regocíjense en el Señor. Para mí no es molestia escribirles las mismas cosas de nuevo, y es medida de seguridad para ustedes.

2 Cuídense de esos perros, esos hombres que hacen el mal, esos mutiladores de la carne; 3 porque la circuncisión somos nosotros; nosotros que adoramos en el Espíritu de Dios y nos gloriamos en Cristo Jesús y no confiamos en la carne, 4 aunque yo tengo razones para tal confianza.

Si alguno cree tener razones para confiar en la carne, yo más: 5 circuncidado al octavo día, del pueblo de Israel, de la tribu de Benjamín, hebreo de hebreos; según la ley, fariseo; 6 en cuanto a celo, perseguidor de la iglesia; según la justicia de la ley, llegué a ser intachable.

7 Mas lo que para mí era beneficio, lo considero ahora pérdida por causa de Cristo. 8 Aún más, considero todo como pérdida comparado con la suprema grandeza del conocimiento de Cristo Jesús, mi Señor, por cuya causa lo he perdido todo, y lo tengo por basura, para ganar a Cristo 9 y ser hallado en él, no teniendo mi propia justicia que procede de la ley, sino la que viene por fe en Cristo; la justicia que viene de Dios y es por la fe. 10 Quiero conocer a Cristo y el poder de su resurrección y la participación en sus sufrimientos, llegando a ser semejante a él en su muerte 11 y, así, de alguna forma, alcanzar la resurrección de los muertos.

Marchando hacia la meta

12 No es que haya alcanzado ya todo esto, o que haya alcanzado la perfección, pero voy corriendo tras ella, por si logro alcanzar aquello para lo cual me alcanzó Cristo Jesús. 13 Hermanos, no considero que yo mismo lo haya alcanzado. Pero hago una cosa: olvidando lo que queda atrás y lanzándome a lo que está delante, 14 voy corriendo hacia la meta, para ganar el premio para el que Dios me ha llamado al cielo en Cristo Jesús.

15 Todos los que somos maduros, debemos ver así las cosas. Y si en algún punto piensan de forma diferente, Dios se lo hará ver claro. 16 Con todo, vivamos en consonancia con lo que ya hemos alcanzado.

17 Hermanos, únanse a otros que siguen mi ejemplo, y tomen nota de quienes viven de acuerdo con el ejemplo que les dimos. 18 Porque, como se lo he dicho a menudo, y ahora lo repito hasta con lágrimas, muchos viven como enemigos de la cruz de Cristo. 19 Su destino es destrucción, su dios es el estómago, y su gloria es su vergüenza. Su mente está en las cosas terrenas. 20 Pero nuestra ciudadanía está en los cielos, de donde esperamos ansiosamente un Salvador, el Señor Jesucristo, 21 quien, por el poder que le capacita para poner todas las cosas bajo su mando, transformará nuestros humildes cuerpos para que sean semejantes a su cuerpo glorioso.

4 Por lo tanto, hermanos míos a quienes amo y añoro, mi gozo y mi corona; estén firmes en el Señor, amados amigos.

Exhortaciones

2 Ruego a Evodia y a Síntique que se pongan de acuerdo en el Señor. 3 Y a ti, compañero fiel[a], te ruego que ayudes a estas mujeres que han luchado a mi lado por la causa del evangelio, juntamente con Clemente y mis demás colaboradores, cuyos nombres están en el libro de la vida.

4 Alégrense en el Señor siempre; de nuevo lo digo: alégrense. 5 Sea su amabilidad conocida de todos. El Señor está cerca. 6 No estén ansiosos por nada, sino que en todo, con

[a] *3* O *fiel Syzygo.*

oración y ruego, con acción de gracias, presenten sus peticiones a Dios.
7 Y la paz de Dios, que trasciende
toda comprensión, guardará sus corazones y sus mentes en Cristo Jesús.
8 Finalmente, hermanos, todo lo
que es verdadero, todo lo noble,
todo lo justo, todo lo puro, todo lo
amable, todo lo digno de admiración,
si hay algo excelente o digno de alabanza, piensen en tales cosas. 9 Todo
lo que han aprendido, recibido u
oído de mí, o visto en mí, pónganlo
en práctica. Y el Dios de paz será
con ustedes.

Agradecimiento por las dádivas

10 Me alegro grandemente en el
Señor, de que al fin hayan renovado
su interés por mí. Sin duda tenían
interés, pero no han tenido oportunidad de demostrarlo. 11 No digo esto
porque esté necesitado, porque he
aprendido a estar contento en todas
las circunstancias. 12 Sé lo que es
estar necesitado, y lo que es tener
abundancia. He aprendido el secreto
de estar contento en todas y cada
una de las situaciones: ya esté harto
o hambriento, ya viva en la abundancia o en la pobreza. 13 Todo lo
puedo en aquel que me fortalece.
14 Sin embargo, han hecho bien
compartiendo mis tribulaciones.
15 Más aún, como saben ustedes, fili-
penses, en los primeros tiempos de
su encuentro con el evangelio, cuando partí de Macedonia, ninguna iglesia participó conmigo en cuestión de
dar y recibir, excepto ustedes;
16 porque incluso cuando estaba en
Tesalónica, me enviaron ayuda una
y otra vez cuando tuve necesidad.
17 No es que esté buscando un donativo, sino que busco lo que pueda
ser acreditado en su cuenta. 18 Yo ya
he recibido un pago completo, incluso con creces; estoy abundantemente
surtido, ahora que he recibido de
Epafrodito los donativos que ustedes
enviaron. Son una ofrenda fragante,
un sacrificio aceptable, que agrada a
Dios. 19 Mi Dios les dará todo lo que
necesiten, de acuerdo con sus gloriosas riquezas en Cristo Jesús.
20 A nuestro Dios y Padre, gloria
por los siglos de los siglos. Amén.

Saludos finales

21 Saluden a todos los santos en
Cristo Jesús. Los hermanos que
están conmigo los saludan. 22 Todos
los santos los saludan, especialmente
los que pertenecen a la casa de
César.
23 La gracia del Señor Jesucristo
sea con su espíritu. Amén.[a]

COLOSENSES

1 Pablo, apóstol de Cristo Jesús
por la voluntad de Dios, y
Timoteo nuestro hermano,
2 a los santos y fieles[b] hermanos
en Cristo que están en Colosas: Que
la gracia y paz estén con ustedes de
parte de Dios nuestro Padre.[c]

Acción de gracias y oración

3 Cuando oramos por ustedes,
siempre damos gracias a Dios, el
Padre de nuestro Señor Jesucristo,
4 porque hemos oído de su fe en
Cristo Jesús y del amor que tienen

[a] 23 Algunos Mss. no tienen *Amén.* [b] 2 O *creyentes.* [c] 2 Algunos Mss. añaden: *y del Señor Jesucristo.*

por todos los santos; 5 fe y amor que
brotan de la esperanza depositada
para ustedes en los cielos, de la cual
ya han oído en la palabra de verdad,
el evangelio 6 que ha llegado a ustedes. Este evangelio está fructificando
y creciendo, tal como lo ha hecho
entre ustedes desde el día que lo
oyeron y entendieron la gracia de
Dios en toda su verdad. 7 Ustedes lo
aprendieron de Epafras, nuestro
amado consiervo, que es un fiel
ministro de Cristo para beneficio
nuestro,[a] 8 quien también nos ha
hablado de su amor en el Espíritu.

9 Por esto, desde el día en que
tuvimos noticia de ustedes, no
hemos cesado de orar por ustedes,
pidiendo a Dios que los llene del
conocimiento de su voluntad en toda
sabiduría e inteligencia espirituales.
10 Y pedimos esto para que vivan
como es digno del Señor, compla-
ciéndolo en todas formas, fructificando en toda buena obra, creciendo en
el conocimiento de Dios, 11 siendo
fortalecidos con todo poder, conforme a su glorioso poder; para que
tengan gran bondad y paciencia, ale-
gremente 12 dando gracias al Padre,
que los[b] ha capacitado para participar en la herencia de los santos en
el reino de la luz. 13 Porque él nos
ha rescatado del poder de las tinieblas y nos ha trasladado al reino de
su amado Hijo, 14 en quien tenemos
redención,[c] el perdón de los pecados.

La supremacía de Cristo

15 El es la imagen del Dios invisible, el primogénito sobre toda creación. 16 Porque en él fueron creadas
todas las cosas, en los cielos y en la
tierra, visibles e invisibles; ya sean
tronos, poderes, gobernantes o autoridades; todas las cosas fueron creadas por medio de él y para él. 17 El
es antes que todas las cosas y todas
las cosas se mantienen unidas en él.
18 Y él es la cabeza del cuerpo, la
iglesia; él es el principio y el primogénito de entre los muertos, para
que en todo tenga la supremacía.
19 Porque a Dios le agradó que en él
habitara toda su plenitud 20 y, por
medio de él, reconciliar consigo
todas las cosas, ya sea en la tierra o
en el cielo, haciendo la paz mediante
su sangre, derramada en la cruz.

21 Ustedes estuvieron en otro tiempo separados de Dios y fueron enemigos en su mente, a causa de su
mal comportamiento. 22 Pero ahora
los ha reconciliado mediante la
muerte que Cristo sufrió en su
cuerpo físico, para presentarlos santos a sus ojos, inmaculados y libres
de acusación, 23 si permanecen en la
fe, firmes y estables, sin apartarse
de la esperanza contenida en el
evangelio. Este es el evangelio que
han oído y que ha sido proclamado
a toda criatura bajo los cielos, y del
cual yo, Pablo, he sido hecho
ministro.

El trabajo de Pablo por la iglesia

24 Ahora me regocijo por lo que
sufrí por ustedes, y voy completando
en mi carne lo que falta respecto a
las aflicciones de Cristo en pro de
su cuerpo, que es la iglesia, 25 de la
que fui hecho ministro por la comisión que él me dio, de anunciarles la
palabra de Dios en su plenitud, 26 el
misterio que ha estado escondido
por edades y generaciones, pero que
ahora es manifestado a los santos.
27 A ellos ha escogido Dios para dar
a conocer entre los gentiles las gloriosas riquezas de este misterio, que
es Cristo en ustedes, la esperanza de
gloria.

28 A él proclamamos, aconsejando
y enseñando a todos con toda sabiduría, a fin de presentar a todos
perfectos en Cristo. 29 Para este fin
trabajo, luchando con toda la energía
que él tan poderosamente produce
en mí.

[a] *7* Algunos Mss. dicen: *de ustedes.* [b] *12* Algunos Mss. dicen: *nos.* [c] *14* Algunos Mss. recientes añaden: *a través de su sangre.*

2 Quiero que sepan lo esforzadamente que lucho por ustedes y por los de Laodicea, y por todos los que no me conocen personalmente. 2 Mi propósito es que sean consolados en su corazón y unidos en amor, para que tengan toda la riqueza de pleno conocimiento, a fin de conocer el misterio de Dios, esto es, Cristo,[a] 3 en quien están escondidos todos los tesoros de la sabiduría y del conocimiento. 4 Les digo esto para que nadie los engañe con argumentos persuasivos. 5 Porque aunque estoy ausente de ustedes físicamente, estoy con ustedes en espíritu, y me deleito viendo lo ordenados que son y lo firme que es su fe en Cristo.

Libertad de las normas humanas mediante la vida en Cristo

6 Así, pues, tal como han recibido a Cristo Jesús el Señor, anden en él, 7 arraigados y edificados en él, fortalecidos en la fe como fueron enseñados, y rebosando gratitud.

8 Cuiden que nadie los cautive con filosofía vana y engañosa, que depende de tradiciones humanas y de los principios básicos de este mundo y no de Cristo.

9 Porque en Cristo habita toda la plenitud de la deidad corporalmente, 10 y ustedes tienen esta plenitud en Cristo, que es la cabeza sobre todo poder y autoridad. 11 En él fueron también circuncidados al desechar su naturaleza pecaminosa[b]; no con una circuncisión hecha por manos de hombres, sino con la circuncisión de Cristo. 12 Fueron sepultados con él en el bautismo, y resucitaron con él, por su fe en el poder de Dios, quien lo resucitó de los muertos.

13 Cuando estaban muertos en sus pecados y en la incircuncisión de su naturaleza pecaminosa,[c] Dios les[d] dio vida con Cristo. El nos perdonó todos nuestros pecados, 14 habiendo anulado el código escrito, con sus decretos, que estaba contra nosotros; quitándolo y clavándolo en la cruz; 15 y habiendo desarmado a los poderes y autoridades, los exhibió públicamente, triunfando sobre ellos en la cruz.[e]

16 Por tanto, que nadie los juzgue por lo que comen o beben, o por festividad religiosa, celebración de luna nueva, o día sábado. 17 Esto es sólo sombras de las cosas que estaban por venir; la realidad, sin embargo, se halla en Cristo. 18 Que nadie que se deleite en falsa humildad y adoración de ángeles les quite el premio. Tal persona hace alarde con gran detalle de lo que ha visto, y su mente carnal lo hincha de vanidad, 19 habiendo perdido contacto con la cabeza, por la que el cuerpo entero, alimentado y unido por medio de sus articulaciones y ligamentos, crece, según Dios lo hace crecer.

20 Si han muerto con Cristo a los principios básicos de este mundo, ¿por qué, como si aún pertenecieran a él, se someten a sus preceptos: 21 "¡No tomes!, ¡No gustes!, ¡No toques!"? 22 Estos están llamados a perecer con el uso, porque están basados en mandamientos y enseñanzas de hombres. 23 Tales preceptos tienen sin duda apariencia de sabiduría, con su afectada piedad, su falsa humildad y severo trato del cuerpo, pero carecen de todo valor para restringir la sensualidad.

Normas para una vida santa

3 Si, pues, han resucitado con Cristo, pongan su corazón en las cosas de arriba, donde Cristo está sentado a la diestra de Dios. 2 Piensen en las cosas de arriba, no en las terrenales. 3 Porque han muerto, y su vida está ahora escondida con Cristo en Dios. 4 Cuando Cristo, que es su[f] vida, aparezca, ustedes también aparecerán con él en gloria.

[a] *2* Algunos Mss. dicen: *de Dios el Padre y de Cristo.* [b] *11* O *la carne.* [c] *13* O *su carne.* [d] *13* Algunos Mss. dicen: *nos.* [e] *15* O *en él.* [f] *4* Algunos Mss. dicen: *nuestra.*

5 Den muerte, pues, a todo lo que
pertenezca a su naturaleza terrenal:
inmoralidad sexual, impureza, lujuria,
malos deseos y avaricia, que es idolatría. 6 A causa de estas cosas viene
la ira de Dios.[a] 7 Ustedes también andaban en ellas, en la vida que en un
tiempo llevaron. 8 Pero ahora abando-
nen todas esas cosas tales como ira,
indignación, malicia, maledicencia,
palabras deshonestas. 9 No se digan
mentiras unos a otros, habiéndose
despojado de su viejo hombre, con
sus prácticas, 10 y habiéndose vestido
del nuevo, que se renueva en conocimiento a imagen de su Creador.
11 Aquí no hay griego o judío, circun-
ciso o incircunciso, bárbaro o escita,
esclavo o libre, sino que Cristo es
todo y en todos.

12 Por lo tanto, como pueblo escogido de Dios, santos y muy amados,
vístanse de compasión, bondad,
humildad, mansedumbre y paciencia.
13 Sopórtense unos a otros y perdó-
nense cualquier queja que puedan
tener unos de otros. Perdonen, como
el Señor los perdonó. 14 Y sobre
todas estas virtudes, vístanse de
amor, que las une a todas en unidad
perfecta.

15 Que la paz de Cristo reine en
sus corazones, pues han sido llamados a la paz como miembros de un
solo cuerpo, y sean agradecidos.
16 Que la palabra de Cristo habite
ricamente en ustedes, mientras se
enseñan y aconsejan unos a otros
con toda sabiduría, y cantan salmos,
himnos y cánticos espirituales, dando
gracias a Dios en sus corazones. 17 Y
cualquier cosa que hagan, ya sea de
palabra o de obra, háganlo todo en
el nombre del Señor Jesús, dando
gracias a Dios Padre por medio de
él.

Normas para las familias cristianas

18 Mujeres, sométanse a sus maridos, como conviene en el Señor.

19 Maridos, amen a sus esposas y
no sean ásperos con ellas.

20 Hijos, obedezcan a sus padres
en todo, porque esto agrada al
Señor.

21 Padres, no inciten a ira a sus
hijos, para que no se desalienten.

22 Siervos, obedezcan a sus amos
en todo; y háganlo, no sólo cuando
los estén viendo para ganar su favor,
sino con sinceridad de corazón y
reverencia al Señor. 23 Cualquier
cosa que hagan, háganla de todo
corazón, como trabajando para el
Señor y no para los hombres,
24 puesto que saben que recibirán la
herencia del Señor como recompensa. Es a Cristo el Señor a quien
sirven. 25 A cualquiera que hace
injusticia se le pagará conforme a su
injusticia, y no hay favoritismos.

4 Amos, den a sus siervos lo que
es justo y equitativo, sabiendo
que también ustedes tienen un amo
en los cielos.

2 Dedíquense a la oración, estando
vigilantes y siendo agradecidos. 3 Y
oren también por nosotros, para que
Dios abra una puerta a nuestro mensaje, a fin de que podamos proclamar el misterio de Cristo, por el
cual estoy encadenado. 4 Oren para
que pueda proclamarlo con claridad,
tal como debo. 5 Sean sabios en su
comportamiento con los de fuera,
aprovechando al máximo todas las
ocasiones. 6 Que su conversación sea
siempre llena de gracia, sazonada
con sal, para que sepan cómo responder a cada uno.

Saludos finales

7 De todo lo referente a mí les
informará Tíquico, el amado hermano, fiel ministro y consiervo en el
Señor. 8 Lo envío a ustedes con el
propósito expreso de que sepan de
nuestra[b] situación y conforte sus
corazones. 9 El vá con Onésimo, que
es de los de ustedes. Ellos les con-
tarán todo lo que pasa aquí.

[a] *6* Los Mss. antiguos añaden: *sobre aquellos que son desobedientes.* [b] *8* Algunos Mss. dicen: *para que conozca de su.*

10 Aristarco, mi compañero de prisión, los saluda, así como Marcos, el primo de Bernabé. (Han recibido instrucciones acerca de él; si va a ustedes, recíbanlo.) 11 Jesús, llamado Justo, también los saluda. Estos son los únicos judíos entre mis colaboradores en el reino de Dios y han sido un probado consuelo para mí. 12 Los saluda Epafras, que es de los de ustedes y siervo de Cristo Jesús. El está orando siempre por ustedes a fin de que permanezcan firmes, perfectos y completamente seguros en toda la voluntad de Dios. 13 Yo respondo de que él trabaja mucho por ustedes y por los de Laodicea y Hierápolis. 14 Los saludan nuestro querido amigo Lucas, el médico, y Demas. 15 Den mis saludos a los hermanos que están en Laodicea, a Ninfas y a la iglesia que está en su casa.

16 Después de que se les haya leído esta carta, hagan que sea leída también en la iglesia de Laodicea, y lean a su vez la carta de Laodicea.

17 Digan a Arquipo: Mira que cumplas la tarea que has recibido en el Señor.

18 Yo, Pablo, escribo este saludo de mi propia mano. Acuérdense de mis cadenas. La gracia sea con ustedes.

1 TESALONICENSES

1 Pablo, Silas[a] y Timoteo, a la iglesia de los tesalonicenses, que están en Dios el Padre y en el Señor Jesucristo: gracia y paz a ustedes.[b]

Acción de gracias por la fe de los tesalonicenses

2 Siempre damos gracias a Dios por todos ustedes, mencionándolos en nuestras oraciones. 3 Recordamos constantemente ante nuestro Dios y Padre la obra de su fe, el esfuerzo de su amor y la constancia de su esperanza en nuestro Señor Jesucristo.

4 Hermanos amados de Dios, sabemos que él los ha escogido, 5 porque nuestro evangelio llegó a ustedes, no sólo con palabras, sino también con poder, con el Espíritu Santo y profunda convicción. Saben cómo vivimos entre ustedes por amor suyo. 6 Se convirtieron en imitadores nuestros y del Señor, recibiendo el mensaje con gozo en el Espíritu Santo, a pesar de grandes sufrimientos, 7 y así vinieron a ser modelo para todos los creyentes de Macedonia y Acaya. 8 El mensaje del Señor fue proclamado por ustedes no sólo en Macedonia y Acaya; su fe en el Señor ha sido conocida en todo lugar. Por tanto, no necesitamos decir nada acerca de ello, 9 pues ellos mismos dan cuenta del recibimiento que ustedes nos dispensaron, y de cómo se volvieron de los ídolos a Dios, para servir al Dios vivo y verdadero, 10 y esperar de los cielos a su Hijo, a quien resucitó de los muertos, Jesús, quien nos libra de la ira venidera.

Ministerio de Pablo en Tesalónica

2 Saben, hermanos, que nuestra visita a ustedes no fue un fracaso. 2 Habíamos sufrido y habíamos

[a] *1* El griego dice: *Silvano*, una variante de *Silas*. [b] *1* Algunos Mss. antiguos dicen: *a ustedes, de Dios nuestro Padre y del Señor Jesucristo.*

sido insultados anteriormente en Filipos, como saben, pero con la ayuda
de nuestro Dios, nos atrevimos a
predicarles el evangelio a pesar de la
fuerte oposición. 3 Porque el llamamiento que hacemos no procede de
error ni de motivos impuros, ni estamos tratando de engañarlos. 4 Por el
contrario, hablamos como hombres
aprobados por Dios para encomen-
darnos el evangelio. No tratamos de
complacer a los hombres, sino a
Dios, que prueba nuestros corazones. 5 Saben que nunca hemos usado
lisonjas, ni nos pusimos una máscara
para encubrir avaricia, Dios nos es
testigo. 6 No hemos buscado la alabanza de hombres; ni la de ustedes
ni la de ningún otro.

7 Como apóstoles de Cristo podía-
mos haberles sido una carga, pero
fuimos tiernos entre ustedes, como
una madre que cuida de sus hijos
pequeños. 8 Tanto ha sido nuestro
amor por ustedes, que nos hemos
deleitado en compartir con ustedes,
no sólo el evangelio de Dios, sino
también nuestras vidas, porque nos
han llegado a ser muy queridos.
9 Seguramente recuerdan, hermanos,
nuestro trabajo y fatiga; trabajába-
mos día y noche para no ser una
carga a nadie mientras les predicába-
mos el evangelio de Dios.

10 Ustedes son testigos, y Dios
también, de lo santos, justos e irreprochables que fuimos entre ustedes
los que creyeron. 11 Saben que nos
hemos comportado con cada uno de
ustedes como un padre con sus propios hijos, 12 alentándolos, consolán-
dolos y exhortándolos a vivir como
es digno de Dios, que los llama a su
reino y gloria.

13 También damos incesantemente
gracias a Dios porque, cuando recibieron la palabra de Dios, la cual
oyeron de nosotros, la aceptaron, no
como palabra de hombres, sino
como realmente es, la palabra de
Dios, que actúa en ustedes que
creen. 14 Porque ustedes, hermanos,
se convirtieron en imitadores de las
iglesias de Dios en Judea, que son
en Cristo Jesús. Han sufrido de sus
propios compatriotas las mismas
cosas que aquellas iglesias sufrieron
de los judíos, 15 que mataron al
Señor Jesús y a los profetas, y también nos expulsaron a nosotros.
Ellos desagradan a Dios y son hosti-
les a todos los hombres, 16 en su
esfuerzo por evitar que hablemos a
los gentiles para que sean salvos. De
esta manera colman siempre la medida de sus pecados. Al fin la ira de
Dios ha venido sobre ellos.[a]

Deseo de Pablo de ver a los tesalonicenses

17 Pero, hermanos, cuando fuimos
separados de ustedes por un corto
tiempo (en persona, no de pensamiento), en nuestro deseo hicimos
todo esfuerzo por verlos; 18 porque
deseábamos ir a ustedes, ciertamente
yo, Pablo, lo deseé una y otra vez,
pero Satanás nos detuvo. 19 Porque,
¿cuál es nuestra esperanza, nuestro
gozo, o la corona en que nos gloriaremos en la presencia de nuestro
Señor Jesucristo cuando venga? ¿No
son ustedes? 20 Ciertamente, ustedes
son nuestra gloria y nuestro gozo.

3 Por eso, cuando no pudimos
soportarlo más, pensamos que
sería mejor quedarnos solos en Atenas. 2 Enviamos a Timoteo, nuestro
hermano y colaborador[b] de Dios en
la extensión del evangelio de Cristo,
para fortalecerlos y alentarlos en su
fe, 3 para que nadie se inquietara por
estas tribulaciones. Saben muy bien
que fuimos destinados a ellas. 4 De
hecho, cuando estuvimos con ustedes, les decíamos que seríamos
perseguidos, y así sucedió; bien lo
saben. 5 Por esto, cuando no pude
soportarlo más, envié a averiguar el
estado de su fe. Temía que, de

[a] *16* O *sobre ellos hasta el colmo.* [b] *2* Algunos Mss. dicen: *hermano y siervo de Dios.*

alguna manera, el tentador los hubiera tentado, y nuestros esfuerzos pudieran haber sido inútiles.

Alentador informe de Timoteo

6 Pero Timoteo acaba de regresar de estar con ustedes y nos ha traído buenas noticias de su fe y amor, y nos ha dicho que tienen siempre grata memoria de nosotros y que desean vernos, tanto como nosotros
a ustedes. 7 Por lo tanto, hermanos, en medio de nuestra aflicción y persecución, fuimos alentados respecto a ustedes a causa de su fe.
8 Porque ahora vivimos de verdad, puesto que ustedes están firmes en
el Señor. 9 ¿Cómo podemos dar suficientes gracias a Dios por ustedes, en respuesta a todo el gozo que tenemos en la presencia de nuestro
Dios por ustedes? 10 Día y noche oramos de lo más encarecidamente para poder verlos de nuevo y proveer lo que falta a su fe.
11 Que el mismo Dios y Padre de nuestro Señor Jesús despeje el camino para que vayamos a ustedes.
12 Que el Señor haga crecer y rebosar el amor de unos por otros y por todos los demás, como el nuestro
por ustedes. 13 Que él fortalezca sus corazones para que sean irreprensibles y santos en la presencia de nuestro Dios y Padre, cuando nuestro Señor Jesús venga con todos sus santos.

Viviendo para agradar a Dios

4 Finalmente, hermanos, les enseñamos cómo vivir a fin de agradar a Dios, como de hecho están viviendo. Ahora les pedimos y exhortamos en el Señor Jesús a
hacerlo cada vez más. 2 Bien saben las instrucciones que les dimos por la autoridad del Señor Jesús.
3 La voluntad de Dios es que sean santos; que se aparten de la inmoralidad sexual; 4 que cada uno de ustedes aprenda a controlar su propio cuerpo[a] de forma santa y honrosa,
5 no en lujuria apasionada como los gentiles, que no conocen a Dios;
6 nadie debe perjudicar a su hermano ni aprovecharse de él en este asunto. El Señor castigará a los hombres por todos estos pecados, como ya
hemos dicho y advertido. 7 Porque Dios no nos llamó a impureza, sino
a una vida santa. 8 Por lo tanto, el que rechaza esta instrucción, no rechaza a un hombre, sino a Dios, quien les da su Santo Espíritu.
9 En cuanto al amor fraternal, no necesitamos escribirles, porque ustedes mismos han sido enseñados por
Dios a amarse unos a otros 10 y de hecho aman a los hermanos en toda Macedonia. Pero aún los exhortamos, hermanos, a hacerlo más y más.
11 Esfuércense en llevar una vida tranquila, ocupándose de sus propios asuntos y trabajando con sus manos,
como les hemos dicho, 12 a fin de que su vida diaria gane el respeto de los de fuera y no dependan de nadie.

La venida del Señor

13 Hermanos, no queremos que sean ignorantes acerca de los que duermen, ni que se aflijan como los demás que no tienen esperanza.
14 Creemos que Jesús murió y resucitó, y así creemos que Dios tomará con Jesús a aquellos que duermen
en él. 15 De acuerdo con la palabra del mismo Señor, les decimos que nosotros los que aún vivamos, los que quedemos hasta la venida del Señor, no precederemos a aquellos
que durmieron. 16 Porque el Señor mismo descenderá de los cielos, con exclamación de mando, con voz de arcángel y con la llamada de la trompeta de Dios; y los muertos en
Cristo resucitarán primero. 17 Después, nosotros, los que todavía vivamos, los que hayamos quedado

[a] 4 *O aprendan a vivir con su propia esposa;* o *aprendan a conseguir su propia esposa.*

seremos arrebatados con ellos en las
nubes para recibir al Señor en el
aire. Y así estaremos con el Señor
para siempre. 18 Por lo tanto, anímense unos a otros con estas palabras.

5 Ahora hermanos, no necesitamos escribirles acerca de tiempos y fechas, 2 porque saben muy
bien que el día del Señor vendrá
como ladrón en la noche. 3 Mientras
la gente diga, "paz y seguridad",
vendrá súbitamente destrucción
sobre ellos, como los dolores de parto a la mujer encinta, y no esca-
parán.

4 Pero ustedes, hermanos, no están
en tinieblas para que este día los
sorprenda como ladrón. 5 Todos ustedes son hijos de la luz y del día. No
pertenecemos a la noche ni a las
tinieblas. 6 Por lo tanto, no seamos
como los otros que duermen, sino
estemos alerta y seamos sobrios.
7 Porque los que duermen, duermen
de noche, y los que se emborrachan,
de noche se emborrachan. 8 Pero, ya
que somos del día, seamos sobrios,
vestidos de fe y amor como coraza,
y de la esperanza de salvación como
yelmo. 9 Porque Dios no nos destinó
a sufrir la ira, sino a recibir la salvación por nuestro Señor Jesucristo.
10 El murió por nosotros para que,
ya sea que durmamos o estemos
despiertos, vivamos unidos a él.
11 Así, pues, anímense mutuamente y
edifíquense unos a otros, tal como lo
están haciendo.

Instrucciones finales

12 Les pedimos, hermanos, que res-
peten a quienes trabajan entre ustedes, que los presiden en el Señor y
los amonestan. 13 Ténganlos en la
mayor estima en amor, a causa de
su trabajo. Vivan en paz unos con
otros. 14 También les rogamos, hermanos, amonesten a los perezosos,
animen a los tímidos, ayuden a los
débiles, sean pacientes con todos.
15 Asegúrense de que nadie devuelva
mal por mal, sino traten siempre de
ser amables unos con otros y con
todos los demás.

16 Estén siempre gozosos; 17 oren
sin cesar. 18 Den gracias en toda
circunstancia, porque ésta es la
voluntad de Dios para ustedes en
Cristo Jesús.

19 No apaguen el fuego del Espíritu; 20 no menosprecien las profecías.
21 Pruébenlo todo y aférrense a lo
bueno. 22 Eviten toda clase de mal.

23 Que el mismo Dios, el Dios de
paz, los santifique completamente.
Que todo su ser, espíritu, alma y
cuerpo, sea guardado sin mancha
para la venida de nuestro Señor
Jesucristo. 24 El que los llama es fiel
y lo hará.

25 Hermanos, oren por nosotros.
26 Saluden a todos los hermanos con
un beso santo. 27 Les encargo ante el
Señor que lean esta carta a todos
los hermanos.

28 La gracia de nuestro Señor Jesucristo sea con ustedes.

2 TESALONICENSES

1 Pablo, Silvano[a] y Timoteo,
a la iglesia de los tesalonicenses, que están en Dios nuestro Padre
y en el Señor Jesucristo: 2 Gracia y
paz a ustedes de parte de Dios el
Padre y del Señor Jesucristo.

Acción de gracias y oración

3 Siempre debemos de dar gracias
a Dios por ustedes, hermanos, y
justamente, porque su fe se acre-
cienta más y más, y el amor de
cada uno por los otros va en
aumento. 4 Por lo tanto, nos gloriamos entre las iglesias de Dios por
la perseverancia y fe en todas las
persecuciones y pruebas que ustedes
soportan.

5 Todo esto es prueba de que el
juicio de Dios es justo y, como
resultado, serán tenidos por dignos
del reino de Dios, por el cual están
sufriendo. 6 Dios es justo y retribuirá
con tribulación a los que los atribu-
lan 7 y les dará descanso a ustedes
que están atribulados, como también
a nosotros. Esto ocurrirá cuando el
Señor Jesús se manifieste con fuego
llameante con sus poderosos ángeles.
8 El castigará a aquellos que no
conocen a Dios y no obedecen al
evangelio de nuestro Señor Jesús,
9 los cuales serán castigados con
perdición eterna y excluidos de la
presencia del Señor y de la majestad
de su poder, 10 en el día en que
venga para ser glorificado en sus
santos y admirado entre todos los
que han creído. Esto los incluye a
ustedes, porque creyeron nuestro
testimonio.

11 Teniendo esto en cuenta, oramos
constantemente por ustedes, para
que el Señor los considere dignos de
su llamamiento y, por su poder,
cumpla todo buen propósito de ustedes y todo acto de su fe. 12 Oramos
así, a fin de que el nombre de
nuestro Señor Jesús sea glorificado
en ustedes, y ustedes en él, conforme a la gracia de nuestro Dios y del
Señor Jesucristo.[b]

El hombre pecador

2 Respecto a la venida de nuestro
Señor Jesucristo y nuestra
reunión con él, les pedimos hermanos, 2 que no se turben fácilmente, ni se alarmen por alguna profecía, informe o carta que se supon-
ga nuestra, diciendo que el día del
Señor ya ha venido. 3 No permitan
que nadie los engañe en manera alguna, porque ese día no vendrá
hasta que ocurra la apostasía y el
hombre sin ley[c] sea revelado, el
hombre condenado a destrucción,
4 que se opone y se ensalza a sí
mismo sobre todo lo que se dice
Dios o es adorado, e incluso se sienta en el templo de Dios, proclamán-
dose a sí mismo Dios.

5 ¿No recuerdan que, cuando estaba con ustedes, acostumbraba a
decirles estas cosas? 6 Y ahora saben
lo que lo detiene, a fin de que sea
manifestado a su debido tiempo.
7 Porque el poder secreto de la iniquidad está ya en acción; pero el
que lo detiene ahora, lo seguirá
deteniendo hasta que él sea quitado
de en medio. 8 Entonces el inicuo
será manifestado, a quien el Señor
aniquilará con el aliento de su boca
y destruirá con el resplandor de su
venida. 9 La venida del inicuo será
conforme a la obra de Satanás, des-
plegado en toda clase de falsos milagros, señales y maravillas, 10 y toda
clase de iniquidad que seduce a los
que se pierden. Se pierden porque
rehusaron amar la verdad y así ser

[a] *1* El griego dice: *Silvano*, una variante de Silas. [b] *12* O, *Dios y Señor, Jesucristo.*
[c] *3* Algunos Mss. dicen: *de pecado.*

salvos. 11 Por eso Dios les envía un
engaño poderoso, para que crean a la
mentira y 12 sean condenados todos
los que no creyeron la verdad, sino
que se complacieron en la iniquidad.

Estén firmes

13 Pero nosotros debemos dar siempre gracias a Dios por ustedes, hermanos amados del Señor, porque
desde el principio Dios los[a] escogió
para ser salvos, mediante la obra
santificadora del Espíritu y la fe en
la verdad. 14 El los llamó a esto por
medio de nuestro evangelio, para
que puedan participar de la gloria de
nuestro Señor Jesucristo. 15 Así pues,
hermanos, manténganse firmes y
guarden las enseñanzas[b] que les
hemos transmitido, ya sea de palabra
o por carta.

16 Que el mismo Señor Jesucristo y
Dios nuestro Padre, que nos amó y
por su gracia nos dio consolación
eterna y buena esperanza, 17 los con-
suele y fortalezca en toda obra y
palabra buena.

Petición de oración

3 Finalmente, hermanos, oren por
nosotros, para que el mensaje
del Señor se difunda rápidamente y
sea honrado, tal como lo fue con
ustedes, 2 y para que seamos librados
de hombres perversos y malvados,
porque no todos tienen fe. 3 Pero el
Señor es fiel, y él los fortalecerá y
los protegerá del maligno. 4 Confiamos en el Señor, que hacen y
seguirán haciendo las cosas que les
encomendamos. 5 Que el Señor guíe
sus corazones en el amor de Dios y
la perseverancia de Cristo.

Advertencia contra la pereza

6 En el nombre del Señor Jesucristo los exhortamos, hermanos, a que
se aparten de todo hermano ocioso
y que no vive de acuerdo con la
enseñanza[c] que recibieron de nosotros. 7 Porque ustedes mismos
saben cómo deben seguir nuestro
ejemplo. No estuvimos ociosos
cuando estuvimos entre ustedes, 8 ni
tomamos el alimento de nadie sin
pagar por él. Por el contrario, tra-
bajamos día y noche con afán y
fatiga, a fin de no ser una carga a
ninguno de ustedes. 9 Hicimos esto,
no porque no tengamos derecho a
tal ayuda, sino para darles un
ejemplo a seguir. 10 Porque aun
cuando estábamos con ustedes, les
dimos esta norma: Si alguien no
quiere trabajar, que no coma.

11 Oímos que hay algunos ociosos
entre ustedes, que no hacen nada;
son unos entremetidos. 12 A estos
ordenamos y exhortamos en el nombre del Señor Jesucristo que se
sosieguen y ganen el pan que
comen. 13 En cuanto a ustedes, hermanos, nunca se cansen de hacer lo
recto.

14 Si alguno no obedece las instrucciones que les damos en esta carta,
tomen buena nota de él y no se jun-
ten con él, para que se sienta avergonzado. 15 Mas no lo consideren
como enemigo, sino amonéstenlo
como a hermano.

Saludos finales

16 Ahora, el mismo Señor de paz,
les dé paz en todo tiempo y manera.
El Señor sea con todos ustedes.

17 Yo, Pablo, escribo este saludo
con mi propia mano, que es la señal
distintiva en todas mis cartas. Así es
como escribo.

18 La gracia de nuestro Señor Jesucristo sea con todos ustedes.

[a] *13* Algunos Mss. dicen: *Dios los escogió como sus primicias.* [b] *15* O *tradiciones.*
[c] *6* O *tradición.*

1 TIMOTEO

1 Pablo, apóstol de Cristo Jesús por orden de Dios nuestro Salvador, y de Cristo Jesús, nuestra esperanza,

2 a Timoteo, mi verdadero hijo en la fe:

Gracia, misericordia y paz, de parte de Dios el Padre, y de Cristo Jesús, nuestro Señor.

Advertencia contra los falsos maestros de la ley

3 Como te encargué al partir para Macedonia, quédate ahí en Efeso para ordenar a algunos que no sigan enseñando falsas doctrinas, 4 ni presten atención a leyendas y genealogías interminables, las cuales provocan controversias en vez de ayudar a llevar adelante el plan de salvación de Dios que es mediante la fe. 5 El objetivo de esta orden mía es promover el genuino amor, que proviene de un corazón puro, de una buena conciencia y de una fe sincera. 6 Algunos se han desviado de esta senda, viniendo a dar en vana palabrería. 7 Pretenden ser maestros de la ley, pero no saben de qué están hablando ni entienden lo que afirman con tanto énfasis.

8 Sabemos que la ley es buena si se usa como es debido. 9 También sabemos que la ley no está instituida para la gente buena, sino para los infractores y rebeldes, para impíos y pecadores, para gente sin moral y sin religión; para parricidas y matricidas, para asesinos, 10 adúlteros, homosexuales, traficantes de esclavos, mentirosos y perjuros; y para todos cuantos están en contra de la sana doctrina, 11 la cual está en conformidad con el glorioso mensaje de salvación del bendito Dios, mensaje que ha sido confiado a mi cargo.

La gracia que el Señor dio a Pablo

12 Doy gracias a Cristo Jesús, nuestro Señor, el cual me ha dado las fuerzas necesarias, por haberme considerado digno de confianza al ponerme a su servicio; 13 a mí, que anteriormente fui un blasfemo y perseguidor y un hombre lleno de violencia; pero se me mostró misericordia porque lo hacía por ignorancia e incredulidad. 14 La gracia de nuestro Señor se derramó sobre mí con abundancia, juntamente con la fe y el amor que tienen su fuente en Cristo Jesús.

15 He aquí un dicho fidedigno que merece plena aceptación: que Cristo Jesús vino al mundo a salvar a los pecadores, de los cuales yo soy el peor. 16 Pero precisamente por eso se me mostró misericordia, a fin de que en mí, el peor de los pecadores, pudiera Cristo Jesús mostrar su paciencia sin límites, como un ejemplo para cuantos habrían de creer en él y recibir así la vida eterna. 17 Así pues, al rey eterno, inmortal, invisible, al único Dios, sean dados honor y gloria por los siglos de los siglos. Amén.

18 Timoteo, hijo mío, te doy este encargo en conformidad con las profecías anteriormente hechas acerca de ti, a fin de que, animado por ellas, puedas luchar en buen combate, 19 echando mano de la fe y de una buena conciencia. Algunos han desertado de este campo, y han naufragado en su fe. 20 Entre ellos se cuentan Himeneo y Alejandro, a quienes he entregado al poder de

Satanás para que aprendan a no
blasfemar.

Instrucciones sobre el culto

2 Recomiendo, pues, ante todo,
que se hagan peticiones, oraciones, súplicas de intercesión y acciones de gracias por todos, 2 por reyes
y por cuantos están en autoridad,
para que podamos vivir una vida
pacífica y tranquila con toda piedad
y santidad. 3 Eso es bueno y grato a
Dios, nuestro Salvador, 4 el cual
quiere que todos los hombres sean
salvos y lleguen a conocer plenamente la verdad. 5 Porque hay un
solo Dios y un solo mediador entre
Dios y los hombres, el hombre Cristo Jesús, 6 quien se entregó a sí
mismo como precio de rescate por
todos, cuyo testimonio es dado a su
debido tiempo. 7 Y para este fin he
sido yo constituido heraldo y apóstol, estoy diciendo la verdad, no
miento, y maestro de la verdadera fe
para los gentiles.

8 Quiero que los hombres en todas
partes levanten al cielo unas manos
puras en oración, sin iras ni altercados.

9 También quiero que las mujeres
se vistan decorosamente, con modes-
tia y recato, sin peinados refinados,
ni oro, ni perlas, ni suntuosos vestidos. 10 Que se adornen más bien con
buenas obras, como conviene a
mujeres que profesan adorar a Dios.

11 Las mujeres deben aprender en
silencio y en completa sumisión.
12 No consiento que una mujer enseñe ni que ejerza autoridad sobre
los hombres, sino que se mantenga
en silencio. 13 Porque fue Adán el
primero en ser formado, y después
Eva. 14 Y no fue Adán el seducido,
sino la mujer fue seducida y se hizo
transgresora. 15 Pero las mujeres se
salvarán dando a luz hijos, si perse-
veran en la fe, en el amor y en la
santidad, juntamente con la sensatez.

Supervisores y diáconos

3 He aquí un dicho fidedigno: Si
alguno aspira a ser supervisor,[a]
a noble oficio aspira. 2 Ahora bien,
el supervisor[a] debe ser irreprochable,
marido de una sola mujer, sobrio,
sensato, de buenas maneras, hospitalario, competente para enseñar, 3 que
no beba demasiado vino, que no sea
violento, sino amable, que no busque contiendas ni tenga apego al
dinero. 4 Debe dirigir bien los asuntos de su propia familia y procurar
que sus hijos le obedezcan con el
debido respeto. 5 (Pues el que no
sabe cómo arreglárselas con su propia familia, ¿cómo podrá tomar a su
cuidado la iglesia de Dios?) 6 No
debe ser un recién convertido, no
sea que se envanezca y caiga en el
mismo juicio que el diablo. 7 También es necesario que goce de buena
reputación entre los que están fuera
de la iglesia, a fin de que no caiga
en el descrédito y en la trampa del
diablo.

8 Los diáconos, igualmente, deben
ser personas dignas de respeto, sin-
ceras en sus palabras, no aficionados
al mucho vino, ni a ganancias deshonestas. 9 Que mantengan las grandes
verdades de la fe con una conciencia
limpia. 10 Primero deben ser proba-
dos; y después, si no hay nada que
reprocharles, podrán servir como
diáconos.

11 De la misma manera, sus esposas[b] deben ser dignas de respeto,
que no sean chismosas, sino sobrias
y de fiar en todo.

12 Los diáconos deben ser maridos
de una sola mujer y dirigir bien a
sus hijos y lo demás de sus propias
casas. 13 Y los que hayan servido
bien, adquieren un puesto excelente
y una gran confianza en la fe que
han puesto en Cristo Jesús.

14 Aunque espero ir pronto a verte,
te escribo estas instrucciones a fin
de que, 15 si me retraso, sepas cómo

[a] *1* Este es el significado del término griego *epískopos* u *obispo*. También en versículo 2.

[b] *11* O *diaconisas*.

hay que comportarse en la casa de Dios, la cual es la iglesia del Dios viviente, columna y soporte de la verdad. 16 Fuera de toda duda, grande es el misterio de la piedad.

Él[a] se manifestó en un cuerpo,
  fue vindicado por el Espíritu,
fue visto por ángeles,
  fue predicado en las naciones,
fue creído en el mundo,
  fue elevado en gloria.

Instrucciones a Timoteo

4 El Espíritu dice claramente que, en los últimos tiempos, algunos abandonarán la fe e irán en pos de espíritus engañadores y de enseñanzas propias de demonios. 2 Tales enseñanzas vienen por boca de embusteros hipócritas, cuyas conciencias se han endurecido como marcadas de infamia con un hierro ardiente. 3 Estos individuos prohíben a la gente casarse y les ordenan que se abstengan de ciertos alimentos, que Dios ha creado para que sean tomados con acción de gracias por los que son creyentes y conocen la verdad. 4 Porque todo lo que Dios ha creado es bueno, y no hay nada que merezca ser desechado, si se toma con acción de gracias, 5 pues queda santificado por la palabra de Dios y la oración.

6 Si expones estas cosas a los hermanos, serás un buen siervo de Cristo Jesús, nutrido continuamente de las verdades de la fe y de las excelentes enseñanzas que has seguido. 7 No des oídos a mitos profanos y cuentos de viejas; más bien, ejercítate en la piedad. 8 Pues el ejercicio corporal tiene cierto valor, pero la piedad es útil para todo, pues tiene promesa, tanto para la vida presente como para la por venir.

9 Este es un dicho fidedigno que merece plena aceptación 10 (y para esto precisamente nos fatigamos y luchamos): que hemos puesto nuestra esperanza en el Dios viviente, que es el Salvador de todos los hombres, y especialmente de los creyentes.

11 Encarga y enseña estas cosas. 12 Que nadie te tenga en menos por ser joven, pero sé modelo para los creyentes, tanto en tus palabras como en tu conducta, en el amor, en la fe y en la pureza. 13 Hasta que yo llegue, dedícate a leer en público las Escrituras, a predicar y a enseñar. 14 No descuides el don que tienes, que te fue dado mediante un mensaje profético, cuando el grupo de ancianos te impuso las manos.

15 Sé diligente en estas cosas; entrégate de lleno a ellas, de modo que todos puedan ver tu progreso. 16 Vigila de cerca tu conducta y tu enseñanza. Persevera en todo ello, porque, si así lo haces, te salvarás a ti mismo y a los que te escuchen.

Instrucciones acerca de las viudas, de los ancianos, y de los esclavos

5 No reprendas con dureza a un anciano, sino exhórtalo como si fuera tu padre. Trata a los jóvenes como a hermanos; 2 a las ancianas, como a madres; y a las jóvenes, como a hermanas, con toda pureza.

3 Da el debido honor a las viudas que tienen realmente necesidad. 4 Pero si tienen hijos o nietos, que aprendan éstos ante todo a llevar a la práctica su religión cuidando de su propia familia y pagando así a sus padres y abuelos lo que les deben, porque esto es grato a Dios. 5 La viuda que está totalmente sola pone toda su esperanza en Dios y persevera día y noche en la oración suplicando a Dios ayuda. 6 Pero la viuda que se entrega a una vida frívola, está ya muerta en vida. 7 Inculca esto también a la gente, para que nadie esté expuesto a ser reprochado. 8 Quien no se preocupa de sus familiares, y en especial de sus

[a] *16* Algunos Mss. dicen *Dios*.

parientes más próximos, ha renegado
de la fe y es peor que los que no
son creyentes.
9 Ninguna viuda ha de ser puesta
en la lista de las viudas hasta que
haya cumplido los sesenta años, que
haya sido fiel a su marido,[a] 10 y sea
conocida por sus buenas obras, tales
como criar hijos, mostrar hospitalidad, lavar los pies a los santos, asistir a los atribulados y dedicarse a
toda clase de buenas obras.
11 En cuanto a las viudas más
jóvenes, no las inscribas en tal lista;
pues, cuando los impulsos de su
pasión sensual pueden más que su
dedicación a Cristo, no tienen otro
deseo que casarse. 12 Así atraen
sobre sí mismas la condenación, por
haber quebrantado su primera fidelidad. 13 Además se acostumbran a
estar ociosas, rondando de casa en
casa. Y no sólo se vuelven holgaza-
nas, sino también charlatanas y en-
tremetidas, hablando lo que no se
debe. 14 Así que aconsejo a las
viudas jóvenes que se casen, que
críen hijos y gobiernen sus casas, y
que no den al enemigo ningún motivo para hablar mal. 15 Algunas, en
efecto, ya se han extraviado
marchándose en pos de Satanás.
16 Si alguna mujer creyente tiene
viudas en su familia, debe mantener-
las y no permitir que la iglesia tenga
que hacerse cargo de ellas, para que
así pueda la iglesia mantener a las
que realmente tienen necesidad.
17 Los ancianos que dirigen bien
los asuntos de la iglesia son dignos
de doble honor, especialmente los
que se dedican a la predicación y a
la enseñanza. 18 Porque dice la Escritura: "No pongas bozal al buey
cuando está trillando el grano",[b] y
"El obrero merece su salario".[c]
19 No admitas ninguna acusación
contra un anciano, a no ser bajo
palabra de dos o tres testigos. 20 A
los que pecan, repréndelos en público, a fin de que los demás tengan
temor.
21 Te encargo, en presencia de
Dios y de Cristo Jesús y ante los
ángeles escogidos, a que guardes
estas instrucciones sin prejuicios, sin
proceder jamás por favoritismo.
22 No tengas demasiada prisa en
imponer las manos a nadie, y no te
hagas cómplice de pecados ajenos.
Consérvate puro.
23 Deja ya de beber agua sola, y
toma un poco de vino para tu mal
de estómago y por tus frecuentes
enfermedades.
24 Los pecados de algunos hombres
se manifiestan por adelantado antes
de que ellos vayan a juicio; los
pecados de otros, en cambio, se
manifiestan después. 25 De la misma
manera, las buenas obras se eviden-
cian de antemano; e incluso las que
no lo son no pueden quedar siempre
ocultas.
6 Cuantos están bajo el yugo de
la esclavitud, deben tener a sus
amos por dignos de todo respeto,
para que no se hable mal del nombre de Dios ni de nuestra enseñanza.
2 Los que tienen amos creyentes, no
tienen que mostrarles menos respeto
por el hecho de que sean hermanos.
Al contrario, deben servirles aun
mejor, porque los que se benefician
de sus servicios son cristianos y hermanos queridos. Esto es lo que
debes enseñarles e inculcarles.

El amor al dinero

3 El que enseñe falsas doctrinas y
no esté de acuerdo con las sanas instrucciones de nuestro Señor Jesucristo y con la enseñanza que es
conforme a la verdadera religión,
4 ese tal es un engreído y no entiende nada, sino que siente un morboso
afán de controversias y juegos de
palabras, que tienen como único
resultado envidias, riñas, insultos,
sospechas malignas 5 y constantes
fricciones entre hombres de mente
corrompida, que se han dejado arrebatar la verdad y se figuran que la

[a] *9 O que haya tenido un solo marido.* [b] *18* Deut. 25:4. [c] *18* Lucas 10:7.

piedad es un medio de obtener
ganancias.
6 Y por cierto que es una gran
ganancia la piedad para quien se
contenta con lo suficiente; 7 pues
nada trajimos a este mundo, y nada
podremos llevarnos de él. 8 Pero,
teniendo lo suficiente para alimentar-
nos y vestirnos, nos contentaremos
con ello. 9 La gente que sólo piensa
en hacerse rica sucumbe a tentaciones y trampas y es presa de muchos
deseos insensatos y perjudiciales,
tales que llegan a hundir a los hombres en la ruina y en la destrucción.
10 Pues el amor al dinero es raíz de
toda clase de males, y algunos, en
su desmedido afán de ganancias, se
han desviado de la fe y se han tor-
turado a sí mismos con muchos
sufrimientos.

Encargo de Pablo a Timoteo

11 Pero tú, hombre de Dios, huye
de todo eso, y corre por el camino
de la rectitud, de la piedad, de la fe,
del amor, de la constancia y de la
dulzura de carácter. 12 Lucha el buen
combate de la fe; echa mano de la
vida eterna, a la que fuiste llamado
cuando hiciste aquella hermosa profesión de fe delante de muchos testigos. 13 En la presencia de Dios, que
da vida a todas las cosas, y de Cristo
Jesús, que hizo su hermosa confesión
al testificar delante de Poncio Pilato,
te encargo 14 que guardes este mandamiento sin mancha y sin reproche
hasta el día de la manifestación de
nuestro Señor Jesucristo, 15 a quien a
su debido tiempo mostrará el bendito
y único poderoso Dios, el Rey de
reyes y Señor de señores, 16 el único
que es inmortal por derecho propio,
el que mora dentro de una luz inac-
cesible, y a quien nadie ha visto ni
puede ver. Para él sea el honor y el
imperio eternamente. Amén.
17 A los ricos en riquezas de este
mundo ordénales que no sean arrogantes y que no pongan su esperanza en las riquezas, que son tan in-
seguras, sino en Dios, que nos provee abundantemente de todo para
que lo disfrutemos. 18 Ordénales que
hagan el bien, que sean ricos en
buenas obras, generosos y prestos a
compartir. 19 De este modo ateso-
rarán para sí un seguro caudal para
el futuro, de forma que echen mano
de la vida que es verdaderamente
vida.
20 Timoteo, guarda lo que ha sido
encomendado a tu cuidado. Deja a
un lado las discusiones profanas e
inútiles y las objeciones que presenta
la mal llamada ciencia, 21 pues por
haberla profesado, algunos se han
apartado de la fe.
La gracia sea contigo.

2 TIMOTEO

1 Pablo, apóstol de Cristo Jesús
por voluntad de Dios, según la
promesa de vida que está en Cristo
Jesús,
2 a Timoteo, mi querido hijo:
Gracia, misericordia y paz de parte de Dios Padre y de Cristo Jesús
nuestro Señor.

Exhortación a la fidelidad

3 Doy gracias a Dios, a quien
sirvo, a imitación de mis antepasados, con conciencia limpia, siempre
que en mis oraciones hago memoria
de ti incesantemente, noche y día.
4 Al recordar tus lágrimas, deseo

vivamente verte, para quedar lleno
de gozo. 5 A menudo evoco el
recuerdo de tu fe sincera, fe que
arraigó primero en tu abuela Loida y
en tu madre Eunice, y ahora también en ti, como estoy persuadido de
que así es. 6 Por este motivo quiero
recordarte que debes reavivar la llama del don de Dios, que está en ti
mediante la imposición de mis
manos. 7 Porque Dios no nos ha
dado un espíritu de timidez, sino un
espíritu de poder, de amor y de
dominio de sí mismo.

8 Así que no tengas vergüenza de
dar testimonio de nuestro Señor, ni
te avergüences de mí, que estoy en
prisión por él, sino comparte conmigo el sufrir por el evangelio, con el
poder de Dios, 9 quien nos salvó y
nos llamó a una vida santa, no por
algo que nosotros hubiéramos hecho,
sino por su propio designio y su gracia. Esta gracia nos fue otorgada en
Cristo Jesús antes de los tiempos,
10 pero se ha manifestado ahora
mediante la aparición de nuestro
Salvador, Cristo Jesús, que ha
destruido a la muerte y ha sacado a
la luz vida e inmortalidad por medio
de la predicación del evangelio,
11 para lo cual he sido yo designado
heraldo, apóstol y maestro. 12 Por
este motivo estoy padeciendo estas
cosas, pero no me avergüenzo, pues
sé a quién he creído, y estoy convencido de que es poderoso para guardar
lo que le he confiado para aquel día.

13 Lo que escuchaste de mis
labios, guárdalo como pauta de
sanas doctrinas, con fe y amor en
Cristo Jesús. 14 Guarda el buen depósito que te ha sido confiado; guárdalo con la ayuda del Espíritu Santo
que habita en nosotros.

15 Ya sabes que todos los de la
provincia de Asia han desertado de
mí, incluyendo a Figelo y Hermóge-
nes.

16 Que el Señor muestre misericordia con la familia de Onesíforo,
porque me dio refrigerio muchas
veces y no se avergonzó de mis
cadenas, 17 sino que, por el contrario, cuando estuvo en Roma, me
buscó con solicitud hasta encontrarme. 18 Que el Señor le conceda
hallar misericordia de parte del
Señor en aquel día. Y la cantidad de
servicios que me prestó en Efeso, tú
la conoces muy bien.

2 Por consiguiente, tú, hijo mío,
fortalécete con la gracia que
hay en Cristo Jesús. 2 Y las cosas
que me has oído decir en presencia
de muchos testigos, encomiéndalas a
tu vez a hombres de confianza, que
estarán capacitados para enseñar
también a otros. 3 Comparte conmigo
las dificultades como un buen soldado de Cristo Jesús. 4 Ninguno que
sirve como soldado se enreda en
asuntos civiles, sino que procura
agradar al oficial bajo cuyo mando
está. 5 Y asimismo el que compite
como atleta, no recibe la corona de
vencedor si no se atiene a las reglas.
6 El labrador que trabaja recio, debe
ser el primero en participar de los
frutos. 7 Reflexiona en lo que te
estoy diciendo, pues ya te dará el
Señor una comprensión más profunda de todo esto.

8 Recuerda a Jesucristo, resucitado
de entre los muertos, del linaje de
David. Este es mi evangelio, 9 por el
que estoy sufriendo hasta el punto
de estar encadenado como un criminal. Pero la palabra de Dios no está
encadenada. 10 Por esto, lo aguanto
todo por causa de los elegidos, para
que también ellos alcancen la salvación que está en Cristo Jesús con
gloria eterna.

11 He aquí un dicho fidedigno:
Si morimos con él,
también viviremos con él;
12 si aguantamos con constancia,
también reinaremos con él.
Si nos negamos a reconocerlo,
también él se negará a recono-
cernos;
13 si no le somos fieles,
él permanecerá fiel,
porque no puede negarse a sí
mismo.

Un obrero aprobado por Dios

14 Continúa recordándoles estas
cosas. Adviérteles en la presencia de
Dios que no contiendan sobre palabras; es cosa que no trae ningún
provecho, y sólo sirve para perjuicio
de los oyentes. 15 Haz de tu parte
todo lo posible para presentarte a
Dios aprobado, como obrero que no
tiene por qué avergonzarse y que
usa correctamente la palabra de la
verdad. 16 Evita las conversaciones
profanas y vanas, porque los que se
entretienen en ello se van apartando
de Dios cada vez más; 17 y sus enseñanzas se extenderán como
gangrena. Entre ellos están Himeneo
y Fileto, 18 que se han extraviado de
la verdad. Dicen que la resurrección
ha tenido ya lugar, y están destruyendo la fe de algunos. 19 Sin embargo, el fundamento sólido puesto
por Dios se mantiene firme, sellado
con esta inscripción: "El Señor
conoce a los que son suyos",[a] y
"Todo aquel que invoca el nombre
del Señor debe apartarse de la iniquidad".

20 En una casa grande hay objetos
no sólo de oro y plata, sino también
de madera y de barro; algunos están
destinados a usos nobles, y otros a
usos viles. 21 Así, pues, quien no se
contamina con lo vil, será un instrumento destinado a usos nobles, santificado, útil para su Señor y preparado para hacer toda clase de obras
buenas.

22 Huye de las malas pasiones propias de la juventud, y marcha por el
camino de la rectitud, de la fe, del
amor y de la paz, junto con los que
invocan al Señor de lo íntimo de un
corazón puro. 23 Rehúye el meterte
en discusiones necias y tontas, pues
ya sabes que no producen sino altercados; 24 y el siervo de Dios no
debe altercar, sino más bien, ser
amable con todos, apto para enseñar
y sin resentimiento. 25 A quienes lo
contradigan, debe instruirlos con
dulzura, en espera de que Dios les
conceda un arrepentimiento que les
conduzca al reconocimiento de la
verdad, 26 y a que recuperen el sentido común y escapen de los lazos
del diablo, que los ha tenido cautivos y sometidos a su voluntad.

La impiedad en los últimos días

3 Ten en cuenta esto: En los últimos días vendrán tiempos
terribles. 2 La gente se volverá
egoísta, aficionada al dinero, jactan-
ciosa, arrogante, blasfema, desobediente a los padres, desagradecida,
impía, 3 sin amor, implacable, calum-
niadora, intemperante, brutal, enemi-
ga de todo lo bueno, 4 traicionera,
insolente, hinchada de orgullo, y
más amiga de los placeres que de
Dios, 5 con cierta apariencia de bondad, pero negando su poder. No
tengas que ver nada con ellos.

6 A esta clase pertenecen los que
se introducen por las casas para
seducir a mujeres necias y débiles
de voluntad, cargadas de pecados y
que se dejan arrastrar por toda clase
de pasiones, 7 las cuales siempre
están aprendiendo, pero nunca son
capaces de llegar al pleno conocimiento de la verdad. 8 Igual que
Janes y Jambres se opusieron a
Moisés, así también estos individuos
se oponen a la verdad, hombres de
mente corrompida, quienes, en lo
que concierne a la fe, son rechaza-
dos. 9 Pero no han de llegar demasiado lejos, porque, como pasó en el
caso de los antes citados, su insensatez se hará patente a todos.

Recomendación de Pablo a Timoteo

10 Por tu parte, tú ya conoces bien
todas mis enseñanzas, mi modo de
actuar, mis planes, mi fe, mi paciencia, mi amor, mi constancia, 11 mis

[a] *19* Núm. 16:5. (Vea la Septuaginta.)

persecuciones y mis sufrimientos,
como los que tuve que padecer en
Antioquía, en Iconio, en Listra.
¡Qué persecuciones sufrí! Pero el
Señor me libró de todas ellas. 12 Y la
verdad es que todos los que aspiren
a llevar una vida piadosa en Cristo
Jesús, sufrirán persecución, 13 mientras que los perversos y los embaucadores irán de mal en peor,
engañando y siendo engañados.
14 Pero en lo que a ti respecta, continúa firme en lo que has aprendido
y de lo que te hallas convencido,
porque ya sabes de qué maestros lo
aprendiste, 15 y cómo desde tu infancia conoces las Sagradas Escrituras,
las cuales tienen poder para hacerte
sabio para la salvación que se obtie-
ne por la fe en Cristo Jesús. 16 Toda
Escritura es inspirada por Dios y es
provechosa para enseñar, para
reprender, para corregir y para edu-
car en la virtud, 17 a fin de que el
siervo de Dios esté completamente
equipado para toda clase de obra
buena.

4 En la presencia de Dios y de
Cristo Jesús, que ha de juzgar a
vivos y muertos, y puestos los ojos
en la futura manifestación de su
persona y de su reino, te encargo
2 que proclames la palabra; que estés
preparado para hacerlo a tiempo y
destiempo; que corrijas, reprendas,
exhortes y animes, armado de
mucha paciencia y de gran diligencia
en el enseñar; 3 porque vendrá un
tiempo en que la gente no soportará
las sanas enseñanzas, sino que, de
acuerdo con sus propios deseos, se
rodearán de un gran número de
maestros que les halaguen los oídos.
4 Por una parte, no prestarán ya
atención a la verdad, y por otra parte, se volverán a los mitos. 5 Pero tú
no pierdas la cabeza en ninguna
circunstancia, aguanta las dificultades, dedícate a la obra de evangeli-
zar; cumple bien con tu ministerio.

6 En cuanto a mí, ya estoy a punto
de ser derramado como un sacrificio
de libación, y ha llegado el tiempo
de mi partida. 7 He combatido el
buen combate, he llevado a feliz término mi carrera, he preservado in-
tacta la fe. 8 Por lo demás, ya está
reservada para mí la corona de la
justicia, que me otorgará en aquel
día el Señor, juez justo, y no sólo a
mí, sino también a todos los que
hayan anhelado su futura manifestación.

Instrucciones personales

9 Haz lo posible por venir a verme
cuanto antes, 10 porque Demas, seducido por el amor a este mundo, ha
desertado de mí y se ha marchado a
Tesalónica. Crescente se ha ido a
Galacia, y Tito a Dalmacia. 11 Sólo
Lucas está conmigo. Toma a Marcos
y tráelo contigo, porque me es de
ayuda en mi ministerio. 12 Envié a
Tíquico a Efeso. 13 Cuando vengas,
trae el manto que dejé en Troas, en
casa de Carpo, y mis rollos, especialmente los pergaminos.

14 Alejandro, el forjador, me ha
hecho mucho daño. El Señor le dará
su merecido conforme a sus obras.
15 También tú tienes que estar en
guardia respecto de él, porque se ha
opuesto fuertemente a nuestro mensaje.

16 En mi primera comparecencia
ante el tribunal, nadie vino a ponerse de mi parte, sino que todos me
abandonaron. Que no les sea tomado
en cuenta. 17 Pero el Señor estuvo a
mi lado y me dio fuerzas, a fin de
que por mi medio pudiera ser plenamente proclamado el mensaje y
hacer que llegaran a escucharlo
todos los gentiles. Y yo fui rescatado de la boca del león. 18 El Señor
me rescatará de todo ataque perverso y me conducirá sano y salvo a su
reino celestial. A él sea la gloria por
los siglos de los siglos. Amén.

Saludos finales

19 Saluda a Prisca[a] y a Aquila y a
la familia de Onesíforo. 20 Erasto se

[a] *19* La palabra griega *Prisca*, es una variante de *Priscila*.

quedó en Corinto, y a Trófimo lo
dejé enfermo en Mileto. 21 Haz lo
posible por llegar acá antes del
invierno. Te envía saludos Eubulo,
así como también Pudente, Lino,
Claudia y todos los hermanos. 22 Que
el Señor sea con tu espíritu. Que la
gracia sea con todos ustedes.

TITO

1 Pablo, siervo de Dios y apóstol
de Jesucristo para la fe de los
elegidos de Dios y el conocimiento
de la verdad que conduce a la santidad,
2 una fe y conocimiento que
descansan en la esperanza de la vida
eterna, que prometió desde la eternidad
Dios que no miente, 3 y que ahora,
a su debido tiempo, ha sacado a
la luz su palabra por medio de la predicación
que me ha sido confiada por
orden de Dios nuestro Salvador,
4 a Tito, mi verdadero hijo en
nuestra común fe:

Gracia y paz de parte de Dios
Padre y de Cristo Jesús nuestro
Salvador.

Tarea de Tito en Creta

5 El motivo por el que te dejé en
Creta fue para que acabaras de poner
en orden lo que quedó sin terminar y
establecieras[a] ancianos en cada
ciudad, de acuerdo con las instrucciones
que te di. 6 El anciano debe
ser irreprochable, marido de una sola
mujer, que tenga los hijos educados
en la fe, y que éstos no sean tachados
de libertinaje o desobediencia.
7 Como un supervisor[b] tiene a su
cargo la obra de Dios, debe ser irreprochable,
que no sea altivo, ni iracundo,
ni dado a mucho vino, ni pendenciero,
ni ávido de torpes ganancias.
8 Sino que, más bien, debe ser
hospitalario, que ame lo que es
bueno, sensato, justo, santo y disciplinado.
9 Ha de permanecer muy
firme al genuino mensaje como se ha
enseñado para que pueda, a su vez,
animar a otros con sana doctrina y
refutar con éxito a los contradictores.
10 Porque hay muchos que son
rebeldes, charlatanes y embaucadores,
sobre todo entre los del grupo de
la circuncisión. 11 A éstos es necesario
hacerles callar, porque están
arruinando familias enteras, enseñando
lo que no se debe enseñar; y ello
con la mira puesta en torpes ganancias.
12 Ya dijo uno de sus propios
profetas: "Los cretenses son perpetuos
embusteros, malas bestias, perezosos
glotones". 13 Y este testimonio
es verdadero. Por lo cual, corrígelos
con severidad, a fin de que se conserven
sanos en la fe 14 y no presten
atención a leyendas judías y a preceptos
de hombres que vuelven la espalda
a la verdad. 15 Para el que es
puro, todas las cosas son puras;
pero, para los que están corruptos y
no creen, no hay nada puro. En
realidad, tanto sus mentes como sus
conciencias están corrompidas.
16 Hacen profesión de conocer a
Dios, pero con sus acciones lo
niegan. Son abominables, desobedientes
e incapaces de hacer ninguna
cosa buena.

Lo que hay que enseñar a los distintos grupos

2 Tú debes enseñar lo que está
de acuerdo con la sana doctrina.
2 A los viejos enséñales que sean

[a] 5 U *ordenaras.* [b] 7 Tradicionalmente, *obispo.*

moderados, dignos de respeto, sensatos, sanos en la fe, en el amor y
en la constancia.
3Asimismo a las ancianas enséñales que sean reverentes en la forma
en que viven, que no se dediquen a
murmurar ni sean adictas a beber
mucho vino, sino que enseñen lo
que es bueno. 4Entonces pueden
preparar a las jóvenes a que amen a
sus maridos y a sus hijos, 5a que
sean discretas y puras, ocupadas en
las faenas de la casa, bondadosas y
sumisas a sus maridos, para no dar
motivo a que se hable mal de la
palabra de Dios.
6De modo semejante, exhorta a
los jóvenes a vivir con moderación.
7En todo muéstrate como modelo de
buenas obras. En tu enseñanza,
muestra integridad, seriedad 8y sana
doctrina que no merezca censura alguna, a fin de que los que están en
contra tuya se vean confundidos al
no encontrar nada malo que decir
acerca de nosotros.
9Enseña a los esclavos que estén
sometidos en todo a sus amos, que
procuren agradarles, que no les den
malas contestaciones, 10que no les
roben, sino que muestren que puede
confiarse en ellos plenamente, para
que así puedan, de todas maneras,
hacer atractiva la enseñanza acerca
de Dios nuestro Salvador.
11Porque la gracia de Dios que
trae salvación se ha dejado ver de
todos los hombres. 12Y esa gracia
nos enseña a decir "no" a la impiedad y a las pasiones mundanas, y
a vivir en este tiempo una vida
sobria, justa y piadosa, 13mientras
esperamos la bendita esperanza, la
gloriosa aparición de nuestro gran
Dios y Salvador, Jesucristo, 14quien
se entregó a sí mismo por nosotros
para rescatarnos de toda iniquidad y
purificar para sí un pueblo que le
pertenece en propiedad y que está
anhelando hacer el bien.
15Estas son, pues, las cosas que
debes enseñar. Exhorta y reprende
con toda autoridad. No consientas
que nadie te menosprecie.

Deberes de los cristianos

3 Recuérdale a la gente que estén
sujetos a los gobernantes y a
las autoridades, que sean obedientes
y estén siempre dispuestos a hacer
el bien; 2a no calumniar a nadie, a
ser pacíficos y comprensivos, y a
mostrarse genuinamente humildes en
su relación con toda clase de personas.
3También nosotros éramos en otro
tiempo necios, desobedientes, descarriados y esclavizados por toda clase
de pasiones y placeres. Vivíamos en
maldad y envidia, siendo odiados y
odiándonos mutuamente unos a
otros. 4Pero cuando la bondad y el
amor de Dios nuestro Salvador se
manifestaron, 5él nos salvó, no en
consideración a las buenas obras que
nosotros hubiéramos hecho, sino por
su misericordia. Nos salvó mediante
el lavamiento de la regeneración y
de la renovación por el Espíritu Santo, 6a quien derramó generosamente
sobre nosotros por medio de Jesucristo nuestro Salvador, 7de manera
que, justificados por su gracia, nos
convirtiéramos en herederos, teniendo la esperanza de la vida eterna.
8Este es un dicho fidedigno. Y yo
quiero que insistas en estas cosas,
para que los que han puesto su fe
en Dios pongan todo su empeño en
consagrarse a hacer el bien. Estas
cosas son excelentes y provechosas
para todos.
9En cambio, evita las necias controversias, en genealogías, discusiones y altercados sobre puntos de la
ley, porque son cosas inútiles y
vanas. 10Al que vaya causando divisiones, amonéstalo una vez y, si es
preciso, una segunda vez. Después
de eso, no tengas nada que ver con
él; 11puedes estar seguro de que tal
individuo se ha extraviado y va por
el camino del pecado. El mismo se
condena.

Advertencias finales

12 Tan pronto como haya yo enviado a Artemas o a Tíquico a verte, haz lo posible por venir cuanto antes a juntarte conmigo en Nicópolis, pues he decidido pasar allí el invierno. 13 A Zenas, el abogado, y a Apolos, provéeles con solicitud de todo lo que necesitan para el viaje, y procura que no les falte nada de lo que necesiten. 14 Los nuestros tienen que aprender a dedicarse a practicar el bien, a fin de que puedan atender a las necesidades diarias y no vivan una vida sin provecho.

15 Todos los que están conmigo te envían saludos. Saludos para todos los que nos aman en la fe.

La gracia sea con todos ustedes.

FILEMÓN

1 Pablo, prisionero de Cristo Jesús, y Timoteo nuestro hermano,

a Filemón, nuestro querido amigo y colaborador, 2 y a Apia nuestra hermana, a Arquipo nuestro compañero de milicia, y a la iglesia que se reúne en tu casa:

3 Gracias y paz a ustedes de parte de Dios nuestro Padre y del Señor Jesucristo.

Acción de gracias y plegaria

4 Siempre estoy dando gracias a Dios al hacer memoria de ti en mis oraciones; 5 porque tengo noticias de tu fe en el Señor Jesús y tu amor para con todos los santos. 6 Ruego que estés activo en compartir tu fe, para que tengas un pleno entendimiento de todas las buenas cosas que tenemos en Cristo. 7 Tu amor me ha proporcionado gran alegría y consuelo, porque tú, hermano, has dado verdadero alivio a los corazones de los santos.

Petición de Pablo en favor de Onésimo

8 Por tanto, aun cuando en Cristo tengo la franqueza suficiente para poder ordenarte que hagas lo que debes hacer, 9 apelo más bien a ti a título de amor. Me presento, pues, simplemente como Pablo, ya anciano y ahora, además, preso de Cristo Jesús, 10 y te suplico en favor de mi hijo Onésimo,[a] quien se hizo mi hijo mientras estaba entre cadenas. 11 En otro tiempo te fue inútil pero ahora se ha vuelto útil, tanto para ti como para mí.

12 A ti te lo devuelvo, que es como si te enviara mi propio corazón. 13 Yo preferiría retenerlo a mi lado, para que, en tu lugar, me prestara su ayuda mientras me encuentro encadenado por causa del evangelio. 14 Pero no he querido hacer nada sin tu consentimiento, para que el favor que me hagas sea espontáneo y no forzado. 15 Quizás la razón por la que se separó de ti por algún tiempo, era para que así lo pudieras recobrar para bien, 16 y ya no como a un esclavo, sino como a alguien más digno que un esclavo, como a un hermano muy querido. El es muy querido para mí, pero más querido aún para ti, lo mismo como hombre que como hermano en el Señor.

[a] *10* Onésimo quiere decir en griego *útil*. Así se explica mejor el juego de palabras de Pablo.

17 Si me consideras, pues, como
compañero tuyo, recíbelo como me
recibirías a mí mismo. 18 Si te ha
causado algún perjuicio o te debe
algún dinero, cárgalo a mi cuenta.
19 Yo, Pablo, lo escribo de mi puño
y letra: Yo te lo pagaré, por no
mencionar que tú mismo me debes
lo que eres. 20 Sí, hermano, haz que
yo obtenga de ti alguna utilidad en
el Señor; da refrigerio a mi corazón
en Cristo. 21 Convencido de tu obediencia te escribo, sabiendo que
harás incluso más de lo que te
pido.

22 Un ruego más: Prepárame hospedaje, porque espero que en respuesta a sus oraciones, pueda ser
devuelto a ustedes.

23 Saludos de Epafras, mi compañero de prisión por causa de Cristo Jesús. 24 Saludos también de
Marcos, de Aristarco, de Demas y
de Lucas, mis colaboradores.

25 La gracia del Señor Jesucristo
sea con tu espíritu.

HEBREOS

El Hijo, superior a los ángeles

1 En el pasado, Dios habló a
nuestros antepasados por medio
de los profetas en distintos tiempos
y de varias maneras, 2 pero en estos
últimos días nos ha hablado por
medio de su Hijo, al que constituyó
heredero de todas las cosas, y por
medio del cual creó el universo. 3 El
Hijo es el resplandor de la gloria de
Dios y la representación exacta de
su ser, y él sostiene el mundo entero con su poderosa palabra. Y después de haber provisto la purificación de los pecados, se sentó a la
diestra de la Majestad en los cielos.
4 Así vino a ser tan superior a los
ángeles, como superior al de ellos es
el nombre que ha heredado.

5 Porque, ¿a cuál de los ángeles le
dijo jamás Dios:

Tú eres mi Hijo;
hoy he venido a ser tu Padre[a]?[b]

Y otra vez:

Yo seré su padre,
y él será mi Hijo[c]?

6 Y de nuevo, cuando Dios introduce
a su Primogénito en el mundo dice:

Que lo adoren todos los ángeles
de Dios.[d]

7 Al hablar de los ángeles, dice:

El hace a sus ángeles vientos,[e]
y a sus servidores llamas de
fuego.

8 Pero acerca del Hijo, dice:

Tu trono, oh Dios, durará eternamente,
y la justicia será el cetro de tu
reinado.
9 Has amado la rectitud y has odiado la impiedad;
por tanto, Dios, tu Dios, te ha
exaltado por encima de tus
compañeros,
ungiéndote con aceite de alegría.[f]

10 Y también dice:

En el principio, Señor, tú pusiste
los cimientos de la tierra,
y los cielos son obra de tus
manos.
11 Ellos perecerán, pero tú quedas;
ellos se deteriorarán todos como
un vestido.

[a] *5* O también *hoy te he engendrado.* [b] *5* Salmo 2:7. [c] *5* 2 Samuel 7:14. [d] *6* Deut. 32:43 (de los LXX, en los rollos del Mar Muerto). [e] *7* Salmo 104:4. [f] *9* Salmo 45:6, 7.

12 Tú los enrollarás como un manto,
y se cambiarán como se cambia
un vestido.
Pero tú siempre eres el mismo,
y tus años nunca se acabarán.[a]
13 ¿Y a cuál de los ángeles dijo Dios
alguna vez:
Siéntate a mi diestra
hasta que yo ponga a tus enemigos como estrado
para tus pies?[b]
14 ¿No son todos los ángeles espíritus destinados a llevar a cabo un
servicio oficial, siendo enviados a
servir a los que heredarán la salvación?

Advertencia para poner atención

2 Por tanto, debemos poner
mayor atención a lo que hemos
escuchado, para no marchar a la
deriva. 2 Porque si el mensaje transmitido por medio de los ángeles imponía una obligación, y toda transgresión y desobediencia recibía su
justo castigo, 3 ¿cómo escaparemos
nosotros si ignoramos tan gran salvación? Esta salvación, que fue primeramente anunciada por el Señor, nos
ha sido confirmada por los que la
escucharon de sus labios. 4 También
Dios da testimonio de ella por medio
de señales, de prodigios, de diversos
milagros y de dones del Espíritu
Santo distribuidos de acuerdo con su
voluntad.

Jesús, hecho como sus hermanos

5 No es a los ángeles a quienes él
ha sometido el mundo venidero, al
que nos estamos refiriendo. 6 Pero
hay un lugar en que alguien ha dado
el siguiente testimonio:
¿Qué es el hombre, para que te
preocupes de él,
o el hijo del hombre, para que
lo tomes en consideración?
7 Lo hiciste un poco[c] inferior[d] a los
ángeles;
lo coronaste de gloria y de
honor
8 y has puesto todas las cosas
bajo sus pies.[d]
Al subordinar todas las cosas a él,
Dios no dejó de someterle nada.
Con todo, al presente no vemos que
todo le esté sometido. 9 Pero sí
vemos a Jesús, que fue hecho un
poco[c] inferior a los ángeles, corona-
do ahora de gloria y honor por
haber padecido la muerte, de forma
que, por la gracia de Dios, gustó la
muerte en beneficio de todos.
10 Al conducir muchos hijos a la
gloria, era correcto que Dios, para
quien y por medio de quien todas
las cosas existen, perfeccionara
mediante sufrimientos al autor de la
salvación de ellos; 11 pues tanto el
que santifica al hombre como los
que son santificados son de la
misma familia. Por este motivo no
se avergüenza Jesús de llamarlos
hermanos, 12 al decir:
Declararé tu nombre a mis hermanos;
en presencia de la congregación
cantaré tus alabanzas.[e]
13 Y de nuevo:
Pondré en él mi confianza.[f]
Y añade otra vez:
Aquí estoy yo, y los hijos que
Dios me ha dado.[g]
14 Así pues, como los hijos tienen
carne y sangre, él también entró a
compartir la condición humana de
ellos, a fin de poder destruir por
medio de su muerte, al que mantiene
el dominio de la muerte, esto es, al
diablo, 15 y dejar en libertad a todos
aquellos que, durante toda su vida,
estaban sometidos a esclavitud por
temor a la muerte; 16 pues, por
supuesto, no es a los ángeles a
quienes ayuda, sino a los descendientes de Abraham. 17 Por esta
razón tenía que ser hecho semejante
en todo a sus hermanos, a fin de llegar a ser un misericordioso y fiel
sumo sacerdote en el servicio de

[a] *12* Salmo 102:25-27. [b] *13* Salmo 110:1. [c] *7* O *un poco de tiempo;* también en el versículo 9. [d] *8* Salmo 8:4-6. [e] *12* Salmo 22:22. [f] *13* Isaías 8:17. [g] *13* Isaías 8:18.

Dios, y a fin de expiar[a4] los pecados
del pueblo. 18 Por haber sufrido él
cuando fue tentado, puede ayudar a
los que son tentados.

Jesús, mayor que Moisés

3 Por lo cual, hermanos santos,
copartícipes del llamamiento
celestial, fijen sus pensamientos en
Jesús el apóstol y sumo sacerdote a
quien confesamos. 2 El fue fiel al
que lo señaló, como también Moisés
lo fue en toda la familia de Dios.
3 Pues Jesús ha sido tenido por digno
de mayor honor que Moisés, de
igual manera que el constructor de
una casa tiene más honor que la
casa misma, 4 porque toda casa es
edificada por alguien, pero Dios es
el que lo ha construido todo.
5 Moisés fue fiel como siervo en toda
la casa de Dios, testificando de lo
que había de ser dicho en el futuro;
6 pero Cristo es fiel en calidad de
Hijo que está al frente de la casa de
Dios, casa que somos nosotros, si
mantenemos firme nuestro valor y la
esperanza de la que nos gloriamos.

Advertencia contra la incredulidad

7 Por lo cual, como dice el Espíritu
Santo:

Hoy, si escuchan su voz,
8 no endurezcan sus corazones
como lo hicieron en la rebelión,
durante el tiempo de la prueba
en el desierto,
9 donde sus padres me tentaron
poniéndome a prueba,
y vieron durante cuarenta años
lo que yo hice.
10 Por eso me irrité contra aquella
generación,
y dije: "Sus corazones siempre
andan extraviados,
y no han conocido mis caminos".
11 Así que he jurado en medio de
mi cólera:
"Jamás entrarán en mi descanso".[b]

12 Cuiden, hermanos, que ninguno
de ustedes tenga un corazón malvado
y tan incrédulo como para llegar
a apartarse del Dios viviente, 13 sino
más bien anímense día tras día unos
a otros, mientras se dice ese "hoy",
a fin de que ninguno de ustedes sea
endurecido por la engañosa seducción
del pecado. 14 Hemos llegado a
ser partícipes de Cristo, si retenemos
con firmeza hasta el final la confianza
que tuvimos al principio. 15 Atentos
a aquello que se acaba de decir:

Hoy, si escuchan su voz,
no endurezcan sus corazones
como lo hicieron en la rebelión.[c]

16 ¿Quiénes fueron los que oyeron
su voz y se rebelaron? ¿No fueron
acaso todos aquellos que salieron de
Egipto guiados por Moisés? 17 ¿Y
contra quiénes se enojó él durante
cuarenta años? ¿No fue contra los
que pecaron y cuyos cuerpos cayeron
tendidos en el desierto? 18 ¿Y a
quiénes juró Dios que jamás entrarían
en su descanso, sino a los
que desobedecieron? 19 Y, en efecto,
vemos que no pudieron entrar, a
causa de su incredulidad.

Queda un día de reposo para el pueblo de Dios

4 Por consiguiente, puesto que la
promesa de entrar en su reposo
está en vigor aún, vayamos, pues,
con cuidado a fin de que ninguno de
ustedes resulte haber llegado demasiado
tarde. 2 Porque también a nosotros
se nos ha predicado el evangelio,
lo mismo que a ellos; pero el
mensaje que escucharon no les fue
de ningún valor, porque los que lo
oyeron no lo combinaron con la fe.[d]
3 Entramos, pues, en ese reposo los
que somos creyentes, conforme ha
dicho Dios:

Así que he jurado en medio de
mi ira:

[a] *17* El original dice *hacer propiciación.* [b] *11* Salmo 95:7-11. [c] *15* Salmo 95:7, 8.
[d] *2* Muchos Mss. dicen *porque no compartieron la fe de los que obedecieron.*

"Jamás entrarán en mi descanso".[a]
Y eso que su trabajo quedó terminado desde la creación del mundo;
4 porque en cierto lugar ha hablado
del séptimo día con las siguientes
palabras: "Y descansó Dios de toda
su obra el día séptimo".[b] 5 Y nuevamente en el pasaje aludido dice:
"Jamás entrarán en mi descanso".[c]
6 Aún persiste que algunos entrarán
en ese descanso, y los que primero
recibieron el evangelio no entraron a
causa de su desobediencia. 7 Por lo
tanto Dios señala de nuevo un día
determinado, llamándole "Hoy",
cuando mucho tiempo después
declaró por medio de David lo que
anteriormente queda dicho:
Hoy, si escuchan su voz,
no endurezcan sus corazones.[d]
8 Porque si Josué les hubiera dado
descanso, Dios no habría hablado
posteriormente de otro día. 9 Queda,
pues, un día de reposo para el
pueblo de Dios; 10 porque todo el
que entra en el reposo de Dios,
descansa también de su propio trabajo, igual que Dios descansó del
suyo. 11 Pongamos, pues, todo
nuestro empeño en entrar en ese
descanso, para que nadie caiga imi-
tando su ejemplo de desobediencia.
12 Porque la palabra de Dios es
viva y dinámica. Más filosa que
cualquier espada de dos filos, penetra hasta dividir el alma y el espíritu, las articulaciones y la médula;
juzga los pensamientos y las actitu-
des del corazón. 13 No hay nada en
toda la creación que pueda quedar
oculto a la vista de Dios. Todo está
desnudo y al descubierto ante los
ojos de aquél a quien hemos de rendir cuentas.

Jesús, el gran sumo sacerdote

14 Por consiguiente, ya que tenemos un gran sumo sacerdote que ha
penetrado en los cielos[e], Jesús el
Hijo de Dios, aferrémonos firmemente a la fe que profesamos; 15 porque
no tenemos un sumo sacerdote que
sea incapaz de condolerse de
nuestras debilidades, sino que tenemos uno que ha pasado por toda
clase de pruebas, exactamente igual
que nosotros, excepto que él no
cometió ningún pecado. 16 Acer-
quémonos, pues, con toda confianza
al trono de la gracia, para que podamos alcanzar misericordia y encontrar la gracia que nos ayude en
nuestros momentos de necesidad.
5 Todo sumo sacerdote es selec-
cionado de entre los hombres y
está destinado a ser su representante
en los asuntos relacionados con
Dios, para presentar ofrendas y
sacrificios por los pecados. 2 El está
capacitado para tratar con indulgen-
cia a los que son ignorantes o se
extravían, porque él mismo está
rodeado de debilidad. 3 Y por eso es
su deber el ofrecer sacrificios por
sus propios pecados, tanto como por
los pecados del pueblo.
4 Nadie se adjudica a sí mismo tal
honor; debe ser llamado por Dios,
exactamente como lo fue Aarón.
5 Así que tampoco Cristo tomó sobre
sí mismo la gloria de constituirse
sumo sacerdote, sino que Dios le
dijo:
Hijo mío eres tú;
yo te he engendrado hoy.[f] [g]
6 Y en otro lugar dice así:
Tú eres sacerdote para siempre,
de la orden de Melquisedec.[h]
7 Durante los días de la vida de
Jesús en este mundo, ofreció él oraciones y súplicas con fuerte clamor
y lágrimas al que tenía poder para
salvarlo de la muerte, y fue escuchado en atención a su reverente sumisión. 8 Y a pesar de ser Hijo, apren-
dió con la experiencia de sus sufrimientos lo que significa obedecer, 9 y
una vez hecho perfecto, vino a ser
la fuente de salvación eterna para
todos los que lo obedecen; 10 y fue

[a] *3* Salmo 95:11. [b] *4* Gén. 2:2. [c] *5* Salmo 95:11. [d] *7* Salmo 95:7, 8. [e] *14* O *que fue a los cielos.* [f] *5* O también *hoy he llegado a ser tu Padre.* [g] *5* Salmo 2:7. [h] *6* Salmo 110:4.

designado por Dios como sumo
sacerdo te, de la orden de Melquisedec.

Advertencia contra la apostasía

11 Tenemos mucho que decir acerca de esto, pero resulta difícil de
explicar, porque ustedes son lentos
para aprender. 12 En verdad, aunque
para este tiempo ya deberían ser
maestros, necesitan aún que alguien
les enseñe las verdades más elementales de la palabra de Dios una vez
más. Ustedes necesitan leche, no alimentos sólidos. 13 Y todo el que se
mantiene de leche, al ser un bebé,
no está familiarizado con la enseñanza acerca de la justicia. 14 En cambio, el alimento sólido es para los
maduros, quienes por la práctica
constante se han preparado para
discernir el bien y el mal.

6 Por lo cual, dejando a un lado
las enseñanzas elementales acerca de Cristo, progresemos hacia la
madurez. No volvamos a tratar los
fundamentos del arrepentimiento de
los actos que conducen a la muerte,
la fe en Dios, 2 la instrucción sobre
los bautismos, sobre la imposición
de manos, sobre la resurrección de
los muertos, y sobre el juicio eterno.
3 Y lo vamos a hacer, si Dios lo permite.

4 En cuanto a los que una vez han
sido iluminados, que han probado el
don celestial, han compartido del Espíritu Santo, 5 han experimentado las
bondades de la palabra de Dios y de
los poderes de los últimos tiempos,
6 y después han caído, es imposible
volverlos a conducir al arrepentimiento,[a] porque vuelven a crucificar,
para su mal, al Hijo de Dios y lo
están exponiendo a la pública
vergüenza.

7 La tierra que absorbe la lluvia
que cae sobre ella con frecuencia y
produce frutos provechosos para
quienes la cultivan, recibe la bendición de Dios. 8 Pero la tierra que
produce espinos y abrojos es
desechada y en peligro de ser malde-
cida. Al final, se le pegará fuego.

9 Aunque nos expresamos de esta
manera, queridos amigos, estamos
persuadidos de que en su caso hay
mejores cosas, que conducen a la
salvación. 10 Dios no es injusto; no
olvidará su trabajo y el amor que le
han mostrado con la ayuda que han
prestado y siguen prestando a su
pueblo. 11 Deseamos que cada uno
de ustedes siga mostrando esta
misma diligencia hasta el final, a fin
de dar plena seguridad a su esperanza. 12 No queremos que se vuelvan
perezosos, sino que imiten a quienes
por su fe y paciencia heredan lo que
ha sido prometido.

La certeza de la promesa de Dios

13 Cuando Dios hizo su promesa a
Abraham, como no había otro ser
más grande que él por quien jurar,
juró por sí mismo, 14 diciendo: "De
seguro que te bendeciré y te daré
muchos descendientes".[b] 15 Y así,
tras esperar con paciencia, Abraham
recibió lo que se le había prometido.

16 Los hombres juran por alguien
más grande que ellos, y el juramento
confirma lo que se ha dicho y pone
final a toda discusión. 17 Y como
Dios quería mostrar con la mayor
claridad a los herederos de la promesa la naturaleza inmutable de su
propósito, lo confirmó con un juramento. 18 Dios hizo esto a fin de
que, mediante dos cosas inmutables,
en las que es imposible que Dios
mienta, cobremos más ánimo nosotros, los que nos hemos asido fuertemente a la esperanza que nos fue
ofrecida. 19 Y tenemos esta esperanza
como una ancla firme y segura para
nuestra alma. Ella penetra hasta lo
íntimo del santuario, hasta detrás del
velo, 20 a donde entró Jesús como
precursor en favor nuestro, constituido sumo sacerdote para siempre, de
la orden de Melquisedec.

[a] *6 O al arrepentimiento mientras.* [b] *14* Gen. 22:17.

Melquisedec el sacerdote

7 Este Melquisedec fue rey de
Salem y sacerdote del Dios Altísimo. Salió al encuentro de Abraham, cuando éste volvía de derrotar
a los reyes, y lo bendijo, 2 y Abraham le dio el diezmo de todo. Primeramente, su nombre significa ''rey
de justicia''; luego también ''rey de
Salem'' equivale a ''rey de paz''.
3 Sin padre, ni madre, sin árbol
genealógico; sin el comienzo ni el
final de su vida; como el Hijo de
Dios, permanece sacerdote para
siempre.
4 Y ahora consideren bien lo grande que era, puesto que el patriarca
Abraham, le dio el diezmo del botín.
5 Ahora bien, la ley tiene ordenado
que los descendientes de Leví que
llegan a ser sacerdotes reciban del
pueblo el diezmo, esto es, de entre
sus hermanos; y eso que también
sus hermanos son descendientes de
Abraham. 6 Sin embargo, este hombre no pertenecía a la descendencia
de Leví, y a pesar de ello recibió de
Abraham el diezmo y lo bendijo, a
él que tenía las promesas. 7 Y no
cabe duda de que es el inferior el
que recibe la bendición del superior.
8 Y en uno de los casos el diezmo es
recibido por hombres que mueren;
mientras que en el otro caso, quien
lo recibe es alguien de quien se atestigua el hecho de que vive. 9 Podría
incluso afirmarse que Leví, que es
quien recibe los diezmos, los pagó
en la persona de Abraham, 10 porque
cuando Melquisedec salió al encuentro de Abraham, Leví estaba todavía
en el cuerpo de su antepasado.

Jesús, semejante a Melquisedec

11 Si la perfección hubiera podido
ser alcanzada mediante el sacerdocio
levítico (pues sobre esta base fue
dada al pueblo la ley), ¿por qué era
aún necesario que viniera un nuevo
sacerdote, uno de la orden de
Melquisedec, y no de la orden de
Aarón? 12 Puesto que cuando hay un
cambio en el sacerdocio, es necesario que también la ley se cambie.
13 Aquél de quien se dicen estas
cosas, pertenecía a una tribu diferente, y ninguno de esa tribu se ha
dedicado al servicio del altar;
14 porque es bien notorio que nuestro
Señor descendía de Judá, y con relación a esta tribu nada dijo Moisés
de lo que concierne al sacerdocio.
15 Y lo que hemos dicho está todavía
mucho más claro si aparece otro
sacerdote como Melquisedec,
16 quien alcanzó el sacerdocio, no a
base de reglas que tengan que ver
con su estirpe sino en virtud del
poder de una vida imperecedera;
17 porque se afirma:

> Tú eres sacerdote para siempre,
> de la orden de Melquisedec.[a]

18 La ley anterior queda derogada
por ser débil e inútil, 19 (pues la ley
no hizo nada perfecto), y se introduce una esperanza mejor, mediante la
cual nos ponemos cerca de Dios.

20 ¡Y no fue constituido sin juramento! Otros se hicieron sacerdotes
sin juramento, 21 pero él recibió el
sacerdocio con juramento cuando
Dios le dijo:

> El Señor lo ha jurado,
> y no se arrepentirá de ello:
> ''Tú eres sacerdote para siem-
> pre''.[b]

22 Y por este juramento, Jesús se ha
convertido en la garantía de un
mejor pacto.

23 Ahora bien, había un gran número de dichos sacerdotes, porque la
muerte les impedía continuar ejer-
ciendo el sacerdocio, 24 pero como
Jesús vive para siempre, su sacerdocio es permanente. 25 Y por lo tanto
está capacitado para salvar completamente[c] a cuantos se acerquen a Dios
por medio de él, pues siempre está
vivo a fin de interceder por ellos.

26 Un sumo sacerdote como éste
era el que necesitábamos; uno que
es santo, irreprochable, puro,

[a] *17* Salmo 110:4. [b] *21* Salmo 110:4. [c] *25* O *eternamente*.

excluido totalmente de los pecadores
y encumbrado por encima de los
cielos. 27 A diferencia de los demás
sumos sacerdotes, no tiene necesidad
de ofrecer sacrificios día tras día,
primero por su propios pecados y
luego por los del pueblo; pues este
sacrificio por los pecados del pueblo
ya lo realizó de una vez para siempre cuando se ofreció a sí mismo.
28 Pues la ley instituye sumos sacerdotes a hombres que son débiles;
pero el juramento, pronunciado después de la ley, instituyó al Hijo, que
ha sido hecho perfecto para siempre.

El sumo sacerdote de un nuevo pacto

8 El punto de todo lo que venimos diciendo es el siguiente:
Tenemos un sumo sacerdote tal, que
está sentado a la diestra del trono
de la Majestad en los cielos, 2 y que
sirve en el santuario, en el verdadero tabernáculo, el que ha sido erigido por el Señor, no por hombre alguno.

3 Todo sumo sacerdote es instituí-
do para ofrecer dones y sacrificios.
Por ello era necesario para éste
tener también algo que ofrecer. 4 Si
él estuviera en la tierra, no sería
sacerdote, porque ya hay quienes
hacen las ofrendas prescritas por la
ley. 5 Estos sacerdotes sirven en un
santuario que es una copia y sombra
del santuario celestial. Por eso recibió Moisés, cuando estaba a punto
de construir el tabernáculo, la
siguiente advertencia: Fíjate bien y
procura hacer todo según el modelo
que te ha sido mostrado en el monte.[a] 6 Pero el ministerio que Jesús ha
recibido supera al de ellos en la
medida en que el pacto del cual es
mediador supera al antiguo, y está
basado en mejores promesas.

7 Porque si no se hubiera encontrado ningún defecto en ese primer
pacto, no se habría intentado susti-
tuirlo por un segundo. 8 Pero Dios
encontró en el pueblo cosas dignas
de reproche y dijo:[b]

Viene el tiempo, dice el Señor,
en que yo haré un nuevo pacto
con la casa de Israel
y con la casa de Judá.
9 No será como el pacto que hice
con sus mayores
cuando los tomé de la mano
para sacarlos de Egipto,
porque no permanecieron fieles a
mi pacto,
y yo me alejé de ellos, declara
el Señor.
10 Este es el pacto que haré con la
casa de Israel
después de ese tiempo, dice el
Señor:
Yo pondré mis leyes en sus mentes
y las escribiré en sus corazones.
Yo seré su Dios,
y ellos serán mi pueblo.
11 Nadie tendrá ya que enseñar a su
prójimo,
y nadie enseñará a su hermano,
diciendo: "¡Conoce al Señor!",
porque todos me conocerán,
desde el más pequeño hasta el
más grande.
12 Yo perdonaré sus iniquidades,
y no me acordaré ya más de
sus pecados.[c]

13 Al llamar "nuevo" a este pacto,
ha convertido el primero en obsole-
to. Y lo que se ha hecho viejo,
pronto desaparecerá.

El culto en el tabernáculo terrenal

9 Por su parte, el primer pacto
tenía también sus normas para
el culto, así como un santuario terrenal. 2 Había un tabernáculo erigido.
En la primera estaban el candelabro,
la mesa y los panes consagrados.
Esta estancia tiene por nombre el
Lugar Santo. 3 Detrás del segundo
velo, había otra llamada el Lugar
Santísimo, 4 en la que se encontraban el altar de oro del incienso y el

[a] *5* Exodo 25:40. [b] *8* Algunos Mss. permiten leer: *Pero Dios encontró falta y les dijo.*
[c] *12* Jer. 31:31-34.

Arca de la Alianza, cubierta de oro.
Dentro del Arca se hallaban una ur-
na de oro que contenía el maná, la
vara de Aarón que había florecido, y
las tablas de piedra de la Alianza.
5 Encima del Arca estaban los queru-
bines de la gloria cobijando el propiciatorio. De todo lo cual no podemos hablar ahora con más detalle.
6 Cuando todo esto estaba ya dispuesto así, los sacerdotes entraban
con regularidad en la primera estancia para desempeñar su ministerio.
7 Pero sólo el sumo sacerdote entraba en la estancia interior, y aun esto
una sola vez al año, y provisto
siempre de sangre, para ofrecerla
por sí mismo y por los pecados que
el pueblo hubiera cometido por ignorancia. 8 Con esto quería el Espíritu
Santo dar a entender que el acceso
al Lugar Santísimo no era viable
mientras subsistiera el primer
tabernáculo; 9 lo cual es una ilustra-
ción que nos sirve para el tiempo
presente, pues ella nos indica que
los dones y sacrificios ofrecidos allí,
no tenían poder alguno para purificar
la conciencia del que ofrecía. 10 Se
trata sólo de disposiciones sobre alimentos, bebidas y lavamientos ceremoniales, normas externas que
tienen vigencia hasta el tiempo del
nuevo orden de cosas.

La sangre de Cristo

11 Cuando se presentó Cristo como
sumo sacerdote de los bienes ya
existentes,[a] entró a través de un
tabernáculo mayor y más perfecto,
no hecho por el hombre, es decir,
que no forma parte de esta creación.
12 Y no entró provisto de sangre de
machos cabríos ni de terneros, sino
que entró en el Lugar Santísimo de
una vez por todas por medio de su
sangre, habiendo obtenido una
redención eterna. 13 La sangre de los
machos cabríos y de los toros, y la
ceniza de una ternera esparcida
sobre los ceremonialmente impuros,
los santifican, de manera que quedan
externamente limpios. 14 ¡Cuánto más
la sangre de Cristo, quien por medio
del Espíritu eterno se ofreció sin
mancha a Dios, purificará nuestras
conciencias de actos que conducen a
la muerte, a fin de que sirvamos al
Dios viviente!
15 Por esta razón es Cristo mediador de un nuevo pacto, para que los
que han sido llamados reciban la
herencia eterna prometida, ahora que
él ha muerto en rescate para liberar-
los de los pecados cometidos bajo el
primer pacto.
16 En el caso de un testamento,[b] es
preciso probar la muerte del testador, 17 porque un testamento[b] sólo
puede entrar en vigor cuando alguien
ha muerto, y nunca tiene efecto
mientras vive el testador. 18 Por eso
es por lo que ni siquiera el primer
pacto fue puesto en vigor sin sangre.
19 Cuando Moisés había expuesto
todos y cada uno de los mandamientos de la ley a todo el pueblo, tomó
la sangre de los becerros mezclada
con agua, con lana teñida de rojo y
ramas de hisopo, y roció el rollo de
la ley y a todo el pueblo, 20 y dijo:
"Esta es la sangre del pacto que
Dios les ha mandado guardar".[c]
21 De la misma manera roció con la
sangre tanto el tabernáculo como
todos los utensilios usados en las
ceremonias. 22 En realidad, la ley
exige que casi todo sea purificado
con sangre, y sin derramamiento de
sangre no hay perdón.
23 Fue, pues, necesario que las
figuras de las cosas celestiales fueran
purificadas con estos sacrificios,
pero las cosas celestiales mismas
debían serlo con sacrificios más
excelentes que éstos. 24 Porque Cristo no entró en un santuario hecho
por mano de hombre, el cual era
mera copia del verdadero, sino que
entró en el cielo mismo, para comparecer ahora en favor nuestro en la

[a] *11* Unos Mss. antiguos dicen *futuros*. [b] *16* En griego hay la misma palabra para *pacto* y para *testamento*. También en el versículo 17. [c] *20* Exodo 24:8.

presencia de Dios. 25 Y no entró en
el cielo para seguir ofreciéndose una
y otra vez, a la manera que el sumo
sacerdote entra en el Lugar Santísimo cada año con sangre que no es
la suya propia; 26 porque entonces
Cristo debería haber padecido
muchas veces desde la creación del
mundo; sino que ahora se ha manifestado una vez para siempre al final
de los tiempos, para acabar con el
pecado por medio del sacrificio de sí
mismo. 27 De la misma manera que
los hombres están destinados a morir
una sola vez, y tras esto tienen que
comparecer en juicio, 28 así también
Cristo fue sacrificado una sola vez
para quitar los pecados de muchos;
y volverá a aparecer una segunda
vez, no para cargar con ningún
pecado, sino para traer salvación a
quienes lo esperan.

El sacrificio de Cristo, único y para siempre

10 La ley es sólo una sombra
de los bienes futuros; no la
realidad misma de ellos. Por esta
razón, nunca puede, por medio de
los mismos sacrificios que se repiten
incesantemente año tras año, hacer
perfectos a los que se acercan a rendir culto. 2 Si pudiera hacerlo, ¿no
habrían ya cesado de ser ofrecidos?
Porque, en tal caso, los adoradores
habrían sido purificados de una vez
por todas, y no se habrían sentido
por más tiempo culpables de pecado.
3 Pero dichos sacrificios son un
recordatorio anual de los pecados,
4 porque es imposible que la sangre
de los toros y de los machos cabríos
quite los pecados.
5 Por lo cual, cuando Cristo entró
en el mundo, dijo:
Sacrificio ni ofrenda deseaste,
pero has preparado un cuerpo
para mí;
6 con los holocaustos y las ofrendas
por el pecado
no te quedaste satisfecho.
7 Entonces dije: "Aquí estoy, está
escrito de mí en el rollo de la
ley.
He venido a hacer tu voluntad,
oh Dios".[a]
8 Primero dijo: "Sacrificios y ofrendas, holocaustos y ofrendas por el
pecado no deseaste, ni te complacis-
te en ellos" (a pesar de que la ley
exigía que se ofrecieran). 9 Después
dijo: "Aquí estoy; he venido para
cumplir tu voluntad". Abroga lo primero para establecer lo segundo.
10 Y en virtud de esta voluntad,
hemos quedado nosotros santificados
mediante el sacrificio del cuerpo de
Jesucristo, ofrecido una sola vez
para siempre.
11 Día tras día, asiste de pie todo
sacerdote y desempeña sus deberes
religiosos; una y otra vez ofrece los
mismos sacrificios, que nunca
pueden borrar los pecados. 12 Pero
cuando este sacerdote había ofrecido
para siempre un solo sacrificio por
los pecados, se sentó a la diestra de
Dios. 13 Desde entonces, está aguardando a que sus enemigos sean
puestos por estrado de sus pies,
14 porque con un solo sacrificio ha
hecho perfectos para siempre a los
que van siendo santificados.
15 También el Espíritu Santo nos
da testimonio de lo mismo. Primero
dice:
16 Este es el pacto que haré con
ellos
después de aquel tiempo, dice el
Señor:
Pondré mis leyes en sus corazones,
y las inscribiré en sus mentes.[b]
17 Después añade:
Sus pecados y sus iniquidades,
no los recordaré ya jamás.[c]
18 Y allí donde han sido perdonados,
ya no hay ningún sacrificio más por
el pecado.

Llamada a perseverar

19 Por tanto, hermanos, puesto que
tenemos confianza para entrar en el

[a] *7* Salmo 40:6-8 (Vea la Septuaginta.) [b] *16* Jer. 31:13. [c] *17* Jer. 31:34.

Lugar Santísimo por medio de la
sangre de Jesús, 20 por un camino
nuevo y lleno de vida, abierto para
nosotros a través del velo, es decir,
de su cuerpo, 21 y puesto que tenemos también un gran sacerdote
sobre la casa de Dios, 22 acerquémo-
nos a Dios con un corazón sincero y
con plena seguridad de fe, teniendo
los corazones rociados para limpiar-
nos de una conciencia culpable y
teniendo nuestros cuerpos lavados
con agua pura. 23 Mantengamos firme
la esperanza que profesamos porque
el que lo prometió es fiel. 24 Y con-
sideremos cómo podemos incitarnos
mutuamente al amor y a las buenas
acciones. 25 No desertemos de
nuestras reuniones, como algunos
acostumbran a hacer, sino animémo-
nos unos a otros, y tanto más, cuanto que ven acercarse el día.

26 Si continuamos pecando deliberadamente después de haber recibido el
conocimiento de la verdad, ya no
queda sacrificio por los pecados,
27 sino sólo una terrible perspectiva
del juicio y del fuego ardiente que ha
de consumir a los enemigos de Dios.
28 Todo el que rechazaba la ley de
Moisés, moría sin remisión bajo palabra de dos o tres testigos; 29 ¿con
cuánta mayor severidad piensan que
merece ser castigado aquel que ha
pisoteado al Hijo de Dios y ha tenido
por cosa impura la sangre del pacto
en la que fue santificado, y ha insultado al Espíritu de la gracia? 30 Pues
conocemos al que ha dicho: "Mía es
la venganza; yo retribuiré";[a] y también: "El Señor juzgará a su
pueblo".[b] 31 ¡Terrible cosa es caer en
las manos del Dios vivo!

32 Recuerden aquellos primeros
días después de haber recibido la
luz, cuando sostuvieron un duro
combate con grandes padecimientos.
33 A veces fueron públicamente
expuestos a la afrenta y a la persecución; otras veces, compartían los
riesgos de los que se hallaban en
circunstancias parecidas. 34 Porque
simpatizaban con los encarcelados y
aceptaban con alegría la confiscación
de sus bienes, porque sabían que
ustedes tenían mejores y más dura-
deras posesiones.

35 Así que no arrojen lejos su
confianza, la cual será ricamente
recompensada. 36 Necesitan perseve-
rar, para que, cuando hayan cumplido la voluntad de Dios, puedan recibir lo que él ha prometido. 37 Pues
tras un poco de tiempo, muy poco,

El que está llegando vendrá y no
tardará.
38 Pero mi justo[c] vivirá por fe.
Y si se vuelve atrás,
no me complaceré en él.[d]

39 Pero nosotros no somos de los
que se vuelven atrás y son destruidos, sino de los que creen y son
salvos.

Por fe

11 Ahora bien, la fe es estar
seguro de lo que esperamos
y estar cierto de lo que no vemos.
2 Esto es lo que sirvió para buen
testimonio de los antiguos.

3 Por la fe entendemos que el universo fue formado por una orden de
Dios, de manera que lo que se ve
no fue hecho de lo que era visible.

4 Por la fe, ofreció Abel a Dios un
sacrificio mejor que el que le ofreció
Caín. Por la fe, fue acreditado como
hombre justo, pues Dios habló bien
de sus ofrendas. Y por la fe, todavía
habla, aun a pesar de que está
muerto.

5 Por la fe, Enoc fue arrebatado de
este mundo, de modo que no experimentó la muerte; y no se le pudo
encontrar, porque Dios se lo había
llevado. Pues antes de ser llevado,
fue recomendado como quien había
agradado a Dios. 6 Y sin fe es imposible agradar a Dios, porque
cualquiera que viene a él, debe creer
que existe y que premia a los que lo
buscan con empeño.

[a] *30* Deut. 32:35. [b] *30* Deut. 32:36; Salmo 135:14. [c] *38* Uno de los más antiguos Mss. dice: *Pero el justo.* [d] *38* Hab. 2:3, 4.

7 Por la fe Noé, cuando fue avisado de las cosas que aún no se
veían, con santo temor construyó un
arca para salvar a su familia. Por su
fe condenó al mundo y se hizo heredero de la justificación que se alcanza por la fe.
8 Por la fe Abraham, cuando se le
llamó para que fuera a un lugar que
más tarde había de recibir como
herencia, obedeció y se fue, a pesar
de que no sabía adónde se dirigía.
9 Por la fe estableció su hogar en la
tierra prometida como un extraño en
un país extranjero; vivió en tiendas
de campaña, como también lo hicieron Isaac y Jacob, que eran sus
coherederos de la misma promesa.
10 Porque esperaba la ciudad de firmes cimientos, cuyo arquitecto y
constructor es Dios.
11 Por la fe Abraham, a pesar de
ser de edad muy avanzada, y Sara
misma era estéril, fue capacitado
para llegar a ser padre,[a] porque
consideró fiel a aquel que había
hecho la promesa. 12 Y así, de este
solo hombre, y casi muerto, salió
una descendencia tan numerosa
como las estrellas del firmamento y
tan incontable como la arena de la
playa.
13 Todos estos vivieron por fe
hasta el día de su muerte. No recibieron las cosas prometidas; sólo las
vieron de lejos y las saludaron a
distancia. Y confesaron que eran
extranjeros y peregrinos sobre la
tierra. 14 Y quienes así se expresan,
muestran que van en busca de una
patria propia; 15 pues si hubieran
tenido el pensamiento puesto en la
que habían dejado, habrían tenido
oportunidad de regresar a ella.
16 Pero, en vez de hacerlo así, anhelaban una patria mejor, la del cielo.
Por eso Dios no se avergüenza de
ser llamado Dios de ellos, porque les
tenía ya preparada una ciudad.
17 Por la fe Abraham, cuando Dios
lo puso a prueba, ofreció a Isaac en
sacrificio. El que había recibido las
promesas estaba a punto de sacrificar a su único hijo, 18 a pesar de que
Dios le había dicho: "Por Isaac te
vendrá la prometida descendencia".[b]
[c] 19 Abraham se hizo a sí mismo la
reflexión de que Dios tenía poder
para resucitar a los muertos y,
hablando en forma figurada, es como
si hubiera recobrado a Isaac de entre los muertos.
20 Por la fe, bendijo Isaac a Jacob
y a Esaú, puesta la vista en el futuro de ambos.
21 Por la fe, bendijo Jacob, cuando
estaba para morir, a cada uno de los
hijos de José, y adoró apoyándose
en el extremo de su bastón.
22 Por la fe José, cuando ya se
acercaba al fin de su vida, habló de
la salida de los israelitas de Egipto y
dio instrucciones sobre sus huesos.
23 Por la fe, los padres de Moisés
lo tuvieron oculto durante los tres
primeros meses que siguieron a su
nacimiento, porque vieron que era
un niño poco común, y no tuvieron
miedo del edicto del rey.
24 Por la fe Moisés, cuando creció,
rehusó ser conocido como hijo de la
hija del Faraón. 25 Prefirió ser maltratado con el pueblo de Dios, antes
que disfrutar de los placeres del
pecado por un breve tiempo; 26 y
tuvo por mayor riqueza el sufrir
oprobios por causa de Cristo que los
tesoros de Egipto, porque tenía
puesta la mirada en la posterior
recompensa. 27 Por la fe abandonó
Egipto sin temer la ira del rey; se
mantuvo firme porque vio al que es
invisible. 28 Por la fe observó la
Pascua y la aspersión de la sangre,
para que el exterminador de los pri-
mogénitos no tocara a los primogéni-
tos de Israel.
29 Por la fe, pasó el pueblo a
través del Mar Rojo[d] como si fuera
tierra firme, pero cuando los egipcios intentaron hacer lo mismo,
perecieron ahogados.

[a] *11* O: *Por la fe, también Sara, que era de edad avanzada, fue capacitada para tener hijos.*
[b] *18* El griego dice *simiente.* [c] *18* Gén. 21:12 [d] *29* Esto es, Mar de las Cañas.

30 Por la fe cayeron los muros de
Jericó, después de que el pueblo
había marchado a su alrededor siete
días.
31 Por la fe, Rahab la prostituta,
por haber recibido a los espías, no
pereció con los que habían sido
desobedientes.[a]
32 Y ¿qué más voy a decir? Me
faltaría tiempo para hablar de
Gedeón, de Barac, de Sansón, de
Jefté, de David, de Samuel y de los
profetas, 33 todos los cuales por la fe
conquistaron reinos, administraron
justicia, y obtuvieron las promesas;
ellos cerraron bocas de leones,
34 apagaron la furia de las llamas y
escaparon del filo de la espada; cuya
debilidad se tornó en fortaleza; se
hicieron poderosos en la batalla y
pusieron en fuga a ejércitos extranjeros. 35 Hubo mujeres que recobraron
a sus muertos, vueltos de nuevo a la
vida. Otros fueron torturados y rehusaron ser puestos en libertad, a fin
de poder alcanzar una mejor resurrección. 36 Otros sufrieron escarnios
y azotes, mientras otros eran en-
cadenados y puestos en prisión.
37 Fueron apedreados, aserrados en
dos, asesinados a filo de espada.
Anduvieron fugitivos de una parte a
otra, vestidos de pieles de oveja y
de cabra, faltos de todo, atribulados
y maltratados;[b] 38 el mundo no era
digno de ellos. Iban errantes por
desiertos y montañas, albergándose
en cuevas y hoyos de la tierra.
39 Todos éstos quedaron acredita-
dos por su fe, y, con todo, ninguno
de ellos alcanzó el cumplimiento de
las promesas. 40 Dios había planeado
algo mejor para nosotros, para que
sólo en compañía de nosotros pudieran ellos llegar a la perfección.

Dios disciplina a sus hijos

12 Por consiguiente, también
nosotros, estando como estamos rodeados por una nube tan
gigantesca de testigos, debemos
despojarnos de todo obstáculo y
mantenernos a distancia del pecado
que nos asedia, para correr con
perseverancia la carrera que nos ha
sido asignada. 2 Fijemos nuestros
ojos en Jesús, el autor y perfeccio-
nador de nuestra fe, quien por el
gozo puesto delante de él, soportó la
cruz, desdeñando la ignominia de
ella, y está sentado a la diestra del
trono de Dios. 3 Consideren a quien
soportó tal oposición de parte de los
pecadores, a fin de que no desfallezcan ni pierdan ánimo.
4 En su lucha contra el pecado,
ustedes todavía no han resistido
hasta el punto de tener que derramar
su sangre. 5 Y se han olvidado de las
palabras de aliento que les dirige
como a hijos:

Hijo mío, no tomes a la ligera la
corrección del Señor,
y no te desanimes cuando te
reprenda,
6 porque el Señor corrige a los que
ama,
y castiga a todo al que recibe
como a un hijo.[c]

7 Soporten la dureza como disciplina; Dios los está tratando como a
hijos; porque ¿qué hijo hay que no
sea corregido por su padre? 8 Si no
son corregidos (y todos han pasado
por la disciplina), entonces es que
son ilegítimos, y no son hijos verdaderos. 9 Además, todos nosotros
hemos tenido padres humanos que
nos corregían, y los respetábamos
por eso. ¿Cuánto más deberíamos
someternos al Padre de nuestros espíritus, para conseguir la vida?
10 Nuestros padres nos imponían
disciplina pasajera según creían
conveniente; pero Dios nos corrige
para nuestro bien y para que com-
partamos su santidad. 11 Ninguna
corrección parece de momento agradable, sino más bien penosa; sin embargo, más tarde produce una cosecha de justificación y paz a quienes
se ejercitan en ella.

[a] *31* O *incrédulos.* [b] *37* Algunos Mss. antiguos añaden *fueron puestos a prueba.*
[c] *6* Prov. 3:11, 12.

12 Por tanto, cobren vigor en sus
manos perezosas y en sus rodillas
endebles. 13 Tracen rectos senderos
para sus pies,[a] para que los cojos
no se incapaciten, sino que sanen.

Advertencia a los que rechazan a Dios

14 Hagan todo esfuerzo por vivir
en paz con todos y santamente; sin
santidad, nadie verá al Señor.
15 Vigilen para que nadie se pierda la
gracia de Dios y para que ninguna
raíz amarga vaya creciendo y cause
dificultades y corrompa a muchos.
16 Y que no haya ningún inmoral
sexual ni profano, como Esaú, que
por un solo plato de comida vendió
sus derechos de primogénito. 17 Más
tarde, como saben, cuando quiso
heredar la bendición, fue rechazado,
porque no logró hacer cambiar la
decisión, a pesar de que buscó con
lágrimas la bendición.

18 No han venido a una montaña
tangible ni con fuego ardiente, ni a
oscuridad, ni a tinieblas, ni a tormenta; 19 ni a un sonido de trompeta
ni a un clamor de palabras tal, que
quienes lo escucharon suplicaban
que no les fuera dirigida ni una palabra más, 20 porque no podían soportar lo que se les ordenaba: "Hasta
un animal que toque la montaña,
debe ser apedreado".[b] 21 Y el espectáculo era tan terrible, que dijo
Moisés: "Estoy temblando de
miedo".[c]

22 Pero ustedes han venido al Monte Sión, a la Jerusalén celestial, a la
ciudad del Dios viviente; a millares
y millares de ángeles en asamblea
festiva, 23 y a la iglesia de los pri-
mogénitos, cuyos nombres están
escritos en los cielos. Se han acerca-
do a Dios, el juez de todos los hombres, a los espíritus de los justos
hechos perfectos, 24 a Jesús el
mediador de un nuevo pacto, y a la
sangre de aspersión que habla con
mejor tono que la de Abel.

25 Cuídense de rechazar al que
habla. Porque si no escaparon
aquéllos cuando rechazaron al que
les daba advertencias en la tierra,
¿cuánto menos escaparemos nosotros, si le volvemos la espalda al
que nos advierte desde el cielo?
26 En aquella ocasión, su voz sacudió
la tierra, pero ahora ha hecho la
siguiente promesa: "Una vez más
sacudiré, no sólo la tierra, sino también los cielos".[d] 27 Las palabras
"una vez más" indican que las
cosas sacudidas sufrirán una altera-
ción, como cosas creadas que son, a
fin de que permanezcan las que no
pueden ser sacudidas.

28 Por lo cual, ya que estamos
recibiendo un reino que no puede
ser sacudido, seamos agradecidos y
adoremos así a Dios con devoción y
respeto, 29 porque nuestro Dios es
fuego consumidor.

Exhortaciones finales

13 Continúen amándose mutuamente como hermanos. 2 No
se olviden de brindar hospitalidad a
los forasteros, porque algunos, al
hacerlo así, tuvieron por huéspedes
a ángeles, sin saberlo. 3 Acuérdense
de los presos como si ustedes estuvieran en la cárcel con ellos; y de
los maltratados, como si fueran ustedes mismos los que sufrieran.

4 El matrimonio debe ser tenido en
gran honor por todos, y el lecho
conyugal debe conservarse puro,
porque Dios juzgará a los adúlteros
y a los inmorales. 5 Conserven sus
vidas libres de la afición al dinero y
estén satisfechos con lo que tienen,
porque ha dicho Dios:

Jamás te dejaré;
nunca te abandonaré.[e]

6 Así que decimos con toda confianza:

[a] *13* Prov. 4:26. [b] *20* Exodo 19:12, 13. [c] *21* Deut. 9:19. [d] *26* Hageo 2:6. [e] *5* Deut. 31:6.

El Señor es mi ayuda; no tendré
miedo.
¿Qué puede hacerme el hombre?[a]
7 Acuérdense de sus líderes, que
les predicaron la palabra de Dios.
Fíjense cuál fue el final de su conducta e imiten su fe. 8 Jesucristo es
el mismo, ayer, hoy y para siempre.
9 No se dejen seducir por todo tipo
de doctrinas extrañas. Es excelente
para nuestros corazones el ser fortalecidos por la gracia, no por alimentos ceremoniales, que de nada
aprovechan a los que los comen.
10 Nosotros tenemos un altar del cual
no tienen derecho a comer los que
sirven en el tabernáculo.
11 El sumo sacerdote introduce la
sangre de los animales en el Lugar
Santísimo como un sacrificio por el
pecado, pero sus cuerpos son quemados fuera del campamento. 12 Por lo
cual, también Jesús sufrió fuera de
las puertas de la ciudad, para santifi-
car a su pueblo por medio de su propia sangre. 13 Salgamos, pues, hacia
él fuera del campamento, llevando el
mismo oprobio que él llevó. 14 Porque
aquí no tenemos una ciudad permanente, sino que vamos en busca
de la ciudad futura.
15 Por medio de Jesús, pues, ofrez-
camos continuamente a Dios un
sacrificio de alabanza, el tributo de
los labios que confiesan su nombre.
16 Y no se olviden de hacer el bien y
de compartir con otros, porque esa
clase de sacrificios es la que complace a Dios.
17 Obedezcan a sus líderes y sométanse a su autoridad; porque ellos
velan por ustedes como quienes han
de rendir cuentas. Obedézcanlos, a
fin de que su trabajo sea con gozo y
no una carga, porque esto último no
les traería ninguna ventaja.
18 Oren por nosotros. Estamos
seguros de que tenemos la conciencia limpia y deseamos vivir decorosamente en todo. 19 Yo personalmente los insto a que oren para que
cuanto antes pueda encontrarme entre ustedes.
20 Que el Dios de la paz, quien
mediante la sangre del pacto eterno,
sacó de entre los muertos a nuestro
Señor Jesús, aquel gran Pastor de
las ovejas, 21 los equipe con todo lo
bueno para cumplir su voluntad, y
lleve a cabo en nosotros lo que es
de su agrado por medio de Jesucristo, a quien sea la gloria por los
siglos de los siglos. Amén.
22 Hermanos, les suplico que
soporten mis palabras de exhortación; pues, en realidad les he escrito
una carta corta.
23 Quiero que sepan que nuestro
hermano Timoteo ha sido puesto en
libertad. Si llega pronto, iré con él a
verlos.
24 Saluden a todos sus líderes y a
todo el pueblo de Dios. Los de Italia les mandan saludos.
25 La gracia sea con todos ustedes.

[a] *6* Salmo 118:6, 7.

SANTIAGO

1 Santiago, siervo de Dios y del
Señor Jesucristo,
a las doce tribus esparcidas entre
las naciones: Saludos.

Pruebas y tentaciones

2 Consideren, hermanos míos,
como un motivo de gozo puro cuando tengan que enfrentar pruebas de
varias clases, 3 porque saben que la
prueba de su fe produce constancia.
4 Y la constancia necesita llevar a
feliz término su obra, a fin de que
sean maduros y completos, sin que
les falte nada. 5 Si a alguno de ustedes le falta sabiduría, pídasela a
Dios, quien da a todos generosamente y sin reproches; y Dios se la
dará. 6 Pero cuando pida, debe creer
y no dudar, porque el que duda es
como una ola del mar, a merced del
viento que la agita. 7 Ese hombre no
debe suponer que va a recibir algo
de parte del Señor; 8 es un indeciso
y un inconstante en todo lo que
hace.

9 El hermano de humilde condición
debe sentirse orgulloso de su alta
posición. 10 Pero el que es rico
debería gloriarse en su baja posición,
porque su vida pasará como flor del
campo. 11 Porque se levanta el sol
con su calor ardiente y seca la planta; se cae la flor y es destruida su
belleza. Del mismo modo, se marchi-
tará también el rico en medio de sus
negocios.

12 Bienaventurado el hombre que
persevera bajo la prueba, porque al
resultar aprobado, recibirá la corona
de vida que Dios ha prometido a los
que lo aman.

13 Cuando una persona sea tentada,
no debe decir: Dios me está tentan-
do. Porque Dios no puede ser tentado por el mal, él tampoco tienta a
nadie; 14 sino que cada uno es tentado cuando, llevado de sus malos
deseos, es arrastrado y seducido.
15 Después, cuando el deseo ha concebido, hace nacer el pecado; y
cuando el pecado ha llegado a su
madurez, hace nacer la muerte.

16 No sean engañados, mis queridos hermanos. 17 Todo don bueno y
perfecto proviene de arriba, desciende del Padre de las luces celestiales,
el cual no cambia como sombras
mutables. 18 El decidió hacernos
nacer mediante la palabra de verdad,
para que fuéramos como una especie
de primicias de todo lo creado.

Escuchar y hacer

19 Mis queridos hermanos, tomen
nota de esto: Todos deben estar
prontos para escuchar, lentos para
hablar, y lentos para enojarse;
20 porque la ira del hombre no trae
consigo la vida recta que Dios
quiere. 21 Por lo cual, despójense de
toda suciedad moral y de la maldad
que tanto abunda, y reciban humil-
demente la palabra que ha sido sembrada en ustedes, la cual puede
salvarlos.

22 No se contenten meramente con
escuchar la palabra, pues entonces
se engañan ustedes mismos. Hagan
lo que dice. 23 El que escucha la
palabra, pero no hace lo que dice,
es semejante al que se mira la cara
en un espejo, 24 y después de mirar-
se, se marcha e inmediatamente se
olvida de cómo es. 25 Pero el que se
fija atentamente en la ley perfecta,
que da libertad, y continúa haciéndolo, sin olvidar lo que ha oído,
sino haciéndolo, será bendecido en
lo que haga.

26 El que se tiene por religioso,
pero no le pone freno a su lengua,
se engaña a sí mismo y su religión
no sirve para nada. 27 La religión
que Dios nuestro Padre acepta como
pura y sin mancha consiste en lo

siguiente: en socorrer a los huérfanos y a las viudas en su aflicción y
en conservarse sin mancha de la
contaminación de este mundo.

Prohibición del favoritismo

2 Hermanos míos, como creyentes
que son en nuestro glorioso
Señor Jesucristo, no muestren favoritismo. 2 Supongan que en el lugar en
que están reunidos entra un hombre
con un anillo de oro y vistiendo un
fino traje, y entra también un pobre
con su traje raído. 3 Si muestran una
atención especial al que va bien
vestido y le dicen: "Aquí hay un
buen asiento para ti", pero le dicen
al pobre: "Tú quédate ahí de pie" o
"Siéntate en el suelo a mis pies",
4 ¿no es verdad que han hecho
discriminación entre ustedes y se
han hecho jueces con pensamientos
perversos?
5 Escuchen, mis queridos hermanos: ¿No ha escogido Dios a los
que son pobres a los ojos de este
mundo, para que sean ricos en la fe
y hereden el reino que ha prometido
a los que lo aman? 6 Pero ustedes
han insultado al pobre. ¿No son los
ricos los que los están explotando y
también los que los arrastran ante
los tribunales? 7 ¿No son ellos los
que blasfeman el glorioso nombre de
aquél a quien ustedes pertenecen?
8 Si de veras cumplen la norma
real de la Escritura "Ama a tu prójimo como a ti mismo",[a] actúan
correctamente. 9 Pero si muestran algún favoritismo, pecan y quedan
convictos por la misma ley como
transgresores. 10 Porque el que obser-
va la ley entera, pero llega a fallar
en un solo punto, ya es culpable de
quebrantarla toda; 11 pues el que
dijo: "No cometerás adulterio",[b]
también dijo: "No matarás",[c] Si no
cometes adulterio, pero cometes
homicidio, ya te has hecho transgresor de la ley.
12 Hablen y actúen como quienes
van a ser juzgados por la ley que
nos hace libres, 13 porque al que no
haya practicado la misericordia, le
aguarda un juicio sin misericordia.
La misericordia triunfa sobre el
juicio.

Fe y obras

14 ¿De qué sirve, hermanos míos,
que alguien alegue que tiene fe, si
no tiene obras? ¿Acaso podrá salvar-
le tal fe? 15 Supongan que un hermano o una hermana andan mal
vestidos y carecen del alimento coti-
diano. 16 Si uno de ustedes le dice:
"¡Anda! ¡Que te vaya bien! ¡Abríga-
te y come bien!", pero no hace
nada para remediar sus necesidades
físicas, ¿qué tiene de bueno? 17 De la
misma manera, la fe por sí misma,
si no va acompañada de hechos, es
una fe muerta.
18 Pero podrá decir alguien: "Tú
tienes fe, y yo tengo obras".
Muéstrame tu fe sin obras, y yo
te mostraré mi fe por lo que hago.
19 Tú crees que hay un solo Dios,
¡Correcto! Pero hasta los demonios
lo creen, y tiemblan.
20 ¡Anda, insensato! ¿Quieres
convencerte de que la fe sin obras
es inútil?[d] 21 ¿No fue considerado
justo nuestro antepasado Abraham
por lo que hizo cuando ofreció sobre
el altar a su hijo Isaac? 22 Ya ves
que su fe y sus acciones actuaban
conjuntamente, y su fe llegó a su
plenitud por lo que hicieron. 23 Y así
se cumplió el pasaje de la Escritura
que dice: "Creyó Abraham a Dios,
y ello le fue tomado como justicia",[e]
y fue llamado amigo de Dios. 24 Ya
ves cómo una persona queda justifi-
cada por lo que hace, y no sólo por
su fe.
25 De igual manera, ¿no fue con-
siderada justa, incluso Rahab, la
prostituta, por lo que hizo cuando
dio hospedaje a los espías y los

[a] *8* Lev. 19:18. [b] *11* Ex. 20:14; Deut. 5:18. [c] *11* Ex. 20:13; Deut. 5:17. [d] *20* Algunos Mss. antiguos dicen *muerta*. [e] *23* Gén. 15:6.

orientó para que escaparan por otro
camino? 26 Así como el cuerpo sin
alma está muerto, así también la fe
sin obras está muerta.

Hay que domar la lengua

3 No presuman muchos el ser
maestros, hermanos míos,
porque ya saben que nosotros, los
maestros, tendremos un juicio más
severo. 2 Todos sin excepción trope-
zamos de muchas maneras; pero el
que no tropieza nunca en lo que
dice, ése es un hombre perfecto,
capaz de poner freno a toda su
persona.

3 Cuando ponemos el freno de
boca a los caballos para que nos
obedezcan, podemos gobernar enteramente al animal. 4 O tomemos las
naves como ejemplo. A pesar de lo
grandes que son y de lo fuertes que
son los vientos que las embisten,
son conducidas por medio de un
timón muy pequeño a donde el pilo-
to quiere que vayan. 5 Así también la
lengua es un pequeño miembro del
cuerpo, pero se jacta de grandes
hazañas. Consideren cuán grandes
bosques pueden ser incendiados por
una pequeña chispa. 6 También la
lengua es un fuego; y como un mundo de iniquidad entre los miembros
del cuerpo. Echa a perder a la
persona entera, prende fuego a todo
el curso de su vida, y ella misma es
incendiada por el infierno.

7 Todas clases de animales, de
aves, de reptiles y de animales mari-
nos se doman y han sido domestica-
das por el hombre, 8 pero nadie
puede domar su lengua. Es un mal
siempre en movimiento y lleno de
veneno mortal.

9 Con la lengua bendecimos a
nuestro Señor y Padre, y con ella
maldecimos a los hombres, que han
sido hechos a imagen de Dios. 10 De
una misma boca salen la bendición y
la maldición. Esto, hermanos míos,
no debería ser así. 11 ¿Puede acaso
brotar de una fuente al mismo tiempo agua dulce y agua salada? 12 Hermanos míos, ¿acaso puede una
higuera dar olivas, o una viña higos?
Tampoco un manantial de agua salada puede dar agua dulce.

Dos clases de sabiduría

13 ¿Quién hay entre ustedes sabio
y experto? Que lo demuestre por
medio de una conducta buena, por
obras hechas con la humildad que
viene de la sabiduría. 14 Pero, si
abrigan en sus corazones envidias
amargas y ambiciones egoístas, no
se jacten de ello ni falten a la
verdad. 15 Esa clase de ‘‘sabiduría’’
no procede del cielo, sino que es
terrena, no espiritual, demoníaca.
16 Porque donde hay envidias y ambiciones egoístas, allí hay desorden y
toda clase de malas acciones.

17 Pero la sabiduría que procede
del cielo es ante todo pura, y
además amiga de la paz, comprensi-
va, sumisa, llena de misericordia y
de buenos frutos, imparcial y sincera. 18 Los que trabajan por la paz,
que siembran en la paz, recogerán
una cosecha de justicia.

Sométanse a Dios

4 ¿De dónde proceden las luchas
y los altercados que hay entre
ustedes? ¿De dónde, sino de los
deseos que se agitan en su interior?
2 Desean algo y no lo consiguen.
Matan y se consumen de envidia, y
no pueden alcanzar lo que desean.
Riñen y luchan. No tienen lo que
desean, porque no se lo piden a
Dios. 3 Y cuando piden, no lo reciben, porque piden por motivos erró-
neos, para gastar lo que consiguen,
en sus placeres.

4 Gentes adúlteras, ¿no saben que
la amistad con el mundo es enemis-
tad con Dios? Todo el que decide
ser amigo del mundo se convierte en
un enemigo de Dios. 5 ¿O piensan
que la Escritura dice sin motivo que

el espíritu que habita en nosotros
tiende hacia la envidia,[a] 6 pero él nos
da mayor gracia? Por lo cual dice la
Escritura:

Dios se opone a los orgullosos,
pero da su gracia a los humildes.[b]

7 Sométanse, pues, a Dios. Resis-
tan al diablo y huirá de ustedes.
8 Acérquense a Dios y él se acercará
a ustedes. Lávense las manos, ustedes los pecadores, y purifiquen sus
corazones, los de doble ánimo.
9 Aflíjanse, laméntense y giman.
Cambien su risa en llanto, y su
gozo, en tristeza. 10 Humíllense ante
el Señor, y él los levantará.

11 Hermanos, no murmuren los
unos de los otros. El que habla mal
de su hermano, o lo juzga, está
hablando mal de la ley y juzgándola.
Y si juzgas a la ley, ya no la cum-
ples, sino la juzgas. 12 No hay más
que un solo y verdadero legislador y
juez, el cual puede salvar y destruir.
Pero tú, ¿quién eres tú para juzgar a
tu prójimo?

Jactancia sobre el mañana

13 Ahora escuchen ustedes, los que
dicen: Hoy o mañana iremos a ésta
o a aquella ciudad, pasaremos allí un
año, haremos negocio y ganaremos
dinero. 14 ¡Pero, si ni siquiera saben
qué pasará mañana! ¿Qué es su
vida? Es bruma que aparece por un
momento y enseguida se desvanece.
15 En vez de eso, deberían decir: Si
el Señor quiere, viviremos y haremos esto o aquello. 16 De momento,
se jactan de su soberbia. Toda
jactancia de esa clase es mala. 17 En
conclusión, todo el que sabe el bien
que debe hacer, y no lo hace, peca.

Advertencia a los ricos explotadores

5 Ahora escuchen ustedes, los
ricos; lloren y giman por las
calamidades que vienen sobre
ustedes. 2 Su riqueza se ha podrido,
y sus ropas han quedado consumidas
por la polilla. 3 Su oro y su plata
están corroídos. Esta corrosión será
una acusación contra ustedes y consumirá como fuego su carne. Han
acumulado riquezas en los últimos
días. 4 ¡Miren! El jornal que han
dejado de pagar a los jornaleros que
han segado sus campos, está clamando contra ustedes, y los clamores de
los que han hecho la cosecha han
llegado hasta los oídos del Señor
todopoderoso. 5 Han llevado en este
mundo una vida ostentosa y disolu-
ta. Han cebado sus cuerpos para el
día de la matanza. 6 Han condenado
y le han dado muerte al inocente
que no se les oponía.

Paciencia en los sufrimientos

7 Tengan, pues, paciencia, hermanos, hasta la venida del Señor.
Miren cómo espera el labrador a que
la tierra dé su precioso fruto y con
qué paciencia aguarda a que caiga la
lluvia de otoño y la de primavera.
8 Ustedes también, sean pacientes y
permanezcan firmes porque la venida
del Señor está próxima. 9 No se
quejen, hermanos, unos contra otros;
de lo contrario, serán juzgados. ¡El
juez está ya a las puertas!

10 Hermanos, tomen como ejemplo
de paciencia frente al sufrimiento a
los profetas que hablaron en el nombre del Señor. 11 Como bien saben,
tenemos por bienaventurados a los
que perseveraron. Han oído hablar
de la perseverancia de Job y han
visto lo que al fin le otorgó el
Señor. El Señor está lleno de compasión y de misericordia.

12 Sobre todo, hermanos míos, no
juren, ni por el cielo ni por la tierra
ni por ninguna otra cosa. Que su
"sí" sea de veras sí; y su "no",
que sea de veras no. De lo contrario, incurrirán en condenación.

[a] 5 O *que Dios suspira celosamente por el espíritu que él hizo habitar en nosotros,* o también *que el Espíritu que él hizo habitar en nosotros ama celosamente.* [b] 6 Prov. 3:34.

La oración de fe

13 ¿Tiene problemas alguno de
ustedes? Que ore. ¿Está feliz alguno? Que cante cánticos de alabanza. 14 ¿Se encuentra alguno enfermo?
Que haga llamar a los ancianos de la
iglesia para que oren por él y le
unjan con aceite en el nombre del
Señor. 15 Y la oración hecha con fe
hará que el enfermo se recobre; el
Señor lo restablecerá. Y si ha pecado, será perdonado. 16 Por tanto,
confiésense unos a otros sus pecados
y oren unos por otros para ser
sanados. La oración de un hombre
justo, es poderosa y efectiva.
17 Elías era un hombre como nosotros. Y oró insistentemente que no
lloviera, y no llovió sobre la tierra
durante tres años y medio. 18 Volvió
a orar, y el cielo envió la lluvia y la
tierra produjo sus frutos.
19 Hermanos míos, si alguno de
ustedes se desvía de la verdad, y
otro lo hace volver al buen camino,
20 recuerden esto: Quienquiera que
haga volver de su extravío a un
pecador, lo salvará de la muerte y
cubrirá muchos pecados.

1 PEDRO

1 Pedro, apóstol de Jesucristo,
a los elegidos de Dios, extranjeros en el mundo y diseminados por
el Ponto, Galacia, Capadocia, Asia y
Bitinia, 2 que han sido escogidos
conforme a la presciencia de Dios
Padre, por medio de la acción santificadora del Espíritu, para obedecer
a Jesucristo y ser rociados con su
sangre: Gracia y paz a ustedes en
abundancia.

Alabanza a Dios por una esperanza viva

3 Alabado sea el Dios y Padre de
nuestro Señor Jesucristo. Por su
gran misericordia, él nos ha otorgado
el nacer de nuevo a una esperanza
viva, mediante la resurrección de
Jesucristo de entre los muertos, 4 y a
una herencia que nunca puede aca-
barse, ni echarse a perder ni marchi-
tarse, y que les está reservada a
ustedes en el cielo. 5 Mediante la fe,
quedan protegidos por el poder de
Dios hasta que llegue la salvación
que está a punto de ser revelada en
el último tiempo. 6 Esto es para
ustedes motivo de gran júbilo, aun
cuando ahora, durante un poco de
tiempo, tengan que sufrir toda clase
de pruebas. 7 Estas tienen por objetivo el someter a prueba su fe, de
mucho más valor que el oro, el cual
perece aun después de ser acrisolado
al fuego, para encontrar si es genuina
y que ello resulte en alabanza, gloria
y honor el día en que Jesucristo sea
manifestado. 8 Aunque no lo han
visto, lo aman; y aun cuando no lo
ven ahora, creen en él, y se regocijan
con un gozo indecible y glorioso,
9 pues están recibiendo el objetivo de
su fe, la salvación de sus almas.
10 Acerca de esta salvación, los
profetas que hablaron de la gracia
destinada para ustedes, investigaron
y escudriñaron con la mayor diligencia, 11 tratando de conocer el tiempo
y las circunstancias a que el Espíritu
de Cristo, que estaba en ellos, se
refería, cuando predijo los padecimientos de Cristo y la gloria que de
ello se seguiría. 12 Y les fue revelado
que no estaban sirviendo a ellos
mismos, sino a ustedes, cuando

hablaron de las cosas que se les han
dicho por medio de los que les han
predicado el evangelio por el Espíritu Santo enviado del cielo. Los
mismos ángeles se afanan por con-
templar de cerca estas cosas.

Sean santos

13 Por tanto, preparen sus mentes
para actuar; mantengan el control
propio y pongan plenamente su esperanza en la gracia que les será
otorgada cuando Jesucristo se manifieste. 14 Como hijos obedientes, no
se amolden a los malos deseos que
tenían cuando vivían en la ignorancia; 15 sino que, así como es santo el
que los llamó, sean santos en todo
lo que hagan; 16 porque está escrito:
"Sean santos, porque yo soy santo".[a]

17 Puesto que invocan como Padre
al que juzga imparcialmente las
obras de cada uno, vivan con temor
reverencial como extranjeros;
18 porque bien saben que no es con
cosas perecederas, tales como plata
u oro, con lo que han sido redimi-
dos del infructuoso modo de vivir
que les trasmitieron sus antepasados,
19 sino con la preciosa sangre de
Cristo, cordero sin mancha y sin
defecto; 20 el cual fue escogido antes
de la creación del mundo, pero ha
sido manifestado en estos últimos
tiempos en beneficio de ustedes.
21 Por medio de él creen en el Dios
que lo ha resucitado de entre los
muertos y lo ha glorificado, de modo
que su fe y su esperanza estén en
Dios.

22 Ahora que se han purificado
mediante la obediencia a la verdad,
siendo así capaces de tener un sincero amor a sus hermanos, ámense
unos a otros profundamente, con
todo su corazón.[b] 23 Porque han nacido de nuevo, no de una semilla
perecedera, sino imperecedera,
mediante la palabra viva y permanente de Dios. 24 Porque

Todos los hombres son como
hierba,
y toda su gloria es como flor
del campo;
la hierba se seca, y se cae la flor,
25 pero la palabra del Señor perdu-
ra para siempre.[c]

Y ésta es la palabra que les fue pre-
dicada.

2 Por consiguiente, despójense de
toda maldad y de todo engaño,
de hipocresía, de envidias y de toda
clase de murmuración. 2 Como niños
recién nacidos, sientan apetito por la
leche espiritual, pura, para que, así
nutridos, puedan crecer en su salvación, 3 ahora que han gustado lo
bueno que es el Señor.

La piedra viva y un pueblo escogido

4 Al acercarse a él, la piedra viva,
rechazada por los hombres, pero
escogida por Dios y preciosa para
él, 5 ustedes también como piedras
vivas, van siendo edificados como
un edificio espiritual destinado a un
sacerdocio santo, a fin de ofrecer
sacrificios espirituales, gratos a Dios
por medio de Jesucristo; 6 pues se
encuentra en la Escritura lo siguiente:

Miren que coloco en Sión
una piedra angular escogida y
de mucho precio,
y quien ponga su fe en ella,
nunca será defraudado.[d]

7 Ahora bien, para ustedes los creyentes, esta piedra es de mucho
valor; pero para los que no creen,

La piedra que rechazaron los constructores
se ha convertido en cabeza del
ángulo.[e] [f]

8 y

En piedra que hace tropezar a los
hombres
y en roca que los hace caer.[g]

Tropiezan porque desobedecen el
mensaje, que es también a lo que
estaban destinados.

[a] *16* Lev. 11:44, 45; 19:2; 20:7. [b] *22* Algunos Mss. antiguos dicen *con corazón sincero.*
[c] *25* Isaías 40:6-8. [d] *6* Is. 28:16. [e] *7* O *piedra angular.* [f] *7* Sal. 118:22. [g] *8* Is. 8:14.

9 Pero ustedes son un pueblo escogido, un real sacerdocio, una nación
santa, un pueblo que pertenece a
Dios, para que den a conocer las
alabanzas de aquel que los llamó a
salir de la oscuridad y entrar en su
luz maravillosa. 10 Antes no eran su
pueblo, pero ahora son el pueblo de
Dios; antes no habían recibido la
misericordia, pero ahora han obtenido misericordia.
11 Queridos amigos, yo los exhorto
como a forasteros y extranjeros en
este mundo, a que se abstengan de
las pasiones pecaminosas que hacen
guerra contra el alma. 12 Observen
entre los paganos una conducta tan
ejemplar, que aun cuando los acusen
de hacer el mal, puedan percatarse
de sus buenas obras, y glorifiquen a
Dios el día en que venga a visitar-
nos.

Sumisión a los gobernantes y a los amos

13 Sométanse por amor al Señor a
toda autoridad instituida entre los
hombres: ya sea al rey como suprema autoridad, 14 ya sea a los gober-
nadores, que son enviados por Dios
para castigar a los malhechores y
elogiar a los hombres de bien.
15 Porque la voluntad de Dios es
que, haciendo el bien, reduzcan al
silencio las palabras, llenas de ignorancia, de los insensatos. 16 Vivan
como personas libres, pero no usen
su libertad para encubrir la maldad,
sino vivan como siervos de Dios.
17 Muestren a todos el debido respeto, amen la hermandad de los creyentes, tengan temor de Dios y
honren al rey.
18 Ustedes, siervos, sométanse a
sus amos con todo respeto, no sólo
a los buenos y comprensivos, sino
también a los difíciles de soportar.
19 Porque es digno de elogio el
soportar, por consideración a Dios,
las vejaciones injustamente inferidas.
20 Porque, ¿qué gloria reciben, si
soportan los golpes que reciben por
hacer el mal? En cambio, si sufren
por hacer el bien y lo aguantan, eso
es grato a los ojos de Dios. 21 A
esto fueron llamados, porque Cristo
padeció por ustedes, dejándoles un
ejemplo para que sigan sus pasos.

22 El no cometió pecado,
ni se encontró falsedad en su
boca.[a]

23 Cuando lo insultaban, no respondía
con insultos; cuando estaba padeciendo, no profería amenazas, sino
que se ponía en manos de aquel que
juzga con justicia. 24 El mismo cargó
con nuestros pecados sobre su
cuerpo, poniéndolos sobre el madero, para que nosotros muramos a los
pecados y vivamos para la rectitud.
Por sus heridas fueron sanados.
25 Porque eran como ovejas descarriadas, pero ahora han retornado al
Pastor y Guardián de sus almas.

Esposas y maridos

3 Ustedes, esposas, de la misma
manera sean sumisas a sus
maridos, a fin de que, si algunos no
creen en la Palabra, sean ganados
sin palabras por la conducta de sus
esposas, 2 al observar la pureza y el
respeto de sus vidas. 3 Su belleza no
debe surgir de adornos exteriores,
tales como peinados ostentosos y
por usar joyas de oro o ponerse suntuosos vestidos, 4 sino que debe brotar del interior de su propia persona-
lidad: la inmarcesible belleza de un
carácter suave y apacible, que es lo
que tiene verdadero valor a los ojos
de Dios. 5 Porque de esta manera es
como hacían resaltar su belleza las
santas mujeres del pasado, que
tenían puesta su esperanza en Dios.
Vivían sumisas a sus maridos,
6 como Sara, que obedecía a Abraham y lo llamaba su señor. Ustedes
son sus hijas en la medida en que
hacen el bien y no ceden al temor.
7 Maridos, sean igualmente comprensivos al vivir con sus esposas y
trátenlas con respeto como compañe-
ras más frágiles y como coherederas

[a] *22* Is. 53:9.

de ustedes del gratuito don de la
vida, a fin de que así no haya nada
que obstaculice sus oraciones.

Sufrir por hacer el bien

8 Finalmente, vivan todos ustedes
en armonía unos con otros; sean
simpáticos, ámense como hermanos,
sean compasivos y humildes. 9 No
devuelvan mal por mal, ni insulto
por insulto; al contrario, con bendiciones, porque a esto fueron llamados, para poseer en herencia una
bendición. 10 Pues,

cualquiera que tenga apego a la
vida
y desee disfrutar de días felices,
ha de refrenar su lengua del mal
y sus labios de hablar engaño.
11 Debe apartarse del mal y practicar el bien;
ha de buscar la paz y procurarla
con empeño.
12 Porque los ojos del Señor velan
por los justos
y sus oídos están alerta a sus
oraciones,
pero el rostro del Señor persigue
a los que hacen el mal.[a]

13 ¿Quién les va a hacer daño, si
ustedes anhelan hacer el bien?
14 Con todo, si padecen a causa de
su rectitud, son bendecidos. "No
tengan miedo de lo que ellos temen,[b]
ni se atemoricen";[c] 15 por el contrario, reconozcan en su interior a Cristo como al Señor y estén siempre
preparados para dar una respuesta
adecuada a cualquiera que les pida
una explicación de la esperanza que
tienen; 16 pero hagan esto con amabilidad y respeto y con la conciencia
limpia, a fin de que los que critican
su buen comportamiento en Cristo,
queden avergonzados de sus calumnias. 17 Es preferible, si es la voluntad de Dios, sufrir por hacer el bien
que por hacer el mal. 18 Porque también Cristo murió por sus pecados
una vez para siempre, el inocente
por los impíos, a fin de conducirlos
a Dios. El sufrió muerte en su
cuerpo, pero fue revivido por el Espíritu 19 y por él[d] fue también y predicó a los espíritus encarcelados,
20 que fueron desobedientes en otro
tiempo, cuando Dios esperaba
pacientemente en los días de Noé,
mientras él iba construyendo el arca.
En ella entraron, para salvarse por
medio del agua, unas pocas personas, ocho en total, 21 y el agua aquella era símbolo del bautismo que
ahora los salva también a ustedes,
no por quitar la suciedad del cuerpo,
sino la garantía de una conciencia
buena en relación con Dios. Los
salva en virtud de la resurrección de
Jesucristo, 22 que se marchó al cielo
y está a la diestra de Dios, estándo-
le sometidos los ángeles, las autoridades y los poderes.

Vivir para Dios

4 Por consiguiente, puesto que
Cristo sufrió en su cuerpo ár-
mense también ustedes de la misma
actitud; porque el que ha sufrido en
su cuerpo, ha roto con el pecado.
2 Como resultado de ello, no vive el
resto de su vida terrena para satisfacer sus malas pasiones, sino para
cumplir la voluntad de Dios.
3 Porque ya han tenido suficiente
tiempo en el pasado, haciendo lo
que es del agrado de los gentiles,
entregados al desenfreno, a la livian-
dad, a borracheras, orgías, disipación
y abominables idolatrías. 4 A ellos
les parece extraño que no se sumer-
jan con ellos en el mismo torrente
de disipación, y los llenan de insultos. 5 Pero tendrán que rendir cuentas al que está preparado para juzgar
a vivos y muertos. 6 Pues con este
fin fue predicado el evangelio también a los que están ahora muertos,
a fin de que sean juzgados, de
acuerdo con los hombres, en cuanto
al cuerpo, pero vivan, de acuerdo
con Dios, en cuanto al espíritu.

[a] *12* Salmo 34:12-16. [b] *14* O *teman a sus amenazas.* [c] *14* Isaías 8:12. [d] *18, 19* O *el espíritu a través del cual.*

[7]El final de todas las cosas está
cercano. Por tanto, sean sensatos y
moderados para estar en disposición
de orar. [8]Sobre todo, ámense profundamente unos a otros, porque el
amor cubre multitud de pecados.
[9]Practiquen recíprocamente la hospitalidad sin quejas. [10]Cada uno
debe ejercitar el don espiritual que
haya recibido, cualquiera que éste
sea, en servicio de los demás, admi-
nistrando fielmente la gracia de Dios
en sus variadas formas. [11]Quien
tenga el don de hablar, debe hacerlo
como quien profiere las palabras
mismas de Dios. Quien tenga el don
de prestar un servicio cualquiera,
debe hacerlo con la fuerza que Dios
suministra, a fin de que en todo sea
Dios quien reciba la alabanza por
medio de Jesucristo. A él sea la gloria y el poder por los siglos de los
siglos. Amén.

Los sufrimientos por ser cristianos

[12]Queridos amigos, no se sorprendan de la penosa prueba que están
sufriendo, como si les ocurriera algo
insólito. [13]Al contrario, regocíjense
de tener parte en los sufrimientos de
Cristo, para que también se llenen
de gran alegría cuando se manifieste
su gloria. [14]Si se les ultraja por
causa del nombre de Cristo, bienaventurados ustedes, porque el Espíritu de la gloria y de Dios reposa en
ustedes. [15]Así que, si alguno de
ustedes sufre, que no sea por ser un
asesino o ladrón o malhechor, ni
siquiera por ser un entremetido.
[16]Pero si sufre por ser cristiano, que
no se avergüence, sino que alabe a
Dios por llevar este nombre.
[17]Porque es el tiempo para que el
juicio comience por la familia de
Dios; y si comienza por nosotros,
¿cuál será el final de los que no
obedecen el evangelio de Dios? [18]Y,

si al justo le cuesta trabajo ser
salvo,
¿qué será del impío y del pecador?[a]

[19]Así pues, aquellos que sufren en
conformidad con la voluntad de
Dios, encomiéndense a su fiel Creador y continúen practicando el bien.

A los ancianos y a los jóvenes

5 A los ancianos que hay entre
ustedes, los exhorto como cole-
ga en el oficio, como testigo de los
padecimientos de Cristo y como
quien ha de compartir también la
gloria que está para ser revelada:
[2]Pastoreen el rebaño de Dios que
está a su cargo, cumpliendo su oficio de supervisores; no como una
obligación que se les impone, sino
de buen grado, como Dios quiere
que se haga; no por dinero, sino con
afán de servir; [3]y no dominando
sobre los que les han sido confiados
a ustedes, sino siendo modelos para
el rebaño. [4]Y cuando aparezca el
Pastor principal, recibirán la corona
de gloria, que nunca se ha de
marchitar.

[5]Ustedes, jóvenes, sean igualmente
sumisos a los que son mayores de
edad. Revístanse de humildad en su
trato mutuo, porque

Dios se opone a los orgullosos,
pero da gracia a los humildes.[b]

[6]Humíllense, por tanto, bajo la
poderosa mano de Dios, para que él
los ensalce a su debido tiempo.
[7]Echen sobre él toda su ansiedad,
porque él cuida de ustedes.

[8]Sean moderados y estén alerta.
Su enemigo el diablo anda rondando,
como león rugiente, buscando a
quien devorar. [9]Ofrézcanle resistencia, manteniéndose firmes en la fe,
pues ya saben que sus hermanos en
todo el mundo están soportando la
misma clase de padecimientos.

[10]Y el Dios de toda gracia, que
los llamó a su eterna gloria en Cristo, después que hayan sufrido un
poco, él mismo los restaurará y los

[a] *18* Prov. 11:31. [b] *5* Prov. 3:34.

hará fuertes, firmes y estables. 11 A
él sea el poder por los siglos de los
siglos. Amén.

Saludos finales

12 Con la ayuda de Silas,[a] a quien
considero un hermano fiel, les he
escrito brevemente, animándolos y
atestiguando que ésta es la
verdadera gracia de Dios. Manténganse firmes en ella.
13 Les envía sus saludos la que
está en Babilonia, escogida como
ustedes, y también lo hace mi hijo
Marcos. 14 Salúdense mutuamente
con un beso de amor.
Paz a todos ustedes que están en
Cristo.

2 PEDRO

1 Simón Pedro, siervo y apóstol
de Jesucristo,
a los que, por la justicia de nuestro
Dios y Salvador Jesucristo, han recibido una fe tan preciosa como la
nuestra:
2 Que la gracia y la paz sean suyas
en abundancia, mediante el conocimiento de Dios y de Jesús nuestro
Señor.

Asegurándose en el llamamiento y en la propia elección

3 Su divino poder nos ha dado
cuanto necesitamos para la vida y la
santidad, mediante nuestro conocimiento del que nos llamó por su
propia gloria y bondad. 4 Por ellas
nos ha regalado las valiosas y
grandísimas promesas, para que por
ellas participen de la naturaleza divina, y escapen de la corrupción que
hay en el mundo, causada por los
deseos malvados.
5 Precisamente por esto, pongan
todo empeño en añadir a su fe, bondad; a la bondad, conocimiento; 6 al
conocimiento, dominio de sí mismo;
al dominio de sí mismo, perseverancia; a la perseverancia, santidad; 7 a
la santidad, afecto fraternal; y al
afecto fraternal, amor. 8 Porque si
poseen estas cualidades en medida
progresiva, los preservarán de no ser
efectivos ni productivos en su conocimiento de nuestro Señor Jesucristo. 9 Pero el que no las tiene, es un
miope y un ciego, pues se olvida de
que ha sido purificado de sus antiguos pecados.
10 Por tanto, hermanos míos,
pongan mayor empeño aún en que
se consoliden su llamamiento y su
elección; porque si hacen estas
cosas, no caerán jamás, 11 y se les
abrirán de par en par las puertas del
reino eterno de nuestro Señor y
Salvador Jesucristo.

La profecía de la Escritura

12 Por eso, yo siempre les traeré a
la memoria estas cosas, aun cuando
ya las saben y están firmemente
consolidados en la verdad que ahora
tienen. 13 Pues creo que es lo correcto por mi parte el refrescarles continuamente la memoria, mientras permanezca en la tienda de este cuerpo;
14 porque ya sé que pronto va a ser
desmantelada esta tienda de mi
cuerpo, según me lo ha dado a
conocer nuestro Señor Jesucristo.
15 Y yo he de procurar con todo empeño el que, después de mi partida,

[a] *12* El griego dice *Silvano*, otra forma para *Silas*.

puedan en todo momento renovar el
recuerdo de estas cosas.
16 No hemos seguido novelas inge-
niosamente inventadas, cuando les
dimos a conocer el poderoso advenimiento de nuestro Señor Jesucristo,
sino que fuimos testigos de su
majestad. 17 Porque él recibió de
Dios el Padre honor y gloria, cuando
vino sobre él desde la majestuosa
gloria una voz que dijo: Este es mi
Hijo, mi amado; con él estoy completamente complacido.[a] 18 Nosotros
mismos escuchamos esta voz que
vino del cielo, cuando estábamos
con él en la montaña sagrada.
19 Y tenemos la palabra de los profetas hecha más segura, y harán
muy bien en prestarle atención,
como a una luz que brilla en lugar
oscuro, hasta que amanezca el día y
se levante en sus corazones el lucero de la mañana. 20 Ante todo, deben
entender que ninguna profecía de la
Escritura surge de la interpretación
del propio profeta. 21 Porque la profecía nunca tuvo su origen en una
voluntad humana, sino que los hombres hablaron de parte de Dios bajo
el impulso del Espíritu Santo.

Los falsos maestros y su destrucción

2 Pero también hubo falsos profetas entre el pueblo, como también habrá falsos maestros entre
ustedes. Estos introducirán encubier-
tamente herejías destructivas, llegando incluso a negar al soberano Señor
que los compró, atrayendo así sobre
sí mismos una rápida destrucción.
2 Muchos los seguirán en su libertinaje y por su causa caerá en descrédito el camino de la verdad. 3 Llevados de su avaricia, estos maestros se
aprovecharán de ustedes con cuentos
que ellos mismos habrán inventado.
Su condenación hace tiempo que
pende sobre sus cabezas, y su
destrucción no se descuida en llegar.
4 Porque si Dios no perdonó a los
ángeles cuando pecaron, sino que los
envió al infierno,[b] metiéndolos en
oscuros calabozos[c] a ser guardados
allí para el juicio; 5 si no perdonó al
mundo antiguo cuando hizo caer un
diluvio sobre la gente impía que
había en él, pero protegió a Noé,
predicador de la justicia, y a otras
siete personas; 6 si condenó a las
ciudades de Sodoma y Gomorra
reduciéndolas a cenizas, y las puso
como escarmiento indicador de lo
que va a suceder a los impíos; 7 y si
rescató a Lot, hombre justo, que
estaba abrumado de pena por las
vidas obscenas de los libertinos,
8 (porque este justo, que vivía entre
ellos día tras día, estaba atormentado por las iniquidades que tenía que
ver y oír). 9 Si esto es así, entonces
Dios sabe cómo rescatar de las pruebas a las personas piadosas y reser-
var a los impíos para el día del
juicio mientras continúa castigán-
dolos.[d] 10 Esto es especialmente cierto de los que van tras los corrompi-
dos deseos de su pecaminosa naturaleza[e] y desprecian la autoridad.
Atrevidos y arrogantes, éstos no
tienen miedo de ultrajar a los seres
celestiales; 11 siendo así que los
ángeles, a pesar de superarlos en
fuerza y poder, no profieren contra
tales seres ninguna acusación injuriosa en la presencia del Señor. 12 Pero
estos hombres blasfeman en cosas
que no entienden. Son como brutos
animales, guiados únicamente por el
instinto, nacidos para ser cazados y
destruidos, y como bestias, perecerán ellos también.
13 Recibirán en pago el mismo
daño que ellos hicieron. Su concepto
de placer se basa en la disipación a
la plena luz del día. Son impuros y
viciosos, que se manifiestan en sus
placeres mientras hacen fiesta con
ustedes.[f] 14 Con ojos llenos de adulterio, nunca cesan de pecar; seducen

[a] *17* Mateo 17:5; Marcos 9:7; Lucas 9:35. [b] *4* El griego dice *Tártaro.* [c] *4* Algunos Mss. antiguos dicen *en cadenas de oscuridad.* [d] *9* O *a los impíos para el castigo hasta el día del juicio.* [e] *10* O *carne.* [f] *13* Algunos Mss. dicen: *en sus fiestas de amor.*

a las personas inestables; son expertos en avaricia, ¡hijos de malditos! 15 Han abandonado el camino recto, y se han extravia do para seguir la senda de Balaam, hijo de Beor, que amó el pago de la iniquidad; 16 pero fue reprendido por su maldad por un burro, una bestia sin habla, que se expresó en lenguaje humano y refrenó la locura del profeta.

17 Estos son fuentes sin agua, y nieblas que son impulsadas por la tormenta. Les está reservada la más densa oscuridad. 18 Porque profieren palabras arrogantes y sin sentido y, con el cebo de los carnales deseos de la naturaleza pecadora del hombre, seducen a los que apenas acaban de escapar de entre los que viven en el error. 19 Les prometen libertad, mientras ellos mismos son esclavos de la depravación, porque uno es esclavo de aquello que lo tiene dominado. 20 Si han escapado de la corrupción del mundo por medio del conocimiento de nuestro Señor y Salvador Jesucristo, y vuelven a enredarse en ellas y son vencidos, están al final en peor situación que al principio. 21 Más les valdría no haber conocido el camino de la justicia, que, después de haberlo conocido, echarse atrás del sagrado mandamiento que se les había transmitido. 22 En ellos se cumplen los proverbios: "El perro se vuelve a comer lo que ha vomitado";[a] y "La cerda lavada vuelve a revolcarse en el cieno".

El día del Señor

3 Queridos hermanos, ésta es ya la segunda carta que les escribo. Las dos se las he escrito como recordatorios para estimularlos a pensar con sano criterio. 2 Quiero que recuerden las palabras dichas en el pasado por los santos profetas y el mandamiento dado por nuestro Señor y Salvador por medio de sus apóstoles.

3 Ante todo, deben entender que en los últimos días surgirán impostores burlándose y siguiendo sus propios deseos malvados. 4 Dirán: "¿Dónde está esa venida que prometió él? Desde que se murieron nuestros padres, todo sigue igual que desde el principio de la creación". 5 Pero se olvidan deliberadamente de que hace mucho tiempo existían los cielos y hubo tierra que salió del agua y se sostuvo en medio del agua por la palabra de Dios. 6 También por agua fue inundado y destruido el mundo de aquel tiempo. 7 Por la misma palabra, los actuales cielos y tierra están guardados para el fuego, reservados para el día del juicio y de la destrucción de los impíos.

8 Pero hay algo especial que no deben olvidar, queridos amigos; y es que para el Señor, un día es como mil años, y mil años son como un día. 9 El Señor no se retrasa en cumplir su promesa, según entienden algunos la tardanza. El es paciente con ustedes, no queriendo que nadie perezca, sino que todos lleguen a arrepentirse.

10 Pero el día del Señor vendrá como un ladrón. Los cielos desaparecerán con un rugido; los elementos serán destruidos por el fuego; y la tierra, con todo lo que ella contiene, quedará desolada.[b]

11 Puesto que todo ha de ser destruido de esta manera, ¿qué clase de gente deberían ser ustedes? Deberían vivir una vida santa y piadosa, 12 aguardando con expectación el día de Dios y acelerando su venida.[c] Ese día traerá consigo la destrucción de los cielos por medio del fuego, y los elementos se derretirán con el calor. 13 Pero, conforme a su promesa, nosotros esperamos un nuevo cielo y una nueva tierra, donde tenga su morada la justicia.

14 Así pues, queridos amigos, ya que esperan esto, procuren con todo empeño ser hallados sin mancha ni

[a] *22* Prov. 26:11. [b] *10* Algunos Mss. antiguos dicen *será quemada*. [c] *12* O *aguardando con anhelo el advenimiento del día de Dios*.

reproche, y en paz con él. 15 Tengan
en cuenta que la paciencia de
nuestro Señor significa oportunidad
de salvación, como nuestro querido
hermano Pablo les escribió también
con la sabiduría que Dios le ha
dado. 16 Así lo enseña en todas sus
cartas, cuando habla en ellas de
estos temas. Sus cartas contienen algunas cosas difíciles de entender,
cuyo sentido distorsionan los
ignorantes e inconstantes, como
hacen también con las demás Escrituras, para su propia perdición.
17 Por tanto, queridos amigos,
puesto que ya saben esto, estén alerta para que no sean arrastrados por
el error de esos libertinos y caigan
de su firme posición. 18 Antes bien,
crezcan en la gracia y en el conocimiento de nuestro Señor y Salvador
Jesucristo. ¡A él sea la gloria ahora
y para siempre! Amén.

1 JUAN

La palabra de vida

1 Lo que existía desde el principio, lo que nosotros hemos
oído, lo que hemos visto con
nuestros propios ojos, lo que hemos
contemplado y lo han palpado
nuestras manos, éste es nuestro
mensaje acerca de la Palabra de la
vida. 2 La vida se manifestó; nosotros la hemos visto y damos testimonio de ella, y les anunciamos la
vida eterna, que estaba con el Padre
y nos ha sido manifestada. 3 Les
anunciamos lo que hemos visto y
oído, a fin de que también ustedes
tengan comunión con nosotros. Y
nuestra comunión es con el Padre y
con su Hijo, Jesucristo. 4 Les escribimos esto para colmar nuestro[a] gozo.

Caminando en la luz

5 Este es el mensaje que a él le
hemos escuchado y que les transmi-
timos a ustedes: Dios es luz; en él
no hay absolutamente ninguna clase
de oscuridad. 6 Si alegamos que
tenemos comunión con él y, con
todo, caminamos en la oscuridad,
mentimos y no vivimos con la
verdad. 7 Pero si caminamos en la
luz, como él está en la luz, entonces
tenemos comunión unos con otros, y
la sangre de Jesús, su Hijo, nos
purifica de todo[b] pecado.
8 Si alegamos que estamos sin
pecado, nos engañamos a nosotros
mismos y la verdad no está en nosotros. 9 Si confesamos nuestros pecados, él es fiel y justo, y nos perdonará nuestros pecados y nos purificará de toda iniquidad. 10 Si alegamos que no hemos pecado, lo hacemos pasar por mentiroso, y su palabra no tiene lugar en nuestras vidas.

2 Mis queridos hijos, les escribo
esto para que no pequen. Pero
si alguno peca, tenemos a alguien
que habla al Padre en defensa
nuestra, a Jesucristo, el Justo. 2 El
es el sacrificio de propiciación por
nuestros pecados; y no sólo por los
nuestros, sino también por[c] los pecados de todo el mundo. 3 Podemos
estar seguros de que lo conocemos,
si obedecemos sus mandamientos.

[a] *4* Algunos Mss. antiguos dicen *su*. [b] *7* O *cada*. [c] *2* O El es el que hace a un lado la ira de Dios, quitando nuestros pecados, y no sólo los nuestros sino también.

4 El que dice: "Lo conozco", pero
no hace lo que él manda, es un
mentiroso y la verdad no está en él.
5 Pero si alguien obedece su palabra,
el amor de Dios ha alcanzado verdaderamente su perfección en él. Así
es como sabemos que estamos en él.
6 Todo el que afirma que vive en él,
debe andar como Jesús lo hizo.
7 Queridos amigos, no les estoy
escribiendo un mandamiento nuevo,
sino uno antiguo que han tenido
desde el principio. Este mandamiento antiguo es el mensaje que han
escuchado. 8 Con todo, les estoy
escribiendo un mandamiento nuevo;
su verdad es visible en él y en ustedes, porque la oscuridad está pasando y brilla ya la luz verdadera.
9 Cualquiera que afirma que está en
la luz, pero aborrece a su hermano,
está todavía en la oscuridad. 10 Todo
el que ama a su hermano, vive en la
luz, y no hay en él[a] nada que pueda
ocasionarle ningún tropiezo. 11 Pero
todo el que odia a su hermano, está
en la oscuridad y da vueltas a tientas en la oscuridad, y no sabe adónde se dirige, porque la oscuridad le
ha cegado los ojos.

12 Les escribo a ustedes, queridos
hijos,
porque sus pecados han sido
perdonados en virtud de su
nombre.
13 Les escribo a ustedes, padres,
porque han conocido al que es
desde el principio.
Les escribo a ustedes, jóvenes,
porque han vencido al maligno.
14 Les escribo a ustedes, queridos
hijos,
porque han conocido al Padre.
Les escribo a ustedes, padres,
porque han conocido al que es
desde el principio.
Les escribo a ustedes, jóvenes,
porque son fuertes,
y la palabra de Dios vive en
ustedes,
y han vencido al maligno.

No amen al mundo

15 No amen al mundo ni nada del
mundo. Si alguien ama al mundo, el
amor del Padre no está en él.
16 Porque todo lo que hay en el
mundo, los malos deseos del hombre
pecador, la codicia de sus ojos y la
jactancia de lo que tiene y hace no
procede del Padre, sino del mundo.
17 El mundo y las codicias del
mundo pasan: pero el que hace la
voluntad de Dios, vive para siempre.

Advertencia contra los anticristos

18 Queridos hijos, ésta es la última
hora; y así como han oído que el
Anticristo está llegando, pues
también ahora han surgido muchos
anticristos. Así es como conocemos
que es la última hora. 19 Salieron de
entre nosotros, pero no eran en
realidad de los nuestros. Porque si
hubieran sido de los nuestros, se
habrían quedado con nosotros; pero
su marcha mostró que ninguno nos
pertenecía.

20 Pero ustedes tienen una unción
de parte del Santo, y todos ustedes
conocen la verdad.[b] 21 No les escribo
como si no conocieran la verdad,
sino porque la conocen y porque
ninguna mentira procede de la
verdad. 22 ¿Quién es el mentiroso? El
que niega que Jesús es el Cristo.
Ese hombre es el anticristo, niega al
Padre y al Hijo. 23 Nadie que niega
al Hijo, tiene al Padre; todo el que
reconoce al Hijo, también tiene al
Padre.

24 Que lo que han escuchado desde
el principio, permanezca en ustedes.
Si así es, también ustedes
permanecerán en el Hijo y en el
Padre. 25 Y esto es lo que él nos ha
prometido, la vida, sí, la vida
eterna.

26 Les estoy escribiendo estas
cosas acerca de los que intentan
inducirlos al error. 27 En cuanto a

[a] *10* O *en ello.* [b] *20* Algunos manuscritos dicen *y conocerán todas las cosas.*

ustedes, la unción que de él
recibieron permanece en ustedes, y
no tienen necesidad de que nadie les
enseñe, sino que, como su unción
les enseña acerca de todas las cosas,
y su unción es real, no mentira,
conforme ella les ha enseñado,
permanezcan en él.

Hijos de Dios

28 Y ahora, queridos hijos,
permanezcan en él a fin de que
cuando él se manifieste, tengamos
confianza y no quedemos
avergonzados ante él en su venida.
29 Si saben que él es justo, saben
que todo el que practica la justicia
ha nacido de él.

3 ¡Qué sublime es el amor que el
Padre nos ha prodigado, hasta
poder ser llamados hijos de Dios! ¡Y
lo somos de veras! La razón por la
que el mundo no nos conoce es que
no lo conoció a él. 2 Queridos amigos, ahora somos hijos de Dios, y lo
que seremos no se ha dado a conocer todavía. Pero sabemos que cuando él se manifieste,[a] seremos semejantes a él, pues lo veremos tal
como es. 3 Todo el que tiene esta esperanza en él, se purifica a sí
mismo, así como él es puro.
4 Todo el que peca, quebranta la
ley; de hecho, el pecado es infrac-
ción de la ley. 5 Pero ustedes saben
que él apareció para quitar los pecados. Y en él no hay pecado.
6 Ninguno que viva en él, continúa
pecando. Ninguno que continúe entregado al pecado, lo ha visto ni lo
ha conocido a él.
7 Queridos hijos, no dejen que
nadie los induzca al error. El que
practica el bien es justo, como él es
justo. 8 El que practica lo que es
pecaminoso es del diablo, porque el
diablo ha estado pecando desde el
principio. La razón por la cual el
Hijo de Dios se manifestó fue para
destruir las obras del diablo. 9 Ninguno que haya nacido de Dios, continuará pecando, porque la simiente
de Dios permanece en él; no puede
pecar, porque ha nacido de Dios.
10 Así es como conocemos quiénes
son los hijos de Dios y quiénes son
los hijos del diablo: Cualquiera que
no hace lo que está bien, no es hijo
de Dios; ni lo es el que no ama a su
hermano.

Amense los unos a los otros

11 Este es el mensaje que escucharon desde el principio: Debemos
amarnos los unos a los otros. 12 No
seamos como Caín, que pertenecía al
maligno y asesinó a su hermano. Y
¿por qué lo asesinó? Porque sus
acciones eran perversas, y las de su
hermano eran buenas. 13 No se
extrañen, hermanos míos, si el mundo los odia. 14 Nosotros sabemos que
hemos pasado de la muerte a la
vida, porque amamos a nuestros hermanos. Todo el que no ama, permanece en la muerte. 15 Todo el que
odia a su hermano, es un asesino, y
ustedes saben que ningún asesino
tiene dentro de sí vida eterna.
16 Así es como conocemos lo que
es el amor: Jesucristo entregó su
vida por nosotros. También nosotros
debemos entregar nuestra vida por
nuestros hermanos. 17 Si alguno
posee bienes materiales y ve a su
hermano pasar necesidad, pero no
siente compasión por él, ¿cómo
puede el amor de Dios morar en él?
18 Queridos hijos, no amemos de
palabra ni con frases hechas, sino
con hechos y de verdad. 19 Así es,
pues, como conocemos que pertenecemos a la verdad, y como tranquili-
zamos nuestras conciencias en su
presencia, 20 siempre que nos acusa
nuestro corazón. Porque Dios es
más grande que nuestros corazones
y él lo conoce todo.
21 Queridos amigos, si nuestro
corazón no nos condena, tenemos
plena confianza ante Dios 22 y recibimos de él todo lo que le pidamos,
porque obedecemos sus mandamientos y hacemos lo que le agrada. 23 Y

[a] 2 *O cuando sea dado a conocer.*

éste es su mandamiento: creer en el
nombre de su Hijo, Jesucristo, y
amarnos los unos a los otros, como
él nos lo ha mandado. 24 Los que
obedecen sus mandamientos viven
en él, y él en ellos. Y el modo
como sabemos que él vive en nosotros es éste: Lo sabemos por el Espíritu que él nos ha dado.

Prueben los espíritus

4 Queridos amigos, no crean a
cualquier espíritu, sino prueben
los espíritus para ver si proceden de
Dios; porque han salido por el mundo muchos falsos profetas. 2 Así es
como pueden reconocer el Espíritu
de Dios: Todo espíritu que reconoce
que Jesucristo ha venido en la carne, procede de Dios, 3 pero todo espíritu que no reconozca a Jesús, no
procede de Dios; éste es el espíritu
del anticristo, del cual han oído que
viene e incluso está ya ahora en el
mundo.

4 Ustedes, queridos hijos, proceden
de Dios y los han vencido, porque
el que está en ustedes, es más grande que el que está en el mundo.
5 Ellos proceden del mundo y, por
ello, hablan desde el punto de vista
del mundo, y el mundo les presta
atención. 6 Nosotros procedemos de
Dios, y todo el que conoce a Dios
nos presta atención; pero todo el
que no procede de Dios no presta
atención a lo que decimos. Así es
como reconocemos el Espíritu[a] de la
verdad y el espíritu de la falsedad.

El amor de Dios y el nuestro

7 Queridos amigos, amémonos unos
a otros, porque el amor procede de
Dios. Todo el que ama, ha nacido
de Dios y conoce a Dios. 8 Cualquiera que no ama, no conoce a Dios,
porque Dios es amor. 9 Así es como
mostró Dios su amor entre nosotros:
Envió a su único Hijo[b] al mundo
para que viviéramos por medio de
él. 10 Esto sí que es amor: no el que
nosotros hayamos amado a Dios,
sino el que él nos amó y envió a su
Hijo como sacrificio propiciatorio
por[c] nuestros pecados. 11 Queridos
amigos, puesto que Dios nos ha
amado así, también nosotros debemos amarnos mutuamente. 12 Nadie
ha visto jamás a Dios; pero si nos
amamos los unos a los otros, Dios
vive en nosotros y su amor ha
alcanzado la perfección en nosotros.

13 Conocemos que vivimos en él, y
él en nosotros, porque nos ha dado
de su Espíritu. 14 Y nosotros hemos
visto y damos testimo nio de que el
Padre ha enviado a su Hijo a ser el
Salvador del mundo. 15 Si alguien
reconoce que Jesús es el Hijo de
Dios, Dios vive en él, y él en Dios.
16 Y así nosotros conocemos el amor
que Dios tiene por nosotros y nos
fiamos de su amor.

Dios es amor. Todo el que vive
con amor, vive en Dios, y Dios en
él. 17 El amor ha alcanzado su
perfección entre nosotros para que
tengamos plena confianza en el día
del juicio, porque en este mundo
somos semejantes a él. 18 No hay
miedo donde hay amor, sino que el
perfecto amor echa afuera el miedo,
porque el miedo tiene que ver con el
castigo. El que tiene miedo, no está
perfeccionado en el amor.

19 Nosotros amamos porque él nos
amó primero. 20 Si alguno dice: "Yo
amo a Dios", y odia a su hermano,
es un mentiroso. Porque todo el que
no ama a su hermano, a quien ha
visto, no puede amar a Dios, a
quien no ha visto. 21 Y él nos ha
dado este mandamiento: Todo el que
ama a Dios, debe amar también a su
hermano.

Fe en el Hijo de Dios

5 Todo el que cree que Jesús es
el Cristo, es nacido de Dios, y
todo el que ama al padre, ama

[a] *6 O el espíritu.* [b] *9 O a su Hijo unigénito.* [c] *10 O como el que haría a un lado la ira de Dios, quitando.*

también a su hijo. 2 Así es como
conocemos que amamos a los hijos
de Dios: amando a Dios y cumpliendo sus mandamientos. 3 Esto es amar
a Dios: obedecer sus mandamientos.
Y sus mandamientos no son pesados, 4 pues todo el que ha nacido de
Dios, ha vencido al mundo. Esta es
la victoria que ha vencido al mundo,
nuestra fe. 5 ¿Quién es el que vence
al mundo? Sólo el que cree que
Jesús es el Hijo de Dios.
6 Este es el que vino mediante el
agua y la sangre, Jesucristo. No
vino sólo mediante el agua, sino
mediante el agua y la sangre. Y es
el Espíritu quien da testimonio,
porque el Espíritu es la verdad.
7 Pues hay tres que dan testimonio:[a]
8 el Espíritu, el agua y la sangre; y
los tres están de acuerdo. 9 Acepta-
mos el testimonio de los hombres,
pero el testimonio de Dios es
mayor, porque es el testimonio de
Dios, que él ha dado acerca de su
Hijo. 10 El que cree en el Hijo de
Dios, tiene este testimonio en su
corazón. El que no cree a Dios, lo
hace pasar por un mentiroso,
porque no ha creído el testimonio
que Dios ha dado acerca de su
Hijo. 11 Y éste es el testimonio:
Dios nos ha dado la vida eterna, y
esta vida está en su Hijo. 12 El que
tiene al Hijo, tiene la vida: el que
no tiene al Hijo de Dios, no tiene
la vida.

Observaciones finales

13 Les escribo esto a ustedes que
creen en el nombre del Hijo de
Dios, para que sepan que tienen
vida eterna. 14 Tenemos esta confianza al acercarnos a Dios, que si pedimos algo de acuerdo con su voluntad, él nos escucha. 15 Y si sabemos
que nos escucha en cualquier cosa
que pidamos, sabemos que tenemos
lo que le hayamos pedido.
16 Si alguno ve a su hermano cometer un pecado que no conduce a la
muerte, debe por y Dios le dará vida.
Me refiero a quienes cometen pecado
que no conduce a la muerte. Hay un
pecado que conduce a la muerte. Yo
no estoy diciendo que deba orar por
esta clase de pecado. 17 Toda mala
acción es pecado, y hay pecado que
no conduce a la muerte.
18 Sabemos que el que es nacido
de Dios no continúa entregado al
pecado; el que fue nacido de Dios lo
preserva, y el maligno no lo toca.
19 Sabemos que somos hijos de Dios,
y que el mundo entero está bajo el
control del maligno. 20 También sabemos que el Hijo de Dios ha venido
y nos ha dado inteligencia para que
conozcamos al que es verdadero. Y
nosotros estamos en el que es verdadero, en su Hijo Jesucristo. El es el
Dios verdadero y la vida eterna.
21 Queridos hijos, cuídense de los
ídolos.

2 JUAN

1 El anciano,
a la señora escogida y a sus hijos, a
quienes amo en la verdad, y no sólo
yo, sino también todos los que
conocen la verdad, 2 a causa de esa
misma verdad que vive en nosotros
y estará con nosotros para siempre:
3 Gracia, misericordia y paz de

[a] *7, 8* Mss. recientes de la Vulgata dicen: *en los cielos: el Padre, el Verbo y el Espíritu Santo, y estos tres son uno. Y hay tres que dan testimonio en la tierra.*

parte de Dios Padre y de Jesucristo,
el Hijo del Padre, serán con nosotros en verdad y en amor.
4 Me ha causado gran alegría el encontrar algunos de tus hijos viviendo
en la verdad, conforme el Padre nos
ha mandado. 5 Y ahora, querida
señora, no te estoy escribiendo un
mandamiento nuevo, sino el que
hemos tenido desde el principio.
Ruego que nos amemos los unos a
los otros. 6 Y esto es amor: que
vivamos en obediencia a sus mandamientos. Como han oído desde el
principio, su mandamiento es que
vivan una vida de amor.
7 Muchos engañadores, que no
reconocen que Jesucristo ha venido
en la carne, han salido por el mundo. Cualquier individuo de esta clase
es un engañador y un anticristo.
8 Manténganse en guardia, para que
no pierdan el fruto de sus trabajos,
sino que reciban una remuneración
completa. 9 Todo el que se propasa y
no continúa en la enseñanza de Cristo, no tiene a Dios; el que continúa
en la enseñanza, tiene al Padre e
igualmente al Hijo. 10 Si alguien se
presenta a ustedes y no trae esta enseñanza, no lo reciban en su casa ni
le den la bienvenida. 11 Pues quien le
da la bienvenida, toma parte en sus
perversas acciones.
12 Tengo muchas cosas que escribirles, pero no quiero usar papel ni
tinta. En cambio, espero hacerles
una visita y hablar con ustedes cara
a cara, a fin de que nuestro gozo
sea completo.
13 Los hijos de tu hermana escogida envían sus saludos.

3 JUAN

1 El anciano,
a mi querido amigo Gayo, a quien
amo en la verdad.
2 Querido amigo, oro a Dios para
que goces de buena salud y para
que todos tus asuntos marchen bien,
de la misma manera que marcha
bien tu alma. 3 Me dio una gran alegría el recibir la visita de algunos
hermanos y oírles dar testimonio de
tu fidelidad a la verdad y de que
continúas viviendo de acuerdo con la
verdad. 4 No hay cosa que me cause
más alegría que el oír que mis hijos
están viviendo de acuerdo con la
verdad.
5 Querido amigo, eres fiel en lo
que estás haciendo por los hermanos, aunque son extraños para ti.
6 Ellos informaron a la iglesia de tu
amor. Harás bien en proveerles para
el viaje de una manera digna de
Dios. 7 Pues fue por el nombre del
Señor por lo que se pusieron en
camino, sin recibir ninguna ayuda de
los paganos. 8 P or tanto, debemos
ofrecer hospitalidad a tales personas
para cooperar en su trabajo por la
verdad.
9 Ya escribí a la iglesia, pero
Diótrefes, a quien le gusta mandar
entre ellos, no quiere saber nada de
nosotros. 10 Así que si voy allá, llamaré la atención sobre lo que está
haciendo, murmurando maliciosamen-
te contra nosotros. No satisfecho
con eso, rehúsa recibir a los hermanos, y además, a los que quieren
recibirlos, les prohíbe hacerlo y los
echa de la iglesia.
11 Querido amigo, no imites lo
malo, sino lo bueno. Quien hace el
bien, es de Dios. Quien hace el mal,
no ha visto a Dios. 12 Todos hablan

bien de Demetrio, incluso la verdad
misma. Nosotros también hablamos
bien de él, y ya sabes que nuestro
testimonio es verídico.
13 Tengo muchas cosas que escribirte, pero no quiero hacerlo con
papel y tinta. 14 Espero verte pronto,
y hablaremos cara a cara.
15 La paz sea contigo. Los amigos
de aquí te envían sus saludos. Saluda a cada uno de los amigos de ahí
en particular.

JUDAS

1 Judas, siervo de Jesucristo y hermano de Jacobo,
a los que han sido llamados, que
son amados por Dios Padre y pre-
servados por[a] Jesucristo:
2 Que la misericordia, la paz y el
amor sean suyos en abundan cia.

El pecado y sentencia de condenación de los impíos

3 Queridos amigos, aunque yo tenía
sumo interés en escribirles acerca de
la salvación de la que somos
copartícipes, me sentí especialmente
obligado a hacerlo para instarlos a
que combatan por la fe que Dios ha
confiado de una vez por todas a los
santos. 4 Porque se han introducido
solapadamente entre ustedes algunos
individuos cuya condenación[b] estaba
ya señalada hace mucho en las
Escrituras. Son hombres impíos, que
convierten en libertinaje la gracia de
nuestro Dios y niegan a Jesucristo,
nuestro único dueño y Señor.
5 Aunque ya conocen perfectamente todo esto, quiero recordarles de
que el Señor[c] sacó a su pueblo de la
esclavitud de Egipto, pero luego hizo
perecer a los que no creyeron. 6 Y a
los ángeles que no guardaron su
posición de preeminencia, sino que
abandonaron su propia morada, los
retiene en oscuridad, condenados a
cadena perpetua hasta el juicio del
gran día. 7 De un modo semejante,
Sodoma y Gomorra, así como las
ciudades circunvecinas, se entregaron a la inmoralidad sexual y a la
perversión contra naturaleza. Por eso
quedan a la vista como un ejemplo
de escarmiento, tras sufrir el castigo
de un fuego eterno.
8 Exactamente de la misma manera, estos soñadores contaminan sus
propios cuerpos, rechazan la autoridad y ultrajan a los seres celestiales.
9 Pero el propio arcángel Miguel,
cuando estaba disputando con el
diablo acerca del cuerpo de Moisés,
no se atrevió a lanzar contra él
ninguna acusación injuriosa, sino que
se limitó a decirle: "Que el Señor te
reprenda". 10 Estos, en cambio, vitu-
peran todo aquello que no entienden;
y las cosas que entienden por mero
instinto, como los animales despro-
vistos de razón; esas cosas son
justamente las que les echan a
perder.
11 ¡Ay de ellos! Han seguido el
camino de Caín; se han lanzado por
lucro al extravío de Balaam, y han
perecido en la rebelión de Coré.
12 Estos individuos son manchas
deshonrosas en sus banquetes frater-
nales, comiendo y bebiendo con
ustedes sin el menor escrúpulo;
pastores que sólo se alimentan a sí

[a] *1* O *en.* [b] *4* O *hombres que estaban marcados para condenación.* [c] *5* Algunos Mss. antiguos dicen *Jesús.*

mismos. Son nubes sin agua, que el
viento arrastra; árboles de fin de otoño, sin fruto y desarraigados; dos
veces muertos. 13 Son olas encrespa-
das del mar, que arrojan la espuma
de su propia deshonra; estrellas
errantes, a las cuales está reservada
para siempre la más densa oscuridad.

14 Enoc, el séptimo patriarca contando desde Adán, profetizó así
acerca de éstos: "Miren, el Señor
viene acompañado de millares y
millares de sus santos, 15 para juzgar
a todos, y dejar convictos a todos
los impíos de todas las impiedades
que han cometido de manera impía,
y de todas las insolencias que los
pecadores impíos han proferido contra él". 16 Estos son murmuradores y
regañones; van en pos de sus malas
pasiones; se jactan de sí mismos y
adulan a otros para sacar provecho.

Llamada a perseverar

17 Pero, queridos amigos, recuerden
lo que de antemano les dijeron los
apóstoles de nuestro Señor Jesucristo. 18 Ellos les repetían: "En los últimos tiempos habrá escarnecedores
que se comportarán de acuerdo con
sus pasiones impías". 19 Estos son
los que tratan de introducir divisiones entre ustedes, que van tras sus
meros instintos naturales y no tienen
el Espíritu.

20 Pero ustedes, queridos amigos,
continúen edificándose en su fe san-
tísima y orando en el Espíritu Santo.
21 Consérvense en el amor de Dios,
mientras esperan de la misericordia
de nuestro Señor Jesucristo que los
lleve a la vida eterna.

22 Muestren compasión con los que
dudan; 23 a otros, sálvenlos arrancán-
dolos de las llamas; a otros, tráten-
los con misericordia, no exenta de
temor, teniendo horror hasta de la
ropa contaminada por una carne
corrompida.

Doxología

24 Al que puede preservarlos de
caer y presentarlos ante su gloriosa
presencia sin tacha y llenos de júbilo, 25 al único Dios, nuestro Salvador, sea la gloria, la majestad, el
poder y la autoridad, por medio de
Jesucristo, nuestro Señor, desde antes de todos los siglos, ahora y por
todos los siglos. Amén.

APOCALIPSIS

Prólogo

1 La revelación de Jesucristo, que
Dios le dio para que mostrara a
sus siervos lo que debe suceder en
breve. Y él lo ha dado a conocer
enviando su ángel a su siervo Juan,
2 el cual da testimonio de todo lo
que vio; esto es, de la palabra de
Dios y del testimonio de Jesucristo.
3 Bienaventurado el que lee las palabras de esta profecía, y bienaventurados los que la escuchan y hacen
caso a lo que está escrito en ella,
pues el tiempo está cerca.

Saludos y doxología

4 Juan,

a las siete iglesias que hay en la
provincia de Asia:

Gracia y paz a ustedes de parte
de aquel que es, que era y que ha
de venir; y de parte de los siete espíritus[a] que están delante de su

[a] *4 O de parte del séptuple Espíritu.*

trono; 5 y de parte de Jesucristo, que
es el testigo fiel, el primogénito de
los muertos, y el soberano de los
reyes de la tierra.
A él que nos ama y nos ha liberado de nuestros pecados por medio
de su sangre, 6 y ha hecho de nosotros un reino y sacerdotes al servicio de su Dios y Padre, a él sea la
gloria y el poder por los siglos de
los siglos. Amén.

7 Miren, viene con las nubes,
y todos los ojos lo verán,
incluso los que lo traspasaron;
y todos los pueblos de la tierra
harán duelo por él.
¡Así será¡ Amén.

8 Yo soy el Alfa y la Omega, dice
el Señor Dios, el que es, el que era,
y el que ha de venir, el Todopoderoso.

Uno como hijo de hombre

9 Yo, Juan su hermano y compañero en el sufrimiento, en el reino y
en la paciente constancia que son
nuestros en Jesús, estaba en la isla
de Patmos por causa de la palabra
de Dios y del testimonio de Jesús.
10 En el día del Señor, yo estaba en
el Espíritu, y oí detrás de mí una
voz potente como de una trompeta,
11 que decía: Escribe en un rollo lo
que vayas viendo y envíalo a las
siete iglesias: a Efeso, a Esmirna, a
Pérgamo, a Tiatira, a Sardis, a Filadelfia y a Laodicea.
12 Me volví para ver la voz que
me hablaba. Y, al volverme, vi siete
candeleros de oro, 13 y por entre los
candeleros estaba alguien como un
hijo de hombre,[a] vestido de una
túnica que le llegaba hasta los pies,
y ceñido a la altura del pecho con
un ceñidor de oro. 14 Su cabeza y su
cabello eran blancos como lana blanca, tan blancos como la nieve, y sus
ojos eran como llama de fuego.
15 Sus pies eran como el bronce fun-
dido que brilla en el crisol, y su voz
era como el estruendo de muchas
aguas. 16 En su mano derecha llevaba siete estrellas, y de su boca salía
una espada aguda de dos filos. Su
rostro era como el sol cuando brilla
con todo su esplendor.
17 Cuando lo vi, caí a sus pies
como muerto. Entonces me puso su
diestra encima y me dijo: No tengas
miedo. Yo soy el Primero y el Ultimo. 18 Yo soy el Viviente; estuve
muerto, ¡y mira cómo ahora estoy
vivo para siempre! Y tengo en mi
poder las llaves de la muerte y del
Hades.
19 Escribe, pues, lo que has visto;
lo que hay ahora y lo que sucederá
después. 20 El misterio de las siete
estrellas que has visto en mi mano
derecha, y de los siete candeleros de
oro es éste: Las siete estrellas son
los ángeles[b] de las siete iglesias, y
los siete candeleros son las siete
iglesias.

A la iglesia de Efeso

2 Al ángel[c] de la iglesia en Efeso,
escribe:
Estas son las palabras del
que lleva las siete estrellas en
su mano derecha y camina por
en medio de los siete candeleros de oro: 2 Conozco tus
obras, tus fatigas y tu perseverancia. Sé que no puedes tole-
rar a los malvados, que has
puesto a prueba a los que ale-
gan ser apóstoles, pero no lo
son, y los has hallado falsos.
3 Has perseverado y has aguan-
tado dificultades por mi nombre, y no has desfallecido.
4 Con todo, tengo contra ti lo
siguiente: Has abandonado tu
primer amor. 5 ¡Recuerda, pues,
la altura de la que has caído!
Arrepiéntete y haz las obras
que hacías al principio. Si no
te arrepientes, vendré a ti y
removeré tu candelero de su
lugar. 6 Pero tienes a tu favor
esto: Aborreces las prácticas

[a] *13* Dan. 7:13. [b] *20* O *mensajeros.* [c] *1* O *mensajero,* también en los versículos 8, 12 y 18.

de los nicolaítas, que yo también aborrezco.
7 Quien tenga oídos, que
escuche lo que el Espíritu dice
a las iglesias. Al que venza, le
daré derecho a comer del árbol
de la vida, que está en el
paraíso de Dios.

A la iglesia de Esmirna

8 Al ángel de la iglesia en
Esmirna, escribe: Estas son las
palabras del que es el Primero
y el Ultimo, que murió y
volvió otra vez a la vida.
9 Conozco tus aflicciones y tu
pobreza; ¡pero eres rico!
Conozco la maledicencia de los
que dicen ser judíos y no lo
son, sino que son sinagoga de
Satanás. 10 No tengas miedo
por lo que vas a padecer. Yo
te digo que el diablo va a arrojar a algunos de ustedes en la
cárcel para ponerlos a prueba,
y sufrirán persecución durante
diez días. Sé fiel, incluso hasta
el punto de morir, y yo te
daré la corona de la vida.
11 Quien tenga oídos, que
escuche lo que el Espíritu dice
a las iglesias. El que venza, no
sufrirá daño alguno de la
segunda muerte.

A la iglesia de Pérgamo

12 Al ángel de la iglesia de
Pérgamo, escribe: Estas son
las palabras del que tiene la
espada aguda, la de dos filos.
13 Sé dónde vives, donde tiene
Satanás su trono. Con todo,
permaneces fiel a mi nombre.
No has renunciado a tu fe en
mí, ni siquiera en los días de
Antipas, mi testigo fiel, a
quien dieron muerte en su
ciudad, donde vive Satanás.
14 Sin embargo, tengo unas
pocas cosas contra ti: Que
toleras la presencia ahí de algunos seguidores de la doctrina
de Balaam, el que inducía a
Balac a tentar a los israelitas a
pecar comiendo de lo sacrificado a los ídolos y cometiendo
actos sexualmente inmorales.
15 Y también toleras a otros
que siguen la doctrina de los
nicolaítas. 16 ¡Arrepiéntete,
pues! De lo contrario, iré a ti
enseguida, y lucharé contra
ellos con la espada de mi
boca.
17 Quien tenga oídos, que
escuche lo que el Espíritu dice
a las iglesias: Al que venza, le
daré del maná escondido. También le daré una piedra blanca
con un nombre nuevo escrito
en ella, que sólo lo conoce el
que lo recibe.

A la iglesia de Tiatira

18 Al ángel de la iglesia de
Tiatira, escribe: Estas son las
palabras del Hijo de Dios,
cuyos ojos son como fuego llameante y cuyos pies son como
bronce bruñido. 19 Conozco tus
obras, tu amor y tu fe, tus
servicios y tu constancia, y
que tus obras de ahora son
más numerosas que al principio.
20 Sin embargo, tengo contra
ti esto: Toleras a esa mujer
Jezabel, que se llama a sí
misma profetisa. Con su doctrina extravía a mis siervos hacía
la inmoralidad sexual y a
comer de lo sacrificado a los
ídolos. 21 Yo le he dado tiempo
para que se arrepienta de su
inmoralidad, pero no quiere
arrepentirse. 22 Así que voy a
postrarla en un lecho de dolor,
y a los que cometen adulterio
con ella los haré sufrir inten-
samente, a no ser que se arrepientan de las obras que ella
les ha inducido a cometer. 23 Y
a sus hijos los heriré de muerte. Así se darán cuenta todas
las iglesias de que yo soy el
que escudriña los corazones y

las mentes, y el que les retribuirá a cada uno según sus
obras. 24 Y ahora les digo al
resto de los que están en Tiatira, a los que no siguen la
doctrina de ella y no han
aprendido los profundos secretos, como dicen ellos, de
Satanás (no les impondré
ninguna otra carga): 25 Solamente que se atengan a lo que
tienen, hasta que yo vaya.
26 Al que venza y cumpla mi
voluntad hasta el final, yo le
daré autoridad sobre las naciones.
27 El las regirá con cetro de hierro y
las hará añicos como vasos de
barro[a]
de la misma manera que yo
he recibido autoridad de mi
Padre. 28 También le daré el
lucero de la mañana. 29 Quien
tenga oídos, que escuche lo
que el Espíritu dice a las iglesias.

A la iglesia en Sardis

3 Al ángel[b] de la iglesia de
Sardis, escribe:
Estas son las palabras del
que sostiene los siete espíritus[c]
de Dios y las siete estrellas.
Conozco tus obras; tienes
reputación de estar vivo, pero
estás muerto. 2 ¡Despierta! Fortalece lo que queda y está a
punto de morir, porque no he
hallado tus obras debidamente
cumplidas a los ojos de mi
Dios. 3 Recuerda, por tanto, lo
que has recibido y escuchado;
obsérvalo y arrepiéntete. Pero
si no te despiertas, llegaré
como un ladrón, sin que sepas
la hora en que vendré sobre ti.
4 Con todo, tienes algunas
pocas personas en Sardis que
no han manchado sus ropas.
Ellas andarán conmigo vestidas
de blanco, porque son dignas
de ello. 5 El que venza será
también vestido de blanco,
como ellas. No borraré jamás
su nombre del libro de la vida,
sino que reconoceré su nombre
en presencia de mi Padre y de
sus ángeles. 6 Quien tenga
oídos, que escuche lo que el
Espíritu dice a las iglesias.

A la iglesia en Filadelfia

7 Al ángel de la iglesia de
Filadelfia, escribe: Estas son
las palabras del que es santo y
verídico, el que posee la llave
de David. Lo que él abre,
nadie lo puede cerrar: y lo que
él cierra, nadie lo puede abrir.
8 Conozco tus obras. Mira que
he puesto delante de ti una
puerta abierta que nadie puede
cerrar. Ya sé que tienes poca
fuerza, pero has guardado mi
palabra y no has negado mi
nombre. 9 Mira lo que voy a
hacer con ésos que son de la
sinagoga de Satanás, que ale-
gan ser judíos, pero no lo son,
sino que son unos embusteros;
yo haré que vengan y caigan
postrados a tus pies y reconozcan que yo te quiero. 10 Puesto
que has guardado mi consigna
de aguantar con paciencia, yo
también te preservaré de la
hora de prueba que está a punto de venir sobre el mundo entero para poner a prueba a los
que viven en la tierra.
11 Llegaré pronto. Retén lo
que tienes, para que nadie se
lleve tu corona. 12 Al que
venza, yo lo haré columna en
el templo de mi Dios, y ya no
saldrá jamás de allí. Escribiré
sobre él el nombre de mi Dios
y el nombre de la ciudad de
mi Dios, la nueva Jerusalén, la
que está bajando del cielo, de
parte de mi Dios; y también
escribiré sobre él mi nuevo

[a] *27* Salmo 2:9. [b] *1* O *mensajero;* también en los versículos 7 y 14. [c] *1* O *el séptuple Espíritu.*

nombre. 13 Quien tenga oídos, que escuche lo que el Espíritu dice a las iglesias.

A la iglesia en Laodicea

14 Al ángel de la iglesia de Laodicea, escribe: Estas son las palabras del Amén, del testigo fiel y veraz, del soberano de la creación de Dios. 15 Conozco tus obras, que no eres ni frío ni caliente. ¡Ojalá fueras lo uno o lo otro! 16 Así que, como eres tibio —ni caliente ni frío—, estoy a punto de escupirte de mi boca. 17 Dices tú: "Soy rico; he acumulado un buen capital y no carezco de nada". Pero no te das cuenta de que eres un desgraciado y un miserable, pobre, ciego y desnudo. 18 Te aconsejo que compres de mí oro refinado al fuego, para que te hagas rico; ropas blancas para cubrirte y para que así no esté a la vista de todos tu vergonzosa desnudez; y colirio para ponerte en los ojos, a fin de que puedas ver.

19 A los que amo los reprendo y los disciplino. Así que ten fervor y arrepiéntete. 20 ¡Aquí me tienes! Estoy de pie a la puerta y llamando. Si alguien escucha mi voz y abre la puerta, entraré y comeré con él, y él conmigo.

21 Al que venza, le daré el derecho de sentarse conmigo en mi trono, de la misma manera que yo vencí y me senté con mi Padre en su trono. 22 Quien tenga oídos, que escuche lo que el Espíritu dice a las iglesias.

El trono en el cielo

4 Después de esto miré, y vi ante mis ojos una puerta que estaba en el cielo. Y la voz que había oído primeramente hablándome como una trompeta, me dijo: Sube acá, y yo te mostraré lo que ha de suceder después de esto. 2 Al instante fui en el Espíritu, y delante de mí había un trono en el cielo, con alguien sentado en él. 3 Y el que estaba sentado allí tenía el aspecto del jaspe y de la cornalina. Un arco iris, semejante a una esmeralda, circundaba el trono. 4 Alrededor del trono había otros veinticuatro tronos, y sentados en los tronos, veinticuatro ancianos. Estaban vestidos de blanco y llevaban sobre sus cabezas coronas de oro. 5 Del trono salían relámpagos, estruendos y truenos. Delante del trono, ardían siete lámparas, que son los siete espíritus[a] de Dios. 6 También delante del trono había algo parecido a un mar de vidrio, claro como el cristal.

En el centro, alrededor del trono, estaban cuatro seres vivientes, y estaban cubiertos de ojos por delante y por detrás. 7 El primero de los seres vivientes era como un león; el segundo ser viviente, como un toro; el tercero tenía rostro como de hombre; y el cuarto era como un águila volando. 8 Cada uno de los cuatro seres vivientes tenía seis alas y estaba cubierto de ojos por todas partes, incluso por debajo de las alas. Día y noche, nunca cesan de decir:

Santo, santo, santo
es el Señor Dios Todopoderoso,
el que era, el que es, y el que ha de venir.

9 Y cada vez que los seres vivientes dan gloria, honor y acción de gracias al que está sentado en el trono y que vive por los siglos de los siglos, 10 los veinticuatro ancianos se postran ante el que está sentado en el trono y adoran al que vive por los siglos de los siglos. Arrojan sus coronas delante del trono y dicen:

11 Digno eres, nuestro Señor y Dios,
de recibir la gloria, el honor y el poder,
porque tú creaste todas las cosas,

[a] 5 O *el séptuple Espíritu.*

y por tu voluntad fueron
creadas
y tienen su existencia.

El rollo y el Cordero

5 Luego vi en la mano derecha
del que estaba sentado en el
trono, un rollo escrito por ambos
lados y sellado con siete sellos. 2Y
vi a un ángel poderoso que procla-
maba a grandes voces: ¿Quién es
digno de romper los sellos y abrir el
rollo? 3Pero nadie, ni en el cielo, ni
en la tierra, ni debajo de la tierra,
fue capaz de abrir el rollo, ni aun de
ver nada de su contenido. 4Yo lloraba sin cesar, porque no se encontró
a nadie que fuera digno de abrir el
rollo y de ver su contenido. 5Enton-
ces uno de los ancianos me dijo:
¡No llores más! Mira, el León de la
tribu de Judá, la raíz de David, ha
triunfado. El puede abrir el rollo y
sus siete sellos.
6Entonces vi un Cordero, que
tenía el aspecto de haber sido sacrificado y que estaba en pie en el
centro del trono, rodeado por los
cuatro seres vivientes y por los ancianos. Tenía siete cuernos y siete
ojos, que son los siete espíritus[a] de
Dios, enviados por toda la tierra.
7Vino y tomó el rollo de la diestra
del que estaba sentado en el trono.
8Y cuando lo tomó, los cuatro seres
vivientes y los veinticuatro ancianos
se postraron ante el Cordero. Cada
uno tenía un arpa y sostenían copas
de oro llenas de incienso, que son
las oraciones de los fieles. 9Y cantaban un cántico nuevo:

Digno eres de tomar el rollo
y abrir sus sellos,
porque fuiste inmolado,
y con tu sangre compraste para
Dios
a hombres de toda tribu, lengua,
pueblo y nación.
10 Tú has hecho de ellos un reino y
sacerdotes para servir a
nuestro Dios,
y reinarán sobre la tierra.

11Luego miré y oí la voz de
muchos ángeles, en número de millares de millares y de diez mil veces
diez millares. Estaban alrededor del
trono, de los seres vivientes y de los
ancianos. 12Cantaban con grandes
voces:

Digno es el Cordero que fue
inmolado,
de recibir el poder, la riqueza, la
sabiduría, la fortaleza,
el honor, la gloria y la alabanza.

13Luego oí a toda creatura en el
cielo, en la tierra, debajo de la tierra
y en el mar, y todo cuanto en ellos
se contiene, que decían:

Al que está sentado en el trono y
al Cordero,
sea la alabanza, el honor, la gloria y el poder,
por los siglos de los siglos.

14Los cuatro seres vivientes dijeron:
Amén, y los ancianos se postraron y
rindieron adoración.

Los sellos

6 Me fijé cuando el Cordero abría
el primero de los siete sellos, y
luego oí a uno de los cuatro seres
vivientes que decía con voz como de
trueno: ¡Ven! 2Yo miré ¡y ante mis
ojos, un caballo blanco! El que lo
montaba llevaba un arco; y le fue
dada una corona; y salió como un
conquistador dispuesto a ganar más
victorias.
3Cuando el Cordero abrió el
segundo sello, oí al segundo ser
viviente, que decía: ¡Ven! 4Entonces
salió otro caballo, de color rojo encendido. Al que lo montaba, se le
dio poder de quitar de la tierra la
paz y de hacer que los hombres se
mataran unos a otros. A éste se le
dio una gran espada.
5Cuando el Cordero abrió el tercer
sello, oí al tercer ser viviente, que
decía: ¡Ven! Miré, ¡y ante mis ojos,
un caballo negro! El que lo montaba
sostenía una balanza en su mano.
6Luego oí como una voz que salía

[a] 6 *O el séptuple Espíritu.*

de en medio de los cuatro seres
vivientes, y decía: Un litro de trigo
por un día de salario y tres litros de
cebada por un día de salario,[a] ¡y no
hagas daño al aceite ni al vino!
7 Cuando el Cordero abrió el cuarto sello, oí la voz del cuarto ser
viviente, que decía: ¡Ven! 8 Miré ¡y
ante mis ojos, un caballo de color
amarillo! El que lo montaba se llamaba Muerte, y el Hades lo seguía
muy de cerca. Les fue dado poder
sobre una cuarta parte de la tierra,
para matar a espada, con hambre y
con plagas, y por medio de las fieras
de la tierra.
9 Cuando abrió el quinto sello, vi
debajo del altar las almas de los que
habían sido asesinados por causa de
la palabra de Dios y del testimonio
que habían mantenido. 10 Gritaron
con voz potente, diciendo: ¿Hasta
cuándo, soberano Señor, santo y
veraz, vas a estar sin juzgar a los
habitantes de la tierra y sin vengar
nuestra sangre? 11 Entonces se le dio
a cada uno de ellos una túnica blanca, y se les dijo que esperaran en
paz un poco más, hasta que se com-
pletara el número de sus consiervos
y hermanos que iban a ser muertos
como ellos lo habían sido.
12 Yo observé cuando él abrió el
sexto sello. Se produjo un gran
terremoto. El sol se volvió negro
como un saco tejido de pelo de
cabra, la luna entera se puso roja
como la sangre, 13 y las estrellas del
cielo cayeron sobre la tierra, como
caen los higos verdes de una higuera
cuando es sacudida por un viento
impetuoso. 14 El firmamento desapareció como un pergamino que se
enrolla, y todas las montañas e islas
fueron removidas de su lugar.
15 Entonces los reyes de la tierra,
los príncipes, los generales, los ricos
y los poderosos, y todos los hombres, tanto esclavos como libres,
fueron a ocultarse en las cuevas y
entre las rocas de los montes. 16 Y
gritaban a los montes y a las rocas:
¡Caigan sobre nosotros y escóndan-
nos del rostro del que está sentado
en el trono y de la ira del Cordero!
17 Porque ha llegado el día grande de
la ira de ellos y ¿quién podrá sostenerse en pie?

Los 144,000 sellados

7 Después de esto, vi cuatro
ángeles que estaban de pie en
los cuatro ángulos de la tierra, rete-
niendo a los cuatro vientos de la
tierra, para impedir que ningún viento soplara sobre la tierra, ni sobre el
mar, ni sobre ningún árbol. 2 Después vi a otro ángel que subía de la
parte del oriente y llevaba el sello
del Dios viviente. Y gritó con voz
potente a los cuatro ángeles a
quienes se había dado poder para
hacer daño a la tierra y al mar: 3 No
hagan daño a la tierra, ni al mar, ni
a los árboles, hasta que hayamos
marcado con el sello las frentes de
los siervos de nuestro Dios. 4 Entonces oí el número de los marcados
con el sello: 144,000 de todas las tribus de Israel.

5 De la tribu de Judá, doce mil
sellados;
de la tribu de Rubén, doce mil;
de la tribu de Gad, doce mil;
6 de la tribu de Aser, doce mil;
de la tribu de Neftalí, doce mil;
de la tribu de Manasés, doce
mil;
7 de la tribu de Simeón, doce mil;
de la tribu de Leví, doce mil;
de la tribu de Isacar, doce mil;
8 de la tribu de Zabulón, doce
mil;
de la tribu de José, doce mil;
de la tribu de Benjamín, doce
mil.

La gran multitud con túnicas blancas

9 Después de esto miré y vi delante de mí una gran multitud que
nadie podía contar, procedente de

[a] 6 El griego dice *denario*.

todas las naciones, tribus, pueblos y
lenguas. Estaban todos de pie delante del trono y enfrente del Cordero.
Vestían túnicas blancas y llevaban
palmas en las manos. 10 Y clamaban
con voz potente, diciendo:

La salvación se debe a nuestro
Dios,
que está sentado en el trono,
y al Cordero.

11 Todos los ángeles estaban de pie
alrededor del trono y en torno a los
ancianos y a los cuatro seres vivientes. Cayeron sobre sus rostros delante del trono y adoraron a Dios,
12 diciendo:

¡Amén! La alabanza, la gloria,
la sabiduría, la acción de gracias,
el honor,
el poder y la fortaleza,
sean a nuestro Dios por los siglos
de los siglos.
¡Amén!

13 Entonces uno de los ancianos
me preguntó: Estos de las túnicas
blancas ¿quiénes son y de dónde
han venido?

14 Yo respondí: Señor, eso tú lo
sabes.

Entonces me dijo: Estos son los
que vienen de la gran tribulación; han lavado sus túnicas y
las han blanqueado en la
sangre del Cordero. 15 Por eso,
están delante del trono de Dios
y le sirven día y noche en su
templo;
y el que está sentado en el trono
extenderá sobre ellos su tienda.
16 Nunca volverán a tener hambre;
nunca volverán a tener sed.
No los agobiará el sol,
ni calor abrasador de ninguna
clase.
17 Porque el Cordero que está en el
centro del trono será su
pastor;
él los conducirá a las fuentes de
agua viva,
Y Dios enjugará toda lágrima de
sus ojos.

El séptimo sello y el incensario de oro

8 Cuando el Cordero abrió el
séptimo sello, se hizo en el
cielo un silencio por espacio como
de media hora.

2 Y vi a los siete ángeles que están
delante de Dios, y se les dieron
siete trompetas.

3 Vino otro ángel, que llevaba un
incensario de oro, y se puso de pie
junto al altar. Se le dio gran cantidad de incienso para que lo ofreciera junto con las oraciones de
todos los santos, sobre el altar de
oro que está delante del trono. 4 El
humo del incienso, junto con las
oraciones de los santos, subió a la
presencia de Dios de la mano del
ángel. 5 Entonces el ángel tomó el
incensario, lo llenó con fuego del altar y lo arrojó sobre la tierra; y se
produjeron truenos, estruendos,
relámpagos y un terremoto.

Las trompetas

6 Entonces los siete ángeles que
tenían las siete trompetas, se dispusieron a tocarlas.

7 Tocó el primer ángel su trompeta, y se produjo granizo, y fuego
mezclado con sangre, que fueron
arrojados sobre la tierra. Quedó
quemada la tercera parte de la
tierra; quedó quemada la tercera parte de los árboles, y toda la hierba
verde quedó quemada.

8 Tocó el segundo ángel su trompeta, y un objeto como una enorme
montaña, ardiendo en llamas, fue
arrojado al mar. Una tercera parte
del mar se convirtió en sangre;
9 murió la tercera parte de los seres
vivos que hay en el mar; y fue
destruida la tercera parte de los
barcos.

10 Tocó el tercer ángel su trompeta, y cayó del cielo una gran estrella, que ardía como una antorcha;
cayó sobre la tercera parte de los
ríos y sobre las fuentes de agua; 11 el

nombre de la estrella es Ajenjo.[a] Se
volvió amarga la tercera parte de las
aguas, y murió mucha gente a causa
de las aguas que se habían vuelto
amargas.

12 Tocó el cuarto ángel su trompeta, y fue herida la tercera parte del
sol, la tercera parte de la luna, y la
tercera parte de las estrellas, de
modo que se oscureció la tercera
parte de los astros. Se quedó sin luz
una tercera parte del día, así como
una tercera parte de la noche.

13 Conforme yo me fijaba en esto,
oí un águila que volaba en medio del
firmamento y clamaba con voz
potente: ¡Ay, ay! ¡Ay de los habitantes de la tierra, a causa de los
toques de trompeta que los otros
tres ángeles están a punto de tocar!

9 Tocó el quinto ángel su trompeta, y vi una estrella que había
caído del cielo a la tierra, y le fue
dada a la estrella la llave del pozo
del abismo. 2 Cuando abrió el abismo, subió de él una humareda como
la humareda de un horno gigantesco.
El sol y toda la atmósfera se oscure-
cieron a causa de la humareda procedente del abismo. 3 Y de entre la
humareda cayeron langostas sobre la
tierra y les fue dado un poder como
el de los escorpiones terrestres. 4 Se
les dijo que no hicieran ningún daño
a la hierba de la tierra, ni a ninguna
verdura, ni a ningún árbol, sino sólo
a las personas que no llevaran
marcado en sus frentes el sello de
Dios. 5 Se les dio poder, no para que
las mataran, sino para que las tor-
turaran durante cinco meses. Y la
agonía que sufrían era como la que
produce la picadura de un escorpión
cuando ataca a una persona.
6 Durante aquellos días, los hombres
buscarán la muerte, pero no la encontrarán; anhelarán morir, pero la
muerte no se dejará atrapar de ellos.

7 Las langostas parecían como
caballos preparados para la batalla.
Llevaban en la cabeza algo así como
coronas de oro y sus rostros eran
parecidos a caras humanas. 8 Su pelo
era como el cabello de las mujeres,
y sus dientes eran como dientes de
leones. 9 Ceñían corazas como de
hierro, y el ruido que producían con
sus alas era como el estrépito de
carros de guerra con muchos caballos lanzándose al combate. 10 Tenían
colas y aguijones como los escorpiones; y en sus colas tenían poder
para torturar a la gente durante cinco meses. 11 Tenían como rey sobre
ellos al ángel del abismo, cuyo nombre es en hebreo Abadón;[b] y en
griego, Apolión.

12 Ha pasado el primer ¡ay! Otros
dos ayes están aún por pasar.

13 Tocó su trompeta el sexto ángel,
y oí una voz que salía de los cuatro
cuernos[c] del altar de oro que está
delante de Dios. 14 La voz dijo al
sexto ángel que tenía la trompeta:
Suelta a los cuatro ángeles que están
atados a la orilla del gran río Eufrates. 15 Y los cuatro ángeles que
habían estado allí en reserva para
esta precisa hora, día, mes y año,
quedaron sueltos para dar muerte a
la tercera parte de la humanidad.
16 El número de las tropas de a
caballo era de doscientos millones.
Yo oí su número.

17 Los caballos y los jinetes que yo
vi en mi visión eran así: Los jinetes
llevaban corazas de color rojo encendido, azul oscuro, y amarillo
como el azufre. Las cabezas de los
caballos parecían cabezas de leones;
y de sus bocas salía fuego, humo y
azufre. 18 La tercera parte de la
humanidad fue muerta por las tres
plagas de fuego, el humo y el azufre
que salía de sus bocas. 19 El poder
de los caballos estaba en sus bocas
y en sus colas; pues sus colas eran
como serpientes, con cabezas, con
las que producen daño.

20 El resto de la humanidad que no
había perecido a causa de estas plagas, no se arrepintió aún de la obra
de sus manos; no cesaron de adorar
a los demonios, y a los ídolos de

[a] *11* Es decir, *amargura.* [b] *11* Es decir, *destructor.* [c] *13* Es decir, *proyecciones.*

oro, plata, bronce, piedra y madera,
ídolos que no pueden ver, ni oír, ni
andar. 21 Ni se arrepintieron de sus
homicidios, ni de sus artes mágicas,
ni de su inmoralidad sexual, ni de
sus robos.

El ángel y el rollo pequeño

10 Entonces vi a otro ángel
poderoso que bajaba del
cielo. Iba envuelto en una nube, y
con un arco iris sobre su cabeza; su
rostro era como el sol, y sus piernas
eran como columnas de fuego. 2 Llevaba en su mano un pequeño rollo
abierto. Plantó el pie derecho sobre
el mar, y el izquierdo sobre la
tierra, 3 y gritó con voz potente
como el rugido de un león. A su grito, hablaron las voces de los siete
truenos. 4 Después que hablaron los
siete truenos, me disponía yo a
escribir, pero oí una voz del cielo,
que me decía: Sella lo que han
dicho los siete truenos, y no lo
escribas.

5 Entonces el ángel que yo había
visto de pie sobre el mar y sobre la
tierra, levantó su mano derecha
hacia el cielo. 6 Y juró por el que
vive por los siglos de los siglos, el
que creó los cielos y todo lo que
hay en ellos, la tierra y todo lo que
hay en ella, y el mar con todo lo
que hay en él, y dijo: ¡Ya no habrá
más dilación! 7 Sino que en los días
en que el séptimo ángel esté a punto
de tocar su trompeta, llegará a su
consumación el misterio de Dios,
conforme él anunció a sus siervos
los profetas.

8 Entonces la voz que yo había
oído del cielo, me habló de nuevo,
diciendo: Anda y toma el rollo que
está abierto en la mano del ángel
que está de pie sobre el mar y sobre
la tierra.

9 Así pues, me fui hacia el ángel y
le pedí que me diera el pequeño
rollo. El me dijo: Tómalo y cómete-
lo. Te amargará el estómago, pero
en tu boca será tan dulce como la
miel. 10 Tomé el pequeño rollo de la
mano del ángel y me lo comí. Sabía
dulce como la miel en mi boca, pero
después de haberlo comido, mi estómago se amargó. 11 Entonces se me
dijo: Tienes que profetizar de nuevo
acerca de muchos pueblos, naciones,
lenguas y reyes.

Los dos testigos

11 Me fue dada una caña como
una vara de medir y se me
dijo: Anda y mide el templo de Dios
y el altar, y cuenta los que adoran
en él; 2 pero no incluyas el atrio
exterior; no lo midas, porque ha
sido dado a los gentiles; ellos piso-
tearán la ciudad santa durante
cuarenta y dos meses. 3 Y yo daré
poder a mis dos testigos, y ellos
profetizarán durante 1,260 días,
vestidos de saco. 4 Estos son los dos
olivos y los dos candeleros que
están en la presencia del Señor de la
tierra. 5 Si alguno trata de hacerles
daño, sale fuego de sus bocas y
devora a sus enemigos. Así es como
tiene que morir cualquiera que inten-
te hacerles daño. 6 Estos hombres
tienen poder para cerrar el cielo,
para que no llueva durante el tiempo
en que ellos están profetizando; y
tienen poder para convertir las aguas
en sangre y para herir la tierra con
toda clase de plagas cuantas veces
quieran.

7 Ahora bien, cuando hayan acaba-
do de dar su testimonio, la bestia
que sube del abismo los atacará, los
vencerá y les dará muerte. 8 Sus
cadáveres quedarán tendidos en la
calle de la gran ciudad, que simbóli-
camente se llama Sodoma y Egipto,
allí donde su Señor fue crucificado.
9 Durante tres días y medio, gentes
de todo pueblo, tribu, lengua y
nación contemplarán sus cadáveres y
no permitirán que se les dé sepultura. 10 Los habitantes de la tierra se
regocijarán por su muerte y la cele-
brarán enviándose mutuamente regalos, porque estos dos profetas habían
atormentado a los que viven en la
tierra.

11 Pero después de tres días y
medio, un aliento de vida procedente
de Dios entró en ellos, y se pusieron
de pie, y un terror enorme se apoderó de los que los contemplaban.
12 Entonces oyeron una potente voz
procedente del cielo, que les decía:
Suban acá. Y subieron al cielo en
una nube, a la vista de sus enemigos.
13 En aquella misma hora, se produjo un tremendo terremoto y se
derrumbó la décima parte de la
ciudad. Siete mil personas perecieron
en el terremoto, y los sobrevivientes
fueron presa del terror y dieron gloria al Dios del cielo.
14 El segundo ¡ay! ha pasado; el
tercer ¡ay! va a llegar pronto.

La séptima trompeta

15 Tocó el séptimo ángel su trompeta, y se dejaron oír en los cielos
grandes voces, que decían:
El reino del mundo se ha convertido en el reino de nuestro
Señor y de su Cristo,
y él reinará por los siglos de los
siglos.
16 Y los veinticuatro ancianos, que
estaban sentados en sus tronos en la
presencia de Dios, cayeron sobre sus
rostros y adoraron a Dios, 17 diciendo:
Te damos gracias, Señor Dios
Todopoderoso,
el que es y el que era,
porque has tomado tu gran poder
y has comenzado a reinar.
18 Las naciones estaban furiosas;
y tu cólera ha llegado.
Ha llegado el tiempo oportuno de
juzgar a los muertos,
y de dar recompensa a tus
siervos los profetas,
a los santos y a los que reverencian tu nombre,
a los pequeños y a los grandes;
y de exterminar a los que destru-
yen la tierra.
19 Entonces se abrió el templo de
Dios en los cielos, y dentro de su
templo se vio el arca de su pacto. Y
se produjeron relámpagos, estruendos, truenos, un terremoto y una
tremenda granizada.

La mujer y el dragón

12 Apareció en el cielo una
señal grande y admirable:
Una mujer revestida del sol, con la
luna bajo sus pies y con una corona
de doce estrellas en su cabeza.
2 Estaba encinta y gritaba por los
dolores y angustias del alumbramiento. 3 Entonces apareció en el cielo
otra señal: Un enorme dragón rojo
con siete cabezas y diez cuernos, y
con siete coronas sobre las cabezas.
4 Su cola arrastró la tercera parte de
las estrellas del firmamento y las
arrojó sobre la tierra. El dragón se
paró enfrente de la mujer que estaba
a punto de dar a luz, para devorar a
su hijo en el mismo momento en
que éste naciera. 5 Ella dio a luz un
hijo, varón, que ha de regir a todas
las naciones con un cetro de hierro.
Y el hijo de la mujer fue arrebatado
a la presencia de Dios y ante su trono. 6 La mujer huyó al desierto, a
un lugar preparado por Dios para
ella, para ser sustentada allí durante
1,260 días.
7 Y se produjo una guerra en el
cielo. Miguel y sus ángeles lucharon
contra el dragón, y el dragón y sus
ángeles respondieron al ataque;
8 pero no tuvo el dragón la fuerza
suficiente, y perdieron su lugar en el
cielo. 9 Fue arrojado abajo el gran
dragón, aquella antigua serpiente, llamada el diablo o Satanás, que
extravía al mundo entero. Fue precipitado a la tierra, y sus ángeles con
él.
10 Entonces oí una voz potente en
el cielo, que decía:
Ahora ha llegado la salvación, el
poder y el reinado de nuestro
Dios,
y la autoridad de su Cristo.
Pues el acusador de nuestros
hermanos,

el que los acusa delante de
nuestro Dios día y noche,
ha sido precipitado abajo.
11 Ellos lo han vencido
en virtud de la sangre del
Cordero
y mediante el testimonio con
que lo confesaron,
pues no amaron sus propias vidas
como para retroceder ante la
muerte.
12 Por eso, ¡regocíjense ustedes,
cielos,
y los que habitan en ellos!
Pero ¡ay de la tierra y del mar,
porque ha bajado hacia ustedes
el diablo!
Está lleno de furia,
porque sabe que su tiempo se le
acaba.

13 Cuando el dragón vio que había
sido precipitado a la tierra, se puso
a perseguir a la mujer que había
dado a luz al hijo varón. 14 A la
mujer se le dieron las dos alas de la
gran águila, para que huyera al lugar
preparado para ella en el desierto,
donde había de ser sustentada durante un tiempo, y tiempos, y medio
tiempo, lejos del alcance de la
serpiente. 15 Entonces la serpiente
arrojó por su boca como un río de
agua, para alcanzar a la mujer y
arrastrarla en la corriente del río.
16 Pero la tierra vino en ayuda de la
mujer abriendo su boca y tragándose
el río que el dragón había vomitado
de su boca. 17 Entonces el dragón se
enfureció contra la mujer, y se fue a
hacer la guerra contra el resto de su
descendencia, los que guardan los
mandamientos de Dios y mantienen
el testimonio de Jesús.

13 Y el dragón[a] se puso de pie
sobre la arena del mar.

La bestia salida del mar

Y vi una bestia que salía del mar.
Tenía diez cuernos y siete cabezas,
con diez coronas en sus cuernos, y
sobre cada cabeza un nombre
blasfemo. 2 Esta bestia que yo vi era
semejante a un leopardo, pero sus
patas eran como las de un oso, y su
boca como la de un león. El dragón
le dio a la bestia su poder, su trono
y una gran autoridad. 3 Una de las
cabezas de la bestia parecía haber
sufrido una herida mortal, pero la
herida mortal había sido curada. El
mundo entero estaba asombrado y
seguía a la bestia fascinado. 4 Los
hombres adoraban postrados al
dragón, porque había dado autoridad
a la bestia, y también adoraban a la
bestia, diciendo: ¿Quién hay como la
bestia? ¿Quién es capaz de hacer la
guerra contra ella?

5 A la bestia se le dio una boca
para proferir palabras insolentes y
blasfemias y se le concedió que ejer-
ciera su autoridad durante cuarenta
y dos meses. 6 Abrió su boca para
blasfemar de Dios, y maldecir su
nombre y su morada, y los que
viven en el cielo. 7 Se le dio poder
para hacer la guerra contra los santos y vencerlos. Y se le concedió
autoridad sobre toda tribu, pueblo,
lengua y nación. 8 Todos los habitantes de la tierra adorarán a la bestia,
todos aquellos cuyos nombres no
han sido escritos en el libro de la
vida perteneciente al Cordero que
fue inmolado desde la creación del
mundo.[b]

9 El que tenga oídos, que escuche.
10 Quien esté destinado a ir a la
cautividad,
a la cautividad irá.
Quien esté destinado a morir a
espada,
a espada será muerto.
Esto pide constancia y fidelidad de
parte de los santos.

La bestia salida de la tierra

11 Después vi otra bestia que salía
de la tierra. Tenía dos cuernos como
los de un cordero, pero hablaba
como un dragón. 12 Ejercitó toda la
autoridad de la primera bestia en

[a] *1* Algunos Mss. más recientes dicen, *y yo.* [b] *8 O escritos desde la creación del mundo en el libro de la vida perteneciente al Cordero que fue inmolado.*

nombre de ella, e hizo que la tierra
y sus habitantes adoraran a la primera bestia, cuya herida mortal había
sido curada. 13 Y hacía grandes y
milagrosas señales, incluso el hacer
caer fuego del cielo a la tierra a la
vista de los hombres. 14 A causa de
los prodigios que se le concedió
poder realizar en nombre de la primera bestia, engañó a los habitantes
de la tierra. Ordenó a los moradores
de la tierra que hicieran una estatua
en honor de la bestia que había sido
herida a espada y, con todo, estaba
viva. 15 Se le dio poder de infundir
aliento de vida en la estatua de la
primera bestia, para que incluso
pudiera hablar y hacer que se diera
muerte a cuantos rehusaran adorar la
estatua. 16 También obligó a todos,
chicos y grandes, ricos y pobres,
libres y esclavos, a recibir una
marca en su mano derecha o en su
frente, 17 de manera que nadie pudiera comprar ni vender, a no ser que
llevara la marca, que es el nombre
de la bestia o el número de su nombre.

18 Esto requiere sabiduría. El que
tenga discernimiento, calcule el
número de la bestia, pues es número
de hombre. Su número es 666.

El Cordero y los 144.000

14 Luego miré, y allí estaba ante mis ojos el Cordero, de
pie sobre el monte Sión, y con él
144,000 que tenían su nombre y el
nombre de su Padre escrito en sus
frentes. 2 Y oí que salía del cielo un
sonido como estrépito de una gran
cascada de agua y como el estruendo de un gran trueno. El sonido que
oí era como de arpistas que tocan
sus arpas. 3 Y cantaban un cántico
nuevo ante el trono, ante los cuatro
seres vivientes y ante los ancianos.
Nadie podía aprender el cántico,
excepto los 144,000 que habían sido
rescatados de la tierra. 4 Estos son
los que no se contaminaron con
mujeres, pues se conservaron puros.
Ellos siguen al Cordero a
dondequiera que va. Fueron comprados de entre los hombres y ofrecidos
como primicias a Dios y al Cordero.
5 No se halló ninguna mentira en sus
bocas; son irreprochables.

Los tres ángeles

6 Luego vi otro ángel que volaba
por en medio del firmamento, que
llevaba el evangelio eterno para
anunciarlo a los que viven en la
tierra, a toda nación, tribu, lengua y
pueblo. 7 Decía con voz potente:
Teman a Dios y denle gloria, porque
ha llegado la hora de su juicio. Adoren al que hizo los cielos, la tierra,
el mar y las fuentes de agua.

8 Un segundo ángel lo siguió y
dijo: ¡Caída! ¡Caída está Babilonia la
Grande, la que daba a todas las
naciones de beber del vino embriaga-
dor de sus adulterios.

9 Un tercer ángel los siguió y decía
con voz potente: El que adore a la
bestia y a su estatua, y reciba su
marca en la frente o en la mano,
10 beberá también del vino de la furia
de Dios, que ha sido vaciado sin
rebajar en la copa de su ira. Será
atormentado con azufre ardiente en
presencia de los santos ángeles y del
Cordero. 11 Y el humo de su tormento sube por los siglos de los siglos.
No hay descanso ni de día ni de
noche para los que adoran a la
bestia y a su estatua, ni para nadie
que reciba la marca de su nombre.
12 Esto exige constancia de parte de
los santos que guardan los mandamientos de Dios y permanecen
fieles a Jesús.

13 Luego oí una voz que salía del
cielo y decía: Escribe: Bienaventurados los muertos que mueren en el
Señor desde ahora.

Sí, dice el Espíritu, descansarán de sus fatigas, porque sus obras los seguirán.

La cosecha de la tierra

14 Miré, y había ante mis ojos una
nube blanca; y sentado sobre la
nube estaba uno como un hijo de

hombre,[a] con una corona de oro en
su cabeza, y una hoz afilada en su
mano. 15 Entonces salió otro ángel
del santuario y gritó con voz potente
al que estaba sentado sobre la nube:
Toma tu hoz y siega, porque ha llegado el tiempo de segar, pues la
cosecha de la tierra está madura.
16 Así pues, el que estaba sentado
sobre la nube empuñó su hoz sobre
la tierra, y la tierra quedó segada.

17 Salió otro ángel del santuario
que está en los cielos, y también él
llevaba una hoz afilada. 18 Todavía
salió del altar otro ángel, que tenía a
su cargo el fuego, y gritó con voz
potente al que llevaba la hoz afilada:
Toma tu hoz afilada y junta los raci-
mos de la viña de la tierra, porque
sus uvas están maduras. 19 El ángel
empuñó su hoz sobre la tierra, recogió sus uvas y las echó en el gran
lagar de la ira de Dios. 20 Fueron
pisadas en el lagar fuera de la
ciudad, y salió sangre del lagar,
subiendo hasta la altura de los fre-
nos de los caballos en un espacio de
1,600 estadios.[b]

Siete ángeles con siete plagas

15 Vi en los cielos otra señal
grande y admirable: siete
ángeles con las siete últimas plagas,
últimas, porque con ellas la ira de
Dios quedará aplacada. 2 Y vi como
un mar de vidrio, mezclado con
fuego y, de pie junto a la orilla del
mar, a los que habían salido victo-
rioso s de la bestia, de su estatua y
del número de su nombre. Tenían
arpas de Dios 3 y cantaban el cántico
de Moisés, el siervo de Dios, y el
cántico del Cordero:

Grandes y maravillosas son tus
obras,
Señor Dios Todopoderoso.
Justos y fieles son tus caminos,
Rey de los siglos.
4 ¿Quién no te temerá, Señor,
y no dará gloria a tu nombre?
Porque sólo tú eres santo.
Todas las naciones vendrán
y se postrarán ante ti,
porque tus actos justos han
quedado manifiestos.

5 Después de esto miré y fue abierto en los cielos el santuario, esto es,
el tabernáculo del testimonio. 6 Del
santuario salieron los siete ángeles
con las siete plagas. Iban vestidos
de lino puro y brillante e iban ceñi-
dos con ceñidores de oro a la altura
del pecho. 7 Entonces uno de los
cuatro seres vivientes dio a los siete
ángeles siete copas de oro, llenas de
la ira de Dios, que vive por los
siglos de los siglos. 8 Y el santuario
quedó lleno del humo que procedía
de la gloria de Dios y de su poder,
y nadie podía entrar en el santuario
hasta que quedaran cumplidas las
siete plagas de los siete ángeles.

Las siete copas de la ira de Dios

16 Entonces oí una voz potente
que salía del santuario y les
decía a los siete ángeles: Vayan y
derramen las siete copas de la ira de
Dios sobre la tierra.

2 Fue el primer ángel y derramó su
copa sobre la tierra, y sobrevino una
plaga de úlceras malignas y dolorosas a la gente que tenía la marca de
la bestia y adoraba su estatua.

3 El segundo ángel derramó su
copa sobre el mar, y el mar se
convirtió en sangre como de un
cadáver, y murió todo ser viviente
que había en el mar.

4 El tercer ángel derramó su copa
sobre los ríos y sobre las fuentes de
agua, y se convirtieron en sangre.
5 Entonces oí que decía el ángel a
cuyo cargo estaban las aguas:

Justo eres en estos juicios,
tú que eres y que eras, el Santo,
por haber juzgado así;
6 porque derramaron la sangre de
tus santos y profetas,
y tú les has dado a beber
sangre, como se merecen.

[a] *14* Daniel 7:13. [b] *20* Esto es, aproximadamente 300 kilómetros.

7 Y oí al altar que respondía:
Sí, Señor Dios Todopoderoso,
fieles y justos son tus juicios.
8 El cuarto ángel derramó su copa
sobre el sol, y se le dio al sol el
poder de abrasar a los hombres con
fuego. 9 Los hombres se tostaban
con el intenso calor y maldecían el
nombre de Dios, que tenía control
sobre estas plagas, pero rehusaron
arrepentirse y darle gloria.
10 El quinto ángel derramó su copa
sobre el trono de la bestia, y su
reino quedó sumido en tinieblas. Los
hombres se mordían la lengua de
dolor 11 y maldecían al Dios de los
cielos por causa de sus dolores y de
sus llagas, pero rehusaron arrepentirse de sus maldades.
12 El sexto ángel derramó su copa
sobre el gran río Eufrates, y su agua
se secó para preparar así el camino
a los reyes que vienen del oriente.
13 Luego vi tres espíritus malignos[a]
que parecían ranas; salieron de la
boca del dragón, de la boca de la
bestia y de la boca del falso profeta.
14 Son espíritus demoníacos que
realizan señales milagrosas y se dirigen hacia los reyes del mundo entero, a fin de reunirlos para la batalla del gran día del Dios Todopoderoso.
15 ¡Miren que vengo como un
ladrón! Bienaventurado aquel que
esté velando y guarde junto a sí sus
ropas, para que no tenga que salir
desnudo y se vea expuesto a la
pública vergüenza.
16 Entonces reunieron a los reyes
en el lugar que en hebreo se llama
Armagedón.
17 El séptimo ángel derramó su
copa en el aire, y salió del santuario
una potente voz, que decía: ¡Hecho
está! 18 Luego se produjeron relámpagos, estruendos, truenos y un espan-
toso terremoto. No había ocurrido
nunca un terremoto como aquél
desde que el hombre existe sobre la
tierra; tan tremendo era el terremoto. 19 La gran ciudad se dividió en
tres partes, y las ciudades de las
naciones se derrumbaron. Dios
recordó a Babilonia la Grande y le
dio a beber de la copa llena del vino
de la furia de su ira. 20 Todas las
islas huyeron, y desaparecieron de la
vista las montañas. 21 Del cielo cayó
sobre los hombres un enorme granizo, de cerca de cuarenta kilos cada
uno. Y los hombres maldecían a
Dios por causa de la plaga del granizo, pues la plaga era tan terrible.

La mujer sentada sobre la bestia

17 Uno de los siete ángeles que
tenían las siete copas, vino
hacia mí y me dijo: Ven y te
mostraré el castigo de la gran prostituta, que está sentada sobre muchas
aguas. 2 Con ella cometieron adulterio los reyes de la tierra; y los habitantes de la tierra quedaron intoxica-
dos con el vino de sus adulterios.
3 Entonces el ángel me llevó en el
Espíritu a un desierto. Allí vi a una
mujer sentada sobre una bestia de
color escarlata, la cual estaba cubierta de nombres blasfemos, y tenía
siete cabezas y diez cuernos. 4 La
mujer estaba vestida de púrpura y
escarlata y deslumbraba de joyas de
oro, de piedras preciosas y de
perlas. Llevaba en la mano una copa
de oro, llena de cosas abominables y
las inmundicias de sus adulterios.
5 En su frente estaba escrito este
título:

MISTERIO:
BABILONIA LA GRANDE
LA MADRE DE LAS
PROSTITUTAS
Y DE LAS ABOMINACIONES
DE LA TIERRA.

6 Vi que la mujer estaba ebria de la
sangre de los santos, de la sangre de
los que dieron testimonio de Jesús.
Cuando la vi, quedé grandemente
sorprendido. 7 Entonces me dijo el
ángel: ¿De qué te sorprendes? Yo te

[a] *13* El griego dice *inmundos*.

explicaré el misterio de la mujer y
de la bestia que la lleva encima, y
que tiene siete cabezas y diez cuernos. 8 La bestia que has visto, era
antes y ya no es ahora, y subirá del
abismo para ir a su propia destrucción. Los habitantes de la tierra
cuyos nombres no han sido escritos
en el libro de la vida desde la creación del mundo, quedarán atónitos
cuando vean la bestia, porque era
antes, no es ahora, y, con todo, aún
vendrá.

9 Esto exige una mente con sabiduría. Las siete cabezas son siete
colinas sobre las que se asienta la
mujer. También son siete reyes.
10 Cinco han caído, uno está, el otro
no ha llegado todavía; pero cuando
venga, ha de permanecer por un
poco de tiempo. 11 La bestia que era
antes y no es ahora, es un octavo
rey. Pertenece a los siete y está
yendo hacia su destrucción.

12 Los diez cuernos que viste, son
diez reyes que no han recibido aún
su reino, pero que durante una hora
recibirán autoridad como reyes, junto con la bestia. 13 Todos ellos
tienen la misma intención: entregar a
la bestia su poder y su autoridad.
14 Harán la guerra al Cordero, pero
el Cordero los vencerá, porque es
Señor de señores y Rey de reyes, y
con él estarán sus llamados, escogidos y fieles seguidores.

15 Luego me dijo el ángel: Las
aguas que has visto, donde está sentada la prostituta, son pueblos, multitudes, naciones y lenguas. 16 La
bestia y los diez cuernos que has
visto, aborrecerán a la prostituta. La
conducirán a la ruina y la dejarán
desnuda; se comerán su carne y la
quemarán con fuego. 17 Pues Dios ha
puesto en sus corazones eso, para
que lleven a cabo el designio divino
poniéndose de acuerdo en entregar a
la bestia su poder de gobernar, hasta
que las palabras de Dios se hayan
cumplido. 18 La mujer que has visto
es la gran ciudad que ejerce su
soberanía sobre los reyes de la
tierra.

La caída de Babilonia

18 Después de esto, vi a otro
ángel que bajaba del cielo.
Tenía una gran autoridad, y la tierra
quedó iluminada con su resplandor.
2 Con una poderosa voz, gritó:

¡Cayó! ¡Cayó Babilonia la Grande!
Se ha convertido en morada de demonios
y en guarida para todo espíritu maligno[a]
en guarida de toda clase de aves inmundas y detestables,
3 Porque todas las naciones han bebido
del vino enloquecedor de sus adulterios.
Los reyes de la tierra cometieron adulterio con ella,
y los comerciantes de la tierra
se enriquecieron con sus excesivos lujos.

4 Luego oí otra voz del cielo, que
decía:

Salgan de ella, pueblo mío,
para que no se hagan cómplices de sus pecados,
ni reciban ninguna de sus plagas;
5 pues sus pecados se han amontonado hasta el cielo,
y Dios se ha acordado de sus crímenes.
6 Devuélvanle lo que ella les dio;
páguenle el doble de lo que sus hechos merecen.
Mézclenle el doble en la copa en que ella mezcló.
7 Denle de tortura y de dolor
tanto como ella se dio de gloria y de lujo.
En su corazón se jacta, diciendo:
Estoy en mi trono como reina;
no soy viuda,
ni experimentaré el luto jamás.
8 Por esto, en un día la alcanzarán todas sus plagas:
muerte, luto y hambre.

[a] 2 El griego dice *espíritu inmundo.*

Será consumida por el fuego,
porque poderoso es el Señor
Dios que la juzga.
9 Cuando los reyes de la tierra que
cometían adulterio con ella y compartían su lujo, vean el humo de su
incendio, llorarán y se lamentarán
por ella. 10 Aterrados a la vista de su
tormento, se detendrán a distancia y
clamarán diciendo:
¡Ay! ¡Ay, oh gran ciudad,
oh Babilonia, ciudad de poder!
¡En una sola hora ha llegado tu
condenación!
11 Los comerciantes de la tierra
llorarán y se lamenta rán sobre ella,
porque nadie comprará ya sus
mercancías 12 cargamentos de oro,
plata, piedras preciosas y perlas; lino
fino, púrpura, seda y escarlata; toda
clase de madera olorosa; objetos de
toda clase, hechos de marfil, de
madera de mucho precio, de bronce,
hierro y mármol; 13 cargamentos de
canela y especias, de perfumes,
mirra e incienso; de vino y aceite,
de trigo fino, harina y trigo, de
ganado vacuno y de corderos; de
caballos y carruajes; de cuerpos de
esclavos y de vidas humanas.
14 Y dirán: El fruto que tanto ape-
tecías, se ha marchado de ti. Todas
tus riquezas y todo tu esplendor se
han desvanecido, y nunca los reco-
brarás. 15 Los comerciantes que le
vendían sus mercancías y se enri-
quecían a costa de ella, se detendrán
a distancia, aterrados a la vista de
su tormento. Llorarán y se lamentarán, 16 diciendo:
¡Ay! ¡Ay, oh gran ciudad,
la que se vestía de lino fino, de
púrpura y escarlata,
y deslumbraba enjoyada de oro,
piedras preciosas y perlas!
17 ¡En una sola hora ha quedado en
la ruina toda esa opulencia!
Todo capitán de mar y cuantos
viajan por barco, los marineros y
cuantos se ganan la vida en el mar,
se detendrán a distancia. 18 Cuando
vean el humo de su incendio, excla-
marán: ¿Hubo jamás una ciudad
como esta gran ciudad? 19 Arrojarán
polvo sobre sus cabezas, y gritarán
llorando y lamentándose:
¡Ay! ¡Ay, oh gran ciudad,
donde cuantos tenían barcos en
el mar,
se enriquecieron de su opulencia!
¡En una sola hora ha quedado
devastada!
20 ¡Regocíjense, santos, apóstoles y
profetas!
Dios la ha juzgado por el modo
con que ella los trató.
21 Entonces un ángel poderoso
levantó una piedra grande, del tamaño de una rueda de molino, y la
lanzó al mar, diciendo:
Con este mismo ímpetu,
será arrojada la gran ciudad de
Babilonia,
y no será jamás hallada.
22 La música de arpistas y músicos
cantores, de tocadores de flauta y de trompeta,
nunca volverá a escucharse en
ti.
Ningún artesano de ningún oficio
volverá jamás a encontrarse en
ti.
El ruido de la rueda de molino
no volverá jamás a escucharse
en ti.
23 La luz de una lámpara
no volverá a brillar en ti jamás.
La voz del esposo y de la esposa
no volverá a oírse en ti jamás.
Tus comerciantes eran los magna-
tes del mundo.
Por tus encantamientos fueron
seducidas todas las naciones.
24 En ella se encontró la sangre de
los profetas y de los santos,
y de todos cuantos fueron asesinados en la tierra.

¡Aleluya!

19 Después de esto, oí como el
clamor de una gran multitud
en el cielo, que exclamaban:
¡Aleluya!
La salvación, la gloria y el poder
pertenecen a nuestro Dios,

2 pues son fieles y justos sus
juicios.
Ha condenado a la gran prostituta,
que corrompía la tierra con sus
adulterios.
Ha tomado venganza en ella de la
sangre de sus siervos, que ella
derramó.
3 Y de nuevo exclamaron:
¡Aleluya!
La humareda de ella sube por los
siglos de los siglos.
4 Los veinticuatro ancianos y los
cuatro seres vivientes se postraron y
adoraron a Dios, que estaba sentado
en el trono, y exclamaban:
¡Amén, Aleluya!
5 Luego, salió del trono una voz
que decía:
¡Alaben a nuestro Dios,
todos sus siervos,
cuantos lo reverencian,
tanto pequeños como grandes!
6 Después oí como el coro de una
gran multitud, como estruendo de
muchas aguas y como retumbar de
fuertes truenos, que exclamaban:
¡Aleluya!
Pues reina nuestro Señor Dios
Todopoderoso.
7 ¡Alegrémonos, regocijémonos
y démosle gloria!
Porque han llegado las bodas del
Cordero,
y su esposa está ya embellecida.
8 Se le ha concedido vestirse
de lino fino, brillante y limpio.
(El lino fino representa las acciones
buenas de los santos.)
9 Entonces me dijo el ángel: Escribe: ¡Bienaventurados los invitados al
banquete de bodas del Cordero! Y
añadió: Estas son las palabras verdaderas de Dios.
10 En esto, caí a sus pies para adorarlo. Pero él me dijo: ¡No lo hagas!
Soy consiervo tuyo y de tus hermanos, los que mantienen el testimonio de Jesús. ¡Adora a Dios! Porque
el testimonio de Jesús es el espíritu
de profecía.

El jinete del caballo blanco

11 Vi el cielo, que estaba abierto, y
ante mis ojos estaba un caballo blanco, y el que lo montaba se llama
Fiel y Verdadero. Con justicia juzga
y hace la guerra. 12 Sus ojos son
como fuego llameante, y en su cabeza hay muchas coronas. Lleva escrito un nombre que nadie conoce sino
sólo él. 13 Está vestido de un manto
teñido en sangre, y su nombre es la
Palabra de Dios. 14 Lo seguían los
ejércitos del cielo, montados en
caballos blancos y vestidos de lino
fino, blanco y limpio. 15 De su boca
sale una espada afilada para herir
con ella a las naciones. El las regirá
con un cetro de hierro.[a] Y él pisa el
lagar de la furia de la ira del Dios
Todopoderoso. 16 En su manto y
sobre el muslo, lleva escrito este
nombre:

REY DE REYES Y SEÑOR DE
SEÑORES.

17 Y vi un ángel de pie sobre el
sol, que gritaba con voz poderosa a
todas las aves que vuelan en medio
del firmamento: Vengan y reúnanse
para el gran festín de Dios, 18 para
que coman la carne de reyes, generales y poderosos, de caballos y de
sus jinetes, y la carne de toda clase
de gente, de libres y esclavos, de
pequeños y grandes.
19 Entonces vi a la bestia y a los
reyes de la tierra con sus ejércitos,
reunidos para hacer la guerra contra
el jinete del caballo y contra su ejér-
cito. 20 Pero fue capturada la bestia
y, con ella, el falso profeta que
había realizado las señales milagrosas de su parte. Con estas señales,
había engañado a los que habían
recibido la marca de la bestia y adorado su estatua. Ellos dos fueron
arrojados vivos al lago de fuego de
azufre ardiente. 21 Los restantes
fueron muertos por la espada que
salía de la boca del que montaba el

[a] *15* Salmo 2:9.

caballo, y todas las aves se hartaron
de sus carnes.

Los mil años

20 Y vi a un ángel que bajaba
del cielo con la llave del
abismo y con una gran cadena en la
mano. 2 Sujetó al dragón, aquella
serpiente antigua que es el diablo, o
Satanás, y lo encadenó por mil años.
3 Lo arrojó al abismo, lo cerró con
llave y puso encima un sello, para
impedir que engañara a las naciones
por más tiempo, hasta que se cumplieran los mil años. Después de
ellos, será puesto en libertad por
breve tiempo.
4 Vi unos tronos, en los que estaban sentados aquéllos a quienes se
había dado autoridad para juzgar. Y
vi las almas de los que habían sido
decapitados por el testimonio que
habían dado de Jesús y por la palabra de Dios. No habían adorado a la
bestia, ni a su estatua, ni habían
recibido su marca en la frente ni en
la mano. Volvieron a la vida y
reinaron con Cristo mil años. 5 (Los
muertos restantes no volvieron a la
vida hasta que estuvieron acabados
los mil años.) Esta es la primera
resurrección. 6 Bienaventurados y
santos son los que toman parte en la
primera resurrección. La muerte
segunda no tiene poder sobre ellos,
sino que serán sacerdotes de Dios y
de Cristo, y reinarán con él mil
años.

Derrota final de Satanás

7 Cuando se hayan cumplido los
mil años, Satanás sera soltado de su
prisión 8 y saldrá a engañar a las
naciones de las cuatro esquinas de la
tierra, a Gog y a Magog, a reunirlos
para la batalla. Su número será
como el de las arenas de la playa.
9 Marcharon a través de la superficie
de la tierra y cercaron el campamento del pueblo de Dios y la ciudad
predilecta de Dios. Pero descendió
fuego del cielo y los devoró. 10 Y el
diablo, que los engañaba, fue arrojado al lago de azufre ardiente, al que
habían sido arrojados la bestia y el
falso profeta. Allí serán atormentados día y noche por los siglos de los
siglos.

Los muertos son juzgados

11 Luego vi un grandioso trono
blanco y al que estaba sentado en
él. Ante la majestad de su rostro,
desaparecieron la tierra y el firmamento, y no hubo lugar para
ellos. 12 Y vi a los muertos, grandes
y pequeños, de pie delante del trono, y fueron abiertos los libros.
También fue abierto otro libro, que
es el libro de la vida. Los muertos
fueron juzgados de acuerdo con lo
que habían hecho, según está regist-
rado en los libros. 13 El mar entregó
los muertos que encerraba en su
seno, y la muerte y el Hades entregaron los muertos que había en
ellos, y cada persona fue juzgada de
acuerdo con lo que había hecho.
14 Entonces la muerte y el Hades
fueron arrojados al lago de fuego. El
lago de fuego es la muerte segunda.
15 Todo aquél cuyo nombre no estaba escrito en el libro de la vida, fue
arrojado al lago de fuego.

La nueva Jerusalén

21 Después vi un cielo nuevo y
una tierra nueva, porque el
primer cielo y la primera tierra
habían desaparecido, y ya no existía
ningún mar. 2 Vi la Ciudad Santa, la
nueva Jerusalén, que bajaba del cielo
desde Dios, ataviada como una
novia hermosamente vestida para
recibir a su esposo. 3 Y oí una voz
potente procedente del trono, que
decía: Ahora Dios comparte su
morada con los hombres y vivirá
con ellos. Ellos serán su pueblo, y
Dios mismo estará con ellos y será
su Dios. 4 El enjugará toda lágrima
de los ojos de ellos. Ya no habrá
muerte, ni llanto, ni lamentos, ni
dolor, porque el antiguo orden de
cosas ya pasó.

5 El que estaba sentado en el trono
dijo: ¡Estoy haciendo nuevas todas
las cosas! Luego añadió: Escríbelo,
pues estas palabras son fidedignas y
verdaderas.
6 El me dijo: Ya está hecho. Yo
soy el Alfa y la Omega, el Principio
y el Fin. Al que esté sediento, yo le
daré a beber gratis de la fuente del
agua de la vida. 7 El que venza,
heredará todo esto, y yo seré su
Dios, y él será mi hijo. 8 Pero los
cobardes, los incrédulos, los viles,
los asesinos, los sexualmente inmorales, los que practican artes mágicas, los idólatras y todos los mentirosos, tendrán su lugar en el lago
de fuego de azufre ardiente. Esta es
la muerte segunda.
9 Uno de los siete ángeles que llevaban las siete copas llenas de las
últimas siete plagas, se dirigió hacia
mí y me habló así: Ven y te
mostraré la novia, la esposa del
Cordero. 10 Y me transportó en el
Espíritu a un grande y elevado monte, y me mostró la Ciudad Santa,
Jerusalén, que bajaba del cielo desde
Dios. 11 Resplandecía con la gloria de
Dios, y su brillo era como el de una
joya de las más valiosas, como un
jaspe claro como el cristal. 12 Tenía
una muralla grande y elevada, con
doce puertas, y con doce ángeles en
las puertas. En las puertas estaban
escritos los nombres de las doce tribus de Israel. 13 Había tres puertas
hacia el este, tres hacia el norte,
tres hacia el sur, y tres hacia el
oeste. 14 La muralla de la ciudad
descansa sobre doce cimientos; y
sobre ellos están escritos los nombres de los doce apóstoles del
Cordero.
15 El ángel que hablaba conmigo
llevaba como medida una caña de
oro, para medir la ciudad, sus puertas y su muralla. 16 La ciudad está
asentada como un cuadrado, igual de
largo como de ancho. Midió la
ciudad con la caña y halló que tenía
12,000 estadios[a] de longitud, y que
era tan ancha y alta como larga.
17 Midió su muralla y tenía 144
codos[bc] de espesor según las medidas humanas, que el ángel estaba
empleando. 18 La muralla estaba
hecha de jaspe; y la ciudad, de oro
puro y bruñido como un cristal.
19 Los cimientos de las murallas de
la ciudad estaban decorados con
toda clase de piedras preciosas: el
primer cimiento, de jaspe; el segundo, de zafiro; el tercero, de ágata; el
cuarto, de esmeralda; 20 el quinto, de
ónice; el sexto, de cornalina; el
séptimo, de crisólito; el octavo, de
berilo; el noveno, de topacio; el
décimo, de crisopraso; el undécimo,
de jacinto; el duodécimo, de amatis-
ta.[d] 21 Las doce puertas eran doce
perlas; cada puerta, hecha de una
sola perla. La avenida de la ciudad
es de oro puro, como cristal transpa-
rente.
22 No vi santuario en la ciudad,
porque el Señor Dios Todopoderoso
y el Cordero son su santuario. 23 La
ciudad no tiene necesidad de sol ni
de luna que la iluminen, porque la
gloria de Dios le da luz, y el Cordero es su lámpara. 24 Las naciones
caminarán a su luz y los reyes de la
tierra traerán a ella su esplendor.
25 Ningún día quedarán cerradas sus
puertas, porque allí no habrá noche.
26 La gloria y el honor de las naciones serán traídos a ella. 27 Nada impuro entrará jamás allí, ni el que
cometa abominación o mentira, sino
sólo aquellos cuyos nombres están
escritos en el libro de la vida del
Cordero.

El río de vida

22 Luego, el ángel me mostró el
río del agua de la vida, claro
como el cristal, que fluye del trono
de Dios y del Cordero 2 y desciende
por en medio de la gran avenida de
la ciudad. A uno y a otro lado del
río está el árbol de la vida, que

[a] *16* O sea, unos 2,200 kilómetros. [b] *17* O sea, unos 65 metros. [c] *17* O *altura*.
[d] *20* La identificación precisa de algunas de estas piedras preciosas es incierta.

produce doce cosechas de fruto,
dando su fruto cada mes. Y las
hojas del árbol sirven de medicina a
las naciones. 3 No habrá allí nada
bajo maldición. El trono de Dios y
del Cordero estará en la ciudad, y
sus siervos le rendirán culto. 4 Verán
su rostro, y su nombre estará escrito
sobre sus frentes. 5 Ya no habrá
noche; y no tendrán necesidad de
luz de lámpara ni de luz de sol,
pues el Señor Dios les irradiará su
luz. Y reinarán por los siglos de los
siglos.

6 Y me dijo el ángel: Estas palabras son fidedignas y verdaderas. El
Señor, el Dios de los espíritus de los
profetas, ha enviado a su ángel para
mostrar a sus siervos las cosas que
tienen que suceder en breve.

Jesús está llegando

7 ¡Miren que vengo en seguida!
¡Bienaventurado el que guarda las
palabras de la profecía contenida en
este libro!

8 Yo, Juan, soy el que escuché y
vi estas cosas. Y cuando las había
oído y visto, caí de hinojos para
adorar a los pies del ángel que había
estado mostrándomelas. 9 Pero él me
dijo: ¡No lo hagas! Soy un consiervo
tuyo y de tus hermanos los profetas
y de todos los que guardan las palabras de este libro. ¡Adora a Dios!

10 Luego me dijo: No selles las
palabras de la profecía de este libro,
porque el tiempo de su cumplimiento
está cerca. 11 Deja que el malvado
continúe en sus maldades y el vil,
en sus vilezas; el justo, que continúe
por el camino de la rectitud, y el
santo, por el camino de la santidad.

12 ¡Miren que vengo pronto! La
recompensa viene conmigo, y yo le
daré a cada uno de acuerdo con lo
que haya hecho. 13 Yo soy el Alfa y
la Omega, el Primero y el Ultimo, el
Principio y el Fin.

14 Bienaventurados son los que
lavan sus túnicas, para tener derecho
al árbol de la vida y para entrar por
las puertas a la ciudad. 15 Fuera se
quedan los perros, los que practican
las artes mágicas, los sexualmente
inmorales, los asesinos, los idólatras
y todo el que ama y practica la
falsedad.

16 Yo, Jesús, he enviado a mi
ángel para darte[a] este testimonio
destinado a las iglesias. Yo soy la
raíz y la estirpe de David, y el brillante lucero de la mañana.

17 El Espíritu y la esposa dicen:
¡Ven! Y el que escucha, diga: ¡Ven!
Todo el que esté sediento, venga; y
el que lo desee, tome gratis del agua
de la vida.

18 Yo advierto a todo el que escuche las palabras de la profecía de
este libro: Si alguno les añade algo,
Dios le añadirá las plagas descritas
en este libro. 19 Y si alguno quita algo de las palabras de este libro de
profecía, Dios le quitará su parte en
el árbol de la vida y en la ciudad
santa, que están descritos en este
libro.

20 El que da testimonio de estas
cosas, dice: Sí, vengo pronto.

Amén. Ven, Señor Jesús.

21 La gracia del Señor Jesús sea
con el pueblo de Dios. Amén.

[25] *16* El griego es plural.